KB202345

복 있는 사람

오직 여호와의 율법을 즐거워하여 그 율법을 주야로 묵상하는 자로다.
저는 시냇가에 심은 나무가 시절을 좇아 과실을 맺으며 그 잎사귀가 마르지 아니함 같으니
그 행사가 다 형통하리로다. (시편 1:2-3)

하나님께 더 가까이

L. B. Cowman • Streams in the Desert

하나님께

더 가까이

광야에서
만나는
나의
하나님

L. B. 카우만 지음
김동완 옮김

복 있는 사람

하나님께 더 가까이

2021년 12월 3일 초판 1쇄 인쇄
2021년 12월 13일 초판 1쇄 발행

지은이 L. B. 카우만
옮긴이 김동완
펴낸이 박종현

(주) 복 있는 사람
주소 서울특별시 마포구 연남동 246-21(성미산로23길 26-6)
전화 02-723-7183, 7734(영업·마케팅) 팩스 02-723-7184
이메일 hismessage@naver.com

ISBN 979-11-91987-31-7 03230

Streams in the Desert
by L. B. Cowman

Originally published in the U.S.A. under the title *Streams in the Desert*.
Copyright ⓒ 1997, 2013 by Zondervan
Zondervan's updated edition is based on the original text of *Streams in the Desert*.
Copyright ⓒ 1925, 1953, 1965 by Cowman Publications, Inc., and Copyright ⓒ 1996 by
Zondervan

This Korean Translation Copyright ⓒ 2021 by The Blessed People Publishing Inc., Seoul,
Korea.
Published by arrangement with The Zondervan Corporation L.L.C., a subsidiary of HarperCollins
Christian Publishing, Inc. through rMaeng2, Seoul, Republic of Korea.
All rights reserved.

이 한국어판의 저작권은 알맹2를 통하여 HarperCollins Christian Publishing, Inc.과 독점 계약한
(주) 복 있는 사람에 있습니다. 신저작권법에 의하여 한국 내에서 보호받는 저작물이므로 무단 전재와 무
단 복제를 금합니다.

"이토록 순하게 길을 내심이여,
파도와 구름과 폭풍이 물러나네."

차례

일러두기

1. 이 책에 인용된 성경구절은, 옮긴이가 여러 역본을 대조하여 지은이의 의도와 가장 가깝게 표현된 것을 택해 실었다. 주로 개역개정 성경을 썼으며, 간혹 옮긴이의 사역(私譯)도 있다.

2. 이 책의 본문 중 일부는 L. B. 카우만 여사가 지대한 영향을 받은 찰스 스펄전을 비롯하여 조지 뮬러, 앤드류 머레이, 존 번연 등 믿음의 선진들이 남긴 주옥같은 글들을 선별해 실은 것이다. 자주 언급된 저자들의 글은 별도로 출처를 밝히지 않았다.

3. 인용된 시나 찬송시 가운데 L. B. 카우만 여사가 직접 쓴 글이나 출처가 분명하지 않은 글은 별도로 표기하지 않았다. 책 뒤쪽 인용저자 색인 부분을 참조하기 바란다.

개정판 헌사

둘째아들 애런에게

　불시에 발병한 뇌동맥류, 다량의 출혈, 수술, 여전히 계속되는 회복과정, 올 한 해 네가 이 큰일을 치렀다. 그러나 이 모든 과정 내내 너는 너를 사랑하는 우리 모두의 기쁨이었으며 하나님의 사랑 넘치는 보호의 증거였다. 불평 한 마디 없었던 너, 자녀의 가슴에 당신의 온전하신 뜻 심어 주시는 하나님의 성령. 그렇게 너는 그분께서 우리 앞에 제시하시는 살아있는 모범이 되었다. 주께서 이제도 계속 네 삶을 증거로 삼으셔서 다른 이들에게 그리스도의 영원하신 능력과 은혜를 보게 하시리라.

　주님의 길 더러 힘겨워라.
　수많은 시련과 고통에 닿네,
　하지만 사탄의 거친 손길 차단하시고
　하나님의 성품 기필코 이루어 주시네.

　너 죽음 근처까지 갔으나
　하나님께서 얼마나 아끼시는지 배웠구나,
　그분께서 네 생명과 숨 새롭게 하시고
　은혜로우신 보살핌 보이셨구나.

　그러나 너를 위한 온전하신 계획
　아직 다 밝히지 않으셨으니,
　그분께서 뜻하신 길만 따라가거라,

너 이제 신실한 자 되리니.

— 짐 레이먼

"나 여호와가 말하노라. 너희를 향한 나의 생각은 내가 아나니 재앙이 아
니라 곧 평안이요, 너희 장래에 소망을 주려 하는 생각이라"(렘 29:11).

"기쁨으로 항상 간구함은……너희 안에서 착한 일을 시작하신 이가
그리스도 예수의 날까지 이루실 줄을 우리는 확신하노라"(빌 1:4, 6).

개정판 서문

1995년 10월 24일은 앞으로도 잊지 못할 것입니다. 나는 업무회의 중에 연락을 받고 나와, 둘째아들 애런이 학교에서 심각한 뇌출혈로 쓰러졌다는 끔찍한 소식을 들었습니다. 장학금을 받고 대학에 들어간 지 불과 여섯 주 만이었습니다. 아이는 학교 근처 공원에서 쓰러져 큰소리로 도움을 요청하고 있었습니다. 몇 사람이 그냥 지나간 뒤에 마침내 "선한 사마라아인" 하나가 멈춰 서서 긴급구조대에 연락했고, 그것으로 아이를 명백한 죽음에서 구했습니다. 아이는 응급수술을 받았고, 의사들은 테니스공만 한 핏덩이를 제거했습니다.

그때부터 애런은 여러 달을 치료받으며 자기 삶의 무수한 변화를 은혜롭게 견뎌 냈습니다. 많은 시간과 노력을 요하는 이 과정은 여전히 계속되고 있지만, 잃은 것을 되찾겠다는 아이의 결심은 확고합니다. 올 한 해를 돌아보건대, 애런뿐 아니라 우리 가족 전체가 여러 가지 변화와 시련을 견뎌 내야 했습니다. 하지만 결과적으로 가족 모두가 역사하시는 하나님의 전능하신 손을 보게 되었습니다.

내 아들이 수술 받고 이틀이 지나, 존더반 출판사에서 연락이 왔습니다. 그들은 내게 이 책 『하나님께 더 가까이』(*Streams in the Desert*)의 개정판 작업을 의뢰하고자 했습니다. 그들은 내가 아들의 중환자실을 지키고 있다는 사실을 전혀 모르고 있었습니다. 시기가 이렇게 맞물렸고, 나는 시작부터 이것을 결코 우연이 아닌 하나님의 주권적인 역사로 여기지 않을 수 없었습니다. 이 책을 붙들고 일하는 동안 하나님께서 놀랍도록 나를 보살피셔서, 책 작업과 병행해서 꼭 필요한 시점에 나를 만나 주셨습니다.

이 책 『하나님께 더 가까이』의 지속적인 생명력은 성경의 진리에 엄격히 기반한 글들을 선정한 결과입니다. 나는 개정판 편집자로서 원본의 의미를 바꾸지 않으면서도 그 아름다움을 지켜 내려고 노력했습니다. 몇 년 전 나는 『주님은 나의 최고봉』(*My Utmost for His Highest*)을 편집하면서 각고의 노력을 기울였는데, 이 책에도 그에 못지않은 공이 들어갔다고 할 수 있습니다.

이 책과 『주님은 나의 최고봉』을 모두 아시는 독자들께서는 아마, 지금까지도 여전히 베스트셀러로 남아 있는 이 두 권의 매일묵상집이 서로 무슨 연관이 있는지 궁금하기도 할 것입니다. 일단 이 두 책의 원본은 같은 시기에 출간되었습니다(『하나님께 더 가까이』는 1925년, 『주님은 나의 최고봉』은 1927년). 그리고 여러 글들을 묶고 자신의 글을 더해 이 책을 편집한 L. B. 카우만 여사와 오스왈드 챔버스는 같이 사역했습니다. 카우만 여사는 남편과 함께 선교사로 일본에 있었고 챔버스는 설교하러 그곳에 갔는데, 그때 두 사람이 만났습니다. 게다가 두 사람 모두, 1800년대 후반 영국의 위대한 설교가 찰스 스펄전에게 지대한 영향을 받았습니다. 챔버스는 스펄전의 설교를 통해 그리스도의 구원의 지식에 이르렀고, 카우만 여사 역시 어느 누구의 글보다 스펄전의 주옥 같은 글들을 더 많이 선별해서 이 책에 실었습니다.

독자 여러분께서 이 책을 기쁘게 읽으시리라 믿습니다. 앞서 언급했듯이 이 책을 붙들고 작업하는 동안 하나님께서 나를 놀랍도록 보살펴 주셨습니다. 그래서 특별한 예 한 가지만 소개해 드리려고 합니다.

어느 날 아침 성경을 읽으며 기도하던 중에, 지난 몇 달간의 사건들이 한꺼번에 기억으로 밀려들어 와 내 가슴을 아프게 했습니다. 나와 내 가족은 우리 인생에 찾아든 여러 가지 변화에 대처하고 있었습니다. 우선 우리 가족이 이십 년 동안 운영해 오던 사업을 매각하는 문제가 있었습니다. 큰 아들은 해군에 입대하러 떠났고, 애런 역시 대학공부를 위해 집을 떠날 수밖에 없었습니다. 그러고 나서 애런의 뇌출혈과 수술이라는 큰일이 이어졌고, 그 다음 달에는 어머니가 응급수술을 받고 한 달간 입원했으며, 아내와 딸은 자동차 사고를 당해 타박상과 상해를 입어 고생하고 있었습니다. 이 모든 일들을 생각하면서 나는 주님께 불평하고 있었습니다. 어째서 이러한 환경으로 나와 내 가족을 고통스럽게 하시는지.

이 모든 고통을 거두어 달라고 부탁드리며 기도를 마치고, 다시 이 책의 작업에 들어갔습니다. 놀랍게도 그때 내가 막 작업에 들어간 글이 이 묵상집의 2월 19일 편이었습니다. 마음의 준비가 안 된 상태에서 내게 합당한 글을 받으니 특히 더 놀라웠습니다. 독자 여러분께서도 2월 19일 편을 찾아, 이 글이 내 상황과 얼마나 섭리적으로 일치하는지 확인해 보시기 바랍니다. 이 글은 내가 반드시 들어야 하는 내용이었으며, 하나님께서 결코 나와 관계를 끊지 않으셨다는 크나큰 위로의 전언이었습니다. 이 글에 대한 작업을 마친 후 나는, 나의 가슴이 바울이 기록한 말을 향해 다시 열리게 되었다고 진심으로 말씀드릴 수 있었습니다. "어떠한 형편에든지 나는 자족하기를 배웠노니"(빌 4:11).

하나님께서 이 책을 통해 여러분 역시 보살펴 주시기를 빕니다. 나는 이 책에 역사하시는 그리스도의 능력을 직접 보았습니다. 우리 각 사람의 가슴에 닿는 그분 말씀의 소망과 격려와 위로와 힘을 직접 겪어 알았습니다. 하나님의 말씀에 대한 이 책의 영감 넘치는 통찰이, 인생의 어려운 시기를 지나는 동안 여러분에게 "사막에 흐르는 시냇물"과 같으리라고 나는 믿습니다. 그분께서 이처럼 말씀하셨습니다. "광야에서 물이 솟겠고 사막에서 시내가 흐를 것임이라"(사 35:6).

짐 레이먼_편집자

저자 L. B. 카우만 여사의 말

믿음의 길에서 우리가 배우는 것이 있으니, 주님의 생각은 우리의 생각과 같지 않고 그분의 길 또한 우리의 길과 같지 않다는 것입니다. 물리적인 영역에서나 영적인 영역에서나 큰 압력은 큰 힘을 의미합니다! 우리가 죽음의 자리와 같은 처지에 놓인다 해도 그것을 재앙이라 부를 필요는 없습니다. 왜 아니겠습니까. 주님을 믿고 인내로써 기다릴진대, 그 죽음의 자리는 그분의 전능하신 능력이 펼쳐지는 자리일 뿐입니다. "너희는 그가 행하신 기적과 그의 이적과 그의 입의 판단을 기억할지어다"(시 105:5).

1월

하나님께 더 가까이

1월 1일

너희가……차지할 땅은 산과 골짜기가 있어서 하늘에서 내리는 비를 흡수하는 땅이요 네 하나님 여호와께서 돌보아 주시는 땅이라. 연초부터 연말까지 네 하나님 여호와의 눈이 항상 그 위에 있느니라. _신명기 11:11-12

오늘 우리는 미지의 세계로 넘어가는 문턱에 서 있습니다. 우리 앞에 새해가 있고, 이제 우리는 그것을 차지하기 위해 앞으로 나아가려 합니다. 우리가 무엇을 발견할지 어떻게 알겠습니까? 우리에게 무슨 새로운 경험과 변화가 일어날지 어떻게 알겠습니까? 어떤 새로운 필요가 생길지도 모르는 일입니다. 우리 앞은 이처럼 불확실하지만 하늘에 계신 우리 아버지께서 주시는 기쁨과 위로의 말씀이 있습니다. "네 하나님 여호와께서 돌보아 주시는 땅이라. 연초부터 연말까지……여호와의 눈이 항상 그 위에 있느니라."

주께서 우리 공급의 근원이 되실 것입니다. 그분 안에 샘과 우물이 있고, 줄지도 마르지도 않는 시내가 있습니다. 근심하는 이들에게 우리 하늘 아버지의 은혜로운 약속이 옵니다. 그분께서 자비의 근원이시니 우리에게 자비가 끊기는 일은 결코 없을 것입니다. 어떤 더위와 가뭄도 "하나님의 성"을 기쁘게 하는 시내(시 46:4)를 마르게 할 수 없습니다.

하지만 우리가 얻을 땅은 산과 골짜기의 땅입니다. 그곳은 평평하고 야트막하기만 한 땅이 아닙니다. 우리 인생이 늘 부드럽고 순탄하기만 하다면 오히려 그 지루함을 견디기가 더 어려울 것입니다. 우리에게는 저 낮은 계곡도 필요하고, 올라가야 하는 산이며 언덕도 필요합니다. 산은 낮은 지대의 풍성한 결실을 위하여 빗물을 품어 둡니다. 우리 인생도 그러합니다. 산에서 만나는 어려움으로 우리는 은혜의 보좌로 나아가고, 또한 축복의 소나기를 만나는 것입니다. 그렇습니다. 우리가 늘 의문시하고 불평하는 그 산, 춥고 황폐해 보이는 그 인생의 산에서 비를 만납니다. 산에서 번성했을 사람들이 얼마나 많이 저 낮은 광야로 내려가 망하고, 그 누런 모래 속에 묻혀 죽었습니까? 그 거칠고 험한 산이 아니었다면 또 얼마나 많은 이들이 추위에 시달리다 죽거나 그 풍성한 소유와 결실을 바람에 날려 보냈겠습니까? 하나님의 산이 적대자들로부터 당신의 백성을 은혜롭게 지켜 줍니다.

우리는 상실과 슬픔과 시련이 무엇을 어떻게 이룰지 알 수 없습니다. 우리는 믿을 수밖에 없습니다. 이제 아버지께서 다가오셔서 우리 손을 잡고 길을 인도하십니다. 선하고 복된 새해가 될 것입니다!

우리 가는 길 알지 못하나 그분께서 인도하신다.
저 위로 인도하신다, 우리 발걸음 느려도,
가다가 지치고 걷다가 쓰러져도,
폭풍과 어둠이 쉼 없이 우리 앞길 막아도,
그럼에도 구름 걷히니, 보라,
그분께서 우리 인도하신다.

격동의 세월 지나도록 그분께서 인도하신다.
우리의 헛된 희망 지나, 의심과 두려움 지나
우리 발걸음 인도하신다, 상실과 슬픔으로
뒤엉킨 길 지나, 어둠의 세월 저편으로 인도하신다.
보라, 그분의 뜻 이와 같으니,
이제도 그분 우리 인도하신다.

— 니콜라우스 루드비히 친첸도르프

1월 2일

이 두루 있는 골방은 그 층이 높아질수록 넓으므로 성전에 둘린 이 골방이 높아질수록 성전에 가까워졌으나 성전의 넓이는 아래 위가 같으며 골방은 아래층에서 중층으로 위층에 올라가게 되었더라. _에스겔 41:7

이제 그대의 길 더 높은 곳으로 향하소서.
오늘 나의 기도는 이것이니,

계절이 가고 세월 지나도록
더 높은 곳으로.

머나먼 길 앞에 둔
올 한 해도 더 높은 곳으로,
구주 곁에 바짝 붙어서
먼 길 떠나는 그대 더 높은 곳으로.

슬픔이 오고, 시련이 그대 가슴
깨뜨려도 더 높은 곳으로,
그 시련과 슬픔으로 그대의 영혼
그리스도와 멀어져도 더 높은 곳으로.

새벽이 오고 어둠의 그림자
물러날 때까지 더 높은 곳으로,
더 높은 곳으로 가소서, 천국에서
깨어나 보좌 앞에 설 때까지.

다볼 산 정상이 우리를 기다리는데, 골짜기의 안개에 묻혀 편히 쉴 수는 없습니다. 산 정상의 이슬이 얼마나 순수합니까. 산 공기는 또 얼마나 신선합니까. 거기 사는 이들의 음식과 음료는 풍성하고, 그네들의 창가에 서면 새 예루살렘이 보입니다! 많은 이들이 광산 갱도에 들어간 듯 햇빛 없는 삶에 만족하고 있습니다. 머리 위로 하늘의 기름진 축복이 쏟아질 수 있는데도 그들의 얼굴은 눈물로 얼룩져 있습니다. 궁정의 옥상을 거닐며 레바논의 아름다운 풍경을 바라볼 수 있음에도 많은 신자들이 토굴에 갇혀 신음합니다. 믿는 자들이여, 일어나십시오. 왜 그토록 무기력하게 누워 있습니까! 게으름과 나태와 냉소를 버리십시오. 그리스도를 향한 순수한 사랑을 가로막는 것은 무엇이든 던져 버리십시오. 그분을 근원이며 중심으로 삼으십시오. 그분께서만 여러분의 영혼에 기쁨을 가져다주는 분이어야

18

합니다. 더 이상 보잘것없는 성취에 만족하지 마십시오. 더 높고 귀하며 충만한 삶을 열망하십시오. 하늘을 향해 올라갑시다! 하나님께 더 가까이 갑시다!

> 가장 높은 곳에 올라
> 영광의 빛 붙들고자 하나,
> 하늘나라 보기까지 더 기도하리라.
> 주님, 더 높은 곳으로 인도하소서!

최선의 삶을 영위하는 이들이 많지 않습니다. 우리는 산에 오르기 두려워 낮은 지대에서 머뭇거립니다. 험하고 가팔라서 용기를 내지 못하고 희뿌연 계곡에 주저앉아 있습니다. 그러니 산 정상의 신비를 알 길이 없습니다. 우리의 나태로 잃는 것이 있는 데도 우리는 알지 못합니다. 용기를 내서 올라가기만 하면 기다리는 영광이 있는데, 하나님의 산에 오르기만 하면 눈에 보이는 축복이 있는데, 우리는 그것을 모르고 있습니다!

우리 가더라도 별까지는 가야 합니다.

1월 3일

저는 앞에 가는 이 가축떼와 아이들을 이끌고 그들의 걸음에 맞추어 천천히……나가겠습니다. _창세기 33:14, 새번역

가축과 아이들을 향한 야곱의 마음 씀씀이가 아름답습니다. 그는 단 하루도 약한 것들을 무리하게 몰아가려 하지 않았습니다. 에서처럼 건장한 성인 남성의 걸음걸이에 맞추어 끌고 가려 하지 않고 오직 그 어린 것들이 감당할 만한 속도로 가고자 할 뿐이었습니다. 그는 아이들과 가축떼가 하루에 걸을 수 있는 거리를 정확히 알고 있었으며, 그 여정에서 그가 가장 중요하게 생각한 것은 그 점뿐이었습니다. 여러 해 전에도 같은 광야를 여행해 본 그였기에 길의 험난한 정도와 더위와 거리를 속속들이 알고 있었습니다. 과연 그러해서 그는 천천히 가겠다고 말합니다. 그렇습니다. 에서가

"일찍이 가 본 적이 없는 길"(수 3:4, 공동번역)을 야곱은 알고 있었습니다.

우리가 "일찍이 가 본 적이 없는 길"을 예수께서 가 보셨습니다. 우리는 전혀 모르는 땅이지만, 그분께서는 몸으로 직접 겪어 훤히 알고 계십니다. 거친 숨 몰아쉬어야 하는 가파른 곳, 돌투성이 길, 그늘 한 점 없는 열사의 행로, 기세등등한 물살, 이 모든 역경을 그분께서 우리보다 앞서 가시며 겪으셨습니다. 요한복음 4:6의 말씀대로 "예수께서 길 가시다가 피곤하여……그대로" 앉으셨습니다. 그분께서는 있을 수 있는 모든 격류에 부딪혔지만, 그 도도한 물결도 그분의 사랑을 휩쓸어 가지는 못했습니다. 예수께서는 그 겪으신 고난으로 완전한 인도자가 되셨습니다. "그가 우리의 체질을 아시며 우리가 단지 먼지뿐임을 기억하심이로다"(시 103:14). 그분의 인도하심이 친절하지 않다는 의심이 들거든 이 말씀을 생각하십시오. 그분께서는 언제나 알고 기억하는 분이시니, 여러분의 두 다리가 감당할 수 없으면 결코 한 걸음도 떼게 하지 아니할 것입니다. 더 이상 걸을 수 없을 때도 염려할 필요가 없습니다. 걸을 힘을 주시든가 느닷없이 정지를 명하셔서 쉬게 하시든가, 하실 테니 말입니다.

"푸른 초장"으로? 언제나 그렇지는 않으니
모든 것을 아시는 그분께서 더러는 나를
어둠 짙고 힘든 길로 인도하시네.

그러나 무슨 상관이란 말인가?
아름답고 시원한 산 정상이나
햇빛 없고 침침한 골짜기나,
그 어디에나, 그분 계심에.

— 배리

1월 4일

예수께서 이르시되 가라. 네 아들이 살아있다 하시니 그 사람이 예수께서 하신 말씀을 믿고 가더니. _요한복음 4:50
무엇이든지 기도하고 구하는 것은 받은 줄로 믿으라. _마가복음 11:24

급박하게 기도해야 할 문제를 만났을 때는 하나님께서 들어주시리라는 믿음이 생길 때까지 기도하십시오. 그분의 응답하심에 대해 마음에서 진정으로 감사가 우러나올 때까지 그렇게 하십시오. 당장 눈에 띄는 응답이 없다 해서 하나님을 믿지 못한 여러분의 잘못이라는 식으로 기도하지는 마십시오. 도움은커녕 방해만 됩니다. 이런 식으로 기도를 마치고 나면 믿음이 더 약해지거나 완전히 사라져 버립니다. 이러한 기도를 드려야 한다는 충동은 분명 자기 자신과 사탄에게서 오는 것입니다. 응답을 기다리는 중에 그 문제를 다시 주님께 들고 가서 말씀드리는 것은 괜찮지만, 이 경우에도 믿음을 잃거나 확신이 약해져서는 안 됩니다.

기도를 했는데 오히려 믿음이 약해진다면 어떻겠습니까. 이러한 기도는 금물입니다. 응답을 기다리되 하나님에 대한 믿음을 꿋꿋이 유지하고서, 이미 오고 있을 응답으로 인해 그분을 찬양함이 좋겠습니다. 하나님을 향한 감사가 나올 만큼 응답을 확신해야 합니다. 이 확신보다 믿음을 강하게 하는 것은 없습니다. 믿음을 약하게 하고 앗아 가는 기도는 말씀에 기록된 약속을 의심하고, 그분께서 우리 가슴에 심어 주시는 확신도 부정합니다. 이러한 기도는 우리 마음이 불안하다는 뜻이고, 마음이 불안하다는 것은 결국 우리 기도가 응답되리라는 믿음이 없다는 증거입니다. 믿으면 마음이 불안할 까닭이 없습니다. "이미 믿는 우리들은 저 안식에 들어가는 도다"(히 4:3).

믿음을 앗아 가는 기도는 흔히 하나님의 약속보다는 그 약속의 불가능성을 생각하는 데서 옵니다. 아브라함의 믿음을 보십시오. "그가 백 세나 되어 자기 몸이 죽은 것……같음을 알고도 믿음이 약하여지지 아니하고, 믿음이 없어 하나님의 약속을 의심치 않고 믿음에 견고하여져서 하나님께 영광을 돌리며"(롬 4:19-20). 부디 우리 모두 믿음을 약하게 하는 기도의 유혹에 들지 않도록 깨어 기도하기를 빕니다(마 26:41).

믿음은 느낌도 시력도 이성도 아니고 하나님의 말씀을 그대로 믿는 것일 뿐입니다.

근심이 시작되는 곳에서 믿음이 끝나고 믿음이 시작되는 곳에서 근심이 끝납니다.

편안한 환경에서는 믿음을 배울 수 없습니다. 하나님께서는 고요한 시간에 약속을 주시고, 크고 은혜로우신 말씀으로 우리가 받은 언약을 봉인하신 후 뒤로 물러나셔서, 우리가 얼마나 믿는지 지켜보십니다. 그러면 그분께서 허락하신 유혹자가 옵니다. 거듭되는 시험으로 그분께서 친히 주신 말씀에 확신이 서지 않습니다. 믿음이 드디어 면류관을 쓰는 때입니다. 바로 이때 사도 바울처럼, 폭풍 구름을 올려다보며, 두려워 떠는 뱃사람들 가운데 서서 선언하는 것입니다. "나는 내게 말씀하신 그대로 되리라고 하나님을 믿노라"(행 27:25).

> 믿고 또 믿으라, 해와 별에
>
> 삶과 죽음에, 영혼과 육신에
>
> 그분의 지혜롭고 자애로운 목적 넘실대느니,
>
> 섭리의 어두운 밤
>
> 그분의 뜻하심 총총히 빛나느니.

1월 5일

그의 하나님 여호와께 부르짖어 이르되 여호와여, 힘이 강한 자와 약한 자 사이에는 주밖에 도와줄 이가 없사오니. _역대하 14:11

하나님이 들으시도록, 그분께서 다 책임지시도록 주장하십시오. "주밖에 도와줄 이가 없사오니." 아사의 군대와 대항하는 적은 대단했습니다. "구스 사람 세라가 그들을 치려 하여 군사 백만 명과 병거 삼백 대를 거느리고"(9절). 아사가 이 엄청난 세력에 저항한다는 것은 불가능한 일 같았습니다. 같이 방어해 줄 동맹군도 없었으니, 유일한 희망은 하나님뿐이었습니다.

　여러분도 아마 이런 경험이 있을 것입니다. 그 어떠한 인간의 도움도 소용없을 정도로 크나큰 어려움이 닥칩니다. 비교적 작은 시련을 겪을 때는 그러한 도움에 의지도 했겠지만, 이제는 전능하신 친구밖에는 의지할 이가 없습니다. 그렇습니다. 여러분과 적대자 사이에 하나님이 계셔야 합니다.

　아사는 자신의 부족한 능력을 깨닫고, 여호와께서 세라의 강한 군대와 자신 사이에 서 주시리라 여겼습니다. 과연 그러해서 구스 사람은 "여호와 앞에서와 그의 군대 앞에서 패망"했습니다(13절). 하늘의 군대가 이스라엘을 위해 급파되기라도 한 것처럼 철저히 패했습니다. 하나님의 군대에 쫓겨 가지 않을 적은 없습니다. 이스라엘은 뒤따라가며 전리품을 챙겨 모으기만 하면 그만이었습니다. 우리 하나님은 "만군의 여호와"이시니(사 10:16), 어느 때라도 지원군을 불러 그분의 백성을 도우실 수 있습니다. 여러분과 여러분의 고난 사이에 그분이 계심을 믿으십시오. 여러분을 괴롭게 하는 문제들이 바람에 휩쓸리는 구름처럼, 그분 앞에서 달아날 것입니다.

　　더 이상 기댈 데 없고,
　　든든한 산성 먼지처럼 무너져 내리며,
　　하나님의 다스림 외에는 아무것도 확신할 수 없을 때,
　　그때가 바로 믿을 때입니다.

　　여러분과 나의 길,
　　눈으로 말고 믿음으로 걸읍시다.
　　사방천지 빛 하나 없는 밤,
　　믿음이 빛 되는 시간입니다.

"아브라함이 하나님을 믿으매"(롬 4:3), 자신의 눈에게는 "물러서라!" 하였고, 자연법칙을 향해서는 "잠잠하라!" 하였으며, 의심하는 마음에게는 "입

다물라, 거짓 유혹자야!" 하였습니다. 그는 진실로 하나님을 믿었습니다.

1월 6일

네가 물 가운데로 지날 때에……물이 너를 침몰하지 못할 것이며. _이사야 43:2

하나님께서는 우리가 길 앞에 서기 전까지는 길을 열지 않으십니다. 도움이 필요할 때 도움을 주십니다. 장애물 앞에 서야 그 장애물을 제거해 주십니다. 그렇습니다. 도움이 필요한 지점에 이르면 그분께서 손을 내밀어 주십니다.

　많은 이들이 이러한 사실을 잊은 채 아직 오지도 않은 어려움을 붙들고 끝없이 고민합니다. 하나님께서 수십 리 앞길까지 훤히 뚫어 주시리라고 그들은 기대하지만, 그분께서는 한 걸음씩 차근히 데려가시고, 필요가 생겨야 도와주겠다고 약속하십니다. 하나님의 약속을 주장하려면 먼저 격류 앞에 서 있어야 합니다. 많은 이들이 죽음을 두려워하며 차라리 "죽는 은혜"라도 누렸으면 좋겠다는 식으로 비관하는데, 아직 사지가 멀쩡하니 그들에게 죽음의 은혜가 허락될 리가 없습니다. 살아서 할 일이 많고 죽음은 까마득히 먼데, 왜 그들이 그런 은혜를 받아야 합니까? 필생의 사역과 소명을 이루려면 사는 은혜가 필요하거니와, 죽는 은혜는 죽을 때가 되면 옵니다.

　　"네가 물 가운데로 지날 때에"
　　물결 도도하고 차겠으나
　　여호와께서 우리의 피난처요,
　　그분의 약속 우리의 산성이라.
　　신실하고 참되신 하나님,
　　그분께서 친히 말씀하셨으니
　　"너 물 건너갈 때
　　잠기지 아니하고 지나가리라."

슬픔과 시련의 바다,

쓰디쓴 고통과 괴로움,

저 높은 유혹의 파도,

사방에서 밀려오겠으나

우리를 삼키지는 못하리라,

그분의 말씀 참되다는 것 우리 알기에.

그분의 파도요 그분의 물결이니

우리 안전하게 인도하시리라.

부술 듯이 달려드는 파도,

사악한 의심의 역류,

우리를 가라앉게도, 저 깊은

저주의 바다로 끌어가지도 못하리라.

그분의 약속 우리를 붙드시니

주님을 찬양하라, 그분의 말씀 참되다!

우리 잠기지도 가라앉지도 아니하리라,

그분 말씀하셨으니, "네가 지나가리라."

— 애니 존슨 플린트

1월 7일

어떠한 형편에든지 나는 자족하기를 배웠노니. _빌립보서 4:11

바울은 어떠한 위로도 받지 못한 채 어두운 감방에서 이 말씀을 기록했습니다.

어떤 왕의 이야기입니다. 그가 어느 날 아침에 자신의 정원을 거닐면서 보니, 모든 것이 말라 죽어 가고 있었습니다. 성문 근처에 서 있는 참나무에게 무슨 문제가 있느냐고 물었습니다. 인생이 피곤하다고 했습니다. 자신은 소나무처럼 쭉쭉 뻗어 아름답지도 않으니 그만 죽겠다는 것이었

25

습니다. 소나무는 포도나무처럼 탐스런 열매가 없어서 고민이었습니다. 포도나무는 복숭아나무처럼 똑바로 서지도 못하고 열매 또한 크지 않으니 살아서 뭐하겠느냐고 합니다. 제라늄은 라일락처럼 크지도 않고 향기도 없어서 안달입니다.

정원을 돌아다니며 보니 죄다 그 모양입니다. 그런데 웬일입니까. 제비꽃만은 전과 다름없이 밝고 행복해 보였습니다. 왕이 묻습니다. "모두가 낙심해 있는데 너처럼 작은 꽃이 혼자 기운을 내고 있다니 기특하구나. 너는 도대체 낙심을 모르는 것 같구나." 제비꽃이 대답합니다. "예, 낙심하지 않습니다. 저는 작지만 이렇게 생각합니다. 왕께서 참나무나 소나무나 복숭아나무나 라일락을 원하셨으면 나를 안 심고 그것들을 각각 심으셨을 것이라고 말입니다. 왕께서 제비꽃을 원해 심으셨으니, 저는 최선을 다해 아름다운 제비꽃으로 살아갈 것입니다."

> 다른 이들은 아마 더 큰일 하겠지요.
> 하지만 그대가 할 일은 따로 있습니다.
> 하나님의 가족 누구라도 그 일,
> 그대만큼 잘할 수 없습니다.

하나님의 사람들은 어떠한 형편에서든 무조건 자족하기를 배웁니다. 그분의 뜻이 그들의 뜻이 됩니다. 그들은 하나님께서 자신들에게 원하시는 것을 하고자 합니다. 그들은 모든 것을 벗어던집니다. 그리고 이 헐벗음으로 모든 것이 백배가 되어 돌아옵니다.

1월 8일

내가……때를 따라 소낙비를 내리되 복된 소낙비를 내리리라. _에스겔 34:26

오늘 여러분은 어떤 계절을 맞고 있습니까? 건기를 겪고 있습니까? 그렇다면 이제 곧 많은 비가 내린다는 신호입니다. 먹장구름의 계절을 지나고 있습니까? 이 계절만 지나면 역시 많은 비가 옵니다. "네가 사는 날을 따라서 능력이 있으리로다"(신 33:25). "내가……복된 소낙비를 내리리라." 소낙비라는 점을 주목하십시오.

하나님께서는 온갖 종류의 축복을 내려 주실 것입니다. 그리고 그분의 모든 축복은 금사슬 고리처럼 줄줄이 달려 나올 것입니다. 구원의 은혜를 주시면 위로의 은혜도 같이 옵니다. "복된 소낙비"를 보내시는 것입니다. 건기의 초목처럼 마르고 시든 여러분들이여, 이제 눈을 들어 위를 보십시오. 여러분의 잎과 꽃들을 활짝 펴서 하나님의 거룩한 비를 받으십시오.

그대의 가슴 낮은 골짜기 되어라,
하나님께서 넘치도록 비를 퍼부으시게.

오 주님, 당신께서 가시를 꽃으로 바꾸실 수 있사오니, 나의 가시를 꽃으로 바꾸소서. 욥은 비를 겪고서야 햇빛을 만났는데, 그 비는 모두 헛것이었습니까? 욥이 알기 원하고 내가 알기 원하오니 말씀하소서. 정녕 비를 겪어야 햇빛이 옵니까? 당신께서만 아십니다. 당신의 십자가를 보아야 알 수 있습니다. 당신께서는 머리에 슬픔을 이셨습니다. 오 주님, 나의 이 슬픔을 면류관으로 삼게 하소서. 비의 찬란한 아름다움 배우면 당신 안에서 나 기필코 이기겠나이다.

열매 맺는 삶은 햇빛은 물론 비까지 찾아 나섭니다.

저 불덩어리 태양 아래 타들어 가는 풍경
다시 살아나려면 구름이 필요할 뿐,
이슬이 나무와 꽃을 적신다 하나
죽어 가는 생명 푸르게 되살리자면
구름에서 쏟아지는 소나기가 필요할 뿐.

아, 시련의 이슬 향기처럼 나리면 어떤가,
생명의 풍경 되살아오는가,
그러나 유리쟁반의 이슬은 무의미할 뿐,

아침이 오면 밤나방처럼 사라지고
입맞춤같이 덧없는 추억만 남길 뿐.

하지만 쏟아져 내릴 듯 무거운 시련의 구름,
영혼 깊은 데까지 적시고 또 적셔
하나님의 법칙이 그러하듯 생명이 약동한다,
그토록 말라 낙타가 걷던 땅에서
생명의 풍경 아름답게 피어난다.

그러므로 그대 앞에 구름이 올 때마다
바울이 크고 뚜렷한 글자로 전하는 말 읽으라.
그 구름들 그대 영혼을 축복으로 젖게 하고,
읽을수록 끝없는 신뢰 솟아나리라
모든 것이 합력하여 선을 이루니, 두려워 말라!

1월 9일

생각하건대 현재의 고난은 장차 우리에게 나타날 영광과 비교할 수 없도다. _로마서 8:18

병 모양으로 생긴 황제나방의 고치를 근 일 년간 보관한 적이 있습니다.
고치의 구조가 대단히 특이했습니다. "병"목 끝부분에 좁은 구멍이 있었
는데, 성충은 이 좁은 입구로 꾸역꾸역 빠져나옵니다. 그래서 비어 버린 고
치 역시 섬유조직이 전혀 손상되지 않고 여전히 거주자가 살고 있는 듯 완
벽한 형태를 유지합니다. 이 구멍의 크기와 고치 안에 갇힌 벌레의 크기를
비교해 보면 입이 다물어지지 않습니다. 나방이 그 좁은 틈으로 빠져나와
생존한다는 사실이 신기할 뿐입니다. 물론 그 구멍으로 나오려면 엄청난
고통과 노력이 필요합니다. 그 좁은 입구를 통과할 때 나방의 몸에 가해지
는 압력으로 인해, 체액이 날개 쪽으로 몰린다고 합니다. 이것은 다른 곤충
들보다 비교적 덜 발달한 상태로 고치에서 나오는 이 나방의 날개에 영양
을 공급하려는 자연의 방식입니다.

나방은 마침내 장기간의 구금에서 벗어나려는 시도를 감행했고, 우연히도 나는 그 최초의 시도를 목격하게 되었습니다. 나는 아침나절 내내 이 곤충의 자유를 향한 끈질긴 사투를 지켜보았습니다. 그런데 아무리 지켜봐도 나방은 어떤 단계 이상을 넘어서지 못할 것 같았고, 지켜보는 나도 지쳤습니다. 자연의 의도 그대로 애초의 서식환경에서 한겨울을 났다면 그렇지 않았을 텐데, 내 집에서는 이 고치가 너무 말라 탄력이 없었던 것 같습니다. 어쨌든 너무 힘들어하는 이 곤충을 도와주자고 결심했으니, 나는 이 곤충의 조물주보다 지혜롭고 동정심이 많았던 모양입니다. 그래서 가위를 들고 좁은 입구를 잘라 내 조금 넓혀 주었습니다. 나방은 별 힘 안 들이고 즉시 기어 나왔습니다. 몸은 엄청나게 부풀어 있었고 작은 날개는 주름진 채 달라붙어 있었습니다. 고요하고 부드럽게 펼쳐지는 날개의 놀라운 팽창 과정을 직접 보고자 했던 나의 바람은 헛되었습니다. 아직 축소된 크기로 화려하고 아름답게 박혀 있는 나방의 반점과 무늬를 자세히 들여다보았습니다. 나는 이 반점과 무늬가 제 크기대로 점점 커지는 모습을 보고 싶었습니다. 나방 종류 가운데서도 빼어나게 아름답다는 나의 나방이 그 아름다운 모습을 완벽하게 구현하기를 나는 기대했던 것입니다. 소용없는 기대였습니다. 나의 그릇된 친절이 곤충을 파멸시켰습니다. 낙태된 나방은 고통스럽게 기어 다니며 잠시 살았을 뿐, 현란한 무지갯빛 날개를 펴고 공중으로 날아가지는 못했던 것입니다.

종종 나는 그 나방을 생각합니다. 슬픔과 고통 부여잡고 힘들게 투쟁하는 이들을 바라볼 때면 특히 더 그렇습니다. 속히 그들의 고통을 어루만져 위로와 구원을 가져다주고 싶습니다. 나는 얼마나 근시안적인 사람입니까! 내 무엇을 알아 이들의 고통과 신음이 제거되어야 한다고 여기는 것입니까? 멀리 보는 완전한 사랑은 그 대상이 완전해지기를 바라므로 현재의 잠시 받는 고난으로 나약하게 물러서지 않습니다. 우리 아버지의 사랑도 강하고 견고한 사랑입니다. 그분께서는 자녀들을 사랑하시되 "그의 거룩하심에 참여하게" 하시려고(히 12:10) 우리를 징계하시니 강한 사랑입니다. 이 영광스러운 목적을 마음에 두고 계시므로 그분께서는 우리의 고통을 경감해 주시지 않습니다. 맏아들 되시는 이께서 고난으로 완전해지셨듯이 하나님의 자녀인 우리 또한 징계 받음으로써 순종하고, 큰 시련을 통해 영광에 이르는 것입니다.

1월 10일

성령이 아시아에서 말씀을 전하지 못하게 하시거늘. _사도행전 16:6

하나님께서 이 초대 교회의 십자가 메신저들을 인도하시는 방식이 흥미롭습니다. 합당치 않다 여기시는 길로 가려고 할 때 그들의 걸음을 막으시는 방식이 그렇습니다. 그들이 왼쪽으로 돌아 아시아로 가려고 하자, 주께서 만류하셨습니다. 오른쪽으로 돌아 소아시아 비두니아로 가려고 하자, 주께서 다시 막으셨습니다. 후일 이 지역에서 바울은 큰일을 하게 되지만, 아직은 성령에 의해 문이 닫혀 있는 상태였습니다. 사탄 왕국의 이 확고한 요새를 공격할 시기가 무르익지 않았던 것입니다. 아볼로가 먼저 가서 기반을 다져 놓아야 했습니다. 바울과 바나바는 더 급한 다른 지역으로 가야 했고, 아울러 이 막중한 책무를 떠맡기 전에 좀 더 훈련받아야 했던 것입니다.

사랑하는 이들이여, 어느 방향으로 가야 할지 모르겠거든 하나님의 성령께 판단을 맡기고 합당히 여기시는 문 외에는 모두 닫아 달라고 아뢰십시오. 그리고 이처럼 말씀드리십시오. "복되신 성령이여, 모든 길 닫으시는 권한을 당신께 드립니다. 하나님께로서 나지 않은 발걸음을 막으시는 책임도 전적으로 당신께 드립니다. 좌로나 우로나 치우치거든(신 5:32) 늘 뒤에서 말씀하셔서 그 음성 듣게 하소서."

그리고는 이미 걸어온 길 계속해서 걸어가십시오. 어떤 다른 일을 하라는 명백한 말씀이 오기 전까지 현재의 부르심을 고수해야 합니다. 오, 여행자들이여, 바울을 인도하신 예수의 성령께서 여러분을 인도하려고 기다리고 계십니다. 사소한 경고나 주의에도 부디 마음 써 순종하시기 바랍니다. 믿음의 기도를 드렸고 명백한 장애물이 없다면, 확신을 가지고 전진하십시오. 바로 앞에서 문이 닫히는 식으로 응답이 오더라도 놀라지 마십시오. 좌우로 문이 닫히면 앞으로 곧게 뻗은 길을 따라 틀림없이 드로아로 가게 됩니다. 거기서 누군가 여러분을 기다리고 있습니다. 환상이 보여 무한한 기회의 땅으로 가는 길을 가리킬 것입니다. 신실한 친구들이 기다리는 땅 말입니다.

풀어야 할 인생의 문제 있습니까?
신비로 가득 차 알 수 없는 길 있습니까?
하나님께서 아십니다, 숨은 것들 드러내시는
그분께서 열쇠를 쥐고 계십니다.

아버지께서 문을 닫으셨습니까?
활짝 열리기를 그토록 소망했던 문을?
하나님 믿고 기다리십시오, 그 문 닫으신
그분께서 열쇠를 쥐고 계십니다.

정성으로 드린 기도 아직 응답이 없습니까?
아니면 그대가 기대했던 응답이 아닙니까?
하나님께서 이제 곧 당신의 목적 밝히십니다.
그분께서 열쇠를 쥐고 계십니다.

인내하시는 하나님께 그대의 인내를 보이십시오.
지혜로우시고, 모든 것 아시며, 오래 지체하지 않는 분이십니다.
그대 인생의 모든 문,
그분께서 열쇠를 쥐고 계십니다.

참된 위로와 복된 안식 있으니,
그분께서 모든 문의 열쇠 쥐고 계심을 아십시오.
그분께서 가장 좋다 여기시는 때,
그 열쇠 그대에게 줄 것입니다.

—무명의 저자

1월 11일

너희의 하나님이 이르시되 너희는 위로하라. 내 백성을 위로하라. _이사야 40:1

위로의 마음을 가슴에 한가득 쌓아 두십시오. 이것이 예언자 이사야의 임무였습니다. 세상은 아프고 쓸쓸한 영혼들로 넘칩니다. 여러분이 이 숭고한 임무를 수행하려면 먼저 훈련받아야 합니다. 그리고 이 훈련은 고되고 혹독해서, 이제도 무수한 영혼들을 비틀어 눈물과 피를 짜내는 그 고통을 똑같이 겪어야 완료될 것입니다. 그러므로 여러분의 삶은 병실이 되고, 여기서 여러분은 거룩한 위로의 기술을 배웁니다. 여러분은 상처 받고 다칩니다. 위대한 의사께서 그 상처 싸매시는 모습을 보며, 여러분은 세상의 부상자들을 어떻게 응급처치 해야 하는지 배우는 것입니다. 여러분이 왜 그런 슬픔을 겪어야 하는지 그 뜻을 모르겠습니까? 앞으로 십 년을 지나는 동안 한번 살펴보십시오. 여러분이 겪었던 고통 똑같이 겪는 사람들이 빈번히 눈에 띌 것입니다. 그러면 여러분은 그들에게 자신이 어떻게 고통 받고 어떻게 위로 받았는지 말해 주겠지요. 이야기가 진행되는 동안, 하나님께서 예전에 여러분에게 그러하셨듯이 그들에게 마취제를 바르십니다. 통증이 가라앉은 그들의 눈에 희망의 빛이 어른거리고, 영혼에 깔린 절망의 그림자는 걷힙니다. 그들의 그 간절한 눈빛을 보며 여러분은 자신이 고통 받았던 이유를 그제야 알게 됩니다. 그리고 고통을 허락하셔서 인생을 값지고 유용하게 하신 하나님을 찬양하게 되는 것입니다.

하나님께서 우리를 위로하시며 편히 쉬라 하지 않고, 가서 다른 이들을 위로하라고 말씀하십니다.

장미꽃 이파리
으깨야
그 향기 모아서
쓸 수 있다고 합니다.

종다리 가슴

아파야
새장에서 침묵하는
그 새가 노래한다고 합니다.

사랑은 피 흘려야 하고
우정은 눈물 흘려야
나의 깊은 마음
그들에게 닿는다고 합니다.

보배로운 것들은
언제나 그래야 합니까?
상하고 피 흘리며
다친 날개로 가야 합니까?

그렇습니다! 낮에 울고
밤에 갇혀 지냄으로, 가시와
돌투성이 길에 찢긴 상처로
이 보배로운 것들이 있습니다.

1월 12일

내 형제들아, 너희가 여러 가지 시험을 당하거든 온전히 기쁘게 여기라. 이는 너희 믿음의 시련이 인내를 만들어 내는 줄 너희가 앎이라. _야고보서 1:2-3

하나님께서 자녀들을 보호하시려고 그들 주위로 울타리를 치십니다. 그런데 그들은 빈번히 울타리의 나쁜 면만 보고 그분의 의도를 오해합니다. 욥도 그래서 이처럼 묻습니다. "하나님에게 둘러싸여 길이 아득한 사람에게 어찌 빛을[생명을] 주셨는고"(욥 3:23). 아, 하지만 사탄은 이 울타리의 가치를 알고 있었습니다! 과연 그는 주님께 이토록 도전적인 말을 던집니다. "욥이 어찌 까닭 없이 하나님을 경외하리이까. 주께서 그와 그의 집과 그의 모든 소유물을 울타리로 두르심 때문이 아니니이까"(욥 1:9, 10).

어둠 속에서 시련의 책장이 넘어갈 때마다 좁다란 빛을 밝혀 들여다 보시는 이가 있습니다. 가시는 우리가 먼저 가서 몸을 대기 전에는 찌르지 않으며, 어떠한 가시도 그분 모르게는 여러분에게 닿을 수 없습니다. 여러분을 아프게 하는 말, 상처 주는 글, 가까운 친구들의 비정한 처사, 경제적 궁핍, 이 모든 것들을 그분께서 아십니다. 그분처럼 연민이 많으신 이 없으니, 이 모든 일 지나 여러분이 그분을 온전히 신뢰할 때까지 지켜보십니다.

우리를 막아서는 산사나무 울타리
그 거칠고 완강한 기세
겨울 추위에 헐벗어 툭툭
불거진 가시들, 찌르고 할퀴리라.

그러나 봄은 와서, 어린 가지마다
아론의 지팡이에 싹 나듯, 초록 이파리 내민다.
등뼈만 남았던 자리마다
부드럽고 여린 잎들, 보석처럼 박힌다.

슬픔, 그토록 캄캄하던 슬픔은
마음 담아 전송하신 자비,
더 큰 슬픔으로 헤매이지 말라고,
더 큰 악에서 우리 영혼 지켜 주시겠다고.

장미 담장은 소용없어라,
구덩이로 가는 우리 못 막으니
빈틈없는 가시담장만이 찌르고
할퀴어 우리를 보호하네.

우리 처음에는 가시에 찔려

피 흘리며 하소연하리라,

이 고통스러운 하나님의 울타리

못내 야속하리라.

하지만 후일에 보라, 하나님의

즐거운 봄이 오면, 불퉁거리던 우리

입 다물고, 날카로운 가시 덮으며

꽃을 피우고, 평화로운 열매 맺으리라.

그러므로 우리 노래하자, 인생의

숨은 구덩이 피해 가도록 마음 써 고르신 길,

그 자비와 심판의 길 아름답게 섞이니

슬프지만 사랑스러운 지상의 노래를.

1월 13일

이 모든 일에 우리를 사랑하시는 이로 말미암아 우리가 넉넉히 이기느니라. _로마서 8:37

이기는 정도가 아니라 넉넉히 이깁니다. 너무도 완전한 승리여서 패배와 멸망에서 벗어나는 것은 말할 것도 없고, 우리의 원수와 적대자들을 무너뜨릴 뿐 아니라 싸움에서 오히려 감사를 드릴 만큼 풍요롭고 귀한 전리품마저 챙기게 됩니다. 우리는 어떻게 넉넉히 이길 수 있습니까? 우리는 투쟁을 통해서 영적으로 훈련받을 수 있습니다. 믿음에 힘이 생기고 영적인 기개가 드높아지는 것입니다. 유혹은 영적인 삶의 기초를 다지는 데 필요합니다. 그것은 산비탈의 삼나무에 몰아닥치는 바람과 같습니다. 강풍에 시달린 나무는 땅속으로 더욱 깊이 뿌리를 내려 거목으로 자랍니다. 영적인 투쟁은 축복이며, 마귀는 우리의 훈련도구이니 결국은 자신의 패배를 위하여 우리를 열심히 훈련시키고 있는 셈입니다. 고대 소아시아 프리기아인들의 전설이 있습니다. 그들은 적을 정복할 때마다, 포로들의 육체적 기운을 흡수해 자신들의 힘과 용기를 늘렸다고 합니다. 그렇습니다. 유혹을 이기면 우리의 영적인 능력과 기세가 배가됩니다. 그러므로 우리의 적대자를 물리치는 것은 당연히 가능하고, 아예 사로잡아서 우리의 보충부대로 편성하기까지 할 수 있습니다.

예언자 이사야는 이스라엘이 블레셋의 어깨 위에 올라타는 상황을 이야기합니다(사 11:14). 블레셋 사람들은 철천지원수였지만, 이 구절은 이스라엘이 이길 뿐 아니라, 적의 어깨에 올라타 더 많은 승리를 위해 전진할 수 있으리라는 점을 암시합니다. 경험 많은 선원은 역풍의 추진력을 이용해 갈지자로 이동하며 결국에는 앞으로 전진합니다. 우리의 영적인 삶도 마찬가지입니다. 하나님의 승리의 은혜를 통하여 적대적인 상황을 완전히 뒤바꿀 수 있는 것입니다. 그러므로 우리의 입에서 그치지 아니할 고백이 이와 같습니다. "형제들아, 내가 당한 일이 도리어 복음 전파에 진전이 된 줄을 너희가 알기를 원하노라"(빌 1:12).

산호류의 생물들이 바깥바다로부터 스스로를 지키기 위해 아톨섬의 거대한 산호초를 쌓았다는 것이 먼 옛날 뱃사람들의 믿음이었다고 합니다. 한 저명한 과학자가 이 사실을 접하고서 옛 사람들의 이 믿음이 틀렸음을 입증했습니다. 그가 증명한 바에 따르면, 이 생물들은 오히려 바깥바다와 직접 부딪쳐야 살고 번성한다고 합니다. 그 적대적인 파도 거품에 다량의 산소가 함유돼 있어서 생존이 가능하다는 것입니다. 우리는 안전하고 편한 삶을 가장 좋은 삶의 방식으로 여깁니다. 하지만 숭고하고 강한 사람들의 삶은 정확히 반대되는 지점에 서 있습니다. 역경을 견딤으로써 현재에 이르렀음을 그들의 삶이 잘 보여줍니다. 단순히 존재하는 삶과 드높고 활기찬 삶의 차이가 바로 여기에 있습니다. 역경이 진정한 그리스도인을 만듭니다.

"항상 우리를 그리스도 안에서 이기게 하시고 우리로 말미암아 각처에서 그리스도를 아는 냄새를 나타내시는 하나님께 감사하노라"(고후 2:14).

1월 14일

자기 양을 다 내놓은 후에 앞서 가면……. _요한복음 10:4

그분에게나 우리에게나 어려운 일입니다. 우리는 가야 하니 어렵고, 그분께서는 우리를 내보내 고통스럽게 하셔야 하니 어렵습니다. 하지만 해야 하는 일입니다. 언제나 즐겁고 편한 곳에 머물러 있는 것만이 우리의 관심사는 아닐 것입니다. 그러므로 그분께서는 우리를 앞으로 내놓으십니다. 목자는 양떼가 활기찬 산비탈로 이동하도록 양의 우리를 떠납니다. 마찬가지로, 일꾼들은 황금곡식을 망치지 않으려면 추수할 들판으로 이동해야 합니다.

그러니 힘내십시오! 그분께서 머물지 않기로 결정하셨으면 우리 또한 머물러 있어 봐야 좋을 것이 없습니다. 우리 주님의 사랑의 손이 등 떠밀어 가라 하시면 그것이 가장 좋은 것입니다. 그분의 이름으로 푸른 초장, 잔잔한 물가, 높은 산으로 나아가십시오. 그분께서 앞서 가십니다. 그러므로 우리 앞에 무엇이 있든 그분께서 먼저 가시며 살펴보십니다. 믿음의 눈은 선두에 서신 그분의 장엄하신 모습을 알아봅니다. 그분의 모습이 안 보일 때 움직이는 것은 위험합니다. 여러분더러 견디라 하신 모든 시련을 구주께서 친히 겪으셨으니 안심하십시오. 여러분이 견딜 만한 길인가 그분께서 먼저 확인하지 않고서 그 길 가라 하시지 않습니다.

길 저쪽에 무엇이 있는지 걱정하지 않고, 다음 발걸음을 염려하지도 않으며, 이 길인가 저 길인가 선택할 때 망설이지 않고, 미래에 대한 책임도 질 필요 없이, 한 번에 한 걸음씩 조용히 목자의 뒤를 따라가는 이 삶이 복됩니다.

하늘 어둡고, 내일 알 수 없다!
밤은 이토록 길어 삶의 길 캄캄하구나.
잠시라도 보고픈 나의 소망, 어둠 지나야 하리.
하지만 나 알고 믿는다, 그분 앞서 가시니.

위험 가깝고, 내 가슴 떨린다.

앞길에 무슨 일 닥칠까 두렵구나.

하지만 나는 그분의 것, 그가 나의 가는 길 아시니.

더 넘치는 은혜, 그분 앞서 가신다.

사악하고 어두운 의심의 그림자 몰려와

삶의 보배, 그 소중한 것들 끝났다 한다.

그분의 말씀 아니면 무엇에 힘 얻어 다시 서겠는가,

이 복된 사실, 이제도 그분 앞서 가신다.

그분 앞서 가신다! 이것이 나의 위로!

그분 앞서 가신다! 내 마음 이 진리에 살리라!

그분 앞서 가신다! 이 구원의 보증!

그분 앞서 가신다! 다시없는 기쁨!

—J. 댄슨 스미스

근동의 그 목자께서는 언제나 당신의 양떼 앞서 가셨습니다. 늘 선두에 서 계셨습니다. 무엇에라도 양떼가 다치고 상할까 마음 쓰셨습니다. 그분께서 우리 선두에 계십니다. 그분은 우리의 내일에 가 계십니다. 사람들이 두려워하는 내일에 그분이 미리 가 계십니다. 우리 인생의 모든 내일은 그분 앞을 통과해서야 우리에게 올 수 있습니다.

하나님께서 늘 내일에 가 계시니

나 오늘을 사네.

인생의 아침을 확신하며

나의 길 인도하시고 힘 주심을,

약해질 때마다 능력을,

고통의 순간마다 희망을,

모든 슬픔에 위로를,

비 그친 뒤 햇빛과 기쁨을 확신하며,

나 오늘을 사네.

1월 15일

그 밤에 여호와께서 그에게 나타나. _창세기 26:24

이삭이 브엘세바로 간 그 밤이었습니다. 이 계시가 우연히 왔습니까? 계시
가 온 그 시각이 우연이었습니까? 그 밤 아니라 다른 어떤 밤에라도 벌어
질 수 있는 사건이라고 여러분은 믿습니까? 그렇다면 슬픈 착각입니다. 왜
이 계시가 이삭이 브엘세바로 올라간 그 밤에 왔습니까? 그가 안식에 든
밤이었으므로 그렇습니다. 이삭은 옛 땅에서 몹시 시달렸습니다. 하찮은
우물의 소유권을 놓고 내내 사소한 다툼이 일었습니다. 그러고 보면 '사소
한' 걱정거리만큼 좋은 것도 없고, 많으면 오히려 더 좋습니다. 이 작은 걱
정거리들로 인해 이삭은 분쟁이 가라앉은 뒤에도 그 땅에 대해 좋지 않은
기억을 갖게 되었습니다. 결국 그 땅을 떠나 장막을 쳤습니다. 바로 그날
밤 계시가 왔습니다. 하나님께서는 그의 내면에 소요가 없을 때 말씀하신
것입니다. 어찌 심란한 마음에 대고 말씀하실 수 있었겠습니까. 하나님의
음성을 듣기 위해서는 영혼의 침묵이 필요합니다. 그 고요 속에서만 이삭
은 하나님의 옷자락이 스치는 소리를 들을 수 있었습니다. 그 고요가 계시
로 빛나는 밤이었습니다.

영혼이여, "가만히 있어⋯⋯알지어다"(시 46:10) 하신 말씀을 묵상해
보았습니까? 괴로움으로 뒤척이는 시간에는 기도에 응답하시는 말씀을
들을 수 없습니다. 응답이 그토록 더디어 보이는 때가 얼마나 많았습니까!
가슴에 외침과 천둥과 지진과 불이 가득하여 그분의 대답을 들을 수 없었
습니다. 하지만 외침 멈추고 고요가 찾아드니 어떻습니까. 철문을 두드리
던 그 손 내려놓고 그대 삶의 비극보다 다른 이들의 삶을 생각하니 어떻습
니까. 그토록 오래 기다리던 응답이 저만치서 모습을 드러내지 않던가요.
영혼이여, 그대 마음의 소원 이루려면 잠잠해야 합니다. 일신의 괴로움으

로 격동하는 가슴 멈추십시오. 그대 한 몸의 근심 날마다 찾는 시련의 제단에 바치십시오. 바로 그 밤에 주께서 그대에게 나타나십니다. 범람했던 물결 잦아들고, 그 너머로 그분의 무지개가 뜰 것입니다. 그대 침묵과 고요 속에서 영원한 노래 듣습니다.

> 그대의 길 외롭게 걸으라,
> 고요하고 정한 마음으로.
> 누구도 그대에게 말한 바 없는
> 신비로운 것들 알리라.
>
> 하찮은 무리 달려들어
> 공허한 것들 움켜쥐려 할 때,
> 부드럽고 거룩한 노래 울리는 곳에서
> 위대한 세계 떠오르는 모습 보리라.
>
> 먼지 나는 길 다른 자들에게 맡기고
> 그대의 영혼 흠 없이 빛나게 하라,
> 아침 해 떠오르는 순간
> 세상의 빛 다 받아내는 바다처럼.

— 독일 V. 쇼펠 지역 무명의 저자

1월 16일

큰 광풍이 일어나며. _마가복음 4:37

크나큰 슬픔이 있고, 말할 수 없는 실망과 회복 불능의 패배가 있습니다. 이처럼 느닷없이 몰아닥치는 인생의 폭풍이 있습니다. 그런데 어떤 경우는 천천히 오기도 합니다. 고르지 않은 지평선 저쪽에서부터 손바닥만 한 크기로 서서히 모습을 드러냅니다. 그토록 하찮아 보였던 구름덩어리 하나가 점점 커져 하늘을 덮어 버립니다.

하지만 하나님께서는 그 폭풍 속에서 섬김의 능력을 키워 주십니다. 참나무를 원하시면 폭풍이 몰아치는 곳에다 심으십니다. 마침내 참나무는 한밤중에 자연과 싸워 가며 거칠고 단단한 섬유조직을 키워 숲의 제왕이 됩니다.

사람을 만들고자 하시면 그를 폭풍 속에 다잡아 넣으십니다. 인간의 역사는 언제나 험하고 거칠었습니다. 폭풍이 몰아치는 저 바깥으로 내몰리지 않고는 누구도 인간 형성의 과정을 끝낼 수 없습니다. 거기 들어가서 "오 하나님, 나를 취하소서, 깨뜨리소서, 만드소서" 하는 그 기도가 결국 영광스럽게 실현되는 모습을 보는 것입니다.

한 프랑스인 화가가 세계적인 천재를 소재로 그림을 그렸습니다. 유명한 웅변가, 철학자, 순교자 등이 그림에 등장합니다. 다양한 삶의 분야에서 업적을 남긴 사람들입니다. 그런데 이 그림에 주목할 만한 사실이 있습니다. 자신의 분야에서 탁월한 성취를 이룬 이 사람들 모두가 우선은 고통의 달인이었다는 것입니다. 그림 전면에 한 남자가 약속의 땅으로 들어가지 못한 채 서 있습니다. 모세입니다. 그 옆에 길을 더듬거리는 장님 시인 호메로스가 있습니다. 실명하고 실의한 밀턴도 거기 서 있습니다. 그리고 모든 이들보다 우뚝한 어떤 이의 형상이 보입니다. 그의 특징은 무엇입니까? 누구보다 얼굴에 상처가 많습니다. 화가는 아마 이 위대한 그림에 "폭풍"이라는 작품명을 붙였을 것입니다.

폭풍 뒤에 오는 자연의 아름다움을 보십시오. 산악의 거친 아름다움은 폭풍 속에서 탄생하고, 삶의 영웅들은 모두 폭풍에 휩쓸리고 투쟁으로 상처 입은 사람들입니다.

여러분도 폭풍 속에 있었고 강풍에 시달렸습니다. 그 폭풍으로 여러분은 지치고 낙담하여 골짜기에 주저앉았습니까? 아니면 더 깊고 굳건한 사람이 되어 빛나는 정상에 올랐습니까? 그리고 역시 폭풍 속에서 힘겹게 싸우고 있는 또 다른 이들을 더욱더 연민하게 되었습니까?

하나님께서 심으신 나무 결코 죽지 않는다.

동풍이 오고 서풍이 몰아쳐

여린 잎들 편할 날 없지만

어느 바람인들 상관 있으랴.

하나님께서 심으신 나무

더 깊이 뿌리박고 더 높이 자라며

가지들은 몰라보게 뻗는다, 하나님의

선하신 뜻, 나무의 모든 필요 채우심에.

하나님께서 아시는 나무

어느 폭풍의 힘으로 꺾으랴,

낙뢰도, 놋날 같은 빗줄기도

하늘의 섬광도, 태풍도 할 수 없으니,

이 모든 것들 힘쓰고 가면, 남느니

하나님 아시는 그 나무,

폭풍을 견뎌 내고 꿋꿋한 나무,

생애 첫날부터 끝날까지

아름답게만 자란다.

1월 17일

살아계시는 하나님의 종 다니엘아, 네가 항상 섬기는 네 하나님이 사자들에게서 능히 너를 구원하셨느냐. _다니엘 6:20

우리는 성경에서 "살아계신 하나님"이라는 표현을 여러 번 봅니다만 잊기도 참 잘 잊습니다. 분명히 "살아계신 하나님"이라고 적혀 있는 줄 아는데, 일상에서는 까맣게 잊고 사는 경우가 빈번합니다. 3, 4천 년 전의 그 하나님이 현재도 변함없는 그 하나님이시며, 그때나 지금이나 우주를 다스리시고, 당신을 사랑하며 섬기는 이들에게 동일한 사랑을 내보이신다는 사실을 우리는 잊고 있습니다. 그분은 언제나 변함없이 살아계시니 몇 천 년전의 인간들에게 행하신 일을 오늘날 우리를 위해서도 베풀어 주실 텐데, 42

우리는 쉽게 잊습니다. 살아계신 하나님, 그분을 믿어도 되는 이유가 무엇입니까.

그분과 함께 걸으며 그분을 바라보고 도움을 기대하면, 그분께서는 결코 여러분을 저버리지 않으십니다. 44년간 주님을 알아 온 한 신자가 이처럼 여러분을 격려합니다. "하나님께서 나를 저버리신 적이 없습니다. 아무리 어려워도, 어떠한 시련을 당해도, 지독한 가난과 궁핍에도 나를 붙들어 주셨습니다. 나 그분의 은혜로 그분을 믿었으니, 그분께서는 언제나 나를 도와주십니다. 나는 기꺼이 그분의 이름 자랑하며 다닙니다."

일생일대의 위험과 두려움에 사로잡혀 어떻게든 힘 될 만한 것을 갈구하며 깊은 생각에 잠겨 있던 마르틴 루터가 손가락으로 책상 위에 무슨 글씨를 썼습니다. "그분은 살아계신다!" 그렇습니다. 그분께서 살아계신다는 것, 우리를 위한 희망입니다. 그분은 진리를 위한 희망이며 인류를 위한 희망입니다. 사람들은 왔다가 갑니다. 지도자와 교사와 철학자들이 한동안 소리 높여 이야기하다가 잠잠해집니다. 그러나 그분께서는 여상하십니다. 그들은 죽지만 그분께서는 살아계십니다. 그들은 잠시 빛나다가 사그라지는 빛입니다. 하지만 그분은 그들의 빛의 근원이 되시는 참된 빛으로 영원히 빛나십니다.

찰스 갤러데트 트럼불이 이렇게 썼습니다. "어느 날 존 더글라스 아담 박사를 알게 되었다. 들어 보니 그는, 예수께서 정말로 곁에 와 계신다는 흔들림 없는 인식을 자신의 크나큰 영적 자산으로 여기고 있었다. 예수께서 언제나 자신과 함께 계신다는 인식만큼 자신을 붙들어 주는 것이 없다고 했다. 예수께서 정말 사람처럼 곁에 계신다는 이 깨달음은 결코 그의 느낌이 아니었다. 그가 훌륭한 인간이라는 사실과도 아무런 관련이 없었고, 예수의 임재에 대한 그의 지식과도 전혀 상관이 없었다. 게다가 자기 생각의 중심은 언제나 그리스도라고 고백했다. 어떤 일을 하다가 놓여나면 생각은 저절로 그리스도께로 돌아간다는 것이었다. 장소를 불문하고 혼자 있기만 하면, 옆 사람에게 하듯 아무렇지도 않게 그리스도와 큰소리로 대화를 나눈다고 했다. 예수의 임재하심이 그에게는 그 정도였다."

1월 18일

항상 우리를 그리스도 안에서 이기게 하시고……하나님께 감사하노라. _고린도후서 2:14

하나님께서는 명백한 패배를 통해서 크나큰 승리를 거두십니다. 한동안 적이 이기는 경우가 빈번한 듯하고 하나님께서도 그냥 놔두십니다. 하지만 그분께서는 곧 오셔서 적의 도모를 훼파하시고 그들의 승리를 뒤엎으시며, 성경 말씀대로 악인의 길을 굽게 하십니다(시 146:9). 결과적으로 그분께서는 우리에게 더 큰 승리를 안겨 주십니다. 처음부터 적들을 납작하게 누르셨다면, 우리는 이처럼 큰 승리를 알지 못했을 것입니다.

풀무불에 던져진 히브리의 세 청년 이야기는 유명합니다. 적의 승리가 명백한 상황이었습니다. 살아계신 하나님의 종들이 끔찍한 패배를 당할 것 같았습니다. 우리가 패하고 적이 즐거워하는 듯한 상황을 우리 모두 겪어서 알고 있습니다. 다니엘의 친구들이 자신들의 상황을 얼마나 기막힌 패배로 여겼는지는 우리가 각자 상상할 수밖에 없습니다. 어쨌든 그들은 화염 속에 들어갔고, 적대자들은 그들이 타 죽는 모습을 보려고 지켜서 있었습니다. 하지만 불에 들어간 사람들이 걸어다니며 놀고 있었으니 적들은 대경실색하지 않을 수 없었습니다. 느부갓네살 왕은 그들에게 불 속에서 나오라고 명합니다. 적들이 "모여 이 사람들을 본즉 불이 능히 그들의 몸을 해하지 못하였고 머리털도 그을리지 아니하였고 겉옷 빛도 변하지 아니하였고 불 탄 냄새도 없었더라.……이는 이같이 사람을 구원할 다른 신이 없음이니라"(단 3:27, 29).

이 명백한 패배가 기적적인 승리로 이어졌습니다.

이 세 청년이 믿음과 용기를 잃고 불평했다면 어떠했겠습니까? "왜 이런 풀무불에 들어가도록 놔두신단 말인가!" 그들은 타 죽었을 테고, 하나님께서는 영광을 받지 못하셨을 것입니다. 오늘 여러분의 삶에 큰 시련이 있다면, 결코 그것을 패배로 인정하지 마십시오. 넉넉히 이기게(롬 8:37) 하시는 하나님을 통하여 승리할 수 있다고 믿음으로 외치십시오. 영광스러운 승리가 곧 눈에 보일 것입니다. 하나님께서는 우리를 고난의 자리로 데려가시며 그분을 향한 우리의 믿음을 펼쳐 보일 기회를 주십니다.

그리고 이 믿음으로 복된 결과가 오고 그분의 이름이 영광스럽게 될 것입니다.

> 패배는 패배일 뿐인가,
> 영혼을 뒤흔들 승리의 영광 거기서 안 나오던가.
> 바람 맞는 저 거대한 참나무, 팽팽히
> 휘어진 가지들 비로소 아름다워라,
> 그 밑둥 바람 부는 쪽으로 뻗어 있구나.
> 큰 슬픔 아는 영혼, 큰 기쁨 아느니,
> 슬픔이 와서
> 가슴에 기쁨의 방 넓힌다.

1월 19일

예수께서 그들에게 항상 기도하고 낙심하지 말아야 할 것을 비유로 말씀하여. _누가복음 18:1

"개미를 보라." 동방의 위대한 정복자 티무르가 이렇게 운을 떼며 젊은 시절의 이야기를 들려주었습니다. "언젠가 한번은 적들에게 쫓겨 폐가에 숨어들었다. 여러 시간을 거기서 혼자 앉아 있었는데, 절망적인 상황을 잊어보려고 개미를 쳐다보게 되었다. 개미는 저보다 큰 옥수수 알갱이를 벽 위로 옮기고 있었다. 나는 개미가 몇 번의 시도 끝에 이 위업을 달성하는지 세어 봤다. 옥수수 알갱이가 예순아홉 번이나 바닥에 떨어졌음에도 개미는 끈질겼다. 그리고 일흔 번 만에 벽 위로 올라섰다. 개미의 이 성취로 인해 나는 크게 용기를 얻었으며, 이후로도 이 교훈을 잊지 않았다."

이전에 응답 받지 못한 기도가 있다 해서 나태해진다면 믿음의 기도는 이미 중단되었다고 봐야 할 것입니다. 응답 받지 못한 기도는 응답이 훨씬 더 가까워졌다는 증거일 뿐입니다. 이것이 믿음으로 기도하는 이들의 태도입니다. 시종일관 우리 주님께서 가르쳐 주시고 본을 보이시는 바, 끈질김이 없는 기도, 힘없고 기운 없는 기도, 이전의 기도에서 힘을 끌어오지 못하는 기도는 결코 승리하는 기도가 아닙니다.

위대한 피아노 연주자 루빈스타인이 말했습니다. "하루를 연습하지 않으면 내가 알아보고, 이틀을 안 하면 내 친구들이 알아보며, 사흘을 쉬면 관객이 알아본다." "연습으로 완전해진다"는 이 원칙은 하루 이틀 된 이야기가 아닙니다. 우리는 끊임없이 믿고 기도하며, 그분의 뜻을 행해야 합니다. 어떤 예술이 되었든 예술가가 연습을 중단하면 결과는 뻔합니다. 우리가 일상에서 사용하는 상식 정도만 우리 믿음에 적용해도, 완전을 향해 나아가기에 부족함이 없을 것입니다.

데이비드 리빙스턴의 좌우명입니다. "목표에 도달하고 목적을 이루기까지 결단코 중단하지 않기로 나는 결심했다." 그는 불굴의 정신과 하나님을 향한 믿음으로 승리했습니다.

1월 20일

슬픔이 웃음보다 나음은 얼굴에 근심하는 것이 마음에 유익하기 때문이니라. _전도서 7:3

슬픔은 거룩하신 은혜를 덧입어 우리의 삶에서 여러 가지 일을 수행합니다. 슬픔은 그동안 몰랐던 영혼의 깊이를 깨닫게 하고, 우리 안에 감추인 고통과 섬김의 능력을 드러냅니다. 늘 가볍게만 살고자 하는 이들은 깊은 데로 내려갈 수도 없고 그런 깊이가 있는 줄도 모릅니다. 슬픔은 영혼을 쟁기질하는 하나님의 도구입니다. 깊이 갈아엎은 영혼에서 수확이 납니다. 인간이 타락하지 않아 여전히 영광스러운 상태에 있다면, 우리 영혼의 능력을 드러내시는 강력한 도구는 아마 폭포수 같은 거룩한 기쁨일 테지만, 이미 타락해 지금에 이른 이 세상에서는 절망이 제거된 슬픔이 그러한 목적으로 선택되었습니다. 따라서 우리는 슬픔으로 인해 깊고 진지한 생각의 자리로 나아가게 됩니다.

슬픔으로 우리는 천천히, 또한 사려 깊게 움직이고 우리의 동기와 태도를 헤아립니다. 슬픔이 우리 안에서 거룩한 삶의 능력을 열어젖힙니다. 슬픔을 겪는 우리는 기꺼이 이 능력을 하나님과 다른 이들을 위한 섬김의 바다로 띄우는 것입니다. 끝도 없이 넓은 그 바다에 말입니다.

게으른 이들만 사는 마을을 상상해 보십시오. 마을은 큰 산 아래 있습니다. 그런데 이 동네 사람들은 그 큰 산의 골짜기며 협곡을 탐험하러 나서 본 적이 없습니다. 어느 날 비가 오고 천둥벼락이 쳐서 온 산이 뒤흔들립니다. 숨어서 안 보이던 골짜기들이 나팔처럼 울리고 깊숙한 곳까지 대번에 드러나는데, 마치 거대한 소라고둥의 형상 같습니다. 산발치에 살던 마을 사람들은 그토록 가까운 곳에 그토록 복잡하고 깊은 지형이 있음을 비로소 알고 놀랍니다. 영혼의 발치께서 낙낙하게 살던 사람들도 뇌우 같은 슬픔이 오는 날은 놀랄 수밖에 없습니다. 자신들의 영혼 바로 안쪽이 그토록 깊은 곳인 줄은 전혀 알지 못했으니까요.

하나님께서는 그 누가 되었든 그를 완전히 깨뜨리지 않고서는 결코 크게 쓰시지 않으십니다. 요셉은 야곱의 다른 자식들보다 큰 슬픔을 겪었으며, 그로 인해 온 민족의 양식을 조달하는 임무를 맡게 되었습니다. 이러하므로 성령께서 그를 두고 이처럼 말씀하셨습니다. "요셉은 무성한 가지 곧 샘 곁의 무성한 가지라. 그 가지가 담을 넘었도다"(창 49:22). 영혼을 넓고 깊게 하려면 슬픔이 필요합니다.

검붉은 흙
쟁기에 갈려 뒤집혔다.
이로써 배우노니,

내 인생은 들판,
하나님의 창공 아래 펼쳐져
풍요로운 소출 거두리라.

황금곡식은 어디서 자라는가?
믿음은? 연민은?
고통으로 갈아엎은 밭에서.

— 말트비 D. 뱁콕

세상 누구나 하나님의 역경의 학교에서 배워야 합니다. 우리는 별을 볼 수 있으니 밤이 좋다고 합니다. 마찬가지로, 하나님의 위로를 볼 수 있으니 슬픔이 좋습니다. 홍수가 나서 어떤 가난한 남자의 집과 방앗간이 휩쓸려 갔습니다. 그는 세상의 소유물을 몽땅 잃고 말았습니다. 수마가 할퀴고 간 그 상실의 현장에 서서 그는 크게 낙심했습니다. 하지만 물이 빠지자 홍수로 온전히 쓸려나간 강둑에 반짝거리는 뭔가가 보였습니다. "금 같다"고 그는 말했고, 실제로 그것은 금이었습니다. 모든 것을 앗아 갔던 폭풍우가 그를 부자로 만들었습니다. 인생도 종종 그렇습니다.

1월 21일

내가 달려갈 길과 주 예수께 받은 사명 곧 하나님의 은혜의 복음을 증언하는 일을 마치려 함에는 나의 생명조차 조금도 귀한 것으로 여기지 아니하노라. _사도행전 20:24

사무엘하 5:17에 이런 말씀이 있습니다. "이스라엘이 다윗에게 기름을 부어 이스라엘 왕을 삼았다 함을 블레셋 사람들이 듣고 다윗을 찾으러 다 올라오매." 목숨을 걸고라도 지킬 만한 값진 것을 우리가 주님께 받는 순간, 마귀가 우리를 무너뜨리러 옵니다.

하나님을 위한 큰일이 거의 성사 단계에 있을 때 원수가 대적해 오면, 우리는 반드시 그것을 우리 구원의 증거로 여기고 축복과 승리와 힘을 갑절로 요구해야 합니다. 힘은 저항을 통해서 길러집니다. 포탄의 파괴력은 충격의 순간에 가해지는 반동력으로 더 커지는 것입니다. 발전소는 터빈의 마찰력으로 부가적인 전력을 생산합니다. 그리고 우리도 언젠가는, 사탄마저 하나님의 축복의 도구로 이용되었음을 알게 될 것입니다.

영웅은 단것을 먹지 않는다,
그는 날마다 자신의 심장을 먹는다.
위대한 자의 방은 감옥,
왕의 뱃길에는 역풍이 마땅하리라.

고난은 승리로 들어가는 문입니다. 골짜기를 지나야 큰 길이고, 위대한 성취마다 고난의 흔적이 역력합니다. 왕관은 도가니 속에서 주조되고, 자신을 하나님의 발 아래 붙들어 매는 순종의 쇠사슬은 험난한 세상의 불길 속에서 만들어집니다. 분노의 포도즙틀을 밟지 않고서는 누구도 위대한 승리를 이루어 낼 수 없습니다. 슬픔을 많이 겪으신(사 53:3) 그분께서는 고통으로 얼굴을 찌푸리시며, 이 세상에서 우리가 고난을 당하리라고 말씀하셨습니다(요 16:33). 하지만 곧 약속의 찬송이 옵니다. "담대하라. 내가 세상을 이기었노라."

도처에 발자국입니다. 보좌로 가는 계단은 피로 얼룩져 있습니다. 상처는 보좌에 앉기 위한 대가입니다. 우리는 거인들을 정복하고 왕관을 빼앗을 것입니다. 위대한 사람들에게는 언제나 슬픔이 닥쳤습니다. 그것은 결코 비밀이 아닙니다.

> 자연계의 서열,
> 고통을 받아들이는 능력에 있다.
> 가장 아름다운 곡조,
> 노래하는 이의 슬픔에 있다.

진정한 개혁자의 길은 언제나 고난의 길이었습니다. 바울, 마르틴 루터, 사보나롤라, 존 낙스, 존 웨슬리를 비롯한 하나님의 강력한 군사들을 보십시오. 그들은 크나큰 고난을 거쳐서 능력을 얻었습니다.

위대한 책은 모두 저자의 피로 씌어졌습니다. 이들은 큰 고난을 겪고서 나온 자들입니다(계 7:14). 호메로스는 장님이었지만 그리스의 어떤 시인이 그보다 뛰어난 글을 남겼습니까? 『천로역정』의 그 영원한 꿈을 기록한 이가 누구입니까? 비단옷 걸친 어떤 귀공자가 화려한 소파에 앉아서 썼습니까? 아닙니다! 품격 넘치는 죄수요 비범한 천재였던 존 번연이 영국 베드포드의 축축한 지하감옥 벽에 찬란히 어른거리는 꿈과 이상을 한 장면씩 충실히 옮겨 쓴 것입니다.

> 단번에 이기는 자 위대하다.
> 다쳐 쓰러지고 피 흘려도
> 다시 일어나
> 죽도록 싸우는 자,
> 더 위대하다.

1월 22일

예수께서……따로 빈 들에 가시니. _마태복음 14:13

쉼표가 있는 동안은 음악이 정지되지만 그 쉼표 역시 음악의 일부입니다. 우리 인생의 음악도 쉼표로 인해 여기저기서 중단됩니다. 이와 같은 쉼표를 보고 우리는 어리석게도 노래가 끝났다고 생각합니다. 하나님께서는 우리를 강제로 쉬게 하십니다. 몸이 아플 수 있고 계획과 노력이 좌절될 수 있습니다. 하나님께서 마련하신 휴식입니다. 그분께서 우리 인생의 합창에 돌연히 쉼표를 그려 넣으시는데, 우리는 더 이상 노래를 부를 수 없다고 슬퍼합니다. 창조주의 귀에 끊임없이 들리는 그 합창에서 우리의 성부가 빠졌다고 한탄합니다. 하지만 음악가는 쉼표를 어떻게 해석합니까? 그 휴지부를 정확히 세고 있다가, 쉼표라는 것이 아예 있지도 않았다는 듯 자신 있게 다음 음을 연주해 냅니다.

하나님께서 아무 계획도 없이 우리 인생의 곡을 쓰시지는 않습니다. 쉼표가 있는 곳에서 우리가 할 일은, 낙심하지 않고 우리의 성부를 연습하는 것입니다. 음악적 휴지부는 사소하게 취급되거나 생략될 수 없고, 선율을 흐트러뜨리거나 조를 바꾸는 데 사용되어서도 안 됩니다. 고개를 들어 위를 보십시오. 하나님께서 우리를 위한 시간을 세고 계십니다. 그분께 눈맞추고 있으면 우리의 다음 음은 크고 뚜렷할 것입니다. 쉼표에는 음악이 없다는 슬픈 생각이 들거든, 쉼표 역시 음악의 일부라는 사실을 기억하십시오. 인생의 과정은 때로 느리고 고통스럽지만, 하나님께서 얼마나 인내하시며 우리를 가르치시는지 보십시오! 그분께서는 우리가 제대로 배우기까지 오랫동안 기다리십니다.

따로 부르셨으니—
바쁜 삶 내려놓고 오라십니다.
세상의 끝없는 소요와 투쟁에서 물러나라시며,
하늘의 인도자께서 마련하신 그늘과 고요
한가운데로 잠시 그대 부르셨습니다.

따로 부르셨으니—
단조로운 사막의 정원일 수도 있겠지요,
하지만 그대 혼자가 아니니, 그분과 함께하며
아름다운 음성으로 말씀하시는 소리 듣습니다.
이 고요한 시간을 당신과 함께하자십니다.

따로 부르셨으니—
그대의 주님과 숨은 길 함께 걸으며
달디단 샘물 더 깊이 마시고
그분과 더 가까이 사귀며 거닙니다.
어쩌면 하늘의 집 더 가까이 느끼기도 하겠지요.

따로 부르셨으니—
그분과 함께 있어 지식 깊어지고
남몰래 그분의 더 깊은 사랑 엿보기도 합니다.
그러니 고통으로 어둡던 많은 시간들,
그분의 온유하심 어찌 귀하지 않겠습니까.

따로 부르셨으니—
그 고요와 그늘 마련하심에 감사드리고

사랑으로 숨은 길 만드심에 감사드립니다.
우리 같이 울며 당신과 지새던
어둠의 겟세마네 있었음에 감사드립니다.

따로 부르셨으니—
모든 일 조화롭게 하셨음에 평화롭고
그리스도와 함께 있음에 복됩니다.
그렇게 당신의 십자가 그늘에 숨기시려
따로 부르셨으니, 주님 감사드립니다.

1월 23일

여호와여, 어찌하여 멀리 서시며. _시편 10:1

하나님은 언제나 환난중에 만날 도움이십니다(시 46:1). 하지만 우리가 아무리 힘들어도 상관없다는 듯 고난을 허락하시니, 때로는 우리가 극단에 이르도록 몰립니다. 이처럼 우리는 시련을 통해서 어둠 속의 보물을 발견합니다.

고통을 허락하신 이께서 시종일관 우리와 함께하심을 우리는 확신할 수 있습니다. 시련이 끝나갈 때쯤 이르러 결국 우리는 하나님을 뵙겠지만, 그 이전에도 내내 우리 곁에 계심을 굳건히 믿어야 합니다. 우리는 눈이 어두워서 우리 영혼이 사랑하는 분을 볼 수 없습니다. 어둠에 눈이 가려 우리 대제사장의 모습을 볼 수 없습니다. 하지만 그분께서는 그 어둠 속에 계시고, 생생히 만져집니다. 감정에 의지하지 말고 그분의 변함없는 신실하심에 의지하십시오. 그분의 모습 볼 수 없다면 말씀드리며 대화하십시오. 비록 그분의 모습 안 보이더라도 옆에 계신 듯 말씀드리면, 아주 가까이 계셔서 그동안도 계속 그분의 자녀들 지켜보셨다고 대답하시는 소리 들릴 것입니다. 밝은 데서야 그분 가까이 계신 것 우리가 다 알 수 있습니다. 하지만 우리 어두운 터널 지날 때도 그분은 여전히 그처럼 가까이 계십니다.

캄캄하여 모르는 길,

그 길 그토록 황량한데도?

그렇습니다, 당신의 발소리 이토록 가까움에

그 어둠 나 혼자 걷지 않습니다.

1월 24일

비둘기가 발 붙일 곳을 찾지 못하고 방주로 돌아와 그에게로 오는지라. 그가 손을 내밀어 방주 안 자기에게로 받아들이고 또 칠 일을 기다려 다시 비둘기를 방주에서 내놓으매 저녁때에 비둘기가 그에게로 돌아왔는데 그 입에 감람나무 새 잎사귀가 있는지라. _창세기 8:9-11

하나님께서는 격려가 되는 증거를 보류하실 때와 허락하실 때를 정확히 아십니다. 어느 쪽이 됐든 우리가 그분을 신뢰한다면 얼마나 아름답겠습니까! 하지만 그분께서 우리를 잊지 않으신다는 가시적인 모든 증거가 유보되는 쪽이 더 좋습니다. 우리를 기억하시겠다는 약속 곧 그분의 말씀이, 우리의 감각에 포착되는 어떠한 증거보다 실제적이고 믿을 만한 것임을 알아야 하고, 이는 하나님께서도 우리에게 원하시는 바입니다. 그분께서 눈에 보이는 증거를 보내 주신다면 좋은 일이겠습니다만, 증거 없이도 하나님을 신뢰할 수 있다면 오히려 그 증거가 더 잘 보입니다. 그리고 그분의 말씀 외에 어떠한 증거 없이도 하나님을 지극히 신뢰하는 이들은 어마어마한 가시적 증거를 받습니다. 하나님의 사랑 말입니다.

그분을 믿으라. 폭풍 구름 몰려와도

하늘조차 묵묵부답 외면하는 듯해도.

참새 하나까지 헤아리시는 분께서 기도 들으신다.

그분을 찬양하라. 슬픔과 고통 가깝고

세상에서 가장 귀한 것 잃어도

잃어야 얻으니, 찬양하라, 그분 우리의 모든 것.

그대의 손 그분께 맡기라, 길 험하고 멀어도

한치 앞 안 보여 사방이 무서워도

그분 곧 인도하신다, 이 길 저 길로 늘 곁에 두신다.

그대 삶에 자족하라, 모든 길 막히고

그토록 소중히 여기던 세상 것들 사라져도

그분 믿고 의지하여라, 변치 않는 분이시니.

응답을 지체하신다 해서 거부하심이 아닙니다. 많은 기도가 그분 앞에 도달해 기록되지만, 거기에는 "나의 때가 아직 이르지 않았다"는 말씀도 같이 적힙니다. 하나님께서는 정하신 시간과 목적이 있습니다. 우리 인생의 한계를 정하시는 그분께서 우리를 구원하실 시간 역시 결정하십니다.

1월 25일

주의 지팡이와 막대기가 나를 안위하시나이다. _시편 23:4

시골의 내 아버지 집에 가면 벽난로 옆에 작은 벽장이 하나 있습니다. 우리 가문 대대로 내려오는 각양각색의 지팡이며 단장을 보관해 두는 곳입니다. 내가 살던 이 옛집에 가면 아버지와 더러 산책을 나가는데, 늘 그런 것은 아니지만 벽장으로 가서 맞춤한 지팡이를 하나씩 골라 들고 나갑니다. 그럴 때마다 하나님의 말씀이 지팡이라는 생각을 하게 됩니다.

전쟁 때 우리는 많이 힘들고 어려웠습니다. 암울하던 그 시절 우리의 지팡이가 되어 준 말씀이 있습니다. "그는 흉한 소문을 두려워하지 아니함이여, 여호와를 의뢰하고 그의 마음을 굳게 정하였도다"(시 112:7).

우리 아이가 죽고 가족들 모두 크게 상심했을 때, 나는 또 다른 지팡이를 찾았습니다. 이와 같은 약속입니다. "저녁에는 울음이 깃들일지라도 아침에는 기쁨이 오리로다"(시 30:5).

몸이 많이 안 좋아 일 년간 집을 떠나서 먼 곳으로 가 있어야 했습니다. 하나님께서 나를 다시 집과 일터로 돌려보내실지 알 수 없었던 그때에 내가 고른 지팡이는 지금까지도 굳건히 나를 지켜 주는 이 말씀입니다. "너희를 향한 나의 생각을 내가 아나니 평안이요 재앙이 아니니라. 너희에게 미래와 희망을 주는 것이니라"(렘 29:11).

위험이나 의심이 닥쳐서 인간의 판단이 소용없을 때, 나는 이 말씀을 지팡이 삼아 걸었습니다. "고요히 믿고 의지하는 것이 힘을 얻는 길이다"(사 30:15, 공동번역). 생각할 시간도 행동할 틈도 없을 만큼 위급한 상황을 만났을 때는 이 지팡이를 의지해 섰습니다. "그것을 믿는 이는 다급하게 되지 아니하리로다"(사 28:16).

마르틴 루터의 아내가 말했습니다. "하나님께서 내 인생에 고난을 허락하지 않으셨다면, 나는 결코 시편의 의미를 알지 못했을 것입니다. 어떤 어려움을 성찰하지 못했을 테고, 영혼이 안에서 하는 일을 알지도 못했을 것입니다. 그리스도인의 삶의 훈련이라는 것을 결코 이해하지 못했을 것입니다. 정녕 그러했을 것입니다." 하나님의 지팡이는 학교 선생님의 교편과 같습니다. 이 교편으로 칠판의 글씨를 가리키며 아이들을 가르칩니다. 하나님께서도 그분의 지팡이로 우리에게 소중한 교훈을 지시하며 가르치십니다. 그 지팡이가 아니면 배울 수 없는 교훈일 것입니다.

하나님께서는 언제나 지팡이와 회초리를 같이 보내십니다.

"네 문빗장은 철과 놋이 될 것이니 네 사는 날을 따라서 능력이 있으리로다"(신 33:25).

우리 각 사람이 확신할 수 있는 것은, 하나님께서 우리를 험난한 바윗길로 보내실 때는 튼튼한 신발을 챙겨 주신다는 것입니다. 그분은 채비를 단단히 갖추어 주지 않으시고 우리더러 길 떠나라 하실 분이 아니십니다.

1월 26일

내가 이제 시혼과 그의 땅을 네게 넘기노니 너는 이제부터 그의 땅을 차지하여 기업으로 삼으라 하시더니. _신명기 2:31

성경에는 하나님을 기다리라는 언급이 무수히 나오지만, 이 가르침은 아무리 강조해도 지나침이 없습니다. 우리는 하나님의 지체하심을 거의 참지 못합니다. 하지만 우리가 삶에서 받는 대부분의 고난은 그분의 지체하심 때문이 아니라 우리의 급한 성정과 부주의로 인한 결과입니다. 우리는 열매가 익기까지 기다리지 못하고 아직 시퍼런 것을 어떻게든 따려 합니다. 우리가 기도하는 것들이 준비되려면 몇 년이 걸릴 수도 있는데, 당장 응답을 못 받아서 좌불안석입니다. 하나님과 함께 걸어야 한다는 말씀을 우리는 많이 듣습니다만, 하나님께서 너무 천천히 걸으신다고 불평하는 경우가 빈번합니다. 그런데 이와는 정반대되는 가르침이 있습니다. 즉 하나님께서 빈번히 우리를 기다리신다는 것입니다.

우리는 흔히 하나님과 함께 움직이지 않아서 준비하신 축복을 못 받습니다. 그분을 기다리지 못해서 많은 축복을 놓친다는 말도 맞지만, 너무 기다리다가 축복을 받지 못한다는 말도 역시 성립합니다. 고요히 앉아서 기다려야 할 때가 있고, 확신을 가지고 앞으로 나서야 하는 때도 있습니다.

하나님의 많은 약속이 조건적이며, 우리더러 먼저 나서서 행동하라고 요구합니다. 우리가 먼저 순종하면 그분께서 축복하십니다. 아브라함은 크나큰 약속을 많이 받았지만, 여전히 갈대아에서 기다렸다면 아마 약속하신 것들을 하나도 받지 못했을 것입니다. 그는 약속하신 것들을 받기 위해 집과 친구들과 고향을 떠나야 했습니다. 끝끝내 순종하며 낯선 길을 걸어야 했습니다. 예수께서 치료해 주신 문둥병자 열 사람은 가서 제사장에게 몸을 보이라는 말씀을 듣고, 말씀대로 가는 도중에 깨끗하게 나았습니다(눅 17:14). 몸이 깨끗해졌음을 확인하려고 거기서 기다렸다면 그들은 결코 자신들의 깨끗해진 몸을 눈으로 볼 수 없었을 것입니다. 하나님께서 그들을 치료해 주시려고 기다리셨고, 그들의 믿음이 실행되는 순간 축복이 왔습니다.

홍해에서 바로의 군대에 따라잡힌 이스라엘 백성에게 전진하라는 명령이 떨어졌습니다(출 14:15). 기다림은 더 이상 그들의 의무가 아니었으니 속히 일어나 장대한 믿음으로 전진해야 했습니다. 그 뒤로 세월이 흘러 이스라엘 자손들은 다시 믿음을 보이라는 명령을 받았습니다. 범람하는 요단강을 건너야 했던 것입니다. 약속의 땅으로 들어가는 문 열쇠가 그들의 손에 있었습니다. 그들이 문 앞으로 다가가서 직접 열기 전에는 꿈짝도 안 할 것이 바로 그 문이었습니다. 그 문을 여는 열쇠는 믿음이었습니다.

우리는 싸움을 피할 수 없습니다. 그런데 적들을 이길 수 없다는 생각이 듭니다. 하지만 우리가 일단 싸움터에 들어가면, 우리 곁에서 같이 싸우실 분이 오십니다. 그분으로 하여 우리는 넉넉히 이깁니다(롬 8:37). 싸움터에는 들어가지 않고 도와주실 분이 오기만을 기다렸다면, 그것은 결국 헛된 기다림이었을 것입니다. 못 믿고 벌벌 떨며 무한정 기다리기만 하는 처지가 되었을 것입니다. 하나님께서 여러분에게 축복을 쏟아부으시려 기다리고 계십니다. 담대한 믿음으로 전진하여 우리 것을 취해야 합니다. "내가 이제 시혼과 그의 땅을 네게 넘기노니 너는 이제부터 그의 땅을 차지하여 기업으로 삼으라."

1월 27일

너희를……굳건하게 하시며 강하게 하시며 터를 견고하게 하시리라. _베드로전서 5:10

그리스도와 새롭고 더 깊은 관계를 맺기 전에 거쳐야 할 과정이 있습니다. 이 새로운 관계에 들어갈 권리가 있음을 우리 자신이 먼저 지적으로 충분히 납득해야 합니다. 이때 의심의 그림자가 우리의 확신을 무너뜨리려 할 것입니다. 그러나 우리가 지식으로 깨달아 알았으니 흔들림 없이 전진해야 합니다. 우리는 스스로 선택해야 하고, 선택한 것에 헌신해야 하며, 땅에 나무를 심듯이 확고하게 우리의 적법한 자리에 서야 합니다. 신부가 혼인의 제단에서 신랑에게 자신을 의탁하듯, 그리스도께 우리를 맡기는 이 절차는 한 번으로 끝나며, 어떠한 조건도 없고 파기되지도 않습니다.

그러면 이제 관계가 확립되고 아울러 시련의 시기가 오는데, 이때 우리는 굳세게 견뎌 이 새로운 관계가 영원한 습관으로 뿌리내리도록 해야 합니다. 이러한 과정은 부러진 팔을 부목으로 고정시켜 움직이지 못하게 하는 외과적 절차에 비유할 수 있습니다. 하나님께서도 역시 당신의 자녀들이 믿음의 첫 단계를 통과할 때까지 흔들리지 않도록 부목으로 고정하시려 합니다. 이 시련은 더러 견디기 어려울 수도 있습니다만, 우리에게 주시는 말씀이 있습니다. "모든 은혜의 하나님 곧 그리스도 안에서 너희를 부르사 자기의 영원한 영광에 들어가게 하신 이가 잠깐 고난을 당한 너희를 친히 온전하게 하시며 굳건하게 하시며 강하게 하시며 터를 견고하게 하시리라"(벧전 5:10).

죄와 질병에 작용하는 자연법칙이 있으니, 우리의 형편 흘러가는 대로 떠다니다 보면 유혹자의 힘에 눌려 가라앉고 말 것입니다. 그러나 또 다른 법칙이 있으니, 그리스도 안에 있는 영과 육의 생명의 법칙입니다. 가라앉은 우리가 붙잡고 떠오를 수 있는 법칙이며, 이 법칙을 통해서 우리는 내리누르는 자연법칙과 균형을 맞추고 또한 극복할 수 있는 것입니다.

하지만 이렇게 하려면 영적으로 대단한 기운이 필요합니다. 확고한 목적의식과 흔들림 없는 자세와 믿음의 습관도 있어야 합니다. 전기를 사용해서 기계를 돌리는 공장의 원리와 같습니다. 스위치를 통해 기계와 연결되어야 합니다. 이 연결에 문제가 없는 한 기계는 늘 돌아갑니다.

선택하고 믿고 거하며, 변함없이 하나님과 함께 걷는 이 영적인 법칙은 우리를 성화하시고 치유하시는 성령님의 사역에 필수적입니다.

1월 28일

내가 하나님의 열심으로 너희를 위하여 열심을 내노니. _고린도후서 11:2

저기, 하프의 명인이 자신의 하프를 얼마나 사랑하는지요! 그는 아이를 무릎에 앉힌 듯 자신의 하프를 어루만지고 쓰다듬습니다. 그의 삶은 하프에 바친 삶입니다. 하지만 그가 하프를 어떻게 조율하는지 보십시오. 하프를 단단히 틀어쥐고서 단번에 어떤 화음을 뜯어냅니다. 하프는 고통을 느끼듯 떨고, 그는 가만히 몸을 기울여 최초의 음을 잡아냅니다. 역시 염려한 대로 음은 뒤틀리고 거칩니다. 그는 줄을 죕니다. 하프에게는 고통입니다. 팽팽히 당겨져 끊어질 듯하지만, 그는 다시 한번 현을 튕깁니다. 그리고 또다시 몸을 기울여 주의 깊게 듣습니다. 비로소 아름다운 첫 음을 듣고 그의 얼굴에 미소가 번집니다.

아마 하나님께서 우리를 대하시는 방식이 이와 같을 것입니다. 하프 연주자의 하프 사랑보다 넘치게 여러분을 사랑하시는 하나님께서 여러분의 거친 소리와 불협화음을 골라내십니다. 고통과 분노로 뒤엉킨 여러분 마음의 현을 튕겨 보시고 가만히 귀 대어 들으십니다. 여전히 거친 소리가 나고 그분께서는 다시 현을 뜯습니다. 여러분에게서 아름다운 소리가 나기를 애타게 기다리시며 가슴 아파하십니다. "내 원대로 마시옵고 아버지의 원대로 되기를 원하나이다"(눅 22:42). 천사의 노래보다 아름다운 이 소리가 여러분에게서 울려 나와야 합니다. 그분께서는 여러분의 영혼이 단련되어 겸손과 절제를 익히기까지 여러분 마음의 현을 끊임없이 튕겨 보실 것입니다. 마침내 그분 존재의 순전하고 영원하신 화음에 섞여 들어가도록 말입니다.

저 무수한 현에 깃들인 아름다움,
모든 줄이 사랑으로 조화롭게 울린다.
그러나 풀려 버린 줄, 다치고 상한 마음들,
보라, 그토록 사랑스런 악기는 불협화음에 운다.

사랑의 기쁨은 상실의 고통과 두려움에 닿고
면류관 받는 손은 수많은 십자가로 아파야 하리라,
그럼에 투쟁을 모르는 자, 월계관 못 얻고
고통으로 싸운 이들만 안식과 평화 알리라.

험산에 오르는 자 폭풍 속에서만
이 세상 너머 어디에서 온 듯 영광스러운 빛 보리라.
구름 한 점 없는 여름날이었으면 이 영광의 빛
먼지와 끓어오르는 아지랑이에 가렸으리라.

담대히 선택할 자 누구인가, 전부 아니면 전무,
기쁨의 떨림이나 고통의 떨림
고통 없으면 기쁨도 없으리,
고통을 모르는 가슴 기쁨에도 울릴 수 없으니.

1월 29일

하나님이 그 성 중에 거하시매 성이 요동치 아니할 것이라. 새벽에 하나님이 도우시리로다.
_시편 46:5

"요동치 아니할 것이라." 영감스러운 선언입니다. 세상 것에 쉽사리 요동하는 우리가 그 무엇으로도 평화를 잃지 않는 경지에 도달할 수 있습니까? 있습니다. 이 문제는 사도 바울이 잘 알고 있습니다. 그가 예루살렘으로 올라갈 때 성령께서 그에게 "결박과 환난"(행 20:23)이 기다린다고 경고하셨습니다. 하지만 그는 당당히 외칩니다. "이 어느 것도 나를 흔들지 못하리라"(행 20:24, KJV).

바울의 인생에서 흔들릴 수 있는 것은 이미 다 흔들렸고, 그는 더 이상 그 무엇도, 심지어 생명까지도 이 세상에서 가치 있는 것으로 여기지 않았습니다. 우리 역시 하나님의 뜻에 우리를 의탁한다면 이와 같은 경지에 이를 수 있습니다. 그리고 바울처럼 우리도 사소한 걱정이 오나 인생의 중차대한 시련이 오나 흔들리지 않습니다. 그 무엇도 모든 지각에 뛰어난 "하나님의 평강"(빌 4:7), 곧 우리가 얻은 이 평화를 흔들 만한 힘이 없을 테니 말입니다. 하나님께서는 이 평화가 오직 당신께만 의지해 온 이들이 받을 유산이라고 말씀하십니다.

"이기는 자는 내 하나님 성전에 기둥이 되게 하리니 그가 결코 다시 나가지 아니하리라"(계 3:12). 하나님 집의 기둥처럼 흔들림 없는 마음, 정녕 이 고귀한 목적이 있어 우리는 그 집에 이르기까지 받아야 할 모든 시련을 기꺼이 견디는 것입니다.

하나님께서 어떤 나라 어떤 도시의 중심이시면 그곳은 시온산처럼 요동치 아니합니다(시 125:1). 하나님께서 어떤 영혼의 중심이시면, 사방에서 거친 파도와 같은 시련이 닥쳐도 그 영혼에는 여일한 평화가 있습니다. 이러한 평화는 세상이 줄 수도 빼앗을 수도 없습니다. 오늘날 사람들이 시련과 고난의 징후만 보여도 나뭇잎처럼 흔들리는 까닭이 무엇입니까? 영혼에 하나님이 없고, 그 마음에 세상이 가득해서 그렇습니다.

"여호와를 의뢰하는 자는 시온산이 요동치 아니하고 영원히 있음 같도다"(시 125:1). 이 시편이 저 옛날 스코틀랜드에서 다음과 같은 시로 다시 번역되었습니다. 우리 마음 쇠처럼 단단해집니다.

> 언제나 하나님을 의지하는 자
> 시온산과 같이 굳게 서서
> 움직임이나 흔들림도 없으니
> 무쇠처럼 영원히 견고하리라.

1월 30일

내가 이스라엘에게 이슬과 같으리니. _호세아 14:5

이슬은 신선함의 근원입니다. 자연의 공급원으로 대지의 얼굴에 생기를 부여합니다. 이슬은 밤에 내립니다. 이슬이 없다면 식물이 죽을 것입니다. 성경에서 그토록 빈번히 언급되며 영적인 활력의 상징으로 사용되는 것이 바로 이슬의 생동력 혹은 새로움이라는 가치입니다. 자연이 이슬에 젖어 새롭듯, 주께서는 당신의 백성들을 새롭게 하십니다. 디도서 3:5에서도 영적으로 새롭게 되는 일이 성령의 사역과 연관되고 "성령의 새롭게 하심"이라는 말씀으로 언급됩니다.

많은 사역자들이 삶에 내리는 거룩한 이슬의 중요성을 인식하지 못하고, 결과적으로 자신들에게 활력과 새로움이 부족하다는 사실도 알지 못합니다. 그들의 영혼은 이슬을 맞지 못해서 마르고 시들고 맙니다.

사랑하는 동역자들이여, 종일토록 먹지 않고 일하려는 노동자의 어리석음은 알면서도 하늘의 양식을 먹지 않고서 섬기려는 종의 어리석음은 왜 모르는지요? 어쩌다 가끔씩 영적인 음식을 먹는 것 역시 충분하지 않습니다. 날마다 "성령의 새롭게 하심"을 받아야 합니다. 여러분은 새롭고 활기 넘치는 거룩한 삶과 피곤하고 지친 삶의 차이를 잘 알고 있습니다. 고요와 침묵의 시간에 이슬이 내립니다. 나뭇잎과 풀들이 정지하듯 움직임을 멈추는 밤에 식물은 숨구멍을 열어 새롭고 활기 넘치는 이슬을 받습니다. 영적인 이슬은 주님 앞에 고요히 머물러 있을 때 옵니다. 그분 앞에서 조용히 침묵하십시오. 서두르면 이슬을 받을 수 없습니다. 하나님의 임재 안에 완전히 잠겼다는 느낌이 올 때까지 그분 앞에서 기다리십시오. 이렇게 한 후에 그리스도의 새롭게 하심과 새 힘을 느끼며 다음 일을 수행하시기 바랍니다.

열기나 바람이 있는 동안은 이슬이 내리지 않습니다. 기온은 떨어져야 하고 바람은 그쳐야 하며, 대기는 서늘하고 평정한 상태가 되어야 눈에 보이지 않는 수분이 이슬이 되어 꽃과 나무를 적실 것입니다. 우리 역시 하나님 앞에서 정지 상태에 이르러야 그분의 은혜로 안식과 새로움을 이슬처럼 맞아 누리게 됩니다.

> 당신의 고요한 이슬 내려
> 우리의 분요함을 멈추게 하소서.
> 우리 영혼의 소요 가라앉히사
> 정연한 삶으로, 당신께서 주시는
> 평화의 아름다움 고백하게 하소서.
>
> 당신의 서늘한 향유 바르시어
> 격동하는 욕망 식히소서.
> 감각을 다스려 그 고동 멈추게 하소서.
> 지진과 바람과 불을 뚫고 말씀하소서.
> 작고 세미한 평화의 음성이여!

1월 31일

주께서 사람에게 평강을 주실 때에. _욥기 34:29, KJV

폭풍우 거세게 몰아치는데 그분의 평화가 옵니다. 그분과 함께 배를 저어 멀리 육지를 떠나 깊은 곳으로 갑니다. 캄캄한 밤하늘에서 순식간에 큰 폭풍이 덮쳐 내립니다. 온 땅과 지옥이 우리에게 달려드는 듯하고, 파도는 배를 삼킬 듯 요동합니다. 주무시던 그분께서 일어나 바람과 파도를 꾸짖으

62

십니다. 손을 저어 폭풍을 물러가게 하시고 평화로운 고요를 들이려 하십니다. 그분의 음성은 밧줄이며 삭구에 걸린 바람의 비명을 타 넘고 파도의 굉음을 압도합니다. "잠잠하라, 고요하라"(막 4:39). 들립니까? 그 즉시 크나큰 고요가 밀려옵니다. 주께서 평화를 주십니다. 마침 우리가 마음의 자랑과 위안을 잃어버렸을 때 주시는 평화입니다. 우리가 이러한 것들을 너무 소중히 여기므로 그분께서 종종 걷어 내십니다. 우리는 우리의 기쁨과 즐거움과 열정을 쳐다보려고 합니다. 자만이 가득한 마음으로 우리의 꿈을 바라보려고 합니다. 그러면 그분께서 은혜로우신 사랑으로 이러한 것들을 거두어 가시고, 우리는 비로소 우리의 것이 그릇되고 그분만이 우뚝하심을 깨닫습니다. 그분께서 가까이 오사 작은 소리로 당신의 임재를 분명히 알려 주시고 무한한 평화를 주셔서, 우리의 생각과 마음을 지키게 하십니다. 주께서 평화를 주십니다.

주께서 평화를 주시니, 맏아들 되시는 이여,
당신의 외로운 두 발로 우리의 고통 길 밟으셨고,
두 손으로 우리 슬픔의 짐 들고 가셨으니
우리 잃음으로써 얻게 하려 하심입니다.

당신의 선물과 위로 넘치도록 많으나
오직 구하는 것은, 시련을 만날 때마다
소란의 외침 뚫고 오시는 당신의 음성 듣게 하시고
그 평화의 능력 아래 고요하게 하소서.

내 영혼 믿음으로 흔들림 없는
고요에 거하니 근심으로 번민하지 않고,
나 당신께 손 맡기고, 저물어 어두운 길
함께 걸으니 슬픔으로 흔들리지 않습니다.

빛나는 아침이 오면 나 어둠의 그늘

벗어날 것을 알기에 기뻐하며,

고요한 마음으로 그 새벽의 기쁨 기다립니다.

당신께서 내게 보내시는 평화, 해칠 자 누구입니까?

기쁨으로 하늘의 빛 기다리고

2월 1일

이 일이 나로 말미암아 난 것이라. _열왕기상 12:24

인생에 찾아드는 낙심될 만한 일은 보이지 않는 사랑의 약속일 뿐이다.

애야, 오늘 네게 전할 말이 있으니 귀 기울여 들어라. 네가 이것을 알면 네 앞의 폭풍 구름도 영광으로 빛나고 네가 가는 험한 길도 순탄해지리라. 이 짧은 문장을 네 가슴에 새기고, 피곤한 네 머리 편하게 받쳐 줄 베개로 삼아라. "이 일이 나로 말미암아 난 것이라."

네게 중요한 것이 내게도 중요하다는 것을 너는 알고 있느냐? "너희를 범하는 자는 그의[나의] 눈동자를 범하는 것이라"(슥 2:8). "네가 내 눈에 보배롭고 존귀하며"(사 43:4). 그러므로 너를 가르치는 것이 나의 특별한 기쁨이다.

유혹이 크고 원수가 너를 "밀어닥치는 강물처럼"(사 59:19, 공동번역) 덮칠 때, 이 일은 나로 말미암아 난 것인 줄 알아라. 그리고 네 약함에는 내 힘이 필요하고 내가 너를 대신해 싸워야 안전함을 알거라.

환경이 어렵더냐? 사람들이 너를 이해 못하고, 네 의견을 무시하며 언제나 너를 밀어제치더냐? 이 일이 나로 말미암아 난 것이다. 나는 환경의 하나님이다. 너는 우연히 이 자리에 있는 것이 아니라, 내가 너를 위해 계획한 바로 그 자리에 있는 것이다.

겸손하게 해달라고 내게 부탁하지 않았느냐? 지금 네 자리가 정확히 겸손을 배우는 학교인 줄 알았으면 좋겠다. 네 주변 환경과 사람들은 내 뜻을 이루는 도구일 뿐이다.

돈 문제가 있느냐? 적자를 면하기 어렵더냐? 너의 재정은 내가 관리한다. 내게 기대는 법을 배워라. 내가 무한히 공급하고 네 모든 쓸 것을 채울 것이다(빌 4:19). 내 약속이 진실함을 네가 증명하여 누구에게서도 이런 소리 듣지 않도록 하여라. "이 일에 너희가 너희의 하나님 여호와를 믿지 아니하였도다"(신 1:32).

슬픔의 시간 지나고 있느냐? 이 일이 나로 말미암아 난 것이다. 나는 간고를 많이 겪었으며 질고를 안다(사 53:3). 세상의 위로자들은 너를 위로하지 못하였느니, 이는 너로 돌이켜 "영원한 위로와 좋은 소망을"(살후 2:16) 받게 하려는 나의 뜻이다. 나를 위해 큰일 하기를 원했으나 고통과 질병으로 몸져누웠느냐? 그것도 내 뜻이다. 나를 쳐다볼 틈도 없이 바쁜 네게 나의 깊은 진리를 가르치려고 한 것이다. 오직 참고 기다리는 자들에게 그 진리들을 채울 것이다. 나의 큰 일꾼들 가운데 더러는 육체적 능력이 부족하지만 기도의 무기를 사용해 섬기는 법을 알고 있다.

오늘 네 손에 거룩한 기름을 들려줄 테니 가져다 써라. 새로운 환경에 뿌리고, 너를 아프게 하는 말과 참을 수 없는 간섭에, 네가 힘들어 하는 모든 곳에 바르거라. 그러면 그 모든 것에서 나를 보는 법을 배우면서 고통이 네게서 떠날 것이다.

"내 뜻이다." 구주께서 몸 구부려
내 이마에 입 맞추시며 말씀하셨다.
"너를 사랑하는 이가 또한 너를 인도했으니,
나를 의지하고 이제 참아 기다려라.
네게 이것이 필요함을 네 아버지께서 아시는데,
너는 어찌 모른단 말이냐—
네가 놓쳐 버린 것들로 인해 슬퍼하지 마라,
내가 주는 것이 네게 가장 좋은 것이니."

나 눈물 어린 눈으로 주님 바라보며 빌었다.
"주님, 용서하소서, 알지 못했습니다.
내 앞에 놓인 이 지상의 길마다
당신께서 앞서 가시니 어렵지 않겠습니다."
주님의 이 뜻 내게 유익하고
시련마다 그분의 은혜 족하리라.
그러므로 나 찬송하리니,
"내게 어떠한 길 허락하시든,
언제나 내게 가장 좋은 길이네."

2월 2일

나를 그의 손 그늘에 숨기시며 나를 갈고 닦은 화살로 만드사 그의 화살통에 감추시고. _이사야 49:2

"그늘에." 누구나 더러는 이 그늘 속으로 들어가야 합니다. 침침한 병실이나 슬픔으로 그늘진 집, 햇빛이 떠난 듯 어두운 삶……. 밝은 햇빛에 너무 오래 있으면 눈을 버립니다. 햇빛에 오래 노출된 눈으로는 미세하게 어두운 색조나 흐릿한 색깔을 분간하기 어렵습니다.

그늘로 가되 두려워 마십시오. 그 그늘은, 하나님의 손 그늘입니다. 그분께서 우리를 이끄십니다. 그리고 그분께서 인도하시는 곳에서만 배울 수 있는 교훈이 있습니다.

그분의 얼굴 사진은 암실에서만 현상됩니다. 그러한 암실에 있다 해서 그분께 버림받았다고 여기지는 마십시오. 여러분은 여전히 '그분의 화살통 안에' 있습니다. 그분께서는 결코 여러분을 무가치하게 버려두지 않으십니다.

그분께서는 여러분을 화살처럼 가까이 두고 계실 뿐입니다. 그러다가 그분의 영광을 드러내는 사명이 보이면 빛나는 화살을 쏘시듯 여러분을 과감히 보내십니다. 그늘진 곳에 홀로 떨어진 이들이여, 화살통이 전사와 얼마나 가까이 붙어 있는지 기억합시다. 그것은 언제나 손 닿는 곳에 소중히 보관됩니다.

한편으로, 자연의 어떤 영역에서는 그늘이나 어둠이 최적의 성장을 보장합니다. 그 놀라운 인디언 옥수수는 한여름 밤의 어둠 속에서 무지막지하게 자랍니다. 한낮의 타는 듯한 햇빛 속에서는 옥수수 잎새가 시들어 말려 올라가지만, 구름이 태양을 가리면 즉시 원래의 모습으로 펼쳐집니다. 햇빛이 하지 못하는 일을 그늘이 합니다. 별밤의 아름다움은 어둠이 하늘을 온전히 덮고서야 최고조에 달합니다. 안개와 구름과 그늘의 땅은 초목이 무성합니다. 햇빛 속에서는 결코 피지 않고 그늘에서만 피는 아름다운 꽃들이 있습니다. 꽃집에는 나팔꽃만 아니라 달맞이꽃도 함께 있습니다. 햇빛 찬란한 대낮에는 꽃잎을 열지 않는 달맞이꽃, 밤이 깊을수록 더욱 아름답습니다.

> 우리의 삶 햇빛뿐이라면
> 애타게 얼굴 들어 기다릴까,
> 시원한 빗줄기 다시 한번
> 맞아 가며 느끼네.

— 헨리 잭슨 반 다이크

2월 3일

성령이 곧 예수를 광야로 몰아내신지라. _마가복음 1:12

사랑을 증명하는 방식치고는 좀 이상해 보입니다. "곧"이라 했는데, 무슨 일이 있은 뒤에 "곧"입니까? 하늘이 열리고 성령이 "비둘기같이"(10절) 내려오셨으며, "너는 내 사랑하는 아들이라. 내가 너를 기뻐하노라"(11절) 하시는 음성으로 아버지께서 축복하신 뒤였습니다. 이는 결코 이상하거나 비정상적인 경험이 아닙니다.

사랑하는 영혼들이여, 그대들 역시 이와 같은 경험이 있습니다. 천국과도 같이 드높은 기쁨 뒤에 땅속으로 꺼지듯 낙심될 만한 시간이 곧 찾아오지 않던가요? 어제는 하늘로 치솟아 아침의 영광을 노래했습니다. 하지만 오늘 그대들의 날개는 접히고 노래는 침묵합니다. 오전에는 아버지의 미소를 햇빛처럼 받아 누렸는데 저녁에는 광야에서 외칩니다. "내 길은 여호와께 숨겨졌으며"(사 40:27).

아닙니다. 영혼들이여, 변화가 그토록 급작스럽다는 것은 오히려 비정상이 아니라는 증거입니다. "곧"이라는 이 말씀이 어찌하여 위로가 되는지 생각해 보았습니까? 축복 뒤에 왜 그토록 빨리 변화가 오는지 숙고해 보았습니까? 그 변화가 축복의 속편임을 보여주시기 위함입니다. 하나님께서 그대들에게 하늘의 빛을 비추어 주심은 삶의 광야, 인생의 겟세마네와 갈보리를 잘 견뎌 내게 하시려는 뜻입니다. 그분께서 그대들을 더 높은 곳으로 들어 올리심은 더 깊은 곳으로 내려갈 만한 힘을 주시고자 함입니다. 그대들을 어두운 곳으로 보내 절망에 놓인 사람들을 도우라고, 그분께서 그대들을 빛나게 하시는 것입니다.

그대들이 언제나 광야로 나갈 만한 자격이 있는 것은 아니니, 먼저 요단강의 빛의 체험이 있어야 합니다. 아들의 높은 이상에 의하지 않고는 그 무엇으로도 성령께서 주시는 짐을 짊어질 수 없습니다. 세례의 영광이 있어야 광야의 굶주림을 견딜 수 있습니다.

축복 뒤에 싸움이 있습니다.

한 사람의 영적인 삶을 비약적으로 발전시키는 시련의 시기는 결코 평범할 수 없으니, 지옥문이 열린 듯 괴롭습니다. 우리 영혼이 그물에 걸리고, 하나님께서 허락하셔서 우리가 마귀의 손에 잡혔다고 생각할 수밖에 없는 시기입니다. 하지만 영혼을 지켜 달라고 하나님께 의탁한 사람들에게는 언제나 승리로 끝을 맺는 시기입니다. 그리고 이 시련은 후일 "의와 평강의 열매를" 맺고(히 12:11), 이미 약속된 대로 삼십 배에서 백 배에 이르도록 풍성한 결실을 거둡니다(마 13:23).

2월 4일

내가 너를 땅의 높은 곳에 올리고. _이사야 58:14

공기역학의 첫 번째 법칙은 빠른 속도로 날아야 고도를 확보한다는 것입니다. 바람을 정면으로 받으며 비행해야 항공기의 날개에 더 많은 양력이 발생합니다. 이 원리를 어떻게 압니까? 새를 보면 압니다. 그저 즐거워서 날고자 한다면 바람을 탑니다. 하지만 위험을 감지할 경우, 새는 바람 속으로 돌진해서 고도를 얻고 태양을 향해 상승합니다.

인생의 고난은 하나님의 바람입니다. 종종 정면으로 들이닥치며 아주 거셉니다. 고난은 그분의 태풍입니다. 그러니 우리 삶을 들어 올려 하늘을 향하게 해야 합니다.

숨쉬기 힘들 만큼 푹푹 찌는 여름날을 기억합니까? 하지만 지평선 저쪽에서 검은 구름이 나타나 점점 커지다가 마침내는 여러분의 세상에 돌연한 축복을 쏟아붓습니다. 폭풍우는 맹렬하고 천둥 벼락이 칩니다. 여러분의 하늘이 점령당했습니다. 그런데 대기는 깨끗해지고 공중에는 새 생명이 가득합니다. 여러분의 세상이 바뀐 것입니다.

인간의 삶에도 같은 원리가 작동합니다. 인생의 폭풍이 내습하면 대기가 바뀝니다. 정화되어 새 생명이 깃듭니다. 하늘이 세상으로 좀 더 가까워지는 것입니다.

장애물과 만나면 찬송이 나올 것입니다. 바람은 텅 빈 바다 위를 가로지르면서 소리를 내지 않습니다. 장애물에 걸려야 소리를 냅니다. 옆으로 뻗은 소나무 가지가 있고, 풍명금의 현이 있습니다. 풍명금이 강력하고 아름다운 소리를 내는 것도 바람을 만났을 때입니다. 여러분의 자유롭게 된 영혼을 보내어, 인생의 장애물을 훑고 지나가게 하십시오. 무자비한 고통의 숲으로 보내십시오. 근심 걱정과 같은 사소한 장애물과도 만나게 하십시오. 바람처럼 여러분의 영혼도 소리를 얻어 노래할 것입니다.

새처럼 되어라, 비행을 멈추고
저토록 가느다란 가지에 내려앉은 새,
발밑의 가지, 바람에 휘며 핑핑 울어도
새는 앉아서 느낀다, 날개가 있으니.

2월 5일

너희가 황급히 나오지 아니하며. _이사야 52:12

고요에 깃든 능력을 알아야 합니다. 우리는 늘 서둘러 움직일 뿐 하나님께 일하실 기회를 좀처럼 드리지 못합니다. 그분께서 "잠잠하라" 하시면, 이제 곧 무슨 일을 하신다는 뜻입니다. 그런데 우리는 "우리가" 뭔가를 해야 그리스도인인 줄 압니다. 하나님께서 우리 안에서 일하셔야 합니다.

우리는 사진을 찍을 때 움직이지 않습니다. 움직이면 우리의 모습이 제대로 나올 수 없습니다. 하나님께서 우리에게 두신 영원한 목적이 있습니다. "그 아들의 형상을 본받게" 하시려는 목적입니다(롬 8:29). 우리가 그

71

분의 모습을 닮으려면 움직이지 말아야 합니다. 움직임을 미덕으로 치는 이 세상에서 우리는 고요와 침묵의 뜻을 배워야 합니다.

앉아라, 자녀들아! 고요히 앉아라!
이 기다림의 날들 헛되다 여기지 말라.
너희를 사랑하시고 너희의 길 계획하시는 이께서
오늘 너희의 크나큰 필요 잊지 않으셨으니!
행여 그분 늦으시면, 사랑하는 자녀들에게
가슴에 담으신 사랑 증명하려 하심이니.

앉아라, 자녀들아! 고요히 앉아라!
사랑하는 주님의 뜻 그토록 알기 원해도
그분 지체하시니 어느새 도둑 같은
근심이 와서 너희 마음 갉아 댄다.
안식하는 믿음으로 마음 다잡으라,
너희를 알고 사랑하시는 이께서 최선을 이루시리라고.

앉아라, 자녀들아! 고요히 앉아라!
움직이지 말라, 한 발짝도 떼지 말라.
이제 그분의 길 열린다, 향기로운 길,
너희 가슴 기쁘고, 발걸음 날래리라
너희의 영혼 강해지리라!
기다림의 날들 길지 않으리라.

앉아라, 내 딸아! 고요히 앉아라!
그분 위해 더 높은 섬김의 자리로 가려느냐?
그것은 어려운 일! 그렇다, 귀한 것에는 고통이 따르리라.
모든 것을 잃어야 모든 것을 잃지 않는다!
그것은 어려운 일! 하지만 그분께서 네게

은혜 주시리라, 가장 힘든 곳에서 가장 깊은 향기 날리도록.

—J. 댄슨 스미스

2월 6일

하나님이 바다를 변하여 육지가 되게 하셨으므로 무리가 걸어서 강을 건너고 우리가 거기서
주로 말미암아 기뻐하였도다. _시편 66:6

"강을 건너고." 이것은 엄청난 고백입니다. 두려움과 공포와 비통 외에는
아무것도 기대할 수 없었을 바로 거기, 그 강이며 바다에 멈춰 서서 이스
라엘 백성이 주로 말미암아 기뻐했습니다!

우리 중 얼마나 많은 사람들이 이 같은 경험을 했습니까? 우리 가운데
누가 슬픔과 고통의 심연에 들어 이스라엘 백성들처럼 승리하고 기뻐했
습니까?

하나님께서는 당신의 약속을 통해 우리와 얼마나 가까이 계시는지
모릅니다! 그 약속 얼마나 밝게 빛나는지 모릅니다! 하지만 우리는 조금
만 번성해도 이 같은 약속의 빛을 놓치고 맙니다. 한낮의 태양빛이 별들을
가린 듯 하나님의 약속이 온데간데없습니다. 하지만 밤이 오면, 깊고 어두
운 슬픔의 밤이 오면 별들이 빛을 내기 시작합니다. 하나님의 복된 별무리
가 희망으로 빛나고, 말씀에서 오는 위로의 약속이 보입니다.

야곱이 얍복에서 경험했듯, 해가 져야 하나님의 사자가 와서 우리와
씨름하고 또한 우리가 이길 수 있습니다. 아론이 성소의 등불을 켠 것은
"저녁때"였습니다(출 30:8). 믿는 자들의 등불이 밝게 타오르는 것도 고통
으로 어두운 밤일 때가 빈번합니다.

요한 역시 유형의 고통과 외로움으로 캄캄하던 밤에 구속자의 영광
스러운 모습을 보았습니다. 오늘날 많은 이들이 자신만의 "밧모섬"에 유형
당해 비록 고독하고 슬프나, 하나님의 변치 않는 임재와 따뜻한 은혜며 사
랑의 기억을 만들어 가고 있습니다.

이제도 고통의 홍해와 요단강을 건너는 무수한 나그네들이 있습니다.

영원에 들어가게 되면 그들은 하나님의 선하심을 기억하며 지나온 길을 돌아보고 이처럼 말할 수 있을 것입니다. "우리가 도보로 강을 건넜습니다. 사방에서 물결 넘치던 고통의 시간에 우리가 멈춰 서서 말했습니다. 주로 말미암아 기뻐합시다!"

"거기서 비로소 그의 포도원을 그에게 주고 아골 골짜기로 소망의 문을 삼아 주리니 그가 거기서 응대하기를……"(호 2:15).

2월 7일

내 영혼아, 네가 어찌하여 낙심하며. _시편 43:5

낙심해야 할 이유가 있습니까? 오직 두 가지뿐입니다. 우리가 여전히 불신자라면 낙심할 이유가 될 것입니다. 또 믿고 회개했으나 늘 죄 가운데 산다면 결과적으로 우리는 낙심하게 됩니다.

이 두 가지 외에는 낙심할 이유가 전혀 없습니다. 다른 모든 것은 "기도와 간구로……감사함으로"(빌 4:6) 하나님 앞에 가져다 놓을 수 있기 때문입니다. 게다가 궁핍과 고통과 시련의 시간에는 믿음으로 하나님의 능력과 사랑을 확신할 수 있습니다.

"너는 하나님께 소망을 두라"(시 43:5). 하나님께 소망을 둘 수 없는 경우란 있을 수 없습니다. 아무리 어렵고 위급해도 그분을 소망할 수 있습니다. 상황이 불가능 자체인 듯 캄캄할 때조차 우리가 할 일은 하나님을 소망하는 것입니다. 우리의 소망 헛되지 않으니, 주께서 정하신 때가 이르면 도움이 임합니다.

이것을 나는 인생 칠십 년 하고도 넉 달을 사는 동안 수백, 수천 번을 확인했습니다. 도움이 임한다는 것 자체가 어이없어 보일 만큼 불가능한 상황에서 도움이 찾아왔습니다. 하나님의 자원은 이토록 무궁합니다. 무수히 다른 방식으로 무수히 다른 시기에, 하나님의 도움이 우리에게 임할 것입니다.

우리가 할 일은 간구를 들고 주님 앞으로 가서, 어린아이처럼 단순하게 마음에 있는 말들을 모두 쏟아내는 것입니다. "나는 비록 주께 나의 부탁을 들어 응답해 달라고 할 자격이 없지만, 귀하신 예수님을 의지하여서 간구하오니 나의 기도를 들어주소서. 또한 주께서 기쁨으로 나의 간구를 허락하실 때까지 인내하며 기다리는 은혜를 내게 베푸소서. 주께서 정하신 때와 방법을 따라 행하실 것을 내가 믿습니다."

"나는……내 하나님을 여전히 찬송하리로다"(시 43:5). 더욱더 기도하고, 더욱더 우리의 믿음을 실행하며, 더욱더 끈질기게 기다림. 풍성하기 이를 데 없는 축복으로 가는 길입니다. 이것이 정말 사실임을 내가 무수히 확인했으며, 이제도 끊임없이 내 자신에게 말합니다. "너는 하나님께 소망을 두라."

2월 8일

내가 세상 끝날까지 너희와 항상 함께 있으리라. _마태복음 28:20

인생의 변화와 도전을 두려워 마십시오. 그러한 변화와 도전이 오면 여러분의 아버지 되시는 하나님께서 능히 구하실 것을 확신하십시오. 그분께서 지금까지 지켜 주시지 않았습니까? 그러니 그분 사랑의 손을 있는 대로 꼭 붙잡으십시오. 그분께서 안전하게 인도하실 것이며, 여러분이 설 힘조차 없을 때는 안아서라도 데려가실 것입니다.

아직 오지도 않은 내일 일은 쳐다보지 마십시오. 오늘 여러분을 보살피시는 그 아버지께서 내일만 아니라 날마다 여러분을 보살펴 주실 것입니다. 고통에서 친히 지켜 주시든지, 그 고통을 견딜 만한 힘을 주시든지 하실 것입니다. 그러니 마음의 평화를 유지하고, 염려와 근심은 옆으로 젖혀 두십시오.

"여호와는 나의 목자시니"(시 23:1).

"목자였다"가 아닙니다. "목자인 것 같다"도 아니고 "앞으로 목자일 것이다"도 아닙니다. 지금 "여호와는 나의 목자"이십니다. 그분께서는 주일에도 계시고 월요일에도 계시며 일주일 내내 계십니다. 일월에도 계시고 십이월에도 계시며, 일 년 내내 계십니다. 내가 고향에 있을 때나 중국에 있을 때나 늘 계십니다. 전시에도 계시고 평시에도 계시며, 풍족할 때나 궁핍할 때나 항상 계십니다.

그분께서 너를 위해 조용히 계획하신다.
너는 전능하신 보호의 대상,
하나님께서 친히 인도자 되셔서
알 수 없는 구덩이 지나가게 하신다.

그분께서 너를 위해 조용히 계획하신다.
결코 실수가 없으신 분!
하나님의 신실하심에 기대어라,
그분 안에서 능히 이기리라.

그분께서 너를 위해 조용히 계획하신다.
어떤 놀라운 사랑의 선물을.
누구도 본 적 없고 들은 바 없는,
너를 위한 그 선물, 위에 마련하셨으니.

그분께서 너를 위해 조용히 계획하신다.
그분의 목적 온전히 펴시는 날,
뒤엉킨 네 삶 마침내 빛나고,
거장의 솜씨 드러나리라.

그분께서 너를 위해 조용히 계획하신다.
너는 아버지 품 안의 행복한 자녀,
누구도 그분의 사랑 요구함 없이
그분 눈에 오직 너만 귀하다는 듯이.

— E. 메리 그라임스

우리가 믿음으로 하나님을 그 어떠한 이름으로 부르든지, 그분께서 그렇게 되어 주실 것입니다.

2월 9일

예수는 한 말씀도 대답하지 아니하시니. _마태복음 15:23
너를 잠잠히 사랑하시며. _스바냐 3:17

여러분은 지금 슬픔과 낙심, 전혀 예기치 못한 곳에서 입은 상처를 가슴에 안고 이 구절들을 읽습니까? 주님의 위로의 음성 듣기를 고대하고 있습니까? "안심하라. 나니 두려워하지 말라"(마 14:27). 하지만 그분의 침묵은 여전하십니다. 답답하고 비참한 심정뿐입니다. "예수는 한 말씀도 대답지 아니하시니."

우리의 슬픔과 한탄의 외침 들으시며 온유하신 주께서 자주 가슴 아파 하십니다. 연약하고 참을성 없는 우리는 눈물에 가려 주님의 참뜻을 볼 수 없습니다. 주께서 전혀 대답을 않으시거나 우리 기대에 못 미치는 듯 대답하심이 우리를 위하는 것인데도 우리는 그것을 알지 못합니다. 사실, 예수님의 침묵은 그분의 말씀만큼이나 웅변적입니다. 그 침묵은 아마 거절보다는 승낙의 표시일 테고, 우리에게 더 큰 축복을 주시려는 그분만의 방식일 수 있습니다.

"내 영혼아, 네가 어찌하여 낙심하며……나는……내 하나님을 여전히 찬송하리로다"(시 43:5). 그렇습니다. 침묵하심에 오히려 그분을 찬송하십시오.

아름다운 옛이야기가 있습니다. 한 그리스도인 여인이 기도하는 세 여인을 꿈에서 봅니다.

세 여인이 무릎 꿇고 있는데 주께서 오십니다. 첫째 여인에게 다가가셔서 온유하게 몸 구부리며 말씀하십니다. 사랑과 미소가 가득 담긴 그 말씀은 아름다운 노래와 같았습니다. 그리고 둘째 여인에게로 가십니다. 그런데 여인의 숙인 머리에 손을 얹으시고 고개를 끄덕여 호의를 보이시는 정도입니다. 셋째 여인은 거의 무시하듯, 말 한 마디 눈길 한 번 주지 않고 지나치십니다.

꿈속에서 이를 지켜보던 여인이 혼잣말을 합니다. "주께서 첫째 여인을 많이 사랑하시는가 보다. 둘째 여인은 주님의 호의는 얻었지만 첫째 여인처럼 특별한 사랑을 받지는 못했고, 셋째 여인은 주님을 무척 슬프게 한 것이 틀림없다. 말씀 한 마디 없이 처다보지도 않으시고 지나치시는 것을 보니."

여인은 셋째 여인이 무엇을 어떻게 했기에 그토록 차별대우를 받는지 궁금했습니다. 그녀는 주님의 행동을 해명해 보려고 애썼습니다. 그런데 주께서 친히 곁으로 오셔서 말씀하십니다. "여인아! 네가 나를 잘못 알고 있구나! 무릎 꿇은 첫째 여인은 아직 약해서 많이 보살펴야 나의 좁은 길에서 벗어나지 않을 수 있다. 날마다, 순간마다 나의 사랑과 배려와 도움이 없으면 자칫 걸려 넘어지기 쉽다."

"둘째 여인은 첫째 여인보다 믿음이 강하고 사랑이 깊다. 그래서 나는 이 여인이 어떠한 환경, 어떠한 사람들과 부딪치더라도 나를 의지할 수 있음을 잘 안다. 그리고 내가 무시하듯 지나쳤던 셋째 여인은 온전한 믿음과 사랑을 지니고 있다. 나는 지금 지극히 거룩한 섬김을 위해 이 여인을 철저히 훈련시키고 있다."

"이 여인은 나를 깊이 알고 그 믿음이 지극해서 더 이상 내 음성이나 사랑스러운 눈길, 그밖의 외적인 내 호의가 필요하지 않다. 이 여인은 내가 정해 준 어떠한 환경에 있더라도 좌절하거나 낙심하지 않는다. 세상의 상식과 이성이 공격할 때는 물론, 인간 본래의 미묘한 본능이 반항의 고개를 내밀 때조차 나를 믿고 의지한다. 내가 영원에 대비해 저를 준비시키고 있음을, 또한 내가 하는 일을 이해하는 날이 올 것임을 이 여인은 정녕 알고 있다."

"내 사랑은 말로 표현되는 범위와 인간의 가슴으로 느끼는 한계를 넘어서서, 침묵이다. 또한 성령께서 가르친 순수하고 자연스러운 반응으로 나를 사랑하고 의지하는 법을 배우라고, 너희를 위한 내 사랑은 말이 없다. 내 사랑에 대한 너희의 반응이 외적인 어떤 것에 의해 이끌려 나오지 않기를 나는 원한다."

우리가 그분의 침묵의 신비를 배우고, 우리에게서 모든 선물을 거두어 가시더라도 그분을 찬양할 수 있다면, 주님께서는 "아직 온 땅 아무 국민에게도 행하지 아니한 이적을"(출 34:10) 행하실 것입니다. 그러니 이를 통하여 선물 주시는 그분을 더 많이 알고 사랑하십시오.

2월 10일

내 사랑하는 자들아, 너희가 친히 원수를 갚지 말고. _로마서 12:19

무엇을 하는 것보다 무엇을 하지 않는 것이 오히려 더 힘들고 고통스러울 때가 있습니다. 평정을 유지한다는 것은 힘이 있다는 훌륭한 증거입니다. 그토록 사악하고 치명적인 고발에도 예수께서는 깊고 흔들림 없는 침묵으로 대응하셨습니다. 침묵이 하도 깊어서 고발한 자들과 구경꾼들이 두려워 떨었습니다. 세상에서 가장 가슴 약한 사람조차 의분을 느낄 만큼 지독한 모욕과 폭력과 조롱에도 예수께서는 말씀 한 마디 없이 확신에 찬 침묵으로 일관하셨습니다. 부당하게 비난받고 까닭 없이 학대당하는 이들은 원수 갚는 일을 하나님께 맡기며 침묵하기가 얼마나 힘들고 고통스러운지 잘 압니다.

> 사람들이 그대의 의도 그릇 판단하고
> 까닭이 있어 비난한다 생각하며
> 그대의 잘못이라고 말하리라.
> 흔들리지 말고 그대의 고요한 길 가라.
> 그리스도께서 심판자이시되 저들은 아니니
> 두려워 말라, 담대하라.

사도 바울은 말했습니다. "이 어느 것도 나를 흔들지 못하리라"(행 20:24, KJV). 그는 "이 어느 것도 나를 슬프게 하지 못하리라"고 말하지 않았습니다. 슬프다는 것과 흔들린다는 것은 차원이 다른 이야기입니다. 바울은 심성이 여린 사람이었습니다. 성경을 봐도 알겠지만 바울처럼 울었다는 기록이 다른 사도에게는 없습니다. 강하지 않고서는 함부로 울 수가 없습니다. "예수께서 눈물을 흘리시더라"(요 11:35). 예수님은 세상에서 가장 강한 분이셨습니다.

그러니 심성 여린 바울로서야 "이 어느 것도 나를 슬프게 하지 못하리라"는 말을 할 수 없었을 것입니다. 그 대신 그는 자신이 옳다고 믿는 자리에서 흔들리지 않기로 결심했습니다. 그는 우리가 흔히 가치 있다 여기는 것들을 버렸습니다. 쉬운 길을 바라지 않았고 목숨마저 아깝게 여기지 않았습니다. 단 하나, 그리스도를 향한 헌신에만 온 마음을 쏟았습니다. 그리스도의 미소를 얻기 위해서였습니다. 그리스도의 일을 행함은 지상에서 받는 상급이요 영광이라는 인식에 바울만큼 투철한 사람이 없었습니다. 그렇게 일하고 얻는 그리스도의 미소는 천국이었습니다.

2월 11일

제사장들의 발바닥이 요단 물을 밟고 멈추면……물이 끊어지고 한곳에 쌓여 서리라. _여호수아 3:13

이스라엘 백성들은 요단강이 열릴 때까지 기다리지 않고 "믿음으로"(고후 5:7) 걸어 나가야 했습니다. 천막과 가재도구를 챙겨 들고 대오를 형성하여 실제로 강물에 발을 내디뎌야 했으니, 물이 열리는 것은 그 다음 일이었습니다.

그들이 강둑에 멈추어 서서 물이 갈라지기만 기다렸다면, 백날이 가도 헛된 기다림이었을 것입니다. 말씀하신 그대로, 먼저 요단 물을 밟아야 물이 끊어지게 되어 있었습니다.

우리는 하나님의 말씀을 곧이곧대로 믿고, 전진할 길이 없을 때조차 곧장 순종하며 앞으로 나아갈 줄 알아야 합니다. 우리는 어떤 장애물이 보이면 그대로 돌파할 생각은 하지 않고 어떻게든 제거되기만을 바랍니다. 그러니 어려움을 만나면 늘 옆길로 빠질 수밖에 없습니다.

믿음으로 전진하면 길이 열릴 것입니다. 그런데도 우리는 장애물이 전혀 없는 듯 전진해야 하는 그때에, 장애물이 제거되기만 기다리며 서 있습니다.

크리스토퍼 콜럼버스가 세상에 가르친 인내의 교훈이 놀랍습니다. 그는 무수한 역경 앞에서 끝내 포기하지 않았습니다.

그의 뒤에 희뿌연 아조레스 군도가 있었다,
뒤에 헤라클레스의 문이 있었다.
앞에 육지의 그림자도 비치지 않았다,
앞에 끝없는 바다뿐이었다.
선량한 항해사가 말했다. "이제,
기도밖에 없습니다, 보십시오! 별들이 사라졌습니다.
용감한 제독이시여, 말씀하십시오, 제가 무슨 말을 전해야 합니까?"
"가서 말하여라, 앞으로, 앞으로, 앞으로!"

"선원들이 반항합니다,
그들은 송장처럼 창백하고 지쳤습니다!"
그 강한 항해사는 고향을 생각했다, 햇빛에
그을린 그의 뺨이 짜디짠 물보라에 씻겼다.
"용감한 제독이시여, 말씀하십시오, 새벽이 와도
바다뿐이면 제가 무슨 말을 전해야 합니까?"
"날이 밝으면 가서 말하여라,
앞으로, 앞으로, 앞으로, 앞으로!"

그들은 항해하고 또 항해했다. 그리고 항해사가 말했다.
"이 미친 바다가 오늘밤 이빨을 드러냅니다.
조롱하며 숨어서 기다립니다.
물어 삼킬 듯 아가리를 벌리고 있습니다!
용감한 제독이시여, 한 마디만 하십시오,
희망이 사라지면 우리는 어쩌해야 합니까?"
그의 말은 내지르는 칼 같았다

"앞으로, 앞으로, 앞으로, 앞으로!"

창백하고 지친 그는 갑판을 지키며
어둠을 응시했다, 아! 그 밤은 지나온
어느 밤보다 어두웠다! 그리고 작은 반점 하나
빛이다, 빛이다, 빛이다, 빛이다!
마침내 별빛으로 빛나는 깃발이 펼쳐졌다!
그 빛이 동터오는 시대의 새벽이 되었다.
그는 한 세계를 얻었다. 그 세계에 위대한 교훈을 남겼다.
"앞으로, 앞으로!"

— 조아킨 밀러

전진하는 믿음이 승리합니다.

2월 12일

너희 하늘 아버지께서……아시느니라. _마태복음 6:32

농아학교를 방문한 어떤 사람이 칠판에 한 문장을 썼습니다. "왜 하나님께서 나는 들을 줄 아는 사람으로 만드시고, 여러분은 듣지 못하는 사람으로 만드셨습니까?"

어린 학생들의 뺨을 후려치듯 충격적인 문장이었습니다. 움직이는 아이들이 없었습니다. "왜라니요, 그렇게 무자비한 질문이 어디 있습니까?" 작은 소녀가 일어났습니다.

소녀는 입술을 떨고 눈물을 글썽이며 곧장 칠판 앞으로 걸어 나왔습니다. 분필을 집어들고 또박또박 써 나갔습니다. "그렇습니다, 아버지! 이것이 아버지께서 원하신 뜻이었습니다"(마 11:26, 공동번역). 놀랍고도 아름다운 대답입니다. 이 소녀는 지금 성숙한 신자로부터 하나님의 가장 어린 자녀에 이르기까지 모두가 안전하게 거할 수 있는 영원한 진리를 이야기하고 있으니, 곧 하나님이 우리 아버지시라는 진리입니다.

여러분은 확신과 믿음으로 이 진리를 고백할 수 있습니까? 그렇게 할 수 있다면 여러분의 믿음의 비둘기는 이제 더 이상 하늘을 방황하며 날아다니지 않고 영원히 쉴 수 있는 곳에 내려앉을 것입니다. 바로 여러분의 아버지입니다!

우리 각 사람이 모든 것을 이해하는 날이 오리라는 내 믿음은 여전합니다. 아무리 멀어 보여도 그날은 반드시 옵니다. 하늘이 무너지는 듯한 이 비극이 하나님의 위대한 계획 안에서 제자리를 찾아갈 테고, 이것을 보는 우리는 모든 것을 환히 알게 될 것입니다. 하나님의 위대한 계획, 웅장하고 압도적이며 기쁨 넘치는 그 계획 앞에서 우리는 경이와 즐거움으로 웃을 것입니다.

이 불행 우연히 내게 오지 않았다.
하나님께서 친히 하신 일, 그대로 두자.
그분 내가 볼 수 없는 것을 보신다.
고통에는 목적이 있으니
그분께서 어느 날 밝히시리라,
지상에서 잃음이 하늘에서 얻음인 것을.
수틀을 보라,
작품 뒷면은 뒤엉킨 실뿐,
그러나 앞면의 아름다운 무늬
장인의 수고에 답하고,
그 솜씨와 귀한 인내 증명한다.
당신은 장인이시며 나는 수틀.
주여, 당신의 이름 영광 되도록
이 수틀에 당신의 형상 온전히 빚어내소서.

2월 13일

그 산지도 네 것이 되리니. _여호수아 17:18

산에서는 언제나 기회가 더 많습니다. 저 낮은 골짜기에 가나안 사람들이 넘치고 그들의 강한 병거로 여러분의 진행이 늦어지거든, 산으로 올라가 더 높은 땅을 차지하십시오. 힘에 부쳐 하나님의 일을 더 이상 할 수 없다는 생각이 들거든 사람을 보내 달라고 기도하십시오. 여러분의 입에서 나오는 말로 세상에 있는 것들은 움직이지 못해도 하늘은 움직일 수 있습니다. 섬김의 영역이 제한되어 있거나 일상의 필요를 제대로 공급받지 못해서, 혹은 여타의 장애물로 인해 저 낮은 구릉지대에서는 지속적인 성장이 불가능할 수 있습니다. 그럴 때는 과감히 일어나서 안 보이는 것, 영원한 것, 하늘의 거룩한 것을 향해 올라가십시오.

믿음으로 숲을 개척할 수 있습니다. 이스라엘 족속이 산 높은 곳에 보화가 기다리고 있음을 깨달았다 해도, 실제로 그 빽빽한 삼림을 개간하는 일이 가능하리라고는 여기지 않았을 것입니다. 하지만 하나님께서는 숲을 개척하라는 지시만 내리신 것이 아니라 그들에게 그만한 능력이 있음도 일깨워 주셨습니다. 온 산을 뒤덮은 나무들을 베어 내고 개간하는 일과 같이 불가능해 보이는 과업은 우리를 기죽이고 낙심케 하려는 뜻으로 보내심이 아닙니다. 그것은 우리에게 동기를 부여해 영적인 위업을 시도해 보라는 뜻입니다. 그냥은 불가능하겠으나 내주하시는 성령을 통해 우리 안에 두신 크나큰 능력으로는 가능합니다.

기도하고 행하는 믿음에 응답하사 하나님께서 어떤 일을 이루시는지 보여줄 목적으로 우리 앞에 곤경이 닥칩니다. 낮은 골짜기 사방에서 시달림을 받고 있습니까? 그렇다면 그 땅의 높은 곳으로 올라가 반석에서 나는 꿀을 취해 드십시오(신 32:13). 지금은 숲에 가려 안 보이는 산지 사면에서 풍요를 거두시기 바랍니다.

건널 수 없는 강이 있는가?

터널공사가 불가능한 산이 있는가?

우리는 불가능 처리 전문가,

세상이 할 수 없다는 것을 우리가 한다.

— 파나마 운하 건설자들의 노래

2월 14일

주 안에서 항상 기뻐하라. 내가 다시 말하노니 기뻐하라. _빌립보서 4:4

주 안에서 기뻐한다는 것은 얼마나 좋은 일입니까. 여러분도 아마 이처럼 해보려 했으나 처음에는 잘 안되었을 것입니다. 복잡하게 생각할 것 없이 계속 해보는 겁니다. 기쁨을 전혀 느낄 수 없고 발걸음 처져도, 인생에 위로와 격려 없어도 기쁨의 연습 멈추지 말고 "온전히 기쁘게" 여기십시오 (약 1:2). "여러 가지 시험을 당하거든" 기쁨으로 여기고 즐거워하십시오. 그리하면 하나님께서 여러분의 믿음에 상을 내리십니다. 하나님께서 승리와 기쁨의 깃발 쥐어 주며 여러분을 최전선으로 보내 놓고서 그분 혼자서만 조용히 물러나시겠습니까? 자녀들이 적에게 두드려 맞고 사로잡혀도 바라보기만 하시겠습니까? 그럴 리가 없습니다! 성령께서 여러분을 받쳐 주셔서 담대히 전진하게 하시고, 여러분의 가슴을 기쁨과 찬양으로 채우실 것입니다. 그러면 어느새 여러분의 가슴 충만하여 기쁨과 새 힘 넘칠 테니, 잘 보십시오.

주여, 당신 안에서 기뻐하도록 가르치소서. "항상 기뻐하"게 하소서 (살전 5:16).

사탄이 약한 성도를 찾아다닐지 모릅니다,

저를 만나면, 잘됐다 소리칠 성도를.

"오직 성령으로 충만함을 받으라.……너희의 마음으로 주께 노래하며 찬송하며"(엡 5:18-19).

이 구절에서 바울은, 우리에게 노래로써 신앙생활에 영감을 불어넣으라고 권고합니다. 또한 육신의 동기를 추구하지 말고 영으로써 동기를 삼아야 한다고 우리들에게 경고합니다.

놀라워라, 빛이여!
찬송하는 그리스도인 비추네.

찬송하고 싶은 마음 없어도 찬송하십시오. 찬송이 무거운 두 다리에 날개를 달아 주고, 지친 몸과 마음에 새 힘을 불어넣어 줍니다.

"한밤중에 바울과 실라가 기도하고 하나님을 찬송하매 죄수들이 듣더라"(행 16:25).

바울 사도여, 당신은 우리의 놀라운 모범이었습니다. 당신은 몸에 예수의 흔적 가졌음을 영광으로 알았습니다(갈 6:17). 이 흔적 어떻게 얻었습니까. 돌에 맞아 죽을 뻔하고, 몽둥이로 세 차례 두드려 맞고, 유대인들에게 사십에서 하나 감한 매를 다섯 차례나 맞고, 빌립보 감옥에서 피 흘리도록 두드려 맞음으로써 얻었습니다. 이와 같은 고난을 견디며 찬송하게 한 그 은혜가 우리에게도 족합니다.

오, 유혹자의 화살 날아다녀도
주 안에서 더욱 기뻐합시다.
사탄은 우리의 울음보다도
여전히 찬송을 더 무서워하니까요.

2월 15일

악을 행하는 자들 때문에 불평하지 말며 불의를 행하는 자들을 시기하지 말지어다. _시편 37:1

환경에 짓눌려 근심걱정으로 사는 일이 없어야 하겠습니다. 어떤 경우라도 근심걱정은 정당화될 수 없습니다. 오늘 본문으로 주신 시편의 상황을 보십시오. 이처럼 비참하고 지독한 경우가 없을 것입니다. 그런데도 불평하지 말라고 합니다. "악을 행하는 자"들이 "자색 옷과 고운 베옷을 입고 날마다 호화롭게" 생활합니다(눅 16:19). "불의를 행하는 자"들이 높은 자리에 올라 불행한 형제들을 잔인하게 다스립니다. 부도덕한 사람들이 거만하게 돌아다니며 번영을 구가하는데, 선한 이들은 두려워 떨며 걱정합니다.

"불평하지 말며." 과도하게 마음 쓰지 말고 평정을 유지해야 합니다. 합당한 이유가 있다 해도 근심걱정은 도움이 안 됩니다. 근심걱정은 베어링을 달구기만 할 뿐 동력은 발생시키지 못합니다. 기관차의 차축이 달궈져서 좋을 일이 없습니다. 이 차축이 뜨거워지는 것은 불필요한 마찰 때문입니다. 서로 닿는 표면이 오일의 완충력으로 부드럽게 회전해야 하는데, 이것이 없으니 마찰하며 갈립니다.

불평은 우리 마음을 마르게 하여 마찰을 일으킵니다. 이는 우리 마음에 하나님의 은혜의 기름이 없다는 증거입니다. 우리가 걱정할 때 작은 모래 알갱이들이 베어링 사이에 끼어 들어갑니다. 사소한 실망, 남에게 당한 배은망덕한 처사, 무례 같은 것들이 아마 그러한 모래 알갱이들일 것입니다. 삶이 더 이상 부드럽게 돌아가지 않습니다. 마찰이 열을 발생시키고, 열이 다시 기계 전체를 심각한 상황으로 몰아갑니다.

베어링에 불필요한 열을 발생시키지 마십시오. 주님의 기름을 듬뿍 쳐서 언제나 부드러운 상태를 유지해야 합니다. 그래야 그 불필요하고 거룩하지 못한 열로 인해 "악을 행하는 자"들 가운데 하나로 취급당하는 일이 없을 것입니다.

안식 없는 영혼아, 잠잠하라. 불평과 걱정 물리치라,
하나님은 수천 가지 방식으로 사랑과 도우심 보여주시니,
믿고 믿으며 또 믿으라, 너 그분의 뜻 알 때까지.

안식 없는 영혼아, 잠잠하라. 평화는 하나님의 미소,
그분의 사랑 모든 잘못과 슬픔 화해하게 하시니
사랑하고 사랑하며 또 사랑하라, 잠시 고요히 기다리라.

안식 없는 영혼아, 힘을 내어라. 울음과 슬픔 물리치라,

몰아치는 찬바람에 온유하신 뜻 두고 계시니

희망하고 희망하며 또 희망하라, 힘이 더욱 더할 때까지.

안식 없는 영혼아, 이 시간 그분의 가슴에 기대어라,

그분의 은혜는 힘과 생명, 그분의 사랑은 꽃,

쉬고 쉬며 또 쉬어라, 그분의 온유한 능력 안에서.

안식 없는 영혼아, 잠잠하여라! 벗어나려고 발버둥치지 말아라,

네 생명에 하나님의 생명 있으니, 그분에게서 달아날 수 없으리라,

기도하고 기도하며 또 기도하라, 믿음으로 볼 때까지.

— 이디스 윌리스 린

2월 16일

내가 전에는 너를 괴롭혔으나 다시는 너를 괴롭히지 아니할 것이라. _나훔 1:12

우리의 고통에는 한계가 있습니다. 하나님께서 고통을 보내시고 다시 거두어 가십니다. 여러분이 지금 당하는 고통이 끝날 것 같지 않습니까? 주님 오실 때까지 고요히 기다리며 그분께서 뜻하신 것을 견뎌 내야 하겠습니다. 우리 아버지께서는 회초리의 사용 목적이 다하면 이내 거두어들이십니다. 우리 입술로 하나님께 영광을 돌리도록 고통이 찾아와서 우리를 시험하더라도, 과연 우리가 그분을 찬양하고 영화롭게 했다면 고통은 결국 끝날 것입니다. 하여, 아직 하나님께서 온전히 영광을 받지 않으셨음에도 고통이 떠나가기를 원해서는 안 되겠습니다.

오늘 당장이라도 우리의 인생이 폭풍우 가라앉은 바다처럼(마 8:26) 잔잔해질 수 있습니다. 이 미친 듯한 파도가 어찌 그토록 한순간에 가라앉을 수 있겠느냐고, 그것이 어찌 갈매기들마저 언덕에 앉아 쉬는 유리바다로 바뀔 수 있겠느냐고 묻습니까? 그러면 안 된다는 법칙이라도 있습니까?

기나긴 시련 지나 도리깨는 벽 한 귀퉁이에 세워지고 타작한 밀은 거두어져 곳간에 쌓입니다. 슬픔이 컸던 만큼 기쁨도 클 것입니다.

주님께서 밤을 낮으로 바꾸시는 것은 일도 아닙니다. 시커먼 먹구름을 보내신 이가 어느새 하늘을 말갛게 씻어 놓으십니다. 힘을 냅시다. 이제 내리막길이니 한결 수월할 것입니다. 앞으로 올 것들을 생각하며 하나님을 찬양합시다.

추수하는 주인께서(눅 10:2) 늘 우리를 타작하지는 않습니다. 그분께서 주시는 시련은 한철이고 소나기는 곧 지나갑니다. "저녁에는 울음이 깃들일지라도 아침에는 기쁨이 오리로다"(시 30:5). "우리가 잠시 받는 환난의 경한 것이 지극히 크고 영원한 영광의 중한 것을 우리에게 이루게 함이니"(고후 4:17). 시련은 진정 목적을 달성합니다.

우리가 시련을 당한다는 사실 자체가 주님 보시기에 우리 안에 귀중한 어떤 것이 있다는 증거입니다. 그렇지 않다면 주께서 우리에게 그토록 많은 시간과 노력을 들이실 까닭이 없습니다. 우리 마음 바탕에는 애초부터 거친 돌덩어리가 박혀 있는데, 주께서 이 돌덩어리에 같이 섞여 있는 믿음의 금맥을 아니 보셨다면 애써 우리를 시험하실 필요도 없을 것입니다. 그리고 우리를 강제로 시련의 불에 밀어 넣으심은 순전하고 아름답게 정련하시려 함입니다.

오 시련당하는 이들이여, 인내합시다. 우리가 "지극히 크고 영원한 영광"을 본다면 그것이야말로 얼마나 큰 보상입니까? 그렇듯 정련하시는 이의 불이 우리의 시련에 넘치는 보상을 안겨 줄 것입니다. 그분께 칭찬을 듣습니다. "잘하였도다. 착하고 충성된 종아"(마 25:21). 거룩한 천사들 앞에서 영광을 얻습니다. 그리스도 안에서 영광을 입고, 이 영광을 다시 그분께 돌려드립니다. 내 시련에 넘치는 상급이 진정 이와 같을 것입니다.

추 없는 괘종시계는 가지 않습니다. 선박은 안정판이 있어야 흔들리지 않습니다. 같은 이치로, 영혼에는 고통이 있어야 합니다. 엄청난 압착의 과정을 거쳐서야 진귀한 향수를 얻습니다. 고독하고 눈 쌓인 산 정상에서 아름다운 꽃이 자랍니다. 진귀한 보석은 세공사의 연마기에서 장시간의 고통을 겪은 뒤에 탄생합니다. 웅장한 조각상이 견뎌 낸 끌과 정의 타격을 생각해 보십시오. 그러나 이 모든 것들은 하나님의 법 아래 놓여 있습니다. 온전한 배려와 깊은 눈으로 정하신 일이 아니면 결코 허락되지 않습니다.

2월 17일

내가 그들 곧 이스라엘 자손에게 주는 그 땅으로 가라. _여호수아 1:2

하나님께서 임박한 일을 말씀하십니다. 앞으로 하시려는 일이 아니라 지금 이 순간 하시는 일입니다. 믿음이 계속 말하면 하나님께서도 계속 주십니다. 그분께서는 지금 이 순간 여러분을 만나시고 믿음을 시험하십니다. 기다리고 희망하고 바란다 해서 믿는다고 할 수는 없습니다. 열심히 희망하고 원할 수 있겠지만 그것 자체가 믿음은 아닙니다. "믿음은 바라는 것들의 실상이요 보이지 않는 것들의 증거"이기에 그렇습니다(히 11:1). 믿음의 기도와 관련한 명령이 이와 같습니다. "무엇이든지 기도하고 구하는 것은 받은 줄로 믿으라. 그리하면 너희에게 그대로 되리라"(막 11:24). 우리는 지금 이 순간 받았음을 믿어야 합니다. 지금 이 순간은 그분의 영원한 현재입니다. 우리는 늘 영원한 "지금" 하나님과 만나는 단계에 와 있습니까?

참된 믿음은 하나님을 의지하며 안 보고 믿습니다. 뭔가 우리의 간청이 받아들여졌다는 증거를 본 뒤에야 믿으려는 것이 인간의 본능입니다만, 믿음으로 살면(고후 5:7) 하나님의 말씀 외에 다른 증거는 필요하지 않습니다. 하나님께서 말씀하셨으니 그 말씀이 우리의 믿음과 만나면 이루어집니다. 우리는 믿었으므로 볼 것이며, 참된 믿음은 험난한 시련 속에서 우리를 붙들어 줍니다. 그렇습니다. 주변의 모든 것이 하나님의 말씀과 정반대로 움직이는 듯한 상황에서도 진정 우리를 든든히 붙들어 줍니다.

시편기자는 말했습니다. "내가 산 자들의 땅에서 여호와의 선하심을 보게 될 줄 확실히 믿었도다"(시 27:13). 그는 주님의 응답을 아직 못 보았으나 보리라고 확신했으며, 이 확신이 그를 붙들어 주었습니다.

보리라고 믿는 믿음이 있어 우리는 낙심하지 아니할 것입니다. 우리는 불가능해 보이는 상황을 일소에 부치며, 이제 곧 하나님의 능력으로 홍해에 길이 열리는 장관을 지켜볼 것입니다. 이처럼 인간의 힘으로는 벗어날 길 없는 극심한 시련의 현장에서 우리의 믿음이 자라고 강해집니다.

시련에 놓인 이들이여, 하나님께서 오시기를 밤낮으로 기다리다 지쳤습니까? 영영 잊혀졌을까 두렵습니까? 지금 고개를 들어 하나님을 찬양하십시오. 이미 구원이 오고 있습니다.

2월 18일

무엇이든지 기도하고 구하는 것은 받은 줄로 믿으라. 그리하면 너희에게 그대로 되리라. _
마가복음 11:24

내 아들이 열 살인가 되던 해, 아이 할머니가 성탄절 선물로 우표 수집책을 사주겠다고 약속했습니다. 성탄절이 왔지만 할머니에게서는 우표책도 별다른 소식도 없었습니다. 성탄절은 그냥 지나갔습니다. 하지만 아이는 아무런 내색도 않고 있다가 친구들이 성탄절 선물을 구경하러 왔을 때에야 우표책 얘기를 꺼냈습니다. 나는 내 아들이 친구들에게 하는 말을 듣고 놀라지 않을 수 없었습니다. 자신이 받은 선물을 차례로 나열하다가 마지막에 가서 "그리고 할머니한테 우표 수집책도 받았다"고 말을 했으니 말입니다.

아이는 그러고도 몇 차렌가 더 우표책 받았다는 얘기를 했고, 나는 결국 아이를 불러 이야기할 수밖에 없었습니다. "조지, 할머니한테 우표책 받지도 않았는데 왜 받았다고 이야기하는 거냐?"

아이는 대단히 이상한 질문이라도 받은 듯 난처한 표정으로 대답했습니다. "저, 엄마,……할머니께서 말씀하셨고, 그 말씀은 지금도 똑같아요." 무슨 말을 해도 아이의 믿음은 꺾일 것 같지 않았습니다.

그 후 한 달이 지났지만 우표책에 대해서는 서로 언급이 없었습니다. 그러다가 나는 마침내 아이의 믿음을 시험해 보기로 했습니다. 그리고 도착했어야 할 우표책이 어째서 안 오는가 내심 궁금하기도 해서 말을 꺼냈습니다. "조지, 엄마 생각에는 아무래도 할머니께서 약속을 잊으신 것 같은데……."

"아니에요, 엄마." 아이는 망설임도 없이 단호하게 대답했습니다. "할머니께서 잊으실 리가 없어요."

나는 확신에 찬 아이의 얼굴을 흐뭇하게 바라보았습니다. 그런데 아이의 얼굴이 잠시 심각해졌습니다. 내가 말한 대로 할머니가 잊으셨을 가능성을 생각하는 듯했습니다. 하지만 아이는 이내 밝은 표정으로 다시 말했습니다. "엄마, 할머니한테 우표책 고맙다고 편지를 써도 될까요?"

"글쎄, 한번 써 봐도 괜찮을 것 같은데……." 이 일로 인해서 나는 깊은 진리를 깨달았습니다.

아이는 할머니에 대한 확신을 내세우며 후다닥 뛰어 들어가, 순식간에 편지 한 장을 써서 우체통에 넣었습니다. 그리고 얼마 안 있어 아이 할머니에게서 답장이 왔습니다.

사랑하는 조지에게

네게 우표책 사주겠다는 약속을 할머니는 잊지 않고 있단다. 할머니가 사는 이곳에는 네가 갖고 싶어 하는 우표책이 없었다. 그래서 뉴욕에다 주문했는데 성탄절이 지나서야 왔지 뭐냐. 게다가 주문한 것과는 달리 엉뚱한 물건이었고 말이야. 할 수 없이 다시 주문했지만 아직 오지 않고 있단다. 아무래도 우표책은 너희 동네에서 네가 직접 사는 게 좋을 것 같구나. 삼십 달러 부쳐 줄 테니 네가 사고 싶은 것으로 사려무나.

사랑하는 할머니가

편지를 읽는 아이의 얼굴은 승리자의 얼굴이었습니다. 결코 의심하지 않았던 아이의 마음에서 진심 어린 말이 나왔습니다. "거봐요 엄마, 내가 뭐랬어요?" "바랄 수 없는 중에 바라고 믿었으니"(롬 4:18). 조지는 진정 우표책이 오리라고 믿었습니다. 아이가 믿고 있는 동안 할머니는 약속을 지키기 위해 움직였고, 얼마 안 가 믿음은 실상이 되었습니다.

하나님의 약속을 향해 걸음을 내딛기 전에 우선 보고 싶어 하는 것이 인간의 마음입니다만, 구주께서는 도마를 비롯하여 그 후로도 무수히 이어져 내려온 의심꾼들에게 말씀하셨습니다. "보지 못하고 믿는 자들은 복되도다"(요 20:29).

2월 19일

무릇 열매를 맺는 가지는 더 열매를 맺게 하려 하여 그것을 깨끗하게 하시느니라. _요한복음 15:2

하나님의 한 자녀가 고통과 시련에 휩싸였습니다. 세상의 모든 고난이 그녀를 향해 달려드는 듯했습니다. 그녀는 가을 햇볕이 한창이던 어느 날, 포도밭 길을 걷게 되었습니다. 포도밭이 예사롭지 않았습니다. 가지치기가 전혀 안 되어 있었고, 잎들도 무성히 자라 줄기를 덮고 있었습니다. 땅은 또 어떠했겠습니까. 온통 풀과 잡초뿐이었습니다. 한마디로 포도밭 전체가 방치되어 있었던 것입니다. 그녀가 그 광경을 보며 생각에 잠겨 있는 동안 하늘의 농부께서 귀한 말씀을 속삭여 주셨습니다. 모든 이들과 나누고 싶은 말씀이었습니다.

"애야, 네 인생에는 왜 그토록 시련이 많으냐고 묻느냐? 포도밭을 보고 배우거라. 농부는 그 해에 포도나무에서 소출을 기대할 수 없으면 더 이상 가지치기도 하지 않고 풀도 뽑아 주지 않는다. 노력해도 열매를 거둘 수 없으니 내버려 두는 것이다. 그렇다, 무익한 가지는 고통도 받지 않는다. 네 인생에서 가지치기의 고통을 거두어 주고, 너를 그냥 고통 없이 방치해 두는 것이 맞겠느냐?"

위로 받은 그녀의 영혼이 소리쳤습니다. "아닙니다!"

열매 달린 가지에
칼끝이 닿습니다.
더 크게 자라고, 더 풍성하게 살라고
그 가지 쳐내려 합니다.

어린 가지 잘려야 합니다.

넌출진 잎새,

뻗어가는 줄기,

그 우아한 것들, 평화를 잃겠지요.

오 그대, 삶의 기쁨 떠나고

아름다움 박탈당한 듯합니다.

모든 꿈 찢기고 짓밟혀

흙 속에 묻혔습니다.

그러나 기뻐합시다.

그대의 모든 꿈과 소망

추락해 사라졌으나, 거룩한

사랑의 손이 하시는 일입니다.

그 손이 칼을 들고, 지극한

정성 담아 자르고 쳐냅니다.

그대의 삶 과실을 맺었으나, 이제는

더욱더 풍성하게 맺으라십니다.

— 애니 존슨 플린트

2월 20일

너희가 못할 것이 없으리라._마태복음 17:20

못할 것이 없으니, 보호하시고 승리하게 하시는 주님의 능력을 믿으면 그분의 약속을 받아들이는 삶이 가능할 뿐 아니라, 그 약속이 실현되는 삶 또한 가능합니다.

못할 것이 없으니, 날마다 "(당신의) 염려를 다 주께 맡겨" 버리고(벧전 5:7) 그 과정에서 깊은 평화를 체험할 수 있습니다.

못할 것이 없으니, 우리의 마음과 생각을 진정으로 정결하게 할 수 있습니다.

못할 것이 없으니, 어떠한 환경에서든 하나님의 뜻을 보고 또한 찬송으로 받아들일 수 있습니다.

못할 것이 없으니, 우리는 진정 모든 면에서 강한 자가 될 수 있습니다. 하나님의 능력을 우리의 온전한 피난처로 삼으면 가능합니다. 우리의 약함이 오히려, 인내와 정결과 겸손의 결심 무너뜨리는 것들이 오히려 우리 안의 죄의 능력을 죽이는 기회가 됩니다. 이것을 깨달아 알면 우리는 강해질 수 있습니다. 죄의 능력을 죽이는 기회는 우리를 사랑하시는 주님을 통해서 옵니다. 주께서 역사하사 우리로 당신의 뜻에 순종하게 하시고 이로써 당신의 임재와 능력을 복되도록 깨닫게 하십니다.

하나님의 가능성이 이와 같습니다. 그분께서 이 모든 것을 가능하게 하시니 우리는 언제나 겸손할 수밖에 없을 것입니다. 그분께서 이 모든 일을 하시니 우리는 그분의 발아래 복종하며 더 풍성한 것을 사모해야 할 것입니다.

성령의 능력을 통하여 날마다, 시간마다, 순간마다 그리스도 안에서 하나님과 함께 걷는 일이 아닌 것에는 결코 만족하지 말아야 하겠습니다.

우리는 원하는 만큼 하나님께 받을 수 있습니다. 그리스도께서 당신의 금고 열쇠를 우리 손에 쥐어 주시며 원하는 대로 가져가라 하십니다. 어떤 사람이 특별한 허락으로 은행창고에 들어가 원하는 대로 가질 수 있었음에도 동전 한 닢 들고 나오지 않았다면, 그래서 그가 여전히 가난한 상태에 있다면 누구 잘못입니까? 하나님께서 거저 주시려고 그토록 풍부히 쌓아 두고 계신데 그리스도인들이 대체로 한 주먹도 안 되는 분량만 쥐고 있음은 누구 잘못입니까?

2월 21일

여호와 앞에 잠잠하고 참고 기다리라. _시편 37:7

기도하고 기도했으며 기다리고 기다렸는데, 응답의 증거는 여전히 안 보입니까? 무소식에 지쳤습니까? 포기하는 단계에 와 있습니까? 올바른 방식으로 기다리지 못해서 그럴 수 있습니다. 그러니 주님께서 여러분을 만나 주시는 장소를 찾지 못하는 것입니다.

"참음으로 기다릴지니라"(롬 8:25). 인내는 걱정을 모릅니다. 주께서 오시리라 말씀하셨거니와, 그분의 약속은 그분의 임재와 같은 의미입니다. 인내는 울지 않습니다. 왜 우리가 슬퍼하며 낙심해야 합니까? 그분께서 우리보다 우리의 필요를 더 잘 아십니다. 기다림에 두신 목적은 그 기다림을 통해서 더 큰 영광을 받고자 하심입니다. 기다림에는 자기 일이라는 것이 없습니다. 하나님의 일이 있을 뿐이고, 하나님의 일이란 믿는 것이니(요 6:29), 여러분이 먼저 믿으면 모든 것이 온전함을 알 것입니다. 인내는 부족함을 모릅니다. 아마 하나님의 뜻이 이루어져야 한다는 마음보다 여러분이 원하는 것을 받고자 하는 욕심이 컸을 것입니다.

인내는 약하지 않습니다. 기다림의 시간을 낭비라 여기지 말고, 하나님께서 방법을 마련하고 계시며 또한 여러분을 강하게 만들어 가시는 중임을 알아야 하겠습니다. 인내는 흔들리지 않습니다. "그가 나를 어루만져서 일으켜 세우며"(단 8:18). 하나님의 기초는 견고하니 우리 안에 그분의 인내가 있으면 든든히 서서 기다릴 수 있습니다. 인내는 찬미를 낳습니다. 찬양의 기다림이 무엇보다 좋은 것은 "기쁨으로 모든 견딤과 오래 참음에" 이르는(골 1:11) 경험을 할 수 있다는 점입니다. 기다림으로 이와 같은 인내의 모든 가치를 온전히 이루십시오(약 1:4). 우리의 삶이 풍요로워질 것입니다.

> 든든히 서라, 불길이 번져
> 마음의 교훈 배워야 할 때,
> 이 길에서 돌아설 수 없을 듯할 때
> "인내를 온전히 이루라."

—L.S.P.

2월 22일

할 수 있거든이 무슨 말이냐. 믿는 자에게는 능치 못할 일이 없느니라. _마가복음 9:23

우리 모임에 초로의 흑인 여성이 한 분 있었습니다. 이 품격 넘치는 여성이 모임에서 믿음을 이야기했는데, 믿음의 정의로 이보다 훌륭한 것을 나는 별로 들어보지 못했습니다. "어떻게 해야 내게 필요한 주님의 도움을 얻을 수 있습니까?" 한 청년의 이 질문에 그녀가 대답했습니다.

그녀는 손가락으로 상대방을 지목하는 특유의 방식으로 강하게 말했습니다. "그분께서 됐다고 하시면 된 줄로 믿어야 합니다." 우리들 대다수의 큰 문제는 그분께 간구하고 나서 이루어진 줄로 믿지 않는다는 것입니다. 오히려 우리는 줄곧 그분을 도와드리려 하고, 또 다른 사람들을 동원해서 그분을 돕게 하며, 걱정스러운 마음으로 그분께서 어떻게 일하실까 지켜봅니다.

그분께서 "알았다"고 하시면 믿음은 "아멘" 하고 물러나, 그분께서 일을 마치시도록 맡기는 것입니다. 믿음의 언어가 이와 같습니다. "네 길을 여호와께 맡기라. 그를 의지하면 그가 이루시고"(시 37:5).

> 그분의 말씀 틀림없이 믿습니다.
> 내 기도 들어 주심에 찬양하며
> 이제는 응답을 달라고 요청합니다.
> 나는 가져가고, 그분은 맡아 주십니다.

능동적인 믿음은 약속이 아직 실행되지 아니했어도 감사를 드리니, 하나님의 계약서가 현금이나 매한가지임을 압니다.

> 수동적인 믿음은 말씀을 참되다 여기지만
> 결코 움직이지 않는다.
> 능동적인 믿음은 할 일을 시작하고,
> 그로써 증명한다.

수동적인 믿음은 말한다, "나는 믿는다! 하나님의 모든 말씀 참되다.

그분께서 하실 수 없고 하지 않으실 일 말씀하지 않으셨음을 나는 안다.

그분께서 내게 '전진하라'고 말씀하셨지만, 보니 길이 막혀 있다,

물이 갈라지면 곧 가나안 땅에 나 들어가리라.

보라! 명령하시는 음성 들린다, '일어나 네 침상을 들고 가라.'

'마른 손을 이리 내밀라!' 그토록 오래 죽어 있던 그 손,

그러나 조금 더 튼튼해지면 분명코 나 일어서리라.

치유의 기쁨 찾아오는 날 되찾은 손 자유롭게 쓰리라.

그렇다, '하나님은 하실 수 있고' 모든 일을 기꺼이 하심을 나는 안다.

언젠가 모든 약속이 내게 이루어질 것임을 나는 믿는다."

능동적인 믿음은 말한다. "나는 믿는다! 그리고 지금 약속을 들고 간다,

그 약속 받을 때 하나님께서 모든 약속 이루시리라고 나 확실히 알았음에.

그러므로 나 물 속으로 발 내디뎌, 열리는 길 본다.

굽힘 없이 나아가, 땅을 차지하자. 그 무엇도 나의 전진 막을 수 없으니.

그렇다, 그분의 명령대로 나 일어서서 망설임 없이, 기쁨으로 걷는다.

그토록 슬프게 오그라들었던 이 손, 주님께 내밀면 나으리라.

그분의 신실하신 약속 외에 나 바라고 필요한 것 무엇인가?

'이적과 기사'를 바라지 않으며, 어떤 반대에도 귀 기울이지 않으리라.

그렇다, '하나님은 하실 수 있고' 모든 일을 기꺼이 하심을 나는 안다.

모든 약속이 지금 이 순간 이루어질 수 있음을 나는 믿는다."

수동적인 믿음은 빛 가운데서

햇빛이 비치는 그때 찬양한다.

능동적인 믿음은 어두운 밤에 찬양한다.

그대의 믿음은 어느 쪽인가?

2월 23일

사자나 곰이 와서. _사무엘상 17:34

어린 다윗이 하나님을 어떻게 믿었는가 생각해 보면 그 감동스러움에 힘을 내지 않을 수 없습니다. 다윗은 주님을 향한 믿음으로 사자와 곰을 물리쳤고, 후일에는 골리앗을 쓰러뜨렸습니다. 사자가 양떼를 덮치러 왔는데, 그것은 다윗을 위한 놀라운 기회였습니다. 망설이고 주저앉았다면 그는 아마 하나님께서 그를 위해 마련하신 기회를 놓쳤을 테고, 주께서 선택하신 이스라엘의 왕도 되지 못했을 것입니다.

"사자나 곰이 와서." 우리가 다 그렇지만 사자를 주님의 특별하신 축복으로 여기기는 어렵습니다. 사자는 공포와 두려움의 대상일 뿐입니다. 하지만 사자는 하나님께서 모습을 바꾸어 보내신 기회였습니다. 우리 앞에 오는 곤경과 유혹은 하나님의 기회입니다. 그러니 잘 알아보고 올바른 뜻으로 받아들여야겠습니다.

여러분의 인생에 제아무리 살기등등한 "사자"가 온다 해도 주께서 보내신 기회로 여기십시오. 하나님의 거룩한 성막조차 해달의 가죽과 염소털로 덮여 있었습니다. 그런 곳에 영광이 있으리라고는 누구도 생각할 수 없었겠지만, 그 외피 안쪽에는 하나님 현존의 영광이 명백히 존재했습니다. 어떠한 유혹과 시련과 위험과 불행 속에서도 주께서 우리의 눈을 열어 그분의 모습 보게 하시기를 빕니다.

2월 24일

요한은 아무 표적도 행하지 아니하였으나 요한이 이 사람을 가리켜 말한 것은 다 참이라. _요한복음 10:41

아마 여러분 자신에 대해 불만이 많을 것입니다. 천재도 아니고 특별한 재능이 있는 것도 아니니, 타고난 능력이라는 면에서는 내세울 만한 것이 없습니다. 여러분의 존재 자체가 평범이라는 말로 규정되는 듯합니다. 삶도 그렇습니다. 늘 같은 날이 반복되고 열정도 없습니다. 하지만 이 모든 것에도 불구하고 여러분은 훌륭하게 살아갈 수 있으니, 보십시오.

세례 요한은 기적을 행한 바 없지만 예수께서는 그를 일러 이처럼 말씀하셨습니다. "여자가 낳은 사람 가운데서, 세례자 요한보다 더 큰 인물이 없다"(눅 7:28, 새번역). 요한의 사명은 "빛에 대하여 증언"하는 것이었고(요 1:8), 이는 또한 여러분과 나의 임무이기도 할 것입니다. 요한은 사람들에게 그리스도를 일깨워 주는 음성으로 만족하고자 했습니다.

들리기는 하지만 보이지는 않는 이 음성 됨을 기쁨으로 여깁시다. 어떤 거울이 아들의 빛나는 영광을 온통 비추어 내면 거울 자체는 누구의 눈에도 보이지 않습니다. 보이지 않는 이 거울 됨에 만족합시다. 동틀 무렵에 부는 산들바람이 됩시다. 이 바람, "새벽"을 외쳐 알리며 사라집니다.

하나님께서 보고 계시니 평범하고 하찮은 일 합시다. 거칠고 어려운 사람들을 만나면 사랑으로 설득합시다. 크나큰 인생의 실수를 저질렀다면 남은 인생 절망으로 보내지 말고, 그 실수 가슴에 꼭꼭 여미며 더 강하고 용기 있는 인간으로 살겠다는 다짐으로 삼읍시다.

우리는 생각보다 잘하고 있습니다. 예수 그리스도의 단순한 진리를 나누며 씨 뿌리는 이 일, 사람들이 언젠가 이 일로 인해 그리스도를 알게 되었다고 말하는 날이 올 것입니다. 내 경우는 어떠합니까? 나는 내 무덤에 큰 비석이 세워지는 것을 원치 않습니다. 나 세상 떠나는 날 평범한 사람들이 내 무덤가에 모여 이렇게 말해 주면 족할 것입니다. "좋은 사람이었습니다. 기적을 행하지 않았지만, 이 사람이 이야기해 줘서 내가 지금 그리스도를 알고 있습니다."

숨겨진 자들(시 83:3)

부드러운 흙 위로 머리 내민
푸른 잎들, 즐거운 봄이 불러냈다.
가만히 번지는 꽃향기, 만발한
여름의 약속 그렇게 시작된다,
나뭇잎에 덮여서.

나뭇잎들 들쳐 보라! 우리의 흐린 눈이 못 보는
기적 같은 아름다움 그 아래 숨어 있다!
순결하고 여린 오월의 꽃들,
돌연한 빛을 향해 꽃대를 밀어 올린다,
나뭇잎에 덮여서.

다른 생명은 없는가, 동기와 행함
알아주시는 그분께서만 보시니, 거룩한 행동
아무도 몰래 자라나 아름다움이 됨이여,
그렇게 싹트고 피어나는 다른 생명은 없는가?
나뭇잎에 덮여서.

믿음과 신뢰의 순결한 꽃들,
다치고 상한 영혼에서 나온다.
저 밝고 여린 사랑의 꽃들,
하늘의 빛으로 물들었다,
나뭇잎에 덮여서.

그늘 속에서 아름다운 의무의 꽃송이들
피어나고, 세상에 없는 꽃들 자란다.
거기 숨은 꽃들에게서 진귀하고
놀라운 향기 피어오른다,
나뭇잎에 덮여서.

우리의 어두운 눈에는 안 보임이여,
그분께서 그 꽃들 알고 계시니
우리 기쁨으로 하늘의 빛 기다리고,
또 기다리느니, 어느 날 우리 주님께서
친히 그 나뭇잎들 들어 내리시리라.

하나님께서는 빛도 없고 이름도 없는 뭇사람들 가운데서 당신의 귀한 일꾼들을 많이 부르십니다(눅 14:23 참조).

2월 25일

내가 모세에게 말한 바와 같이 너희 발바닥으로 밟는 곳은 모두 내가 너희에게 주었노니. _
여호수아 1:3

우리가 아직 그리스도를 위해 차지하지 아니한 문자 그대로의 땅이 있습니다만, 아직 밟지 아니한 하나님의 약속이라는 영토 역시 우리 앞에 있습니다. 하나님께서 여호수아에게 어떻게 말씀하셨습니까? 어느 땅이든지 밟기만 하면 약속하신 대로 다 주시겠다고 하셨습니다. 그리고 약속의 땅의 경계를 정하셨습니다. 조건 하나만 채우면 모두 그들의 소유가 될 땅이었습니다. 그렇습니다. 그 조건 그대로 그들은 종횡으로 행진하며 자신들의 발로 직접 그 땅을 측량해야 했습니다.

하지만 그들은 전체 땅의 삼분의 일 이상으로는 진군하지 못했고, 결과적으로 삼분의 일 이상의 땅은 결코 소유할 수 없었습니다.

베드로후서 1:4 말씀입니다. "그 보배롭고 지극히 큰 약속을 우리에게 주사." 하나님의 약속이라는 땅이 우리 앞에 펼쳐져 있거니와, 우리가 그 땅을 차지하는 것이 그분의 뜻입니다. 우리는 이 영토를 순종의 믿음과 믿음의 순종이라는 발로 직접 밟아 측정해서 우리의 소유로 삼아야 합니다.

우리 가운데 얼마나 많은 이들이 그리스도의 이름으로 하나님의 약속을 차지합니까? 하나님의 약속이라는 땅은 거대한 영토로서 우리가 믿음으로 남김없이 밟아 소유해야 합니다만, 아직 우리의 믿음은 그렇게 하고 있지 않습니다.

이제 들어가서, 우리의 온전한 유산을 차지합시다. 눈을 들어 사방을 보십시오. 하나님께서 이처럼 말씀하십니다. "보이는 땅을 내가 너와 네 자손에게 주리니"(창 13:15).

유다 지파가 밟는 땅은 어디든지 그들의 소유가 될 수 있었고, 베냐민 지파가 밟는 땅 역시 어디든 그들의 차지가 될 수 있었습니다. 각 지파는

밟는 대로 땅을 받게 되어 있었습니다. 각 지파가 할당된 영토를 밟아 나갈 때마다 그들 마음에 즉시 일었을 본능적인 반응을 생각해 보았습니까? "여기는 우리 땅이다."

놀라운 은혜의 증거를 간직한 초로의 흑인 남성 한 분이 질문을 받았습니다. "당신의 신앙에는 어떻게 해서 그토록 평화와 기쁨이 넘칩니까?" 그가 대답했습니다. "오, 선생님! 나는 '그 보배롭고 지극히 큰 약속' 위에 그냥 엎어져 버립니다. 그러면 그 약속이 전부 내 것이 됩니다. 영광! 영광!" 하나님의 약속 위에 엎어지는 사람은 그 약속의 모든 부요가 자신의 것임을 압니다.

2월 26일

내 은혜가 네게 족하도다. _고린도후서 12:9

며칠 전 말을 타고 집으로 돌아오던 때의 일입니다. 그날 하루 일이 유독 힘들었던 터라 많이 지치고 우울했습니다. 그때 내게 거의 번갯불이 치듯 한순간에 말씀이 왔습니다. "내 은혜가 네게 족하도다." 집에 도착해서 말씀을 펴고 그 구절을 찾아보았습니다. 그리고 최종적으로 내게 온 말씀은 이렇습니다. "내" 은혜가 네게 족하도다. 이 말씀을 읽으며 나는 말씀드렸습니다. "주님, 왜 아니겠습니까!" 나는 웃지 않을 수 없었습니다.

그리고 비로소 아브라함의 거룩한 웃음을 이해하게 되었습니다. 이 구절은 불신과 의심이 얼마나 어이없는 일인가를 보여주는 듯했습니다. 목마른 작은 물고기를 상상해 보았습니다. 이 물고기는 자신이 강물을 다 마셔서 강이 마르면 어쩌나 걱정이 태산입니다. 강이 말합니다. "작은 물고기야, 얼마든지 마셔서 없애라. 내 강물이 네게 족하다." 칠 년간의 풍년 후에 굶어 죽을까 근심하는 생쥐를 상상해 보았습니다. 요셉이 말합니다. "힘내라, 작은 생쥐야, 내 곡식이 네게 족하다." 산 정상에 올라 중얼거리는 남자를 상상해 보았습니다. "내가 매년 마시는 공기의 양이 엄청난데 이러다가 내가 대기 중의 산소를 완전히 고갈시키는 것은 아닐까." 지구가 그에게 말합니다. "얼마든지 마셔 없애라. 당신의 폐를 영원히 채워라. 내 대기가 네게 족하다.”

하나님의 백성들이여, 큰 신자가 됩시다! 작은 믿음은 여러분의 영혼을 천국으로 데려가겠지만, 큰 믿음은 천국을 여러분의 영혼에게로 데려옵니다.

하나님의 은혜 족하니 큰 것들 능히 다루신다—
영혼을 짓누르는 엄청난 파도,
숨도 못 쉬게 날려 버리는 노대바람,
우리의 목숨마저 위태롭게 하는 태풍.

하나님의 은혜 족하니 작은 것들 능히 다루신다—
가시같이 잔 괴로움,
웅웅대며 달라붙는 벌레 같은 근심,
우리의 기쁨 갉아대는 삑삑한 바퀴소리.

— 애니 존슨 플린트

하늘나라 은행의 우리 계좌에는 언제나 예금이 넘칩니다. 우리가 믿음을 실행하여 인출하기를 이 은행은 기다리고 있습니다. 하나님의 자원을 무한정 인출해 쓰십시오.

2월 27일

야곱은 홀로 남았더니 어떤 사람이 날이 새도록 야곱과 씨름하다가. _창세기 32:24

“홀로 남았더니!” 우리 각 사람에게 얼마나 다른 느낌으로 와 닿는 말입니까! 어떤 이들은 외로움과 슬픔을 생각할 테고, 또 어떤 이들은 안식과 고요를 생각할 것입니다. 하나님 없이 홀로 남는다면 말할 수 없이 끔찍하겠지만 하나님과 함께 홀로 남는다면 천국이겠지요. 그리고 그분을 따르는 이들이 홀로 떨어져 그분과 더 많은 시간을 보낸다면 우리 앞에 영적인 거

104

인들이 다시 나타날 것입니다.

우리 주님께서 모범을 보여주셨습니다. 그분께서 얼마나 자주 홀로 떠나 하나님과 함께 계셨는지 기억합니까? 그분의 이 명령에는 강력한 목적이 있었습니다. "너는 기도할 때에 네 골방에 들어가 문을 닫고……기도하라"(마 6:6).

엘리야와 엘리사의 위대한 기적은 그들이 하나님과 홀로 있을 때 일어났습니다. 야곱은 하나님과 홀로 있을 때 유력자가 될 수 있었습니다(창 32:28 참조). 우리 역시 주위 사람들이 바라보며 "놀라는"(슥 3:8, KJV) 유력한 존재가 될 수 있습니다. 여호수아가 홀로 있었고 주께서 오셨습니다(수 1:1 참조). 기드온과 입다가 각각 이스라엘의 구원사역을 위임받은 것도 홀로 있을 때였습니다(삿 6:11, 11:29 참조). 모세는 불붙은 떨기나무 앞에서 혼자 있었습니다(출 3:1-5 참조). 고넬료가 혼자 기도할 때 하나님의 사자가 왔습니다(행 10:1-4 참조). 베드로가 옥상에서 이방인들에게 가라는 지시를 받을 때도 온전히 혼자였습니다(행 10:9-28 참조). 세례 요한이 광야에 혼자 나가 있었고(눅 1:80 참조), 사랑하시는 자 요한이 밧모섬에 홀로 있어 그의 일생에 하나님께 가장 가까이 있을 수 있었습니다(계 1:9 참조).

홀로 있어 하나님과 함께하는 것을 간절히 사모하십시오. 이를 무시하면 우리 자신에게서 축복을 강탈하는 것이며, 다른 이들에게 전해 줄 축복이 없으니 결국 그들의 축복마저 도둑질하는 것이 되고 맙니다. 홀로 떨어져 하나님과 있음이란 밖으로 덜 드러나고 눈에 보이는 영향력도 덜 하겠지만, 더 깊어지고 더 강한 일을 한다는 뜻입니다. 또 다른 놀라운 결과는 "오직 예수 외에는 아무도 보이지 아니하더라"(마 17:8) 하신 말씀대로, 사람들이 우리 삶에서 오직 그분만을 보게 되리라는 것입니다.

기도로써 하나님과 홀로 있는 이 효력은 아무리 강조해도 지나치지 않습니다.

선택받은 이들이 홀로 있지 않았다면,
하나님을 향한 깊은 침묵 가운데 홀로 있지 않았다면,
어찌 위대한 일 꿈꾸고 이룰 수 있었으리.

2월 28일

그러므로 우리는 예수로 말미암아 항상 찬송의 제사를 하나님께 드리자. _히브리서 13:15

한 도심의 빈민 선교사가 아파트 입구의 쓰레기통에 발부리가 걸렸습니다. 안에서 소리가 들렸습니다. "거기 누구세요? 당신이에요?" 선교사가 성냥불을 켰습니다. 세상의 궁핍과 고난의 참상이 드러났습니다. 그 참상을 거룩한 믿음과 평화가 감싸고 있었습니다. 풍파에 시달려 주름진 흑인의 얼굴 깊은 쪽에서 흑단같이 검은 두 눈이 고요히 빛나고 있었습니다. 말할 수 없이 추운 이월의 한밤, 여인은 누더기 같은 침상에 누워 있었습니다. 불도 없고 온기도 없고 빛도 없었습니다. 아침도 못 먹고 점심도 못 먹고 저녁도 못 먹은 이 여인이 가진 것은 관절염과 하나님에 대한 믿음뿐인 것 같았습니다. 세상의 누구도 이토록 가난할 수 없겠지만, 여인의 삶에는 언제나 남몰래 사랑하는 찬송이 있었습니다.

> 그 누가 나의 괴롬 알며
> 또 나의 슬픔 알까.
> 주밖에 누가 알아주랴.
> 영광 할렐루야!
>
> 나 자주 넘어집니다, 오 주여.
> 나 자주 실패합니다, 오 주여.
> ……
> 영광 할렐루야!

찬송은 계속되었습니다. "그 누가 나의 일 알며 또 나의 고통 알까.……영광 할렐루야!" 그리고 마지막 절이 울려 퍼졌습니다.

> 그 누가 나의 기쁨 알까.
> 주밖에 누가 알아주랴!

106

"우리가 사방으로 욱여쌈을 당하여도 싸이지 아니하며 답답한 일을 당하여도 낙심하지 아니하며 박해를 받아도 버린 바 되지 아니하며 거꾸러뜨림을 당하여도 망하지 아니하고"(고후 4:8-9). 이 늙은 흑인 여성의 기쁨을 설명하기 위해서는 이처럼 위대한 성경 말씀이 필요합니다.

마르틴 루터가 임종의 자리에 누워서 한 말을 기억합니까? 그는 고통스러운 신음을 섞어 가며 이렇게 말했습니다. "여기서 겪는 이 고통과 괴로움은 인쇄공이 조판하는 활자와 같습니다. 그 활자는 거꾸로 되어 있어서 알아 볼 수도 없고 아무 뜻도 없는 것 같습니다. 그러나 저 위에 가면 하나님께서 그 활자로 우리의 다음 생을 찍어 내십니다. 그 고통과 괴로움의 활자가 그토록 찬란한 문장이었음을 비로소 우리는 알 것입니다." 하지만 우리는 그때까지 기다리지 않아도 됩니다. 사도 바울이 광풍에 휩쓸린 배 갑판을 돌아다니며 겁에 질린 뱃사람들을 격려했습니다. "이제는 안심하라"(행 27:22).

바울과 마르틴 루터와 그 고귀한 흑인 여성은 모두 해바라기 인간이었으니, 어두운 세상에서 빛 되신 이를 찾고 바라보았던 것입니다.

2월 29일

깊은 데로 가서. _누가복음 5:4

얼마나 깊은지는 주님께서 말씀하지 않으셨습니다. 우리가 배를 부려 도달해야 할 바다의 깊이는, 뭍에 둔 미련과 급박한 욕구와 미래의 걱정을 얼마나 철저히 끊고 버리느냐에 달려 있습니다. 하지만 뭐가 어찌되었든 애초에 정하신 대로 물고기는 깊은 데로 가야 있습니다.

우리 역시 마찬가지입니다. 우리의 필요는 하나님의 깊으심으로 충족되어야 합니다. 우리는 하나님 말씀의 깊은 바다로 나아가야 합니다. 성령께서 이 바닷길을 열어 심오하되 명확한 뜻을 가르쳐 주실 것입니다. 우리가 과거에 알고 있던 말씀의 뜻이 새로운 의미의 바다와 만나서 더욱 깊어집니다. 이로써 우리가 얕은 바다에서 얕은 뜻만 붙들고 살았음을 알게 됩니다.

속죄의 "깊은 데로." 성령께서 그리스도의 보혈을 깨우쳐 알게 하시고 이로써 우리가 그 피를 육신과 영혼의 치유제요 음식으로 삼기까지 우리는 계속 나아가야 합니다.

아버지의 뜻의 "깊은 데로." 무한히 섬세하고 선하신 그 뜻, 멀리 보고 준비하시며 보살피시는 그 뜻을 온전히 알기까지 견뎌야 합니다.

성령의 "깊은 데로." 그분께서 우리의 따뜻하고 빛나는 바다, 측량할 수 없이 깊은 바다가 되기까지 멈추어서는 안 됩니다. 우리는 이 바다에 잠겨 살되, 궁극적으로는 그분 임재의 고요와 평화 속에서 우리의 자아와 슬픔을 잊어야 합니다. 성령께서 우리 기도의 명백하고도 영광스러운 응답이 되어 주실 때까지 계속 가야 합니다. 그분께서 우리의 친절한 인도자가 되실 때까지, 우리의 필요를 사려 깊게 내다보시는 이 되실 때까지, 우리의 환경을 깎고 다듬는 초자연적인 조각가가 되실 때까지 우리는 멈추지 말아야 합니다.

하나님의 목적과 그분 나라의 "깊은 데로." 주님께서 다시 오셔서 우리 앞에서 다스리실 때까지 중단하지 말아야 합니다. 그 나라가 오면 우리는 영광스러운 문들 너머로 열리는 영원을 볼 것입니다. 상상할 수 없이 밝은 빛이 비치고, 예수의 얼굴 뵈옵는 기쁨과 "우리에게 나타날 영광"(롬 8:18)에 대한 기대로 우리의 가슴 뛸 것입니다.

예수님께서 이 모든 것의 깊은 데로 배를 저어 가라고 말씀하십니다. 그분께서는 우리를 창조하셨고 또한 깊은 바다를 창조하셨습니다. 그리고 우리의 모든 은사며 소망과 완벽히 조화하도록 바다의 깊이를 맞추어 주셨습니다.

> 그 물 흘러서 모든 피조물에 닿는다.
> 근원이 무궁하므로
> 모두에게 넘치고 하나하나에 넘치며
> 영원히 넘친다.

성령의 깊은 물은 언제나 흐르므로 언제나 가서 이용할 수 있습니다. 오늘

이 생명의 물에 잠기겠다고 새로이 다짐하겠습니까? 에스겔이 환상으로 본 그 물은 처음에는 성전 문턱에서 나왔습니다(겔 47:1). 어떤 이가 가서 물 깊이를 재니 발목까지 찼습니다. 그가 또 재어 보니 물이 무릎까지 올라왔습니다. 그리고 다시 쟀을 때는 허리까지 깊어졌으며, 그 다음에는 건널 수 없는 강이 되었습니다(겔 47:5).

우리는 이 생명의 강을 타고 얼마나 먼 데까지 나아갔습니까? 성령께서는 우리 자신이 완전히 잠기기를 원하십니다. 발목이나 무릎이나 허리가 아니라 우리 자체가 잠겨야 합니다. 그분께서 우리더러 이 생명의 강에 숨어 몸을 담그라고 하십니다. 우리를 물에 붙들어 맨 밧줄을 풀어 깊은 데로 배를 저어 갑시다. 그리고 물 깊이를 측량하시는 분께서 오늘 우리와 함께 계심을 잊지 말아야 하겠습니다.

3월

사막에서 솟아나는 샘물

3월 1일

하나님께서 행하시는 일을 보라. 하나님께서 굽게 하신 것을 누가 능히 곧게 하겠느냐. _전도서 7:13

하나님께서는 빈번히 그분의 자녀들을 어려움에 처하게 하시고 막다른 곳으로 몰아가십니다. 아무리 지혜로운 조언을 받더라도 결국 인간의 판단으로는 받아들일 수 없는 환경을 그분께서 창조해 내십니다. 하지만 환경의 어둠은 하나님께서 우리를 그 반대편으로 인도하시기 위해 사용하시는 도구입니다. 아마 여러분이 지금 이 순간 이와 같이 어두운 환경에 처해 있을지 모르겠습니다.

여러분의 환경은 불확실하고 심각하지만 여기가 현재로서는 여러분이 있어야 할 정확한 자리입니다. 그 이유를 알면 하나님의 처사를 당연히 수긍할 수밖에 없습니다. 그렇습니다. 지금 여러분이 처한 어두운 환경이 그분께서 전능하신 은혜와 능력을 펼치시는 무대인 것입니다.

하나님께서 여러분을 구해 내시고, 또한 그 구원을 통해서 결코 잊지 못할 교훈을 주실 것입니다. 그리고 여러분은 앞으로 남은 날들을 살아가며 언제나 찬송과 함께 그 교훈의 진실함을 되새길 수 있습니다. 하나님께서 그토록 틀림없이 일하시고 이루시니 감사의 마음 절로 넘쳐날 것입니다.

그분께서 설명하실 때까지 기다릴 수 있으리라,
예수께서 다스리심을 우리 알기에.

나는 알 수 없습니다. 그러나 주님, 당신께서 아시니
이 굽은 것을 언젠가 설명해 주실 것입니다.
그렇습니다. 돌이켜 보면 그 굽은 것으로 최선의 것을 이루셨으며
그 굽음이 내게 매달리는 법 가르쳤습니다.

당신께서 담장을 쳐 내 길을 막으시고 굽게 하셨으니,

두리번거리는 내 눈 당신께 붙들어 매시고
이전과 달리 나를 겸손하고 참을성 많은 인간으로 만드시며
세상 사랑하는 나의 마음 당신께로 향하게 하심입니다.

하여, 이 알 수 없는 일로 당신께 감사드리며 찬송합니다,
이해할 수 없는 이 자리에서 당신을 믿습니다.
이와 같은 시험 받을 만하다 여기시니 나 기뻐하며,
인도하시는 당신의 손 더욱 힘주어 붙듭니다.

—F.E.M.I.

3월 2일

아침까지 준비하고 아침에 시내 산에 올라와 산꼭대기에서 내게 보이되 아무도 너와 함께 오르지 말며. _출애굽기 34:2-3

아침 시간은 언급이 새삼스럽다 할 만큼 중요합니다. 하나님과 마주 앉기 전에 그날 하루와 마주 앉으려 하지 말고, 그분의 얼굴 들여다보기 전에 다른 이들의 얼굴 들여다보려 하지 마십시오. 자신만의 힘으로 하루를 시작하고서 승리하기를 기대할 수는 없습니다.

　하나님 앞에서 잠시 묵상으로 시간을 보내고 거기서 힘을 얻어 하루 일을 시작하십시오. 우리 인생의 큰 손님이요 영광스러운 동반자 되시는 이를 먼저 만나 뵙기 전에는 그 누구도 만나지 마십시오. 한집에 사는 식구라 해도 마찬가지입니다. 우리가 하루 중 가장 먼저 만나야 할 분은 예수 그리스도이십니다.

　그분의 지혜로운 말씀을 앞에 펼쳐 놓고 홀로 그분과 만나십시오. 그러고 나서 하루의 일과며 그날의 특별한 직무와 과제를 마주해야 합니다. 하루를 시작하자면 날마다 새로이 그분께 영향을 받아 우리의 모든 행동을 다스려야 합니다.

그대, 하나님과 함께 하루를 시작하라!
그분께서 그대의 태양이며 하루!
그분의 빛이 그대의 새벽빛,
그분께 그대의 하루를 말씀 드리라.

아침마다 새로이 노래하라!
즐거운 숲과 언덕으로 가라,
바람 속으로, 바다와 들판으로 가라,
시내와 꽃에게 가라.

그날의 첫 노래를 하나님께 드리라!
그대와 같은 사람들 아니라,
그분의 손으로 지으신 피조물 아니라,
영광스러운 한분에게만 드리라.

하루의 첫걸음을 하나님과 함께 떼라!
그분께서 그대와 함께 하룻길 나서야 하느니,
시냇가에서, 바다에서, 산길에서,
고요히 그분과 동행하라.

그대의 첫 거래는
위에 계신 하나님과 하라,
그대의 하는 일 형통하리라,
온종일 사랑이리라.

— 호라티우스 보나

이 세상에서 하나님을 위해 큰일을 성취한 이들은 아침 일찍 무릎 꿇은 사람들입니다. 예를 들어, 매튜 헨리는 날마다 새벽 네 시부터 아침 여덟 시까지 서재에서 시간을 보냈습니다. 아침식사와 가족기도를 마치면 다시 서재로 돌아가 정오까지 있었습니다. 점심을 먹은 후에는 네 시까지 글을 썼고, 그 나머지 시간에 친구들을 만났습니다.

필립 다드리지는 자신의 『신약성경주석』을 예로 들며, 새벽 다섯 시 기상과 아침 일곱 시 기상이 얼마나 큰 차이를 낳는지 언급했습니다. 하루에 일하는 시간을 이십오 퍼센트 늘리면 결국 사십 년에 걸쳐 십 년을 더일할 수 있다는 계산이었습니다.

아담 클락의 『성경주석』은 주로 아침 이른 시간에 집필되었습니다. 앨버트 반즈의 대중적이며 실용적인 주석서 『반즈주석』 역시 새벽의 결실이었습니다. 찰스 시므온의 『스케치』 또한 오전 네 시에서 여덟 시 사이에 집필되었다고 할 수 있습니다.

3월 3일

귀신이 소리 지르며 아이로 심히 경련을 일으키게 하고 나가니. _마가복음 9:26

마귀는 격렬한 싸움을 치르지 않고는 결코 손에 쥔 것을 놓는 법이 없습니다. 우리 앞에 있는 선조들의 신앙적 유산은 소풍 다니며 일군 것이 아니니, 들여다보면 언제나 치열한 투쟁의 흔적이 있습니다. 우리 영혼 깊은 곳에서도 이와 같은 투쟁이 벌어집니다. 영혼의 자유를 쟁취하려는 인간의 노력에는 피의 대가가 요구됩니다. 정중하게 요청한다고 사탄이 달아날리 없습니다. 그가 우리의 길을 완벽하게 차단하고 있으니 우리의 여정은 피와 눈물의 기록이 될 수밖에 없습니다. 우리가 이 점을 기억하지 않는다면 그 거만한 판단착오를 책임져야 할 것입니다. 우리는 거듭났지만 따뜻하고 안전한 분만실에서 태어나지 않았습니다. 우리가 다시 태어난 곳은 허허벌판이며, 바로 여기서 거센 바람 맞아가며 힘을 기르는 것입니다. "우리가 하나님의 나라에 들어가려면 많은 환난을 겪어야 할 것이라"(행 14:22).

선조들의 믿음이여! 투옥과 불과

칼에도 여전히 살아있도다.

그 영광스러운 말 들을 때마다

우리의 가슴 기쁨으로 뛰는도다.

선조들의 믿음! 거룩한 믿음!

우리 죽을 때까지 당신께 충성하겠나이다!

우리의 선조들, 어두운 감옥에 갇혔어도

언제나 영혼은 자유로웠나니,

그 후손들의 운명 얼마나 향기롭겠습니까,

선조들처럼 당신 위해 죽을 수 있다면!

3월 4일

믿음과 오래 참음으로 말미암아 약속들을 기업으로 받는 자들을 본받는 자 되게 하려는 것
이니라. _히브리서 6:12

성경에 나오는 믿음의 영웅들이 그들이 승리한 정상에서 우리를 부르며,
그들이 행한 것을 우리도 다시 행할 수 있다고 격려합니다. 그들이 우리에
게 믿음의 필요성을 일깨웁니다. 그리고 믿음의 일이 온전히 성취되기 위
해서는 인내 또한 필요하다고 말합니다. 거룩한 인도자의 손에서 벗어나
려 하지 마십시오. 그분께서 사랑으로 우리를 징계하시는데, 행여 낙심과
의심으로 그 교훈을 놓치는 일 없도록 하십시오.

어떤 대장장이 노인이 말했습니다. "나는 이 하나를 두려워하니, 곧
폐철더미 속에 던져질까 하는 두려움입니다. 알다시피 철을 단단하게 하
려면 먼저 담금질이 필요합니다. 그러니 나는 철을 달궈서 두드린 후에 재
빨리 찬물에 집어넣습니다. 이 철이 담금질을 견뎌 낼 수 있느냐 아니면
그냥 깨져 버리고 마느냐가 여기서 판명이 납니다. 한두 번 시험해 봐서
안되겠다 싶으면 나는 그 철을 폐철더미 속에 던져 버립니다. 나중에 몇
푼 받고 고물장수에게 팔아 버리는 수밖에 없습니다."

"주께서 나를 이와 같이 시험하십니다. 불과 물을 거치게 하시고 당신
의 쇠망치로 사정없이 두드리십니다. 내가 그 시련을 달가워하지 않거나

담금질을 못 견딜 것으로 판명되면, 아무래도 그분께서 나를 폐철더미 속에 던져 버리실 것입니다."

인생의 불이 극렬해도 잠잠히 견디십시오. "후에……의와 평강의 열매를"(히 12:11) 맺습니다. 그리고 욥과 함께 이처럼 말할 수 있을 것입니다. "그가 나를 단련하신 후에는 내가 정금같이 나오리라"(욥 23:10).

성도는 고난 속에서 나옵니다. 피아노 줄에 십일 톤의 압력이 가해져야 그 피아노가 조율된다고 합니다. 하나님께서 여러분을 하늘의 선율과 완벽히 조화하도록 조율하실 것입니다. 그 압력을 견뎌 내십시오.

아프고 괴로운 일들
온전히 찬양하는 사람 만드니,
충격과 중압과 상실의 날들
오히려 기쁜 날보다 친숙하다.

3월 5일

우리가 시작할 때에 확신한 것을 끝까지 견고히 잡고 있으면 그리스도와 함께 참여한 자가 되리라. _히브리서 3:14

흔히 마지막 발걸음이 이기는 발걸음입니다. 『천로역정』에서 다름 아닌 천국도성의 문과 가장 가까운 지역에 무수한 위험이 숨어 기다리고 있었습니다. 의심의 성이 바로 그 지역에 서 있었습니다. 피곤한 여행자들을 유혹해 치명적인 잠에 빠지게 하는 마법의 땅이 거기에 있었습니다. 그렇습니다. 천국이 한눈에 들어오도록 가까워지는 그 순간에, 지옥문이 완강하게 저항하며 가장 위협적으로 열립니다. "우리가 선을 행하되 낙심하지 말지니 포기하지 아니하면 때가 이르매 거두리라"(갈 6:9). "너희도 상을 받도록 이와 같이 달음질하라"(고전 9:24).

슬픔의 파도에 휩쓸렸습니다.
저 황폐한 의심의 해안에서

몰아치는 바람에 떠밀립니다.
믿음으로 던진 닻이
센바람에 끌려갑니다.
나, 흔들리지 않는 것들
고요히 붙들고 있습니다,
아주 꼭 붙들고 있습니다.

악한 자들 험하게 달려들겠으나,
천사들 오랫동안 숨어 있겠으나,
온 우주가 진리와
정의의 편임을 나는 압니다.
별들 너머 어디에 운명을 이기는
사랑 있음을 나는 압니다.
밤의 문빗장 풀리는 날,
나 그분 뵙습니다. 그러니 기다립니다.

― 워싱턴 글래든

하나님의 큰 선물을 받음에 가장 중요한 고비는 마지막 삼십 분의 견딤입니다.

3월 6일

우리는……희망을 걸고 있었습니다. _누가복음 24:21, 공동번역

예수와 함께 엠마오로 가던 두 제자가 "우리는 여전히 희망을 걸고 있습니다"라고 말하지 않았다는 사실이 나는 늘 유감입니다. 그들은 "희망을 걸고 있었습니다"라고 말했을 뿐입니다. 본문의 상황은 슬픕니다. 그들은 모든 것이 끝났다고 생각했습니다.

　그들이 이렇게 말했더라면 얼마나 좋았겠습니까. "모든 것이 우리의

118

희망과는 정반대의 길로 가고 있고 우리의 기대도 헛된 것처럼 보이지만, 우리는 그분을 다시 뵐 수 있리라 믿고 있으니 포기하지 않겠습니다." 하지만 그들은 그분 곁에서 함께 걸으며 자신들의 믿음이 깨어졌다는 사실만 드러낼 뿐이었습니다. 예수께서는 결국 이렇게 말씀하실 수밖에 없었습니다. "너희는 어리석기도 하다! 예언자들이 말한 모든 것을 그렇게도 믿기가 어려우냐?"(눅 24:25, 공동번역).

우리도 혹 이 제자들처럼 질책의 말씀을 듣게 되는 상황에 처해 있지 않습니까? 우리는 하나님의 진리와 사랑에 대한 믿음만 아니라면 모든 소유를 잃어도 괜찮습니다. 이 제자들처럼 "우리는 희망을 걸고 있었습니다"라는 과거시제로 우리의 믿음을 표현하는 일이 없어야 하겠습니다. 그러므로 늘 이렇게 말하십시오. "나는 희망을 걸고 있습니다."

얼마나 따뜻하고 화려한 여름이었던가,
가지마다 꽃들은 피어 빛났네.
장미꽃 피던 시절에는 그분을 믿었었지,
그러나 지금……

꺾여 버린 믿음이여 참으로 작구나,
장미꽃이 피지 않는 지금
변해 버린 믿음이여 참으로 약하구나,
먹구름이 몰려오니 그분의 사랑 의심하네.

— 겨울 폭풍 속 새의 노래

3월 7일

우리가……사방으로 환난을 당하여. _고린도후서 7:5

하나님께서는 어찌하여 우리를 이처럼 인도하시며, 이토록 극심한 고통을 지속적으로 허락하십니까? 여기에는 그분의 목적이 있습니다. 그중 하나는, 우리가 시련을 겪지 않는 경우보다 한결 선명하고 효과적으로 족하신 능력과 은혜를 보여주시고자 함입니다. "우리가 이 보배를 질그릇에 가졌으니 이는 심히 큰 능력은 하나님께 있고 우리에게 있지 아니함을 알게 하려 함이라"(고후 4:7).

또 하나의 목적은, 우리가 그분께 의지할 수밖에 없는 존재임을 알게 하시려는 것입니다. 하나님께서는 우리가 그분께 얼마나 의존하고 있는지 가르쳐 주시려 합니다. 우리는 그분의 손에 완전히 붙들려 있어서 그분의 보호하심에만 의존해야 하는 존재라는 것입니다.

하나님께 의지할 수밖에 없는 이 지점에 예수께서 서 계셨고, 우리 또한 이 자리에 서기를 그분께서 원하십니다. 우리는 자력으로 설 수 없으니 언제나 그분께 기대어 서야 합니다. 그리고 그렇게 기대었으니 혼자서는 단 한 발자국도 떼지 않겠다는 신뢰의 자세를 보여야 합니다. 이로써 우리는 그분을 더 많이 신뢰하는 법을 배우게 될 것입니다.

시련을 통하지 않고서는 믿음을 배울 방법이 없습니다. 시련은 믿음의 학교이며, 즐겁게 사느니보다 하나님 의지하는 법을 배우는 것이 우리에게 한결 유익합니다. 그리고 이렇게 배운 믿음의 교훈은 우리의 영원한 소유이며 재산입니다. 하나님에 대한 신뢰 없이는 아무리 막대한 부를 쌓더라도 가난할 뿐입니다.

다른 이들 노래하는데 왜 나는 울어야 합니까?
"고난의 깊은 뜻 알게 하시려."
다른 이들 쉬는데 왜 나는 일해야 합니까?
"나의 능력 사용하라는 하나님의 요청이므로."
다른 이들 얻는데 왜 나는 잃어야 합니까?
"패배의 날카로운 고통 이해하라고."
다른 이들의 삶은 좋아 보이는데
왜 나의 인생은 이와 같아야 합니까?
"내게 와서 영원히 꽃피어날 계획을
하나님께서 아시니."

3월 8일

말씀하신 대로 행하사……영원히 주의 이름을 높여. _역대상 17:23-24

이 말씀은 참된 기도의 지극한 모습이라 하겠습니다. 빈번히 우리는 하나님께서 특별히 약속하신 바 없는 것들을 요청합니다. 따라서 한동안 끈질기게 기도해 보기 전까지는 우리의 그 간구가 하나님의 목적에 일치하는지 확신하지 못합니다. 하지만 오늘 주신 본문에서 다윗이 그러하듯, 우리가 구하는 것이 하나님의 뜻에 일치함을 온전히 확신할 때가 있습니다. 우리는 성경의 어떤 약속을 선택해 주장하고 싶은 느낌을 받습니다. 그 약속에 우리를 위한 말씀이 담겨 있다는 느낌이 그만큼 강하다는 뜻입니다. 이럴 경우 우리는 확신하는 믿음으로 말할 수 있습니다. "말씀하신 대로 행하사."

하나님의 거룩한 말씀의 한 약속을 손가락으로 짚어 요청하는 자세야말로 무엇보다 아름답고 강하며 안전하다 할 수 있습니다. 그러한 자세에는 고민이나 몸부림이나 투쟁이 없습니다. 그냥 수표를 내밀어 현금으로 바꿔 달라고 하면 됩니다. 약속을 환기하고 이행을 요청하는 간단한 절차일 뿐입니다. 그러한 요청에는 의심이나 막연함이 없습니다. 모든 요청이 이처럼 명확하다면 기도에 대한 관심이 한층 증대될 것입니다. 막연한 요청 스무 가지보다 명확한 요청 한두 가지가 훨씬 낫습니다.

성경의 모든 약속은 하나님께서 보내신 편지인데, 우리는 이 편지를 이처럼 합당한 요청과 함께 하나님 앞에 제출할 수 있습니다. "말씀하신 대로 행하사!" 우리의 창조주께서 그분의 창조를 통해 나온 우리, 그분의 진리에 의지하는 우리를 속이실 리 없습니다. 게다가 우리 하늘 아버지께서는 그 자녀들에게 하신 말씀을 결코 어기지 않으실 것입니다.

"주의 종에게 하신 말씀을 기억하소서. 주께서 내게 소망을 가지게 하셨나이다"(시 119:49). 평범한 청원이지만 그 이면에 또 하나의 주장을 담고 있습니다. "주의……하신 말씀"이라는 겁니다. 그러므로 청원자는 말합니다. 당신께서 하신 말씀을 지키지 않으시렵니까? 이루어 주지 않으시려면 왜 말씀하셨습니까? "주께서 내게 소망을 가지게 하셨나이다." 당신께서 친히 내 안에 불러일으키신 그 소망을 지금 꺾으려 하십니까?

"약속하신 그것을 또한 능히 이루실 줄을 확신하였으니"(롬 4:21).

하나님의 영원한 신실하심이 있어 성경의 약속이 "보배롭고 지극히 큰 약속"(벤후 1:4)이 됩니다. 인간의 약속은 헛되기가 쉽고, 빈번히 깨져 상처를 줍니다. 하지만 창조 이래로 하나님께서 신실한 자녀에게 지키지 않으신 약속은 없습니다.

어두운 고통의 밤 헤매이다 문 앞에서 망설이는 그리스도인은 얼마나 슬픕니까. 어린아이가 아버지 집에 들어가듯 문 한번 활짝 열어젖히면 그만인데, 무엇이 두려워 그 피난처에 들어가지 못하고 서 있습니까!

하나님의 모든 약속은 네 기둥이 떠받치는 집입니다. 처음 두 기둥은 각각 정의와 거룩함인데 이로써 우리는 하나님이 우리를 속이지 않으심을 압니다. 셋째 기둥은 은혜 혹은 선하심입니다. 그러니 하나님께서 우리를 잊지 않으십니다. 마지막 기둥은 진리입니다. 하나님께서는 변치 않으시며 약속하신 것을 능히 이루신다는 뜻입니다.

3월 9일

헤르몬 꼭대기에서 사자굴과 표범 산에서 내려오너라. _아가 4:8

무거운 짐이 오히려 그리스도인에게 날개를 달아 줍니다. 모순 같지만 복된 진리입니다. 극심한 시련을 견디던 중에 다윗이 외쳤습니다. "내게 비둘기같이 날개가 있다면 날아가서 편히 쉬리로다"(시 55:6). 힘들었을 것입니다. 하지만 그는 묵상을 끝내기 전에 아마, 날개를 갖고 싶다는 그 소망이 이루어질 수 있음을 깨닫지 않았나 싶습니다. 보십시오, 그가 이렇게 고백합니다. "네 짐을 여호와께 맡기라. 그가 너를 붙드시고 의인의 요동함을 영원히 허락하지 아니하시리로다"(시 55:22).

내 성경 주석의 설명에 의하면 이 "짐"은 "여호와께서 너에게 주신 것"입니다. 성도의 짐은 하나님께서 주신 것으로 그분을 기다리는 동기가 됩니다. 그리고 이처럼 기다리면 그 짐은 신뢰의 기적을 통해 한 쌍의 날개로 바뀝니다. 무거운 짐으로 허덕이는 이들이 "독수리가 날개치며 올라감"같이 비상하는 것입니다(사 40:31).

어느 날 길을 걸었다,
일 생각에 마음 무겁고
많기도 많은 걱정거리 비구름처럼
쏟아질 듯했다, 자기연민이라던가
하는 것이 찾아왔다.
"불쌍하고 불쌍한 인간, 할 일이
그렇게 많으냐, 인생이 무겁구나,
곧 주저앉고 말리라."
연민이 물처럼 괴었다.
태양은 지지듯 끓었고,
풀풀거리는 자동차 먼지와 소음
귀 따가운 경적까지,
끊어질 듯 팽팽한 신경줄,
지푸라기 하나 더 올려
등뼈가 부러진다 했던가,
내 마음의 한계 거기까지였다.

"그래, 등뼈 부러져 내 인생
주저앉고 말리라, 이 끝없는 근심의
압박 견딜 수 없다, 나 같은 인간이
감당할 수 없는 짐."
그러니 스스로 위로할 밖에, "차라리
비참을 즐겨라." 오, 그러나 보라!
"작고 세미한 음성" 뚜렷이 말씀하셨다.
"그 짐은 너를 들어 올리기 위해 보낸 것이니
결코 너를 주저앉히지 못하리라."
나의 오판이 그와 같았다.

나의 자리는 짐 아래가 아니었다,

짐 꼭대기, 거기가 내 자리였던 것이다,

나더러 그 짐 지고 가라 하심이 아니었다,

그 짐이 나를 데려갈 것이라 하셨다.

계획을 세우시기 전에 이미

나의 약함을 알고 계셨다.

섬김을 위해 은혜와 능력이

필요한 자녀들 다 보고 계셨다.

해와 비가 필요한 어린 가지,

미성숙한 유충,

믿음 부족하고 약한 영혼,

이 약한 존재들 아니 보실 수 없었으며,

오히려 더 많이 보셨다. 그리고 깊으신 마음으로

자랄 수 있는 곳에 두셨다, 아니면 죽음뿐.

짐 아래 깔려 허덕임은 죽음뿐,

그러나 짐 위로 올라서는 자들에게

생명과 능력이 온다. 우리의 짐은

우리의 날개, 이 날개를 펴서

더 높은 은혜의 나라로 비상한다,

이 날개 없으면 미성숙한 믿음

평원에서 배회하리라,

(그러니 믿음은 불가능한

상황에서 행함으로 자라는 것).

천국의 역설, 주저앉혀야 마땅한 짐이

우리를 하나님께 들어 올리기 위해

보내졌다! 그러므로 내 영혼아,

올라가라! 짐 아래 있지 않으면

누구도 누를 수 없는 법.

우리 어떻게 올라가는가! 어떤 비탈을 따라

우리 근심 걱정의 꼭대기에 올라서는가!

그분의 말씀 안에 비밀의 계단으로

들어가는 열쇠가 있으니,

그리스도와 함께 거기 따로 거하며

우리 짐 위에 올라앉아, 그분 안에서 안식한다.

— 메리 버터필드

3월 10일

나의 의인은 믿음으로 말미암아 살리라. _히브리서 10:38

우리는 흔히 느낌과 감정을 믿음으로 오인합니다. 즐거운 감정과 깊고 만족스러운 체험이 신앙생활의 한 부분인 것은 맞지만 적어도 핵심은 아닙니다. 시련, 갈등, 투쟁, 시험이 우리 앞길에 놓여 있습니다. 우리는 이러한 상황을 단순한 불행이 아니라 필요한 훈련으로 여겨야 합니다.

이 모든 체험의 과정에서 우리는 그리스도께 순종하는 마음으로 걸으며, 감정이 어떠하든 그리스도의 내주하심에 의지해야 합니다. 그런데 많은 그리스도인들이 이 지점에서 문제에 봉착합니다. 그들은 믿음보다는 느낌에 의지해 걷고자 합니다.

어떤 신자가 한번은 하나님께서 자신을 완전히 떠나가신 것 같다는 얘기를 했습니다. 그분의 자비가 사라진 것 "같았습니다." 그녀의 외로움은 여섯 주를 갔는데, 마침내 하늘의 사랑하시는 분께서 이렇게 말씀하시는 듯했습니다. "너는 바깥에 있는 감정의 세계에서 나를 찾았지만, 그동안 나는 너를 안에서 기다렸다. 이제 안에 있는 네 영혼의 방으로 와서 나를 만나거라. 내가 거기 있다."

하나님께서 임재해 계시다는 사실과 그것이 사실일 것 같다는 느낌을 잘 구분해야 합니다. 우리 영혼이 외롭고 쓸쓸해도 믿음으로 이처럼 말할 수 있다면 얼마나 아름다운 일이겠습니까. "주님, 당신의 모습 보이지

125

않고 당신의 임재 느낄 수 없으나, 은혜로우신 당신께서 이곳에 계심을 나는 명백히 압니다. 내가 있는 이곳, 내 환경이라고 인식하는 이곳에 당신께서 계십니다." 그렇습니다. 우리는 거듭해서 말씀드리며 다짐해야 합니다. "주님, 당신께서 여기 계십니다. 내 앞의 떨기나무가 불붙지 않은 듯 보여도 그것은 불붙어 있습니다. 그러므로 나는 신을 벗겠습니다. 내가 '선 곳은 거룩한 땅'(출 3:5)입니다."

여러분의 느낌과 경험에서 오는 확신 이상으로 하나님의 말씀과 능력을 신뢰합시다. 기억합시다. 물때에 따라 들고 나는 것은 바다이지 결코 반석이신 그분이 아니십니다.

그리스도께서 이루신 큰일과 그분의 무한한 의로우심을 바라봅시다. 예수 바라보며 믿고 예수 바라보며 사십시오! 요컨대 그분 바라보며 돛을 펴고 바다의 거센 폭풍에 맞서야 합니다. 불신을 드러내며 안전한 항구에 머물러 있거나 편안히 잠들어 쉽게 인생을 보내서는 안 되겠습니다. 우리의 삶과 감정이 선창에 묶인 배들처럼 한가하게 흔들리면 안 됩니다. 그리스도인의 삶은 끝없이 감정에 젖음도 아니요, 장대한 믿음의 용골을 끌고 얕은 물에 떠다님도 아닙니다. 또 우리의 희망의 닻을 좀처럼 헤어날 수 없는 안쪽 바다 진창에 내림도 아닙니다.

큰 바다로 갑시다! 돛을 펴서 폭풍을 향해 나아가며 성난 바다 다스리시는 이를 의지하십시오. 색이 화려한 새는 날고 있을 때가 가장 안전합니다. 둥지가 지면에 가깝거나 새 자체가 너무 낮게 날아다니면 사냥꾼의 그물에 걸리기 쉽습니다. 우리 역시 느낌과 감정의 저지대에 박혀 움츠리면, 의심과 절망과 유혹과 불신의 그물에 걸리지 않을 수 없습니다. 그러므로 높이 날아 그물이 어디 있는지를 봐야 합니다. 새가 보는 데서 그물을 치면 헛일이 되기 때문입니다(잠 1:17). "너는 하나님께 소망을 두라"(시 42:5).

확신의 믿음이 느껴지지 않을 경우, 나는 하나님은 신실하시다는 사실을 붙들고 삽니다.

3월 11일

여호와의 종 모세가 죽은 후에 여호와께서 모세의 수종자 눈의 아들 여호수아에게 말씀하여
이르시되 내 종 모세가 죽었으니 이제 너는 이 모든 백성과 더불어 일어나 이 요단을 건너. _
여호수아 1:1-2

여러분은 큰 슬픔을 겪었습니다. 여러분의 집이 빈집처럼 쓸쓸합니다. 다
놓고 주저앉아 절망하고 싶습니다. 하지만 우리는 이 유혹을 거부해야 합
니다. 지금 여러분은 최전선에 있습니다. 위기가 코앞입니다. 한순간이라도
방심하여 넘어지면 하나님의 선이 위태롭게 됩니다. 여러분의 망설임으로
다른 생명이 위험에 처하며, 잠시 거두어들인 여러분의 손 때문에 그분의
일이 어려워집니다. 슬픔에 빠져 자신을 연민하고 있을 시간이 없습니다.

어떤 유명한 장군이 전장에서 직접 겪은 슬픈 이야기를 들려주었습니
다. 그의 아들은 포병부대 중위였고 공격 작전에 투입되었습니다. 장군이
예하부대를 이끌고 전장으로 진격하던 중에 어떤 포병장교의 시신을 눈앞
에서 목격하게 되었습니다. 그는 아들의 시신임을 단번에 알았습니다. 아
버지의 마음이야 아들의 죽은 몸 곁에서 종일토록 울어도 모자란 것이었
지만 그 순간의 임무는 부대를 이끌고 진격하는 것이었습니다. 그는 아들
의 시신에 한 번 입을 맞추고 바로 일어서서 공격 작전을 지휘했습니다.

무덤가에서 슬피 운다고 사랑하던 사람이 돌아오지 않습니다. 무슨
축복이 오는 것도 아닙니다. 슬픔은 깊은 상처를 남기고 그 고통스러운 가
슴에 지울 수 없는 이야기를 새겨 넣습니다. 우리는 누구나 큰 슬픔에서는
완전히 회복될 수 없으며, 그런 슬픔을 겪은 후에는 뭐가 달라도 다른 사
람이 됩니다. 하지만 올바른 마음으로 견뎌 낸 슬픔으로 우리 자신이 성장
하고, 다른 이들을 향한 연민이 깊어집니다. 슬픔과 고통의 상처 없는 사람
들은 불쌍합니다. 우리 앞에 두신 기쁨이(히 12:2) 우리의 슬픔 위에 빛처
럼 내릴 것입니다. 구름 속에서 나오는 해가 얼마나 광휘롭습니까. 하나님
께서 우리더러 목표를 향해 전진하면서 참된 위로를 찾으라 하십니다. 슬
픔에 잠겨 주저앉아 봐야 어둠만 깊어지고, 우리의 마음만 점령당할 뿐입
니다. 얼마 안 가 모든 힘을 잃고 나약한 인간이 됩니다. 하지만 툭툭 털고

일어나 하나님의 부르심에 헌신한다면 빛이 다시 비치고 우리는 더 강한 사람이 될 것입니다.

> 주님, 당신께서 아시오니
> 우리의 성급하고 이기적인 눈물로
> 더 큰 죄가 오고, 행여 잃을까 하는
> 작은 두려움 때문에 우리의 소원보다
> 더 크게 얻을 수 있는 것들이 당신 손에
> 그냥 들려 있습니다. 당신께서 아시오니,
> 밝고 귀해 보이는 것들 움켜쥐려 하므로
> 오히려 우리 잃습니다. 하지만
> 움켜쥔 그 손 풀어 당신의 신실한 손
> 붙들고, 당신께서 정하신 길
> 꿋꿋이 걸어가면, 아름답고 향기로운
> 보배, 그 능력과 기쁨의 기름 부으심
> 우리를 기다리겠습니다.

— 헬렌 헌트 잭슨

3월 12일

여호와께서 동풍을 일으켜 온 낮과 온 밤에 불게 하시니 아침이 되매 동풍이 메뚜기를 불어 들인지라.……바로가 모세와 아론을 급히 불러 이르되……여호와께서 돌이켜 강렬한 서풍을 불게 하사 메뚜기를 홍해에 몰아넣으시니 애굽 온 땅에 메뚜기가 하나도 남지 아니하니라. _출애굽기 10:13, 16, 19

본문의 말씀에서 보듯, 주께서 이스라엘을 위해 바로와 싸우시던 저 옛적에 폭풍이 구원을 몰고 왔습니다. 그리고 뒤에 가서 다시 크나큰 능력을 펼쳐서 하나님께서 애굽의 거만한 도전에 최후의 일격을 가하셨는데, 그 때의 도구 역시 폭풍이었습니다. 하지만 처음에는 이해할 수 없는 끔찍한

128

일이 벌어지는 듯했습니다. 이스라엘 백성들은 무수한 위험에 둘러싸여 있었습니다. 앞에서는 험한 바다가 버텼고, 양 옆에서는 산들이 탈출의 희망을 봉쇄했으며, 위에서는 태풍이 부는 듯했습니다. 애초부터 구원이 잘못인 것 같았습니다. 괜히 구원받아서 이제는 아주 죽게 생겼으니 말입니다. "이스라엘 자손이 눈을 들어 본즉 애굽 사람들이 자기들 뒤에 이른지라. 이스라엘 자손이 심히 두려워하여 여호와께 부르짖고"(출 14:10).

원수의 덫에 걸려든 듯하던 그때서야 영광스러운 승리가 찾아왔습니다. 폭풍이 몰아쳐 사나운 파도를 밀어냈습니다. 그 많은 무리가 깊은 바다의 바닥을 밟으며 행진했습니다. 하나님의 보호하시는 사랑으로 덮인 길이었습니다. 길 양편으로 갈라선 투명한 물의 벽에 주님의 영광스러운 빛이 어른거렸으며, 머리 위 높은 곳에서는 폭풍이 몰아쳤습니다. 이러한 상태는 밤이 지나 새벽이 되도록 이어졌고, 한 사람도 남김없이 뭍에 발을 디딘 다음에야 폭풍의 일이 끝났습니다.

이스라엘 백성은 폭풍이 하나님의 말씀을 성취한 그 일을 두고 주님께 찬양을 드렸습니다. "원수가 말하기를 내가 뒤쫓아 따라잡아 탈취물을 나누리라.⋯⋯주께서 바람을 일으키시매 바다가 그들을 덮으니 그들이 거센 물에 납같이 잠겼나이다"(출 15:9-10).

언젠가 우리도 그분의 크신 자비로 "유리바다"에 서서 "하나님의 거문고를 가지고 하나님의 종 모세의 노래, 어린양의 노래를" 부를 것입니다. "주 하나님 곧 전능하신 이시여, 하시는 일이 크고 놀라우시도다. 만국의 왕이시여, 주의 길이 의롭고 참되시도다"(계 15:2-3). 그렇게 우리는 폭풍이 몰고 온 구원을 알게 될 것입니다.

오늘 여러분의 슬픔 이해할 수 없겠지만, 고통과 두려움 가득한 폭풍의 밤 지나는 동안 적대자가 어떻게 해서 휩쓸려 갔는지 곧 알게 됩니다.

오늘 보이는 것이 상실뿐이지만, 하나님께서 그 상실을 이용하사 어떻게 여러분을 묶어 맸던 악의 사슬을 끊어 내시는지 곧 보게 됩니다.

오늘 여러분은 아우성치는 바람과 천둥의 노호에 놀라지만, 그 바람과 천둥이 어떻게 멸망의 파도 밀어내며 평화로운 약속의 땅으로 길을 내는지 곧 보게 됩니다.

바람 거세고 험해

그칠 줄 모르지만,

내 영혼 믿으며 노래한다.

내게 해로운 바람이 아님을,

그분께서 바람의 날개 위에

올라서 계심을, 나 알기에.

3월 13일

만국의 왕이시여, 주의 길이 의롭고 참되시도다. _요한계시록 15:3

이십오 년이 넘도록 신병으로 크게 고통당한 찰스 스펄전 부인이 이와 같은 이야기를 들려줍니다.

"무료하고 적막한 하루 지나 어두워질 무렵, 나는 자리에 누워 쉬고 있었습니다. 내 방은 밝고 따뜻했지만 뭔가 모르게 창밖의 어둠이 내 영혼에 들어와 영적인 시야를 가리는 듯했습니다. 내 손을 잡으시고 안개 속에 잠긴 내 발을 인도하셔서 가파르고 미끄러운 고통의 길 지나게 하시는 손, 내가 알고 있는 그 전능하신 손을 찾아보려 했으나 허사였습니다."

"슬픈 생각이 들었습니다. 왜 주께서는 자녀들을 이런 식으로 대하시는가? 왜 그분께서는 내게 빈번히 극심한 고통을 보내시는 것인가? 왜 그분께서는 이처럼 오래 육신의 쇠약을 방치하셔서 당신의 가난한 종들을 위해 헌신하고자 하는 내 소망을 막으시는가?"

"이 성급한 질문에 대한 답은 아주 이상한 언어를 통해서 즉시 왔습니다. 하지만 내 마음 안쪽의 세미한 음성 외에 이 언어에 대한 별도의 해석자가 필요한 것은 아니었습니다. 한동안 나의 작은 방에 침묵이 흘렀고, 벽난로에서 툭툭 참나무 장작 타는 소리만 간간이 이어졌습니다. 그때였습니다. 불현듯 아름답고 부드러운 소리가 들렸습니다. 작지만 명확하고 음악적인 소리, 창밖에 울새가 있다면 그렇게 나직이 떨며 울 것이었습니다."

"나는 소리 내어 물었습니다. '어찌 이런 일이 있는가? 이 밤에 밖에서 새가 울다니, 게다가 한 해 중 이맘때 밖에서 새소리가 들리는 경우는 없지 않은가?' 하지만 그 작고 구슬픈 소리는 또 들렸습니다. 선율을 타듯 아름다웠으며 놀라울 정도로 신비한 소리였습니다. 내 친구가 놀라듯 소리쳤습니다. '불속에서 장작 타는 소리야!' 불이었습니다. 그 불이 늙은 참나무의 가슴 안쪽에 갇힌 노래를 풀어 주고 있었던 것입니다."

"참나무는 아마 번성하던 시절에 이 노래를 배웠을 것입니다. 새들이 가지에 앉아 노래를 불렀고, 부드러운 햇빛이 나뭇잎을 금빛으로 물들였습니다. 그때가 번성하던 시절이었습니다. 하지만 그 이후로 점차 늙고 딱딱해졌습니다. 굳고 옹이진 나이테가 쌓여 갈수록 노래는 유폐되어 오랫동안 잊혀졌지만, 마침내 불의 혀가 나무의 굳은살을 태워 없앴습니다. 맹렬한 열기로 나무의 몸은 뒤틀렸으나 거기서 노래와 희생이 동시에 터져 나왔습니다. 나는 깨달았습니다. 고통의 불이 우리에게서 찬양의 노래를 이끌어 낼 때 진정 우리는 정화되고 우리 하나님께서는 영광 받으십니다!"

"아마 우리도 더러 이 오래 묵은 참나무장작 같을 것입니다. 차고 딱딱하며 무정한, 그래서 결코 아름다운 소리로 노래 부르지 못하는 나무. 우리를 둘러싼 불이 하나님을 향한 신뢰의 노래를 이끌어 내고 그분의 뜻에 즐거이 복종하게 합니다. 나는 이처럼 생각했고, 불은 타고 있었으며, 내 영혼은 기이하게 계시해 주신 이 참나무의 비유에서 그윽한 위로를 찾았습니다."

"그렇습니다. 불속에서 노래한다는 것, 하나님께서 우리를 도우시되 더러는 유일한 방법을 사용하셔서 우리의 단단하고 무정한 마음에서 노래를 이끌어 내신다는 것! 그러므로 풀무를 '평소보다 칠 배나 뜨겁게'(단 3:19) 하소서."

3월 14일

백성은 멀리 서 있고 모세는 하나님이 계신 흑암으로 가까이 가니라. _출애굽기 20:21

하나님께는 여전히 비밀이 있으니, "지혜롭고 슬기 있는 자들에게는" 숨기신 비밀입니다(눅 10:21). 이 알 수 없는 것들을 두려워 말고 기쁨으로 받아들이며 인내로써 기다리십시오. 때가 이르면 그분께서 그 미지의 보화를 밝히 드러내시고, 그때 우리는 넘치는 신비의 영광을 볼 것입니다. 신비는 하나님의 얼굴을 가린 장막일 뿐임을 잊지 마십시오.

여러분의 인생에 구름 몰려오겠으나 하나님께서 그 안에 계시니 두려워 말고 그 어둠 속으로 들어갑시다. 게다가 먹구름의 뒷면은 언제나 그분의 영광으로 빛납니다. "사랑하는 자들아, 너희를 연단하려고 오는 불 시험을 이상한 일 당하는 것같이 이상히 여기지 말고 오히려 너희가 그리스도의 고난에 참여하는 것으로 즐거워하라"(벧전 4:12-13). 버림받은 듯 쓸쓸할 때 하나님께서 가까이 계십니다. 그분께서는 어두운 구름 속에 계십니다. 그 어둠 속으로 꿋꿋이 걸어 들어가십시오. 하나님께서 구름의 피난처 앞에 나와 여러분을 기다리고 계십니다.

인생에 구름이 있습니까?
어둡고 무서운 것 말입니다.
저 위에서 폭풍의 사자가 옵니까?
하늘을 흐려 놓는 것,
점점 더 검게 물들여 놓는 것,
마침내는 터지고야 말 무서운 것 말입니다.
그 구름을 타고 하나님이 오십니다.

인생에 구름이 있습니까?
여호와의 승리의 병거입니다. 이 병거를 타고
광대한 심연을 건너 그대에게 오십니다.
그 구름, 그분께서 두르신 옷자락입니다.
그분은 섬광의 폭풍우로 옷 해 입으시는 분.
그 구름, 우리가 눈부셔 바라볼 수 없는
그분의 얼굴빛을 가린 장막입니다.
그 구름을 타고 하나님이 오십니다.

인생에 구름이 있습니까?

무서운 시련입니까?

기어이 올 것 같은 유혹입니까?

오랫동안 사랑한 이들의 죽음입니까?

한 치 앞도 볼 수 없는 안개의 장막입니까?

잡히지 않을 것 같은 신비,

그대에게 오는 햇빛 막아선 구름입니까?

그 구름을 타고 하나님이 오십니다.

인생에 구름이 있습니까?

질병과 늙음과 고통과 죽음입니까?

그 구름들, 그대의 마지막 숨과 함께 흩어집니다.

그대의 뱃전에 드리운 구름으로, 영원한 항구 앞에서

슬피 울며 잠시 떠다니겠으나 두려워 맙시다.

죽음의 구름, 춥고 막막하지만

이제 곧 가장자리에 금술을 두르고 빛납니다.

그 구름을 타고 하나님이 오십니다.

어떤 남자가 로키산맥의 한 봉우리에 올라 발아래 휘몰아치는 폭풍우를 보고 있었습니다. 그때 독수리가 구름을 뚫고 나와 태양을 향해 솟구쳤습니다. 독수리의 두 날개를 적신 빗물이 햇빛을 받아 보석처럼 빛났습니다. 폭풍우가 아니었으면 독수리는 골짜기 낮은 지대에 남아 있었을 것입니다. 우리는 인생의 슬픔으로 하나님을 향해 올라갑니다.

3월 15일

지렁이 같은 너 야곱아……보라, 내가 너로 이가 날카로운 새 타작기계로 삼으리니. _이사야 41:14-15

이가 날카로운 타작기계와 지렁이, 이보다 더 현격하게 대비되는 두 사물이 있을까요? 지렁이는 말할 수 없이 연약해서 한번 밟기만 해도 터져 죽습니다. 반면에 날이 선 타작기계는 돌 위에 깊은 이빨자국을 남길 만큼 강하고 날카롭습니다. 하나님께서 이것을 저것으로 바꾸실 수 있습니다. 지렁이처럼 약한 개인이나 민족을 택하셔서 그들 시대의 역사에 깊은 흔적을 남길 만큼 강한 힘을 부여해 주십니다.

그러므로 "지렁이"는 힘을 내야 하겠습니다. 전능하신 하나님께서 우리를 우리 환경보다 강하게 하시며 모든 상황을 우리의 유익으로 바꾸십니다. 우리는 하나님의 힘을 받아 우리의 환경과 상황을 굴복시켜 우리 영혼에 조공을 바치도록 할 수 있습니다. 아무리 절망적인 것이라도 능히 깨뜨려 열고 그 안에 든 보화를 찾아낼 수 있는 것입니다. 하나님께서 우리에게 강철 같은 의지를 주시면 우리는 날카로운 쟁깃날처럼 곤경을 가르며 나아갈 수 있습니다. 그러니 이처럼 말씀하신 것입니다. "내가 너로……삼으리니." 그분께서 그렇게 하지 않으시겠습니까?

그리스도께서 세상의 상한 것들로 당신의 나라를 건설하십니다. 사람들은 강하고 성공적이며 온전한 것들로 저희들의 나라를 세우려 하지만, 하나님께서는 실패한 자들의 하나님이십니다. 천국은 세상의 상한 인생들로 가득합니다. 그리스도께서 영광스럽고 아름다운 축복의 자리로 되돌려 놓으실 수 없는 "상한 갈대"(사 42:3)는 없습니다. 그분께서는 고통과 슬픔으로 찢긴 인생을 들어 온전히 찬양하는 수금으로 삼으십니다. 세상에서 가장 슬픈 실패자를 천국의 영광에 이르도록 들어 올리시는 이, 바로 주님이십니다.

"나를 따라 오너라, 내가 너를……"
능력으로 나의 말 전하는 자 되게 하리라,
내 자비의 질그릇 되게 하리라,
언제고 유용한 자 되게 하리라.

"나를 따라 오너라, 내가 너를……"
너의 가능성을 넘어서는 자 되게 하리라,
사랑하고 신뢰하는 거룩한 자 되게 하리라,

그뿐이겠느냐, 나와 같은 자 되게 하리라.

—L.S.P.

3월 16일

우리의 유익을 위하여. _히브리서 12:10

랄프 코너의 한 책에 그웬의 이야기가 나옵니다. 그웬은 늘 자기 뜻대로만 하려는 버릇없는 소녀였습니다. 어느 날 소녀는 평생 불구로 살아야 할 만큼 심각한 사고를 당했고, 이로 인해 더욱 반항적인 아이가 되었습니다. 한번은 소녀가 대단히 비관적인 마음으로 그 지역의 선교사를 찾아가게 되었습니다. 일명 "하늘의 안내인"이라고 하는 이 산악선교사가 소녀에게 다음과 같은 협곡의 비유를 들려주었습니다.

"처음에는 협곡이 없었고 광대하게 펼쳐진 들판뿐이었다. 어느 날 초원의 주님께서 그 광활한 풀밭을 거닐다가 초원에게 물으셨다. 네 꽃들은 어디 있느냐? 초원이 대답했다. 주님, 제게는 꽃씨가 없습니다."

"주께서 새들을 부르셨고, 새들은 명령에 따라 갖가지 꽃씨들을 물어 와 먼 데까지 골고루 뿌렸다. 초원에는 곧 무수한 꽃들이 자라나 피었고, 주께서 기뻐하셨다. 그런데 그것도 잠시, 주께서 보시니 유독 당신께서 사랑하시는 꽃들이 없었다. 초원에게 물으셨다. '매발톱꽃, 제비꽃, 야생화, 이끼, 작은 꽃나무 같은 것들은 어디 있느냐?'"

"주께서 다시 새들을 부르셨고, 새들은 그 모든 씨를 물어 와 멀리멀리 뿌렸다. 하지만 주께서 그 후 다시 초원에 오셨을 때도 사랑하는 꽃들을 볼 수 없었다. '나의 아름다운 꽃들은 어디 있느냐?' 초원이 울듯이 외쳤다. '오, 주님 저는 꽃들을 지킬 수 없습니다. 바람 불고 햇빛 뜨거워 꽃들이 뽑혀 날아가거나 말라 죽습니다.'"

"주께서 번개를 부르셨고, 번개는 단 한 번의 섬광으로 초원의 심장을 갈라놓았다. 초원은 비틀거리며 신음했고, 크게 벌어진 상처로 인해 여러 날을 괴로워했다. 강이 그 어둡고 울퉁불퉁하게 갈라진 협곡으로 물줄기를 대며 비옥한 토양을 실어 날랐다."

"또다시 새들이 씨를 물고 와 협곡 안에 떨어뜨렸다. 오랜 시간 뒤 부드러운 이끼와 포복성 덩굴이 거친 바위를 장식처럼 덮었고, 쓸쓸한 벼랑은 매발톱꽃과 야생화들이 채웠다. 거대한 느릅나무들이 햇빛을 향해 높이높이 가지를 뻗었으며, 그 발치에서는 작은 삼나무와 발삼전나무들이 모여 살았다. 곳곳에서 제비꽃, 아네모네, 고사리와 같은 식물이 자라나고 피어, 협곡은 마침내 주께서 가장 사랑하시는 안식과 평화와 기쁨의 장소가 되었다."

그리고 선교사는 소녀에게 말했습니다. "성령의 열매이며 꽃은 사랑, 기쁨, 평화, 인내, 친절……온유 등등인데, 이 중 어떤 것들은 협곡에서만 자란다." 그웬이 조용히 물었습니다. "어느 것이 협곡의 꽃인가요?" "인내, 친절, 온유가 협곡의 꽃이다. 사랑과 기쁨과 평화는 넓은 들판에서도 자라고 피지만, 역시 협곡에 있을 때만큼 꽃 자태와 향기가 빼어나지는 않다."

그웬은 꽤 오랫동안 조용히 앉아 있다가 떨리는 입술로 말했습니다. "내 협곡에는 꽃이 없고 거친 바위뿐이네요." 선교사가 친절히 대답했습니다. "그웬, 언젠가 꽃들은 피어난다. 주께서 보시고 우리도 보게 될 거야."

사랑하는 자들이여, 여러분의 협곡에 이르거든 부디 이 사실을 잊지 마십시오!

3월 17일

내가 네게 이르기까지 거기 있으라. _마태복음 2:13

있으라 하신 곳에 있겠습니다. 몹시도
가고 싶었으나 그리하겠습니다, 주님.
"병사들"과 함께 행진하고 싶었습니다.
그렇습니다, 그들을 이끌고 싶었습니다.
우렁찬 행군음악 소리에 보조를 맞추고자 했습니다.
깃발 펼쳐질 때 감격스러이 외치고 싶었습니다.
전쟁터 한가운데 곧고 당당하게 서 있으려 했습니다.

하지만 있으라 하신 곳에 있겠습니다.

있으라 하신 곳에 있겠습니다. 작고 좁은
밭이지만, 사방이 황폐한 돌투성이 땅이지만,
생명이 없는 듯 적막하지만,
여기서 일하겠습니다, 주님.
밭은 당신 것이오니 제게 다만 씨를 주시면
두려움 없이 뿌리겠습니다.
비를 기다리는 동안 마른 땅 갈아 놓고,
푸른 잎 돋아나면 기뻐하겠습니다.
있으라 하신 곳에서 일하겠습니다.

있으라 하신 곳에 있겠습니다, 주님.
그날의 노동과 뙤약볕, 언제나
당신을 의지하며 견디겠습니다. 해 저물어
일 마치면, 당신의 발아래 곡식단 내려놓겠습니다.
그리하여, 지상의 일 끝내고
영원의 빛에 들어, 인생의 기록
마감될 때, 나 확실히 알 것입니다.
가느니 남아 있음이 더 좋았음을.
있으라 하신 곳에 있겠습니다.

안식 없는 영혼이여, 철창에 몸 부딪혀 외치며 더 넓은 곳을 그리워하는
영혼이여, 하나님께서 그대의 모든 날 정하셔야 합니다. 하루도 다를 바 없
이 단조로운 삶이겠으나 길이 참으며 주님 신뢰하십시오. 그 인내와 신뢰
가, 장차 큰일 맡아 겪게 될 압박과 긴장의 훌륭한 대비책이 될 것입니다.
주께서 언젠가 그 큰일 우리에게 맡기십니다.

3월 18일

예수께서 다시 아무 말씀으로도 대답하지 아니하시니. _마가복음 15:5

욕하는 자들 앞에서 침묵하시는 우리 구주의 모습보다 장엄한 광경은 성경에 없습니다. 신의 권능으로 혹은 불의 말씀 한 마디로 저들을 당신 발 아래 엎드리게 하실 수도 있었습니다. 하지만 그분께서는 한 말씀도 하지 않으시고, 저들의 악한 말과 처사에 잠잠하셨습니다. 그분께서는 고요의 능력에 들어계셨으니, 곧 거룩히 침묵하시는 하나님의 어린양이셨습니다.

고요의 자리가 있습니다. 하나님께 우리를 위해 일하실 기회를 드리는 자리입니다. 이 자리에 서서 우리는 평화를 얻습니다. 고요에 들면 자신을 방어하려는 교활한 주장을 멈춥니다. 우리의 지혜와 판단으로 목적을 달성하려는 일시적인 수단을 내려놓습니다. 그렇습니다. 고요는 우리가 당한 잔인한 매질에 대해 하나님께 신실하신 사랑으로 준비하신 답을 찾습니다. 우리는 얼마나 빈번히 우리의 주장을 내세우거나 방어논리로 상대방을 공격합니까! 이러한 태도로 우리가 우리를 위한 하나님의 간섭을 얼마나 심각하게 그르칩니까! 하나님께서 우리 모두에게 침묵의 능력과 복종의 마음 허락하시기를 빕니다. 그러면 우리가 세상 싸움 끝내는 날, 다른 이들이 우리를 기억할 것입니다. 우리가 지금 아침이슬이며 부드러운 햇빛이며 평화로운 저녁바람을 기억하듯, 또 갈보리의 어린양과 온유하고 거룩하신 하늘의 비둘기를 기억하듯, 그들 또한 우리를 기억할 것입니다.

> 예수께서 홀로 서 계시며
> 사람들의 돌 같은 마음을 느끼시고
> 당신께서는 다만 속죄하러 오셨음을
> 날카롭게 깨닫던 그날, "그분 잠잠하셨다."
>
> 그들이 그분의 말씀 거짓으로 증거하고,
> 그분을 잔인한 줄로 묶으며
> 그분을 조롱하여 주님이라 선포했어도

"예수께서는 잠잠하셨다."

그들이 그분의 얼굴에 침 뱉고
그들이 그분을 이리저리 끌고 다니며
그들이 그분께 모든 치욕을 안겼어도
"예수께서는 잠잠하셨다."

친구여, 이보다 한참이나 작은 일로
분노하며, 이를 정의라 부르고
죽도록 고민하며 울분을 쌓아 두는가?
그대의 구주께서 "잠잠하셨다."

—L.S.P.

흔히 "인디언들의 사도"라고 불리는 미네소타 출신 휘플 주교의 이 아름다운 고백을 나는 잊지 못합니다. "지난 삼십 년 동안 나는 나와 불화한 사람들에게서 그리스도의 얼굴을 찾았습니다."

우리가 이러한 마음으로 살진대, 우리는 다른 이들의 편협한 도량, 독선, 모진 복수심에 결코 흔들리지 않을 것입니다. 또한 생명을 죽임이 아니요 구하러 오신 그분에 대한 우리의 증언을 훼손하려는 여타의 모든 것들에 대해서도 꿋꿋한 자세를 유지할 것입니다.

3월 19일

사랑하는 자들아, 너희를 연단하려고 오는 불 시험을 이상한 일 당하는 것같이 이상히 여기지 말고 오히려 너희가 그리스도의 고난에 참여하는 것으로 즐거워하라. _베드로전서 4:12-13

인고의 시간 지나서야 다윗의 수금이 노래했습니다. 그렇습니다. 우리는 고통스러운 기다림의 광야를 지나 감사와 기쁨의 시편을 얻을 것입니다. "그 가운데에 기뻐함과 즐거워함과 감사함과 창화하는 소리가 있으리라"(사 51:3). 여기 낮은 곳에서 낙심한 이들의 마음 힘을 얻고, 우리의 기쁨 하늘에 계신 아버지 집까지 들려 올라갈 것입니다.

이새의 아들 다윗은 어떤 과정을 거쳤기에 세상에 없이 아름다운 노래를 부를 수 있었습니까? 그는 사악한 자들의 모진 박해를 견디며 하나님께 도우심을 간청했습니다. 어떻게든 하나님의 선하심에 둔 희망을 놓지 않으려고 했으니, 그 가느다란 희망의 끈이 기쁨의 노래로 꽃피었습니다. 그 희망에서 주님의 위대한 구원과 자비가 선포되었습니다. 슬픔이 있을 때마다 또 한 곡의 노래가 나왔고, 구원의 순간마다 또 하나의 찬양이 나왔습니다.

슬픔 하나를 피했다면 축복 하나를 잃었을 것입니다. 다윗이 그런 식으로 위험과 곤경을 비켜 갔다면 우리의 상실이 얼마나 컸겠습니까! 오늘날 하나님의 백성이 자기 앞의 슬픔과 기쁨을 표현하며 의지처로 삼는 그 주옥같은 다윗의 시편들은 결코 전해지지 않았을 것입니다.

하나님을 기다리며 그분의 뜻 가운데 산다는 것은 그리스도의 고난에 참여함으로써(빌 3:10) 그분을 알고, 그 아들의 형상을 본받는 것입니다(롬 8:29). 그러므로 하나님께서 우리의 영적인 이해를 넓혀 주시고자 할진대, 우리 앞에 더 큰 고난의 땅이 기다린다 해도 놀라지 맙시다. 주님의 긍휼히 여기시는 마음이 그 고난의 땅보다 말할 수 없이 크고 넓습니다. 그분의 새로운 피조물에 닿는 성령의 숨결로 우리 마음이 따뜻하고 친절하며 진실해집니다. 우리를 위하시는 그분의 긍휼하심이 이와 같습니다.

"나를 능하게 하신 그리스도 예수 우리 주께 내가 감사함은 나를 충성되이 여겨 내게 직분을 맡기심이니"(딤전 1:12).

3월 20일

근심하는 자 같으나 항상 기뻐하고. _고린도후서 6:10

금욕주의자들이야 울음을 경멸할 테지만, 그리스도인들은 눈물을 감추어야 할 이유가 없습니다. 물론 우리가 울더라도 우리 영혼은 아마 털 깎

3월 · 사막에서 솟아나는 샘물

140

는 자 앞에서 잠잠한 양처럼 침묵하며 과도한 슬픔에 휘둘리지는 않을 것입니다. 어쨌든 우리 마음이 시련의 파도에 떠밀려 견딜 수 없는 경우라면 큰소리로 울며 구원을 찾을 수 있습니다. 그런데 이보다 더 좋은 태도가 있습니다.

바다의 짠물 한가운데서 담수가 솟아 나온다고 합니다. 알프스의 아름다운 꽃들은 가장 험하고 거친 산길로 들어서야 눈에 띈다고 합니다. 마찬가지로, 영혼의 깊은 고통으로부터 장려한 시편이 나왔습니다.

앞으로도 계속 이와 같기를 빕니다. 그러므로 하나님을 사랑하는 영혼들은 무수한 시련 가운데서도 기뻐 뛰며 즐거워해야 할 이유를 발견할 것입니다. "깊은 바다가 서로 부르며"(시 42:7) 물결이 세차게 밀려와도 주님 노래의 분명한 선율 끊어지지 않을 것입니다. 인간으로서 차마 견디기 어려운 고통의 시간에도 우리 주 예수 그리스도의 하나님과 아버지를 찬미함이 가하다 할 것입니다.

이미 알고 있습니까? 그렇습니다. 하나님의 뜻을 견디고 분별하는 데서 더 나아가 "말할 수 없는 영광스러운 즐거움으로"(벧전 1:8) 기뻐해야 합니다.

잠잠하리라, 나 감당할 수 없는 고통의 짐
짊어지고 주저앉을 때, 내 영혼이 말했다.
나의 말과 외침 멈추었고, 깊은 신음도 눌렸다.
나는 입술을 깨물며 눈물을 참았다.

잠잠하리라, 영혼의 옷을 벗겨 고통의 열기
식혀 주시는 그 사랑 볼 수 없지만, 잠잠하리라.
고통의 불, 나의 마지막 남은 위로의 눈물 말려 버리고,
하나 남은 수금 줄마저 끊고, 그분의 아름다운 수금 감추었다.

하지만 하나님은 사랑이시니, 나 잠잠하리라—
우리 의심치 않으리라, 영혼이여! 우리 잠잠하리라.

잠시 후 그분께서 우리 들어 올리실 때까지 기다리리라,
그렇다, 잠시 후, 우리를 들어 올리심이 그분의 뜻 되리라.

그렇게 나는 내 영혼의 굳은 약속에 따랐다.
두려워 떨며 잠잠하려 애썼다.
눈물마저 마른 눈으로 하늘을 보며
거듭 말씀드렸다. "그리스도여, 뜻대로 하소서."

하지만 곧 우리의 짐 짊어진 내 영혼이
뒤틀린 나의 입술과 슬픈 얼굴을 꾸짖었다.
"오, 영혼이여! 우리는 더 견딜 수 있노라,
잠잠할 뿐 아니라 기뻐하기까지 하리라."

그리고 지금 내 영혼과 나 아름다운 노래 부른다.
수금 소리 없어도 노래한다.
사막에서 솟아나는 샘물 마신다.
무거운 짐 졌으나, 독수리 날개를 탄 듯 날아오른다.

—S.P.W.

3월 21일

너희 믿음대로 되라 하시니. _마태복음 9:29
너희가 믿는 대로 될 것이다. _공동번역

어떤 일을 두고 "온전히 기도함"이라는 이 말은 이렇게 정의될 수 있을 것입니다. "기도함으로써 온전한 믿음에 이름. 즉 기도하는 동안 주께서 그 기도를 받아 주시고 들어주셨다고 확신하는 정도에 이름, 그리고 기도의 응답으로 실제 사건이 발생하기에 앞서 확실하게 기대하며, 구한 것이 받아들여졌음을 명백히 인식함."

142

우리가 기억해야 할 것이 있으니, 세상의 어떠한 환경도 하나님 말씀의 성취를 방해할 수 없습니다. 우리는 세상의 불확실한 것들을 볼 것이 아니라 변치 않는 하나님의 말씀을 바라보아야 합니다. 하나님께서는 우리더러 다른 증거 없이도 그분의 말씀을 믿으라 하시고, 그 다음에는 우리의 "믿음대로" 우리를 위해 기꺼이 일하십니다.

> 그분의 말씀이 한번 오면,
> 그분께서 그리 하시겠다 말씀하셨으면(히 13:5),
> 그 일 이루어지고야 맙니다.
> 하나님께서는 이제도 당신의 약속 지키십니다(고후 1:20).

수표 내밀고 현금 받듯이 의심의 여지없이 단순한 믿음으로 드리는 기도, 오순절 시대의 기도가 그러했습니다.
"하나님이……[말씀]하시니 그대로 되니라"(창 1:9).

3월 22일

사십 년이 차매 천사가 시내산 광야 가시나무 떨기 불꽃 가운데서 그에게 보이거늘……주께서 이르시되 네 발의 신을 벗으라. 네가 서 있는 곳은 거룩한 땅이니라. 내 백성이 애굽에서 괴로움 받음을 내가 확실히 보고 그 탄식하는 소리를 듣고 그들을 구원하려고 내려왔노니 이제 내가 너를 애굽으로 보내리라 하시니라. _사도행전 7:30, 33-34

사십 년은 크나큰 사명을 준비하며 오랫동안 기다리는 시간이었습니다. 하지만 하나님께서는 기간을 멀리 잡았다 해도 손 놓고 쉬시는 법이 없습니다. 그 기간에 그분은 당신의 도구를 예비하시고 우리의 역량을 키워 주십니다. 그리고 정하신 때가 되면 우리는 사명에 적합한 능력을 갖추어 일어날 것입니다. 나사렛의 예수께서도 지혜로 자라나시며 삼십 년을 따로 준비하신 후에야 당신의 일을 시작하셨습니다.

하나님께서는 서두르지 않으십니다. 그분은 크게 쓰려고 작정하신 사람들을 준비시키시며 시간을 보내시고, 이 준비 기간을 결단코 길거나 지루한 것으로 여기지 않으십니다.

고통을 가장 견디기 어렵게 하는 요소는 시간입니다. 짧고 격한 고통은 쉽게 견딜 수 있지만, 슬픔이 해를 넘겨 가며 반복되고 손써 볼 수 없이 괴로운 일상이 날마다 찾아온다면 우리는 결국 기력을 잃고 맙니다. 하나님의 은혜가 아니면 우리의 영혼은 절망에 잠길 것입니다.

요셉은 기나긴 시련을 견뎌 냈습니다. 하나님께서는 요셉이 배운 이 교훈을 오늘날에도 빈번히 우리의 가슴 깊은 곳에 새겨 넣으셔야 하는데, 길고 긴 고통의 불을 사용하셔서 그리 하십니다. "그가 은을 연단하여 깨끗하게 하는 자같이 앉아서"(말 3:3) 일하시되, 연단에 소요되는 시간의 정확한 양을 또한 아십니다. 그분은 붉게 달궈진 금속에서 당신의 형상이 보이는 순간, 능숙한 세공사처럼 불길을 멈추십니다.

우리는 "그의 손 그늘에"(사 49:2) 숨기신 아름다운 계획의 최종적인 결과를 오늘 당장은 볼 수 없을지 모릅니다. 그 결과는 아주 오랫동안 드러나지 않을 수도 있습니다. 하지만 우리의 믿음은, 하나님께서 이제도 여전히 보좌에 앉아 계신다는 확신에 거할 수 있습니다. 이 확신으로 우리는, "모든 것이 합력하여 선을" 이루었다(롬 8:28)고 기쁨에 겨워 말하게 될 그날을 조용히 기다릴 수 있습니다.

우리 또한 요셉처럼 슬픔의 학교에서 그 모든 교훈을 배우는 일에 집중해야지, 구원의 날만을 손꼽아 기다리며 안달해서는 안 되겠습니다. 우리에게 오는 모든 교훈에는 합당한 이유가 있으며, 우리가 준비되었을 때 구원은 틀림없이 옵니다. 그때서야 우리는, 시련의 기간에 그 모든 것을 배웠으므로 보다 고귀한 섬김의 자리에 설 수 있었음을 알게 될 것입니다. 우리는 지금 미래의 섬김과 더 큰 축복을 위해 하나님께 교육받는 과정에 있습니다. 그리고 그분의 시간에는 한 치의 오차도 없으니, 우리가 각각 합당한 자질을 얻게 되면 어느 것도 보좌로 나아가는 우리를 막을 수 없을 것입니다.

하나님의 손에 있는 내일을 당겨오려 해서는 안 됩니다. 그분께 시간을 드려야 합니다. 그래야 그분께서 말씀하시고 당신의 뜻을 드러내십니다. 그분께서 늦으시는 법은 없으니 기다림을 배워야 하겠습니다.

그분은 결코 늦지 않으시며, 무엇이 최선인지 아시니,
공연히 안달하지 말고, 그분 오시기까지 잠잠하라.

주님보다 허겁지겁 앞서 가지 마십시오. 그분의 때를 기다릴 줄 알아야 합니다. 시침, 분침, 초침 모두가 정확한 행동의 순간을 가리켜야 비로소 그분의 때입니다.

3월 23일

그들이 싸울 때에 노략하여 얻은 물건 중에서 구별하여 드려 여호와의 성전을 개수한 일과. _역대상 26:27

이를테면 광산 갱도같이 깊은 땅속에는 막대한 물리적 힘이 축적되어 있습니다. 석탄은 저 옛적의 숲을 태워 버린 엄청난 열에 의해 만들어졌습니다. 마찬가지로 우리 안 깊은 곳에도 영적인 힘이 축적되는데, 이 힘은 우리가 이해할 수 없는 고통으로 만들어집니다.

언젠가 알게 되겠지만, "싸울 때에 노략하여 얻은 물건"은 우리를 단련하는 도구일 뿐입니다. 싸워 가며 전리품을 얻는 이 과정을 거쳐 우리는 『천로역정』의 용감한 사나이처럼 되고, 더 나아가 다른 순례자들마저 시련을 이기고 왕궁으로 들어가도록 이끌어 줄 수 있습니다. 하지만 다른 이들을 돕는 이 능력은 고난을 이기는 체험에 의해 길러짐을 잊지 말아야겠습니다. 고통을 호소하며 불평해 봐야 누구에게도 득 될 일이 없습니다.

바울은 공동묘지같이 음산한 심사를 짊어지고 다닌 바가 없었습니다. 그에게서는 언제나 웅대한 승리의 합창이 터져 나왔습니다. 시련이 극심할수록 더 의지하고 더 기뻐하며 희생의 제단에서 외쳤습니다. 과연 그는 이처럼 말합니다. "만일 너희 믿음의 제물과 섬김 위에 내가 나를 전제로 드릴지라도 나는 기뻐하고 너희 무리와 함께 기뻐하리니"(빌 2:17). 주님, 이 시간 나를 도우셔서 내게 오는 모든 것에서 힘을 얻게 하소서!

그분께서 나를 작은 새장에 두셨네,

아름다운 동산에서 멀리 떨어진 곳.
하지만 가장 아름다운 노래 부르리,
그분께서 나를 여기 두셨음에.
그것이 나를 만드신 이의 뜻일진대,
창살에 날개 짓찧지 말고
목소리 높여 하늘 문에 닿아야겠네.
아주아주 큰 소리로 불러야겠네!

3월 24일

야곱이 또 이르되 내 조부 아브라함의 하나님, 내 아버지 이삭의 하나님 여호와여, 주께서 전에 내게 명하시기를 네 고향, 네 족속에게로 돌아가라 내가 네게 은혜를 베풀리라 하셨나이다……내가 주께 간구하오니……나를 건져 내시옵소서. _창세기 32:9, 11

여기서 보는 야곱의 기도에는 유익한 요소가 많습니다. 어떤 면에서 이 기도는 슬픔의 풀무에 녹아내린 우리 영혼을 쏟아부어 새롭게 틀 짓는 거푸집으로 사용될 수도 있습니다.

야곱은 이 기도에서 하나님의 약속을 두 차례나 언급했습니다. "내게 명하시기를……하셨나이다." "주께서 말씀하시기를……하셨나이다"(12절). 그가 하나님을 어떻게 붙들고 있는지 보십시오! 하나님께서는 그분의 약속을 통하여 몸소 우리의 손 닿는 곳에 와 계십니다. 그러니 우리가 실제로 그분께 "주께서 말씀하시기를……하셨나이다" 하고 말씀드리면, 그분께서 아니라 하실 수 없습니다. 하나님께서는 말씀하신 대로 하셔야 합니다.

야곱이 말을 너무 가려서 하는 바람에 하나님께서 그분의 약속을 슬며시 모른 체하셨다면 누구 책임이겠습니까? 그러므로 우리는 기도할 때 반드시 하나님의 약속 위에 굳건히 서야 합니다. 그렇게 함으로써 우리는 하늘 문을 열어젖혀 약속하신 것을 강제로 빼앗을 만큼 큰 힘을 얻게 될 것입니다.

예수님께서 우리에게 원하시는 대로 우리는 간청을 명확히 해야 합니다. 무엇을 구하는지 구체적으로 말씀드려야 한다는 것입니다. "너희에게 무엇을 하여 주기를 원하느냐"(마 20:32). 그분께서는 고통과 시련을 겪으며 그분께 오는 모든 사람들에게 이처럼 물으십니다. 명확한 응답을 받고자 한다면 열심히 간청하고 구체적으로 구하십시오. 응답이 없는 듯 보이는 대부분의 기도는 목적이 명확하지 않은 탓입니다. 구체적이고 명확한 기도가 중요합니다. 수표에 확실한 액수를 써넣고 하늘의 은행에 가서 예수님의 이름으로 제시하면 현금으로 바꿔 줍니다. 하나님께 구체적으로 구하면.

프랜시스 리들리 하버갈이 말했습니다. "한 해를 지날 때마다, 사실은 날마다 그렇습니다만, 신앙생활의 평화와 기쁨과 능력이 단 하나의 사실에 근거함을 나는 점점 더 명백히 깨닫는 것 같습니다. 그 하나의 사실이란, 하나님의 말씀을 그대로 인정하고 그분의 말씀은 언제나 진심임을 믿으며, 그분의 선하심과 은혜가 드러나는 말씀을 받아들이되 다른 말로 대체하거나 그분께서 합당하다고 여겨 사용하신 정확한 문법과 시제를 바꾸지 않는 태도입니다."

그리스도의 말씀(그분의 약속)과 그리스도의 희생(그분의 피)을 들고 기도를 통해 은혜의 보좌로 나아갑시다. 하늘의 축복 어느 하나라도 우리는 거절당하지 않을 것입니다.

3월 25일

믿음이 없이는 하나님을 기쁘시게 하지 못하나니 하나님께 나아가는 자는 반드시 그가 계신 것과 또한 그가 자기를 찾는 자들에게 상 주시는 이심을 믿어야 할지니라. _히브리서 11:6

절망의 날에는 우리 모두 믿음이 필요하거니와, 성경은 그러한 날들의 기록으로 가득합니다. 성경의 이야기가 그러한 날들과 함께 전해지고, 성경의 노래가 그러한 날들에 의해 감동스러워지며, 성경의 예언이 그러한 날들을 다루고, 성경의 계시가 그러한 날들을 거쳐 우리에게 왔습니다. 절망의 세월은 빛의 길로 올라서는 디딤돌입니다. 그러한 세월을 하나님께서 우리에게 지혜의 학교를 마련해 주시는 기회로 사용하십시오.

시편 107편은 하나님의 다함없는 사랑 이야기로 넘칩니다. 어느 구원의 이야기를 보더라도, 절망의 순간에 처한 인간으로 인하여 하나님께서 행동하십니다. "모든 지각이 혼돈"할 정도로(시 107:27) 절망적인 상황이 하나님 능력의 시발점이었습니다.

"죽은 자와 같은" 부부에게 하신 약속, 그 후손이 "하늘의 허다한 별과 또 해변의 무수한 모래와 같이" 되리라 하신 그 약속을 기억하십시오(히 11:12). 홍해 구원의 이야기를 다시 읽으십시오. 요단강을 건너는 이야기도 있습니다. "여호와의 언약궤를 멘 제사장들은 요단 가운데 마른 땅에 굳게 섰고"(수 3:17). 극심한 곤경에 처해 할 바를 모를 때 아사와 여호사밧과 히스기야가 어떻게 기도했는지 공부하십시오. 느헤미야, 다니엘, 호세아, 하박국의 역사를 살펴봅시다. 경건한 마음으로 겟세마네의 어둠 속에 들어가 서서, 그러한 고통의 날들을 지나는 동안 아리마대 요셉의 동산에 있는 그 무덤가에 오랫동안 머물러 보십시오. 초대교회 증인들에게 이야기를 듣고, 사도들에게 그들이 겪은 절망의 세월을 말해 달라고 하십시오.

절망스럽더라도 필사적(必死的)이어야 합니다. 기억하십시오. 우리의 믿음이 이 어려운 날들을 초래한 것이 아닙니다. 믿음의 일은 오히려 이러한 날들을 겪어 내고 해결하도록 우리를 받쳐 주는 데 있습니다. 그러니 필사의 믿음이 아니면 절망뿐입니다. 믿음은 끈질기게 견디며 이깁니다.

히브리의 세 청년 사드락, 메삭, 아벳느고의 이야기보다 더 영웅적인 필사의 믿음을 보기란 쉽지 않을 것입니다. 그들의 상황은 절망적이었지만 이처럼 용감한 대답이 나옵니다. "왕이여, 우리가 섬기는 하나님이 계시다면 우리를 맹렬히 타는 풀무불 가운데에서 능히 건져내시겠고 왕의 손에서도 건져내시리이다. 그렇게 하지 아니하실지라도 왕이여, 우리가 왕의 신들을 섬기지도 아니하고 왕이 세우신 금 신상에게 절하지도 아니할 줄을 아옵소서"(단 3:17-18). 나는 이 말씀이 특별히 더 좋습니다. "그렇게 하지 아니하실지라도!"

겟세마네 동산을 잠시 언급하고, 여러분에게 "그러나"의 깊은 울림을 생각해 보라고 부탁드리겠습니다. "할 만하시거든……하옵소서.……그러나……"(마 26:39). 우리 주님의 영혼이 깊은 어둠에 드셨습니다. 이 상황에서 신뢰란 영혼의 고통으로 피 흘리며 지옥의 바닥에 닿도록 깊은 어둠을 겪는 것입니다. 그러나! 그러나!

찬송가를 찾아 여러분이 사랑하는 필사의 믿음에 대한 찬송을 불러 보십시오.

역경과 시련
감옥의 돌벽 같아 보일 때,
내가 할 수 있는 작은 일 하며
나머지는 당신께 맡깁니다.

어떤 변화나 기회도 없어
이 슬픔에서 놓여날 것 같지 않을 때,
희망이 절망에서 힘을 얻어
고요히 당신 기다립니다.

3월 26일

너는 눈을 들어 너 있는 곳에서 북쪽과 남쪽 그리고 동쪽과 서쪽을 바라보라. 보이는 땅을 내가 너와 네 자손에게 주리니. _창세기 13:14-15

성령께서는 이루어 주실 뜻이 없으시면 애초부터 우리 마음에 소원을 심어 주지도 않으십니다. 그러니 믿음을 일으켜 날아올라 눈에 띄는 모든 땅을 차지하십시오.

우리 믿음의 시야에 잡히는 모든 것이 우리의 것입니다. 보이는 대로 우리 것이 된다면 가능한 한 멀리 보십시오. 우리가 그리스도인으로서 지향하는 모든 것, 하나님을 위해 하고자 하는 모든 일들이 믿음으로 가능합니다. 그러니 성경을 앞에 놓고 그분께 더 가까이 가서, 성령의 능력 아래 우리의 영혼을 온전히 열어 둡시다. 그렇게 해서 물에 잠기듯 우리의 전 존재를 그분의 임재 안에 잠기게 합시다. 우리의 눈을 열어 그 가득하신 임재를 보게 하시면, 그분께서 우리를 위해 그 모든 것을 준비해 두신 줄로 아십시오. 말씀의 모든 약속을 받아들이되, 그분께서 우리 안에 일깨우시는 마음의 소원을 인정하십시오. 예수를 따르는 사람들로서 우리가 추구하는 모습의 전적인 가능성을 믿으십시오. 우리가 보는 모든 땅이 우리 것입니다.

하나님께서는 우리 안에 소망을 심어 주시되, 따로 은혜를 예비하셔서 그 소망이 이루어지기까지 늘 우리를 도와주십니다. 우리 안의 소망과 그분의 은혜는 결국 함께 갑니다. 새의 마음에 자연적인 본능을 심어 주셔서 따뜻한 기후를 찾아 대륙을 횡단하게 하시는 분이 과연 그 새를 속일까요. 그러기에는 너무도 선하신 분입니다. 우리는 하나님께서 새에게 본능을 부여하셨음을 확신합니다. 마찬가지로, 그분께서 새의 도착에 맞추어 산들바람과 온화한 햇살 또한 예비해 두셨음을 우리는 확신할 수 있습니다.

우리 가슴에 거룩한 소망을 불어넣어 주시는 그분께서는 우리가 그 소망의 실현을 위해 나아가는 한 결코 우리를 속이거나 실망시키지 않으십니다.

"이 말씀을 듣고 제자들이 가 보니 과연 예수께서 말씀하신 대로였다"(눅 22:13, 공동번역).

3월 27일

생각하건대 현재의 고난은 장차 우리에게 나타날 영광과 비교할 수 없도다. _로마서 8:18

최근 영국의 한 결혼식에서 놀라운 일이 벌어졌습니다. 부유한 명문가 출신의 신랑은 불의의 사고로 열 살에 실명한 젊은이였습니다. 그럼에도 그는 훌륭한 성적으로 대학을 졸업하고, 얼굴은 볼 수 없지만 아름다운 신부의 마음을 사로잡기에 이르렀습니다. 청년은 결혼식 직전에 전문의들에게 새로이 치료를 받았고, 그 결과는 혼인식 당일에 공개하기로 했습니다.

경사스러운 그날이 왔습니다. 신랑신부의 부모들과 하객들이 도착했고, 장관들, 장군들, 주교들을 비롯해서 학식 높은 여러 사람들이 참석했습니다. 결혼 예복을 입었지만 눈만은 여전히 붕대로 동여맨 신랑은 아버지와 함께 차를 타고 교회로 왔습니다. 유명한 안과의사가 교회 성구실에서 그들을 만났습니다.

신부가 은발 성성한 부친의 팔에 손을 얹고 교회로 들어왔습니다. 그녀는 감격해서 말을 할 수 없었습니다. 사랑하는 남자가 마침내 그녀의 얼굴을, 다른 사람들은 경탄해 마지않지만 남자 자신은 섬세한 손끝의 감각으로밖에는 알 수 없었던 그 얼굴을 보게 될까요?

결혼행진곡이 교회 전 공간을 부드럽게 채우고, 신부가 제단으로 나아가는데 앞에 좀 낯선 장면이 보입니다. 신부 앞에 신랑과 그의 부친과 의사가 서 있었던 것입니다. 의사는 마지막 붕대를 잘라내고 있었습니다.

마침내 붕대가 완전히 제거되자, 신랑이 앞으로 한 발 내디뎠습니다. 하지만 그는 잠에서 덜 깬 사람처럼 비틀거리며 망설였습니다. 제단 위 창유리를 통해 한 줄기 붉은 빛이 얼굴을 비추었지만 그는 알지 못하는 것 같았습니다.

과연 그는 볼 수 있었을까요? 그렇습니다! 이내 자세를 바로잡은 그는 전에 없이 기쁘고 정중한 모습으로 신부를 맞이하기 위하여 앞으로 나섰습니다. 두 사람은 서로 눈을 들여다보았는데, 신랑의 시선은 신부의 눈에 완전히 붙박인 듯했습니다. "마침내!" 신부가 말했고 신랑이 고개 숙여 절하며 같은 말로 엄숙히 되받았습니다. 기쁘기도 하지만 무엇보다 감격적인 장면이라 하지 않을 수 없습니다. 그런데 이 아름다운 이야기도, 우리 그리스도인들이 세상에서 시련과 슬픔을 겪다가 하늘나라에 가서 "얼굴과 얼굴을 대하여" 그분을 보게 되는(고전 13:12) 그 순간과는 비교조차 할 수 없을 것입니다.

당신을 그리워합니다.
참되고 아름다우신 예수,
당신 다시 오실 날 언제일까
바라며 기다립니다.
나의 모든 말과 행함은 거룩하신 주,
당신을 그리워함뿐입니다.

어느 빛나는 날, 지나는 모든 이들이 바라보는데

당신께서 마침내 나를 향해 오십니다.

나는 당신을 보고, 그 음성을 듣습니다.

당신과 함께 있고, 당신과 함께 즐거워합니다.

가슴 떨리는 이 소망으로 하여

거룩하신 주, 당신을 그리워합니다.

3월 28일

온 땅의 주 여호와의 궤를 멘 제사장들의 발바닥이 요단 물을 밟고 멈추면 요단 물 곧 위에서부터 흘러내리던 물이 끊어지고 한곳에 쌓여 서리라. _여호수아 3:13

참으로 용감한 레위인들이라 하지 않을 수 없습니다! 그들은 언약궤를 메고 주저함 없이 물속으로 져 날랐는데, 제사장들의 발바닥이 요단 물을 밟아야(15절) 강물 또한 갈라질 것이기 때문이었습니다. 하나님께서는 강물을 밟으라는 말씀 외에는 달리 약속하신 것이 없었습니다.

하나님께서는 믿음을 영화롭게 하십니다. 그 믿음은 그분의 약속을 보고 오직 그 약속에만 희망을 거는 불굴의 믿음을 말합니다. 오늘날의 구경꾼들 같았으면 강물을 향해 행진하는 이 거룩한 사람들을 쳐다보며 뭐라고 말했을까요. "나라면 절대 저 위험한 짓은 못한다! 언약궤가 물에 휩쓸려 갈 것 아닌가!" 하지만 이 "제사장들은 요단 가운데 마른 땅에 굳게" 섰습니다(17절). 여기서 간과하지 말아야 할 사실이 있습니다. 오히려 우리의 믿음이 하나님께서 계획하신 일들의 실행을 돕는다는 점입니다. 그러니 기꺼이 주님을 도와드려야겠습니다.

언약궤는 제사장들이 메고 갈 수 있도록 장대가 달려 있었습니다. 그래서 하나님의 궤였음에도 스스로 움직이지 못하고 사람들에 의해 운반되었습니다. 하나님이 건축가이시면 사람은 벽돌공이며 일꾼들입니다. 믿음은 하나님의 조수입니다. 믿음은 사자의 입을 닫고 맹렬한 불길을 가라앉힙니다. 믿음은 언제나 하나님을 영화롭게 하고 하나님께서는 믿음을 영화롭게 하십니다.

약속하신 일들은 그분께서 합당하다 여기실 때 이루어 주실 줄로 알고, 오로지 앞으로 나아가는 믿음이 있었으면 좋겠습니다! 이 시대의 레위인들이여, 우리가 맡은 것을 마땅히 짊어지되 하나님의 관짝을 메고 가는 듯한 표정은 거두십시오. 그것은 살아계신 하나님의 궤입니다. 노래 부르며 강물을 향해 행진합시다.

신약교회를 통해 볼 수 있는 성령의 강력한 표징 가운데 하나는 담대한 정신이었습니다. 하나님을 위해 크나큰 일을 시도하고 또 그분에게서 크나큰 일을 기대하는 믿음의 중요한 특성 가운데 하나가 이 거룩한 용기와 담대함입니다. 초월적인 존재와 대면할 때는, 그래서 인간의 힘으로는 불가능한 것들을 그분에게서 얻어 낼 때는 적게 얻어 내기보다 많이 얻어 내기가 오히려 쉽습니다. 그리고 뭍에서 망설이며 서 있기보다는 담대하게 믿고 맡기며 나아가기가 차라리 쉽습니다.

믿음으로 살아가는 지혜로운 뱃사람들처럼 우리 또한 우리의 배를 깊은 바다로 내보내야겠습니다. 모든 것을 "하나님은 하실 수" 있으며(눅 18:27), "믿는 자에게는 능치 못할 일이" 없음을(막 9:23) 우리는 알게 될 것입니다.

오늘 하나님을 위해 크나큰 일을 시도해 보십시오. 그분의 믿음을 받아 크나큰 일이 있음을 믿고, 그분의 힘을 얻어 그 일을 성취하십시오.

3월 29일

들의 백합화가 어떻게 자라는가 생각하여 보라. _마태복음 6:28

오래 전에 어떤 수도사가 올리브기름이 필요해서 올리브 묘목을 심었습니다. 나무심기를 끝낸 수도사는 이렇게 기도했습니다. "주님, 제 나무의 어린 뿌리가 자라려면 비가 필요하니 부드러운 비를 보내 주십시오." 주께서 부드러운 비를 보내 주셨습니다. 수도사는 또 기도했습니다. "주님, 제 나무는 해가 필요하니 해를 보내 주십시오." 빗방울 뚝뚝 떨어지는 구름을 밀어내며 해가 비쳤습니다. "주님, 이제는 가지들이 튼튼해지도록 서리를 내려 주십시오." 수도사가 외치자 이내 작은 나무는 반짝이는 서릿발에 덮였습니다. 하지만 그 나무는 저녁이 되어 죽고 말았습니다.

그래서 수도사는 한 형제 수도사의 작은 처소로 찾아가, 그날 자신이 겪은 이상한 일을 이야기했습니다. 다 듣고 난 형제 수도사가 말했습니다. "나도 작은 나무를 심었소. 그런데 보다시피 지금 얼마나 잘 자랍니까! 나는 내 나무를 그 주인이신 하나님께 맡겼소. 나무에게 무엇이 필요한지는 그 나무를 만드신 분이 더 잘 아십니다. 나는 하나님께 강요하거나 조건을 달지 않고, 기도만 했을 뿐이오. '주님, 폭풍이나 햇빛, 바람이나 비나 서리를 상관치 마시고 무엇이든 나무에게 필요한 것을 보내 주십시오. 당신께서 그 나무를 만드셨으니, 그 나무에게 필요한 것을 당신께서 가장 잘 아십니다.'"

> 그래, 그분께 맡겨야 한다.
> 모든 것을 맡기는 백합꽃처럼,
> 그러고도 그 꽃들은 자란다,
> 비를 맞으며 자라고
> 이슬 맞으며 자란다,
> 그 꽃들은 자란다.
> 밤에는 어둠에 둘러싸여 자라고
> 낮에는 햇빛에 몸 내놓고 자란다,
> 끊임없이 자란다.

> 그래, 그분께 맡겨야 한다.
> 그분 보시기에 그것이
> 피어나는 백합화보다,
> 눈 밑에서 움트는 꽃보다 귀함을
> 너는 알게 되리,
> 네게 무엇이 필요하든 기도로 구하면,
> 그분께 맡길 수 있으리라—너는 그분의 관심사이므로.
> 너는 알지.

3월 30일

보라 불을 피우고 횃불을 둘러 띤 자여, 너희가 다 너희의 불꽃 가운데로 걸어가며 너희가 피운 횃불 가운데로 걸어갈지어다. 너희가 내 손에서 얻을 것이 이것이라. 너희가 고통이 있는 곳에 누우리라. _이사야 50:11

이것은 어둠 속에서 걸으며 스스로의 힘으로 빛을 찾으려는 자들에게 내리는 준엄한 경고입니다. 이들은 지금 불꽃을 내뿜으며 타는 그 불의 불쏘시개로 묘사되고 있습니다. 무슨 뜻입니까?

우리가 어둠 속에 있을 때 주님을 믿고 의지함 없이 우리 뜻대로 하려는 유혹이 있다는 것입니다. 우리는 그분의 도움을 얻으려 하지 않고 어떻게든 우리 스스로 해보려고 합니다. 그래서 자연적인 방식으로 오는 빛이나 친구들의 조언을 찾아 나섭니다. 우리 스스로 결론을 내리고 그것으로, 하나님의 길과는 전혀 상관이 없는 어떤 길을 받아들이고픈 유혹에 빠질 것입니다.

우리가 보는 빛은 우리 자신을 불쏘시개 삼아 타는 불이거나 우리를 위험한 곳으로 인도하는 미혹의 불빛일 수 있습니다. 하나님께서는 불꽃을 내며 타는 이 가짜 불빛에 의지해 걷는 우리를 그냥 놔두십니다. 결과는 슬픔이겠지요.

사랑하는 이들이여, 하나님께서 정하신 때와 그분의 방법이 아니라면 어둠 속에서 나오려고 하지 마십시오. 고난과 어둠의 시기는 우리에게 간절히 필요한 교훈을 가르치려 하심입니다. 때 이른 구원은 우리 삶을 향하신 은혜의 역사를 방해할 수도 있습니다. 모든 상황을 그분께 온전히 내어드리고 기꺼이 어둠 속에 있어야 합니다. 하나님이 거기 계십니다.

밝은 데서 혼자 걷느니 어둠 속에서 하나님과 함께 걷는 편이 더 좋음을 잊지 말아야겠습니다.

하나님의 뜻과 계획에 더 이상 간섭하지 마십시오. 그분의 것에 손대면 그분의 일을 망칠 수 있습니다. 시계바늘을 돌려놓는다고 시간이 바뀌지는 않습니다. 하나님의 뜻을 조금이라도 보여 달라고 채근할 수 있겠지만 결국은 그분의 일에 누를 끼치고 맙니다. 피지 않은 장미꽃 봉오리를 억지로 벌리면 못 쓰는 꽃이 될 뿐입니다. 단 하나의 예외도 없이 모든 것을 그분께 맡겨야겠습니다. "나의 원대로 마옵시고 아버지의 원대로 하옵소서"(막 14:36).

그분의 길

나는 있으려 했는데 (그 작은 숲은 시원했지)
하나님께서 가라 하셨네,
왜 그리 하시는지 나는 몰랐네,
돌덩이 하나 큰 소리 내며
나 서 있던 그 길로 굴러 떨어졌네.

나는 가려 했는데 그분께서 있으라 하셨네,
"뜻대로 하소서" 말씀드렸지.
어느 이른 아침 사람들이 보았네,
나 가고자 했던 그 길 한가운데
머리 으깨져 죽은 뱀의 모습을.

나 이제 더 이상 왜냐고 묻지 않네,
저 앞이 보이지 않아도
그분의 길을 갈 뿐,
나는 모르지만 그분은 아시고
내게 안전한 길 고르실 테니.

3월 31일

배는······역풍을 만나. _마태복음 14:24, 공동번역

삼월은 바람이 고약합니다. 하지만 내 인생에도 바람 부는 때가 있음을 그 고약한 바람이 알려 줍니다. 그 바람으로 인생에 이러한 계절이 있음을 알

3월 · 사막에서 솟아나는 샘물

156

게 되니 오히려 기쁘다고 해야겠습니다. 전설 속의 이상향이나 아발론의 낙원같이 사철이 늘 햇빛이요 센바람 한 번 불지 않는 곳에서 무한정 사느니, 비 내리고 홍수 나는 인생이 낫습니다. 유혹의 바람이 무자비하게 불어옵니다. 정말 싫지요. 하지만 그 바람으로 인해 기도생활에 더욱 몰두하는 것 아닙니까? 그 바람이 있어 오히려 하나님의 약속에 더 단단히 매달리는 것 아닙니까? 그 바람이 나를 더 단련시키지 않습니까?

사별 뒤에 부는 슬픔의 바람은 걷잡을 수 없습니다. 하지만 그 바람은 아버지께서 나를 그분께로 몰아가시는 도구입니다. 그분의 비밀한 임재의 자리에서 나를 만나, 내 가슴에 대고 온유하게 말씀하려고 말이지요. 주님의 어떤 영광은 역풍이 불어서 내 배가 파도에 흔들릴 때만 보입니다.

예수 그리스도는 인생의 폭풍을 차단해 주시는 분이 아니라 그 폭풍 속에서 지켜 주시는 분입니다. 그분은 내게 안전한 입항만 보장하셨을 뿐, 뱃길이 쉬우리라는 약속은 결코 하신 적이 없습니다.

오, 돛을 펼쳐 하늘로 가는 바람을 타야 하리라,
바람은 많이 거세겠으나, 어느 암초에
네가 파선하며, 어느 무풍에 네가 지체하겠느냐,
안개도 너를 못 막고, 폭풍도 너를 붙들지 못하리라.
짜디짠 바닷바람 맞으며 멀리 헤매고
흰 포말 위에서 오래 방황하겠으나, 바람은 불리라,
네 배를 살같이 본향으로 밀어 줄 그 바람만이.

— 애니 존슨 플린트

4월

겸손히 자기 십자가를 지는 자

4월 1일

그가 나를 죽이시리니 내가 희망이 없노라. 그러나 그의 앞에서 내 행위를 아뢰리라. _욥기 13:15

내가 믿는 자를 내가 알고. _디모데후서 1:12

의심치 않으리라, 바다에 나간 나의 모든 배가
돛대, 돛폭 다 부서져 난파선으로 돌아온다 해도
불행처럼 보이는 일에서나 내게 유익한 일에서나
결코 나를 저버리지 않는 그 손길 믿으리라.
찢어진 돛으로 인해 나 눈물 흘리고
내 희망 산산이 부서질지라도 외치리라,
"당신을 믿습니다."

의심치 않으리라, 저 희고 고요한 왕국으로 보낸
나의 모든 기도, 응답 하나 없이 되돌아와도
나 그토록 바라던 그 모든 것을 거절하심은
지혜로운 사랑이었음을 믿으리라.
때때로 나 눈물로 탄식하겠으나
변치 않는 이 믿음의 열정
순결한 불처럼 타오르리라.

의심치 않으리라, 격한 슬픔 비처럼 내리고
벌떼 같은 괴로움 몰려올지라도,
내 그토록 오르고 싶은 높은 곳은
고통과 슬픔으로만 닿을 수 있음을 믿으리라.
내 십자가를 지고 신음하며 몸부림칠지라도
이토록 가혹하게 잃음으로
오히려 더 크게 얻음을 믿으리라.

의심치 않으리라, 내 믿음 튼튼한 배처럼

흔들림 없고, 내 영혼 어떠한 바람에도 맞서니

장차 그 용기로 저 광대하고 알 수 없는

죽음의 바다와도 대적하리라.

오, 육신은 비록 영혼과 이별하겠으나

나 이렇게 외치리라, "의심치 않습니다."

이 말, 나의 마지막 숨과 함께

세상이 들을 수 있도록.

한 늙은 뱃사람이 언젠가 말했습니다. "강력한 폭풍을 만나면 우리가 해야할 것은 한 가지뿐입니다. 그 방법만이 살 길입니다. 배를 일정한 위치에 두고, 오로지 그 위치만 고수해야 합니다."

사랑하는 그리스도인들이여, 이것이 바로 우리가 해야 하는 일입니다.

바울처럼 우리 역시 해도 없고 별도 안 보이는 폭풍 속에서 항해해야할 때가 있습니다. 이때 우리가 할 수 있는 일은 한 가지뿐이며, 그 외의 방법은 없습니다. 이성도 도움이 안 되고, 과거의 경험도 소용없으며, 기도조차 위로가 되지 않습니다. 남는 수단은 하나뿐입니다. 우리의 영혼을 단 하나의 위치에 두고, 오로지 그 위치만 고수해야 합니다.

우리 자신을 주님께 단단히 붙들어 매야 합니다. 파도, 거친 바다, 천둥번개, 암초를 비롯하여 그 어떠한 위험을 만나더라도, 예수 그리스도 안에서 하나님의 신실하심과 그분의 언약과 영원하신 사랑을 확신하며 끝까지 방향타를 놓지 말아야 하겠습니다.

4월 2일

그들이 광야를 바라보니 여호와의 영광이 구름 속에 나타나더라. _출애굽기 16:10

우리는 폭풍 구름 뒤편에서 빛나는 은빛 구름을 찾는 습관을 들여야 합니다. 그리고 일단 찾아냈으면 검은 구름은 무시하고 그 밝은 구름에 계속 집중하십시오. 아무리 힘들고 어려워도 낙심해서는 안 됩니다. 낙심한 영혼은 어떻게 해볼 수가 없습니다. "마귀의 간계를 능히 대적"(엡 6:11)하지도 못하고, 남을 위해 기도해도 능력이 나타나기 어렵습니다. 낙심이라는 이 치명적인 원수가 찾아온다 싶으면 뱀을 피해 달아나듯 달아나십시오. 패배의 쓴맛을 보기 싫거든 눈에 띄는 즉시 등을 돌려 달아나야 합니다.

하나님의 특정한 약속들을 찾아내서 하나하나 짚어가며 큰소리로 말하십시오. "이 약속은 제게 주신 것입니다." 그럼에도 여전히 의심과 낙심의 감정이 가시지 않으면, 하나님께 마음을 다해 토로하며, 우리를 괴롭게 하는 마귀를 꾸짖어 달라고 요청하십시오.

뭔가 미심쩍고 낙심되는 이 증상으로부터 사력을 다해 돌아서는 순간, 복되신 성령께서 우리의 믿음을 다시 일깨우시고 또한 우리의 영혼을 하나님의 강건함으로 채우실 것입니다. 처음에는 이 회복의 과정을 잘 의식하지 못할 수도 있습니다. 하지만 저 앞에서 낙심과 의심의 그림자만 비쳐도 달아나겠다고 굳게 결심하면, 어둠의 세력이 되돌아가는 모습을 이내 볼 수 있습니다. 오, 우리가 저 어둠의 무리로부터 하나님을 향해 돌아섰으면, 그래서 언제나 우리 등 뒤에서 대기하고 있는 막강한 군대를 볼 수 있었으면 좋겠습니다. 그러면 우리를 지치고 낙심케 하는 원수의 간교한 노력에 눈길을 줄 필요가 없겠지요. 아무리 약한 신자라도 예수 그리스도의 이름으로, 어린아이같이 단순한 믿음으로 자신을 하나님께 내어 드리고 그분께 돌아서서 도움을 요청하기만 하면, 하나님의 저 놀라운 속성들이 믿는 자 곁으로 군대처럼 집결합니다.

어느 가을날 나는 널따란 평원에서 사냥총에 맞아 다 죽게 된 독수리를 보았습니다. 독수리는 서서히 고개를 들어, 아직 희미하게 빛나는 두 눈으로 창공을 향해 마지막 시선을 던졌습니다. 웅장한 두 날개로 많이도 휘젓고 다니던 하늘이었습니다. 그 하늘은 독수리의 고향이고 왕국이었습니다. 거기서 수천 번이나 막강한 힘을 과시했습니다. 그 장엄한 높이에서 번개와 놀고 바람과 겨루었습니다. 그리고 지금, 자신의 고향보다 한참이나 낮은 땅에서 독수리는 죽어 가고 있었습니다. 독수리는 딱 한 번 깜빡하고 너무 낮게 날았기 때문에 죽음을 맞았습니다.

내 영혼이 그 독수리입니다. 여기는 내 영혼의 고향이 아닙니다. 하늘로 향한 눈을 결코 거두어서는 안 됩니다. 나는 믿음을 유지해야 합니다. 소망을 유지해야 하고, 용기를 유지해야 합니다. 나는 그리스도를 유지해야 합니다. 용감하게 못 싸울 바에는 한시바삐 기어서 싸움터를 빠져나오는 것이 낫습니다. 내 영혼은 후퇴할 시간이 없습니다. 내 영혼아, 한결같이 하늘을 보라. 그 눈길 떨어뜨리지 마라!

쉬지 말고 위를 보라.
네 발아래 일렁이는 물결
여호와께서 물리치신다,
너 하늘 볼 때.

쉬지 말고 위를 보라,
어둠이 네 영혼 에워싸듯 할지라도
빛 중의 빛 되신 이, 네 영혼 채우신다,
너 하늘 볼 때.

쉬지 말고 위를 보라,
싸움에 지쳐 혼미할 때
너의 대장께서 이길 힘 주신다,
너 하늘 볼 때.

서쪽을 바라보면서는 떠오르는 해를 볼 수 없습니다.

4월 3일

너는 불속에서 주님을 영화롭게 하라. _이사야 24:15, KJV

본문의 "—에서"라는 글자에 주목하십시오. 우리는 시련 속에서 주님을 영화롭게 해야 합니다. 우리를 괴롭게 하는 그 상황에서 말입니다. 물론 하나님께서 당신의 성도들에게 일말의 화기(火氣)조차 못 느끼도록 하신 예가 있지만, 일상적으로 불은 고통을 야기합니다.

우리는 바로 거기, 뜨거운 불속에서 그분을 영화롭게 해야 합니다. 이것은 우리에게 이 시련을 허락하신 분의 선하심과 사랑을 온전히 믿음으로써 가능합니다. 그리고 불을 겪지 않았을 때보다 겪었을 때 오히려 그분을 찬양할 만한 것이 더 많다는 점을 믿어야 합니다.

뭔가 불을 겪어 내는 데는 엄청난 믿음이 요구됩니다. 믿음 없이는 실패할 것이기 때문에 그렇습니다. 우리는 불속에서 반드시 승리해야겠습니다:

어려울 때 드러나는 믿음이 결국 우리 믿음의 전부입니다. 맹렬히 타는 풀무 속에 던져진 세 사람은 들어가던 모습 그대로 나왔습니다. 그들을 묶은 밧줄만 없어졌을 뿐입니다. 그리고 보면 하나님께서는 고통의 화로 속에서 우리의 결박을 참 많이도 풀어 주십니다.

세 사람은 어떠한 상해도 입지 않고 불속을 걸어다녔습니다. 피부에 물집 하나 잡히지 않았습니다. "머리털도 그을리지 아니하였고 겉옷 빛도 변하지 아니하였고 불 탄 냄새도 없었더라"(단 3:27).

이것이 바로 그리스도인들이 고통의 화로 속에서 나오는 방식이어야 합니다. 결박에서 놓여나되 불의 손상을 전혀 입지 않은 채 말입니다.

"그 속에서 그것들을 이기셨다"(골 2:15, KJV).

이것이 참된 승리입니다. 질병 속에서 질병을 이기고, 죽음 속에서 죽음을 이기며, 역경 속에서 역경을 이겨야 합니다. 그렇습니다. 고난 속에서 우리를 승리자로 만드시는 권능이 있습니다.

우리가 오를 수 있는 높은 곳이 있습니다. 천국이 가까운 그곳에서 우리는 지나온 길을 돌아보며 승리의 노래를 부를 수 있을 것입니다. 우리는 가난하지만 부요한 자로 나설 수 있고, 우리의 가난 속에서 많은 이들을 부요하게 할 수 있습니다. 우리는 "그 속에서" 승리해야 합니다.

그리스도의 승리는 굴욕 속에서 이루신 승리입니다. 그리고 우리의 승리 또한 다른 이들이 굴욕이라 여기는 그것들을 통해 드러날 것입니다.

수많은 짐을 지고 가면서도 종소리처럼 밝은 사람을 보면 끌리는 것이 있지 않습니까? 엄청난 유혹 앞에서도 "넉넉히 이기"는(롬 8:37) 사람들을 보면 그 용기에 전염되는 듯하지 않습니까? 몸은 지쳐 쓰러지는데 인내심은 불처럼 살아있는 동료 여행자를 보면 크게 힘이 되지 않습니까?

하나님께서 주신 은혜의 능력에 대한 증언이 이와 같습니다!

세상 끈 다 떨어지고
인생이 요동치는 바다 같을 때도,
너는 기적같이
태평하며 자유롭겠느냐?

4월 4일

기도하여 이르되 여호와여, 원하건대 그의 눈을 열어서 보게 하옵소서 하니. _열왕기하 6:17

이것이 바로 우리 자신과 다른 이들을 위해 해야 할 기도입니다. "주여, 우리의 눈을 열어서 보게 하옵소서." 선지자 엘리사의 경우처럼, 우리 역시 하나님의 "불말과 불병거"(왕하 6:17)에 둘러싸여 있습니다. 이 불말과 불병거가 우리를 영광스러운 승리의 자리로 데려가려고 대기하고 있는 것입니다.

하나님께서 우리의 눈을 열어 주시면, 우리는 우리 삶에서 일어나는 크고 작은 일들, 기쁘거나 슬픈 모든 일들을 우리 영혼을 위한 하나님의 "병거"로 보게 될 것입니다. 우리에게 오는 모든 일들은 우리가 병거로 대하는 그 순간, 병거가 됩니다. 반면, 아무리 사소한 어려움이라도 주변의 모든 것을 비참과 절망으로 휩쓸어 가는 물체가 될 수 있는데, 그것은 우리가 그렇게 하도록 놓아두었기 때문입니다.

그 차이는 우리의 선택에 달려 있습니다. 이 모든 차이를 만들어 내는 것은 우리에게 일어나는 사건들 자체가 아니라 그 사건들을 바라보는 우리의 시각입니다. 우리가 그저 누워서 그 사건들이 우리를 치고 지나가도록 방치한다면, 그 사건들은 결국 통제할 수 없는 파괴적인 자동차가 됩니다. 하지만 우리가 승리의 자동차를 타듯 그 사건들에 올라타면 그것들은 하나님의 병거가 되어 우리를 당당히 앞으로, 위로 데려갈 것입니다.

주님께서 낙심한 영혼을 데리고 하실 수 있는 일은 많지 않습니다. 그래서 마귀는 하나님의 백성이 자신이나 교회의 상태에 대해 절망하고 포기하도록 끊임없이 밀어붙이는 것입니다. 사기가 꺾인 군대는 패배를 기정사실로 인정하고 싸움터로 들어간다고 합니다. 최근에 나는 한 선교사가 하는 이야기를 들었습니다. 그녀는 몸과 마음이 많이 지쳐 귀국했는데, 그것은 결국 자신이 영혼의 기백을 잃었기 때문이라고 했습니다. 그리고 그로 인해 몸의 건강까지 안 좋아졌다고 합니다.

우리는 원수 마귀가 우리의 영혼에 가하는 이 공격과 그에 대한 대처방안을 한층 잘 이해하고 있어야 합니다. 마귀는 일단 우리를 올바른 위치에서 이탈시키려 합니다. 그리고 이 시도가 성공하면 장기간의 집요한 공격을 통해 "지극히 높으신 이의 성도를"(단 7:25) 지치게 하고, 마침내는 더이상 힘을 쓸 수 없어 모든 승리의 희망을 포기하도록 합니다.

4월 5일

너는 네 두 아들과 함께 들어가서 문을 닫고. _열왕기하 4:4

과부와 두 아들은 온전히 고립되어 하나님하고만 있어야 했습니다. 그들은 자연법칙을 상대하고 있었던 것도 아니요, 인간의 정부나 교회나 성직자들과 대면하고 있었던 것도 아니었습니다. 하나님의 위대한 예언자 엘리사조차 그들과 함께 있을 수 없었습니다. 그들은 모든 사람과 떨어져 있어야 했고, 자신들의 환경을 예단하려는 본능적인 습관도 내려놓아야 했습니다. 그들은 광대한 우주에 던져진 듯 하나님께만 의지해야 했고, 그럼으로써 기적의 근원에 접촉해야 했습니다.

이것이 우리를 대하시는 하나님의 한 방식입니다. 우리는 열매 맺는 기도와 믿음으로 고립이라는 비밀의 방에 들어가야 합니다. 하나님께서 어떤 시간과 장소를 택하셔서 우리 주위로 신비한 벽을 둘러치실 것입니다. 우리가 습관적으로 의지하던 모든 지지대를 거두어 가시고, 우리의 일상적인 행동방식 또한 옆으로 밀어 놓으실 것입니다. 우리를 온전히 고립시켜서 전혀 기대하지 않았던 거룩하고 새로운 것, 우리의 이전 환경으로 미루어서는 결코 이해할 수 없는 어떤 사건으로 향하게 하실 것입니다. 우리가 있게 될 장소는 무슨 일이 벌어질지 모르는 곳이며, 하나님께서 우리 인생의 옷을 새롭게 재단하시므로 우리가 그분을 바라볼 수밖에 없는 곳입니다.

대다수 그리스도인들의 삶이 반복적입니다. 그러니 내일이라고 다를 것이 없으며, 인생의 모든 것이 훤히 예측됩니다. 하지만 하나님께서 예측할 수 없는 특별한 상황으로 인도하시는 영혼들은 그분에 의해 고립됩니다. 그들이 아는 것은 하나님께서 그들을 붙들고 계시며, 그분께서 그들의 인생에 관여하고 계신다는 점뿐입니다. 그러므로 그들의 모든 기대는 하나님 한분만을 출처로 삼을 수밖에 없습니다.

이 과부처럼 우리도 외부적인 것들에서 떨어져 나와 안으로, 곧 주님께로만 향해야 그분의 기적을 볼 수 있습니다.

하나님께서는 빈번히 극심한 시련을 통해서 당신의 아름다운 새 모습을 보여주십니다.

하나님께서 더러 문 닫아 우리를 가두시니,
아마도 슬픔이나 고통을 통해 말씀하시고자,
부드럽게, 마음과 마음으로, 세상 소음보다 크게,
어떤 귀하신 생각 우리에게 다시 들려주시고자.

4월 6일

내가 내 파수하는 곳에 서며 성루에 서리라. 그가 내게 무엇이라 말씀하실지 기다리고 바라보며. _하박국 2:1

우리 편에서 먼저 애타게 기대하는 마음 없이 하나님의 도우심을 기다린들 무슨 소용이 있겠습니까? 그런 마음 없이는 도우심도 없을 것입니다. 우리가 그분의 능력과 보호하심을 받지 못한다면 그것은 순전히 우리가 바라지 않았기 때문입니다. 하늘의 도우심이 빈번히 우리 앞에까지 왔다가 그냥 스쳐 지나갑니다. 망루에 서서 지평선을 주의깊게 바라보면서 도우심이 오는 증거를 찾아 우리의 마음 문을 활짝 열어 놓고 들어오도록 해야 하는데, 전혀 그렇지 못하니 도우심을 놓치는 것입니다. 기대하지도 않고 따라서 주의도 기울이지 않는 사람은 어떠한 도움도 받지 못합니다. 여러분은 부디 하나님을 바라고 기다리십시오.

옛 금언입니다. "하나님의 섭리를 기다리는 사람들에게는 기다려야 할 하나님의 섭리가 부족한 법이 없다." 그리고 이처럼 뒤집어 말할 수도 있습니다. "하나님의 섭리를 기다리지 않는 사람들에게는 기다려야 할 하나님의 섭리가 결코 있을 수 없다." 비오는 날 항아리를 밖에 내놓지 않고서 물 받기를 기대할 수는 없는 노릇입니다.

우리는 좀 더 사무적이고 상식적으로 하나님의 약속을 요구해야 합니다. 어떤 사람이 하루에도 몇 차례씩 은행에 가서 창구에 수표를 내밀었다가 현금으로 바꾸지도 않고 다시 들고 나오는 일이 있다면, 얼마 안 가 은행 출입을 금지당할 것입니다.

사람들은 분명한 목적을 가지고 은행에 갑니다. 수표를 제시하고 현금을 받은 다음에 은행을 나옴으로써 거래를 마무리합니다. 수표를 내밀고 서명이 아름답다거나 수표도안이 훌륭하다는 얘기를 하려고 은행에 오는 것이 아닙니다. 그렇습니다. 그들이 원하는 것은 돈이며, 이 돈을 받지 못하고서는 만족할 수가 없습니다. 창구 직원의 시간이나 축내는 사람과 달리 언제나 이들은 은행이 환영하는 사람들입니다.

불행히도 오늘날 무수히 많은 이들이 장난삼아 기도합니다. 그들은 하나님께서 응답하시리라고 기대하지 않으며, 따라서 기도시간을 아무렇게나 낭비하며 보냅니다. 하늘에 계신 우리 아버지께서 원하시는 바, 우리는 우리의 기도로 그분과 진지하게 거래해야 합니다.

"네 소망이 끊어지지 아니하리라"(잠 23:18).

4월 7일

그들의 힘은 고요히 앉음에 있다. _이사야 30:7, KJV

진정으로 하나님을 알고자 한다면 내적인 고요가 절대적으로 필요합니다.

내 인생에 말할 수 없이 큰 위기가 닥쳤을 때 나는 이 사실을 배웠습니다. 나의 전 존재가 불안과 걱정으로 요동하는 듯했고, 즉각적이고도 강력한 행동에 나서지 않으면 죽기라도 할 듯 두려웠습니다. 하지만 나로서는 아무것도 할 수 없는 상황이었고, 분명히 나를 도와줄 수 있는 그 사람도 움직이려 하지 않았습니다. 이 정신적 불안으로 한동안 나의 존재는 부서질 듯 위태로웠습니다. 그리고 불현듯이 "세미한 소리"(왕상 19:12)가 내 영혼 깊은 곳에서 속삭였습니다. "너희는 가만히 있어 내가 하나님 됨을 알지어다"(시 46:10). 그 강력한 말씀 앞에 순종했습니다. 나는 마음을 가라앉히고, 육신의 움직임을 정지시켰으며, 괴로워하는 영혼을 고요 속에 다잡아 넣었습니다. 그렇게 바라고 기다리던 중에야 나는 하나님께서 말씀하셨음을 알았습니다. 그분께서는 내 위기와 절망의 한복판에 계셨고 나는 그분 안에서 안식을 얻었습니다.

나의 체험이 이와 같았고, 세상 무엇을 준다 해도 나는 이 체험과 바꾸지 않았을 것입니다. 바로 이 고요로부터 어떤 능력이 발원하는 듯했으며, 그 능력이 위기를 다스려 즉시 해소했다고 나는 말하고 싶습니다. 내게 큰 배움이 된 이 위기를 겪는 동안 나의 "힘은 고요히 앉음에" 있었습니다.

완벽한 수동성이 있으니, 이는 나태가 아니며 신뢰에서 나오는 살아 있는 고요입니다. 고요한 긴장은 신뢰가 아니라 압축된 불안일 뿐입니다.

> 분노한 폭풍의 소요 속에서가 아니라
> 삼키고 사르는 지진과 화염 속에서가 아니라
> 모든 두려움 물리치는 고요 속에서
> 작고 세미한 음성, 예언자에게 왔느니.

> 오 영혼아, 하나님의 언덕에 올라 침묵하라,
> 걱정과 근심 바다처럼 술렁이겠으나
> 안에서 맴도는 기도와 청원과 소망 물리고
> 잠잠히 들으라, 하나님께서 말씀하시리니.

모든 사귐에 막간의 휴식 있으니
쉴 때마다 몰라보게 자라고 튼튼해진다,
찬양하는 이들의 아름다운 노래, 그중에서도
가장 아름다운 노래는 삼십 분의 침묵.

안식하라, 지극한 고요에 들어
말을 내려놓고 기도와 찬양도 멈추라,
그분 앞에서 미동도 없이 그대의 전 존재로
그분의 음성과 미소의 온전한 뜻 배우리라.

상을 얻기 위해 경기하는 자도 아니며
불굴의 의지로 천국을 차지함도 아니니
어린아이처럼 아버지와 함께 앉으라,
그분께서 "잠잠하라!" 하시면, 지극한 기쁨 있으리니.

— 메리 로울즈 자비스

4월 8일

그러므로 내가 그리스도를 위하여 약한 것들과 능욕과 궁핍과 박해와 곤고를 기뻐하노니 이는 내가 약한 그때에 강함이니라. _고린도후서 12:10

이 구절의 원문을 문자 그대로 옮겨 보면 놀랄 만큼 강렬한 표현이 되살아나서, 어떠한 설명도 필요 없는 자명하고 압도적인 문장이 됩니다. 원문의 뜻은 이렇습니다. "그러므로 나는 그리스도를 위하여 약해지고 모욕당하며 위난에 처하고, 쫓겨서 궁지에 몰림을 기뻐하노니 이는 내가 약할 때에 크게 강함이라."

하나님의 족하심을 아는 비밀은 한계상황에 몰리는 데 있습니다. 일단 이 지점에 이르면 우리는 처지가 아무리 어렵고 부당해도 더 이상 연민을 구하려 하지 않는데, 이는 우리가 이러한 고난을 축복에 필요한 조건으

170

로 인정하기 때문입니다. 그러면 우리는 환경에서 하나님께로 방향을 바꾸며, 그 고난의 환경이 하나님께서 우리 삶에서 일하시는 그분의 증거임을 깨닫습니다.

스코틀랜드의 저명한 맹인 설교가 조지 매더슨이 말했습니다. "나의 하나님, 내 가시에 대해서는 당신께 감사드리지 못했습니다. 내 장미에 대해서는 수천 번도 넘게 감사드렸지만 내 가시를 두고는 한 차례도 그렇게 하지 못했습니다. 나는 언제나 내 십자가로 인해 상 받는 자리를 고대했지만, 내 십자가를 현재의 영광으로 생각한 바는 결코 없습니다."

"주님, 나를 가르치셔서 내 십자가를 기뻐하게 해주십시오. 내 가시가 귀함을 가르치시고, 나 고통의 길 걸어 당신께 올라갔다고, 내 눈물을 통해 무지개를 보았다고 일러 주십시오."

저 죽음의 사이프러스 나무들 틈새로
비치는 별들 못 보는 자, 어이하리.

4월 9일

다 나를 해롭게 함이로다. _창세기 42:36
하나님을 사랑하는……자들에게는 모든 것이 합력하여 선을 이루느니라. _로마서 8:28

힘과 능력이라는 면에서는 대다수 사람들이 부족합니다만, 이 힘은 어디서 나옵니까?

며칠 전 친구와 함께 발전소 앞을 지나가게 되었습니다. 전차에 전력을 공급하는 발전소였는데 각종 기계며 원동기 돌아가는 소리가 요란했습니다. 나는 친구에게 전력이 어떻게 생산되는지 물었습니다. 일단 원동기 바퀴들이 회전해야 하고, 거기서 마찰이 일어나면 전기가 생산된다고 했습니다. 마찰이 전류를 발생시키는 것입니다.

마찬가지로, 하나님께서도 우리 삶에서 더 큰 능력과 힘을 창조하시고자 할 때는 더 많은 마찰을 일으키십니다. 이 마찰의 압력으로 영적인 힘을 발생시키시는 것입니다. 어떤 이들은 이처럼 발생하는 힘을 감당할 수 없어 압박을 피해 달아납니다. 그 힘을 받아들이고 사용해서, 그 힘을 유발한 고통스러운 경험을 넘어서야 하겠습니다.

힘의 균형을 유지하려면 서로 반대되는 힘의 작용이 필수적입니다. 우리의 행성을 적절한 궤도에 위치시키는 것이 반대 방향으로 움직이는 원심력과 구심력입니다. 추진력과 반발력이 없다면 지구는 태양 중심의 궤도에서 이탈해 우주 공간으로 튕겨 나갈 것입니다. 확실한 멸망의 길입니다.

하나님께서 우리 인생을 이와 같은 방식으로 인도하십니다. 추진력만으로는 충분하지 않습니다. 거기에 대항하는 반발력도 필요하고, 그러므로 하나님께서는 인생의 극한 시련을 통해 우리를 붙들어 두시는 것입니다. 유혹과 시련의 압박을 비롯하여 우리를 해롭게 하는 듯한 모든 것들이 사실은 우리의 진행을 촉진하고 우리의 토대를 강화합니다.

짐과 날개를 같이 주심에 하나님께 감사하십시오. 우리가 하나님에 의해 추진됨을 깨닫고, 하늘의 거룩한 부르심 받들어 믿음과 인내로써 전진합시다.

공장의 바퀴와 엔진,
굴대, 도르래, 팽팽하고 느슨한 벨트들,
미친 듯이 혹은 서서히 돌아가는,
전진하고 후진하는,
더러는 부드럽고 더러는 거칠게
쩔고, 돌고, 당기며 움직이는 기계들.

카오스 같은 대혼란 속에서
들어 올리고, 밀고, 추진하지만 저희들의 일
착실히 해낸다, 골리앗 같은 기중기로부터
팥알만 한 기어와 톱니에 이르기까지,
모든 것이 계획된 목적 아래 함께 움직인다.
이 모든 작업 뒤에 섬세한 조정과

강력한 지시와 지도의 손길이 있다.

모든 것이 주님의 사랑하시는 자들 위해 일한다.

혼자 서 있으면 어떤 것은 아프리라,

어떤 것은 방해하고 어떤 것은 밀어내는 듯하리라.

하지만 모두 함께 일하고 선을 위해 일한다.

좌절된 소망, 냉정한 거절, 반대,

이해할 수 없는 이 모든 것들.

그러나 이 모든 것을 잡고, 진척시키고 지체시키며,

멈추고, 작동하고 지도하는 힘 있으니,

우리 아버지의 손이다.

— 애니 존슨 플린트

4월 10일

무슨 까닭으로 나와 더불어 변론하시는지 내게 알게 하옵소서. _욥기 10:2

오, 시련의 영혼이여, 아마도 주께서 은사를 계발하라는 뜻으로 그대를 이 시련에 들게 하셨을 것입니다. 그대에게는 이미 시련이 아니었으면 알지도 못했을 은사가 더러 있습니다. 추운 겨울에 커 보이던 그대의 믿음 화창한 여름날에는 잘 드러나지도 않을 텐데, 모르십니까? 그대의 사랑은 반딧불이 같아서 어둠에 둘러싸일 때 말고는 거의 빛을 내지 못합니다. 희망은 별과 같아서 번성한 햇빛 가운데서는 안 보이고 역경의 밤이 되어서야 확연합니다. 고난은 하나님께서 보석을 장식하실 때 사용하시는 검은 틀입니다. 그분 자녀들의 은사라는 각양의 보석을 이 검은 틀에 끼워 넣으시면 그 보석은 한층 더 밝게 빛나는 것입니다.

그대는 불과 얼마 전에 무릎 꿇고 기도하지 않았습니까? "주님, 나는 믿음이 없는 것 같습니다. 나도 믿음이 있음을 알게 하소서." 그대의 기도, 그때는 몰랐겠지만 사실 시련을 보내 달라는 요청 아닙니까? 믿음을 실행하기 전에는 믿음이 있는지 없는지 알 수 없으니, 시련이야말로 믿음을 아는 기회 아닙니까? 하나님께서 빈번히 시련을 보내서서, 우리의 은사를 발견하게 하시고 또한 우리로 은사의 존재를 확신하게 하심은 명백한 사실입니다. 게다가 우리는 은사를 발견하는 데 그치지 않고, 그분께서 허락하시는 시련의 또 다른 결과로, 부쩍 자라나는 은혜를 체험합니다.

하나님께서는 그분의 군사들을 편안하고 호사스런 막사에서 훈련시키지 않으시니, 장거리 행군과 어려운 임무를 견디게 하심이 그분의 훈련입니다. 군사들은 그분께서 시키시는 대로 개천을 철벅거려야 하고, 강을 헤엄쳐야 하며, 산을 오르고, 무거운 군장을 짊어진 채 수십 리를 피곤하게 걸어야 합니다.

그리스도인이여, 이제 그대가 겪는 고난 이해합니까? 그분께서 지금 그대를 대하시는 목적, 바로 이것 아닙니까?

4월 11일

내가 너희에게 어두운 데서 이르는 것을 광명한 데서 말하며 너희가 귓속말로 듣는 것을 집 위에서 전파하라. _마태복음 10:27

우리 주님께서 우리를 줄곧 어두운 곳으로 데려가심은 우리에게 뭔가를 말씀하시고자 함입니다. 여기서 어둡다는 것은 사별로 인해 커튼이 쳐진 어떤 가정의 어둠일 수 있고, 질병으로 삶의 빛과 활력을 차단당해 고독하고 적막한 인생의 어둠일 수도 있으며, 감당하기 힘든 슬픔과 낙심으로부터 오는 어둠일 수도 있습니다.

주께서는 이 어둠속에서 놀랍고도 영원한 비밀을 우리에게 말씀하십니다. 그분께서는 번쩍이는 세상 것들로 흐려진 우리 눈을 열어 하늘에서 빛나는 별무리를 보게 하십니다. 그리고 우리의 두 귀는, 그토록 빈번히 세상의 시끄러운 소리에 묻혀 버렸던 주님의 속삭임조차 불현듯 구분해 냅니다.

이처럼 보고 듣게 된 우리에게는 그러나 상응하는 책임이 따릅니다. "내가 너희에게……이르는 것을 광명한 데서 말하며……집 위에서 전파

174

하라." 우리는 어둠 속에서 꾸물거리거나 벽장 속에 오래 남아 있을 수 없습니다. 우리는 조만간 호출 받아 인생의 폭풍과 소용돌이 속에서 태세를 갖추어야 할 것입니다. 그리고 그때가 되면, 우리가 배운 것을 말하며 전파해야 합니다.

이로써 고통은 달리 보입니다. 사실 고통이 서러운 것은 당사자가 좀체 헤어나기 어려운 쓸모없다는 느낌 때문이기 쉽습니다. 우리는 흔히 이렇게 생각합니다. "나는 아무짝에도 쓸모없다! 도대체 나는 다른 사람들에게 무슨 유익이 되는 일을 하고 있단 말인가? 나는 왜 내 영혼의 지극히 비싼 향유(요 12:3)를 이토록 낭비하고 있는가?" 고통중에 있는 이들은 이처럼 절규하듯 외치지만, 하나님께서는 이 모든 것에 목적을 두고 계십니다. 그분께서는 그분의 자녀들을 더 높은 사귐의 단계로 끌어올려서, "사람이 자기 친구와 이야기함같이……대면하여"(출 33:11) 하시는 말씀을 듣게 하셔서, 산 밑에 있는 이들에게 전달하도록 하십니다. 모세가 산에서 보낸 사십 일이 낭비였습니까? 엘리야가 호렙 산에서 보낸 시간이나 바울이 아라비아에서 보낸 몇 년은 어떻습니까?

믿음은 거룩한 승리의 삶에 절대적으로 필요한데, 이 믿음의 삶에 이르는 지름길은 없습니다. 우리는 외로이 묵상하며 하나님과 사귀는 시간을 가져야 합니다. 우리 영혼은 산 위에서 그분과 교제해야 하고, 골짜기로 내려가 커다란 바위 그늘 아래서 쉬기도 해야 합니다. 우리는 별을 바라보며 밤을 보내야 합니다. 어둠이 세상의 모든 것들을 덮고 인간 삶의 소음을 가라앉힙니다. 그 밤이 우리의 시야를 넓혀 무한하고 영원한 것들을 보게 합니다.

오직 이 방법을 통해서만 하나님의 임재에 대한 의식이 우리 영혼에 견고히 자리잡습니다. 그때 우리는 옛날 시편기자가 쓴 대로 끊임없이 말할 수 있을 것입니다. "여호와여, 주께서 가까이 계시오니"(시 119:151).

어떤 영혼은 달맞이꽃처럼,

인생의 그늘에서

더 아름답게 피어난다.

4월 12일

예수께서 성령의 충만함을 입어 요단강에서 돌아오사 광야에서 사십 일 동안 성령에게 이끌리시며 마귀에게 시험을 받으시더라. _누가복음 4:1-2

예수께서는 성령으로 충만하셨지만 시험받으셨습니다. 가장 강한 시험은 흔히, 하나님과 가장 가까이 있을 때 옵니다. 언젠가 어떤 사람이 말했습니다. "마귀는 높은 곳을 겨냥한다." 아닌 게 아니라 그 마귀 때문에 한 제자가 그리스도를 아예 알지도 못한다고 말하기까지 했습니다.

마르틴 루터처럼 마귀와 크게 다툰 사람은 많지 않을 것입니다. 당시 루터는 지옥을 뒤흔드는 큰 싸움을 벌이고 있었습니다. 그리고 존 번연의 저 엄청난 싸움도 기억하십시오.

우리가 하나님의 성령으로 충만할 때는 유혹자와 사투를 벌이게 될 것입니다. 하나님께서 이 시험을 허락하시는 이유가 있습니다. 참나무는 폭풍을 견디며 더욱 깊이 뿌리내리고, 도자기는 불길을 견뎌 낸 유약으로 내구성이 강해집니다. 우리에게는 시험이 이와 같은 역할을 합니다.

우리는 우리가 그리스도께 얼마나 단단히 매달려 있는지, 혹은 그리스도께서 우리를 얼마나 단단히 붙들고 계신지 평소에는 알 수 없습니다. 그것은 마귀가 온 힘을 다해 우리를 끌어가려 할 때 알 수 있습니다. 바로 그 순간, 우리를 끌어당기시는 그리스도의 오른손을 느낍니다.

큰 고난이라 해서 늘 큰 죄의 형벌은 아닙니다. 그것은 종종 하나님의 크나큰 선물로서 오는 시련일 때가 있습니다. 하나님께서는 여러 가지 날카로운 연장으로 당신의 보석을 깎고 거친 줄칼로 다듬습니다. 그분께서 특별히 사랑하사 아름다운 보석으로 다듬으시려는 성도들은 흔히 자신들에게 닿는 그분의 연장을 느낄 것입니다.

기꺼이 증언하건대, 나는 하나님의 공방에 있는 어느 것보다 주님의 불과 망치와 줄칼에 한결 더 빚졌습니다. 하나님의 회초리가 아니었으면 내가 도대체 뭘 배우기나 했을까 싶은 생각이 종종 듭니다. 내가 주님께로부터 배우는 교실이 가장 어두울 때 나는 가장 잘 보게 됩니다.

4월 13일

여호와께서 권능으로 거기서 내게 임하시고 또 내게 이르시되 일어나 들로 나아가라. 내가 거기서 너와 말하리라. _에스겔 3:22

특별한 기다림의 시기나 처음의 그 철저한 좌절의 경험 한 차례 없이 그리스도께 크게 쓰임 받았다는 사람 이야기를 들어 봤습니까? 삼 년간 아라비아 사막에 머물러야 했던 바울로부터—이 시기에 그는 틀림없이 복음의 세례를 받았을 것입니다—지금 이 시대에 이르기까지, 사정은 크게 다르지 않은 듯합니다. 쓰임 받을 사람은 기다림의 시간을 갖게 된다는 것입니다. 여러분은 지금껏 예수 믿는 일에 관하여 말하게 될 날만을 고대하고 있었습니까? 하지만 예수께서는 지금 여러분에게, 기다림으로써 그 믿음을 보이라고 요구하십니다.

바울에 비하면 내 경험은 그 혹독함에서 한참이나 뒤지겠지만 원리는 같다고 할 수 있습니다. 언젠가 나는 문단으로 나가는 문이 순식간에 열리고 있다는 생각을 했습니다. 대단히 좋은 기회였는데, 그 문은 순식간에 닫히고 말았습니다. 내 주치의가 나서서 간단히 타일렀습니다. "안 됩니다. 글쓰기와 삶 중에 한 가지만 선택하십시오. 그 둘을 병행할 수는 없습니다!" 그때가 1860년이었는데, 그 후로 1869년이 되어서야 『노래의 사역』이라는 내 책을 들고 나만의 고립된 삶에서 빠져나오게 되었습니다. 그리고 그제야 외딴곳에서 구 년 동안 기다리기를 참 잘했다는 생각이 들었습니다.

하나님의 사랑은 변함이 없으며, 그분께서는 우리가 그 사랑을 못 보거나 못 느낄 때도 동일하게 사랑하십니다. 하나님의 사랑과 주권은 동등하고 보편적입니다. 그러므로 그분께서는 우리의 진보에 대한 기쁨과 인식을 빈번히 보류하십니다. 우리 안에서 그분의 일을 실제로 숙성시키고 촉진하는 것이 무엇인지 그분께서 가장 잘 아시기 때문입니다.

말없이 내려놓았네,
나의 이 일을,

그리고 내게 주신 것 받아들였네,
안식의 시간을.
주님의 음성 내게 말씀하셨지.
가서 쉬어라,
"가서 오직 예수와 함께",
내 가슴에 울리는 소리.

그분께서 내미시는
안식과 고요를 받아들였네,
지금 내가 이렇게 아픈 것
그분께서 이미 계획하신 일 같았네.
그분께서 "쉬라"시는데
우리는 자꾸 일하려 하지 않는가.
우리의 길은 어둡고 휘었네,
그분의 길이 최선인 줄 알면서도.

그분께서 주신 일
그분께서 완성하시리라.
발이 아프면
다른 심부름 있을 테고
손이 아프면 다른 임무 있을 테니,
지금은 다만 순종할 때
그분의 명령에.

복된 안식 있으리니
고요히 누워
그분 손에 우리를 맡겨야 한다네,
그분 뜻대로 빚어내시게.
그분의 일은 완성되고

그분의 교훈은 서리라,
잊지 말지니
그분이 가장 큰 일꾼이시네!

우리가 훈련받아야 할 것은
"일하는 법"만이 아니네,
예수께서는 당하신 고난으로
순종을 "배우셨네", 그러니
우리에게 그분의 멍에는 쉽고
그분의 짐은 가벼워라,
가장 필요한 것은 그분의 가르침,
그러면 모든 것이 바르다.

우리는 마땅히 그분의 종,
우리 뜻대로
이 연장이나 저 연장
골라 쓸 수 없지,
일을 하거나 기다리거나
이룰 수 있기를,
우리의 뜻 말고, 오직
주님의 뜻만을!

하나님께서는 일할 곳은 물론 쉴 곳까지 마련해 주십니다. 그러니 그분께서 피곤하고 지친 우리를 잠시 물가로 데려가시면 감사드리며 쉬어야겠습니다.

4월 14일

주께서 호령과 천사장의 소리와 하나님의 나팔 소리로 친히 하늘로부터 강림하시리니 그리스도 안에서 죽은 자들이 먼저 일어나고 그 후에 우리 살아남은 자들도 그들과 함께 구름 속으로 끌어 올려 공중에서 주를 영접하게 하시리니 그리하여 우리가 항상 주와 함께 있으리라. _데살로니가전서 4:16-17

예수께서 죽음에서 부활하신 것은 "새벽"(눅 24:1) "아직 어두울 때"(요 20:1)였습니다. 해가 아니라 새벽별만이 무덤이 열리는 순간 그 위를 비추었습니다. 예루살렘의 어둠은 채 가시지 않았고 그 성의 사람들은 잠들어 있었습니다. 그렇습니다. 그분께서 일어나셨을 때는 아직 밤이었고 어둠과 잠의 시간이었습니다. 하지만 그분의 부활이 잠들어 있는 성을 깨우지는 않았습니다.

그리고 그리스도의 몸(그분의 교회) 역시, 새벽별만이 빛나는 미명의 어둠 속에서 일어나게 될 것입니다. 그분처럼 성도들도 밤과 어둠의 자녀들이 죽음의 잠에서 깨어나지 못하고 있을 때, 그렇게 일어날 것입니다. 성도들은 일어나면서 어느 누구도 깨우지 않을 테고, 세상은 성도들을 부르는 그 음성을 듣지 못할 것입니다. 예수께서 성도들을 조용히 안식에 들게 하셨듯이—각 사람이 어머니의 팔에 안긴 아기들처럼 고요히 무덤에 있었는데—이제 때가 되면, 마찬가지로 조용히 그 성도들을 깨우칠 것입니다. 그리고 각 사람에게는 이와 같이 생명을 부여하는 말씀이 옵니다. "티끌에 누운 자들아, 너희는 깨어 노래하라"(사 26:19). 가장 먼저 어둠을 밝히는 영광의 빛이 그들의 무덤 속으로 찾아들어 갑니다. 성도들은 이 새벽의 첫 빛을 받아 누리는데, 동녘 하늘의 구름은 그제야 한두 낱이나 붉게 물들기 시작합니다. 부드러운 새벽향기, 고요, 신선함, 평화로운 적요와 순수, 그토록 신성하고 희망에 찬 모든 것들이 성도들의 것입니다.

오, 성도들이 지나온 그 밤과 이 새벽의 축복은 얼마나 다릅니까? 그들이 놓여난 무덤과 이 아침의 축복은 또 얼마나 현격히 대비됩니까? 성도들은 덮고 누웠던 흙먼지를 털고, 죽음을 내던지며 일어나 영광스러운 몸으로 "공중에서 주를 영접하게" 될 것입니다. 그러면 "광명한 새벽별"(계 22:16) 빛이 새로운 길을 따라 성도들을 위로 인도합니다. 그 새벽별에서 나오는 빛은 옛날 베들레헴의 별처럼, 왕께서 계신 곳으로 그들을 안내합니다. "저녁에는 울음이 깃들일지라도 아침에는 기쁨이 오리로다"(시

180

30:5).

> 천군의 무리 호산나 외치며 하늘에서 내려오고
> 영광을 입은 성도들과 천사들 둘러섰는데
> 영광의 빛을 두르신 얼굴로 기쁘시게
> 예수께서 당신의 자녀들 맞이하시리라.

"내가 진실로 속히 오리라 하시거늘 아멘 주 예수여, 오시옵소서"(계 22:20).

언젠가 한 병사가 말했습니다. "나 죽어 묻힐 때, 그 영면의 장송나팔을 불지 말라. 내 무덤에서 울려 퍼져야 할 것은 (부활의) 기상나팔."

4월 15일

내가 주의 말씀을 의지함이니이다. _시편 119:42

우리 믿음의 힘은, 하나님께서 약속한 바를 그대로 행하시리라는 우리 확신의 크기와 정확히 비례합니다. 믿음은 감정이나 느낌이 아니며, 어떤 일의 외부적 형편이나 어떤 사건이 일어날 가능성이 크다 적다 하는 판단과도 전혀 관련이 없습니다. 이러한 것들을 믿음과 연관시키려 하면 우리는 더 이상 하나님의 말씀에 의지할 수 없습니다. 믿음은 하나님의 순수한 말씀 자체에만 의지합니다. 그리고 우리가 그분의 말씀을 그대로 믿을 때 우리의 마음은 평화롭습니다.

하나님께서 기꺼이 우리에게 기회를 마련해 주시며 믿음을 발휘해 보라고 하십니다. 이는 우리 각 사람을 개별적으로 축복하시고, 교회 전체에 복을 주시며, 믿지 않는 이들에게 주는 증거로 삼으시기 위함인데, 우리는 믿음을 행사하기보다는 뒤로 물러서려는 경향을 보입니다. 시련이 오면 우리의 반응은 거의 이와 같을 것입니다. "하늘에 계신 아버지께서 이 시련의 잔을 내 손에 두셨으니 나중에는 뭔가 즐거운 일이 있을 것이다."

시련은 믿음이 먹고 사는 양식입니다. 오, 우리 자신을 우리 하늘 아버지의 손에 맡길 수 있었으면 좋겠습니다. 모든 자녀들에게 선을 행하심이 그분의 기쁨입니다. 하지만 시련과 어려움만이 믿음을 행하고 믿음을 증강하는 유일한 길은 아닙니다. 성경을 읽는 것 또한 거기에 계시된 바 그대로의 하나님을 알아 가는 방법입니다.

이제까지 하나님과 사귀며 그분에 관해 알게 된 여러분의 지식을 총동원해 본 결과, 여러분은 진정 하나님은 아름다우신 분이라고 말할 수 있습니까? 그렇지 않다면, 용기를 잃지 말고 여러분도 그러한 수준에 이르게 해달라고 하나님께 간구하십시오. 그래서 그분의 온유와 친절을 충분히 알 수 있도록, 그래서 모든 자녀에게 선을 행하심이 그분 마음에 얼마나 큰 즐거움인지 여러분이 알 수 있도록 말입니다.

우리의 영혼이 이러한 수준에 가까이 갈수록 우리는 더욱 기쁜 마음으로 우리 자신을 하나님의 손에 의탁하게 되고, 우리를 대하시는 그분의 모든 손길에도 더더욱 만족하게 됩니다. 그리고 시련이 오는 그 순간에 우리는 이처럼 말할 수 있을 것입니다. "하나님께서 내 삶에 행하실 선을 인내로써 기다리리라. 나 잠잠히 확신하건대, 그분께서 분명히 그렇게 하실 것이다."

이와 같이 함으로써 우리는 세상을 향해 귀한 증거를 내놓고 또한 그 것으로 다른 이들의 삶을 강건하게 할 것입니다.

4월 16일

믿음으로 아브라함은 부르심을 받았을 때에 순종하여 장래의 유업으로 받을 땅에 나아갈새 갈 바를 알지 못하고 나아갔으며. _히브리서 11:8

아브라함은 "갈 바를 알지" 못했습니다. 그는 하나님께서 함께 가신다는 사실만 아는 것으로도 충분했습니다. 그는 약속하신 것들보다는 약속하신 분을 더 의지했습니다. 그리고 자신을 둘러싼 어려움이 아니라 자신의 왕을 바라보았습니다. 영원무궁하시고, 보이지 않으시며, 지혜로우시고 유일하신 하나님, 이전부터 보좌에서 손을 뻗어 아브라함의 길을 가리키시고 언제나 그분 자신을 분명히 증거하시던 그 왕을 바라보았습니다.

오, 영광스러운 믿음이여! 너의 일과 가능성이 이와 같도다. 우리 해

군사령관의 지혜를 확신하니 봉함명령만 받아들고도 기뻐하며 출항하는 도다. 또한 지상에서 가장 큰 것이 천국에서 가장 작은 것에도 미치지 못함을 기쁨으로 확신하니, 기꺼이 일어나 모든 것을 버리고 그리스도를 따르는구나.

하나님과 더불어 즐거운 마음으로 믿음의 여정에 나선다는 것만으로는 결단코 충분치 않습니다. 그 여행이 이러저러할 것이라는 여러분의 생각을 처음부터 산산이 부숴 버려야 합니다. 믿음의 여행길에서 여러분의 예측대로 되는 일은 전혀 없습니다.

여러분의 안내자께서는 남들 다 가는 길로는 가지 않으십니다. 그분은 여러분이 상상조차 해본 적 없는 길로 여러분을 데리고 가실 것입니다. 그분은 두려움을 모르시며, 그분께서 함께하시니 여러분 또한 두려워하지 않으리라 기대하십니다.

날 저물어, 외롭고 지친 나,
춥고 빛 없는 땅에서 길을 찾아
더듬거렸다. 빛으로 나아가는 그 길,
찾을 수 없었다! 그 어두운 밤에
하나님께서 내 손 잡으셨다.

그분께서 나 헤매지 않게 인도하사
안전하고 새로운 길로 데려가셨다.
나는 모르는 길이었다. 잔잔한 물가로,
푸른 풀밭으로 그분 따라다녔다,
가시덤불과 돌이 없는 그 길로.

육중한 어둠은 세력을 잃고,
기다림으로 지새운 나의 눈은 마침내 보았다.
저 동터 오는 새벽빛. 앞으로, 안전하게
앞으로, 그분과 손 잡고 일출의 붉은 빛 받으며

나는 걸었다. 그리고 보라, 어두운 밤은 물러갔다.

— 애니 포터 존슨

4월 17일

여호와의 손이 이를 행하신 줄을. _욥기 12:9

몇 년 전 아프리카의 한 광산에서 역사상 가장 아름답고 훌륭한 다이아몬드가 발견되었습니다. 그 보석은 곧 영국 왕에게 바쳐져 그의 공식 왕관을 장식하는 용도로 쓰이게 되었습니다. 왕은 암스테르담의 전문 세공사에게 보석을 보내 세공하게 했는데, 세공사가 어떻게 했는지 아십니까?

그는 이 엄청난 보석에 눈금을 새겨 넣고 그 자리를 망치로 단번에 내리쳤습니다. 그 웅장한 보석이 두 동강 난 채 세공사의 손으로 떨어졌습니다. 이런 부주의, 이런 무도함이 있다니요! 이 정도의 경솔함은 차라리 범죄입니다.

그런데, 사실은 그렇지 않습니다. 알다시피 그 한 번의 망치질은 며칠, 아니 몇 주 동안 연구하고 계획한 것이었습니다. 이 보석의 도안과 견본이 여럿 만들어졌고, 품질, 결함, 가능한 절단선 등의 모든 것들이 최대한 세심하게 연구되었습니다. 그리고 이 보석을 위탁받은 사람은 세상에서 가장 솜씨 좋은 세공사 중 하나였습니다.

여러분은 지금 그 망치질이 실수였다고 믿습니까? 아닙니다. 그 망치질은 세공 기술의 절정이며 극치였습니다. 그는 내려쳤으되, 그 일격으로 보석의 완벽한 형태와 광채와 장식의 화려함이 모두 구현될 수 있도록 했습니다. 아름답고 소중한 돌을 망쳐 놓은 듯 보였던 그 일격은 사실 보석으로서는 완전한 구원이었습니다. 두 쪽 난 돌이 결국은 두 점의 훌륭한 보석으로 만들어졌으니 말입니다. 전문 세공사의 날카로운 감식안만이 광산의 그 거친 원석에서 아름다운 두 점의 다이아몬드를 볼 수 있었던 것입니다.

마찬가지로, 하나님께서도 종종 우리 인생에 날카로운 타격을 허락하십니다. 우리는 피 흘리며 고통스러워합니다. 우리 영혼이 괴로워 소리칩니다. 이렇게 때리는 것은 하나님의 지독한 실수라고 우리는 생각합니다. 하지만 그렇지 않습니다. 하나님 보시기에 우리는 세상에서 가장 귀한 보석입니다. 그리고 그분은 우주에서 가장 뛰어난 세공사이십니다.

언젠가 우리는 왕의 면류관을 장식하는 보석이 됩니다. 지금 우리는 그분의 손에 들려 있고, 그분께서는 우리를 어떻게 다루어야 하는지 잘 아십니다. 우리의 영혼은 불안에 떨겠지만, 하나님의 사랑이 아니면 단 한 번의 타격도 허락되지 않습니다. 그러니 우리는, 장차 말할 수 없는 축복, 상상할 수 없는 영혼의 풍요를 볼 수 있으리라 확신해도 됩니다. 우리의 깊은 경험이 그것을 알고 있습니다.

조지 맥도널드의 어느 책에 보면, 한 등장인물의 신랄한 진술이 나옵니다. "하나님은 나를 왜 만들었을까. 나는 아무리 생각해도 그 목적을 모르겠어." 다른 등장인물이 대답합니다. "자네가 아직 그 목적을 몰라서 그럴 수 있지. 그리고 그분께서는 여전히 자네를 만들어 가는 중이야. 자네는 지금 다 끝나지도 않은, 과정 중에 있는 일을 가지고 불평하지 않는가."

우리가 아직 창조의 과정 중에 있음을 믿고 제작자에게 순복하여, 토기장이가 흙을 다루듯 그분께서 우리를 다루시게 해드린다면, 그래서 결연히 우리 자신을 토기장이이신 그분의 녹로에 내어 맡긴다면, 우리는 곧 그분께서 우리를 만지며 가하시는 모든 압력을, 고통스럽기는 하겠지만 오히려 반기는 상태에 도달할 것입니다. 이와 함께 우리는 하나님의 목적을 믿어야 할 뿐 아니라 가까이 두고 되새겨 보기도 해야 합니다. 히브리서 2:10에 그 목적이이와 같이 언급되어 있습니다. "많은 아들들을 이끌어 영광에 들어가게" 함이라.

단 한 차례의 타격도 있을 수 없다,
사랑의 하나님께서 합당하다 여기실 때까지는.

4월 18일

그를 의지하면 그가 이루시고. _시편 37:5

'기도를 했으면 그에 대한 응답을 이끌어 내기 위해서 내 능력이 미치는 모든 것을 해야 할 책임이 있다.' 이것이 한때 나의 생각이었습니다. 그러나 하나님께서는 내게 더 나은 방법을 가르치시면서, 그러한 자기노력은 늘 그분의 일에 방해가 된다는 사실을 보여주셨습니다. 그리고 또 한 가지를 알려 주셨는데, 내가 어떤 일을 두고 기도하며 하나님께서 그 일을 이루실 것을 크게 확신하고 있을 때도, 그분께서는 다만 내게 찬송하는 마음으로 기다리며 내게 이르신 것만 하기를 원하신다는 사실이었습니다. 그저 주님만 바라보며 앉아서 아무것도 하지 않고 있으면 뭔가 불안한 생각이 듭니다. 그러니 내 스스로 나서서 싸우고 싶은 강렬한 유혹이 들기도 합니다.

물에 빠진 사람이 구조자의 수고를 덜어 주겠다고 설치면 정작 그 구조작업이 얼마나 힘들어지는지 우리 모두 잘 알고 있습니다. 마찬가지로 주께서 우리를 위해 싸우셔야 하는데 우리가 극구 스스로 싸우겠다고 나서면 일이 힘들어집니다. 주님께서는 안 싸우시는 게 아니라 아예 못 싸우십니다, 우리가 방해하니 말입니다.

우리가 세상 힘에 의지하고 있는 동안 영적인 힘은 기능을 발휘할 수 없습니다.

우리는 하나님께 일하실 기회를 드려야 하는데 그렇지 못한 경우가 빈번합니다. 그분께서 기도에 응답하시려면 시간이 필요하다는 점을 우리가 알지 못해서 그렇습니다. 그분께서 장미에 색깔을 입히시거나 참나무를 거목으로 키우시는 데는 시간이 필요합니다. 밀밭에서 빵을 얻어 내시는 데도 시간이 필요합니다. 그분께서는 땅을 고르신 다음 갈아서 부드럽게 하십니다. 비와 이슬로 그 땅을 비옥하게 하시며, 어린잎에 생명의 온기를 가져다주시고, 좀 더 지나 줄기와 황금색 알곡으로 자라게 하십니다. 그리고 이 모든 과정을 거쳐서야 배고픈 이들에게 빵을 제공해 주십니다.

이 모든 것에 시간이 필요합니다. 그러므로 우리는 땅을 갈고 씨를 뿌린 후에, 하나님의 목적이 이루어지기까지 믿으면서 기다려야 합니다. 밭에서 곡식 나는 이 원리를 이해한다면, 우리의 기도생활과 관련해서도 같은 교훈을 배워야겠습니다. 하나님께서 기도에 응답하시는 데는 시간이 필요합니다.

4월 19일

너희는 두려워하지 말고 가만히 서서 여호와께서 오늘 너희를 위하여 행하시는 구원을 보라. _출애굽기 14:13

이 구절은 믿는 자인 내가 위급한 처지와 극심한 어려움에 직면했을 때 하나님께서 내리시는 명령이라 하겠습니다. 후퇴도 못하고 전진도 불가능하며 좌우의 길마저 막혀 있을 때 나는 어찌해야 합니까?

주께서 내게 주시는 말씀은 이렇습니다. "가만히 서서." 극심한 시련에 처해 있을 때 강구할 수 있는 나의 최선은 주님의 말씀에만 귀 기울이는 것입니다. 다른 것들이 내게 와서 사악한 조언을 할 것이기에 그렇습니다. 절망이 와서 속삭일 겁니다. "포기하고 누워서 죽어 버려라." 하지만 아무리 어려운 때라도 하나님께서 나로 하여금 희망을 잃지 않는 용감한 인간, 그분의 사랑과 신실하심을 즐거워하는 인간이 되도록 붙들어 주실 것입니다.

비겁함이 와서 말할 겁니다. "이제 그만 물러나서 세상이 하는 대로 해라. 언제까지나 그리스도인의 본분을 지키며 살아가기가 너무 힘들다. 이제 네 원칙을 버려라." 하지만 사탄이 아무리 나를 위협하며 제 방식을 따르라고 해도, 나는 하나님의 자녀이므로 그럴 수 없습니다. 주께서 거룩한 칙령으로 내게 "힘을 얻고 더 얻어"(시 84:7) 나아가라고 명령하셨습니다. 나는 그리 할 것이며, 죽음이나 지옥도 내 길에서 나를 돌려세우지 못할 것입니다. 그리고 잠시 하나님께서 내게 "가만히 서라"고 말씀하시면, 나는 그 말씀을 장차 더 큰 도약을 위해 내 힘을 비축하는 시간으로 여길 것입니다.

조급함이 와서 소리 지를 겁니다. "일어나서 뭔가 해라! '가만히 서서'

기다리는 것은 정말 게으른 짓이다." 하지만 내가 왜 주님 바라보는 일을 멈추고 지금 당장 뭔가 하고 있어야 합니까? 주께서는 뭔가 하실 뿐 아니라, 뭐든지 하실 것입니다.

교만이 와서 자랑할 겁니다. "바다가 네 길을 가로막거든 곧바로 걸어 들어가라. 기적이 일어날 테니." 하지만 참된 믿음은 교만, 조급함, 비겁함, 절망 따위에 귀 기울이지 않고, "가만히 서라"시는 하나님의 말씀만 듣습니다. 그렇게 들은 후에는, 바위처럼 든든히 서서 움직이지 않습니다.

"가만히 서서." 나는 다음 명령을 기다리며 언제라도 행동할 듯 서 있는 사람의 자세를 유지해야 합니다. 그리고 기쁜 마음으로 인내하며 지도자의 음성을 기다려야겠습니다. 하나님께서 옛날 모세에게 이스라엘의 자녀들에게 전하라고 말씀하실 때처럼 분명하신 음성으로 내게 말씀하실 날이 멀지 않습니다. "전진하라"(출 14:15, 공동번역).

> 잠잠하라! 네 길이 갈래로 얽혔다 해서
> 이리도 근심하는가?
> 하나님께서 그 모든 길 아신다.
> 그분께서 너를 빨리 가게도 하시고,
> 그분께서 너를 지체하게도 하신다.
> 네게는 이것이 좋으니, 눈으로 걷지 말고
> 믿음으로 걸으라. 이것이 좋음을 잠시만 믿어 보라,
> 그리하면 곧 알게 될 테니, 틀림없이
> 햇빛처럼 환한 그분 미소를.

확신이 서지 않을 때는—기다리십시오. 의심이 들거든—기다리고, 무리하게 행동하려고 하지 마십시오. 깊은 영혼에서 뭔가 제지하면 굳이 거스르려 하지 말고—기다리십시오, 그분의 길이 보일 때까지.

4월 20일

만군의 여호와께서 말씀하시되 이는 힘으로 되지 아니하며 능력으로 되지 아니하고 오직 나의 영으로 되느니라. _스가랴 4:6

언젠가 가파른 언덕길을 걷다가, 도로 아래쪽에서 자전거를 타고 오는 사내아이를 보게 되었습니다. 아이는 맞바람을 맞아 가며 언덕을 오르고 있었는데, 사력을 다하는 모습이 한눈에 들어올 정도였습니다. 아이가 그렇게 용을 쓰며 올라오는 바로 그 순간, 전차 한 대가 마침 같은 도로를 따라 오르며 아이 쪽으로 다가오게 되었습니다. 전차의 속도는 빠르지 않아서 아이는 꽁무니의 난간을 잡을 수 있었고, 그 다음 상황은 말하지 않아도 누구나 짐작할 수 있습니다. 아이는 창공으로 치고 올라가는 새처럼 가볍게 언덕을 올라갔습니다.

그때 내 마음에 이런 생각이 떠올랐습니다. "지치고 피곤한 내가 자전거 타는 저 소년과 같구나. 나는 지금 온갖 역경을 무릅쓰며 자전거로 언덕을 오르는 중이고, 이 힘든 임무로 인해 거의 탈진 상태에 있지만, 가까운 곳에 내가 이용할 수 있는 엄청난 힘, 주 예수의 힘이 있다. 나는 그분과 계속 연결되어 있으면 되겠구나. 믿음의 새끼손가락만 그분에게 걸쳐도 그분의 힘을 넉넉히 내 것으로 삼을 수 있다. 그 힘이면 지금 내가 과중한 섬김의 임무를 성취하기에는 충분하다."

자전거 타는 그 소년을 보면서, 나는 피곤을 물리치고 이처럼 귀한 진리를 깨닫게 되었습니다.

다 내어 드리고

성령께 다 내어 드리고
그분의 충만하심을 구함에, 어떤 희생 못 치르랴.
묶인 줄을 모두 풀어 배를 띄우리, 그분의 전능하신
능력의 바다 깊은 곳으로—구하고 지키시는 힘이여.

성령께 다 내어 드리고,
오! 침몰하고 침몰함이여, 자아가 죽을 때까지!
그분의 발아래 파선한 빈 배가 될 때까지,
기다림이여, 그분께서 넘치게 채우실 때까지.

하나님의 뜻에 다 내어 드리고,
주께서 가신 길 아니면 가지 않으리.
안락과 즐거움 내려놓고, 그분을 선택함이여,
그분의 인도하심 기다리며, 그분의 음성 듣네.

다 내어 드리고, 나의 뜻은 말고
세세토록 그분의, 오직 그분의 뜻을.
내 모든 계획과 목적 그분의 아름다운 뜻 앞에서 사라지고,
가진 것 하나 없어도, 그분 안에서 모든 것 얻었네.

다 내어 드리고, 그분의 사랑 안에 갇혀
포로 된 기쁨이여, 놀랍도록 자유로운 포로여,
죄와 의심과 두려움의 사슬에서 자유롭고,
걱정 근심, 슬픔과 짐에서 자유롭네.

다 내어 드리고, 그분의 발아래 머물며
안식하는 기쁨이여, 나 기다리노니
거룩한 손님 오시네, 오셔서
내 영혼 온전히 새롭게 하시네.

보라! 오셔서 나를 채우시네, 아름다우신 성령!
나, 그분 안에서 만족하고, 그분 안에서 완전하니!
내 영혼의 빛 두 번 다시 어두워지지 않네,
나의 언약 지키는 동안, 그분께 다 내어 드리고!

4월 21일

하나님의 약속을 의심하지 않고……약속하신 그것을 또한 능히 이루실 줄을 확신하였으니.
_로마서 4:20-21

아브라함이 "자기 몸이 죽은 것……같음을 알고도 믿음이 약하여지지 아니"하였다고(19절) 성경은 말합니다. 그는 자기 자신이 아니라 전능하신 하나님을 바라보았으므로 낙심하지 않았습니다. 그는 하나님의 약속을 의심치 않고 굳건히 섰을 뿐, 하나님의 그 엄청난 축복의 무게에 짓눌려 꺾이는 법이 없습니다. 더 많은 시련이 명백해 보여도, 그의 믿음은 오히려 강하고 튼튼해졌습니다. 아브라함은 넘치게 주시는 하나님을 찬양하고 "약속하신 그것을 또한 능히 이루실 줄을 확신"했습니다.

이 구절의 그리스어 원문을 직역하면 기본 개념은 이와 같이 됩니다. "하나님은 '약속하신 그것을' 그냥 하시는 정도가 아니라 풍성하게 하실 수 있고, 아낌없이 관대하게 하실 수 있으며, 끝없이 넘치는 자원을 가지고 영원히 하실 수 있다."

그분은 자원을 한계 없이 가지신 하나님이십니다. 유일한 한계가 있다면 그것은 우리가 만들어 내는 것뿐입니다. 우리의 요청, 우리의 생각, 우리의 기도는 너무 작고, 우리의 기대는 너무 낮습니다. 하나님께서는 우리의 눈을 더 높이시고 더 큰 것을 기대하게 하셔서, 우리로 하여금 더 많이 가져다 쓰게 하십니다. 그런데도 우리가 그분의 뜻을 비웃고 그분의 말씀을 부인하는 식으로 살아야 할 까닭이 무엇입니까?

우리의 전능하신 하나님, 우리의 영광스러운 '엘 샤다이'께 구하고 기대할 수 있는 것에는 한계가 없습니다. 그리고 그분께서 주시는 복을 측량할 길도 없습니다. 그분께서는 "우리 가운데서 역사하시는 능력대로 우리가 구하거나 생각하는 모든 것에 더 넘치도록 능히 하실 이"(엡 3:20)가 되시기 때문입니다.

하나님의 축복의 창고를 찾으려면
그분의 거룩하신 약속의 사다리를 밟고 올라가야 한다.
그 약속이 하나님의 풍성한 은혜의 문을 여는 열쇠다.

4월 22일

내가 가는 길을 그가 아시나니. _욥기 23:10

믿는 자들이여, 이 얼마나 확신에 찬 구절입니까! "내가 가는 길을"— 이 눈물과 시련의 길, 제아무리 휘어지고, 안 보이고, 뒤얽혔어도 이 길을— "그가 아시나니." 나는 얼마나 든든합니까! 그 풀무불이 "평소보다 칠 배나"(단 3:19) 뜨거워도, 그분께서 여전히 내 길 밝히심을 나는 알 수 있습니다. 마라의 쓰디쓴 물에 닿든 엘림의 반갑고 시원한 샘물에 이르든(출 15:23, 27), 내 발걸음 아시고 인도하시는 전능하신 안내자가 계십니다.

애굽인들은 그 길을 볼 수 없지만 하나님의 이스라엘에게는 그 길을 알려 주는 불기둥과 구름기둥이 있습니다. 화로는 뜨겁겠지만, 나는 그 화로에 불을 붙이시는 손을 믿을 뿐 아니라 그 불이 태우는 불이 아니라 연단의 불임을 또한 확신할 수 있습니다. 그리고 연단의 과정이 끝나면 한순간의 오차도 없이 "정금같이"(욥 23:10) 나올 것입니다.

하나님께서는 어느 때보다 멀리 계시는 것 같은 그 순간 어느 때보다 내게 가까이 계십니다. "내 영이 내 속에서 상할 때에도 주께서 내 길을 아셨나이다"(시 142:3). 한낮의 햇빛보다 밝게 빛나는 분, 우리가 눈을 떠 그날의 첫 빛을 보는 순간 우리를 만나 주시고 종일토록 무던히도 마음 쓰시며 우리를 지켜보시는, 우리가 "가는 길"마저 잘 아시는 분, 우리 주님 말고 또 다른 이가 있다는 얘기 들어봤습니까?

세상 사람들은 불행을 만나면 "신의 뜻"이라고 합니다만 그것은 전혀 모르고 하는 말입니다. 그들은 우주를 다스리시는 살아계신 하나님을 생명이 없는 추상적인 존재로 끌어내리고 있습니다. 그들은 "신의 뜻"이라는 그 말을 운명이라는 의미로 사용하는데, 이는 우리의 행동하시는 하나님, 강하고 친밀하신 여호와를 격하하는 말입니다.

욥이 세상의 모든 소망을 잃고 극심한 고난중에 있을 때 보았던 것을 우리 또한 볼 수 있다면, 비록 많은 시련을 만나더라도 그렇게 고통스럽지 않을 것입니다. 욥이 본 것은 바로 하나님의 손, 그의 하인과 가축을 쳐 죽인 스바 사람들의 칼 뒤에 있는 손, 모든 것을 멸절한 번개 뒤에 있는 손, 사막의 폭풍으로 그의 자녀들을 휩쓸어간 손, 그의 결딴난 집의 괴괴한 침묵 속에 있는 바로 그 하나님의 손이었습니다.

그러므로 이 모든 것에서 하나님을 본 욥은 이렇게 말할 수 있었습니다. "주신 이도 여호와시요 거두신 이도 여호와시오니 여호와의 이름이 찬송을 받으실지니이다"(욥 1:21). 하지만 그의 믿음은 여기서 그치지 않았습니다. 한때 사막의 유력자였던 그가 "재 가운데 앉아서"도(욥 2:8) 여전히 이처럼 말합니다. "그가 나를 죽이시리니 내가 희망이 없노라. 그러나 그의 앞에서 내 행위를 아뢰리라"(욥 13:15). 절정의 믿음입니다.

4월 23일

내가 환난중에 다닐지라도 주께서 나를 살아나게 하시고. _시편 138:7

이 구절의 히브리어 원문을 문자 그대로 옮기면 "계속해서 고통의 한복판을 다니다"라는 뜻이 됩니다. 생생한 표현입니다. 우리가 고통중에 있어 하나님을 부르며 그분의 구원의 약속에 호소했음에도, 응답은 오지 않고 원수의 핍박이 계속되어 여전히 치열한 싸움의 한복판 혹은 "고통의 한복판에" 있게 된다면, 사람들은 아마 우리에게 이렇게 말할 것입니다. "선생님을 더 괴롭게 하지 마소서"(눅 8:49).

마르다가 "주께서 여기 계셨더라면 내 오라버니가 죽지 아니하였겠나이다"라고 말하자(요 11:21), 예수께서는 희망을 놓아버린 이 여인의 태도에 더 큰 약속으로 반박하셨습니다. "네 오라비가 다시 살아나리라"(요 11:23). 그리고 우리가 "고통의 한복판"을 걸으며 마르다처럼, 구원받을 시점이 지난 것 아니냐는 미혹에 빠질 때도 역시 주님께서는 그분 말씀에서 나온 약속으로 우리에게 응답하십니다. "내가 환난중에 다닐지라도 주께서 나를 살아나게 하시고."

그분의 응답이 몹시 늦는 듯 보이고 우리가 여전히 "환난중에 다닐지라도", 그 "고통의 한복판"은 그분께서 우리를 보호하시는 곳이지 결단코 우리를 저버리는 곳이 아닙니다. 어떠한 희망도 없는 듯 보이는 상황에서도 계속해서 걸어가는 그때가 바로 그분께서 "손을 펴사 내[우리] 원수들의 분노를 막으시"는(시 138:7) 때입니다. 그렇게 주님께서는 우리의 고통을 끝내시고, 원수의 공격을 무위로 돌리실 것입니다.

이러할진대, 우리가 과연 절망할 이유가 있을까요?

폭풍의 눈

폭풍이 그대를 데려갈까 무서워 말라,
폭풍의 맹습 숨죽이며 기다리지도 말라,
저 끔찍한 우박의 참화에 움츠리지도 말라,
오히려 겁내던 외곽을 뚫고 핵심으로 들어가라.
거기에 햇빛 좋고 따뜻한 피난처 있다.
믿음은 폭풍의 눈에서 하나님을 본다.

울부짖으며 달려드는 저 거센 바람,
무섭게 위협하며 해안을 때릴지라도,
파도는 산더미가 되고 들판은 전쟁터가 되며
지면은 폭우에 잠길지라도,
하나님께 기초를 둔 영혼, 담대히 찬송하리라,
폭풍의 중심은 고요의 중심이니.

저 밤의 어둠 속으로 희망 가라앉지 말라,
폭풍이 잠시 빛을 가릴지라도
그 어둠 뒤편에서는 별들이 빛나고
하늘의 빛, 그분의 사랑으로 그대에게 오리니
그대의 눈 어둠에 묻지 말고, 높은 곳을 보라,

그대 하나님의 얼굴과 어둠 너머의 창공을.

폭풍은 죄와 위험에서 그대를 지키는 피난처,

하나님께서 친히 그대를 안으로 들이신다.

그분과 함께 오는 폭풍은 차라리 깊은 고요,

저 바람의 괴성은 찬송소리,

폭풍 구름이 몰려오면 고요히 반기라,

폭풍의 눈 속에서 하나님, 미소를 보내신다.

4월 24일

믿음은 바라는 것들의 실상이요 보이지 않는 것들의 증거니. _히브리서 11:1

참된 믿음은 우체통에 편지를 넣고 완전히 잊어버립니다. 하지만 불신은 보낸 편지 한 귀퉁이를 붙들고 늘어지며 왜 답장이 안 오는지 의아해 합니다. 지금 내 책상에는 몇 주 전에 써 놓은 편지 몇 통이 있는데 주소나 내용이 불안해서 아직 부치지는 않았습니다. 지금 이 시점에서 이 편지들은 나 자신이나 누구에게 어떤 유익도 제공하지 못합니다. 내가 이 편지들을 우체국에 맡기고 내 수중에서 완전히 떠나보내지 않는 한, 이 편지들로 인해 성취될 일은 전혀 없을 것입니다.

참된 믿음도 마찬가지입니다. 참된 믿음은 환경을 하나님의 손에 맡기고 그분께서 일하시도록 합니다. 시편 37:5이 이를 확증합니다. "네 길을 여호와께 맡기라. 그를 의지하면 그가 이루시고." 그분께서는 우리가 맡기기 전까지는 결코 일하시지 않습니다. 믿음은 하나님께서 주시는 선물을 받지만, 심하게 말하면 사실상 빼앗는 것입니다. 우리는 그분을 믿을 수 있고, 그분 앞에 나아갈 수 있고, 그분께 맡길 수 있지만, 줄 때까지 눌러앉아 받아 내겠다는 정신으로 그분께 나아가야 합니다. 받기 전까지는 우리의 모든 축복을 결코 완전히 실현해 낼 수 없을 것입니다.

젊은 시절의 페이슨 박사가 한번은 어느 연로한 어머니에게 편지를 썼습니다. 이 어머니는 아들의 건강 문제로 무척 고민하고 힘겨워했는데,

박사가 이런 편지를 보냅니다.

아드님 걱정이 지나치십니다. 어머니가 늘 하던 대로 아들을 위해 기도하셨다면 이제 그 아들을 하나님께 맡겨야지, 그렇게 계속 근심하고 있으면 안 됩니다. "아무것도 염려하지 말고"(빌 4:6)라는 하나님의 명령은 제한이 없습니다. 이 구절도 그렇고요. "너희 염려를 다 주께 맡기라"(벧전 5:7). 우리가 어떤 짐을 지고 있다가 다른 사람에게 넘기는 경우를 생각해 보십시오. 내게 그 짐이 없는데 무거워할 이유가 있겠습니까? 은혜의 보좌에서 내려오는데 우리가 여전히 짐을 지고 있다는 것은 결국 그 보좌 앞에 우리 짐을 두고 오지 않았다는 뜻입니다. 나는 일상에서 내 기도를 이렇게 구분합니다. 하나님께 어떤 것을 맡기고 돌아 나올 때 한나가 그러했듯이, 마음에 슬픔과 걱정, 고통이 없으면 나는 그것을 믿음의 기도를 드렸다는 증거로 봅니다. 하지만 기도를 했음에도 여전히 짐을 지고 있을 경우에는 내 믿음이 발휘되지 못한 것으로 결론 내립니다.

4월 25일

거기 막달라 마리아와 다른 마리아가 무덤을 향하여 앉았더라. _마태복음 27:61

오, 슬픔은 어찌 이리도 둔합니까! 슬픔은 무지한데도 배울 생각을 안 합니다. 그때 "무덤을 향하여" 앉아서 울던 여인들은 그 후 이천 년간의 승리를 보았을까요? 예수께서 돌아가셨다는 사실 말고 그 여인들이 본 것은 어떤 것이 있었을까요?

여러분과 내가 지금 알고 있는 그리스도는 이 여인들의 슬픔에서 나오셨습니다. 그 후로 지금까지 눈물 흘리던 무수한 영혼들이 슬픔의 한가운데서도 부활을 보았지만, 이러한 결과의 최초 지점에 앉아 있던 여인들은 두 눈 뜨고도 본 것이 전혀 없었습니다. 여인들이 삶의 끝이라 여겼던 그것은 사실 대관식을 위한 준비였습니다. 그리스도께서 열 배나 되는 능력으로 다시 살아나시기 위하여 내내 침묵하고 계셨으니 말입니다.

울던 여인들은 그것을 알지 못했습니다. 그들은 애통해 하며 울다가 돌아갔고, 비통한 마음을 못 이겨 동굴 무덤에 다시 왔습니다. 하지만 무덤은 예언도, 음성도 없이 음산하기만 한 무덤일 뿐이었습니다.

그 똑같은 무덤이 우리 앞에 있습니다. 우리는 각자 자신만의 정원에 있는 "무덤을 향하여" 앉아서 대뜸 이렇게 말합니다. "이 비극은 돌이킬 수 없다. 이 무덤에 무슨 유익이, 어떤 위로가 있단 말인가." 하지만 우리의 극심한 역경과 고난의 한복판에 그리스도께서 부활을 기다리며 누워 계십니다.

우리의 죽음이 있는 것 같은 곳에 우리 구주께서 계십니다. 우리 희망의 끝자락에서 우리는 그토록 밝게 시작되는 성취를 봅니다. 어둠이 가장 깊어 보일 때 가장 밝은 빛이 나타나기 시작합니다. 그리고 우리에게 이러한 경험이 한 번 있게 되면 우리의 정원에 있는 그 무덤이 더 이상 흉해 보이지 않습니다.

우리의 기쁨은 그 한가운데 슬픔이 있을 때 더 귀하게 됩니다. 그리고 우리의 슬픔은 하나님께서 그 주변에 심으신 기쁨을 통해 밝아집니다. 처음에는 우리 정원의 꽃들이 좋아 보이지 않겠지만, 우리는 곧 그 꽃들이 마음의 꽃임을 알게 될 것입니다. 그리스도인의 마음 깊은 곳에 무덤이 있고, 그 무덤에 심으신 꽃들은 바로 사랑이며 희망이며 믿음이고 기쁨과 평화입니다.

무서운 슬픔의 길 걸어
그리스도께서 죽음으로 들어가셨다.
그런데 나 여기서 장미꽃을 찾고,
이 땅을 복되다 여길 수 있을까?
하늘의 흰 백합화는 지상의
슬픈 가시관에서 피어난다.
여기서 겸손히 자기 십자가를 지는 자
저기서 왕의 선홍빛 예복을 입는다.

4월 26일

또한 모든 것을 해로 여김은 내 주 그리스도 예수를 아는 지식이 가장 고상하기 때문이라. _
빌립보서 3:8

빛은 언제나 값이 비싼데, 그 빛을 만드는 물질을 희생하고서야 옵니다. 켜지 않은 초는 빛을 내지 않는데, 빛을 내려면 타는 과정이 먼저 있어야 하기 때문입니다. 우리 역시 스스로를 희생하지 않으면 다른 이들에게 유익이 될 수 없습니다. 탄다는 것은 고통을 뜻하고, 우리는 고통을 피하려 합니다.

우리는 흔히 몸 건강하고 활동적이며 여러 봉사활동에 몸과 마음이 바쁠 때, 세상에서 가장 유익한 일을 하고 있다고 생각합니다. 따라서 고통에 내몰려 아프고 힘들 때는, 그래서 우리의 모든 활동이 정지되었을 때는 더 이상 쓸모가 없고 아무것도 성취하지 못한다고 느낍니다.

하지만 우리가 인내하고 순복한다면, 가장 큰일을 하고 있다고 생각하던 그때보다 고통중에 있을 때가 오히려 세상에 더 큰 축복이 될 것입니다. 우리는 타고, 그 결과로서 밝게 빛날 것입니다.

내일의 영광은 오늘의 고역에 뿌리를 두고 있습니다.

많은 사람들이 십자가 없이 영광을 원하고 타는 불 없이 빛나려고 하지만, 십자가가 있고서야 대관식이 있습니다.

알로에 이야기 들어보셨나요?
저 멀리 더운 나라에 사는 식물입니다.
백 년을 겸손히 자라야 꽃피는 때가 옵니다.
그러면 수관 위의 그 놀라운 봉우리가 터져
무수한 꽃송이들이 피어납니다.
이 만발한 꽃의 여왕은 열대 정원의 자랑입니다.
그런데 알로에는 이 꽃으로 희생을 치릅니다.
일생에 한 번 피고, 죽으니까요.

알로에 이야기 조금 더 들어보시겠습니까?

더운 나라에서 자라는 식물입니다.
이 식물의 무수한 꽃들 하나하나가
만발했다 떨어지는데, 떨어진 그 자리에서
든든히 뿌리내려 제각각 어린 알로에가 됩니다.
그리고 죽어 가는 줄기에서 낙화할 때처럼 빠르게
그 일대에서 활기차고 사랑스럽게 자라납니다.
알로에는 죽음으로써, 수백 수천으로 삽니다.
옛 육신의 죽음에서 솟구친 어린 몸속에서 말이지요.

사다새 이야기 들어보셨나요?
바다의 낙타,
아프리카의 외딴 곳에서 사는 새입니다.
거기는 외롭게 사는 새들만 있습니다.
이 사다새가 어린 새끼들을 어떻게 사랑하고 보살피는지,
새끼들을 위해 얼마나 애쓰는지 들어보셨나요?
새끼들 먹이려고, 머나먼 산에 가서 물 길어 오고,
바다에 나가서 물고기 잡아 옵니다.
어미는 굶어 가며 새끼들 먹이는데, 제 가슴에
피 흐르도록 먹이며 죽습니다. 사랑의 발명입니다.

이런 이야기 들어보셨나요? 가장 아름다운 이야기,
거룩하고 참되신 분의 이야기입니다.
그는 죽지만, 그의 생명은 무수한 영혼들 속에서
다시금 세상을 살아갑니다.
그의 씨가 퍼져, 온 땅을 채우는데
저 하늘을 채우는 별들 같습니다.
그가 죽어 우리가 살고, 그가 잃어 우리가 얻습니다.
눈물로 얻은 기쁨, 고통으로 얻은 평화입니다.

4월 27일

[나는] 곧 살아있는 자라. 내가 전에 죽었었노라. 볼지어다. 이제 세세토록 살아있어. _요한계시록 1:18

꽃들이여, 부활의 백합화여! 그 장구한 세월 그대들이 슬픔에 잠긴 뭇 영혼들에게 들려준 불멸의 아름다운 이야기를 오늘 아침 내게도 들려 달라. 유구한 지혜의 책이여! 나로 당신의 종이 위에 기록된 그 확신을 다시 읽게 하라—"죽는 것도 유익함이라"(빌 1:21). 시인들이여! 구절마다 영원한 생명의 복음이 울려 퍼지는 그대들의 시를 내게 낭송해 달라. 노래하는 이들이여! 또 한 번 기쁨의 찬송 우렁차게 불러, 내 사랑하는 부활의 노래 다시 듣게 하라.

　나무와 꽃과 새들과 바다와 하늘과 바람이 부활을 속삭이고 노래하며 울려 퍼지게 하니, 지상의 먼지와 티끌 하나까지 감응하여 온 천지가 부활입니다. 이 부활의 소식, 들려주고 또 들려주십시오. 희망이 확신이 되고 확신이 확고한 지식이 될 때까지 거듭 울려 퍼지게 하십시오. 바울처럼 죽음 앞에 서더라도 확고한 믿음과 평화롭고 빛나는 얼굴로 승리의 길을 가는 그날까지.

　　오 슬피 우는 자들이여, 무덤가에 늘어선 죽음의
　　사이프러스 나무며 주목나무 근처를 날마다 서성이는구나,
　　오늘 하루, 그대들이 지키는 낮은 무덤들 버려두고
　　눈을 들어 하나님의 영원한 창공을 보라!

　　오늘 슬픔과 고통의 시간이 없나니,
　　창백한 수선화는 말고 부활의 백합 집어 들어
　　그대들의 떨리는 영혼, 기쁨으로 입 맞추게 하고
　　저 아름다운 부활의 종소리에 화답하게 하라.

　　그리스도께서 아직도 저 캄캄한 무덤에 계시면

200

무서워라, 그것은 원수의 포로일 뿐이니,
그분께서 저 음습한 감옥에서 부활하지 않았으면
그대들의 슬픈 눈물 누가 닦아 주겠는가?

그리스도께서 거기 죽어 계시면 슬퍼할 이유 있으리,
하지만 오늘 그분 일어나셔서 죽음을 이기셨다.
그러니 잠잠하라, 오늘만이라도 그대들의 한숨 거두라.
부활절에는 그대들의 슬픔도 쉬게 하라.

— 메이 라일리 스미스

어떤 유명한 설교자가 한 번은 서재에서 부활절 설교를 준비하다가 이런 생각에 붙들리게 되었습니다. "나의 주님은 살아계신다!" 그는 흥분해서 뛰며 방 안을 왔다갔다 하다가 혼자 중얼거리기 시작했습니다. "그리스도는 살아계신다. 그분의 몸은 따뜻하다. 그분은 위대한 '과거'가 아니라 위대한 '현재'이시다."

그리스도는 사실일 뿐 아니라 살아계신 사실입니다. 그분께서는 부활절의 영광스러운 진리이십니다!

이 진리로 인해, 부활의 백합화가 피고 천사들이 믿는 자들의 무덤에 앉습니다. 우리는 부활하신 주님을 믿습니다. 그러니 과거를 돌아보며 그분의 무덤에만 예배해서는 안 되겠습니다. 위를 보고 우리 안을 보며 살아계신 그리스도를 예배합시다. 그분께서 살아계시므로 우리가 삽니다.

4월 28일

이스라엘 자손이 여호와께 부르짖으매 여호와께서 이스라엘 자손을 위하여 한 구원자를 세워 그들을 구원하게 하시니 그는 곧 갈렙의 아우……옷니엘이라. 여호와의 영이 그에게 임하셨으므로. _사사기 3:9-10

하나님께서는 그분의 용사들을 지속적으로 준비시키셨다가 기회가 오면 일각의 지체도 없이 적소에 배치하십니다. 그분께서는 일을 무척 빨리 하시므로 세상은 그들이 도대체 어디서 튀어나왔는지 의아해 합니다.

사랑하는 친구들이여, 성령께서 준비하신 사람들이 되도록 삶을 단련하십시오. 조각상의 마지막 손질이 끝나면 하나님께서 여러분을 합당한 곳에 내세우시는 것은 순식간입니다.

우리 또한 옷니엘처럼 나라들을 심판하고 그리스도의 천년왕국에서 그분과 더불어 다스릴 때가 옵니다. 하지만 그 영광스러운 날에 앞서 우리는, 기럇 세벨에서 옷니엘이 그랬던 것처럼(삿 1:11-13) 하나님에 의해 준비된 사람들이 되어야 합니다. 지금 우리 앞에 있는 시련과 그에 따른 작은 승리에 하나님이 함께하시도록 우리를 내어 드려야 합니다. 물론 지금의 작은 싸움이 미래에 어떤 결과를 가져올지는 아직 알 수 없습니다. 하지만 우리가 분명히 확신할 수 있는 것은, 성령께서는 우리에게 뜻을 두고 계시며, 하늘과 땅의 주님께서는 우리를 위해 보좌를 예비해 두셨다는 것입니다.

> 인간의 능력과 위대함
> 인생의 양지에서 나오지 않는다.
> 영웅은 파도 없는 바다에
> 떠다니는 표류목이어서는 안 된다.

인생의 도로에서 우리는 종종 계곡을 만나게 됩니다. 그리고 누구나 고통의 터널을 지나서야 승리의 가도(街道)를 달릴 수 있습니다.

4월 29일

엘리야는 우리와 성정이 같은 사람이로되……간절히 기도한즉. _야고보서 5:17

엘리야가 "우리와……같은 사람"이니 하나님께 감사드립니다. 그는 우리가 흔히 그러하듯, 나무 아래 앉아 하나님께 불평하고 불신을 드러냈습니다. 이런 그가 하나님과 깊이 닿아 있을 때는 전혀 딴 사람이 됩니다. "엘리

202

야는 우리와 성정이 같은 사람"이었지만 "간절히 기도"했습니다. 이 구절
의 그리스어 원문을 그대로 옮겨 보면 놀라운 뜻이 나옵니다. 그리스어 원
문은 "간절히 기도했다"고 하지 않고 이렇게 말합니다. "그는 기도중에 기
도했다." 바꿔 말하면 "그는 계속 기도했다"는 것입니다. 우리도 계속 기도
해야 한다는 것이 이 구절의 교훈입니다.

갈멜산 꼭대기로 가서 저 위대한 믿음과 눈(sight)의 이야기가 어떻게
펼쳐지는지 보십시오. 엘리야가 하늘로부터 불을 청하여 바알의 예언자들
을 멸한 후, 이제 하나님의 예언이 성취되기 위해 필요한 것은 비였습니다.
그리고 하늘에서 불을 불러낼 수 있는 사람이면 역시 같은 방법으로 비
를 불러올 수 있었습니다. 그런데 우리가 듣는 바는 이렇습니다. "엘리야
가……땅에 꿇어 엎드려 그의 얼굴을 무릎 사이에 넣고"(왕상 18:42). 시각
과 청각을 완전히 차단합니다. 그는 옷자락을 뒤집어쓰고 앞에서 벌어지
는 어떠한 것도 안 보고 안 듣겠다는 자세를 취했습니다.

엘리야가 종에게 말합니다. "올라가 바다 쪽을 바라보라"(왕상 18:43).
종이 돌아와서 대답합니다. "아무것도 없나이다." 종의 대답이 얼마나 득
달같았을지는 안 봐도 눈에 선합니다. 숨도 안 쉬고 "아무것도" 없다고 대
답했겠지요. 우리가 이와 같은 상황에서 종의 보고를 들었다면 어떻게 했
을까요? 아마 "그러면 그렇지!" 하고서 기도를 멈추었겠지요. 하지만 엘
리야가 포기했습니까? 아닙니다. 오히려 여섯 번이나 종에게 말했습니다.
"다시 가라." 종은 매번 돌아와서 말합니다. "아무것도 없나이다."

그런데 "일곱 번째 이르러서는 그가 말하되 바다에서 사람의 손만 한
작은 구름이 일어나나이다"(왕상 18:44). 표현이 기가 막힙니다. 비가 오기
전에 한 사람이 손을 들어 하나님께 기도하고 있었으니 말입니다. 엘리야
가 아합에게 "비에 막히지 아니하도록……내려가"라고 경고해야 할 정도
로 비는 빠르고 맹렬하게 다가왔습니다.

이것은 믿음과 눈의 이야기입니다. 하나님을 제외한 모든 것과 단절
하는 믿음이며, 눈을 뜨고 보되 아무것도 안 보겠다는 눈입니다. 그렇습니
다. 눈이 그토록 절망스러운 보고를 하더라도, 끊임없이 "기도중에 기도하
는" 믿음의 이야기입니다.

이처럼 승리하는 기도를 여러분은 알고 있습니까? 내 눈에 아무리 낙심되는 보고가 들어와도 주의를 기울이지 마십시오. 우리 하늘 아버지께서 살아계십니다. 그리고 우리 기도에 응답을 지체하시는 것마저 그분의 선하심에서 나온다는 것을 믿어야 합니다.

언젠가 소년 셋이 각각 믿음을 정의하면서 끈질김이 얼마나 중요한지 보여주었습니다. 첫째 아이는 "그리스도를 꽉 잡는 것"으로, 둘째 아이는 "그분을 계속 붙잡고 있는 것"으로, 셋째 아이는 "그분을 절대 놔주지 않는 것"으로 믿음을 정의했습니다.

4월 30일

그 흉하고 파리한 소가 그 아름답고 살진 일곱 소를 먹은지라.……그 가는 일곱 이삭이 무성하고 충실한 일곱 이삭을 삼킨지라. _창세기 41:4, 7

이 꿈은 우리 각 사람에게 주는 경고일 것입니다. 그렇습니다. 우리의 빛나는 인생과 경험도, 우리의 화려한 승리와 깊은 헌신도 하나님 나라에서는 실패와 수치와 무익함에 의해 순식간에 삼켜져 사라질 수 있습니다. 인생의 유례없는 약속과 성취를 목전에 둔 어떤 사람들도 이와 같은 결말에 이르고 말았습니다. 상상하기 싫은 일이지만 사실입니다. 하지만 이것은 결코 불가피한 일이 아닙니다.

이러한 비극의 유일한 대비책은 "날마다, 할 수 있으면 시간마다, 하나님과 새롭게 만나는 것"입니다. 어제의 그 복된 승리의 경험이 오늘도 내가 붙들고 있어야 할 만큼 가치 있는 것은 아닙니다. 그것은 언제라도 오늘의 실패가 "삼키고" 파기할 수도 있습니다. 그러므로 어제의 경험은 내일의 더 풍부하고 가치 있는 경험을 향한 자극제 정도로만 보아야 합니다.

그리스도 안에 거함으로써 늘 "하나님과 새롭게 만나야" 합니다. 이것만이 "흉하고 파리한 소"와 "가는 이삭"으로부터 우리의 삶을 지키는 방책입니다.

5월

하나님의 벗이 된다는 것

5월 1일

거짓이 없으신 하나님이……약속하신 것인데. _디도서 1:2

믿음은 어떤 일이 일어날 것이라는 확실한 느낌을 의식적으로 불러일으키는 행위가 아닙니다. 믿음은 하나님의 약속을 명백한 사실로 인정하고, 그 약속을 참되다 믿으며, 그 참됨을 알기에 기뻐하고, 또한 하나님께서 말씀하신 약속이기에 마음을 평안히 하는 것입니다.

믿음은 약속을 예언으로 바꿉니다. 약속은 우리의 협력과 결부되어 있지만, 우리가 그 약속을 진정으로 믿을 때는 예언이 됩니다. 그러므로 우리는 "거짓이 없으신 하나님이……약속"하셨기에 반드시 그렇게 되리라는 확신을 가지고 앞으로 나아갈 수 있습니다.

사람들은 흔히 믿음을 더 많이 달라고 기도합니다. 나도 종종 주위에서 이렇게 기도하는 것을 듣는데, 정작 기도의 핵심내용에 귀 기울여 보면, 그들이 원하는 것은 더 많은 믿음이 아님을 알게 됩니다. 내가 들어 본 바로는, 그들은 눈으로 볼 수 있는 믿음을 원하고 있었습니다.

믿음은 이렇게 말하지 않습니다. "이것은 내게 좋은 것 같다. 그러니 틀림없이 하나님이 보내 주셨을 거야." 그 대신에 믿음은 이렇게 선언합니다. "하나님께서 이것을 보내셨다. 그러니 이것은 틀림없이 내게 좋은 것이야."

믿음은, 하나님과 함께 어두운 길을 갈 때 내 손을 더 꼭 잡아 달라고 요청할 뿐입니다.

> 목자께서 그대에게 원하시는 것은
> 그대의 믿음에 대한 믿음이 아니라 그분에 대한 믿음일 뿐,
> 그분께서 "내게로 오라" 말씀하신 뜻도 여기 있으니
> 밝을 때나 어두울 때나 그분의 뜻 구하고
> 믿음의 문제는 예수께 조용히 맡기라.

5월 2일

여호와께서 그의 보좌를 하늘에 세우시고 그의 왕권으로 만유를 다스리시도다. _시편 103:19

얼마 전 초봄에 문밖을 나서는데, 저 앞에서 동풍이 몰아닥쳤습니다. 바람은 몹시 드세고 건조했으며, 그 전방으로 매캐한 먼지구름을 몰고 다녔습니다. 나는 문에서 열쇠를 빼다 말고 대뜸 중얼거렸습니다. "저 바람을 확⋯⋯" 그 다음에 하려고 했던 말은 "바꿔 버렸으면"이었지만, 생각은 거기서 멈췄고 문장은 완성되지 않았습니다.

계속해서 길을 가는데, 이 바람 사건이 내게 하나의 비유로 떠올랐습니다. 나는 천사가 내게 와서 열쇠를 건네주며 말하는 장면을 상상해 보았습니다. "주께서 그대에게 안부 전해 달라시며 이것을 가져다주라고 내게 부탁하셨네." 나는 놀라서 물었습니다. "이것이 무엇입니까?" "바람을 열고 닫는 열쇠라네." 천사는 그렇게 말하고 사라졌습니다.

길게 생각할 것도 없었습니다. "이 열쇠만 있으면 나는 정말 행복할 것이다." 그래서 나는 서둘러 산 높이 올라가, 바람이 시작되는 곳을 찾아냈습니다. 그리고 동굴 한가운데 서서 이렇게 선언했습니다. "이제 저 끔찍한 동풍을 없애겠다. 동풍은 두 번 다시 나를 괴롭히지 못할 거야!" 나는 그 불쾌한 동풍을 내 앞으로 불러내 문을 닫아 버렸습니다. 동풍이 사라지면서 내는 고함소리가 빈 동굴을 울렸습니다. 나는 의기양양하게 열쇠를 돌려 바람을 가두고는 말했습니다. "이제 동풍을 처리했다."

그리고 다시 주위를 둘러보며 중얼거렸습니다. "그러면 동풍이 있던 자리에 무엇을 넣어야 할까?" 나는 따뜻한 남쪽 바람을 생각했습니다. 그 남풍이면 새끼 양들과 새로 피어나는 온갖 꽃과 식물들이 무척 즐거울 것 같았습니다. 하지만 내가 문에 열쇠를 넣는 순간, 내 손에 불이 붙었습니다. 나는 소리쳤습니다. "뭔가 잘못됐구나. 무슨 피해가 생길지 내가 어떻게 안단 말인가? 들판이 원하고 들판이 필요한 것을 내가 어떻게 알 수 있단 말인가? 내 이 어리석은 욕심으로 수없이 많은 문제가 생기겠구나!"

나는 당황스럽고 부끄러워서 위를 올려다보며 주님께, 천사를 보내

207

열쇠를 도로 가져가시라고 부탁했습니다. 그리고 두 번 다시 열쇠를 요구하지 않겠다고 약속했습니다. 놀랍게도 주님이 친히 내려오셔서 내 곁에서 계셨습니다. 그분께서는 손을 내미셔서 열쇠를 달라셨고 나는 내어 드렸습니다. 열쇠는 그분 손바닥의 거룩한 상처에 닿았습니다.

그 사랑의 성흔을 가지신 분이 만든 것을 내가 어찌 불평할 수 있었을까 생각하며 후회가 막급했습니다. 그분께서는 열쇠를 받아 들고 허리춤에 차셨습니다. 내가 물었습니다. "바람의 열쇠를 가지고 다니십니까?" "그렇단다." 그분의 온유하신 대답이었습니다. 그리고 그분께서 말씀하실 때 보니 그 허리춤에 내 인생의 모든 열쇠들 역시 매달려 있었습니다. 그분께서는 놀라는 내 모습을 보시며 물으셨습니다. "내 나라가 만유를 통치하는 줄을 너는 몰랐더냐?"

"주님께서 모든 것을 다스리시니, 제가 어떤 것을 불평했다 해도 큰 문제는 없겠지요?" 그러자 그분께서는 내 머리에 친절히 손을 얹고는 말씀하셨습니다. "이제부터는 모든 것을 통해 나를 사랑하고 의지하고 찬양하여라."

5월 3일

누구든지 여호와의 이름을 부르는 자는 구원을 얻으리니. _요엘 2:32

그러니 내가 어찌 그분의 이름을 부르지 않겠습니까? 하나님께서 그토록 가까이 계셔서 내가 부르는 희미한 소리마저 들으시는데, 무엇 때문에 내가 이 사람 저 사람에게 달려가겠습니까? 나 자신과 내 짐을 지체 없이 주님께 드리지 않을 이유가 무엇이겠습니까?

전방을 향해 일직선으로 달리는 것이 가장 빠를진대, 내 어찌 살아계신 하나님을 향해 곧장 달려가지 않겠습니까? 다른 곳으로 다녀 봐야 헛될 뿐, 나는 결국 하나님에게서 구원을 찾을 것입니다. 바로 그분이시므로 "구원을 얻으리"라는 빛나는 약속이 내게 있습니다. 그리고 내가 그분을 불러도 되는지 안 되는지 그분께 물을 필요가 없습니다. "누구든지"라는 무제한적인 말씀 때문입니다. 여기에 내가 포함되고, 그분의 이름을 부르기만 하면 누구라도 포함되고, 모두가 포함됩니다. 그러므로 나는 이 말씀을 믿고, 이처럼 놀라운 약속을 주신 영광스러운 주님을 지체 없이 부를 것입니다.

나의 처지가 곤고하고 여기서 구원을 받을 수 있을지는 알 수 없습니다. 하지만 약속하신 분께서 그 약속을 지키실 것이므로, 나는 내 구원 여부에 괘념치 않습니다. 내 할 일은 그분의 명령에 순종하는 것뿐, 그분께 길을 가리키는 것은 결코 나의 본분이 아닙니다. 나는 그분의 종이지 조언자가 아닙니다. 내가 부르면 그분께서 구원하십니다.

5월 4일

하나님은 아프게 하시다가 싸매시며 상하게 하시다가 그의 손으로 고치시나니. _욥기 5:18

큰 지진으로 산이 한번 격하게 요동친 뒤 그 기슭을 걷다 보면, 파괴의 시간 뒤에 찾아오는 완벽한 고요를 느낍니다. 계곡에는 산에서 떨어져 나간 바윗덩어리들 저 아래쪽으로 맑고 고요한 물웅덩이들이 누워 있는데, 그 모습이 하늘을 향해 아름답게 떠 있는 물수련 같습니다. 작은 강가에 늘어선 갈대들은 바람에 흔들리고, 마을은 과거의 무덤을 잊고 다시 일어섭니다. 교회 첨탑은 폭풍을 겪고 나서도 여전히 밝게 빛나며, 그분께로부터 오는 구원의 기도를 다시금 선포합니다. 그분은 두 손으로 땅의 귀퉁이를 받쳐 주시며, 산에게 힘내라 하십니다.

하나님께서 어느 날 지진으로
쟁기질하셨는데, 고랑이 깊었다!
들판이 층층이 일어서고
산들은 미친 듯이 뛰었다.

하지만 그것은 산이 오랫동안
가슴에 담아 둔 비밀,
"하나님의 평화는 영원하다."

산이 안식하는 꿈결 같은 말씀.

그분께서는 산을 아름다움의 거처로,
당신의 은혜가 깃드는 집으로 삼으셨다.
그분께서 산에 당신의 아침을 펼쳐 놓으시고
당신의 저녁 빛으로 산의 얼굴을 물들이신다.

그분의 바람이 산에게 전하는 말,
먼 바다에서 폭풍이 온다는 소식,
산은 골짜기를 타고 내려가며
사랑스런 비의 노래로 그 소식 알린다.

산은 어린 강들의 젖줄,
떠가는 구름의 둥지,
온갖 어린 것들의 고향 집,
멋지고, 자유롭고, 자랑스러운 집.

도시는 지쳤고, 그 안의 사람들
산의 성소로 올라와 기도한다.
하나님께서 온종일 다니시며,
산에서 그들을 새롭게 하신다.

그리고 보라, 나는 산의 비밀을 알았다!
한층 깊어진 아름다움이여!
격한 슬픔 찾아오는 가혹한 삶의 순간들,
그것은 하나님 쟁기질일 뿐이라는 이 믿음,

그러므로 산은 이제
그분의 은혜와 새로움의 근원,

그리고 내게 그분의 평화 영원하리라.

— 윌리엄 C. 가넷

5월 5일

그 노래와 찬송이 시작될 때에 여호와께서 복병을 두어 유다를 치러 온……주민들을 치게 하시므로 그들이 패하였으니. _역대하 20:22

오, 우리가 걱정은 덜 하고 노래와 찬송은 더 많이 했으면 좋겠습니다! 우리를 얽어매는 수천 가지 문제가 있지만, 방법만 알면 그 모든 것들이 악기가 될 수 있습니다. 날마다 사색과 명상과 분석으로 삶의 문제를 파고드는 사람들, 하나님의 신비하고 내밀한 섭리의 역사를 끊임없이 연구하는 사람들을 생각해 보십시오. 그들은 그러고도 삶의 무게에 허덕이며 전쟁을 치르듯 합니다. 그들이 자기중심적인 이 내향적 사고에서 나와 매일의 삶을 하나님께 간증으로 바치며 그 삶으로 인해 그분을 찬양한다면, 삶이 얼마나 달라지고 기쁨이 넘치겠습니까.

근심 걱정은 논리보다는 노래로 해소하는 편이 한결 쉽습니다. 아침부터 무슨 노래냐고 물으십니까? 새들을 생각해 보십시오. 새들은 날마다 가장 먼저 노래하면서, 이 세계의 어느 피조물보다 걱정이 없습니다. 그리고 저녁에도 노래를 잊지 않습니다. 울새는 하루 일이 끝나면 노래합니다. 그날의 마지막 비행을 마치고, 또한 그날의 마지막 양식을 물어 온 후 이 새들은 나무 높은 곳을 찾아 올라가 찬미의 노래를 부릅니다.

오, 그러니 우리가 아침과 저녁으로 노래를 불러, 종일토록 쉬지 않고 찬미의 노래를 봉헌했으면 좋겠습니다!

인생에서 노래를 사라지게 말지니,
어쩌다 슬픈 가락 흘러도
그 음조 다시, 그대가 아는
밝은 가락에 섞이리라.

211

그늘이 짙어 인생의 하늘 어둡게 하고
한동안 태양을 가릴지라도,
그대의 노랫소리 울려 퍼지면, 그 그늘
더 빨리 공중으로 흩어져 하늘 비치리라.

인생에서 노래를 사라지게 말지니,
그대의 음성 감격을 잃었을지라도,
그대의 슬픈 목청으로 노래 그쳐도,
그대의 영혼만은 노래하게 하라.

인생에서 노래를 사라지게 말지니,
여기 있는 동안 그대 영혼 노래하게 하라,
그대 여기서 떠날 때, 그 노래도 따라와
또 다른 세상에서 살아가도록.

5월 6일

그를 경외하는 자에게 주의 비밀이 함께함이여. _시편 25:14, KJV

하나님께서 자녀들에게 알려 주시려는 그분 섭리의 어떤 비밀이 있습니다. 하지만 종종 그렇듯, 적어도 표면상으로는 자녀들을 대하시는 그분의 방식이 가혹하고 비밀스러워 보입니다. 그럼에도 믿음은 깊이 볼 줄 알아서 이처럼 말합니다. "이것은 하나님의 비밀이다. 너는 지금 겉을 보지만 나는 더 깊은 곳을 보고 숨겨진 의미를 본다."

다이아몬드는 거친 돌덩어리로 발견되지만 진정한 가치는 그 안에 숨겨져 있음을 기억하십시오. 옛날 사막에 세운 장막도 겉모습은 전혀 화려한 것이 없었습니다. 그리고 듀공 같은 바다 포유류의 거친 외피만 봐서는 그 안쪽의 값어치 있는 것들을 결코 알 수 없었습니다.

사랑하는 친구들이여, 하나님께서 투박한 종이로 귀한 선물을 싸서 여러분들에게 보내실 수 있습니다. 포장지에 마음 쓰지 마십시오. 그 안에는 분명 사랑과 친절과 지혜의 보물이 숨겨져 있습니다. 우리가 그분께서 주시는 것을 망설임 없이 받고서 그분께서 그 안에 복된 것들을 넣으셨으리라 믿는다면, 그 어떠한 역경을 겪고 있더라도 그분의 섭리의 비밀을 알게 될 것입니다.

> 모든 베틀이 침묵하고, 바람처럼
> 누비던 날실 씨실도 멈추어야 한다.
> 그제야 그분께서 문양을 펼쳐 보이시며
> 모든 이유 설명하시리라.
> 그분께서 계획하신 문양을 짜는 데,
> 직공 되신 이의 숙련된 손에
> 금색과 은색 실만 아니라
> 검은 실 또한 그토록 필요했던가를.

그리스도를 주인으로 삼은 사람은 모든 환경의 주인입니다. 환경이 당신을 압박합니까? 밀쳐 내지 마십시오. 그것은 도공의 손입니다. 환경의 압박을 제지해서는 그 환경을 다스릴 수 없습니다. 오히려 그 압박의 훈련을 견뎌 냄으로써 환경을 지배하는 법을 배울 수 있을 것입니다. 환경은 당신을 아름답고 보배로운 그릇으로 빚어낼 뿐 아니라 참되고 가치 있는 자원들 또한 제공해 줄 것입니다.

5월 7일

예수께서 그들에게 항상 기도하고 낙심하지 말아야 할 것을 비유로 말씀하여. _누가복음 18:1

기도와 간구에 가장 공통적으로 드러나는 문제는 끈질기지 못하다는 것입니다. 우리는 뭔가를 놓고 기도를 시작해서 하루, 한 주, 혹은 한 달 정도까지도 간구를 드리지만, 결정적인 응답을 받지 못하면 즉시 포기하고 기도를 완전히 멈춥니다.

이는 치명적인 결과로 이어지는 실수이며 함정일 뿐입니다. 이 함정에 빠지면 우리는 많은 것들을 시작해도 결코 마무리할 수 없으며, 인생의 모든 영역에서 실패를 맛보게 됩니다. 어떤 일을 시작했다가 중도에 포기하는 버릇이 있는 사람은 실패를 습관처럼 달고 삽니다. 그리고 기도를 시작해서 뭔가 성공적인 결말에 이를 때까지 끈질기게 기도하지 않는 사람도 기도에 관한 한 습관적인 실패자가 될 수 있습니다. 이러한 패배는 기도의 능력에 대한 실망과 의심으로 이어지고, 한 사람의 성공적인 기도생활은 너무도 요원한 일이 되고 맙니다.

사람들은 흔히 묻습니다. "얼마나 더 오래 기도해야 하나요? 이제 기도를 멈추고 모든 것을 하나님의 손에 맡겨야 할 때가 되지 않았나요?" 이에 대한 유일한 답은 이렇습니다. 당신이 기도해 온 그 일이 성취될 때까지, 혹은 성취될 것이라는 완전한 확신이 들 때까지 기도하십시오. 이 두 조건 가운데 하나라도 충족되어야 그 끈질긴 기도를 멈출 수 있습니다. 기도는 하나님께 드리는 간구인 동시에 사탄과의 싸움이니 이 점을 명심해야 합니다. 그리고 하나님께서 우리의 간구를 그 싸움에서 이기는 강력한 무기로 사용하시므로, 언제 기도를 멈추어야 안전한지는 그분께서만 결정하셔야 합니다. 그러므로 우리는 응답이 오거나 응답이 오리라는 확신이 들 때까지는 함부로 기도를 멈추어서는 안 됩니다.

첫째, 우리는 실제로 응답을 받는 경우 기도를 멈춥니다. 둘째, 우리는 믿을 뿐 아니라, 우리 안의 믿음이 하나님께로부터 온 믿음이고(엡 6:23) "하나님의 미쁘심"(롬 3:3)이어서 두 눈으로 보듯 신뢰할 만하므로 기도를 멈춥니다.

기도로 살아갈수록 우리는 하나님께서 주신 이 확신을 점점 더 많이 경험하고 깨닫게 됩니다. 우리는 이 확신에 거하며 조용히 안식해야 할 때와 그분의 응답을 받기까지 계속 기도해야 할 때를 알게 될 것입니다.

하나님의 약속은 그분께서 당신을 만나는 장소입니다. 다른 데 가지말고 바로 거기서 기다리십시오. 그분께서는 언제나 길을 되짚어 그 약속의 장소로 돌아오시니까요.

5월 8일

불 가운데로 다니는데. _다니엘 3:25

사드락과 메삭과 아벳느고는 풀무불에 던져졌지만 불은 그들의 움직임을 막지 못했습니다. 아닌 게 아니라 불 가운데로 "다니는" 그들의 모습은 명백히 눈에 띄었습니다. 사실 불은 그들이 목적지에 이르기까지 밟고 간 여러 길 중 하나였습니다. 계시된 그리스도의 진리에서 우리가 얻는 위안은, 그 진리가 우리에게 슬픔을 피해서 얻는 자유가 아니라 슬픔을 겪어서 얻는 자유를 가르친다는 데 있습니다.

거룩하신 하나님, 어둠이 나를 덮을 때는 내가 터널을 지나가는 것일 뿐이라고 가르쳐 주소서. 어느 날 모든 것이 좋아지리라고 알기만 해도 나는 족하겠습니다.

내게 말씀하신 것같이, 어느 날 나는 감람산 꼭대기에 서서 더없는 부활의 영광 누릴 것입니다. 하지만 하늘에 계신 아버지, 나는 이보다 더 원합니다. 나는 갈보리 언덕을 거쳐 감람산에 이르기를 원합니다. 어둠의 그림자는 당신의 거룩한 집으로 가는 길 위에 드리운 그늘임을 내가 알기 원합니다. 내가 갈보리 언덕에 올라야만 하는 이유가, 당신의 집이 그 꼭대기에 있기 때문임을 가르쳐 주소서! 이와 같이 알진대, 불속을 걸을지라도 슬픔이 나를 상하게 못할 것입니다.

길이 험하다고 나는 말했다.
"온통 오르막길이고, 꽃도 없고
가시뿐, 머리 위 하늘도 회색빛."
그러나 어두운 길 입구에서
내 손 잡아 주시는 분 계셔,
그분과 함께 걷는 길 아름다웠다.

십자가가 너무 고통스럽다고 외쳤다.
"등에 지고 갈 수 없는,

거칠고 무겁고 너무 커서,

부축해 줄 사람도 없으니!" 그러나

허리 굽혀 내 손 잡아 주시는 분 계셨다.

"내가 부축한다. 내가 안다."

그런데 왜 애태우며 소리치는가,

모두가 십자가 지고 가지만

길은 점점 더, 그대 아는

아름다운 집에 가까워지고,

우리 여행길 한 걸음씩

주님 길동무 되어 내딛을 텐데.

5월 9일

아브라함은 여호와 앞에 그대로 섰더니. _창세기 18:22

창세기 18장에서 아브라함은 하나님께 다른 사람들의 목숨을 살려 달라고 빌었습니다. 하나님의 친구는 정말 그렇게 할 수 있습니다. 여러분은 아마도, 아브라함의 믿음도 그렇거니와 그가 하나님과 사귀는 깊이 역시 차원이 달라서 여러분 자신은 도저히 그런 정도에 이를 수 없으리라고 생각할 것입니다. 하지만 실망하지 마십시오. 아브라함은 단숨에 뛰어서 그러한 믿음에 이르지 않았습니다. 그는 한 걸음씩 걸어서 믿음에 이르렀고, 여러분도 그렇게 할 수 있습니다.

험난한 믿음의 시험을 받고도 승리한 사람에게는 오히려 더 큰 시험이 찾아올 것입니다. 정성 들여 깎고 다듬어야 아름다운 보석이 됩니다. 귀한 금속은 불의 정련을 받습니다. 우리가 믿는 바, 이처럼 강한 시험을 거치지 않았다면 아브라함은 결코 믿음의 조상이라 불리지 못했을 것입니다.

창세기 22장을 읽어 보십시오. 2절에서 하나님은 아브라함에게 말씀하셨습니다. "네 아들 네 사랑하는 독자 이삭을 데리고……가서……그를 번제로 드리라!" 우리가 알듯이, 아브라함은 무겁고 애끓는 심정이었겠지

216

만, 겸손히 순종하며 모리아 산으로 갔습니다. 그는 사랑하는 아들 이삭과 함께 산에 올랐고, 아들은 이제 아브라함이 충심으로 사랑하고 섬기는 그분, 바로 그 하나님의 명령에 따라 희생제물로 바쳐질 참이었습니다!

우리 삶에 관여하시는 하나님의 방식을 두고 의문을 제기하는 우리에게 이것은 얼마나 큰 교훈인지요! 이 놀라운 광경을 있는 그대로 안 보고 뭔가 설명을 가져다 붙이려는 온갖 시도들을 물리쳐야 합니다. 이 장면은 시대를 초월한 교훈이었습니다! 아브라함의 믿음이 진실로 하나님의 모든 백성들 앞에 힘과 도움으로 영원히 서지 않겠습니까? 그의 시험이 과연 굳건한 믿음은 언제나 하나님의 신실하심을 드러낸다는 간증이 되지 않겠습니까?

우리는 모두 큰 소리로 말할 수 있습니다. 예, 됩니다! 그리고 아브라함이 그토록 큰 시험을 견디며 승리하자, 주 예수의 사자, 여호와의 사자, 그리고 "하나님의 약속"에 대해 "예" 하고 "아멘" 하게 하시는(고후 1:20) 바로 그분의 사자가 말했습니다. "내가 이제야 네가 하나님을 경외하는 줄을 아노라"(창 22:12). 주께서는 아브라함에게 사실상 이렇게 말씀하셨다고 할 수 있습니다. "네가 나를 믿고 이 큰 시험을 치렀으니 나 또한 너를 믿을 것이며, 너는 앞으로 영원히 '나의 벗'(사 41:8)이 되리라." 그리고 그에게 주신 약속이 이와 같습니다. "내가 네게 큰 복을 주고……네 씨로 말미암아 천하만민이 복을 받으리니 이는 네가 나의 말을 준행하였음이니라"(창 22:17-18).

"믿음으로 말미암은 자는 믿음이 있는 아브라함과 함께 복을 받느니라"(갈 3:9)고 한 말씀은 진실로 참되고, 언제나 참될 것입니다.

하나님의 벗이 된다는 것은 결코 작은 일이 아닙니다.

5월 10일

내가 산 자들의 땅에서 주의 선하심을 보리라고 믿지 아니하였다면 절망했으리라. _시편 27:13, NASB

너는 여호와를 바랄지어다. 강하고 담대하며 여호와를 바랄지어다. _시편 27:14

절망하지 마십시오!

오, 때때로 절망의 유혹은 얼마나 큰지요! 삶의 시련과 시험에 들어 우리의 영혼은 낙망하고 우리의 믿음은 비틀거리는데, 가족을 잃고 고통 중에 있을 때는 특히 더 그러합니다. 우리는 결국 이렇게 말하는 정도까지 갈 수 있습니다. "더 이상은 견딜 수 없다. 하나님께서 내게 허락하신 이 환경 아래서 나는 거의 절망할 지경이다. 그분은 내게 절망하지 말라고 하셨지만, 지금 내가 과연 뭘 어떻게 해야 옳단 말인가?"

여러분은 이전에 육체적으로 지치고 힘들면 어떻게 했습니까? 아무것도 할 수 없었습니다. 활동을 멈추었지요. 여러분이 사랑하는 강한 사람의 어깨에 힘든 육체를 기대었습니다. 누군가에게 기대어 조용히 쉬며, 그 사람의 힘에 전적으로 의지했습니다.

영적인 고통으로 절망의 유혹이 찾아올 때도 마찬가지입니다. 여러분이 일단 절망의 경계선에 거의 근접했을 경우는, 하나님께서 "강하게 하라. 담대히 하라"(수 1:6)는 말씀을 주시지 않습니다. 그분께서는 여러분의 힘과 용기가 이미 사라졌음을 아십니다. 그래서 하시는 말씀은 이렇습니다. "너희는 가만히 있어 내가 하나님 됨을 알지어다"(시 46:10).

허드슨 테일러는 인생 마지막 몇 달간 기력이 몹시 쇠하여, 친구에게 이런 정도로까지 말했다고 합니다. "나는 너무 약해서 글 쓸 힘도 없고, 성경도 못 읽는다네. 기도조차 할 수 없지. 어린아이같이 하나님의 두 팔에 안겨서 그분께 기대는 것 말고는 아무것도 할 수 없다네." 이 놀라운 하나님의 사람이, 영적인 능력이 그토록 대단했던 사람이, 가만히 누워서 기대는 일 외에는 어찌해 볼 수 없는 육체적 고통과 쇠약의 지점에 이르게 되었습니다.

사랑하는 자녀인 여러분에게 하나님께서 요구하시는 것도 이뿐입니다. 여러분이 맹렬한 고통의 불 가운데서 지쳐 쓰러질 때면, "강하게" 하려고 하지 마십시오. 그저 "가만히 있어 [그분이] 하나님 됨을" 아십시오. 그분께서 여러분을 격려하시고 그 불을 이겨 내도록 하실 것입니다.

하나님께서는 우리의 깊은 절망의 시간을 대비해 좋은 약을 예비해 두셨습니다.

"강하고 담대하며"(시 27:14).

힘내라, 이제까지 한 번도
너를 저버리지 않으신 이께서
너를 가라앉게 가만 두시겠느냐?
아니, 그분께서 너를
그분의 날개 아래
숨겨 주시겠다고 말씀하셨다.
너 거기 안전하게 숨어
노래할 수 있으리.

5월 11일

우리가 불과 물을 통과하였더니 주께서 우리를 끌어내사 풍부한 곳에 들이셨나이다. _시편 66:12

역설 같지만, 진정한 평화를 누리는 사람은 싸움을 통해서 그 평화를 쟁취한 사람뿐이라고 하겠습니다. 투쟁에서 나온 이 평화는 폭풍전야의 불길한 적막이 아니라, 폭풍을 겪고 난 후 맑고 신선한 대기와 함께 오는 평온과 고요에 가깝습니다.

슬픔 같은 것을 겪지 않고 복 받은 듯 보이는 사람은 사실상 강하고 평온한 사람과는 거리가 멉니다. 자질이 검증된 바 없는 그 사람은 작은 문제에도 전혀 대처할 줄 모릅니다. 폭풍우를 겪어 보지 않은 뱃사람은 결코 든든한 뱃사람이 아닙니다. 그는 아마도 순풍에는 그럭저럭 대처할 것입니다. 하지만 폭풍이 일면 우리는 중요한 역할을 할 경험 많은 뱃사람을 원하지 않겠습니까? 강풍과 싸워 보고 선체와 삭구의 능력을 알아 큰 바다 밑 바위에 능숙하게 닻을 내리는 뱃사람, 그렇게 배에 관한 모든 것을 겪고 알아서 방향타를 잡고 있는 뱃사람을 여러분은 원하지 않겠습니까?

오, 고통이 오면 모든 것이 너무도 빨리 무너집니다! 탈 없이 서 있던 우리 희망의 줄기는 단박에 부러지고 우리 영혼은 강풍에 뜯겨 나간 포도

덩굴처럼 널브러져 있습니다. 하지만 처음의 그 충격이 지나가면 우리는 고개를 들고 말할 수 있습니다. "주님이시라"(요 21:7). 믿음은 부서져 떨어진 희망을 다시 들어 올려 주님의 발에 든든히 붙들어 맵니다. 그 끝은 언제나 확신과 안전과 평화입니다.

내 인생에 역풍 불어,
나의 작은 배 슬픔으로 흔들릴 때,
나의 계획 무너지고, 심령은 타들어 갔으며,
모든 희망 사라지는 듯할 때,
"그때 그가 일어나시니", 이 한 말씀의 평화,
"잠잠하여지더라." 이 그윽한 안식.

의심과 두려움의 폭풍
내 마음 결박하고, 인도해 줄
불빛 없어 내 앞길 캄캄할 때,
어두운 밤! 나는 감당할 수 없었다.
"그때 그가 일어나시니", 나 그의 얼굴 보는데
"잠잠하여지더라." 그의 은혜 가득한 고요.

내 심령, 깊은 시련과 격한 슬픔의
파도 아래 가라앉고 있을 때,
모든 것 사라지고, 아무도 나를
어느 것도 나를 구해 낼 수 없을 때,
"그때 그가 일어나시니", 그리고 또 한 말씀,
"잠잠하여지더라!" 보라, "주님이시다."

—L.S.P.

5월 12일

믿는 자에게는 능치 못할 일이 없느니라. _마가복음 9:23

능치 못할 일이 없다 해서 구하기만 하면 모든 것이 손쉽게 이루어진다는 뜻은 아닙니다. 하나님께서 늘 여러분에게 믿음의 길을 가르치려고 하시기 때문입니다. 믿음의 삶을 위해서는 믿음의 시련, 믿음의 단련, 믿음의 인내, 믿음의 담력 등을 비롯한 여러 영역의 배움이 필요합니다. 우리는 여러 단계를 거쳐서야 믿음의 최종적인 결과, 말하자면 믿음의 승리를 확인하게 될 것입니다.

고난을 극복하는 능력은 믿음의 단련을 견디어 냄으로써 계발됩니다. 하나님께 간구를 드렸음에도 응답이 오지 않을 때는 어떻게 해야 합니까? 그분의 말씀을 끝까지 믿어야 합니다! 눈이나 감정이 보고하는 것으로 인해 말씀에서 이탈하면 안 됩니다. 말씀에 든든히 서게 되면 우리의 능력과 경험이 쌓이고 깊어집니다. 믿음의 자세도 그렇습니다. 하나님의 말씀과 모순되어 보이는 일들이 눈앞에 있더라도 믿음에 굳건히 서면 우리는 모든 면에서 점차 강해질 것입니다.

하나님께서는 종종 의도적으로 응답을 늦추시는데, 사실 우리의 기도를 이루어 주시는 것만 응답이 아니고 이와 같이 늦추시고 연기하심 그 자체도 우리 기도에 대한 응답입니다. 그분께서는 성경의 위대한 인물들 어느 누구의 삶에서도 이와 같은 방식으로 일하셨습니다. 아브라함, 모세, 엘리야는 처음에는 크지 않았으나 믿음의 단련을 통해 큰 사람들이 되었습니다. 이러한 단련을 통해서야 그들은 하나님께서 불러 맡기는 일에 준비된 자로 나설 수 있었습니다.

예를 들어, 요셉을 생각해 보십시오. 주께서는 그를 이집트의 권좌에 합당한 인물로 훈련시키고 계셨습니다. 시편 105:19은 이렇게 말합니다. "그의 말씀이 그를 단련하였도다." 그를 "단련한" 것은 고생스러운 옥살이가 아니라 "주의 말씀"이었습니다. 그의 어린 시절에 하나님께서, 형제들보다 높은 지위에 오를 것이라며 그의 가슴에 심어 주신 말씀이 언제나 그의 앞에 있었습니다. 그는 죄가 없었음에도 여전히 옥에 갇혀 있었고, 또한 투옥되자마자 석방되어 나가는 다른 사람들의 모습을 지켜보았습니다. 하지만 그는 빛나는 인생의 성취를 점점 더 불가능하게 하는 고비를 만날 때도 늘 하나님의 말씀을 기억했습니다.

이러한 고비는 영혼의 시련이었지만, 한편으로는 성숙과 발전의 시간이기도 했습니다. 그래서 마침내 석방 소식이 떨어졌을 때, 그는 이미 자신의 그릇된 형제들을 상대하는 복잡 미묘한 일에 온전히 준비된 자로 나설 수 있었습니다. 게다가 그는 이 일을, 하나님 외에는 누구에게도 뒤지지 않는 사랑과 인내로써 처리할 수 있었습니다.

이처럼 반드시 하나님을 기다리고 있어야 하는 경험처럼 힘든 고난도 없을 것입니다. 그분께서 장차 시행하실 약속을 말씀하셨는데, 그 약속이 성취될 기미도 없이 날이 가고 또 가도록 기다린다는 것은 진정으로 힘든 일입니다. 하지만 바로 이 믿음의 단련을 통해서 우리는, 다른 방법으로는 알 수 없는 하나님의 어떤 모습을 알게 될 것입니다.

5월 13일

우리는 마땅히 기도할 바를 알지 못하나. _로마서 8:26

오히려 기도에 대한 응답으로 인해 그리스도인의 삶에서 적잖이 어려움을 겪는 경우가 흔히 있습니다. 우리가 인내를 구하는데, 아버지께서는 우리 앞에 드센 사람들을 보내셔서 한계에 이르도록 우리를 시험하십니다. 고난은 인내를 낳기 때문입니다(롬 5:3). 우리가 순종하는 마음을 구하는데, 하나님께서는 고난을 보내십니다. 그리스도께서 고난으로 순종을 배우셨듯이(히 5:8) 우리 또한 고난으로 순종을 배우기 때문입니다.

우리가 이타심을 구하면, 하나님께서는 우리에게 다른 이들의 필요를 앞세우고 다른 신자들을 위해 죽기까지 희생할 기회를 부여하십니다. 우리가 능력과 겸손을 구하면, 사탄의 사자(고후 12:7)가 와서 우리를 괴롭게 하니, 우리는 제발 이것을 다시 가져가 달라고 땅에 엎드려 호소하기까지 합니다.

우리는 주님의 제자들이 했던 바와 같이 기도합니다. "우리에게 믿음을 더하소서"(눅 17:5). 그런데 우리의 돈이 날개 달린 듯 어디론가 사라지고, 아이들이 중병에 앓아눕습니다. 직원이 사고를 치고 게을러지고 낭비합니다. 이도 아니면 뭔가 또 다른 시련이 찾아오니, 이전보다 몇 갑절 되는 믿음으로도 모자랄 판입니다.

우리는 어린양처럼 겸손한 그리스도의 삶을 구합니다. 그런데 좀 하찮은 일을 해달라는 요구가 오거나, 설명할 기회도 없이 억울하게 비난을 당합니다. "그가……도수장으로 끌려가는 어린양……같이 그의 입을 열지 아니하였"기(사 53:7) 때문입니다.

온유를 달라고 기도하고 금방 돌아섰는데, 화를 참아 내기 어려운 상황을 만납니다. 고요를 구하는데, 말할 수 없이 신경이 곤두서고 긴장과 불안은 좀체 가라앉지 않습니다. 주께서 주신 평화는 세상 누구라도 깨뜨릴 수 없음을 알게 하려 하심입니다.

다른 이들을 사랑하게 해달라고 기도하는데, 하나님께서는 우리 앞에 사랑하기 힘든 사람들, 신경을 거스르고 상처 주는 말만 하는 사람들을 보내셔서 우리를 유독 힘들게 하십니다. 이렇게 하시는 까닭이 있습니다. "사랑은 오래 참고 사랑은 온유하며……무례히 행하지 아니하며……성내지 아니하며……모든 것을 참으며 모든 것을 믿으며 모든 것을 바라며 모든 것을 견디느니라. 사랑은 언제까지나 떨어지지 아니하되"(고전 13:4-5, 7-8).

그렇습니다. 우리가 예수와 같이 되기를 기도하면, 하나님께서는 이렇게 답하십니다. "내가……너를 고난의 풀무불에서 택하였노라"(사 48:10), "네 마음이 견디겠느냐. 네 손이 힘이 있겠느냐"(겔 22:14), "내가 마시려는 잔을 너희가 마실 수 있느냐"(마 20:22).

평화와 승리에 이르는 길은, 모든 시련과 상황을 사랑하는 우리 아버지의 손에서 직접 나온 것으로 받아들이는 데 있습니다. 이는 그분과 "함께 하늘에"서(엡 2:6), 그 구름 위 그분의 보좌 앞에서 살기 위함입니다. 그리고 그 영광의 자리에서 내려다보면 이전의 모든 환경이 사랑과 거룩하심으로 예정하신 것이었음을 알게 될 것입니다.

능력을 달라 기도했는데, 잠시 나는
사람과 하나님 모두에게서 멀어졌네,
나 기대던 사랑 깨어져 가슴 아팠네,
내가 잡았던 손들, 내 손 놓고 사라졌네,
하지만 나 혼자서 떨며 비틀거리는 동안
영원하신 팔이 나의 팔 잡아 주셨네.

빛을 달라 기도했는데, 해는 구름 속에 지고
달은 안개 같은 의심에 가려 어두워졌네,
하늘의 별은 지상의 두려움으로 흐려지고
나의 작은 촛불 모두 타 버렸네,
하지만 나 어둠에 둘러싸여 있는 동안
그리스도의 빛나는 얼굴로 그 어둠 사라졌네.

평화를 달라 기도했고, 안식을
고통 없는 잠과 고요한 휴식을 꿈꾸었는데,
머리 위 하늘은 폭풍으로 어두워지고
원수들의 습격 맹렬해졌네, 하지만
싸움 치열하고 거센 바람 불 때
나 그분의 음성 듣고 온전한 평화 알았네.

주께 감사드리네, 지혜로우사 나의 약한 기도,
내가 구한 응답 귀 기울이지 않고도 아셨으니.
아낌없이 주신 이 선물들 내게 넘쳤사오니
좋은 것으로 주시는 이여, 나의 모든 간구에 그처럼 응답하소서,
왕께서 주심은 나에게는 최선으로 넘치나이다.

— 애니 존슨 플린트

5월 14일

이에 아브라함이 하나님이 자기에게 말씀하신 대로 이 날에…… _창세기 17:23

지체 없는 순종만이 순종일 뿐, 조금 시간을 뒀다가 하는 순종은 불순종입니다. 하나님께서는 우리를 불러 어떤 일을 하라고 하실 때마다 우리와 언약을 맺자고 하십니다. 우리가 순종의 의무를 다하면, 하나님께서는 특별한 복으로 당신의 의무를 이행하실 것입니다.

유일한 순종은 즉시 순종하는 것입니다. 아브라함처럼 바로 "이 날에" 말씀을 좇아 순종하는 것입니다. 우리는 흔히 할 일을 미루다가 마지막에 가서야 기를 쓰고 해보려고 합니다. 분명히 안 하는 것보다는 낫습니다. 하지만 나중에 가서야 하는 그 일이란 기껏해야 반쪽짜리 순종일 뿐입니다. 지체된 순종으로는 하나님께서 의도하신 축복을 결단코 온전히 받을 수 없으며, 처음부터 순종했다면 받았을 그 모든 복 또한 우리의 것이 되지 못합니다.

우리의 지체로 인해 하나님과 다른 이들은 물론 우리 자신마저 도적질을 당하고 있으니 얼마나 불행한 일입니까? 바로 "이 날에"는 창세기의 어법입니다. "지금 당장 하라!"는 뜻입니다.

마르틴 루터는 이렇게 말했습니다. "참된 신자는 '왜?'라는 질문을 십자가에 못 박거나 처형한다. 그는 묻지 않고 순종한다." 나 역시 "표적과 기사를 보지 못하면 도무지 믿지 아니하"는(요 4:48) 사람들 가운데 하나가 되기를 거부합니다. 나는 묻지 않고 순종할 것입니다.

> 대꾸는 우리의 일 아니니,
> 이유를 따짐도 우리의 일 아니니,
> 오직 우리의 일, 행하고 죽는 것뿐.

순종은 믿음의 열매인데, 믿음의 나무에서는 이 열매에 앞서 인내의 꽃이 핍니다.

5월 15일

사람들은 구름 속의 밝은 빛을 못 보나니. _욥기 37:21, KJV
지금은 해가 구름에 가리워 보이지 않지만. _공동번역

세상의 많은 아름다움은 구름으로 인함입니다. 푸르른 창공은 아름답지만 역시 변화무쌍한 구름의 찬란함에는 비할 바가 못 됩니다. 그리고 구름의 혜택이 없다면 지구는 황량한 곳이 될 것입니다.

인간의 삶에도 구름이 있습니다. 구름은 우리에게 그늘을 마련해 주고 쉬면서 기운을 차리게 하지만, 어떤 때는 우리를 칠흑같이 덮어 버립니다. 하지만 "밝은 빛" 없는 구름은 결코 없습니다. 하나님께서 우리에게 말씀하셨습니다. "내가 내 무지개를 구름 속에 두었나니"(창 9:13). 우리가 구름을 위에서 내려다볼 수 있다면 어떨까요. 온통 빛에 둘러싸여 웅장하게 굽이치는, 그래서 알프스 산처럼 장대한 그 빛의 장엄에 우리는 놀랄 것입니다.

우리는 구름을 아래에서 올려다보기만 합니다. 그러니 누가 우리에게 설명해 줄 수 있겠습니까? 구름 꼭대기에 넘실대고, 구름의 골골마다 스며들어가며, 그 광대한 표면 곳곳의 돌출부로부터 사방으로 퍼져 나가는 "밝은 빛"을 말입니다. 또한 구름의 빗방울 하나하나가 나중에 유익한 요소들을 머금고 땅으로 내리지 않습니까?

오 하나님의 자녀들이여! 우리의 슬픔과 괴로움을 땅에서 올려다보지 말고 위에서 내려다볼 수 있었으면 좋겠습니다. 그리스도와 함께 앉은 하늘에서(엡 2:6) 내려다보면 우리의 슬픔과 괴로움이 빚어내는 무지개가 얼마나 아름다운지 알 것입니다. 하늘의 뭇 백성들에게 비치는 그 무지개 말입니다. 또한 우리는 그리스도의 얼굴에서 "밝은 빛"을 보고, 우리 인생의 비탈에 시원한 그늘을 드리우는 그 구름을 보며 마침내는 만족할 것입니다.

기억하십시오. 구름은 언제나 하나님의 정화의 바람에 앞서 움직입니다.

어찌하여 저 비바람 내 앞에서 돌연히

분노하며 드세어지는지 알 수 없습니다. 하지만
나는 압니다, 주께서 내 모든 길 지켜보심을,
나는 믿습니다.

나의 미래를 가리고 있는 저 보이지 않는
장막을 나는 걷어 낼 수 없고, 어둠과 빛
어느 것이 나를 기다리는지 알 수도 없습니다.
하지만 나는 믿습니다.

저 물결 너머 보이지 않고
여기서 강 저편 땅 볼 수 없지만,
나는 압니다, 나 하나님의 영원임을,
나는 믿습니다.

5월 16일

다니엘아, 두려워하지 말라. 네가 깨달으려 하여 네 하나님 앞에 스스로 겸비하게 하기로 결심하던 첫날부터 네 말이 응답 받았으므로 내가 네 말로 말미암아 왔느니라. 그런데 바사 왕국의 군주가 이십일 일 동안 나를 막았으므로. _다니엘 10:12-13

본문은 기도에 관한 놀라운 가르침이며, 또한 사탄이 직접 우리 삶을 가로막을 수 있음을 보여줍니다. 다니엘은 금식과 기도로 이십일 일을 보냈는데, 대단히 힘든 기간이었습니다. 일단 성경의 기록에 근거해서 보면, 이렇게 힘들었던 것은 다니엘 자신이 선한 인간이 아니었다거나 그의 기도가 올바르지 않아서가 아니라, 사탄의 특별한 공격 때문이었습니다.

주께서는 처음부터 다니엘의 기도가 응답되었음을 알게 하려고 사자를 보내셨지만, 이 선한 천사는 도중에 악한 천사를 만나 싸우느라고 지체하게 되었습니다. 이러한 싸움은 하늘에서 일어나지만 다니엘은 같은 싸움을 이 땅에서 힘들게 기도하는 중에 겪었습니다.

"우리의 씨름은 혈과 육을 상대하는 것이 아니요 통치자들과 권세들과 이 어둠의 세상 주관자들과 하늘에 있는 악의 영들을 상대함이라"(엡 6:12). 사탄의 공격과 그에 따른 피차간의 싸움으로 응답이 꼬박 삼 주나 지체되었습니다. 다니엘은 패배 직전까지 갔고 사탄은 그를 죽이고 희희 낙락할 수도 있었겠지만, 하나님께서는 다니엘이 감당 못 할 것은 결코 허락하지 않으셨습니다(고전 10:13 참조).

신자들의 많은 기도가 사탄의 방해를 받습니다. 하지만 응답 없는 기도가 쌓여 간다 해서 두려워할 필요는 없습니다. 쌓인 기도는 곧 홍수에 둑 무너지듯 터져 나올 것입니다. 그러면 응답은 물론 새로운 축복까지 함께 손잡고 흘러나오겠지요.

지옥은 하나님의 성도들로 인하여 기를 쓰고 일합니다. 귀한 영혼들은 가장 큰 고통과 가장 뜨거운 불로 시련을 당하겠지만, 하늘은 결코 이들을 버리지 않을 것입니다.

5월 17일

사십 년이 차매 천사가……광야……가운데서 그[모세]에게 보이거늘……주께서 이르시되……이제 내가 너를 애굽으로 보내리라. _사도행전 7:30, 33-34

하나님께서 일하는 우리를 한동안 따로 불러내셔서, 다시 일하러 나서기까지 침묵하며 배우라고 하십니다. 기다림으로 보내는 이 시간은 결코 낭비가 아닙니다.

옛날에 어떤 기사가 적에게 쫓겨 달아나다가, 말편자를 갈아 줘야 한다는 생각을 하게 되었습니다. 물론 몇 번을 고쳐 생각해도 계속 도망가는 것이 최선이었지만 왠지 그는 잠시만이라도 길가의 대장간에 멈춰 서고 싶었고, 그것이 더 현명할 듯싶었습니다. 그는 뒤에서 쫓아오는 적들의 말발굽 소리를 들었지만, 편자부터 교체하고 더 달아나려고 대장간 앞에서 기다렸습니다. 마침내 적들이 모습을 보이며 백여 미터 후방까지 추격해 왔지만, 그는 즉시 안장에 올라타 바람처럼 내달렸습니다. 그리고 그 한 번의 멈춤으로 인해 더 빨리 달아날 수 있었습니다.

하나님께서는 빈번히 우리더러 기다렸다 가라고 하실 것입니다. 우리의 이전 임무에서 얻은 피로를 완전히 떨쳐 내고 다음 여정, 다음 일로 들어가도록 하심입니다.

기다림! 그렇다, 인내의 기다림!
다음 여정 밝히 드러날 때까지.
내 안 깊은 곳에서, 나를 부르는
그 음성 듣겠네.

기다림! 그렇다, 희망의 기다림!
그 희망 결코 어두워지지 않네.
주께서 나를 인도하겠다 약속하셨고
나는 그분께 귀 기울이므로.

기다림, 포기할 수 없는 기다림!
오늘은 아닐지라도
주께서 곧, 내 미래의 길로
들어가는 문 여실 테니.

기다림! 그렇다, 기다리고 또 기다림!
나 오래 기다렸지만, 주께서 당신의
목적을 잠시 거두시고 지체하심이
결코 부당하지 않음을 나는 아네.

기다림! 그렇다, 기다리고 또 기다림!
주께서는 늦지 않으시리, 그분께서
문빗장 벗겨 내시기를 나 기다리니
나의 이 기다림 그분께서 아시므로.

―J. 댄슨 스미스

5월 18일

우리가……힘에 겹도록 심한 고난을 당하여 살 소망까지 끊어지고……이는 우리로 자기를 의지하지 말고 오직 죽은 자를 다시 살리시는 하나님만 의지하게 하심이라. _고린도후서 1:8-9

헤아릴 수 없는 고통, 말할 수 없는
고통, 내 힘으로는 감당 못할 고통
육신과 영혼의 고통
마음의 고통, 검은 파도 몰려올 때까지
원수들이 주는 고통, 사랑하는 이들이 주는 고통
고통에 고통, 목숨이 다하도록.

고통으로 하나님밖에는 도우심이 없음을 알고
고통으로 그분의 막대기와 지팡이 사랑하게 되었네,
고통으로 거칠 것 없는 자유 얻고
고통으로 불가능한 것을 믿게 되었네,
고통으로 주님 위해 살고
고통으로 그리스도의 생명 내 삶에 넘치네.

우리는 고통과 고난으로 인하여 삶이 귀한 줄을 압니다. 시련이 끝나고 살아남을 때마다 새로운 시작입니다. 그러므로 우리는 삶의 가치를 더 잘 이해하게 되고, 이로 인해 하나님과 인간을 위해 더 깊이 헌신합니다. 우리가 견디는 고통과 고난으로 우리는 다른 이들의 시련을 이해하며 그들을 돕고 긍휼히 여기는 마음을 갖게 됩니다.

고난을 너무 가볍게 생각하는 사람들이 있습니다. 이들은 아주 쉽게 어떤 이론이나 약속을 들먹이며, 고난에 힘겨워하는 사람들을 불신하고 업신여깁니다. 하지만 크나큰 시련과 고통을 겪어 본 이들은 그렇게 하지 않습니다. 이들은 친절하고 온유합니다. 고통과 고난이 무엇인지를 잘 알기 때문입니다. 그렇습니다. 바울처럼 진정으로 고통을 아는 사람의 입에서야 "사망은 우리 안에서 역사"(고후 4:12)한다는 말이 나오는 것입니다.

우리가 전진하는 데는 시련과 고통의 시간이 필요합니다. 거대한 증기선 밑바닥에서 피스톤을 움직여 엔진을 돌리고 그 큰 배를 추진해 바람과 파도를 가르며 바다를 건너게 하는 동력은 불에서 나옵니다. 우리에게는 고난이 바로 이 불과 같습니다.

5월 19일

말을 마치기도 전에 리브가가 물동이를 어깨에 메고 나오니……이에 그 사람이 머리를 숙여 여호와께 경배하고 이르되……여호와를 찬송하나이다.……주의 사랑과 성실을 그치지 아니하셨사오며. _창세기 24:15, 26-27

신실한 기도는 그 기도가 끝나기도 전에 응답됩니다. "말을 마치기도 전에……" 리브가가 물동이를 어깨에 메고 나왔습니다. 그리스도께서 당신의 말씀으로 이와 같은 응답을 약속하셨습니다. "너희가 무엇이든지 아버지께 구하는 것을 내 이름으로 주시리라"(요 16:23). 우리가 믿음으로 구하고 그분의 이름으로 구하면, 즉 그분과 하나 되고 그분의 뜻에 일치하면, "이루리라"(요 15:7)고 말씀하십니다.

하나님의 말씀은 틀림이 없으므로, 이 간단한 조건들을 채우기만 하면 우리가 기도하는 순간 응답은 이루어지고, 비록 땅에서는 그보다 훨씬 후에 드러날지라도 하늘에서는 이미 완성되어 있는 것입니다. 그러므로 모든 기도는, 이미 응답을 주신 하나님을 찬양하며 끝마침이 좋겠습니다.

"여호와를 찬송하나이다.……주의 사랑과 성실을 그치지 아니하셨사오며"(단 9:20-27, 10:12 참조).

하나님께 축복을 구할 때는 그 복이 이미 우리의 것이 되었다고 여기는 믿음의 자세로 기도를 시작해야 합니다. 우리는 하나님께서 우리의 요청을 허락하신 것으로 알고 그분께 화답해야 합니다. 이러한 믿음의 자세는, 우리의 간구를 하나님께서 들어주시리라 기대하되, 그분께서 이미 들어주셨고, 앞으로도 계속 그리 하실 것임을 당연하게 여기는 태도를 말합니다.

사람들은 결혼을 하면 즉시 새로운 전망을 갖고 그에 따라 행동합니다. 우리가 그리스도를 우리의 구주, 우리의 보혜사 성령, 우리의 치유자, 우리의 구원자로 각각 모실 때도 이와 같이 해야 합니다. 그리스도께서 우리더러 새로운 전망을 가지라고 하십니다. 우리는 이 새로운 전망으로, 그동안 우리가 확신하던 그분의 각 능력과 역할을 인정하게 되고, 우리가 믿음으로 그토록 주장해 온, 그분께서 우리의 모든 것 되심을 또한 인정하게 됩니다.

하나님께서 내게 기도하라 하셔서 내가 구했더니,
기도하는 그 순간 나를 향해 옵니다.

5월 20일

아버지께서 주신 잔을 내가 마시지 아니하겠느냐. _요한복음 18:11

화폭을 대하는 화가의 정성과 섬세함이 아무리 극진하다 해도, 하나님께서 우리를 대하시는 정도에는 비할 바가 못 됩니다. 그분께서는 수많은 슬픔의 붓질과 다양한 색깔의 환경을 통해서 우리를 최상의 모습으로 그려 내십니다. 하지만 우리는 먼저, 그분의 몰약이라는 쓰디쓴 선물을 올바른 취지에서 받아들여야 합니다.

슬픔의 잔이 거두어지고 그 안의 교훈 역시 함부로 버려진다면 우리의 영혼은 치유하기 힘든 상처를 받습니다. 하나님께서 그 몰약의 선물로 표현하시는 사랑은 비길 데가 없어서, 우리 인간으로서는 상상이 불가능합니다. 그런데 우리가 받아들여야 하는 이 크나큰 선물이 우리의 무관심으로 그냥 지나가고, 결국 우리는 거기서 아무것도 얻어 내지 못합니다.

그러니 우리는 빈껍데기로 와서 불평할 수밖에 없습니다. "오 주님, 나는 너무 메말랐습니다. 내 안에는 어둠뿐입니다!" 하나님의 자녀들이여, 마음을 열어 고통과 고난을 받아들이십시오. 거기서 오는 감동과 진실은 말로 표현하기 어려울 것입니다.

인간의 괴로운 부르짖음 하나님께 올라갔다.

"주여, 고통을 거두소서,

당신이 만드신 세상 어둡게 하는 그림자,

숨 막히는 영혼의 사슬,

창공의 두 날개를 누르는 짐,

주여, 당신이 만드신 세상에서 고통을 거두소서,

그리하면 세상이 당신을 더욱 사랑하겠으니."

그리고 주께서 세상의 외침에 응답하셨다.

"고통을 거두면, 고통을 견디며 강해진

영혼의 능력도 함께 거두어 가야 한다.

그리 해도 되겠느냐?

마음과 마음을 묶어 주는 연민을 거두어

높은 곳에 바쳐도 되겠느냐?

불속에서 지혜를 건져 하늘 향해

들어 올리는 네 모든 영웅들을 너는 잃겠느냐?

값을 치르고 구해 내는 사랑, 다 잃어도 웃는

사랑을 거두어 가도 되겠느냐?

내게로 올라오겠다는 네가, 십자가에 달린

그리스도를 네 인생에서 제쳐 놓을 수 있겠느냐?

5월 21일

밤에 부른 노래를 내가 기억하여. _시편 77:6

새장이 밝을 때는 주인이 듣고 싶어 해도 결코 노래하지 않는 작은 새 이야기를 어디선가 읽었습니다. 그 새는 아마 어떤 음조나 박자는 다소 읊조리겠지만, 온전한 노래는 새장을 덮어 햇빛을 차단한 다음에야 배울 것입니다.

많은 사람들이 그렇습니다. 어둠의 그림자가 내리기 전에는 노래를 배우지 못합니다. 우리가 기억해야 할 것이 있습니다. 전설 속의 나이팅게

일은 가시에 가슴을 대고 노래합니다. 천사들의 노래가 들려온 때는 베들레헴의 밤이었습니다. "신랑이로다. 맞으러 나오라"는 소리가 난 것도 한밤중이었습니다(마 25:6).

하늘이 무섭도록 어두워지기 전에 인간의 영혼이 과연 하나님의 풍요롭고 위로하시는 그 완전한 사랑을 알 수 있을지 의심스럽습니다. 어둠에서 빛이 나오고 밤의 자궁 속에서 아침이 탄생합니다.

예전에 제임스 크릴먼이 세르비아에서 추방당한 나탈리 여왕을 찾아 발칸 지역을 여행했습니다. 다음은 자신의 여행을 설명하는 그의 서신 일부입니다.

> 그 잊지 못할 여행에서 나는 세계의 장미 기름이 발칸의 산맥에서 공급된다는 사실을 알았습니다. 무엇보다 흥미로웠던 것은 그 장미들이 반드시 가장 어두운 시간대에 수집돼야 한다는 점이었습니다. 장미 채집자들은 새벽 한 시에 일을 시작해서 두 시쯤에 끝마쳤습니다. 처음에 나는 이러한 작업 방식을 보고 어떤 미신이나 전통의 유습이 아닌가 생각했습니다. 하지만 자세히 조사해 보니 전혀 그것이 아니었습니다. 일광에 노출될 경우 장미향의 사십 퍼센트가 소실된다는 사실이 과학적으로 이미 증명되었다고 합니다.

사람은 가장 어두운 시기에 가장 강해진다는 것 또한 인간의 삶과 문화의 움직일 수 없는 사실입니다.

5월 22일

네 길을 여호와께 맡기라. 그를 의지하면 그가 이루시고. _시편 37:5

이 구절의 문자적 의미는 이렇습니다. "너의 길을 여호와께로 굴리고 그에게 맡기면, 그가 행하신다." 여기서 주목해야 할 것은, 우리가 일단 어떠한 짐이든 우리의 손에서 그분의 손에 맡기거나 "굴리면" 그분께서 즉시 행동하신다는 점입니다. 우리의 짐이 슬픔이 되었든 어려움이 되었든 물질적 필요가 되었든, 사랑하는 사람의 구원에 대한 걱정이 되었든 상관없이, "그분께서 행하십니다."

그분께서 언제 행하십니까? 지금 "행하십니다." 우리는 우리가 믿고 맡기는 것을 하나님께서 즉시 받아 주시지 않는다고, 그래서 결과적으로 우리의 간구가 늦게 이루어진다고 생각합니다. 우리가 맡기는 순간 "그분 께서 행하신다"는 사실을 우리는 이해하지 못하고 있습니다. 그분께서는 지금 행하십니다! 이것이 참되니 그분을 찬양하십시오.

그분께서 행하시리라는 우리의 기대가 있으니, 성령께서는 우리가 그 분께 "굴린" 것을 이루십니다. 굴렸으면 이미 우리의 손을 떠난 것이므로 그 시점에서는 우리 힘으로 하려고 해서는 안 됩니다. "그분께서 행하십니 다." 그러니 안심하고, 굴린 짐을 다시 잡으려 하지 마십시오. 그분께서 실 제로 우리의 어려움을 처리하고 계시니 얼마나 큰 위로입니까!

그리고 누가 "아무런 결과도 눈에 보이지 않는다"고 말해도 절대 관 심 갖지 마십시오.

우리의 짐을 그분께 "굴리고" "예수를 바라보며"(히 12:2) 그 일 해주 시기를 기대하면 그분께서 행하십니다. 우리의 믿음은 시험받을 수 있지 만 그분께서는 행하십니다. 그분의 말씀은 참됩니다.

"내가 지극히 높으신 하나님께 부르짖음이여, 곧 나를 위하여 모든 것 을 이루시는 하나님께로다"(시 57:2).

이 구절의 아름다운 옛 번역이 있습니다. "내 손에 쥔 이상을 그가 행 하시리로다." 오늘 내게는 이 번역이 절실하게 와 닿습니다. "내 손에 쥔" 이것—오늘 나의 일, 내 뜻대로 되지 않는 이 문제, 내 능력에 넘치는 이 임 무—"나를 위하여" 바로 이것을 해달라고 그분께 나는 "부르짖"을 수 있습 니다. 그분께서 행하시리라는 조용한 확신을 가지고서 말입니다. "지혜자 나 그들의 행하는 일이나 다 하나님의 손에 있으니"(전 9:1).

주께서는 우리와 맺으신 언약을 끝까지 지키실 것입니다. 그분께서는 손에 무엇을 받아 들고 계시든 이루실 것입니다. 그러므로 그분께서 이전 에 보여주신 자비는 미래에 대한 보장이며, 우리가 앞으로도 계속 그분께 부르짖을 수 있는 당연한 이유가 됩니다.

5월 23일

저희가 이리저리 구르며 취한 자같이 비틀거리니 그들의 모든 지각이 혼돈 속에 빠지는도다. 이에 그들이 그들의 고통 때문에 여호와께 부르짖으매 그가 그들의 고통에서 그들을 인도하여 내시고. _시편 107:27-28

그리스도인이여, 안색이
창백하도록 궁지에 몰렸습니까?
저 앞에서 다가오는 것, 그대가 지금
짊어지고 있는 모든 것을 생각합니까?
세상이 모두 그대에게 달려들고
그대 혼자 싸우고 있는 것 같습니까?
기억하십시오, "궁지."
거기서 하나님의 능력이 드러납니다.

궁지에 몰렸습니까?
힘겨운 고통으로 앞이 안 보이고
그 고통 더 이상 못 견딜 것 같고
그 압박 감당할 수 없을 것 같고
연이은 고난으로 만신창이가 되었습니까?
비틀거리며, 지각이 혼돈하도록?
기억하십시오, "궁지."
거기로 오시는 일 예수께서 사랑하십니다.

궁지에 몰렸습니까?
그대가 앞에 벌여놓은 일
하나같이 손대다 말고 접어 둔 일
심란하고 고민스럽습니까?
다시 힘을 얻어 그 일 하려고
떨리는 두 손 내밀고 있습니까?

기억하십시오, "궁지."
짐 지시는 이께서 거기 서 계십니다.

궁지에 몰렸습니까?
그렇다면 바로 그 자리에서
그분의 놀라우신 능력 배우십시오,
그대 결코 실망하지 않으리니
틀림없이 더 밝은 길로
그대의 발걸음 곧 내딛습니다,
그리하여 "궁지" 거기서 증명됩니다.
"하나님은 하실 수 있느니라."

— 앙투아네트 윌슨

실망하지 맙시다. 열쇠꾸러미의 그 많은 열쇠 중에 하필이면 마지막 열쇠가 문에 맞는 열쇠일 수도 있습니다.

5월 24일

사라가 임신하고 하나님이 말씀하신 시기가 되어 노년의 아브라함에게 아들을 낳으니. _창세기 21:2

"여호와의 계획은 영원히 서고 그의 생각은 대대에 이르리로다"(시 33:11). 하지만 우리는 하나님의 때를 기다릴 각오가 되어 있어야 합니다. 그분의 때는 정확하고, 그분께서는 정하신 그 "시기"에 행하십니다. 그분의 때를 아는 것은 우리의 일이 아니며, 사실 알 수도 없습니다. 우리는 기다리는 수밖에 없습니다.

아브라함이 하란에 있을 때 하나님께서 그에게 삼십 년을 기다려야 약속한 아들을 두 팔에 안을 수 있으리라고 말씀하셨다면, 그는 틀림없이 맥이 빠졌을 것입니다. 그래서 하나님은 당신의 자비로운 사랑을 보이셔서, 아브라함에게 그 길고 지칠 만한 기다림의 햇수를 숨기셨습니다. 그리고 불과 몇 달만 기다려도 될 만큼 때가 차서야 당신의 약속을 밝히셨습니다. "내년 봄 새싹이 돋아날 무렵에……사라는 이미 아들을 낳았을 것이다"(창 18:14, 공동번역). 마침내 정하신 "시기"가 차서 족장의 집에는 웃음이 가득했고, 노부부는 그간의 힘들었던 기다림을 한순간에 잊을 수 있었습니다.

그러니 하나님의 자녀들이여, 그분께서 기다리라 하실 때는 기운을 내십시오. 여러분이 기다리는 분께서는 결코 여러분을 실망시키지 않으십니다. 그분께서는 약속하신 "시기"에서 오 분도 늦지 않으실 것입니다. 곧 "[여러분의] 근심이 도리어 기쁨이 되리라"(요 16:20)고 말씀하십니다.

오, 하나님으로 인하여 웃는 영혼들은 얼마나 복됩니까! 그분께서 웃음을 주시는 그때가 되면, 어둠이 새벽을 피해 달아나듯 슬픔과 울음이 영원히 달아날 것입니다.

우리는 승객이니 해도와 나침반에 간섭할 수 없습니다. 능숙하신 선장께서만 그 일을 하시도록 맡겨야 합니다.

어떤 것들이 하루아침에 이루어질 수는 없습니다. 심지어 하나님께서도 그 장엄한 일몰을 한순간에 만드시지는 않습니다. 그분께서는 여러 날에 걸쳐 안개를 모으신 후에야, 그것으로 서쪽 하늘에 아름다운 궁전을 지으십니다.

영광스러운 아침이 언제 오느냐고 묻는가?
오, 누가 알리요? 저 험준한 산 들판이 되고
마른 땅이 비를 만나 젖으리니,
저 놋대문은 부서지고, 철창은 바뀌어
별까지 가는 사다리가 되리니,
거친 땅은 평탄해지고, 휘어진 길은 펴지리니,
끈질김으로 기다리는 자에게는 그러하리라.
이러한 일들 하나님 정하신 날에 있으리라.
내일에는 아니라도, 반드시 있으리라.

5월 25일

그러므로 내가 택함 받은 자들을 위하여 모든 것을 참음은 그들도 그리스도 예수 안에 있는 구원을 영원한 영광과 함께 받게 하려 함이라. _디모데후서 2:10

욥 이후의 역사를 통해 무수한 사람들이 욥이라는 한 인간의 시련을 회고하게 되리라는 이 사실을, 잿더미에 앉아 가슴을 치며 하나님의 섭리를 생각하던 욥 자신이 알았더라면 얼마나 좋았겠습니까. 그랬다면 그는 자신의 경험이 세상 사람들에게 도움이 되리라는 점에서 용기를 얻었을 것입니다.

누구도 혼자 살지 않으니 욥의 이야기는 여러분의 이야기와 같고 내 이야기와 같은데, 다만 그의 이야기는 여러 사람이 볼 수 있도록 글로 씌어졌을 뿐입니다. 욥은 고통과 시련으로 기억되는 인물이며, 그에게 고통과 시련이 없었다면 우리는 아마 하나님의 말씀에서 욥이라는 사람을 구경도 못 했을 것입니다.

우리는 앞날의 시련을 결코 알 수 없습니다. 우리는 싸우는 동안 빛을 볼 수 없을지도 모릅니다. 하지만 욥의 인생이 그러했듯, 그 빛 없는 싸움의 날들이 부름받은 우리의 삶에서 가장 의미 있는 날들이 될 것임을 믿을 수 있습니다.

우리에게는 흔히 가장 슬픈 날이 가장 좋은 날임을 어찌하여 모른단 말입니까? 늘 신나고 즐거운 얼굴로 하나님의 푸른 초장만 뛰어다닌다면 우리 영혼의 능력은 몹시 약해집니다.

그렇게 밝기만 한 영혼은 인생의 깊은 것들을 놓치게 됩니다. 물론 그러한 삶도 분명히 나름의 유익이 있고 자체로 충분히 만족스럽지만, 만족의 깊이는 대단히 얕습니다. 그러한 삶에서는 영혼의 발육이 저해되고, 가장 높은 곳에서 가장 깊은 데까지 체험할 수 있는 무한한 잠재력이 억눌립니다. 그리하여 깊고 참된 기쁨에서 오는 풍요를 알기도 전에 인생의 심지가 어느새 바닥까지 타 버립니다.

기억하십시오. 예수께서는 "애통하는 자는 복이 있나니"(마 5:4)라고 말씀하셨습니다. 별들은 겨울의 길고 어두운 밤에 가장 밝게 빛납니다. 또한 용담류의 야생화는 거의 접근하기 어려운 산 정상의 눈과 얼음 속에서 가장 아름다운 꽃을 피워 냅니다.

하나님께서는 고통이라는 압력을 이용해 약속의 성취를 밟아 짜내시는 듯합니다. 그분의 포도즙 틀에서는 고통의 압력으로 가장 달디단 즙이 나옵니다. 슬픔을 아는 사람들만이 슬픔을 겪어 보신 이(사 53:3)의 한량없는 온유를 진정으로 이해할 수 있습니다.

우리는 햇빛을 만나지 못할 수도 있습니다. 하지만 그 장기간의 우울한 어둠은 우리를 위해 지혜롭게 마련된 것입니다. 어쩌면 기나긴 여름으로 바싹 마른 불모지처럼 될 수도 있었으니 말입니다. 우리 주님께서 가장 잘 아십니다. 구름과 해는 그분의 명령을 기다리고 있습니다.

스코틀랜드의 한 구두수선공이 "날이 흐리다"는 소리를 듣고 이렇게 대답했습니다. "예, 하지만 그 사이로 파란 하늘 한 조각 안 보이나요?"

5월 26일

우물물아 솟아나라. 너희는 그것을 노래하라. _민수기 21:17

이상한 노래였고 이상한 우물이었습니다. 이스라엘의 자녀들은 불모의 모래땅을 여행하는 중이었고 절대적으로 물이 필요했지만, 물은 전혀 보이지 않았습니다. 그러자 하나님께서 모세에게 말씀하셨습니다. "백성을 모으라. 내가 그들에게 물을 주리라"(16절).

사람들이 지팡이를 들고 모였습니다. 그들은 타는 듯한 모래땅을 깊이 파들어 가며 노래했습니다. "우물물아 솟아나라. 너희는 그것을 노래하라." 곧이어 쿨렁쿨렁 하는 소리가 들리더니 한순간에 물이 터져 나와서, 우물을 채우고도 넘쳐 지면으로 흘렀습니다. 그들은 사막에 샘을 파면서, 오랫동안 발견되지 않은 지하의 물줄기를 건드렸던 것입니다.

얼마나 아름다운 장면입니까? 이 모습은 우리 삶에 흐르는 축복의 강을 묘사합니다. 믿음과 "찬양"으로 반응하면 어떠한 불모의 사막을 만나더라도 우리의 필요는 공급될 것입니다.

그렇다면 이스라엘 백성은 어떻게 이 우물물을 찾아냈습니까? 찬양으로 찾아냈습니다. 뜨거운 모래 위에 서서 약속의 지팡이로 우물을 파는 동안, 그들은 믿음의 찬양을 불렀습니다.

　불평은 심판을 부르지만 찬양은 사막에서 물을 불러냅니다. 우리의 찬양으로 "광야에서 물이 솟겠고 사막에서 시내가 흐를 것"입니다(사 35:6). 어쩌면 기도조차 그 자체만으로는 축복의 샘에 이르는 통로가 아닐 수 있습니다.

　찬양만큼 주님을 기쁘시게 하는 것은 없습니다. 어떠한 믿음의 증거도 참된 감사의 가치보다 크지 않습니다. 여러분은 하나님을 넘치도록 찬양합니까? 이제까지 주신 셀 수 없는 복으로 인해 그분께 감사드립니까? 인생의 시련에도 담대히 그분을 찬양합니까? 사실 그 시련은 시련의 모습을 한 축복입니다. 이제 앞으로 올 응답으로 인해 먼저 그분께 찬양 드릴 수 있습니까?

　구원을 기다리는 그대,
　오래도록 기다린 영혼아!
　네 구원 노래 속에 있으니
　믿으라!

　구원이 와서, 그대의 묶인 두 발
　풀어 줄 때까지 불평하지 말라,
　기쁜 구원의 노래 들리면
　이제 하나님께서 그대 감싸시리니.

5월 27일

그것을 내게 가져오라. _마태복음 14:18

지금 이 순간 여러분은 필요에 둘러싸여 있습니까? 어려움과 시련과 온통 위급한 일들에 짓눌려 있습니까? 이러한 것들은 모두 여러분에게 성령께서 채우실 그릇을 마련해 주시려는 하나님의 방법입니다. 우리에게 오는 어려움과 고난의 의미를 올바로 이해해야 합니다. 그것은 다른 방법으로는 얻을 수 없는 새로운 축복과 구원의 기회입니다.

주께서 여러분에게 말씀하십니다. "그것을 내게 가져오라." 이제 주께서 채우실 그릇을 그분 앞에서 믿음과 기도로 단단히 붙들고 있어야 합니다. 그분 앞에서 잠잠하십시오. 그리고 그분께서 일을 시작하실 때까지 여러분의 그 번거로운 움직임을 멈추십시오. 그분께서 하라고 직접 말씀하지 아니한 일은 어느 것도 하지 마십시오. 하나님께 일하실 시간을 드리십시오. 그분께서는 반드시 행하십니다. 그리하면, 낙심과 재난으로 우리를 짓누르려는 바로 그 시련이 우리 삶에서 하나님의 은혜와 영광을 전혀 새롭게 드러내는 기회가 될 것입니다.

"[네 필요를] 내게 가져오라."

"나의 하나님이 그리스도 예수 안에서 영광 가운데 그 풍성한 대로 너희 모든 쓸 것을 채우시리라"(빌 4:19).

이 필요를 누가 채웁니까? "하나님이" 채우십니다! 얼마나 채웁니까? "영광 가운데 그 풍성한 대로" 채우십니다! 누구를 통해서 채웁니까? "그리스도 예수"를 통해서 채우십니다! 우리의 모든 필요를 그분의 영광스러운 부요에 맡기고, 그 부요 앞에서 우리의 필요를 잊을 수 있으니 얼마나 거룩한 특권인지 모릅니다. 그분께서 크신 사랑으로 다함없는 창고를 우리 앞에 열어젖히셨습니다. 가서 어린아이 같은 믿음으로 그분께 요청하면, 우리는 이제 더 이상 다른 것에 의지할 필요를 느끼지 못할 것입니다.

내 잔이 넘치나이다(시 23:5)

언제나 "넘치는" 것이 있다,
우리 은혜로우신 주님 의지할 때면.
잔마다 넘치고, 그분의 강은 넓다.
작고 인색한 것, 그분의 창고에서
결코 나오는 법 없으니,
당신의 자녀들에게 넉넉히 주시고
넘쳐서 흐르도록 주신다.

5 월 • 하나님의 벗이 된다는 것

언제나 "넘치는" 것이 있다,
아버지의 손에서 우리의 분깃
감사함으로 받아 들고
우리 앞에 마련하신 길 찬양할 때면.
크고 깊은 만족, 영혼에 흘러넘치고
우리의 눈 환히 밝아진다.
예수께서 영혼의 모든 필요
채우시리라 믿을 때면.

언제나 "넘치는" 것이 있다,
그분의 모든 사랑 이야기할 때면.
어떠한 말로도 그 깊이 더 내려갈 수 없고
어떠한 말로도 그 높이 더 오를 수 없으니,
인간의 입술로는 그분의 놀라우신 온유
결코 모두 다 표현할 수 없고
우리는 다만 찬양하고 경배할 뿐,
그분의 이름 영원히 복되시리니.

— 마거릿 E. 바버

"자기 아들을 아끼지 아니하시고 우리 모든 사람을 위하여 내주신 이가 어찌 그 아들과 함께 모든 것을 우리에게 주시지 아니하겠느냐"(롬 8:32).

5월 28일

당신이 내게 축복하지 아니하면 가게 하지 아니하겠나이다.……그 사람이……거기서 야곱에게 축복한지라. _창세기 32:26, 29

여기서 야곱은 씨름이 아니라 붙들고 매달림으로써 승리와 축복을 얻어 냈습니다. 그는 허리 관절 한쪽이 빠져서 더 이상 싸울 수 없었지만 상대를 놔주려 하지 않았습니다. 씨름이 불가능하게 되자 그는 그 신비로운 상대자의 목을 두 팔로 감고서, 이길 때까지 막무가내로 매달리며 버텼습니다.

우리 역시 싸움을 멈추지 않으면 기도에서 승리할 수 없을 것입니다. 우리는 싸우겠다는 의지를 포기하고 믿음으로 하나님의 목을 껴안고서 끈질기게 매달려야 합니다.

인간의 연약한 힘으로 전능자의 손에서 과연 무엇을 강제로 빼앗아 올 수 있을까요? 우리가 완력으로 하나님에게서 축복을 탈취해 낼 수 있을까요? 완력으로는 그분을 이길 수 없습니다. 축복과 승리를 얻어 내는 것은 끈질긴 믿음의 힘입니다.

물리력으로 혹은 우리의 뜻을 강요하는 방식으로는 승리할 수 없습니다. 승리는 겸손과 신뢰로 이처럼 말할 때 옵니다. "내 원대로 마시옵고 아버지의 원대로 되기를 원하나이다"(눅 22:42).

우리의 자아가 잡혀서 죽어야만 우리는 하나님 앞에서 강해질 수 있습니다. 축복은 씨름이 아니라 믿음으로 매달림으로써 옵니다.

찰스 어셔가 기도생활을 하면서 겪은 한 사건을 보면, "씨름하는 기도"가 승리하는 기도를 실제적으로 어떻게 방해하는지 알 수 있습니다. 그가 들려주는 이야기는 이렇습니다. "내 어린 아들 프랭크가 몹시 아팠는데, 의사는 아이의 회복 가능성을 제시하지 못했습니다. 나는 아들을 위해 기도에 관한 나의 모든 지식을 동원했지만, 아들의 상태는 점점 악화되었습니다. 이러한 상황이 몇 주 동안 이어졌습니다."

"어느 날 침대에 누워 있는 아들을 내려다보는데, 한시바삐 호전되지 않으면 아들이 더는 살 수 없을 것 같다는 생각이 들었습니다. 나는 주님께 말씀드렸습니다. 오 주님, 제 아들을 위해 많은 시간을 기도로 바쳤지만 아들은 낫지 않고 있습니다. 이제 아들을 당신께 맡기고 나는 다른 이들을 위해 기도하겠습니다. 아들을 데려가심이 당신 뜻이면 따르겠습니다. 제 아들을 주님께 완전히 넘겨드립니다."

"나는 사랑하는 아내를 불러 나의 결심을 이야기했고, 아내는 울었지만 역시 하나님께 아들을 내어드렸습니다. 이틀 후에 어떤 신실한 분이 우리 집을 방문하게 되었습니다. 우리 아들 프랭크에게 관심이 많고, 기도 역시 자주 해주시던 분이었습니다. 그가 우리에게 말했습니다. '하나님께서 제게 두 분의 아들이 회복되리라는 믿음을 주셨습니다. 두 분께서도 그렇게 믿습니까?'"

"나는 이렇게 대답했습니다. '나는 아이를 하나님께 맡겼지만 이제 아이 문제를 들고 다시 하나님께 가보겠습니다.' 나는 그렇게 했으며, 기도하는 가운데 내게 아들의 회복에 대한 믿음이 있음을 알았습니다. 아들은 그때부터 회복되기 시작했습니다. 그리고 그때 내게 온 깨달음이 있었습니다. 하나님의 응답을 방해한 것은 다름 아닌 내 기도의 '씨름'이었습니다. 또한 내가 아이를 하나님께 내어 드리지 않고 계속 씨름했다면 아이는 아마 지금 여기에 있지 아니할 것입니다."

오, 하나님의 자녀들이여, 하나님의 응답을 원한다면 우리의 조상 아브라함이 가졌던 믿음의 자취를 따라(롬 4:12) 희생의 산이라도 마다않고 올라갈 각오가 되어 있어야 하겠습니다.

5월 29일

너희를 친구라 하였노니. _요한복음 15:15

몇 년 전 그 아름다운 삶으로 인하여 학생들이 존경하던 독일인 노교수가 있었습니다. 학생들 몇이 그러한 삶의 비밀을 알아보기로 하고, 노교수가 저녁시간을 보내는 연구실에 한 학생을 미리 들여보내서 몰래 지켜보게 했습니다.

교수는 저녁 늦게 연구실에 들어왔습니다. 그는 몹시 피곤했지만 바로 앉아서 성경을 펴고 한 시간을 보냈습니다. 그리고 머리 숙여 침묵기도를 마친 뒤에야 성경을 덮으며 말했습니다. "주 예수님, 당신과 나 사이는 오늘도 변함이 없습니다."

그리스도를 앎(빌 3:10)이 인생의 가장 큰 성취입니다. 무슨 일이 있어도 그리스도인들은 그분과 변함없는 관계를 유지하기 위해 노력해야 합니다.

그리스도를 안다는 것은 사실상 골방에서 드리는 기도와 경건하고 지속적인 개인 성경공부의 결과입니다. 그리스도는 끊임없이 그분의 임재를 구하는 이들에게 더 가까이 계십니다.

> 그분께서 들으시니 말씀드리라,
> 그리하면 성령과 영이 만나리니!
> 그분은 숨결보다 가까이,
> 손발보다 가까이 계신다.

— 말트비 D. 뱁콕

5월 30일

땅에서 속량함을 받은 십사만 사천 밖에는 능히 이 노래를 배울 자가 없더라. _요한계시록 14:3

어떤 노래는 골짜기에서 배울 수밖에 없습니다. 그 노래를 가르쳐 줄 수 있는 음악학교는 없습니다. 어떠한 음악이론으로도 그 노래를 완벽히 부를 수 없으니 말입니다. 그 노래의 선율은 마음속에만 있습니다. 그 노래는 개인적인 체험을 통해서 기억되는 노래, 과거의 어둠 속에서 졌던 짐을 이야기하며 어제의 날개를 타고 비상하는 노래입니다.

이 구절에서 요한이 우리에게 말하는 것은, "땅에서 속량함을 받은" 이들만 부를 수 있는 노래, 그러니까 하늘에서조차 그들 외에는 아무도 부를 수 없는 노래가 있습니다. 그것은 의심의 여지없이 개선가, 곧 우리를 자유하게 하신 그리스도께 바치는 승리의 노래입니다. 하지만 이 승리와 자유의 감격은 과거에 우리가 겪었던 속박의 기억에서 나오는 것입니다.

천사도, 심지어 천사장도 그 노래를 우리처럼 아름답게 부를 수 없습니다. 그토록 아름답게 부르려면 우리가 겪었던 시련을 통과해야 하는데, 이것은 천사들이 할 수 없는 일입니다. 오직 십자가의 자녀들만이 그 노래를 배울 수 있습니다.

그러니 사랑하는 영혼들이여, 여러분들은 지금 이 삶에서 아버지께 음악수업을 받고 있는 것입니다. 아직은 볼 수 없는 성가대의 합창 연습을 하고 있으니, 그 합창에는 우리만 부를 수 있는 성부(聲部)가 있습니다. 그 합창에는 천사들이 낼 수 없는 저음도 있을 테고, 너무 높아서 한 천사만이 낼 수 있는 고음도 있을 것입니다. 하지만 기억하십시오. 최저음은 우리들의 음이고, 우리만이 낼 수 있습니다.

우리 아버지께서는 지금 천사들이 맡을 수 없는 음역을 우리에게 훈련시키고 계십니다. 그리고 그분의 음악학교는 다름 아닌 슬픔의 학교입니다. 그분께서 슬픔을 보내시는 것은 우리를 시험하기 위함이라고 말하는 사람들이 있지만, 그것은 전혀 사실이 아닙니다. 그분은 우리를 교육하시기 위해 슬픔을 보내시며, 그러한 교육으로 천국의 합창에 합당하도록 우리를 훈련하십니다.

가장 어두운 밤에는 그분께서 우리의 노래를 작곡하십니다. 골짜기에서는 우리의 발성을 가다듬어 주시고, 폭풍 구름이 몰려올 때는 우리의 음역을 깊게 하십니다. 세찬 비 내릴 때는 우리의 선율을 부드럽게 하시고, 추운 날에는 우리의 음색을 따뜻하게 하십니다. 그리고 우리가 때때로 희망에서 두려움으로 넘어갈 때는 아직 불완전한 우리의 노랫말을 조금 더 완벽하게 다듬어 주십니다.

오 사랑하는 영혼들이여, 이 슬픔의 학교를 마다하지 마십시오. 천국의 노래에서 결코 빠질 수 없는 성부를 우리가 맡음은 이 학교로 인함입니다.

어두운 한밤이 다가오는가?
그 어둠 길고 짙은가?
그분께 가까이 오시도록 부탁하라,
그분께서 아름다운 새 노래 주시리니,
그 노래 주시고 그대와 함께 부르시리라.
그대 지쳐 노랫소리 느려질 때
그분께서 받아 부르시며, 그분의 소리
그대의 떨리는 음성에 맞추시리라.

하여, 하늘에서 노래하는 많은 이들

빛의 아들들에 둘러싸여

그분의 아름다운 노래를 두고 말하리라.

"나는 밤에 그 노래를 배웠다."

정녕 그러해서, 지금 아버지 집에 넘치는

아름다운 찬송들 모두가

어두운 방 한 모퉁이에서 울며,

울며 연습한 노래라네.

5월 31일

네가 장수하다가 무덤에 이르리니 마치 곡식단을 제때에 들어 올림 같으니라. _욥기 5:26

언젠가 고(古)선박의 자원 활용에 관한 글을 썼던 어느 사람의 말에 따르면, 배에서 뜯어 낸 목재의 가치는 그 목재가 얼마나 오래 되었느냐는 사실 하나만으로 결정되지는 않습니다. 바다를 다니며 배가 받은 압력과 뒤틀림, 배 밑바닥의 더러운 물에 의한 화학작용, 성질이 다른 여러 종류의 화물 등등의 요소 또한 목재의 가치에 영향을 끼친다고 합니다.

　　몇 년 전, 팔십 년 된 배의 참나무 갑판보를 뜯어서 켜낸 판자와 합판 몇 점이 뉴욕 시 브로드웨이의 화려한 가구점 한 곳에 전시된 적이 있습니다. 이 목재들은 우아한 색상과 아름다운 나뭇결로 인해 주목을 끌었습니다. 육십 년을 항해한 배에서 철거한 마호가니 갑판보들 역시 대단했습니다. 수십 년의 항해로 인해 목재의 숨구멍이 수축해서 색상이 짙어졌는데, 그 화려함과 밝기는 중국산 골동품 도자기에 비견될 정도였습니다. 그 후 이 목재를 이용해 만든 장식장이 지금 뉴욕의 어떤 부잣집 거실에서 한자리 차지하고 있다고 합니다.

　　노년의 삶에도 현격한 차이가 있습니다. 평생을 무관심하고 이기적이며 무익하게 살아온 사람들과, 하나님의 종이요 다른 이들의 조력자로서 화물과 짐을 싣고 한평생 거친 바다를 헤쳐 온 사람들의 삶은 질적으로 다릅니다. 후자의 경우, 살아오며 받은 압박과 긴장이 삶에 스며 있을 뿐만 아니라, 그들이 신고 다니던 뱃짐의 달디단 향내 또한 그들의 품성이라는 근조직의 숨구멍 깊이 배어들어 있는 것입니다.

초저녁 지평선 밑으로 마침내 해가 떨어져도 그 자취는 얼마간 지속됩니다. 해가 떠난 뒤 하늘은 족히 한 시간을 붉게 빛납니다.

어떤 선한 사람, 뭔가 위대한 사람의 인생에 최후의 일몰이 왔을 때도 마찬가지입니다. 이 세상의 하늘은 그가 사라진 후에도 오래도록 빛납니다. 그러한 사람은 자신의 많은 부분을 남겨 두고 떠나므로 이 세상에서 죽지 않습니다. 그는 죽어서도 말을 합니다.

빅토르 위고는 여든이 훨씬 넘은 나이에 자신의 믿음을 이토록 아름답게 표현했습니다. "내 영혼 속에서 나는 내 미래 삶의 증거를 느낍니다. 나는 여러 차례 베어 넘겨진 숲과 같지만, 새로운 초목의 생명력은 더없이 왕성합니다. 나는 언제나 머리 위로 쏟아지는 햇빛을 받으며 창공으로 날아오릅니다. 땅은 내게 풍부한 수액을 제공하지만 하늘은 미지의 세계로 가는 나의 길을 비춥니다."

"영혼은 우리 육신의 힘이 작용한 결과일 뿐이라고 사람들은 말합니다. 이것이 사실일진대, 내 육신이 소멸해 가는 이때 어찌하여 내 영혼은 더 밝아집니까? 내 머리에는 겨울이 가득할지 모르나 내 가슴에서는 영원한 봄이 솟구칩니다. 이 인생 만년에 나는 스무 살 때처럼 라일락꽃, 제비꽃, 장미꽃 향기를 맡습니다. 그리고 내 여정의 끝이 가까울수록, 나를 부르는 영원한 세계의 그 불멸의 교향곡을 나는 더 똑똑히 듣습니다. 장엄하지만 깊도록 단순한 소리입니다."

6월

폭풍을 타고 오는 노래

6월 1일

전에 그들에게 이르시기를 이것이 너희 안식이요 이것이 너희 상쾌함이니 너희는 곤비한 자에게 안식을 주라 하셨으나 그들이 듣지 아니하였으므로. _이사야 28:12

왜 걱정합니까? 걱정을 해서 무엇에 쓰려고 합니까? 여러분은 지금 선장께서 방향타를 맡기셨다 해도 감히 조종할 엄두도 낼 수 없을 만치 거대한 배에 타고 있습니다. 키는 고사하고 돛조차 조정할 능력이 없는데, 여러분은 마치 이 배의 선장이나 조타수인 양 걱정하고 있습니다. 사랑하는 영혼들이여, 잠잠하십시오. 하나님께서 선장이십니다!

여러분은 지금 하나님께서 가시를 남겨 두셔서 삶이 이토록 번거롭고 소란스럽다고 여깁니까? 하나님은 그럴 분이 아니십니다! 그분의 병마는 바람처럼 달리고 그분의 병거는 차라리 폭풍입니다. 하지만 그분의 말에는 재갈이 물려 있고, 하나님께서는 고삐를 잡아 그분 뜻대로 병거를 몰아가십니다!

우리의 하나님 여호와께서는 여전히 선장이십니다! 이를 믿으면 여러분에게 평화가 있습니다. "두려워하지 말라"(마 14:27).

> 오늘 밤, 내 영혼아, 편히 자거라,
> 폭풍은 하나님의 깊은 바다에서 요동할 뿐이니,
> 그대의 바다 아니라 하나님의 깊은 바다이니, 편히 자거라.
>
> 오늘 밤, 내 영혼아, 편히 자거라,
> 하나님의 손이 유혹자의 소요를 잠잠케 하리니,
> 그대의 손이 아니라 하나님의 손이니, 편히 자거라.
>
> 오늘 밤, 내 영혼아, 편히 자거라,
> 밤이 숨어서 다가온다 해도 하나님의 사랑 강하시니,
> 그대의 사랑 아니라 하나님의 사랑이니, 편히 자거라.

오늘 밤, 내 영혼아, 편히 자거라,

하나님의 천국이 우는 자를 위로하리니,

그대의 천국 아니라 하나님의 천국이니, 편히 자거라.

절망에 지지 않기를 여러분들에게 간절히 호소합니다. 절망은 위험한 유혹입니다. 우리의 원수가 그것을 받아들이기 딱 좋을 만큼 세련되게 만들어 놓았기 때문입니다. 희망을 놓으면 마음이 줄어들고 말라서 하나님의 축복과 은혜를 느낄 수 없습니다. 또한 이 절망으로 인해 우리는 인생의 역경에 과도하게 반응하고 우리의 짐을 감당 못할 만큼 무겁다고 여기게 됩니다. 하지만 우리를 위한 하나님의 계획과 그 계획을 성취하시는 그분의 방법은 한없이 지혜롭습니다.

6월 2일

아브라함이 바랄 수 없는 중에 바라고 믿었으니……믿음이 약하여지지 아니하고. _로마서 4:18-19

위대한 믿음의 소유자 조지 뮬러가 언젠가 했던 말을 나는 결코 잊을 수 없을 것입니다. 어떤 신사가 뮬러에게 믿음이 강해지는 가장 좋은 방법을 묻자 그는 이렇게 대답했습니다. "강한 믿음을 얻는 유일한 방법은 크나큰 시련을 견디는 것입니다. 나는 혹독한 시련에 맞섬으로써 믿음을 배웠습니다."

과연 그렇습니다. 우리는 다른 모든 것이 무너져도 믿어야 합니다.

사랑하는 영혼들이여, 여러분은 현재 여러분이 처한 상황이 얼마나 가치가 있는지 알지 못합니다. 지금 크나큰 고통을 겪고 있습니까? 그렇다면 여러분은 가장 강한 믿음의 입구에 서 있는 셈입니다. 여러분이 순복한다면 하나님께서 이 어둠의 시기에 여러분을 가르치셔서 그분의 보좌에 든든히 연결된 끈을 쥐도록 하실 것입니다.

"두려워하지 말고 믿기만 하라"(막 5:36). 그럼에도 두렵거든 하늘을 보며 이렇게 말하십시오. "내가 두려워하는 날에는 내가 주를 의지하리이다"(시 56:3). 그리하면 하나님께 감사드릴 수 있을 것입니다. 슬픔의 학교가 어느새 믿음의 학교로 바뀌어 있을 테니 말입니다.

큰 믿음은 먼저 큰 시련을 견뎌야 합니다.

하나님의 크신 선물은 크나큰 고통을 통해서 옵니다. 영적인 영역에서나 자연계에서나 막대한 수고와 눈물 없이 가치 있는 어떤 것이 나올 수 있을까요? 출산의 고통으로 피 흘리며 노력한 사람들 없이 어떤 위대한 개혁과 인류에 유익한 발견과 영혼을 깨우는 각성이 있었습니까? 다윗은 하나님의 성전을 짓기 위해 말할 수 없는 고통을 감내해야 했습니다. 그리고 바울은 유대교 전통에서 은혜의 복음을 구해 내기 위해 기나긴 시련에 자신의 삶을 바쳐야 했습니다.

힘내라, 십자가를 지고
지쳐 쓰러지는 이여,
기억하라, 그대 크게 잃음은
크게 얻기 위함이니.
그대의 삶, 희생으로
더 귀하고 거룩하다.
무수한 꽃송이 바스러져야
귀한 향유 한 방울 얻는다.

파도를 몰아오는 폭풍우로 인해
바다는, 하늘이 맑았던
이전보다 깨끗하고
또 깨끗하다.
창공의 저 아름다운 깃발
따스한 대낮에는 휘날리지 않으니,
무지개는 그렇게 번개구름 뒤에서,
폭풍우 뒤에서 온다.

6월 3일

우리가 저편으로 건너가자. _마가복음 4:35

'그리스도의 명령대로 했으니 폭풍우는 모면할 수 있다?' 그런 기대는 금물입니다. 본문에서 제자들은 그분의 명령에 순종했지만 험한 폭풍우를 만나 빠져 죽을 지경에 처했습니다. 다급해진 그들은 아우성치며 그리스도의 도우심을 구했습니다.

우리가 위험에 처해 있어도 그리스도께서는 늦게 오실 수 있습니다. 하지만 그것은 우리의 믿음이 단련 받아 강해지도록 하기 위함입니다. 또한 우리의 기도가 더 강해지도록, 구원의 열망이 더 커지도록, 그리하여 마침내 구원이 왔을 때 우리의 감사가 한층 깊어지도록 하기 위함입니다.

그리스도께서는 제자들을 찬찬히 꾸짖으며 물으셨습니다. "어찌하여 이렇게 무서워하느냐. 너희가 어찌 믿음이 없느냐"(40절). 사실은 이렇게 말씀하신 것이나 다름없습니다. "너희는 왜 저 광풍에 당당히 맞서지 못하였느냐? 왜 저 바람과 파도에게, 전능하신 구주 그리스도께서 배에 타고 계시니 우리를 해할 수 없다고 고함치지 않았느냐?"

물론, 폭풍우에 둘러싸여 있을 때보다는 화창한 날에 하나님을 의지하기가 한결 쉽습니다. 하지만 폭풍 속에서 단련되지 않으면 우리는 결코 진정한 믿음을 알지 못할 테고, 바로 그러한 이유로 우리 구주께서 배에 타고 계신 것입니다.

우리가 진실로 "주 안에서와 그 힘의 능력으로 강건"해질 수 있다면 (엡 6:10) 어떠한 광풍을 만나도 견뎌 낼 것입니다.

그리스도께서 내 배에 계시니
폭풍우는 아무것도 아니라네.

그리스도께서는 "우리가 저편으로 건너가자"고 하셨지 "바다 한가운데로 가서 빠져 죽자"고 하지 않으셨습니다.

6월 4일

여호와께서……밤새도록 바닷물을 물러가게 하시니. _출애굽기 14:21

이 구절에는 하나님께서 밤에도 일하신다는 위로의 말씀이 있습니다. 하나님께서 이스라엘의 자녀들을 위해 베푸신 위업은 그들이 아침에 일어나 홍해를 건널 수 있음을 눈으로 확인하던 그때 일어난 것이 아닙니다. 그 일은 "밤새도록" 일어났습니다.

상황이 극히 어두워 보일 때 여러분의 삶에서도 위대한 일이 일어날 수 있습니다. 증거는 볼 수 없어도 하나님께서는 일하고 계십니다. 하나님께서는 이스라엘 백성이 마침내 증거를 보게 된 다음 날 낮에도 일하셨지만, 그에 못지않게 이미 밤에도 "밤새도록" 일하셨습니다. 다음 날에는 사실 하나님께서 전날 밤에 해놓으신 일이 드러났을 뿐이었습니다.

모든 것이 어두워 보이는 여러분의 인생 어느 한곳에서도 이와 같은 일이 벌어지고 있음을 압니까? 볼 믿음은 있는데 아직 못 보고 있습니까? 영적인 성장이라는 면에서 지속적인 승리가 부족합니까? 날마다 나누던 묵상의 친교는 사라지고 도처에 어둠뿐입니까?

"밤새도록 바닷물을 물러가게 하시니." 잊지 마십시오. "밤새도록"이었습니다. 하나님께서는 동이 틀 때까지 온밤을 일하십니다. 우리 눈에는 안 보일지라도 믿기만 하면, 그분께서는 우리 인생의 어두운 밤 내내 일하십니다.

"밤새도록" 주께서 일하시되,
거센 폭풍우 속에서 일하셨다.
거침없이 흘러넘치며 불어나는
해류를 붙들고 일하셨다.

"밤새도록" 하나님의 자녀들은 기다렸다.
속은 타들어 갔으리,
뒤는 적이요

앞은 흉용한 바다였으니.

"밤새도록" 어둡되, 사는 동안
그런 어둠은 처음인 듯했다.
하나님 임재의 빛 가까이 있어
그들을 지켜주었음에도.

"밤새도록" 뜬눈으로 지샌 밤
지나가고, 마침내 날이 밝아서야
그들은 알았다. 하나님께서 길을 내시느라
"밤새도록" 일하셨음을.

"밤새도록" 오, 슬픔의 자녀들이여,
그대들의 비탄 거둘 수 없는가?
그대들의 하나님 낮에만 아니라
칠흑의 어둠 속에서도 일하시나니.

—L. S. P.

6월 5일

너는 네 하나님 여호와께 한 징조를 구하되 깊은 데에서든지 높은 데에서든지 구하라. _이
사야 7:11

내 영혼아, 간구하고 간구하라,
하나님께서 네 청원에
넘치도록 행하시니,
거룩하신 분께 나아가,
그분 사랑의 창고에서 뽑아 쓰라.
그분께 모든 것을 맡기고

오늘을 시작하라.

그리하면 찾아오는 기쁨 있으리라,

예수께서 당신의 길로 행하시니!

우리는 하나님의 강한 빗소리 들을 때까지 쉬지 말고 기도하며 "주님을 기다려야"(사 8:17)합니다. 큰 것을 구하지 말아야 할 이유는 없습니다. 아무리 큰 것이라도 믿음으로 구하면 틀림없이 받을 수 있을 것입니다. 그러니 용기를 가지고 끈질기게 주님을 기다리며 우리가 할 수 있는 일들을 해야겠습니다.

바람을 일으키거나 그 방향을 바꾸는 것은 우리가 할 수 있는 일이 아닙니다. 하지만 바람이 불 때 돛을 펼쳐 그 바람을 타는 것은 우리가 할 수 있는 일입니다. 우리는 전기를 만들어 낼 수 없지만 전선에 연결하여 활용할 수는 있습니다. 우리는 하나님의 영을 우리 뜻대로 할 수 없지만 부름받은 일을 준행함으로써 주님 앞에 우리 자신을 세워 둘 수 있고, 그로 인해 그분의 강력한 숨결의 영향과 능력을 덧입을 수는 있습니다.

오래 전에 있었던 것처럼 크나큰 이적이 오늘날에는 있을 수 없습니까? 엘리야의 하나님은 어디 계십니까? 그분께서는 이 시대의 엘리야가 그분을 외쳐 부르기를 기다리고 계십니다.

성경의 위대한 성도들이라 해서 우리가 넘볼 수 없는 사람들은 아닙니다. 그들의 영적인 능력, 오늘날 우리의 신앙적 영웅이 될 수밖에 없었던 그들의 열정은 우리로서도 가능한 것들입니다. 그들이 보여준 믿음과 소망과 사랑을 우리 또한 보여줄 수 있다면, 그들과 마찬가지로 우리에게서도 놀라운 일들이 이루어질 것입니다. 엘리야가 몇 마디 말로써 문자 그대로 불과 비를 불러 내렸듯이, 우리 역시 입에서 나오는 단순한 기도만으로도 하늘로부터 하나님의 은혜로운 이슬과 그분의 영의 사르는 불을 능히 불러 내릴 수 있습니다. 우리에게 요구되는 것은, 엘리야처럼 믿음으로 온전하게 확신하며 그 기도를 드려야 한다는 것뿐입니다.

6월 6일

시험에 들지 않게 깨어 기도하라. _마태복음 26:41

사랑하는 친구여, 먼저 기도하지 않았거든 위험한 세상으로 나가지 마십시오. 당신의 기도 시간을 줄이고 싶은 유혹이 언제나 있습니다. 힘들게 일하고 와서 무릎 꿇고 기도하려고 할 때 졸음을 핑계로 일찍 쉬려 하지 마십시오. 늦잠을 잔 경우에도 아침기도를 거르거나 서둘러 끝마치려는 유혹을 물리쳐야 합니다.

당신은 또다시 "깨어 기도"할 시간을 놓쳤습니다. 경계를 게을리했으니 크나큰 피해가 있으리라고 나는 믿습니다. 당신은 기도를 하지 못했고 그에 따른 대가를 치를 것입니다.

유혹은 당신과 싸우기 위해 기다리고 있는데 당신은 그에 맞설 준비가 되어 있지 않습니다. 당신의 영혼 안쪽에 죄의식이 있으며, 당신은 하나님과 거리를 둔 채 머뭇거리는 듯합니다. 당신이 피곤을 구실 삼아 기도생활을 게을리 한 날에는 일상 의무에서도 역시 나태해지는 경향이 있는데, 이것은 결코 우연이 아닙니다.

게으름에 굴복하여 놓쳐 버린 기도의 순간순간은 되찾을 수 없습니다. 물론 이러한 경험도 하나의 배움일 수 있지만, 기도하는 순간마다 우리가 받아 누릴 새로운 힘과 풍요는 영구히 놓쳐 버리고 마는 것입니다.

예수께서는 하나님의 전능하신 아들이었음에도 동트기 전에 일어나 기도하며 아버지께 마음을 토로해야 한다고 생각하셨습니다. 하물며 우리야 더더욱 기도의 필요성을 느껴야 하지 않겠습니까? "온갖 좋은 은사와 온전한 선물"(약 1:17)을 주시며 우리의 모든 필요를 채우겠다고 약속하신 그분께 드리는 기도 말입니다.

우리는 예수께서 시간을 바쳐 기도드리며 얻은 것을 모두 알 수는 없지만, 이 사실 하나만은 분명히 알 수 있으니, 기도 없는 삶은 능력 없는 삶이라는 것입니다. 기도 없는 삶도 바쁘고 화려할 수 있지만, 밤낮으로 하나님께 기도했던 예수와는 아무 상관도 없는 삶일 것입니다.

6월 7일

나를 지으신 하나님은 어디 계시냐고 하며 밤에 노래를 주시는……이가 어디 계시냐. _욥기 35:10-11

밤새도록 날 밝기만 바라며 잠 못 이루고 뒤척이던 경험이 있습니까? 그런 일이 있거든 여러분의 마음을 하나님 생각으로 채워 달라고 성령께 부탁하십시오. 그리고 그분께서 외롭고 쓸쓸한 그 밤을 노래로 채워 주실 것을 믿으십시오.

여러분의 쓸쓸한 밤은 사별 때문입니까? 하나님께 생각을 집중하면 그분께서 여러분의 슬픈 마음 가까이 오셔서, 죽은 이는 그분이 필요해서 데려가셨다는 확신을 심어 주십니다. 세상 떠난 사랑하는 이의 영혼, 무엇에나 열심을 내던 그 영혼을 하늘의 빛나는 무리와 함께 세우시기 위해 부르셨다고 주께서 반드시 말씀하실 것입니다. 이러한 생각이 마음에 들어오고, 사랑하는 이가 지금 하늘의 큰 사명을 거들고 있으리라는 깨달음이 솟구치면, 당신의 가슴에서 노래가 시작됩니다.

여러분의 잠 못 이루는 밤은 좌절과 실패 때문입니까? 혹은 그렇게 될지도 모른다는 두려움 때문입니까? 아무도 여러분을 이해하지 못하고, 친구들도 여러분을 피하는 것 같습니까? 힘내십시오. 여러분을 지으신 이께서 "너희를 가까이하시리라"(약 4:8) 말씀하셨습니다. 그분께서 가까이하시고 또한 노래를 주시는데, 하나님의 섭리가 빚어내는 강하고 우렁찬 반주에 어울리는 희망의 노래를 주십니다. 이제 여러분을 지으신 이께서 주시는 노래를 부릅시다.

> 그러면 어찌할까? 맥없이 앉아 중얼거려야 할까?
> 밤이 왔으니 낮은 다 가버리고 말았다고?
> 하지만 저녁노을 사라지니, 낮에 없던
> 별들 저리도 하늘에 총총한 것을.

배의 힘은 태풍을 만나서야 제대로 증명되고, 복음의 능력은 그리스도인이 불의 시련에 놓일 때에야 온전히 드러납니다. 하나님께서 "밤에 부를 노래"를 주시려면 반드시 우리 앞에 먼저 밤이 와야 합니다.

6월 8일

하나님께로서 난 자마다 세상을 이기느니라. 세상을 이기는 승리는 이것이니 우리의 믿음이니라. _요한일서 5:4

그냥 놔두면 우리가 가는 곳마다 쫓아와서 승리와 마음의 평화를 강탈해 가는 어떤 것이 있습니다. 사탄은 하나님의 자녀들을 해치고 속이는 일에서 은퇴할 생각이 전혀 없습니다. 우리는 인생의 고비를 맞을 때마다 체험의 온도를 재 보는 것이 좋고, 그래야 심상찮은 사태를 예민하게 감지할 수 있습니다.

이렇게 영적 온도를 파악하고 적시에 믿음을 행사하면 어떤 때는 정말 패배 일보 직전에서 승리를 낚아챌 수 있습니다.

믿음은 아무리 어둡고 어려운 상황이라도 바꿀 수 있습니다. 진정으로 하나님을 믿으며 우리의 마음을 그분께 들어 올리는 순간, 상황은 바뀔 것입니다.

하나님께서는 여전히 보좌에 계시고, 우리가 믿기만 하면 한순간에 패배를 승리로 돌리실 수 있습니다.

하나님은 능력이시며 구원!
시련의 시간마다 승리자는 믿음,
우리가 하나님의 전능하신 능력을 믿어
두려움과 염려와 죄와 슬픔 패배하리라.

하나님을 믿으라, 오늘은 구름이
어두울지라도 기필코 햇살이 비치리니,
그분 마음에 작정하신 너와 나의 길 있으니,
하나님을 믿고 또 믿으라.

믿음이 있으면 후퇴할 필요가 없습니다. 여러분은 어디서 원수와 마주치든 막아 낼 수 있습니다.

6월 9일

여호와를 의뢰하고 선을 행하라. 땅에 머무는 동안 그의 성실을 먹을거리로 삼을지어다. _
시편 37:3

어떤 가난한 여인을 만난 적이 있습니다. 남의 집 가정부로 어렵게 먹고 살고 있지만 밝고 용감한 그리스도인이었습니다. 하루는 또 다른 그리스도인 여성이 뚱한 표정으로 이 가난한 여인에게 말했습니다. "낸시, 당신이 오늘은 행복하겠지만, 당신 미래를 생각해 보면 정신이 번쩍 들 겁니다. 예를 들어, 당신이 병들어 일도 못한다고 가정해 봅시다. 또 당신이 지금 가정부로 있는 주인댁이 이사 가고 어디서도 일자리를 구할 수 없는 경우를 가정해 봅시다. 그리고 또……."

"그만 하세요!" 낸시가 외쳤습니다. "나는 가정 같은 거 안 합니다. 여호와는 나의 목자시니 내가 부족함이 없으리로다(시 23:1). 그리고……." 낸시는 그 우울한 친구에게 덧붙여 말했습니다. "당신이 늘 그렇게 비참한 것은 다 그 가정하는 버릇 때문입니다. 그 습관을 버리고 그냥 주님을 의지하세요."

어린아이 같은 믿음으로 받아들이고 실행하면 신자들의 삶에서 그 모든 "가정"을 제거해 주는 말씀이 있습니다. "내가 결코 너희를 버리지 아니하고 너희를 떠나지 아니하리라 하셨느니라. 그러므로 우리가 담대히 말하되 주는 나를 돕는 이시니 내가 무서워하지 아니하겠노라. 사람이 내게 어찌하리요"(히 13:5-6).

> 내 앞길 고난의 강 놓여 있네,
> 깊고 넓어라 시퍼런 물이여.
> 나 그 넘치는 물 건널 때,
> 혹독한 시간 기다리고 있으리니.

262

하지만 나는 웃고 노래하며 말하네,
"나는 언제나 희망하며 믿을 테다,
내일의 슬픔 마다하지 않겠으나
오늘은 슬퍼하지 않을 테다."

내일의 다리 위험하니
무서워라, 건너기 어렵네.
버팀목들 흔들리고
둥그런 아치 뒤틀렸네.
오, 영혼아 언제나 희망하라,
노래하고 믿으며 말하라,
"내일의 슬픔 마다하지 않겠으나
오늘은 슬퍼하지 않을 테다."

창공을 높이 날아가는 독수리는 강을 어떻게 건너야 할까 염려하지 않습니다.

6월 10일

우리가 알거니와 하나님을 사랑하는 자 곧 그의 뜻대로 부르심을 입은 자들에게는 모든 것이 합력하여 선을 이루느니라. _로마서 8:28

바울의 이 엄청난 진술을 보십시오. 그는 지금 "어떤 것"이라거나, "대부분의 것"이라거나, 심지어는 "기쁨 가득한 것"이라고도 하지 않고 오직 "모든 것"이라고 말합니다. 이 약속이 미치는 범위는 우리 인생의 가장 사소한 문제에서부터 가장 중요한 문제에 이르기까지, 우리 일상의 가장 작은 일에서부터 위기 시에 하나님께서 행하시는 가장 큰 은혜의 역사에 이르기까지 전폭적입니다.

　　바울은 여기서 현재시제로 진술합니다. "이루느니라." 그렇습니다. "이루었다"도 아니고 "이룰 것이다"도 아닙니다. 끊임없는 진행형입니다.

우리는 또한 성경을 통해서 하나님의 정의가 깊은 바다와 같음을 압니다(시 36:6). 지금 이 순간 하늘의 천사들이 날개를 접고, 하나님의 위대한 계획이 펼쳐지는 모습을 지켜보며 틀림없이 이렇게 외치고 있을 것입니다. "여호와께서는 그 모든 행위에 의로우시며 그 모든 일에 은혜로우시도다"(시 145:17).

하나님께서 "모든 것이……선을" 이루도록 조정하시면 그것은 얼마나 아름다운 조합이 되겠습니까. 그분께는 여러 가지 다양한 색깔이 필요합니다. 그 자체로는 지극히 단조로운 색깔들을 모아서 아름답고 조화로운 문양을 만드시기 위함입니다.

아름다운 노래를 짓기 위해서는 각기 다른 음색과 음정, 심지어는 불협화음까지 필요합니다. 기계 한 대를 만들려면 여러 개의 바퀴와 부품과 연결 장치가 필요합니다. 기계 부품 하나만 떼어 놔서는 쓸모가 없고, 노래 역시 한 음정만 분리해서 들으면 달리 아름답다고 할 수 없을 것입니다. 하지만 그 하나하나를 모아서 조합하고 완성하면 완벽한 균형과 조화를 이루게 됩니다.

우리는 이 구절에서 믿음의 교훈을 얻을 수 있습니다. "내가 하는 것을 네가 지금은 알지 못하나 이후에는 알리라"(요 13:7).

천 번의 시련을 겪어서 "선을 이루는" 횟수는 오백 번 정도가 아닙니다. 구백아흔아홉 번 하고도 한 번 더입니다.

하나님은 그것을 선으로 바꾸사(창 50:20)

"하나님은 그것을 선으로 바꾸사."
이 복된 확신,
삶의 길 저편까지 비추는 햇빛 같으니
하늘나라 황금빛으로 지상의 먹구름 물들이며
날마다 새로운 평화와 위로 만나게 하네.

믿음 없는 형제들의 손이 요셉을

이국의 노예로 팔아넘김은 우연이 아니었고
그가 고난의 세월 겪은 후,
바로의 권좌 앞에 섬도 우연이 아니었다.

어떤 전능한 눈이 만인의 필요를 보고
그 외로운 영혼을 통해 필요를 채우고자 했다.
그리하여 노예의 옥살이, 그 고난의 세월을 통해
위대하고 영광스러운 목적을 이루고자 했다.

하지만 노예는 아직 그 끝을 알 수 없었고
그 몸이 쇠사슬에 매이도록 고통스러웠다.
그의 눈, 목전에 놓인 슬픔의 길은 알았으나
그 길 너머까지는 아직 시선을 던지지 못했다.

믿음은 깊고 어두운 기다림의 세월 버텼고
하나님을 향한 그의 신뢰는 마침내 보상 받았으니,
그분께서 당신의 종 이끌어 내사
과거의 모든 슬픔과 고난 위로하셨다.

"나를 이리로 보낸 이는 당신들이 아니요 하나님이시다."
승리의 믿음은 훗날 그렇게 증언했다.
"하나님은 그것을 선으로 바꾸사." 어떠한 이유도
그의 찬송을 방해하는 불협화음이 될 수 없었다.

사랑하는 자여, 그대를 위해 "하나님은 그것을
선으로 바꾸셨다." 요셉의 하나님은 오늘도 동일하시니,
그분의 사랑, 때로 알 수 없는 고통 허락하시지만
그분의 손은 알 수 없는 그 길 언제나 인도하신다.

그대의 주님은 일의 시초부터 이미 끝을 아시는 분,

아직 그대에게 밝히지 않은 사랑의 목적이 있다.

그러니 그분의 손 잡고 두려워 말고 따라가라.

그분의 풍성한 은혜 보일 때까지.

하여, 그대 영광의 집에 당당히 서서

지나온 인생 길 모두 돌아볼 때,

그대 그때까지 잡고 온 손을 보며

영원토록 그분의 사랑 찬미하리라.

— 프레다 핸버리 앨런

6월 11일

주의 종은 마땅히……온유하며._디모데후서 2:24

하나님께서 우리를 사로잡아 강퍅한 본성을 바꾸시면 우리는 예수의 영을 깊이 알게 됩니다. 또한 그때 우리는 이전과는 달리, 그 놀라운 마음의 온유가 어둡고 믿음 없는 이 세상으로 퍼져 나가는 모습을 봅니다. 하지만 "성령의 열매"(갈 5:22)라는 선물이 우리 삶에 자동적으로 드러나는 것은 아닙니다. 우리가 그 열매를 얻을 수 있음을 알고, 간절히 바라며, 그 열매가 생각 속에서 떠나지 않을 정도로 우리의 인식이 확고하지 않으면, 그열매는 결코 우리의 마음이나 행실에 심겨질 수 없을 것입니다. 우리는 하나님의 은혜 가운데 한 단계씩 영적으로 성장해 가겠지만, 먼저 우리에게 거룩한 성품이 부족하다는 것을 인정하고 그러한 성품을 얻겠다는 진지한 결단을 앞세워야 합니다.

하지만 온전한 온유를 얻기까지의 고통을 기꺼이 감당하려는 그리스도인들은 매우 적습니다. 우리가 온유해지려면 먼저 우리 자신이 죽어야 하고, 이 죽음의 십자가는 고통을 수반합니다. 이는 자아가 깨져서 바스러지는 경험을 뜻하는데, 이 경험이 곧 우리 마음을 말할 수 없이 괴롭혀서 결국은 항복을 받아 내는 도구로 사용될 것입니다.

　오늘날 많은 사람들이 정신능력이나 논리적 사고를 앞세워 성화를 얻으려고 하지만, 이러한 시도는 종교적 편의품에 지나지 않습니다. 그냥 마음속으로 자신들을 제단에 바치고 그 제단에서 성화의 선물이 나오리라고 믿으면 된다는 것이 그들의 생각입니다. 그러면 온전하게 성화되었다는 논리적 결론이 가능하다고 말합니다. 그들은 하나님의 "깊음"에 대해 무슨 신학 같은 것을 중얼거리며 흡족한 얼굴로 돌아갑니다.

　하지만 그들의 옛 본성이라는 그 안쪽의 질긴 줄은 끊어지지 않았고, 아담에게서 유전된 강퍅한 성품 역시 가루처럼 바스러지지 않았습니다. 그들의 영혼은 겟세마네의 외로운 신음으로 아파 본 적도 없습니다. 갈보리에서 죽었다는 그들이 상처 하나 없습니다. 그러니 어느 봄날 아침과도 같이 빈 무덤에서 흘러나오는 생명, 부드럽고 온유하고, 평화롭고 압도적이며, 넘쳐흘러서 마침내 승리하는 그 생명을 보여줄 리 만무합니다.

　"무리가 큰 은혜를 받아"(행 4:33).

6월 12일

이는 너희가 그 안에서 모든 일……에 풍족하므로. _고린도전서 1:5

어떤 재난으로 인해 비상한 결단의 기도에 돌입하는 사람들을 본 적이 있습니까? 그리고 그 재난이 잊혀진 뒤로도 오랫동안 남아서, 불현듯 그들의 영혼을 따뜻하게 해준 축복 같은 선물을 본 적이 있습니까?

　내 경우는 지난봄에 겪은 폭풍우를 이야기할 수 있습니다. 엄청난 폭풍우였습니다. 번개가 천둥의 위력과 함께 구름을 찢고 나오는 순간을 제외하고는 온 하늘이 칠흑처럼 어두웠습니다. 비바람은 또, 하늘에 구멍이 났다고 할 만큼 거세고 줄기찼습니다.

　처참함도 그런 처참함이 없어서, 그토록 거대한 참나무들이 뿌리째 뽑혀나갔고, 구석구석에 숨은 거미집도 남아난 것이 없었습니다. 그러나 얼마 후에, 번개가 사라지고 천둥소리도 멈췄으며 비도 그쳤습니다. 서풍이 부드러운 숨결처럼 일더니 검은 구름을 서서히 쫓아냈습니다. 그렇게 물러나는 폭풍 구름의 빛나는 어깨와 목에 무지개 목도리가 둘러져 있었습니다. 구름은 나를 돌아다보며 웃고는 시야에서 사라졌습니다.

폭풍우가 지나가고 여러 주 후에 온갖 향기로운 꽃들이 들판을 채웠습니다. 여름내 풀밭은 짙어만 갔고 시냇물은 흘러넘쳤으며, 나무들은 우거진 녹음으로 한결 더 평화로운 그늘을 마련해 주었습니다.

이 모든 것은, 폭풍이 왔기 때문입니다. 비록 지상의 사람들은 오랫동안 그 폭풍과 무지개와 비를 잊었을지라도, 이 모든 것은 남아 있습니다.

하나님께서 우리에게 허락하신 여정, 약속의 땅까지 가는 그 여정이 쉽지는 않겠지만, 결국은 무사한 여정이 될 것은 분명합니다.

인도에서는 폭풍으로 인해 금광이 발견되었습니다. 그렇다면 폭풍으로 인해 사람들이 그리스도 안에 있는 하나님의 사랑의 광산을 발견하는 경우는 왜 없겠습니까?

비가 오느냐, 작은 꽃아?
비를 즐거워하라.
볕이 지나치면 네가 마를 뿐
해는 늘 다시 나올 테니.
지금은 검은 구름 덮였지만
그 구름 뒤에서 푸른 하늘 빛나지 않느냐.

지쳤느냐, 여린 마음아?
고통을 즐거워하라.
슬픔 속에서 향기로운 것들 자란다.
빗속의 꽃처럼,
하나님 지키시니 네게 햇빛 비치리라,
구름이 제 할 일 마치고 갈 그때에.

— 루시 라콤

6월 13일

나의 평안을 너희에게 주노라. _요한복음 14:27

화가 두 사람이 한번은 각자 생각하는 안식을 그림으로 표현해 달라는 요청을 받았습니다. 첫 번째 화가는 멀리 보이는 산들 한가운데 자리잡은 조용한 호수를 그렸습니다. 두 번째 화가는 빠르고 거침없는 붓질로 거대한 폭포를 그렸습니다. 폭포 아래쪽에는 가느다란 자작나무 한 그루가 끝없이 부서지는 수면을 향해 휠 듯이 서 있었고, 그 나뭇가지에 얹힌 둥지에는 물보라에 다 젖은 울새 한 마리가 앉아 있었습니다.

첫 번째 그림은 정체와 정지를 표현했을 뿐입니다. 그러나 두 번째 그림은 안식을 그려 냈습니다.

세상에서 그리스도만큼 험난한 인생을 산 사람은 많지 않을 것입니다. 외적으로 보자면 그분의 삶은 그토록 험했습니다. 격동에 소요, 소요에 격동. 이 끝도 없는 파도가 그분께 몰아닥쳤는데, 그 지친 육신을 마침내 무덤에 누이실 때까지 그러했습니다. 하지만 그분의 내적인 삶은 유리바다처럼 잔잔했고, 언제나 거기에는 깊은 평화가 있었습니다.

누구라도, 어느 때든지 그분께 가기만 하면 안식을 찾을 수 있었을 것입니다. 예루살렘의 거리에서 밀고자들이 뒤쫓는 상황에서도 그분은 제자들에게 돌아서서 마지막 유산 가운데 하나를 내보이셨습니다. "나의 평안."

안식은 우리가 교회에 있을 때 생기는 경건한 느낌 같은 것이 아닙니다. 그것은 하나님 안에 깊고 견고하게 뿌리내린 마음으로부터 나오는 평화입니다.

나의 평안을 주노라, 너 슬플 때,
고요와 믿음과 나의 위로를.

나의 평안을 주노라, 네 기도 듣는 이 없어 보일 때,
내 약속이 그 속에 있음을 알라.

나의 평안을 주노라, 너 혼자 외로울 때,
나이팅게일의 노래는 밤에 가장 아름답나니.

나의 평안을 주노라, 모든 것 잃었을 때,
영광의 길은 십자가의 길이니.

나의 평안을 주노라, 적들이 비난하려 할 때,
그 치욕으로 나를 향한 너의 사귐 깊어지리니.

나의 평안을 주노라, 고통의 땀방울 쏟아 낼 때,
내가 먼저 이마에 핏방울 쏟았나니.

나의 평안을 주노라, 둘도 없는 친구들이 너 버릴 때,
이 평안 사랑이 되어 그들 위해 기도하리니.

나의 평안을 주노라, 네게 남은 것 죽음뿐일 때,
내게로 오는 길은 그 십자가뿐이니.

— L. S. P.

6월 14일

내가 너를 위하여 네 믿음이 떨어지지 않기를 기도하였노니._누가복음 22:32

그리스도인들이여, 부디 믿음을 잘 보살피기 바랍니다. 믿음은 하나님의 복을 얻는 유일한 길입니다. 기도 자체만으로는 그분의 보좌에서 응답을 불러올 수 없는데, 오직 믿는 자의 간절한 기도여야만이 응답을 불러올 수 있기에 그렇습니다.

믿음은 하늘과 땅의 통로입니다. 우리가 구하기도 전에 응답하실 만큼 그분의 사랑의 말씀이 신속하게 오는 것도 바로 이 믿음의 통로 때문입

270

니다. 그 경우 우리가 말씀을 아뢰는 동안에 그분께서는 들으십니다(요일 5:14). 그러니 믿음의 통로가 끊어지면 우리가 어떻게 그분의 약속을 얻겠습니까?

내가 지금 어려움에 처해 있습니까? 나의 믿음을 속달로 부쳐서 도움을 얻을 수 있습니다. 내가 지금 원수에게 두드려 맞고 있습니까? 내 영혼은 믿음으로 하나님께 기대어 피난처를 찾을 수 있을 것입니다. 그러나 믿음이 없다면 아무리 그분을 불러도 허사일 뿐입니다. 믿음은 내 영혼과 하늘을 잇는 단 하나의 도로이기에 그렇습니다. 이 길이 막히면 어떻게 내가 위대한 왕과 소통할 수 있겠습니까.

믿음은 나를 거룩하신 하나님과 연결하고, 나로 하여금 여호와의 능력을 덧입게 합니다. 믿음이 내게 보증하는 것은, 하나님의 본성 하나하나가 나를 지키는 데 사용되고 또한 나를 도와 저 지옥의 무리에 맞서도록 할 것입니다. 이 믿음으로 나는 원수들의 목을 타 넘고 개선의 행진을 할 것입니다. 그러므로 믿음 없이 어떻게 내가 주님께 그 무엇을 받을 수 있겠습니까?

그러므로 그리스도인들이여, 여러분의 믿음을 세심히 돌보십시오. "믿는 자에게는 능치 못할 일이 없"습니다(막 9:23).

우리는 인간으로서, 믿음보다 확실한 것을 추구하는 실리주의를 대단한 자랑으로 여깁니다. 하지만 바울은 이렇게 말했습니다. "그것이……믿음으로 되나니 이는 그 약속을……굳게 하려 하심이라"(롬 4:16).

믿음은 하나님을 영화롭게 하고, 하나님께서는 믿음을 영화롭게 하십니다.

6월 15일

하나님이 나를 내가 수고한 땅에서 번성하게 하셨다. _창세기 41:52

어떤 시인이 창가에 서서 여름 소나기를 바라봅니다. 비는 억수같이 내리며 지면을 때리지만, 시인의 눈에 보이는 것은 쏟아지는 비뿐이 아닙니다. 그의 눈이 보기에는 무수한 꽃들이 비처럼 내리고 있습니다. 신선하게 젖은 대지에서 이제 곧 터져 나와서, 비길 데 없는 향기와 아름다움으로 온 땅을 채울 꽃들입니다. 그래서 시인은 노래합니다.

> 내리는 것은 비가 아니지, 수선화 비처럼 내리지.
> 떨어지는 빗방울마다 언덕의 들꽃이 들어 있네.
> 검은 구름 해를 가리고 마을을 덮쳤어도,
> 내리는 것은 비가 아니지, 장미꽃들 비처럼 내리지.

여러분은 지금 하나님의 자녀로서 시련을 겪으며 그분께 이처럼 말하고 있을지 모르겠습니다. "오 하나님, 오늘밤 내게는 비가 거셉니다. 이 시련은 내가 감당할 수 없을 것 같습니다. 낙심이 폭우처럼 밀려들어 나의 소중한 계획들을 쓸어 가고 좌절시킵니다. 내 가슴은 슬픔으로 떨리고, 심한 고통에 움츠러듭니다. 지금 고통의 비가 내 영혼을 미친 듯이 때리고 있습니다."

사랑하는 친구들이여, 여러분은 완전히 오해하고 있습니다. 하나님께서는 여러분에게 비가 아니라 축복을 쏟아붓고 계십니다. 여러분이 아버지의 말씀을 믿기만 하면, 쏟아지는 빗방울들 밑에서 움트는 영혼의 꽃들을 볼 수 있습니다. 그리고 이 꽃들은 이제까지 여러분 인생에서 고통 없이 피어난 꽃들보다 한결 아름답고 향기롭습니다.

비는 보이는데 꽃은 보이지 않습니까? 여러분은 시련을 겪고 있지만 하나님께서는 이 시련의 삶에서 피어나는 믿음의 꽃들을 보십니다. 여러분은 고통을 피해 달아나려고 하지만, 하나님께서는 여러분의 영혼 속에서 고통 받는 또 다른 이들을 향한 연민이 싹트고 있음을 보십니다. 여러분은 큰 슬픔의 고통으로 얼굴을 찡그리지만, 하나님께서는 그 슬픔으로 깊어지고 풍요로워지는 삶을 보십니다.

아닙니다, 친구들이여. 여러분에게 내리는 것은 고통이 아닙니다. 오히려 내리는 것은 온유와 사랑과 연민과 인내이며, 복되신 성령의 수천 송이 꽃과 열매입니다. 그리고 이 꽃과 열매가 여러분의 삶에 영적인 풍요를 가져올 것입니다. 이 세상의 어떠한 번영과 안락으로도 이루어 낼 수 없는 우리 존재 가장 깊은 곳의 풍요입니다.

폭풍을 타고 오는 노래

하프가 서 있었고 사방은 고요했다.
햇볕만 폭포수같이 수천 송이 꽃 위로 쏟아졌을 뿐,
짊어진 근심으로 허리 굽은 나그네
울리지 않는 줄 붙들고 아름다운 소리 내려고
아침부터 해가 지도록 애쓰고 있었다.
헛되어라, 나그네여, 현은 말이 없으니
이제 폭풍을 몰아오는 천둥이 노래하리라.
주님의 손가락 폭풍 위에서 움직이니
기적 같은 선율이 깨어나네,
바람은 전투병처럼 제 할 일 하지만
휩쓸어 가는 그 소리, 기상 높은 음악이여,
하나님의 분명한 음성, 폭풍을 타고 사랑을 노래함이여.

6월 16일

나의 소망이 그로부터 나오는도다. _시편 62:5

우리는 한 번 구하고서 응답에 대해서는 무관심한 경우가 너무도 많습니다. 이는 우리의 간구에 대한 진정성이 부족함을 뜻합니다. 농부는 곡식을 거둬들일 때까지는 결코 만족하지 않으며, 사수는 자신이 쏜 탄환의 적중 여부를 끝까지 지켜봅니다. 의사는 자신이 처방한 약의 효능을 세밀히 검토해 봅니다. 그리스도인이 땀 흘려 드린 기도라면 그 결과에 대해 조금이라도 관심을 덜 가질 수 있겠습니까?

물질적 축복을 구하든 영적인 축복을 구하든, 그리스도인의 모든 기도는 성경적 요구조건에 일치하면 온전히 응답받을 것입니다. 믿음으로 기도해야 하고 하나님의 뜻에 따라 기도해야 합니다. 하나님의 약속에 의지해서 기도해야 하고, 예수 그리스도의 이름으로 기도해야 하며, 성령께 잡힌 바 되어 기도해야 합니다.

하나님께서는 언제나 그분 백성의 기도의 중심에 응답하십니다. 이는 그분의 영광을 드러내시기 위함이고, 또한 그리스도인들의 영원하고 영적인 부요를 공급하시기 위함입니다. 우리가 성경을 통해 아는 것처럼, 그리스도께서는 그분께 오는 간구자들을 단 한 차례도 물리치지 않으셨습니다. 그러므로 우리는 그분의 이름으로 드리는 기도가 결코 헛되지 않음을 믿을 수 있습니다.

우리가 명확히 인식하지 못할 뿐, 기도의 응답은 이미 오고 있습니다. 겨울 동안 땅 밑에 있는 씨앗은 거의 죽은 듯 눈에 띄지 않지만, 다가올 봄과 수확기를 위해 이미 뿌리를 내리고 있습니다.

기도의 응답이 늦는다 해서 반드시 믿음의 시험으로만 이해할 필요는 없습니다. 그러한 상황은 또한, 우리의 간구를 거부하시는 것이 명백해 보일 때조차 우리가 꿋꿋한 신뢰를 보임으로써 하나님을 영화롭게 하는 기회이기도 합니다.

6월 17일

그 머리 위에 있는 궁창 위에서부터 음성이 나더라. 그 생물이 설 때에 그 날개를 내렸더라.
_에스겔 1:25

생물이 설 때에 날개를 내렸다니, 무슨 뜻입니까? 사람들은 흔히, 어떻게 하면 주님의 음성을 들을 수 있느냐고 묻습니다. 비밀은 이렇습니다. "네 생물"(5절)은 "서서 날개를 내렸을 때" 음성을 들었습니다.

우리가 모두 봐서 알듯이, 새는 똑바로 서게 되면 날개를 퍼덕입니다. 하지만 이 구절에서 우리가 듣는 바는 이렇습니다. "위에서부터 음성이 나더라. 그 생물이 설 때에 그 날개를 내렸더라."

여러분은 주님 앞에 앉거나 심지어 무릎 꿇을 때조차 영혼이 퍼덕거리는 것을 느낍니까? 그렇다면 아직 완전한 침묵과 고요가 온 것이 아니므로 그분 앞에서 더 기다려야 합니다.

274

한 자매가 며칠 전 내게 정확히 이 경우에 해당하는 이야기를 했습니다. "어떤 일을 두고 기도했지만 응답이 오기까지 기다리지 않았습니다." 자매는 하나님의 음성을 들을 수 있을 정도로 깊이 침묵해야 했지만, 참지 못하고 나가서 기도드리던 문제를 자기 생각대로 처리했습니다. 결과는 비참했고, 결국 그녀는 갔던 길을 그대로 되짚어 돌아와야 했습니다.

이 얼마나 소모적입니까! 그분 앞에서 우리 영혼의 날개를 접고 완전히 침묵하기를 거부할 때에 우리가 낭비하는 시간이 얼마나 많습니까! 그분의 음성이 들릴 때까지 그 앞에서 기다리는 동안 우리에게 오는 영적 고요와 안식과 평화를 생각해 보십시오!

그때, 오직 그때에만 우리 역시 "번개 모양같이 [빠르게] 왕래하고"(14절) "영이……가려 하는 곳으로"(20절) 곧장 갈 수 있을 것입니다.

잠잠하라! 바로 지금 잠잠하라!
네 영혼이 듣지 못한 것,
새의 노래에도 없는 것,
바람이나 파도, 별들도 모르는 것,
머나먼 아버지 나라에서 오는 말씀,
본향 그리운 영혼 기뻐 떨게 하며
또한 네게로 오느니, 너 잠잠할 때.

잠잠하라! 바로 지금 잠잠하라!
저기 온화하고 아름다운 어떤 영이 오시는가,
사뿐한 발에 신으신 신 희어라.
예수께서 보내신 보혜사라네,
그분이 하시는 말씀 네게 깨우치려 하네.
바라고 기다리는 영혼, 그분이 채우시리니,
그분께서 전하는 말씀 들으려거든
영혼아, 잠잠하라!

6월 18일

그러므로 피곤한 손과 연약한 무릎을 일으켜 세우고 너희 발을 위하여 곧은 길을 만들어 저는 다리로 하여금 어그러지지 않고 고침을 받게 하라. _히브리서 12:12-13

하나님께서 이 말씀으로 우리에게 힘내라 하십니다. 믿음의 손을 들어 올리고 기도의 무릎을 튼튼히 하라고 말씀하십니다. 너무도 자주 우리의 믿음은 피곤하고 약하고 활력이 없으며, 우리의 기도는 그 능력과 효력을 상실합니다.

여기서 주님이 우리 신체를 예로 들어 설명하시니 참 쉽게 와 닿습니다. 그분께서는 지금 우리에게, 작은 장애물 하나에도 놀라 주춤할 정도로 겁먹고 낙심하게 되면 그 장애물을 피해서 돌아가고픈 유혹이 생긴다는 점을 지적하고 계십니다. 우리는 장애물에 맞서기보다는 쉬운 길을 택하려고 할 것입니다. 하나님께서 이제 치유해 주시려는 육체적 질병이 있을 수 있는데, 여기에는 우리 편에서 보여야 할 진지한 노력이 요구됩니다. 이때, 누군가 다른 사람에게서 도움을 구하거나 질병이라는 그 장애물을 슬쩍 피해서 다른 길로 가려는 유혹이 옵니다.

우리는 위급한 상황이 오면 정면으로 돌파하려 하지 않고 여러 우회로를 찾는 경향이 있습니다. 우리는 놀라서 물러설 만큼 압도적인 문제들을 너무도 자주 만나고, 또 그러한 문제들을 "지금은 아직 대처할 준비가 안됐다"는 변명으로 회피하려고 합니다. 뭔가 희생이 필요하고 어떤 부분에서는 복종하기도 해야 합니다. 우리 앞에 지금 어떤 여리고 성이 놓여 있을 것입니다. 우리는 지금 다른 누군가를 도와주고 그와 함께 그의 문제를 붙들고 끝까지 기도해 줄 용기가 부족할 수도 있습니다. 우리에게는 아직 마치지 못한 기도가 있을 것이고, 온전히 치유되지 않았음에도 계속 회피하는 육체적 질병이 있을 수 있습니다.

하나님께서 말씀하십니다. "피곤한 손[을]……일으켜 세우고." 넘치는 강물 속으로 곧장 행진하고서 한번 보십시오! 물이 갈라질 것입니다. 홍해는 열리고 요단의 물은 멈춰 서며, 주께서는 우리를 이끌어 승리하게 하실 것입니다.

여러분의 다리를 어그러지게 두면 안 됩니다. 오히려 육신을 "고침을 받게" 하고 믿음을 굳게 하십시오. 앞으로 곧게 나아가되 어떠한 여리고도 정복하지 않고서는 지나치지 말며, 어떠한 곳도 사탄의 자랑스러운 승리의 땅으로 넘겨주지 마십시오. 이것은 귀한 교훈이며 대단히 실제적인 지침입니다. 우리 모두 이러한 상황에 처하는 경우가 얼마나 많습니까!

한번 돌아보십시오. 여러분이 바로 지금 이 상황에 처해 있는지도 모릅니다.

어떤 경우에도 낙심이라는 것에는 관심을 두지 마십시오. 저 무쇳덩어리 증기선처럼 바다가 험하든지 고요하든지, 비가 오든지 햇빛이 비치든지, 물살을 가르며 나아갑시다. 기억하십시오. 그 배의 목적은 화물을 싣고 무사히 항구에 도착하는 것입니다.

6월 19일

빵을 만들기 위해서는 곡식이 갈려야 한다. _이사야 28:28, NIV

우리 가운데 많은 이가 굶주린 세상의 양식으로 쓰임 받지 못하고 있는데, 그것은 아직 그리스도의 손에서 바스러지지 않았기 때문입니다. "빵을 만들기 위해서는 곡식이 갈려야" 하고 그분의 복이 되어 세상으로 나가려면 우리의 슬픔 또한 요구됩니다. 하지만 다른 이들의 삶을 그리스도의 은총으로 어루만지는 특권임에는, 우리가 치르는 슬픔이야 과히 비싸다고 할수 없습니다. 우리에게 가장 귀한 것들은 눈물과 고통을 통해서 오기 때문입니다.

하나님께서 나를, 택하신 이들을 위한 빵으로 삼으셨습니다. 내가 사자의 이빨에 "갈려" 그분의 자녀들을 위한 양식이 된다고 해도, 오직 그리스도의 이름이 찬양을 받으실 것입니다.

우리의 삶이 밝게 타오르기 위해서는 먼저 불을 겪어야 합니다.

우리가 피 흘리지 않으면 다른 이들을 축복할 수 없습니다.

가난과 역경과 불운은 수많은 사람들로 하여금 도덕적으로 영적으로 위대한 삶을 살도록 견인했습니다. 어려움은 우리의 기력과 인내를 시험하지만 우리 삶에 강인한 영혼의 자질을 부여합니다. 벽시계가 가는 것은 추의 무게 때문입니다. 뱃사람들은 아무리 강한 역풍이 불어도 어떻게든 그 바람을 타고 항구에 도착합니다. 하나님께서는 우리의 믿음과 거룩한 섬김을 위한 매개체로 이 역풍을 선택하셨습니다.

성경의 위대한 인물들은 베어져 타작당하고 갈려서, 배고픈 이들을 위한 빵이 되었습니다. 믿음의 학교 선두에 서서 고난을 견디며 순종했으므로, 아브라함의 졸업장에는 지금 이러한 헌사가 새겨져 있습니다. "믿음의 조상."

야곱은 들까부르는 밀처럼 심하게 타작당하고 빻아졌습니다. 요셉은 모질게 두드려 맞고 보디발의 하인노릇에 애굽의 옥살이까지 견뎌 낸 후에야 권좌에 올랐습니다.

다윗은 산짐승처럼 쫓기며 산과 들을 헤매고 멍들고 지쳐, 걷지 못할 지경까지 가서야 가루로 부서져 왕국을 위한 빵이 되었습니다. 채찍과 돌팔매의 고통을 견디지 못했다면 바울은 가이사의 권속을 위한 빵이 될 수 없었을 것입니다. 그는 그들을 위해 곱게 갈아 체질한 가루가 되었습니다.

승리에 앞서 싸움이 있습니다. 하나님께서 여러분더러 견디라고 특별한 시련을 택하셨을진대, 이후로 여러분이 앉을 특별한 자리 또한 마음에 두고 계심이 분명합니다. 심하게 두드려 맞은 영혼은 그분의 선택된 자입니다.

6월 20일

너희가 오른쪽으로 치우치든지 왼쪽으로 치우치든지 네 뒤에서 말소리가 네 귀에 들려 이르기를 이것이 바른 길이니 너희는 이리로 가라 할 것이며. _이사야 30:21

의심이 들거나 어려움이 닥쳤을 때, 다른 사람들이 서로 상반된 여러 방침을 제시할 때, 몹시 신중하게 접근한 방식을 주장하는데 믿음이 다른 방식을 이야기할 때, 우리는 잠잠해야 합니다. 우리는 간섭하는 사람들을 물리치고 그 거룩하신 임재의 고요 안에 잠겨야 합니다. 말씀을 공부하며 인도하심을 구하고 정성을 다해 그분께 집중해야 합니다. 우리는 그분의 얼굴에서 나오는 참되신 빛 가운데로 우리의 마음을 향하여서, 우리 주 하나님께서 우리를 위해 결정하시는 것만을 일심으로 알고자 해야 합니다. 그리하면 곧 그분께서 내밀히 상담하시며 한 치의 오차도 없는 방향감각을 드러내 보이십니다.

아직 어린 신자들이 이러한 방법에만 의존하는 것은 지혜롭지 못합니다. 환경 또한 하나님께서 계시하는 것과 일치할 때까지 기다려야 합니다. 하지만 하나님과 동행한 경험이 많은 그리스도인들은, 주님과의 친밀한 사귐이 그분의 뜻을 분별하는 한 가지 방법으로서 얼마나 가치가 큰지 알고 있습니다.

어느 방향으로 가야 하는지 확신이 서지 않습니까? 문제를 들고 주님께 가서 인도함을 받으십시오. 승낙하시든 거절하시든 답을 주실 것입니다. 반드시 주님하고만 있어야 합니다. 이 세상의 빛이나 어둠이 간섭할 수 없는 곳, 다른 이들의 의견이 들리지 않는 곳이어야 합니다. 또한 주위의 모든 사람들이 즉각적인 결행을 강하게 주장할 때도 침묵으로 기대하며 끝까지 기다리는 용기가 있어야 합니다. 이와 같이 하면 하나님의 뜻이 밝히 드러날 것입니다. 또 그분에 대한 인식이 깊어지고, 그분의 성품과 사랑의 마음이 더욱더 섬세히 우리 가슴에 와 닿을 것입니다.

이 모두가 우리의 둘도 없는 선물이 됩니다. 우리의 거룩한 경험이고 영원한 특권이며, 오랜 기다림으로 받는 넘치는 상급입니다.

"잠잠하라." 내 영혼아, 주께서 말씀하시니,
길이 막힌 것 같을 때도 그분의 지혜로운 손에 맡기라,
그분의 팔 강하여 파도를 가른다.
"잠잠하라." 내 영혼아, 잠잠하면 알리라,
네게 불가능한 것 하나님께서 행하심을,
그분의 구원 크고 크심에.

애타는 마음 물리치고 잠잠하라,
네 영혼이 영문을 모르도록

사방에서 욱여쌈을 당해도, 너 잠잠하기까지
막힌 너의 길 평탄케 하실 수 없고
너 잠잠해야, 거룩하신 뜻 네 안에서 행하시고
네 마음과 뜻 그분 앞에 부복하리니.

"잠잠하라." 내 영혼아, 너 침묵하는 그 순간에야
하나님께서 모습 보이실 수 있으니, 네게서
그분의 사랑과 빛과 생명 흘러나오기까지 잠잠하라,
침묵 속에서 하나님 너를 통해 일하시고, 네 곁의
다른 영혼들에게 가실 수 있나니, 그렇게 가셔서
당신의 교훈 가르치시고, 약한 데서 그 능력 드러내시리라.

"잠잠하라." 믿음과 안식의 깊은 데로 가는 발걸음이니,
"가만히 있어 알지어다." 네 아버지께서 그 아름다운 나라
가는 길 가장 잘 아시니, 자녀들 인도하시리라.
잔잔한 물 흐르는 "여름" 나라,
갈한 영혼들 만족하고 "그들의 하나님을 알며"
계획하신 모든 일로 인해 찬송 드리는 그 나라.

6월 21일

집에 계시다는 소문이 들린지라. _마가복음 2:1

고착생활을 하는 산호충의 성체들은 물 밑에서 살아가며 산호초를 구축하는데, 자신들이 새로운 섬의 기초를 놓고 있다는 사실을 전혀 알지 못합니다. 이 섬이 후일 동식물들의 터전이 되고, 하나님의 자녀들이 태어나 "그리스도와 함께한 상속자"(롬 8:17)로서 영원한 영광에 합당하도록 성장하는 집이 될 것입니다.

　사랑하는 자들이여, 하나님의 군대에서 여러분이 남들 눈에 띄지 않는 자리에 있다 해도 불평하지 마십시오. 하나님의 뜻 버리고 도망하려고

하지 마십시오. 그분께서 여러분에게 책정하신 환경으로부터 달아나려고 하지 마십시오. 고착생활을 하는 산호충이 없다면 산호초는 형성될 수 없으며, 하나님께서는 어떤 이들을 영적인 산호로 부르신다는 점을 기억합시다. 그분께서는 지금 남들 눈에 드러나지 않는 자리에서 기쁜 마음으로 섬길 사람들을 찾고 계십니다. 다른 이들 눈에는 보이지 않지만 하늘에서는 너무도 뚜렷이 보이는 사람들이며 성령께서 받쳐 주시는 사람들입니다.

예수께서 상을 주시는 날이 옵니다. 그날 여러분이 받는 상을 보며, 언제 그렇게 상 받을 일을 많이 했느냐고 놀라는 사람들이 있을 것입니다. 여러분에 대해 들어 본 바 없으니 그들의 반응이야 그럴 수 있다 해도, 우리 주님께서는 틀림이 없으신 분입니다.

> 그대 갈등하며 서 있는 그곳에
> 그대의 자리가 있다.
> 그대 쓸모없어 보이는 그곳에서
> 그대의 얼굴 가리지 말라.
> 하나님께서 무슨 목적이 있으시니
> 그대를 거기 두셨다, 그대를
> 그 일에 합당한 자로 선택하신 줄 알고
> 충심으로 일하라.
> 전신갑주를 취하라! 수고할 때나
> 쉴 때나 충성하라!
> 무엇이 됐든 하나님의 길이
> 최선임을 의심치 말라.
> 나가서 싸울 때나 파수할 때나
> 굳게 서서 충성하라.
> 이것이 그대의 주님께서
> 그대에게 맡기신 일이니.

위험이 무슨 상관이겠습니까. 우리는 신자들의 무리와, 천상이라도 올라갈 듯 신령스러운 체험과, "온전하게 된 의인"들(히 12:23)과 나누던 사귐을 버려두고, 우리의 순박한 옛 동네 엠마오로 돌아갈 수 있습니다. 그 걱정스러운 골로새인들의 집으로 돌아갈 수 있으며, 저 머나먼 마케도니아 선교 현장으로까지 돌아갈 수 있습니다. 이와 같이 하는 우리에게는 조용한 확신이 있으니, 우리를 어디에 두시든 그분께서는 우리가 차지할 땅과 승리를 이미 정해 놓으셨다는 것입니다. 그것은 우리 일상의 가장 사소한 영역에서조차 남김 없이 우리의 것이 될 땅과 승리입니다.

6월 22일

사랑은 모든 허물을 가리느니라. _잠언 10:12
사랑을 따라 구하라. _고린도전서 14:1

어려운 일 있을 때면 하나님과 둘이서만 여러분의 문제를 나누십시오. 최근에 나는 하나님의 귀한 자녀 한 사람이 쓴 글을 읽었습니다. 자신의 체험에 관한 내용이었는데 감명이 깊어서 여러분에게 소개하려 합니다. 그녀는 이렇게 썼습니다.

"한밤에도 나는 잠을 이룰 수 없었습니다. 내가 겪은 잔인한 불의가 생각에서 떠나지 않았고, 사랑이라는 가림막은 어느새 내 가슴에서 철거된 듯했습니다. 나는 괴로웠습니다. 사랑은 모든 허물을 가린다는 훈계의 말씀에 복종할 힘을 달라고 하나님께 외쳤습니다."

"성령께서 즉시 내 안에서 능력을 행하셔서, 마침내 내게 용서의 마음이 생겨났습니다. 하지만 이 과정을 처음부터 말씀드리면 이렇습니다. 우선 마음속으로 무덤을 하나 파되 일부러 깊게 팠습니다. 그리고 나를 아프게 했던 그 불의를 내 슬픔과 함께 구덩이 속에 던져 넣고, 재빨리 흙을 떠서 메워 버렸습니다. 그 맨흙을 다시 푸른 뗏장으로 정성스레 덮고서 아름다운 흰 장미와 물망초를 심었습니다. 그러고는 씩씩하게 돌아 나왔습니다."

"그 순간 내게 평화로운 잠이 찾아왔습니다. 죽을 것 같았던 상처는 흉터 하나 남기지 않고 치유되었습니다. 하나님의 사랑이 모든 것을 덮었습니다. 너무 완벽하게 덮어서 나를 그토록 아프게 했던 것이 무엇이었는

282

지 이제는 기억할 수조차 없습니다."

폭풍이 할퀸 저쪽 산허리
깊게 베인 상처 하나,
무익하고 황폐한 틈새 뻗고
뻗어 여린 풀밭을 갈랐다.

하지만 붉은 소나무들 밑으로 세월
흐르는 사이, 상처는 다시 풀과 이끼로
덮였고, 이제는 꽃과 덩굴들 자라
무익함 벗고 아름다운 상처 되었다.

온유한 마음에 상처 하나,
삶의 향기 썰물처럼 빠져 나가고
사랑의 확신은 쓰린 통증이 되었다.
슬픈 세월 그렇게 서서히 지났다.

하지만 그 세월 가고 안 보이는 천사 슬그머니
다가와 쓰린 상처에 오래도록 향유를 발랐다.
치유된 마음에 사랑은 이전보다 아름다웠고
평화가 다시 찾아왔다.

6월 23일

베드로가 배에서 내려 물 위로 걸어서 예수께로 가되 바람을 보고 무서워 빠져 가는지라. 소리 질러 이르되 주여 나를 구원하소서 하니. _마태복음 14:29-30

존 번연은 베드로가 의심은 했지만 그나마 믿음이 좀 있었다고 했습니다. 나중에 두려워 소리치기는 했어도, 배에서 나와 걸었기에 예수께 갈 수 있었습니다.

본문의 말씀으로 보건대, 베드로를 어려움에 빠뜨린 것은 사실 그의 눈이었습니다. 한번 배 밖으로 걸어 나온 이상 풍랑에는 마음을 두지 말아야 했습니다. 그의 유일한 관심은 어둠 저편의 그리스도로부터 나오는 빛의 길이어야 했습니다. 어떤 왕국이 있어 고대 이집트보다 열 배나 밝은 빛을 낸다 해도 베드로의 시선이 돌아가면 안 되었던 것입니다.

주께서 여러분더러 물을 건너오라 하시면 기쁨과 확신 가운데 배 밖으로 걸어 나가십시오. 단 한순간도 그분에게서 눈길을 돌리지 말아야 합니다. 파도가 얼마나 세고 바람이 얼마나 강한지 재어 봐서는 승리하지 못할 것입니다. 위험을 가늠해 보려는 시도는 오히려 그 위험 앞에서 넘어지는 원인이 됩니다. 어려움을 보고 주춤거리면 결국 그 파도에 떠밀릴 수밖에 없습니다.

"산을 향하여 눈을" 들고(시 121:1) 앞으로 나아가십시오. 다른 길은 없습니다.

물 건너기 두려운가?
그분께서는 억지로 가게 하지 않으시니
너를 가게 하는 것은, 믿음!
너와 그분의 사귐 깊어짐은, 믿음.

6월 24일

내 손으로 한 일에 대하여 내게 명령하라. _이사야 45:11, KJV

이 명령이라는 방식, 주 예수께서 하나님께 사용하신 방식입니다. 주께서 어떻게 말씀하시는지 보십시오. "아버지여, 내게 주신 자도 나 있는 곳에 나와 함께 있어……보게 하시기를 원하옵나이다"(요 17:24). 여호수아가 그 위대한 승리의 순간에 이 방식을 사용했습니다. 그는 지는 해를 향해 창을 들어 올리며 크게 외쳤습니다. "태양아, 너는……머무르라"(수 10:12). 엘리야가 비를 그치게 하고 삼 년 반이 지나 다시 그 비를 하늘에서 불러 내릴 때 취한 방식도 마찬가지입니다. 마르틴 루터 역시 이 방식을 따라, 죽어 가는 동료 필립 멜란히톤 곁에 무릎을 꿇고서 죽음에게 희생자를 데려가지 말라고 엄히 명했습니다.

하나님께서 이 놀라운 관계를 맺자고 우리에게 요청하십니다. 우리는 분명히 다음 구절과 같은 말씀을 잘 알고 있을 것입니다. "내가 내 손으로 하늘을 펴고 하늘의 모든 군대에게 명령하였노라"(사 45:12). 하지만 우리가 알아야 할 사실이 있습니다. 그분께서 우리에게 요청하시는 것은, 다른 누구도 아닌 바로 그분에게 명령을 내려 행동하게 하라는 것입니다. 그분의 요청으로 우리가 그분께 명령한다는 이 사실을 앎으로써 평범했던 관계에 놀라운 변화가 생깁니다.

이러한 태도와 우리의 이전 태도는 현격히 구분됩니다. 이전에 우리는 망설이고 주저하는 불신의 기도에 익숙해 있었습니다. 습관적으로 같은 기도를 반복하는 태도 역시 기도의 칼끝을 무디게 하는 원인이었습니다.

지상에서 사역하실 때 예수께서 얼마나 자주 다른 사람들을 명령권자의 위치에 두셨는지 생각해 보십시오. "그들이[제자들이] 여리고에서 떠나갈 때에" 예수께서 그분을 부르는 두 소경의 외침에 응하여 멈추셨습니다. "너희에게 무엇을 하여 주기를 원하느냐"(마 20:29, 32). 대부분 이처럼 말씀하셨습니다. "나는 지금 너희들의 명령을 기다리고 있다."

예수께서는 수로보니게 여인의 반응을 보시고 그분의 능력을 여는 열쇠를 그 여인에게 양도하셨습니다. 우리는 이 사실을 너무도 잘 알고 있습니다. 사실 그분께서는, 필요한 것은 무엇이든지 가져다 쓰라고 말씀하신 것입니다(막 7:24-30 참조).

하나님께서 그분의 어린 자녀들을 그토록 높은 위치에 올려 주셨다는 이 중요한 뜻을, 과연 누가 온전히 이해할 수 있겠습니까? 그분께서 이처럼 말씀하시는 듯합니다. "너희들이 명령만 하면 어떤 능력이라도 행하겠다." "너희가 내 이름으로 무엇을 구하든지 내가 시행하리니"(요 14:13).

이 산더러 명하여 "가서
바다에 빠져라" 하고,
그대로 되리라 믿어 의심치 말라.

285

그대로 되리니
그분의 말씀 의심치 말고,
주 안에서 그대의 산에 도전하라!

값진 피로 사신
네 구원의 권리를 주장하라.
삼위께서 연합하사
그대의 구원 참되게 이루신다.
그대로 되리니, 말씀에 순종하라.
주 안에서 그대의 산에 도전하라!

자아, 질병, 슬픔, 죄,
하나님께서 그날 당신의 사랑하시는
자에게 다 겪게 하셨으니,
그대는 이제 자유를 얻었다.
그대로 되었음이니, 말씀에 의지하라.
주 안에서 그대의 산에 도전하라!

침묵의 기도로
적의 성벽을 에워싸고,
그 벽이 무너지기도 전에
승리의 찬송 드높여라.
그대로 되리니, 믿음이 확신함이라.
주 안에서 그대의 산에 도전하라!

저 육중한 놋대문과 창살,
끝내 깨어져 열리고
신실한 자들 지나가리니,
싸움터마다 이기는 자들이라.

그대로 되리니, 적은 아무것도 아니라.
주 안에서 그대의 산에 도전하라!

그리하여 한 점 의심도 없는
하나님의 믿음을 입고,
모든 불가능의 논리 내쫓는
기적의 지팡이를 취하라.
그대로 되리니, 말씀 위에 서라.
주 안에서 그대의 산에 도전하라!

6월 25일

여호와께서 모세에게 이르시되……이스라엘 자손에게 명령하여 앞으로 나아가게 하고 지팡이를 들고 손을 바다 위로 내밀어. _출애굽기 14:15-16

하나님의 자녀들이여, 저 승리의 행진을 상상해 보십시오! 부모들이 아무리 말리고 붙들어도 아이들은 환호성을 지르며 뛰어다녔을 것입니다. 여인들은 어떠했겠습니까. 죽음보다 낫다고 할 수 없는 운명에서 한순간에 구원받았으니 기쁨을 감추기 어려웠을 것입니다. 아이와 여인들을 거느리고 가던 남자들은 아마도 틀림없이, 하나님을 믿지 못하고 모세에게 불평한 자신들이 부끄러워 자책했을 것입니다. 영원하신 분께서 단 한 사람의 믿음에 응하여 팔을 내뻗으시고, 그로 인해 갈라진 홍해의 거대한 물의 벽을 상상하면서, 여러분은 하나님께서 자녀들을 위해 어떻게 일하시는지 배워야 합니다.

하나님의 명령에 절대 순종하고 결과에 대해서는 두려워 마십시오. 우리의 진행을 방해하는 저 앞의 도도한 물결 겁내지 마십시오. 험한 파도 성난 물결보다 하나님이 크십니다. "여호와께서 홍수 때에 좌정하셨음이여, 여호와께서 영원하도록 왕으로 좌정하시도다"(시 29:10). 폭풍은 그분의 옷자락이 한 번 휘날리는 것에 불과하고, 그분께서 오신다는 신호이며 그분 임재의 증거입니다.

담대히 그분을 믿고, 담대히 그분을 따르십시오! 우리의 전진을 막고 우리 삶을 위협하는 세력이 그분의 명령으로 우리의 자유의 도로를 건설하는 자재가 될 것입니다.

그대 인생의 홍해,
모든 노력 다했으나, 물속 말고는
앞으로도 뒤로도 갈 수 없는 거기,
그대 거기 와 있는가?
가만히 의지하며 주님을 기다리라.
무서운 밤 지나도록,
바람을 보내시고 물결 층층이 쌓으시면
그대 영혼에게 말씀하시리라, "가라."

그분의 손 그대를 최후까지 인도하시고,
일어섰던 물마루 그제야 무너지리라.
원수는 그대에게 닿지 못하고, 저 파도
저 거센 바다 그대를 삼키지 못하리라.
굽이치는 파도 갈기를 세우고
그대 발아래 물거품 흩날리겠으나
그대, 온전히 말라 버린 심연의 땅,
주께서 만드신 그 길 걸으리라.

높이 선 구름 아래서 아침을 맞을 때,
그대 오직 주님만 보리니,
그분께서 바다 이편으로부터 그대,
알지 못하는 땅으로 인도하시리라.
그대의 원수들 사라질 때 두려움도
사라지고, 무서움은 더 이상 없으리니,
그분께서 만드신 거기, 더 좋은

288

거기서, 그대 그분 찬양하리라.

— 애니 존슨 플린트

6월 26일

어떤 자들이 믿지 아니하였으면 어찌하리요. 그 믿지 아니함이 하나님의 미쁘심을 폐하겠느냐. _로마서 3:3

내 인생의 슬픔을 근원까지 찾아들어 가 보면 결국 불신이 자리 잡고 있습니다. 내 과거는 완전히 용서받았고 현재는 능력으로 충만하며 미래는 희망으로 빛날 것임을 진정으로 믿는다면, 어찌하여 내가 온전히 행복하지 않을 수 있겠습니까?

그렇습니다. 미래가 밝은 것은 하나님의 신실하심 때문입니다. 그분의 신실하심은 항구적이니 나의 기분에 따라 좌우되지 않습니다. 또한 나의 불신으로 그분의 약속 앞에서 내가 망설이고 넘어질 때도 그분께서는 흔들림이 없으십니다. 그분의 신실하심은 굳건하며, 만세 전의 구름을 뚫고 줄지어 늘어선 산봉우리들처럼 비길 데 없이 우뚝합니다. 게다가 그분의 산은 모두 하나님의 반석 위에 기초를 두고 있으니 깊이를 측량조차 할 수 없습니다.

등반하는 사람이 높은 고도에서 현기증을 느낀다고 몽블랑이 사라지는 것은 아닙니다. 잠시 안 보이거나 안개에 휩싸인 듯 가물가물할 뿐입니다.

하나님의 약속을 믿지 못하고 넘어졌다 해서 받을 복을 못 받다니 조금 놀랍습니까? 믿음이 있어야 응답을 받는다든가 믿음을 얻기 위해 노력하자는 말이 아닙니다. 내가 하고 싶은 말은, 믿어야 받는다는 조건을 하나님 자신이 정하셨다는 것입니다. 그리고 그분께서는 선물을 주시는 분으로서 당연히 그러한 조건을 내세우실 권리가 있으십니다.

불신은 끝없이 묻습니다. "어떻게 이것이 가능한가?" 불신은 늘 "어떻게"를 달고 다닙니다. 하지만 이 "어떻게"라는 물음에 믿음이 단 한 마디로 대답하니, 천 번 만 번의 "어떻게"는 놀라서 흩어집니다. 위대한 그 한 마디, "하나님은 가능하시다!"

우리가 그토록 적은 시간을 들여서 그토록 많은 일을 성취해 내는 경우는 기도할 때뿐입니다. 주 예수 그리스도께서 기도에 관해 가르치신 내용을 틀림없이 잘 보필할 수 있는 생각이 있습니다. "온전한 믿음을 가진 신자 하나만 일어서도 세계의 역사는 바뀔 것이다."

여러분이 그렇게, 우리 아버지 하나님의 주권과 인도하심을 받들어 일어서는 사람이 되지 않겠습니까?

믿음 없는 기도는 순식간에 목표를 잃고 중언부언하는 습관으로 퇴보하거나 싸늘한 위선으로 타락합니다. 하지만 믿음으로 드리는 기도는 하나님의 전능하심을 우리 간구의 후원군으로 삼습니다. 온 마음을 바쳐 기도의 능력을 이해하고 그에 부응하려는 자세가 되지 않았다면 기도하지 않는 편이 낫습니다. 참된 기도는 가만히 속삭이기만 해도 하늘과 땅이, 과거와 미래가 한 음성으로 화답합니다. "아멘!"

그리스도께서 드리신 기도가 이와 같습니다.

하나님의 뜻을 벗어난 것을 제외하면 기도의 능력이 미치지 않는 것은 없습니다.

6월 27일

네 하나님이 너의 힘을 명령하셨도다. 하나님이여, 우리를 위하여 행하신 것을 견고하게 하소서. _시편 68:28

주께서 내게 존재의 근원적인 힘을 부여하시고, 나는 이 힘을 받아 살아가는 데 필요한 기운과 결단력을 행사합니다. 그분께서는 "성령으로 말미암아 너희[나의] 속사람을 능력으로 강건하게"하십니다(엡 3:16). 내가 아무리 퍼다 써도 바닥날 수 없는 능력의 근원이 주님이시니 그분의 힘은 끊임없이 공급됩니다.

"네가 사는 날을 따라서 능력이 있으리로다"(신 33:25). 내 의지력, 사랑의 능력, 판단력, 이상과 성취의 능력이 평생토록 지속될 것입니다.

"여호와는 나의 힘이요"(출 15:2). 계속 걷는 힘입니다. 끝도 없이 길고 평탄하기만 한 길을 갈 때, 모퉁이를 도는 재미도 돌아가는 즐거움도 없이 단조롭기만 한 길을 걸을 때, 내 영혼이 그 무미건조한 고역으로 낙담할 때, 주께서는 내게 계속 걸어갈 수 있는 힘을 주십니다.

"여호와는 나의 힘이요." 올라가는 힘입니다. 나는 그분의 힘으로 『천로역정』의 크리스천처럼 쭉 뻗은 좁은 길을 따라 고난의 언덕을 오르며 두려워하지 않습니다.

"여호와는 나의 힘이요." 내려가는 힘입니다. 내 영혼이 종종 꺾이는 것은 햇볕 좋고 바람 시원한 정상을 떠나 답답하고 푹푹 찌는 계곡으로 내려갈 때입니다. 실제로 나는 최근에 어떤 이가 점점 약해져 가는 자신의 육체를 언급하며 하는 말을 들었습니다. "내려가는 것이 무엇보다 힘듭니다!"

"여호와는 나의 힘이요." 침묵과 고요의 힘입니다. 고요하기란 얼마나 어려운 일입니까! 어쩔 수 없이 고요와 침묵으로 지내야 할 때 나는 다른 이들을 붙들고 종종 하소연합니다. "뭐라도 좀 했으면 좋겠습니다!" 나는 치유할 능력도 없이 병든 자녀 곁에 서 있는 어머니 같은 심정입니다. 견디기 어려운 시험입니다! 하지만 엄청난 힘이 없이는, 어떠한 것도 하지 않고 침묵과 고요로 기다리는 이 흔들림 없는 자세를 결코 유지할 수 없습니다.

"여호와는 나의 힘이요." "우리의 만족은 오직 하나님으로부터 나느니라"(고후 3:5).

6월 28일

내가 보니 하늘에 열린 문이 있는데. _요한계시록 4:1

요한이 밧모섬에 있을 때 이 글을 썼다는 사실을 우리는 기억해야 합니다. 그는 "하나님의 말씀과 예수를 증언하였음으로 말미암아"(계 1:9) 거기에 있었습니다. 그는 이 섬에 유배당했는데, 이 섬은 고도였고 비바람조차 피하기 어려운 바위투성이 감옥이었습니다. 에베소의 사랑하는 모든 이들과 단절되었고, 교회와 함께 예배를 드릴 수도 없었으며, 오로지 험악한 동료 죄수들과 지낼 수밖에 없었던 고난의 환경이었습니다. 하지만 바로 여기서 그에게 이 특별한 환상이 허락되었습니다. 그는 죄수가 되어 "하늘에 열린 문"을 보았던 것입니다.

우리가 또 기억해야 할 사람은 야곱입니다. 그는 자신의 아버지 집을 떠나와 사막에 누워 자려고 했습니다. "꿈에 본즉 사닥다리가 땅 위에 서 있는데 그 꼭대기가 하늘에 닿았고······여호와께서 그 위에 서서"(창 28:12-13).

하늘문은 이 두 사람에게만 아니라 다른 많은 이들에게도 열렸습니다. 세상의 관점에서 보자면 그들의 환경은 그러한 계시를 받기에 결코 적절하지 않았던 듯합니다.

하지만 우리는 어려운 환경에 있는 사람들에게 하늘문이 열리는 광경을 얼마나 많이 보았습니까. 죄수와 노예들에게, 오래도록 질병으로 시달리며 고통의 사슬로 침상에 묶인 사람들에게, 혼자 떨어져 세상을 떠도는 사람들에게, 가족들의 방해로 주님의 집에 출입할 수 없는 사람들에게 하늘의 문은 수도 없이 열렸습니다.

그러나 열린 문을 보는 데는 조건이 있습니다. 우리는 "성령에 감동"한다는 것이(계 1:10) 무엇인지 알아야 합니다. 우리는 "마음이 청결"해야 하고(마 5:8), 믿음으로 순종해야 합니다. 우리는 "모든 것을 해로 여김은 [여기고] 내 주 그리스도 예수를 아는 지식이 가장 고상함"(빌 3:8)을 기꺼이 인정해야 합니다. 그리하여 하나님이 한번 우리의 모든 것이 되셔서 "우리가 그를 힘입어 살며 기동하며 존재하"게 되면(행 17:28) 하늘의 문은 우리에게도 열릴 것입니다.

하나님의 산 황량하고 헐벗었는데
거기서 우리 잠시 쉬라 하시네,
그 벼랑에서 우리의 호흡 맑아지고
외로운 봉우리들 첫 새벽빛에 물드네.
하나님의 사막 넓어라,

저 갈색의 고독, 모래 바다여,

거기서 그분 전능하신 손으로

장막을 거두시니, 환하여라 하늘이여.

6월 29일

거기서……거인들을 보았나니. _민수기 13:33

그렇습니다. 이스라엘의 정탐꾼들은 거인들을 보았지만, 여호수아와 갈렙은 하나님을 보았습니다! 의심하는 자들은 오늘날에도 여전히 말합니다. "우리는……그 백성을 치지 못하리라. 그들은 우리보다 강하니라"(31절). 하지만 믿는 이들은 이렇게 말합니다. "우리가 곧 올라가서 그 땅을 취하자. 능히 이기리라"(30절).

거인들은 큰 어려움을 의미하는데, 어디서든 우리를 끈질기게 따라다닙니다. 그들은 우리 가정에 있고, 우리 교회, 우리의 사회생활, 심지어는 우리의 마음속에도 있습니다. 이 거인들을 이기지 못하면 그들이 우리를 삼킬 것입니다. 고대 이스라엘 백성들도 가나안 사람들을 두려워하며 말했습니다. "우리가 두루 다니며 정탐한 땅은 그 거주민을 삼키는 땅이요 거기서 본 모든 백성은 신장이 장대한 자들이며"(32절). 우리는 여호수아와 갈렙처럼 믿음을 보여야 합니다. "두려워하지 말라. 그들은 우리 밥이라"(민 14:9). 이 말은 결국 이런 의미이겠습니다. "그동안 우리는 거인들을 만나지 못했다. 이제 그들을 이기면 우리는 이전보다 훨씬 강해질 것이다."

요컨대, 승리하는 믿음이 없으면 우리는 길을 막고 나선 거인들의 밥이 되어 먹히고 말 것입니다. 여호수아와 갈렙이 가졌던 것 같은 "믿음의 마음"으로(고후 4:13) 하나님을 바라보십시오. 그분께서 우리의 어려움을 해결해 주실 것입니다.

우리는 하나님을 섬기고 그분을 따를 때에만 거인들을 만납니다. 이스라엘의 경우도 그렇습니다. 그들이 앞으로 나아갈 때 거인들이 나타났으며, 다시 광야로 돌아갔을 때는 전혀 거인들을 볼 수 없었습니다.

한 사람의 삶에 들어온 하나님의 능력이 모든 갈등과 시련으로부터 그 사람을 지켜 주리라고 흔히들 생각합니다. 하지만 하나님의 능력은 오히려 갈등과 투쟁을 불러옵니다. 여러분은 아마도, 바울이 로마까지 선교 여행을 하는 동안 하나님의 주권적 능력으로 폭풍과 적대자들의 위협으로부터 보호받았을 것이라고 생각할지 모르겠습니다. 하지만 전혀 그렇지 않았습니다. 그는 핍박하는 유대인들을 상대로 길고도 험난한 투쟁을 치렀습니다. 맹렬한 바람과 독사를 만났고, 세상과 음부의 모든 권세자들과 맞닥뜨렸습니다. 게다가 파선까지 당해 익사 직전에 가까스로 헤엄쳐 멜리데 섬 해안에 닿았습니다.

무한한 능력의 하나님께서 이러실 수 있습니까? 그렇습니다. 이것이 정확히 그분다운 모습입니다. 바울이 우리에게, 주 예수 그리스도를 자기 몸속에서 사는 생명으로 받아들이고 나서 곧바로 심각한 다툼과 갈등이 일었다고 말한 까닭도 바로 하나님의 이러한 모습 때문이었습니다. 사실 다툼은 끝이 없었습니다. 그는 끈질긴 압박을 받았지만, 언제나 예수 그리스도의 힘으로 다툼을 이겨 냈습니다.

바울은 이러한 상황을 다음과 같이 생생한 언어로 묘사했습니다. "우리가 사방으로 욱여쌈을 당하여도 싸이지 아니하며 답답한 일을 당하여도 낙심하지 아니하며 박해를 받아도 버린 바 되지 아니하며 거꾸러뜨림을 당하여도 망하지 아니하고 우리가 항상 예수의 죽음을 몸에 짊어짐은 예수의 생명이 또한 우리 몸에 나타나게 하려 함이라"(고후 4:8-10).

참으로 질긴 투쟁이 아닐 수 없습니다! 그리스어 원문이 주는 충격을 영어로 표현하기란 거의 불가능합니다. 바울은 다섯 가지의 다른 이미지를 우리에게 차례로 제시합니다. 첫째, 그를 완벽하게 에워싸고 박해하지만 누르지 못하는 적대자들의 모습입니다. 그들이 바울을 누르지 못한 것은 하늘의 "경찰"이 그를 보호하고, 그가 달아날 수 있을 만큼 넓게 길을 텄기 때문입니다. 영어 번역은 "사방에서 심하게 박해를 당하나 눌리지 않고"이지만, 원문의 문자적 의미는 "사방에서 욱여쌈을 당해도 패하지 않고"입니다.

둘째, 적대자에 의해 길이 완전히 막히거나 방해를 받는 어떤 사람의 모습입니다. 하지만 그는 끝까지 버텨 냈습니다. 한 걸음 앞을 보기에 족한 빛이 있기 때문입니다. 바울은 "답답한 일을 당하여도 낙심하지 아니하"였습니다.

셋째, "박해를 받아도 버린 바 되지 아니하며"라는 이미지는 거룩한 보호자가 가까이 서 계시는 한편, 적대자는 바울의 턱밑까지 추격해 오는 모습입니다. 그는 쫓기지만 혼자 버려지지 않습니다.

넷째 모습은 더욱 생생하고 극적입니다. 적대자는 바울을 불시에 덮쳐서 때려눕혔습니다. 하지만 치명적인 타격이 아니므로 다시 일어설 수 있었습니다. 그는 "맞아 넘어졌으나 파멸당하지 않았고" 혹은 문자적 의미 그대로 "거꾸러뜨림을 당했으나 패하지 않았"습니다.

마지막이자 다섯째 묘사로 바울은 생각을 한층 더 밀고 나가, 죽음 자체의 모습일 수도 있는 이미지를 우리에게 제시합니다. "우리가 항상 예수의 죽음을 몸에 짊어짐은." 하지만 그는 죽지 않는데, "예수의 생명"이 그를 도울 뿐 아니라 자신의 필생의 사역을 완성하기까지 그리스도의 생명으로 살아가기 때문입니다.

그토록 많은 사람들이 이 거룩한 원리를 체험하지 못하는 이유는, 투쟁 없이 모든 것을 얻으려 하기 때문입니다. 다툼이 일고 싸움이 치열해지면 그들은 낙심하여 굴복합니다. 하나님께서는 쉽게 얻을 수 있는 값진 것은 전혀 가지고 계시지 않습니다. 그러니 하늘의 상점에는 싼 물건이라고는 하나도 없습니다. 그분께서는 우리 구속의 값을 치르시느라 모든 것을 내주셨습니다. 그러므로 우리가 갖고 싶어 하는 것은 무엇이든 값이 비쌉니다. 고난의 시간, 고난의 환경은 우리 믿음의 학교이며 삶의 학교입니다. 우리가 미약한 인간의 힘을 넘어, 죽을 수밖에 없는 우리 몸속에 사시는 그리스도의 생명의 능력을 체험하고자 한다면, 그것은 새 생명의 "산고"에 가까운 투쟁의 과정을 통해서 이루어질 것입니다. 모세의 삶이 이와 같았습니다. 그는 "떨기에서 불꽃이 이는데도 떨기가 타지 않는"(출 3:2, 공동번역) 광경을 보았습니다. 사탄의 마귀들이 모세의 삶에 타오르는 불을 끄려고 끊임없이 그의 계획을 좌절시키며 물을 퍼부었지만 성공하지 못했습니다. 언제나 지키고 서 있는 하나님의 천사들이 계속 기름을 부었기 때문입니다.

하나님의 자녀들이여, 분명 고난이 있을 테지만 믿음으로 굳건히 서서 넘어지지 않겠다고 결심하면 결코 패배는 없을 것입니다.

6월 30일

내가 조용한 중에 한 목소리를 들으니. _욥기 4:16

이십 년 전쯤에 한 친구가 내게 『참된 평화』라는 책을 선물했습니다. 중세 시대의 경건론에 관한 서적으로, 기본적인 내용은, 하나님께서 우리 내면 깊은 곳에서 기다리시며 내가 고요히 침묵할 때 말씀하신다는 것이었습니다.

그 정도는 크게 어려울 것 같지 않아서 나는 곧 침묵과 고요 속에 잠겨 보기로 했습니다. 하지만 침묵하고 앉자마자 무슨 복마전이라도 터졌는지 안팎에서 수천 가지 음성과 소리들이 들려오고, 내 귀는 곧 이 엄청난 소음으로 완전히 점령당했습니다. 이 소음 중에는 내 말과 내 질문, 심지어는 내 기도까지 있었습니다. 또 원수가 유혹하는 소리, 시끄럽게 돌아가는 세상의 소리가 있었습니다.

사방으로 자리를 바꾸며 돌아앉아도 불편하고 끈질긴 소음이 계속 나를 압박했습니다. 그중 어떤 소리는 거의 강박적으로 들려왔으며, 나 또한 어떤 식으로든 그 소리에 반응하고 있는 듯했습니다. 하지만 하나님께서 말씀하셨습니다. "너희는 가만히 있어 내가 하나님 됨을 알지어다"(시 46:10). 그 말씀으로 소음에서 벗어나는가 싶었으나, 대신에 내일 일과 계획에 대한 걱정과 염려가 내 내면에 자리를 틀고 앉았습니다. 하나님께서 다시 말씀하셨습니다. "너희는 가만히 있어……."

나는 그 말씀을 듣고서 서서히 순종했으며 다른 모든 소리에 귀를 닫았습니다. 그러고서 곧 알게 되었는데, 다른 소리들이 그치거나 내가 그 소리들을 더 이상 듣지 않게 되었을 때에야 비로소 "세미한 소리"(왕상 19:12)가 내 안 깊숙한 데서 말씀하신다는 것이었습니다. 그것은 온유하고 강하며 편안한 소리였습니다.

이 "세미한 소리"가 나의 기도와 지혜와 섬김이 되었습니다. 나는 더 이상 내 힘을 들여 고통스럽게 생각하고 기도하고 의지할 필요가 없었습니다. 성령의 "세미한 소리"가 내 영혼의 비밀한 곳에 계시는 하나님의 기도였으니 말입니다. 그 세미한 소리는 나의 모든 질문에 주시는 그분의 응답이었으며, 내 영혼과 육신을 위한 그분의 생명이자 능력이었습니다. 그분의 음성은 내 모든 지식과 기도와 축복의 근원이 되었습니다. 그 음성이 내 생명이자 내 모든 것 되시는 하나님 자신이기 때문입니다.

우리 영혼이 부활하신 주님의 생명을 호흡하는 것도 정확히 이와 같습니다. 그런 후에 우리는 어둠 속에서 신선한 이슬방울을 흡수한 꽃처럼, 삶의 갈등과 책무에 맞설 능력을 갖추게 됩니다. 하지만 알아야 할 것이 있습니다. 폭풍이 몰아닥친 밤에는 이슬이 내리지 않듯이, 그분의 은혜의 이슬 역시 번잡한 영혼 위에는 결코 내리지 않습니다.

먹구름 너머로 햇빛 쏟아부으시고

7월 1일

때가 이르면 내 말이 이루어지리라. _누가복음 1:20
주께서 하신 말씀이 반드시 이루어지리라. _누가복음 1:45

주께서 꼭 그 일들 이루시리라.
사랑하는 영혼이 오랫동안 기다린 일들,
그 영혼이 붙든 말씀들 이루어지리라,
하나님께서 신실히 약속하셨음이니.
그 영혼 그분 알았음에, 그 말씀 의심할 수 없으리라.
그분 말씀하시고 이루시리라, 전능하신 주님!

주께서 꼭 그 일들 이루시리라.
오, 짐 진 영혼아, 그분의 보살핌 아래 쉬어라.
그분의 날개 그늘 아래 고요히 들어
네 간절한 기도에 주시는 응답 기다려라.
너 "근심을 맡겨" 버리고 노래하라.
주께서 꼭 그 일들 이루시리라.

주께서 꼭 그 일들 이루시리라.
오, 지친 영혼아, 믿고 기다리며 찬송하라.
종일토록 폭풍 구름 몰아쳐도
저녁 종소리 평화로우니.
의심의 안개는 다가오는 어둠에 영혼을
가두지만, 믿음은 그 안개를 뚫고 별을 찾는다.

주께서 꼭 그 일들 이루시리라.
오, 믿는 영혼아, 주님 네게 말씀하셨으니
믿음과 소망 일으켜, 날개를 펴고
저 빛나는 일출의 구름 향해 올라가라.

새벽의 문 크게 열리니, 어둠이

감추어 둔 기쁨 환하고 환하다.

— 베시 포터

매튜 헨리는 말했습니다. "우리는 하나님께서 당신의 약속을 이루시리라고 믿되, 그 약속으로 가는 모든 길이 막혔을 때조차 믿을 수 있습니다. 왜냐하면, '하나님의 약속은 얼마든지 그리스도 안에서 예가 되니 그런즉 그로 말미암아 우리가 아멘[그대로 되소서] 하여 하나님께 영광을 돌리게'(고후 1:20) 되기 때문입니다."

7월 2일

다닐 때에 네 걸음이 곤고하지 아니하겠고 달려갈 때에 실족하지 아니하리라. _잠언 4:12

주께서는 신실한 나그네가 발을 내딛는 곳에만 믿음의 다리를 놓아 주십니다. 몇 걸음 앞선 곳에 미리 세우시는 법이 없으니, 그렇게 되면 믿음의 다리가 아니기 때문입니다. "이는 우리가 믿음으로 행하고 보는 것으로 행하지 아니함이로라"(고후 5:7).

몇 년 전 시골길에서 자동문이 종종 사용되었습니다. 이 문은 차량이 다가올 때까지 도로를 차단하고 있는데, 차량이 근접하지 않고 멈추었을 경우에는 열리지 않았습니다. 하지만 운전자가 차를 멈추지 않고 곧바로 몰아가면, 그 차량의 무게로 인해 도로 아래 용수철 장치가 작동해서 문이 열렸습니다. 말하자면 차는 멈춤 없이 앞으로 진행해야 문이 열렸고, 그렇지 않은 경우 문은 닫힌 상태로 있었습니다.

이 같은 예로써 우리는 하나님을 위한 섬김의 도로가 막혔을 경우, 그 장애물을 어떻게 통과해야 할지 알 수 있습니다. 장애물이 강이든 산이든 문이든 상관없이, 예수의 자녀들이 할 것은 정면 돌진뿐입니다. 강을 향해 쉬지 않고 나아가면 바로 앞에서 물이 마를 것입니다. 산을 향해 망설임 없는 확신으로 전진하면, 산이 들리어 바다에 던져질 것입니다(막 11:23).

301

어떤 큰 장애물이 지금 여러분의 섬김의 길을 막고 있습니까? 그렇다면 주님의 이름으로 그 장애물을 향해 곧장 나아가십시오. 장애물은 거기에 없을 것입니다.

전능자의 음성이 위로 앞으로 멈춤 없이 나아가라시는데 우리는 헛되이 앉아 울고 있습니다. 일어나 담대히 전진해야 합니다. 어둠이 짙어 우리 앞의 숲이 안 보이고, 우리의 길이 산길로 꺾여 들어 어디서든 몇 걸음 앞을 볼 수 없어도 나아갑시다.

전진합시다! 필요할 경우, 옛날 이스라엘 백성들처럼 불기둥 구름기둥을 따라 광야를 건널 수 있을 것입니다. 하나님께서 길을 따라 이정표와 유숙할 곳을 마련하시고, 우리는 여정의 단계마다 음식과 옷과 친구들을 만나게 될 것입니다. 스코틀랜드의 위대한 사역자 새뮤얼 러더퍼드의 간명한 표현대로, "어떤 일이 일어나더라도, 최악의 경우란 결국 천국의 환영인사를 받는 지친 나그네일 것입니다."

윗길로 간다, 여전히
해 뜨는 곳.
밤의 초원을 오른다, 별들의
강 흐르는 곳.
그대 나의 어두운 옛집으로 가
나를 찾으려거든, 알아 두게.
문 앞에 붙여 둔 이 한 마디,
"지금 윗길로 가고 없습니다."

7월 3일

파종하려고 가는 자가 어찌 쉬지 않고 갈기만 하겠느냐. _이사야 28:24

어느 여름날 아침 나는 사랑스러운 풀밭을 지나치며 걸었습니다. 목초지 전체가 푹신하고 두툼하니 동양에서 온 거대한 초록 양탄자라도 되는 듯 아름다웠습니다. 초지 한쪽 끝에 멋지게 늙은 나무 한 그루가 서 있어 무수한 새들이 집처럼 드나들었고, 새들의 즐거운 노랫소리는 맑고 투명한 대기를 채우는 듯했습니다. 나무 그늘에 누운 암소 두 마리도 대단히 흡족해 보였습니다. 그리고 길 아래쪽으로 노란 민들레 무리가 보랏빛 제비꽃들 사이에 섞여 있었습니다. 나는 한참을 목책에 기대어 풍경을 만끽하며, 이 풀밭이야말로 하나님께서 만드신 가장 아름다운 곳이 아닐까 생각했습니다.

다음 날 다시 그 길을 지나는데, 실망스럽게도 파괴자의 손이 한번 할퀴고 난 뒤였습니다. 큰 트랙터를 가진 농부가 단 하루 만에 끔찍한 참화를 남기고서 목초지 한가운데 여유롭게 앉아 있었던 것입니다. 내 눈에는 이제 부드러운 풀밭 대신 훤히 드러난 맨땅만 보였습니다. 민들레와 제비꽃은 온데간데없었습니다. 노래하던 많은 새들도 사라지고 몇 마리만 남아서 흙을 헤치며 벌레를 찾고 있었습니다. 나는 슬퍼서 중얼거렸습니다. "어떻게 이토록 아름다운 것을 망쳐 놓을 수 있단 말인가?"

그때 갑자기, 어떤 안 보이는 손이 작용한 듯 내 눈이 열렸고, 나는 환상을 보게 되었습니다. 추수를 기다리는 들판이었습니다. 튼실한 옥수숫대들이 알곡을 주렁주렁 달고서 가을 햇빛에 휘어질 듯 서 있었고, 내 귀에는 황금빛 옥수수수염을 스치고 지나가는 바람소리마저 들리는 듯했습니다. 그리고 내가 의식도 하기 전에, 그 훤히 드러난 맨흙이 전날과 달리 그토록 귀하고 찬란해 보일 수가 없었습니다.

오, 그러니 큰 농부께서 우리 영혼을 쟁기질하러 오실 때마다 우리가 그 풍요로운 추수의 환상을 볼 수 있으면 얼마나 좋겠습니까. 늘 그러하시듯 오셔서 우리가 가장 아름답게 여기는 것을 뿌리째 갈아엎으시고, 몸부림치는 우리 눈앞에 벌거벗어 아름답지 아니한 땅만 남겨 놓으시는 그때를 말입니다.

내 영혼에 깊은 고랑을 내는 주님의 쟁기를 내가 왜 무서워해야 합니까? 그분은 분별없고 변덕스러운 농부가 아닙니다. 그분의 목적은 수확을 내시는 데 있습니다.

7월 4일

이 묵시는 정한 때가 있나니……비록 더딜지라도 기다리라. 지체되지 않고 반드시 응하리라. _하박국 2:3

매력적인 소책자 『기다림의 모퉁이』에서 아담 슬로맨이라는 등장인물이 주님의 보물창고로 안내되었습니다. 그의 눈앞에 드러난 진귀한 것들 가운데 '지연된 축복의 방'이 있었습니다. 하나님께서 기한이 이를 때까지 어떤 기도에 대한 응답을 쌓아 두시는 방이었습니다.

응답을 기대하며 기도하는 어떤 이들의 경우, 응답의 지연은 거절이 아님을 알기까지 오랜 시간이 걸립니다. 사실, '지연된 축복의 방'에는 우리가 상상하지 못한 사랑과 지혜의 깊은 비밀이 있습니다. 우리는 아직 익지도 않은 축복의 열매를 따려는 경향이 있지만, 하나님께서는 그 축복들이 나무에서 완전히 익을 때까지 기다리기를 원하십니다.

"여호와께서 기다리시나니 이는 너희에게 은혜를 베풀려 하심이요……그를 기다리는 자마다 복이 있도다"(사 30:18). 주께서는 우리가 어떠한 어려움에 처해 있든지 지켜보시며, 우리가 감당 못할 시련은 결코 허락하지 않으십니다. 또한 당신의 정련의 불을 사용하셔서 우리의 부정한 것들을 모두 태워 없애신 후에 우리의 영광스러운 구원이 되실 것입니다.

그분의 사랑을 의심하지 마십시오. 그분께서 슬퍼하시는 의심은 거두고, 이미 여러분을 향해 다가오는 그 구원을 인하여 바로 지금 눈을 들어 그분을 찬양하십시오. 그리하면 여러분의 믿음에 시련이 된 그 지연으로 오히려 풍성한 상급이 있을 것입니다.

오, 믿음 없는 너여,
하나님께서 너를 저버렸을 것 같으냐!
모든 것이 흐리고 어두우니
너는 참 빨리도 잊는구나.

그분께서 너를 인도하시고

온유하게 길을 내시며
먹구름 너머로 햇빛 쏟아부으시고
밤을 낮으로 바꾸심을 너는 잊었구나.

그분께서 지금까지 너를 도우셨다면
이제도 너를 저버리지 않으시리라,
그러므로 근심 가득한 얼굴 거두라.
사랑하는 그분의 가슴 아프시니!

오! 더 이상 의심 말고
그분께 네 길을 맡겨라.
이전에 네가 믿었던 그분
오늘도 동일하시니.

7월 5일

내가 그를 타일러 거친 들로 데리고 가서 말로 위로하고 거기서 비로소 그의 포도원을 그에게 주고. _호세아 2:14-15

거친 들에서 포도원을 찾는다는 것은 확실히 좀 이상합니다! 우리에게 필요한 삶의 부요를 광야에서 찾을 수 있음이 사실입니까? 외롭고 길도 찾을 수 없는 거기서? 사실일 뿐 아니라, 15절에서는 이렇게까지 말씀하십니다. "아골 골짜기로 소망의 문을 삼아 주리니 그가 거기서 응대하기를 어렸을 때와······같이 하리라." "아골"은 '고통스럽다'는 뜻인데, 그런 아골 골짜기를 지금 "소망의 문"이라고 합니다.

그렇습니다. 하나님께서는 우리에게 광야 체험이 필요함을 아십니다. 그분께서는 어디서 어떻게 우리 안의 인내의 능력을 끌어내야 하는지 정확히 알고 계십니다. 우상숭배와 반역으로 하나님을 잊고, 강퍅한 마음으로 "나는 나를 사랑하는 자들을 따르리니"(호 2:5) 하는 사람은 하나님으로 인해 길이 막힐 것입니다. "그가 그 사랑하는 자를 따라갈지라도 미치지 못하며 그들을 찾을지라도 만나지 못할 것이라"(호 2:7). 그래서 그녀가 완전히 절망하여 포기할 때 하나님께서 말씀하십니다. "내가 그를 타일러 거친 들로 데리고 가서 말로 위로하고."

얼마나 멋진 하나님이십니까!

우리는 하나님께서 그분의 시내를 어디에 숨기셨는지 알지 못합니다. 우리는 큰 반석을 보지만 그 아래 샘물이 있음은 알지 못합니다. 하나님께서는 나를 어렵고 힘든 곳으로 데려가시지만, 바로 거기서 내가 영원한 시냇가에 와 있음을 깨닫습니다.

7월 6일

우리가……어떻게 할 줄도 알지 못하옵고 오직 주만 바라보나이다. _역대하 20:12

웃사라 이름하는 이스라엘 사람이 "손을 들어 하나님의 궤를 붙들었"으므로(삼하 6:6) 목숨을 잃었습니다. 그는 "소들이 뛰므로" 흔들림을 방지하려는 좋은 의도로 궤에 손을 얹었지만, 하나님의 일에 손대는 행위는 분수를 넘는 것이었습니다. 그러므로 여호와 하나님이 그를 치셨습니다(삼하 6:7). 믿음의 삶이 접근금지를 요청할 때가 종종 있습니다.

어떤 것을 하나님께 온전히 맡겼다면 우리는 거기서 손을 떼야 합니다. 그분께서 그것을 우리보다 잘 지키실 뿐 아니라, 그분께는 우리의 도움 또한 필요하지 않습니다. "여호와 앞에 잠잠하고 참고 기다리라. 자기 길이 형통하며 악한 꾀를 이루는 자 때문에 불평하지 말지어다"(시 37:7).

우리 삶이 전혀 순조롭지 않은 듯 보일 수 있지만 하나님께서 우리보다 상황을 더 잘 아십니다. 그분께서 그분의 때에 그분의 방식으로 일하심을 우리가 온전히 믿는다면, 역시 그분께서는 완벽한 시기에 일하실 것입니다. 하나님께서 그분의 주권적인 의지를 행사하시겠다고 약속하셨으니, 그렇게 하실 때에는 우리가 손 놓고 쉬는 것이 오히려 그분께는 신실함이며, 부산스럽게 일해 봐야 해롭기만 할 뿐입니다.

나 어찌할 바를 몰라서 말하네.

"주여, 올바르게 해주소서!
당신께 밤은 낮 같고
어둠은 빛 같으니, 돌리소서.
너무 얽혀 버린 이 삶
손대기 두렵습니다.
내 떨리는 손이 그르치고
내 투박한 손이 망칠까 하지만
당신의 손은 실수가 없습니다."

나 의심에 빠져 말하네.
"주여, 분명하게 해주소서,
어느 길이 참되고 안전하며
어느 것이 얻음입니까?
나 지혜롭지 못하고
내딛는 발걸음 확신 없지만
당신께는 그토록 분명한 것,
주여, 내게 밝히소서!"

복잡하게 얽힌 이 삶, 하나님의 손에 던져 맡길 수 있음은 크나큰 위안입니다.

7월 7일

나를 갈고 닦은 화살로 만드사. _이사야 49:2

캘리포니아 해안의 페블 비치는 아름다운 조약돌로 유명합니다. 성난 물결이 끝없이 밀려와 해변의 바위를 때리며 노호합니다. 이 돌들은 무자비한 파도의 두 팔에 단단히 걸려들었습니다. 돌들은 휩쓸리고 구르고 서로 마찰하며, 해안 절벽의 날카로운 단면에 갈립니다. 이 마찰의 과정은 밤낮 없이 무자비하게 이어집니다. 그래서 결과는 어떠합니까?

전 세계의 관광객들이 아름답고 둥근 돌을 줍기 위해 이곳으로 몰려듭니다. 그들은 이 돌들을 장식장에 진열하거나 집안을 꾸미는 데 사용합니다. 그런데 이 해안에서 조금 위쪽으로 절벽 돌출부 일대에 아주 조용한 만이 있습니다. 큰바다 쪽으로 드러나 있지 않고, 폭풍도 들이치지 않으며, 언제나 햇볕이 쏟아지는 이곳의 백사장은 관광객들이 눈길 한 번 주지 않는 무수한 자갈들로 덮여 있습니다.

왜 이 백사장의 돌들은 그 많은 세월 동안 사람의 손을 타지 않았습니까? 파도의 격동과 연마의 과정을 겪지 않았기 때문입니다. 침잠과 평화가 이 돌들을 늘 같은 상태로 놓아 두었습니다. 그래서 이 돌들은 거칠고 광택이 없으며 아름답지도 않은데, 빛나는 아름다움은 오직 역경의 결과이니 그럴 수밖에 없습니다.

하나님께서는 우리가 들어가서 채워야 할 자리를 알고 계십니다. 그러므로 우리를 그 자리에 맞는 모양으로 만드시도록 맡겨야 합니다. 그분은 우리가 해야 할 일을 알고 계시니, 그 일에 준비된 자 될 때까지 우리를 연마하시도록 맡겨야 하겠습니다.

오, 타격이여! 오, 상처여!
이 연약한 마음을 찌르는구나.
하지만 너는 하나님의 작품에 쓰이는
장인의 도구가 아니더냐?
하나님의 보석은 거의가 눈물의 보석이니.

7월 8일

독수리가 날개 치며 올라감 같을 것이요. _이사야 40:31

새들이 처음에 어떻게 해서 날개를 얻었는지 이야기해 주는 우화가 있습니다. 애초에 새들은 날개 없이 지어졌다고 합니다. 그런데 하나님께서 날개를 만드시고, 그것을 날개 없는 새들 앞에 놓으시며 말씀하셨습니다. "이 짐을 받아서 늘 지니고 다녀라."

새들은 아름다운 음성과 햇빛에 반짝이는 깃털이 있었지만 날개가 없었으므로 공중으로 날아갈 수가 없었습니다. 발아래 놓인 짐을 집어 들라는 요청을 받고서 새들은 조금 망설였지만 곧 순종했습니다. 부리로 날개를 집어 어깨에 얹고서 늘 지니고 다니게 된 것입니다.

처음에는 그 짐이 무겁고 견디기 어려웠는데, 잠시만 그랬을 뿐 계속해서 지고 다니며 가슴 쪽으로 그 날개를 접어 버릇하자, 그들의 작은 몸에 날개로 점차 부착되었습니다. 그리고 어느새 날개 사용법을 익혀 자신들의 몸을 공중으로 띄울 줄 알게 되었습니다. 짐이 날개였던 것입니다.

이는 우리를 위한 우화입니다. 우리는 날개 없는 새들이고, 우리의 책무와 본분은 하나님께서 우리를 하늘로 날려 보내시기 위해 달아 주시는 날개입니다. 우리는 무거운 짐을 보고 피해 달아나려고 하지만, 그 짐을 우리 가슴에 붙들어 매면 날개가 될 것입니다. 우리는 그 날개를 펴고 하나님을 향해 비상할 수 있습니다.

아무리 무거운 짐이라도 우리 가슴속의 사랑으로 품어서 즐겁게 들어 올리면, 그것은 축복이 됩니다. 하나님께서는 우리의 짐을 우리의 조력자로 삼으려 하십니다. 그러니 어깨를 구부려 짐을 져야 하겠습니다. 그리하지 않으면, 우리는 새로운 성장의 기회를 놓치는 것입니다.

아무리 무겁고 커 보여도, 하나님께서 사랑의 손으로 우리 어깨 위에 올려 주시는 짐은 축복입니다.

7월 9일

내가……너를 고난의 풀무불에서 택하였노라. _이사야 48:10

하나님의 말씀이 청량한 소나기처럼 다가와 불기운을 몰아내지 않겠습니까? 말씀이 방화복처럼 열기를 막아 주지 않겠습니까? 그러니 고난더러 한번 와 보라고 하십시오. 하나님께서 나를 택하셨습니다. "가난이여, 너는 내 집으로 들어올 수 있겠지만 내 집에는 이미 하나님께서 계시고 또한 나를 택하셨다. 질병이여, 너는 내 삶에 들어올 수 있겠지만 내게는 이미 약이 준비되어 있으니, 하나님께서 나를 택하셨다." 눈물의 골짜기에서 무슨 일이 생기든 하나님께서 나를 택하셨음을 나는 압니다.

사랑하는 그리스도인들이여, 예수께서 함께 계시니 무서워 맙시다. 여러분의 모든 불의 시련 끝나기까지 그분께서 함께 계심은 여러분의 가장 큰 위로요 안전입니다. 그분께서는 그분의 자녀로 택하신 자들을 버리지 않으십니다. "두려워하지 말라.……내가 너와 함께 있어"(창 26:24). 이 틀림없는 약속의 말씀을, 지금 "고난의 풀무불"을 겪고 있는 택하신 자들에게 주셨습니다.

> 고통의 화로 내 안에서 달아오르고
> 하나님의 숨 화염을 일으키니
> 그 붉은빛에 내 마음 온통
> 몸부림치며 떠는구나.
> 하지만 나의 작은 소리, "하나님 뜻대로!"
> 그분의 불 뜨거워도 나 잠잠하리라.

> 달구어진 내 마음, 그분 오셔서
> 단단한 모루 위에 놓으시니, 이제 두드려
> 당신께서 원하시는 형상 빚으시리라.
> 쇠망치로 두드리고 또 두드리시리라.
> 하지만 나의 작은 소리, "하나님 뜻대로!"
> 그분의 망치 강해도 나 잠잠하리라.

> 내 여린 심령 붙들어 때리시니
> 내려칠 때마다 불꽃이 튀고,
> 거듭거듭 뒤집어 달구시며
> 식히고, 또 담금질하시는데,
> 하지만 나의 작은 소리, "하나님 뜻대로!"
> 그분의 강한 손에서 나 잠잠하리라.

나 무슨 불평하리요? 그리하면

슬픔만 더 길어질 뿐,

끝은 오리니, 내 안에서 당신의 일

마치시면, 내일이라도 오리라.

그래서 나 믿음으로 말하네, "하나님 뜻대로!"

끝까지 믿으며, 나 잠잠하리라.

— 율리우스 슈투름

고난의 짐이 우리 목에 걸린 묘비 같습니다. 하지만 그 짐은 사실 진주를 찾아 나선 잠수부를 물 밑에 가라앉히는 추일 뿐입니다.

7월 10일

내가 그를……불러도 응답이 없었노라. _아가 5:6

흔히 아는 대로, 하나님께서는 큰 믿음을 한 번 주시고 오래 지체하심으로 그 믿음을 시험하십니다. 그분께서는 종들의 음성을 자신들의 귓속에서만 맴돌게 하시는데, 그들의 기도는 마치 거만한 창공의 벽에 부딪혀 되돌아오는 듯합니다. 신자들은 하늘의 문을 두드리지만 경첩이 녹슨 듯 문은 꿈쩍도 하지 않습니다. 그들은 예레미야처럼 외칩니다. "주께서 구름으로 자신을 가리사 기도가 상달되지 못하게 하시고"(애 3:44).

하나님의 참된 성도들은 어떤 응답도 받지 못한 채 오랜 시간을 인내로 견뎠습니다. 그들의 기도가 강력하지 않아서도, 하나님께서 그들의 간구를 받아주지 않아서도 아니었습니다. 그러한 기다림은, 주권자로서 "자기의 기쁘신 뜻을 위하여"(빌 2:13) 행하시는 일이므로 그들은 기다려야 했습니다. 그리고 우리의 인내력을 길러 주심이 그분의 기쁨일진대, 그분께서 자녀들에게 뜻하신 대로 행하지 말아야 할 이유가 있습니까?

헛된 기도는 없으며 입에서 나오는 어떠한 기도도 무익하지 않습니다. 하나님께서 응답하지 않거나 알아채지 못하시는 기도 같은 것은 없습니다. 우리가 거절이나 거부한다고 여기는 어떤 것들은 지체일 뿐입니다.

그리스도께서는 때때로 도우심을 늦추시는데, 이는 우리의 믿음을 시험하고 우리의 기도에 활력을 불어넣으시기 위함입니다. 그분께서 주무시는 동안 우리의 배는 파도에 흔들리겠지만, 배가 가라앉기 전에 깨어나실 것입니다. 그분께서는 주무시되 오래 주무시지는 않으십니다. 그러니 결코 늦으시는 법이 없습니다.

> 잠잠하라, 슬픈 영혼아, 절규는 거두고
> 헐벗은 네 영혼의 사막 펼쳐라.
> 전능하신 이의 깊은 눈이 보신다.
> 기다리라! 네 불안과 절망을 넘어
> 불쌍히 여기시며 하나님 오시리라, 그 황폐한
> 죽음의 땅, 빛과 생명과 봄기운으로 채우시리라.

— 존 캠벨 샤프

7월 11일

땅에 비가 내리지 아니하므로 얼마 후에 그 시내가 마르니라. _열왕기상 17:7

엘리야는 흔들림 없이 시내를 지켜보았습니다. 그리고 시냇물은 그의 눈앞에서 서서히 줄어들다가 완전히 말라 버렸습니다. 차라리 실족해서 불신에 빠지고 싶은 생각이 없지 않았습니다. 하지만 그는 자신과 하나님 사이에 환경을 개입시키기를 거부했습니다. 불신은 환경을 통해서 하나님을 보는데, 그것은 마치 우리가 구름이나 안개로 흐려진 태양을 보는 것과 같습니다. 그러나 믿음은 자신과 환경 사이에 하나님을 두고, 하나님을 통해서 환경을 봅니다.

엘리야의 시내는 실처럼 줄어들어 커다란 바위 밑에 물웅덩이만 몇 개 남겼지만, 이마저 증발해 버려서 새들이 떠나고 물 마시러 오던 들짐승들도 더 이상 눈에 띄지 않았습니다. 그리고 그제야, 참을성 많고 신실한 엘리야의 심령에 주님의 말씀이 왔습니다. "너는 일어나······사르밧으로 가서"(9절).

우리들 같았으면 아마 하나님께서 말씀하시기 훨씬 전부터 근심하고 지쳐서 다른 계획을 세웠을 것입니다. 바위를 타고 음악처럼 흐르는 시냇물 소리가 조금만 작아져도 우리는 아마 노래를 멈추었을 테고, 근처 버드나무 가지에 수금을 걸어 둔 채 말라가는 풀밭을 서성이며 근심스레 앞날의 곤경을 생각했을 것입니다. 그리고 시냇물이 완전히 마르려면 아직도 한참이나 남은 시점에서부터 이미, 어떤 계획을 궁리하고 하나님의 축복을 요구하며 다른 곳으로 향했을 것입니다.

하나님께서는 그 인자하심이 영원하시므로(대상 16:34) 우리가 초래한 곤경에서 우리를 구해 주시기는 하십니다. 하지만 우리가 그분의 계획이 막 펼쳐질 때까지라도 인내심을 가지고 기다렸다면, 미로처럼 복잡하고 어려운 상황에 빠지는 일은 없었을 것입니다. 그리고 당연히 갔던 길을 고스란히 되돌아오며, 헛걸음으로 수치스러운 눈물 흘리는 일 또한 없었을 것입니다.

"너는 여호와를 기다릴지어다"(시 27:14). 끈질기게 그분을 기다리십시오!

7월 12일

나의 가는 길을 오직 그가 아시나니 그가 나를 단련하신 후에는 내가 정금같이 나오리라. _ 욥기 23:10

"믿음은 폭풍 속에서 자란다." 짧은 말이지만, 삶을 송두리째 뒤엎는 폭풍을 겪어 본 사람들에게는 얼마나 뜻이 깊습니까?

믿음은 하나님께서 부여하신 능력, 그것이 발휘될 때, 안 보이는 것을 보이게 하는 능력입니다. 믿음은 초자연적인 것을 다루고 불가능한 것을 가능하게 합니다. 분명히 믿음은 폭풍 속에서 자랍니다. 이를테면 영적인 대기의 불안정성을 통해서 성장합니다. 폭풍은 물리적 요소들 간의 충돌에 의해 발생하고, 영적인 세계의 폭풍은 초자연적이고 적대적인 요소들과 충돌하면서 생깁니다. 그리고 이처럼 충돌이 발생하는 대기 속에서 믿음은 가장 비옥한 토양을 만나 빠르게 성장합니다.

튼튼한 나무는 숲 안쪽의 아늑한 곳에 있지 아니합니다. 그런 나무는 사방이 다 터져 모진 바람 맞는 곳에 가야 찾습니다. 이 나무들은 바람에 휘고 뒤틀려 가며 거목으로 성장합니다. 대장장이들이 쇠붙이 연장의 자룻감으로 찾는 나무들입니다. 그만큼 단단하다는 것입니다.

영적인 세계도 마찬가지입니다. 어떤 영적인 거인을 만나 함께 걸을 때 언제나 햇빛이 비치고 들꽃이 만발한 길로 가리라는 생각은 접어 둬야 합니다. 그 길은 비탈과 돌투성이로 된 좁은 길입니다. 지옥의 바람이 때려눕힐 기세로 부는 곳, 날카로운 바위에 몸을 찢기며 가시에 얼굴이 찔리는 곳, 사방에서 뱀이 기어다니며 위협하는 곳입니다.

믿음의 길은 슬픔과 기쁨의 길입니다. 고난과 치유의 위로가 있는 길입니다. 눈물과 웃음의 길, 시련과 승리, 다툼과 이김의 길이며, 역경, 위험, 두드려 맞음, 박해, 오해, 괴로움, 고통의 길입니다. 그러나 "이 모든 일에 우리를 사랑하시는 이로 말미암아 우리가 넉넉히 이기는"(롬 8:37) 길입니다.

그렇습니다. "이 모든 일에" 우리가 넉넉히 이깁니다. 어떠한 폭풍 속에서도 이깁니다. 강력한 시련의 폭풍을 피해 달아나고 싶겠지만, 부디 그 폭풍을 향해 돌진합시다! 하나님께서 시련의 한가운데서 여러분을 만나시고자 폭풍 속에 계십니다. 거기서 작은 소리로 그분의 비밀을 말씀하실 것입니다. 그리고 여러분은 지옥의 모든 마귀들이 힘을 합쳐도 흔들 수 없는 믿음과 빛나는 얼굴로 폭풍 속에서 나오게 될 것입니다.

7월 13일

하나님은……없는 것을 있는 것같이 부르시는 이시니라. _로마서 4:17

무슨 뜻입니까? 아브라함이 바라고 믿었던(18절) 이유가 바로 이 말씀 속에 있습니다. 아브라함이 그토록 늦은 나이에 자식을 봐서 아버지가 된다는 것은 어처구니없고 지극히 불가능한 일로 보였을 테지만, 하나님께서는 성취의 기미조차 볼 수 없는 이른 시기에 이미 그를 "열국의 아비"(창

314

17:4)라고 부르셨습니다. 이런 하나님께서 아들을 보리라 말씀하셨으므로 아브라함은 자신을 한 아이의 아비로 여겼습니다. 이것이 참된 믿음이니, 하나님께서 말씀하신 바를 믿고 선언하며, 아무것도 없어 보이는 허공으로 발을 내디뎌 든든한 반석을 찾는 것입니다.

그러므로 하나님께서 여러분에게 얻으리라 말씀하신 것을 담대히 선포하십시오. 그리하면 여러분이 믿는 그것을 하나님께서 이루실 것입니다. 하지만 먼저 참된 믿음을 보이고 온 마음을 다해 그분을 신뢰해야 합니다.

우리는 기꺼이 믿음으로 살되 다른 어떠한 길도 소망하거나 원해서는 안 됩니다. 우리는 기꺼이 우리 주변의 모든 불을 끄고, 하늘의 별들도 가리며, 우리를 둘러싼 어둠과 위험 외에는 그 무엇으로도 살지 않아야 합니다. 그렇습니다. 하나님께서 우리 영혼에 믿음으로 빛나는 밝고 순결한 내면의 광채를 남겨 두시기만 한다면, 우리는 기꺼이 그렇게 해야 합니다.

불신의 횃대를 박차고 나서야 할 때가 되었습니다. 안전하다 여겼던 둥지를 떠나 믿음의 날개를 믿어야 할 때가 되었습니다. 여러분은 아직 시험해 보지 않은 날개로 이제 막 공중으로 나서는 어린새와 같을 것입니다. 처음에는 땅으로 처박히는 듯 느껴질 수 있습니다. 자연의 어린새들도 아마 그렇게 느낄 것입니다. 하지만 이 새들은 날개의 저항력이 있어 땅으로 떨어지지 않습니다. 그러나 날개가 말을 듣지 않는 경우라 해도, 어미새가 순식간에 날아와서 떨어지는 새끼를 튼튼한 두 날개로 받쳐 구해 낼 것입니다.

하나님께서도 여러분을 이처럼 구해 내십니다. 그분을 믿으십시오. 그분의 오른손이 여러분을 붙드십니다(시 18:35). 하지만 아무것도 없는 허공에 어찌 발을 내딛느냐고 묻습니까? 허공으로 나선다는 것, 이것은 정확히 새에게나 내려야 할 명령 같습니다만, 우리는 허공이 거기에 있고 그 허공이란 겉보기처럼 아무것도 없는 빈 장소가 아님을 압니다. 그리고 우리는 하나님의 약속이 거기에 있고, 그 약속이 결코 아무 내용도 없는 가공이 아님을 압니다. 할 말이 또 있습니까? "하지만 나의 불쌍하고 나약한 영혼을 그러한 힘이 받쳐 줄 것 같지가 않습니다." 하나님께서 그렇게 말

쏨하셨습니까? "나의 이 미련하고 나약한 본성으로도 그 싸움에서 승리한다는 말입니까?" 하나님께서 그렇게 말씀하셨습니까? "나의 이 겁 많고 불안한 영혼도 안식을 찾을 수 있단 말입니까?" 하나님께서 그렇게 말씀하셨습니까?

하나님께서 그렇게 말씀하셨다면 설마 여러분이 그분을 거짓말쟁이라고 하겠습니까? 한 번 말씀하셨다면 그분께서 그대로 이루시지 않겠습니까? 그분께서 여러분에게 말씀, 틀림없는 약속의 말씀을 하셨으면, 토를 달 것이 아니라 무조건 믿으십시오. 여러분에게는 그분의 약속이 있을 뿐 아니라, 더 나아가 그분 자체가 있습니다. 그분께서 이처럼 확고히 말씀하십니다.

"내가 참으로 너희에게 이르노니"(눅 12:5). 그분을 믿으십시오!

7월 14일

줄로 희생을 제단 뿔에 맬지어다. _시편 118:27

희생제물의 제단이 여러분을 부릅니까? 그렇다면 여러분을 제단에 묶어 달라고, 그래서 헌신의 삶을 버리고 도망가지 않도록 해달라고 하나님께 부탁하십시오. 인생이 빛과 약속으로 충만한 때가 있습니다. 십자가도 어려워 보이지 않습니다. 하지만 하늘이 어두워지면 우리는 십자가를 놓고 달아납니다. 그러므로 제단에 몸을 붙들어 매는 것이 현명합니다.

복되신 성령이여, 우리를 십자가에 묶어 주시고, 우리 안에 십자가 사랑 넘치게 하셔서 결코 그것을 버리지 않게 하소서. 당신의 선홍빛 구속의 줄로 우리를 매시고, 당신의 사랑으로 환한 금빛 줄과 그리스도 재림의 소망으로 빛나는 은빛 줄로 우리를 묶어 주소서! 우리가 희생의 십자가에서 돌아서지 않도록, 우리 주님의 고통과 슬픔에 겸손히 참여하는 동반자 외에는 그 무엇도 되지 않도록.

"제단의 뿔"이 여러분을 초대합니다. 가시겠습니까? 완전한 복종으로 자신을 주님께 내어 드리는 삶을 기꺼이 지속하겠습니까?

언젠가 옥외부흥집회에 참석했던 남자 이야기를 들었습니다. 이 사람

316

은 저녁마다 제단에서 자신을 하나님께 드리려고 애썼지만, 집에 갈 때쯤에는 언제나 마귀가 와서, 변화되었다는 느낌이 없으면 진실로 구속받은게 아니라고 설득했습니다.

이 사람은 거듭해서 원수에게 패배했습니다. 그러다가 하룻저녁에는 커다란 쇠망치와 나무말뚝을 들고 집회에 참석했습니다. 그리고 자신을 한 번 더 주님께 드린 뒤, 무릎 꿇고 기도했던 자리에 말뚝을 박았습니다. 이 사람이 집회 천막을 떠나려고 하자 역시 마귀가 와서 헌신이 참되지 않다는 생각을 집어넣으려 했습니다. 이 사람은 즉시 돌아서서 말뚝을 가리키며 말했습니다. "마귀야, 이 말뚝이 보이느냐? 이것이 하나님께서 영원히 나를 받아 주셨다는 나의 간증이다."

마귀는 바로 떠났고, 이 사람은 두 번 다시 의심하지 않았습니다.

사랑하는 이들이여, 구원 체험의 확실성이 의심스럽거든 땅에다 말뚝을 박고, 하나님 앞에서 아니, 오히려 마귀를 앞에 두고 그 문제는 이제 영원히 해결되었다는 여러분의 간증으로 삼으십시오.

너 손 더듬어 축복을 찾는데
잡히지 않더냐?
지혜의 말씀을 들으라,
거기서 찾으리니.

너 걱정의 기도로
구원 얻으려고 싸우느냐?
싸움 멈추고, 가만히 의지하라,
거기서 얻으리니.

네 간절한 기도
응답이 지체되는 듯하더냐?
기도를 찬송으로 바꾸라,
거기서 오리니.

너 그분의 완전하심 알려거든

담대히 그분 앞에 나아가

너의 모든 것 맡기라,

거기서 알리니.

— 성령의 노래

7월 15일

세상을 이기는 승리는 이것이니 우리의 믿음이니라. _요한일서 5:4

하늘 청명하니 그분 사랑하기 쉬워라,

바람은 여름바람, 장미향기 만발한 그때,

그분의 귀한 뜻 받들기 어렵지 않아라,

햇빛 쏟아지는 언덕이며 꽃천지 골짜기 가라시는 그때.

비 내리고, 안개 자욱한 그때,

길 어둡고 험하며 바람 거센 그때,

새벽이 와도 대지는 적막하고 음습한 그때,

그분 의지하기 어렵고, 복종은 더뎌라.

새들이 와서 노래하고, 그 노랫소리 우리 집과

우리 가슴에 넘치는 그때, 그분 의지하기 쉬워라,

하지만 그 노래 사라지고 우리 삶이 시들해질 때가

모든 의심과 두려움 이기는 믿음이 필요한 그때이니.

복되신 주님께서 그 믿음 주시고, 부족한 것 채우시리니,

믿음으로 간구하고, 그분의 약속 의지하라.

길이 평탄하거나 험하거나 그분께서 우리의 인도자이시며,

날마다 필요한 것 넘치게 주시는 분이심을 친히 보이시리라.

버림받았다 생각될 때도 의지하며, 우리의 기도 듣는 이도 응답하는 이도 없어 광막한 공간을 떠돈다 생각될 때도 기도하고, 우리의 환경 제 갈 길 정한 듯 무자비해도 하나님의 사랑 완전하심과 그분께서 우리의 처지 돌보심을 믿으며, 우리를 위해 하나님의 손으로 계획하신 것만 바라고, 굶어 죽도록 어려워도 행여 믿음 떨어질까 하는 걱정으로 끈질기게 기다리는 이것. "세상을 이기는 승리는 이것이니." 진실로 이것이 참된 믿음입니다.

7월 16일

네가 이같이 행하여 네 아들 네 독자도 아끼지 아니하였은즉 내가……네 씨가 크게 번성하여 하늘의 별과……같게 하리니……이는 네가 나의 말을 준행하였음이니라. _창세기 22:16-18

아브라함 때부터 사람들은 배웠습니다. 무엇이든 가장 소중하게 여기는 것을 하나님의 말씀에 순종하여 내어 드리면, 그분께서 몇 천 곱으로 늘려 주신다는 것입니다. 아브라함은 하나님의 명령에 따라 자신의 독자를 포기했는데, 그렇게 함으로써 대대로 이어질 유산에 대한 희망은 물론 아비로서 자식에게 걸었던 모든 기대와 꿈 또한 접어야 했습니다. 하지만 하나님께서는 이삭을 그 아비에게 돌려보내 주셨고, 아브라함의 후손은 "하늘의 별과 같고 바닷가의 모래와 같게" 되었습니다(17절). 또한 그의 후손을 통하여 "때가 차매 하나님이 그 아들을 보내"셨습니다(갈 4:4).

이것이 진정으로 헌신하는 자녀들을 대하시는 하나님의 방식입니다. 우리는 모든 소유를 내어 드리고 가난을 받아들입니다. 그러면 그분께서 또 다른 부를 보내 주십니다. 우리는 그분의 명령에 따라 부흥하고 있는 사역지를 떠납니다. 그러면 그분께서 우리가 평생 꿈꾸던 것보다 더 좋은 일터를 보내 주십니다. 우리의 소중한 모든 꿈을 포기하고 자아를 죽입니다. 그러면 하나님께서 넘치는 기쁨을 보내 주시고, 그분의 "생명을 얻게 하고 더 풍성히 얻게" 하십니다(요 10:10).

가장 큰 선물은 예수 그리스도 그분이며, 우리는 그분 희생의 깊이와 크기를 결단코 온전히 가늠할 수 없습니다. 그리스도 가계의 세상 아비로서 아브라함은 자신과 독자를 드리는 일부터 해야 했습니다. 마찬가지로 우리의 하늘 아버지께서도 당신의 독생자 예수를 희생하셨습니다. 이 희생이 아니었으면 우리는 다른 어떠한 방법을 통해서도 하나님의 가족이 된 특권과 기쁨을 누릴 수 없었을 것입니다.

하나님께서 우리의 희생을 받으실 때는 불로 살라서 받으신다는 사실을 우리는 때때로 잊는 듯합니다. 부활과 승천의 능력이 드러나는 삶 역시, 겟세마네와 십자가와 무덤을 먼저 거쳐야 한다는 점 또한 잊지 말아야 겠습니다.

사랑하는 영혼들이여, 아브라함의 체험은 두 번 다시 없을 만큼 특출한 것입니까? 그것은 어떠한 희생을 치르더라도 순종할 준비가 되어 있는 사람들을 하나님께서 어떻게 대하시는지 보여주는 예일 뿐입니다. 아브라함은 "이같이 오래 참아 약속을 받았"으며(히 6:15), 여러분 또한 그러할 것입니다. 여러분이 크게 희생하는 순간은, 역으로 그만큼 크고 기적적인 축복의 순간입니다. 마르는 법이 없는 하나님의 강이 둑을 타고 넘쳐서 여러분 앞에 은혜와 부요의 홍수를 이룰 것입니다.

오직 믿음 하나 가지고 안개처럼 막막한 곳으로 발을 내딛는 사람들이 있습니다. 진실로 하나님께서 이들을 위해 못 하실 일이 없습니다. 이들이 첫 발을 내딛는 순간, 발밑에 반석이 와 닿을 것입니다.

7월 17일

내가 나의 처소에서 조용히 감찰함이. _이사야 18:4

본문에서는 지금 앗시리아가 에티오피아로 진군하는데, 이 나라 사람들은 "장대하고 준수한 백성"(2절)으로 묘사됩니다. 이들의 군대가 진격함에도 하나님께서 막으려는 노력을 안 보이시니 이들은 무엇이든 원하는 대로 할 수 있을 듯합니다. 주께서 "처소"에서 지켜보시고, 그동안 이들은 계속 햇빛을 받으며 갑니다. 하지만 "추수하기 전에"(5절) 이 교만한 군대 전체가 포도나무에서 베어 낸 새순처럼 간단히 패합니다.

하나님께서 조용히 지켜보신다는 이 묘사가 아름답지 않습니까? 하지만 그분의 침묵은 수동적인 동의나 수락으로 오인되어서는 안 됩니다. 그분은 그분의 때를 기다리실 뿐이며, 가장 적절한 순간에, 악한 자들의 계획이 거의 성공에 이를 때 떨쳐 일어나셔서 참화를 가하실 것입니다. 그러니 이 세상의 악이 활개칠 때, 행악자들의 성공이 눈에 보일 때, 우리를 미워하는 자들의 핍박 아래 놓일 때, 하나님의 이 기적 같은 말씀을 기억하십시오. "내가……조용히 감찰[하리라]."

그렇습니다. 하나님의 관점은 인간의 관점과 다르며, 그분의 말씀 이면에는 지혜가 담겨 있습니다. 왜 예수께서는 광풍이 이는 밤에 죽을힘을 다해 노를 젓는 제자들을 지켜보기만 하셨습니까? 다른 사람들의 눈에는 보이지 않는 과정이었지만, 그분께서는 어째서 베다니에서 그 가슴 아픈 사건이 순차적으로 진행되고 있었음에도 지켜보기만 하셨습니까? 나사로는 그렇게 서서히 절망적인 병에 이르렀고 죽음에 잡혔으며 마침내는 동굴 무덤에 장사되었습니다. 하지만 예수께서는 가장 효과적으로 개입할 수 있는 완벽한 순간을 기다리고 계셨을 뿐입니다.

주께서 지금 여러분에게 조용하십니까? 그러나 그분께서는 여전히 모든 것을 주의깊게 보고 계십니다. 아무리 작은 변화에도 지극히 섬세하시며 모든 움직임을 파악하십니다. 완벽한 때가 이르면 그분께서 여러분을 구하러 오실 것입니다.

주께서 우리에게 아무리 심한 것을 요구하셔도, 혹은 그분께서 아무리 더디게 일하시는 듯 보여도 우리는 절대 확신할 수 있으니, 그분께서는 결코 터무니없는 구주가 아니십니다.

> 회초리 아래 괴로운 영혼아,
> 아버지께서 말씀하시니 잠잠하라.
> 하나님 앞에서 침묵하고
> 뜻대로 너를 빚어내시게 맡기라.
>
> 기도하는 영혼아, 잠잠하라.
> 약속하신 말씀 어기실 수 없으니

그 복되신 뜻 안에 잠겨

길이 참으며 주님 기다리라.

기다리는 영혼아, 잠잠하고 강하라.

그분 지체하시겠으나 믿고 기다리라.

의심치 말라, 오래 지체하지 않으시리니,

두려워 말라, 늦게 오지 않으시리니.

7월 18일

여호와의 눈은 온 땅을 두루 감찰하사 전심으로 자기에게 향하는 자들을 위하여 능력을 베푸시나니. _역대하 16:9

하나님께서는 그분께 온 마음을 기울이는 사람들, 그래서 그들의 삶으로 이루시려는 모든 일에 대하여 언제까지나 그분을 신뢰하는 사람들을 찾고 계십니다. 하나님께서는 그분의 사람들을 통하여 어느 때보다 큰 능력을 펴시며 일하려고 하시는데, 수십 세기를 달려 온 시계는 벌써 열한 시를 가리킵니다.

　세상은 하나님께 바친 한 삶을 통하여 그분께서 하실 일을 고대하며 지켜보고 있습니다. 세상만 아니라 하나님 자신도 역사 이래 가장 완전하게 헌신할 사람을 기다리십니다. 그는 예수 그리스도께서 모든 것 되셔야 하므로 자신은 아무것도 아니 되기로 한 사람입니다. 하나님의 목적을 온전히 자기 것으로 받아들이는 사람이며, 그리스도의 겸손과 믿음과 사랑과 능력을 받아들이되 하나님의 계획을 결코 방해하지 않으며, 그분께서 기적적인 위업을 지속하시도록 언제나 자신을 낮추는 사람입니다.

　여러분이 스스로의 영광을 구하지 않는다면 하나님께서 여러분을 통하여 하실 수 있는 일에는 한계가 없습니다.

　조지 뮬러는 아흔이 넘은 나이에 기독교인 사역자들을 위한 강연회에서 이와 같이 말했습니다. "나는 1825년 11월에 회심했지만 내 마음이 완전히 항복하게 된 것은 그로부터 4년 더 늦은 1829년 7월이었습니다.

그때 비로소 나는 돈과 명예와 지위와 능력과 세상 쾌락에 대한 나의 사랑이 사라졌음을 깨달았습니다. 하나님만, 오직 그분만이 나의 모든 것이 되셨습니다. 그분 안에서 나는 내게 필요한 모든 것을 찾았고, 그 외에는 어떠한 것도 원하지 않았습니다. 하나님의 은혜로 그분의 풍족하심을 아는 지식이 오늘까지 이어졌으며, 이로 인해 나는 넘치도록 행복한 인간이 되었습니다. 이 지식으로 인해 나는 오로지 하나님의 일에만 관심을 두게 되었습니다. 그러므로 믿는 이들이여, 여러분의 마음을 하나님께 완전히 내어 드렸는지 진심으로 묻고자 합니다. 아니면 하나님의 부르심에도 불구하고 여러분의 삶에 아직 내놓기 싫은 어떤 것이 있습니까?"

"내 삶을 완전히 내놓은 시점에 이르기 전까지는, 나는 성경을 더러 읽기는 했지만 다른 책들을 더 좋아했습니다. 하지만 그 시점부터는 그분께서 그분 자신에 대해 내게 계시하신 진리가 말할 수 없는 축복이 되었습니다. 하나님은 무한히 놀라우신 존재라고 이제 나는 진심으로 말할 수 있습니다."

"여러분도 역시 마음 깊은 곳으로부터, 하나님은 무한히 놀라우신 존재라고 표현할 수 있을 때까지 결코 만족하지 마십시오."

오늘 나의 기도는 하나님께서 나를 놀라운 그리스도인이 되게 하시리라는 것입니다.

7월 19일

아버지께서 주신 잔을 내가 마시지 아니하겠느냐. _요한복음 18:11

"잔을 마심"은 바다를 꾸짖고 죽은 자를 살리는 것보다 큰일이었습니다. 예언자와 사도들도 기적을 행할 수 있었지만, 언제나 하나님의 뜻을 행하고 그에 따른 고난을 받아들인 것은 아니었습니다. 하나님의 뜻을 행하며 고난을 겪음은 여전히 가장 높은 형태의 믿음이요 가장 영광스러운 신앙적 성취입니다.

빛나던 젊은 꿈이 모두 스러졌습니다. 도움의 손길 한 번 없이 언제나 힘겨운 일상의 짐을 지고 갑니다. 다른 이들을 돕고자, 사랑하는 이들을 조금 더 풍족하게 하고자 자신은 가난에 허덕입니다. 치유할 수 없는 육신의 장애에 속박되었습니다. 사랑하는 모든 이들과 떨어져 혼자서만 외로이 삶의 상처를 붙들고 있습니다. 하지만 이 모든 일에도 말할 수 있습니다. 이 고난의 훈련소를 다니며 능히 말할 수 있습니다. "아버지께서 주신 잔을 내가 마시지 아니하겠습니까?" 이것이 가장 높은 믿음이며 영적인 성공입니다.

위대한 믿음은 행함보다는 고난에서 드러납니다.

고난 받는 구주를 먼저 모셔야 연민하시는 하나님이 오십니다. 진정한 연민은 같은 고난을 겪어 남들의 아픔을 이해하는 마음으로부터 나오기 때문입니다. 그러므로 우리는 스스로 값을 치르지 않고서는 고난 받는 다른 이들을 도울 수 없는데, 고난이라는 비용을 치러야 남들을 연민하는 능력을 살 수 있기에 그렇습니다. 남들을 돕고자 하는 사람은 고난부터 겪어야 합니다. 남들을 구해 내려 한다면 기꺼이 십자가 앞에 서야 합니다. 다른 이들을 섬기며 삶의 크나큰 행복을 경험한다는 것은, 예수의 잔을 마심과 예수의 세례를 따름이 없이는 불가능합니다.

다윗의 시편 가운데 가장 위로가 되는 작품들은 그의 눈물겨운 고난의 인생에서 나왔습니다. 바울이 "육체에 가시"(고후 12:7)를 받지 않았다면 오늘날 우리는 그 많은 서신들에 향기처럼 밴 부드러움과 친절을 지금처럼 많이 읽어 낼 수는 없었을 것입니다.

자신을 그리스도께 드렸다면, 현재 여러분을 심하게 압박하는 환경은 아버지의 손에 들린 완벽한 도구입니다. 그분께서는 이 연장을 들고 여러분을 영원에 맞는 모습으로 다듬어 내십니다. 그러니 그분께서 사용하시는 연장을 밀쳐 내지 마십시오. 그렇지 않으면 여러분의 삶에서 행하시는 그분 작업의 결과를 볼 수 없을 것입니다.

진정 이상하고 어렵다고
우리 생각하겠으나,
우리에게 필요한 축복
그 뒤에 있습니다.

고난의 학교는 비범한 학자들을 배출합니다.

7월 20일

그러므로 우리에게 큰 대제사장이 계시니……하나님의 아들 예수시라. 우리가 믿는 도리를
굳게 잡을지어다.……그러므로 우리는 긍휼하심을 받고 때를 따라 돕는 은혜를 얻기 위하여
은혜의 보좌 앞에 담대히 나아갈 것이니라. _히브리서 4:14, 16

우리 기도의 위대한 조력자는 주 예수 그리스도입니다. 그분은 우리의 변
호자로서 아버지 앞에서 우리의 형편을 호소하십니다. 그분은 우리의 "큰
대제사장"이신데, 오랜 세기에 걸쳐 그분의 주요한 직무는 우리를 위한 간
구와 기도였습니다. 우리의 불완전한 청원을 건네 받으셔서 흠을 제거하
시고 오류를 바로잡아, 하나님 아버지께 그 청원에 대한 응답을 요청하시
는 이 또한 그분이십니다. 그분께서는 속죄를 후히 치르시고 얻으신 당신
의 가치와 의에 근거하여 엄정히 요청하십니다.

믿는 자들이여, 기도의 능력이 부족합니까? 그리스도를 보십시오. 여
러분의 복되신 변호자께서 이미 응답을 요청해 놓으셨습니다. 그러니 승
리가 거의 눈앞에 와 있는 순간에 여러분이 싸움을 포기하면 그분께 슬픔
과 실망을 안겨드리는 일이 되고 맙니다. 그분께서는 여러분을 위해 이미
"지성소"(출 26:33)에 들어가셔서 두 손바닥을 펴시고 여러분의 이름을 내
보이셨습니다. 지금 사자가 여러분의 축복을 전달해 주러 오고 있으며, 성
령께서는 여러분의 신뢰의 행위를 기다리고 계십니다. 여러분이 신뢰를
보이면 하나님의 보좌에서 온 응답을 여러분의 가슴속에서 다시금 울려
퍼지게 하시려고 말입니다. "이루었도다"(계 21:6).

성령께서는 우리의 기도가 가납되도록 힘쓰시는 분이지만 우리는 이
진리를 자주 잊습니다. 그분께서는 우리의 마음을 밝히셔서 우리의 소망
을 명백히 볼 수 있도록 하십니다. 그런 후에는 우리의 가슴을 부드럽게
하사 이 소망을 느끼게 하시며, 마지막으로 이 소망을 강하게 불러 일으키
사 거룩한 일들을 향하여 집중시키십니다. 그분께서는 우리에게 하나님의
능력과 지혜를 명백히 보게 하시며 "때를 따라" 은혜를 주시고, 우리로 흔

들림이 없도록 그분의 진리에 대한 확신을 강하게 하십시오.

기도는 놀라운 일이며, 삼위일체 하나님께서 가납되는 모든 기도에 깊이 관여하십니다.

7월 21일

구하옵나니 내게 이번만 양털로 시험하게 하소서. _사사기 6:39

우리의 신앙 체험에는 세 단계의 믿음이 있습니다. 첫째는 어떤 증표를 보거나 강력한 감정에 사로잡힐 때만 믿는 것입니다. 기드온처럼 우리도 양털을 만져 보고 그것이 젖어 있으면 기꺼이 하나님을 믿습니다. 참된 믿음일 수 있지만 불완전합니다. 이러한 믿음은 하나님의 말씀 대신에 느낌이나 뭔가 다른 증표를 향해 끊임없이 고개를 돌립니다. 하지만 우리는 감정에 의지하지 않고 하나님을 믿을 때 성숙으로 크게 도약했습니다. 어떠한 감정 체험 없이 믿을 때가 더 복됩니다.

우리의 감정이 승할 때 믿는 것을 첫 단계라고 한다면, 믿음의 두 번째 단계는 모든 감정이 사라졌을 때 믿는 것입니다. 그리고 세 번째 단계는 이 둘을 완전히 초월합니다. 환경, 감정, 상황, 인간의 논리 등의 모든 것이 우리를 반대 방향으로 몰아가는 듯 보일 때조차 하나님과 그분의 말씀을 믿는 것이 믿음이므로, 더욱 그렇습니다. 바울이 바로 이러한 단계의 믿음을 보여주었습니다. "여러 날 동안 해도 별도 보이지 아니하고 큰 풍랑이 그대로 있으매 구원의 여망마저 없어졌더라"(행 27:20). 하지만 이러한 상황에서도 그가 하는 말을 보십시오. "여러분이여 안심하라. 나는 내게 말씀하신 그대로 되리라고 하나님을 믿노라"(행 27:25).

다른 모든 증표가 반대 방향을 가리켜도 온전히 그분의 말씀에 의지하는 믿음을 주시기를 빕니다.

믿을 때 언제인가?
모든 것이 끝나
승리의 종려나무 흔들리고

삶이 기쁨과 찬양 넘치는
아름다운 시편일 때?
아니라! 믿을 때는
파도 높이 몰아치고
폭풍 구름 하늘을 채워서
우리의 기도 길고 긴 외침일 그때라,
"오, 살리소서!"

믿을 때 언제인가?
친구들 참되고
안락이 제 발로 찾아오니,
무슨 말, 무슨 일을 해도
듣느니 찬양뿐일 때?
아니라! 믿을 때는
혼자 서 있을 그때,
여름새 날아가고
의지가지 다 떨어져 나가
하나님만 남았을 그때라.

믿을 때 언제인가?
조금 더 먼 후일,
이길 저길 다 다녀 보고,
쓰라린 후회의 눈물로
믿고 기도하는 법 알게 될 때?
아니라! 믿을 때는
이 급박한 순간이니
꺾여 버린 상한 갈대여!
가련하고 힘든 영혼아, 어서 달려가
네 하나님 믿으라.

믿을 때 언제인가?

희망 드높고

하늘에 햇빛 찬란하여

환희와 기쁨

온 가슴을 채울 때?

아니라! 믿을 때는

우리의 기쁨 사라지고

슬픔으로 고개 꺾일 때,

모든 것이 싸늘히 죽어

하나님만 남았을 그때라.

7월 22일

그러나 여호와께서 기다리시나니 이는 너희에게 은혜를 베풀려 하심이요……그를 기다리는
자마다 복이 있도다. _이사야 30:18

우리는 하나님을 향한 기다림의 중요성을 알아야 할 뿐 아니라 한층 더 놀
라운 일, 곧 주께서 우리를 기다리신다는 사실 또한 깨달아야 합니다. 그
리고 그분께서 우리를 기다리신다는 그 생각으로 우리는 "그를 기다리는"
새로운 동기와 영감을 부여받을 것입니다. 그 생각은 또한 우리의 기다림
이 결코 헛되지 않으리라는 확신을 제공합니다. 그러니 하나님을 기다리
는 마음으로, 지금 이 순간, 그 기다림에 두신 뜻이 정확히 무엇인지를 알
고자 노력해야 합니다.

주께서는 당신의 자녀들 각각에게 상상할 수 없을 정도로 영광스러
운 목적을 두고 계십니다. 여러분은 묻습니다. "그 말이 사실이라면, 주님
은 어째서 내가 그분을 지금까지 한참이나 기다렸는데도 당신의 은혜와
내가 구한 도움 주시지 않고 계속 기다리게만 하십니까?" 그분께서는 지
혜로운 농부이므로 그리 하십니다. "농부가 땅에서 나는 귀한 열매를 바라
고 길이 참아 이른 비와 늦은 비를 기다리나니"(약 5:7). 하나님께서는 익
기 전에 열매를 거두실 수 없음을 아시며, 정확히 언제 우리가 그분의 영

광과 우리의 유익을 위하여 축복을 받을 만큼 영적으로 준비가 될는지도 아십니다. 그분의 사랑이라는 햇빛을 받으며 기다린다는 것은 그분의 축복에 합당하도록 우리의 영혼을 익히는 일입니다. 시련의 구름 역시 마찬가지로 중요한데, 결국에는 이 구름이 축복의 소나기로 내릴 것이기에 그렇습니다.

하나님의 기다림이 우리 생각보다 오래간다면 축복을 갑절로 귀하게 만드시고자 하심이니 안심하십시오. 그분께서는 4천 년을 기다리셨으며 "때가 차매 하나님이 그 아들을 보내"셨음을(갈 4:4) 우리는 잊지 말아야겠습니다. 우리의 시간은 그분의 손에 들려 있으니, 쏜살같이 오셔서 택하신 이들의 원수를 갚아 주실 것입니다. 그분께서 우리를 구원하러 오시면 한 시간도 늦지 않으십니다.

7월 23일

주께 노래하며 찬송하며 범사에 우리 주 예수 그리스도의 이름으로 항상 아버지 하나님께 감사하며. _에베소서 5:19-20

여러분이 다투는 악의 근원이 무엇이든, 여러분이 하나님 안에 있고 따라서 완전히 그분에 의해 둘러싸여 있다면, 당연한 말 같지만, 그 악이라는 것은 먼저 그분을 거쳐서 여러분에게 온다는 사실을 알아야 합니다. 이러하므로 우리는 우리 앞에 오는 모든 것에 대해 그분께 감사드릴 수 있습니다. 그렇다고 악과 함께 죄를 주셨으니 감사드리자는 뜻이 아닙니다. 우리는 그 죄를 벗어나게 하시고 극복하게 하시는 그 일로 인해 하나님께 감사를 드립니다. 하나님께서 우리의 삶을 끝없는 감사와 찬양으로 채우셔서, 모든 일이 축복이 되도록 하시기를 빕니다.

언젠가 보았는데 한 남자가 종이 위에 검은 점을 몇 개 그리고 있었습니다. 우리 몇 사람이 같이 보았지만 검은 점들의 불규칙한 배열 외에는 달리 무슨 뜻이 있는지 알 수 없었습니다. 그 남자는 다시 선을 몇 줄 그려 넣고 쉼표를 찍었으며, 앞쪽에다 높은음자리표를 추가했습니다. 그제야 우리는 그것이 악보임을 알았습니다. 우리는 그 음표들을 따라 소리를 내기 시작했고, 그것은 결국 이러한 찬송이 되었습니다.

> 하나님을 찬양하라, 모든 축복의 근원 되시니
> 여기 아래 있는 모든 피조물아, 다 찬양하라.

우리는 각자 자신의 삶에 여러 가지 검은 점이나 반점을 지니고 있는데, 왜 그 점들이 거기 있으며 왜 하나님께서 그 점들을 허락하셨는지 이해하지 못합니다. 하지만 하나님을 우리 삶에 모셔들이면 그분께서 이 점들을 적절히 배치하시고, 원하시는 선을 그려 넣으시며, 알맞은 자리에 쉼표를 찍어 우리를 어떠한 것들로부터 떠나 쉬게 하십니다. 그러한 과정을 마치신 후에는 이 검은 점들을 가지고 영광스러운 화음을 만들어 내실 것입니다.

그러므로 우리가 그분의 영광스러운 작업을 방해해서는 안 되겠습니다.

> 장조의 밝은 선율 알겠습니까?
> 단조 없이 말입니다.
> 화가의 그림 아름답겠습니까?
> 땅과 바다의 그늘 없이 말입니다.
> 어찌 행복의 의미 알겠으며, 그토록
> 낮이 밝음을 어찌 느끼겠습니까?
> 슬픔이 무엇인지 몰랐다면, 밤의 어둠
> 오래도록 응시하지 않았다면 말입니다.

많은 사람들이 엄청난 어려움에 빚지고서 삶의 위대함에 이르렀습니다.

오르간 연주자가 검은 건반을 누를 때도 흰 건반을 누를 때처럼 소리가 아름답습니다. 하지만 이 악기의 능력을 남김없이 드러내려면, 연주자는 필히 두 건반을 모두 눌러야 합니다.

7월 24일

이에 그들이 그의 말씀을 믿고 그를 찬양하는 노래를 불렀도다. 그러나 그들은 그가 행하신 일을 곧 잊어버리며 그의 가르침을 기다리지 아니하고 광야에서 욕심을 크게 내며 사막에서 하나님을 시험하였도다. 그러므로 여호와께서는 그들이 요구한 것을 그들에게 주셨을지라도 그들의 영혼은 쇠약하게 하셨도다. _시편 106:12-15

히브리서 11:27에서 우리가 읽는 바, 모세는 "보이지 아니하는 자를 보는 것같이 하여 참았"습니다. 하지만 위의 본문에서 이스라엘의 자녀들은 정확히 반대의 경우를 보여줍니다. 그들은 환경이 좋을 때만 참았는데, 그것은 그들이 감각에 닿는 것들에 주로 영향을 받고 영원하며 보이지 않는 하나님은 의지하지 않았기 때문입니다.

오늘날에도 외부적인 것들에 사로잡혀서 일관성 없이 신앙생활 하는 사람들이 있습니다. 이들은 하나님보다는 자신들의 환경에 주목합니다. 하지만 하나님께서는 모든 것에서 그분을 보는 능력이 자라기를 우리에게 원하십니다. 그리고 아무 뜻도 없어 보이는 환경의 중요성을 깨닫는 능력 또한 커지기를 원하시는데, 이 무가치해 보이는 환경이 그분의 말씀을 전해 주는 도구가 될 수 있기에 그렇습니다.

본문에 따르면, 이스라엘 백성은 이렇습니다. "이에 그들이 그의 말씀을 믿고." 그들은 보기 전까지는 믿지 않았습니다. 말하자면 그분이 하신 일을 일단 보고나서 "이에 그들이" 믿었습니다. 그들은 홍해 앞에서 하나님을 일거에 의심해 버린 이들이었습니다. 하지만 그분께서 길을 열어 건너가게 하시고, 또한 그들 자신이 바로와 그 군대가 익사하는 광경을 보고서야 "이에 그들이" 믿었습니다. 이스라엘 사람들은 이처럼 들쭉날쭉한 생활방식을 지속했습니다. 그들의 믿음이 환경에 의존하고 있었으니 당연히 그렇게 될 수밖에 없었습니다. 분명히 이러한 믿음은 하나님께서 우리에게 원하시는 믿음이 아닙니다.

세상은 "봐야 믿는다"고 하지만 하나님께서는 믿어야 본다고 말씀하십니다. 시편기자는 말했습니다. "내가 산 자들의 땅에서 주의 선하심을 보리라고 믿지 아니하였다면 절망했으리라"(시 27:13, NASB).

여러분은 환경이 좋을 때만 하나님을 믿습니까, 아니면 환경이 어떠하든지 그분을 믿습니까?

믿음은 안 보이는 것을 믿고, 그 보상으로써 믿는 것을 보게 되는 것입니다.

7월 25일

내가 하는 것을 네가 지금은 알지 못하나 이후에는 알리라. _요한복음 13:7

이번 생에서 하나님의 일을 보는 우리의 시야는 불완전합니다. 우리는 반밖에 안 끝나고 아직 중도에 있는 그분의 계획만 봅니다. 하지만 우리가 그 장엄한 영원의 성전에 서게 되면 온전한 시야를 확보하여 모든 것이 아름답게 조화하는 광경을 목도하게 될 것입니다.

레바논의 산으로 가는 상상을 해보십시오. 이스라엘의 위대한 왕 솔로몬의 치세입니다. 웅장한 백향목이 보입니까? 이 나무는 모든 나무들 가운데 으뜸입니다. 차디찬 북풍과 씨름하며 수많은 세월을 견뎠고, 여름 해가 사랑한 나무였습니다. 밤이 되면 부드러운 잎들은 언제나 이슬방울을 얹고서 빛났습니다. 새들이 둥지를 틀었고, 피곤한 나그네와 떠도는 목자들이 한낮의 열기와 폭풍우를 피해 이 나무 아래 앉았습니다. 그런데 보니, 이 오래된 숲의 거주민이 한순간에 나무꾼의 도끼날을 받아야 할 운명에 처하고 말았습니다. 백향목의 거친 몸통에 먼저 도끼날이 박힙니다. 나무는 굉음을 내며 땅에 쓰러지고 우아하게 뻗은 큰 가지들에서 잔가지들이 떨어져 나갑니다. 우리는 "하나님의 나무"로 특별히 지칭되는 이 나무의 무자비한 참상에 소리를 지릅니다. 숲이라는 자연의 성전을 떠받치는 이 자랑스러운 기둥은 그렇게 무너지고 우리는 분노합니다. 차라리 예언자 스가랴를 따라서 외치고 싶습니다. "너 잣나무여, 곡할지어다. 백향목이 넘어졌고……"(슥 11:2). 조금 못 미치는 다른 모든 나무들의 연민을 불러일으키고, 무생물들에게까지 이 참화에 분노하라고 호소하는 듯합니다.

하지만 아직 불평하기에는 이릅니다. "두로 왕 후람"(대하 2:3)의 일꾼들이 산 아래로 이 나무를 옮기고 있으니 우리도 한번 따라가 봐야 하겠습니다. 거기서 우리는 뗏목에 실려 지중해의 푸른 물살 건너는 나무를 지켜봐야 합니다. 그리고 마지막으로, 하나님 성전의 영광스러운 들보로 놓이는 모습을 보십시오. 이 나무의 최종 목적지를 생각하고도, 전능하신 왕의 면류관에 박힌 보석처럼 귀하고 아름다운 모습으로 지성소에 있는 이 나무를 보고도 여러분은 불평할 수 있습니까? "레바논의 자랑"이 베어지고 숲에서 제거되어 그처럼 고귀한 자리에 놓였다는 이 사실에 대해서, 여러분은 불평할 수 있습니까? 백향목은 한때 자연의 성전에 웅장하게 서 있었지만, "이 성전의 나중 영광이 이전 영광보다 크리라"(학 2:9)고 하신 말씀대로 될 것입니다.

이처럼 옛날의 백향목 같은 사람들이 얼마나 많습니까! 하나님의 도끼가 나뭇가지를 쳐내듯 이들에게 시련을 가하고, 우리는 이들이 왜 그토록 모진 환경에 놓여야 하는지 알 수 없습니다. 하지만 하나님께서는 고귀한 목적을 따로 생각하고 계시니 곧 이들을 그분의 거룩한 시온의 영원한 들보와 서까래로 삼으실 것입니다. 그분께서 이들에게 말씀하십니다. "너는 또 여호와의 손의 아름다운 면류관, 네 하나님의 손의 왕관이 될 것이라"(사 62:3).

나의 십자가 이해하기 원치 않으며
나의 길 알기 원하지 아니하오니,
다만, 어둠 속에서 당신의 손 더 잘 느끼며
당신 따라가고자 할 뿐입니다.

7월 26일

우리가 성령으로 믿음을 따라 의의 소망을 기다리노니. _갈라디아서 5:5

모든 것이 너무 어두워서 희망이 보일 때까지 캄캄히 기다려야 하는 때가 있습니다. 희망이 있다 해도 기다림이라는 것은 대단히 어렵지만, 사실 참된 인내는 아예 희망 자체를 기다려야 하는 상황에서 드러납니다. 성공할 기미가 전혀 안 보이지만 절망을 거부할 때, 창밖으로 보이느니 칠흑의 밤

뿐이지만 하늘에 별이 나타날지 모르므로 덧창을 닫지 아니할 때, 우리 가슴에 빈 공간이 있지만 하나님의 최선에 못 미치는 것은 결코 들이지 아니할 때, 그때에야말로 우주에서 가장 큰 인내가 드러나는 때입니다. 이것이 바로 폭풍에 휩쓸린 욥의 이야기이며, 모리아 산으로 가는 아브라함과 미디안 광야로 들어가는 모세의 이야기이고, 겟세마네 동산에 계신 예수님의 이야기입니다. "보이지 아니하는 자를"(히 11:27) 보는 것같이 하면서 견디는 인내만큼 강한 인내는 없습니다. 이러한 인내가 바로 희망을 기다리는 인내입니다.

주님, 당신께서는 기다림을 아름답게 하시고 인내를 거룩하게 하셨습니다. 또한 당신의 뜻 받아들여야 함을, 무슨 이유 있어서가 아니요 그저 당신의 뜻이기에 받아들여야 함을 가르쳐 주셨습니다. 우리의 잔에 슬픔밖에 담긴 것이 없다 해도 당신께서 자녀들보다 멀리 보시리라는 우리의 확신 있기에 기꺼이 마실 수 있음을 알게 하셨습니다.

아버지, 내게 당신의 거룩한 능력을, 겟세마네의 능력을 주옵소서. 내게 희망을 기다릴 수 있는 힘을, 별이 없어도 창밖을 내다볼 수 있는 힘을 주옵소서. 나의 기쁨 사라져도 어둠 속에 당당히 서서 이처럼 말할 수 있는 힘을 주옵소서. "하늘에 계신 내 아버지 앞에는 여전히 태양이 빛나리라."

나 희망을 기다리며 인내하는 날, 이와 같이 큰 힘을 얻을 것입니다.

사람들이 천국이라 부르는 미지의 세계는 보이는 것들 바로 뒤에 있다는 깨달음. 꿈에도 이 깨달음 잊지 않고 이 세상 걷는 소수의 무리 가운데 하나 되기 위해 노력해야겠습니다.

7월 27일

그것으로 나를 시험하여 내가 하늘문을 열고 너희에게 복을 쌓을 곳이 없도록 붓지 아니하나 보라. _말라기 3:10

하나님께서 이렇게 말씀하십니다. "얘야, 하늘에는 아직도 하늘문이 있고 이 문은 여전히 사용중이다. 빗장은 예전처럼 쉽게 열리고 경첩도 전혀 녹슬지 않았다. 사실 나는 될 수 있는 한 이 문을 열어 축복을 쏟아붓고 싶다.

옛날에 모세를 위해 문을 열었더니 바다가 갈라졌고, 여호수아한테 열었을 때는 요단강이 멈춰 섰다. 기드온의 경우는 적군이 달아났었지. 그리고 지금은 너를 위해 이 문을 열어 줄 것이다. 물론 그것은 너에게 달린 일이니 나로 이 문을 열게 해다오."

"문 안쪽, 그러니까 하늘나라에는 언제나 그렇듯 창고가 넘치고, 축복의 선물들은 터져나갈 만큼 쌓여 있다. 필요한 쪽은 내가 아니라 너다. 나는 네가 '그것으로 나를 시험'하기를 기다리고 있다. 하지만 그 전에 너는 먼저 내가 제시하는 조건을 충족시켜야 한다. '너희의 온전한 십일조를 창고에 들여' 내게 즉시 실행할 기회를 다오."

내 어머니께서는 말라기 3:10을 자신의 생각대로 재해석하셨는데, 나는 그 간결한 표현을 결코 잊지 못할 것입니다. 10절 말씀은 일단 "온전한 십일조를 창고에 들여……"라는 말로 시작해서 "복을 쌓을 곳이 없도록 붓지 아니하나 보라"로 끝나는데, 사실상 "공간이 부족해서 쩔쩔맬 정도가 되리라"는 것입니다. 하지만 내 어머니의 간결한 재해석은 이렇습니다. "그분께서 요구하시는 모든 것을 드리고, 그분께서 약속하시는 모든 것을 받으라."

하나님의 실행능력은 우리의 기도를 초월합니다. 아무리 엄청난 기도라 해도 마찬가지입니다. 최근에 나는 하나님께 기도드리며 셀 수도 없이 그분께 요청했던 것들을 좀 생각해 보았습니다. 그런데 내가 무엇을 요청했는지 아십니까? 그분께서 온 바다의 주인이신데, 나는 겨우 물 한 숟가락 요청했습니다! 그분께서 해를 소유하고 계신데, 나는 그저 빛 한 줄기 요청했습니다. 내가 가장 큰 마음을 일으켜 요청을 해도 내 아버지의 주시는 능력에는 턱없이 모자랍니다. 우리가 세상없는 것을 구해도 그분의 베푸시는 능력에는 결단코 미치지 못합니다.

> 당신의 은혜 넘치는 모든 강물 나 요청하오니
> 모든 약속 위에 나의 이름 적어 주소서(엡 1:8-19 참조).

7월 28일

여호와의 길은 회오리바람과 광풍에 있고. _나훔 1:3

어린 시절 학교에 다니던 때를 기억합니다. 학교는 산 근처에 있었는데, 어느 날 나는 산비탈에 앉아 계곡 사이로 폭풍이 지나가는 광경을 지켜보게 되었습니다. 하늘이 어두웠고 천둥이 지축을 흔들었습니다. 푸르른 경관이 완전히 변해서 그 아름다움이 영원히 사라지는 듯 보였습니다. 그러나 폭풍은 빠르게 움직여 골짜기를 빠져나갔습니다.

다음 날 내가 같은 장소에 앉아 "그 강력한 폭풍과 어둠은 어디 갔는가?" 하고 물었다면 풀들이 이렇게 대답했을 것입니다. "폭풍의 일부는 내 안에 있다." 아름다운 데이지꽃의 대답도 마찬가지였을 것입니다. "폭풍의 일부는 내 안에 있다." 다른 모든 꽃들과 열매, 땅에서 자라는 모든 것들이 대답했을 것입니다. "폭풍의 일부가 내 안에서 광채를 만들어 냈다."

여러분은 주님께 그분처럼 만들어 달라고 요청해 보았습니까? 성령의 열매를 바라고 그 아름다움과 온유와 사랑을 구하며 기도해 보았습니까? 그렇다면 지금 여러분의 삶에 들이닥친 폭풍을 두려워하지 마십시오. 폭풍과 함께 오는 축복이 후일 풍성한 열매로 수확될 것입니다.

> 하늘의 슬픈 얼굴에서 떨어지는
> 눈물로 꽃들은 사느니,
> 물기 어린 눈 없으면
> 인생의 기쁨 하나 없으리.
> 슬픔을 사랑하라, 그 슬픔이 먼 후일
> 스스로 받을 상을 가져오리니,
> 무지개! 하나님께서 눈물로
> 지으신 이것, 얼마나 아름다운가.

— 헨리 S. 서튼

7월 · 먹구름 너머로 햇빛 쏟아부으시고

336

7월 29일

네가 눈 곳간에 들어갔었느냐. 우박 창고를 보았느냐. 내가 환난……날을 위하여 이것을 남겨 두었노라. _욥기 38:22-23

시련은 큰 기회이지만 우리는 흔히 장애물로만 봅니다. 모든 곤경과 어려움을 하나님께서 당신의 사랑을 증명하시고자 선택하신 어떤 것으로 보기만 한다면, 장애물은 결국 우리의 피난처요 안식의 장소가 되고, 다른 이들에게는 그분의 놀라운 능력을 보여주는 기회가 될 것입니다. 그분의 오묘하신 솜씨를 보여주는 증거를 찾는다면 모든 구름은 진정으로 무지개가 되고, 험난한 산길은 승천과 변화와 영광의 길이 될 것입니다.

우리의 과거를 돌아보십시오. 크게 시달리고 모든 길이 막혔던 그때가, 사실은 아버지께서 우리에게 축복을 베푸시고 선을 행하시고자 선택하신 기간이었음을 우리들 대부분이 알게 될 것입니다.

하나님의 가장 아름다운 보석은 상대하기 어려운 사람들에 의해 조잡한 꾸러미로 배달되지만, 포장지 안에는 왕의 궁전에서 보낸 보석과 신랑의 사랑이 들어 있을 것입니다.

우리는 어둠 속에서도 주님을 의지해야 하고 어려운 상황에서도 흔들림 없는 신뢰로 그분을 영화롭게 해야 합니다. 이러한 믿음의 상급은, 아마도 털갈이하는 독수리의 믿음에 주어진다고들 하는 보상과도 같을 것입니다. 그것은 젊음과 힘이 다시 찾아왔다는 느낌입니다.

우리가 하나님처럼
오늘 이후를 볼 수 있다면,
모든 구름 걷히고
어두운 그림자 사라진다면,
우리 앞의 이 슬픔 힘들겠는가.
모든 슬픔 곧 잊지 않겠는가.
너와 나를 기다리는 기쁨
그토록 많을 테니.

우리가 하나님처럼

오늘 이후를 볼 수 있다면,

그토록 소중한 것들이 왜 떠나고

왜 우리 눈에 눈물 흐르겠는가.

어둠이 빛 되는 일 있겠으며

음산한 길이 곧 밝아질 수 있겠는가.

그러므로 믿음은 이렇게 말한다네,

어느 날 삶의 어려움 바로 잡히리라.

"볼 수 있다면, 알 수 있다면",

우리는 늘 그렇게 말하지만

하나님께서는 사랑으로

우리의 길을 가리시네.

앞에 놓인 것 볼 수 없으니

우리 이전보다 더 주님께 매달리고

그분 우리 인생 끝날 때까지 인도하시네.

믿고 순종하리라.

7월 30일

누구든지……냉수 한 그릇이라도 주는 자는……결단코 상을 잃지 아니하리라. _마태복음
10:42

어찌해야 합니까? 나는 이 세상 한 번만 지날 뿐입니다. 그러므로 어떠한
선행 어떠한 친절 어떠한 섬김이든, 어떠한 사람 어떠한 짐승에게도 나는
베풀 수 있으니, 나로 지금 그 일 하게 하소서. 나는 이 길 다시 지나지 아
니할 터이니, 그 일 무시하거나 미루지 말게 하소서.

당신이 무엇을 해서가 아닙니다,

당신이 무엇을 하지 않아서

해질녘이면
가슴 한구석이 그리도 아픈 것입니다.
입에서 내보내지 않은 따뜻한 말,
쓰지 않은 편지,
꼭 보냈어야 할 꽃,
이러한 것들이 한밤에 환영처럼 떠오릅니다.

당신 형제 가는 길에서
꼭 치웠어야 할 돌덩어리,
너무 분주해서 해줄 수 없었던
한 마디 가슴 따뜻한 조언,
당신의 문제에만 골몰하느라
건네 볼 시간도 생각도 없었던
사랑의 손길,
온유하고 밝은 말씨.

너무 쉽게 잊은
이 작은 친절 하나하나,
세상 사람들마저 아는
천사가 될 수 있는 기회 하나하나,
이러한 것들이 침묵의 밤에 와서
슬픔을 걷어 가는 것입니다.
희망이 스러질 듯하고, 갈증으로
신심이 말라 버린 그때 말입니다.

인생은 너무 짧고
슬픔은 너무 커서,
우리의 연민 오래도록
가슴에 담아 둘 시간이 없습니다.

하여 당신이 무엇을 해서가 아닙니다,

당신이 무엇을 하지 않아서

해질녘이면

가슴 한구석이 그리도 아픈 것입니다.

— 애들레이드 프록터

가진 것을 주라. 어찌 아는가, 다른 누군가에게는 당신이 생각도 못할 만큼 좋은 것이 될는지.

7월 31일

그의 손의 능숙함으로 그들을 지도하였도다. _시편 78:72

어느 길로 가야 할지 자신이 없을 때는 여러분의 판단을 성령의 판단에 완전히 복속시키고, 올바른 문을 제외한 모든 문을 닫아 달라고 간구하십시오. 하지만 그 와중에도 계속 앞으로 나아가되, 하나님께로부터 오는 직접적인 암시가 없는 경우는, 여러분이 지금 그분의 길 위에 서 있다는 증거로 여기십시오. 그렇게 길을 가다 보면, 여러분이 자칫 들어갈 수도 있는 문들을 그분께서 앞서 가시며 다 잠가 놓으셨음을 알게 될 것입니다. 그렇게 잠긴 문들 너머 어딘가에 그분께서 자물쇠를 채우시지 않은 문이 분명히 있습니다. 그 문을 열고 걸어 들어가면, 하나의 전환점으로서 눈앞에 기회의 강이 나타납니다. 이 강은 여러분이 꿈에서도 볼 수 없을 만큼 넓고 깊습니다. 그러므로 강을 타고 내려가십시오. 그것은 큰 바다로 나아가는 강입니다.

하나님께서는 흔히 환경을 통해서 우리를 인도하십니다. 어떤 경우, 우리의 길이 완전히 막힌 듯 보일 수 있는데, 이때 돌연히 사소해 보이는 사건들이 발생합니다. 다른 사람들의 눈에는 아무것도 아니지만 믿음의 눈은 그 깊은 뜻을 간파합니다. 그리고 때때로 이러한 사건들은 우리의 기도에 응답하여 다양한 방식으로 반복됩니다. 이것은 결코 우연의 결과가 아니라, 하나님께서 직접 우리의 환경을 지시하심으로써 우리가 걸어야 할 길을 열고 계시는 경우라고 할 수 있습니다. 그리고 이러한 사건들은 우리가 목적지를 향해 다가갈수록 증가하기 시작합니다. 밤에 차를 몰고 도시를 향해 속도를 높일수록 그 도시의 불빛이 증가하는 것처럼 보이는 상황과 흡사합니다.

여러분이 하나님께 가서 인도하심을 구하면 그분께서 인도하실 것입니다. 하지만 그분을 적당히 의지하거나 불신을 드러내면서도, 그분께서 여러분의 목적에 관해 적어 놓으신 목록을 보여주며 위로하시리라 기대해서는 안 됩니다. 여러분이 그분을 의지하고 기쁜 마음으로 전진할 때, 그분께서 하시는 일이란 여러분을 더 멀리 인도하시는 것입니다.

> 내 작은 배 폭풍에 잠긴 바다 건너는데
> 큰 물결 뱃전에 넘치고 북풍은 불어라,
> 어둠 깊이 무서운 바위와 암초 숨었어라,
> 하지만 이보다 더한 일, 선장께서 아시네.
>
> 시시로 어둠 내리고 모든 불빛 사라질 때
> 내 작은 배 어느 항구에 닿을까 알 수 없어라,
> 밤은 길고 안식은 없을지라도, 머나먼
> 나의 목적지, 분명코 선장께서 아시네.

—토머스 커티스 클락

8월

보지 못하고 믿는 자들은 복되다

8월 1일

오직 너희 자신을 죽은 자 가운데서 다시 살아난 자같이 하나님께 드리며. _로마서 6:13

어느 날 밤 헌신에 관한 설교를 들었습니다. 내게 특별히 와 닿는 말씀은 없었지만 설교자는 무릎을 꿇고 이렇게 기도했습니다. "주께서 아시오니, 우리를 위해 죽으신 이를 우리가 믿을 수 있습니다." 이 기도가 그날 밤 내게 온 말씀이었습니다. 나는 기도를 끝내고 일어나서, 기차를 타기 위해 거리로 나섰습니다. 걸으면서 헌신이 내 삶에 불러일으킬 모든 일들을 생각해 보았습니다. 내가 치러야 할 희생을 생각하니 두려웠습니다. 그때 갑자기 지나는 차들의 소음을 뚫고 이 말씀이 임했습니다. "너를 위해 죽으신 이를 너는 믿을 수 있다." 기차를 타고 집으로 오는 동안, 헌신으로 인해 내 삶이 치러야 할 변화와 희생과 실망감을 생각했습니다. 여전히 두려웠습니다.

집에 도착해서 곧바로 방에 들어가 무릎을 꿇었습니다. 내 삶이 빤히 떠올랐습니다. 나는 그리스도인이고 교회 직원이며 주일학교 교장이었지만, 결코 내 삶을 내 의지와 결심으로 하나님께 드린 적이 없었습니다. 그렇게 드리면 내 "소중한" 계획들을 중단하고, 내가 희망하는 것들을 내려놓으며, 내가 좋아하는 직업을 포기해야 하지 않을까 생각했습니다. 두려웠습니다.

그처럼 나는 하나님께서 나를 위해 마련하신 더 좋은 것들을 끝내 볼 수 없었고, 내 영혼은 그분을 피해 달아나고 있었습니다. 그런데 거의 마지막 순간, 내 가슴 안쪽에 어떤 뉘우침을 끌어내는 강하고 빠른 힘과 함께 이와 같이 엄중한 말씀이 임했습니다. "너를 위해 죽으신 이를 너는 믿을 수 있다. 네가 그분을 믿지 못하면 누구를 믿겠다는 것이냐?" 마침내 그 문제는 해결되었으니, 한순간에 나는 그분께서 구하신 이 삶의 모든 것을, 죽기까지 나를 사랑하신 분께 믿고 맡길 수 있음을 깨달았던 것입니다.

사랑하는 친구들이여, 여러분을 위해 죽으신 이를 여러분은 믿고 의지할 수 있습니다. 그분 보시기에 중단해야 마땅한 여러분의 계획들을 제지하시고, 그분께 영광이요 여러분에게 선이 되는 계획을 더욱 온전하게 하심을 여러분은 믿을 수 있습니다. 그분께서 여러분을 최선의 길로 인도하심을 여러분은 정녕 믿고 의지할 수 있는 것입니다.

> 지금 이 순간, 알 수 없었던
> 당신의 사랑, 모든 장벽 허무셨으니,
> 이제 당신의 것, 그렇습니다, 오직 당신의 것 되려
> 하나님의 어린양이여, 당신께 나아갑니다!

삶은 세상에서 구해야 할 난파선이 아니라 세상이 사용해야 할 투자금입니다.

8월 2일

내가 나의 모든 산을 길로 삼고. _이사야 49:11

하나님께서 우리의 장애물을 당신의 목적에 맞게 사용하실 것입니다. 우리는 저마다 인생의 산이 있습니다. 대체로 그것은 우리의 영적인 삶을 가로막는 사람이나 상황입니다. 이처럼 가로막는 장애물은 우리와 관련된 거짓 소문이나 직업적인 어려움과 갈등일 수도 있고, "육체에[의] 가시"(고후 12:7)와 날마다 져야 하는 십자가일 수도 있습니다. 흔히 우리는 이 장애물들을 제거해 달라고 기도하는데, 제거되기만 하면 우리의 삶이 더 온유하고 깨끗하며 거룩하게 되리라고 생각합니다.

"미련하고……마음에 더디 믿는 자들이여"(눅 24:25). 그러나 미련하고 더딘 이것이 오히려 성취에 필요한 조건입니다. 이것이 우리가 오래도록 바라며 기도해 온 어떤 성품과 자질을 낳는 수단으로써 우리 삶에 들어와 있습니다. 우리는 여러 해 동안 인내를 구하며 기도하는데, 정작 우리의 인내를 넘어서는 시험이 시작되면 그대로 달아나 버립니다. 우리는 그 시험을 피하려 하고, 우리의 목표를 가로막는, 도저히 극복할 수 없는 장애물로 봅니다. 그러고는 이 장애물이 제거되면 즉각적인 구원과 승리를 체험하리라고 여깁니다.

절대 그렇지 않습니다! 어떤 유혹을 정말 애써서 참는 경우가 있습니다. 이것을 인내라고 할 수는 없습니다. 참된 인내를 얻는 유일한 방법은, 오늘만은 죽어도 못 견디겠다 싶은 시련을 견디는 것입니다.

달아나던 길을 되돌려서 복종하십시오. 예수의 인내에 동참하는 자임을 믿음으로 주장하고, 그분 안에서 여러분의 시련에 맞서십시오. 고귀한 목적을 가로막을 정도로 여러분을 힘들게 하는 것은 인생에 없습니다. 그것은 하나님의 산임을 잊지 말아야 합니다. 하나님께서는 이유가 있어서 그 산을 여러분의 인생에 두셨습니다. 그리고 우리는 그분께서 반드시 약속을 지키심을 압니다.

"하나님이 그 길을 아시며 있는 곳을 아시나니 이는 그가 땅 끝까지 감찰하시며 온 천하를 살피시며"(욥 28:23-24). 그러므로 우리가 그 산기슭까지 가면 길이 보일 것입니다.

시련의 목적은 우리의 가치를 시험하는 동시에 그 가치를 증강하는 데 있습니다. 거대한 참나무가 폭풍으로 시험을 받고 또한 강해지기까지 하는 이치와 같습니다.

8월 3일

남자답게 강건하라. _고린도전서 16:13
굳건한 믿음을 가지고 씩씩하고 용감한 사람이 되십시오. _공동번역

지금보다 편한 삶을 위해 기도하지 말고, 지금보다 강건한 사람 되도록 기도하십시오! 당신의 능력에 맞는 일을 달라고 기도하지 말고, 당신의 일에 맞는 능력을 달라고 기도하십시오. 그러면 당신 일의 성취가 기적이 아니라, 당신 자신이 기적이 될 것입니다.

그리스도께서 쉽고 이기적인 삶을 통해 우리를 위대함에 이르게 하지 않는다는 사실을 잊지 말아야 합니다. 쉬운 삶은 우리를 들어 올리지 않고 주저앉힐 뿐입니다. 하늘은 언제나 우리 위에 있으니 계속해서 그쪽을 바라보는 것이 마땅하겠습니다.

어떤 이들은 대가를 치러야 하는 것들, 자기부정과 절제와 희생이 필

요한 것들을 언제나 피합니다. 하지만 궁극적으로 우리를 위대함에 이르게 하는 것은, 힘들고 어려운 일과 부단한 노력입니다. 그러니 남들이 밟고 간 흔적을 따라 초원을 걸어서는 위대함과 만날 수 없는 것입니다. 위대함은 우리의 두 손으로 우리 갈 길을 개척하라고 파견되는 데서 발견할 수 있습니다.

여러분을 위해 두신 하나님의 목적이라는 위대한 산봉우리에 이르기 위해 기꺼이 희생하겠습니까?

강건하라!
우리는 놀고, 꿈꾸고, 떠돌고자
여기 있지 않으니, 힘든 일 하며
무거운 짐 들어 올려야 한다.
피하지 말고 투쟁하라, 하나님의 선물이니.

강건하라!
시대가 악하다고 말하지 말라, 누구를 탓하는가?
패배자처럼 두 손 사려 모으지 말라, 수치스러우니!
일어나서 외치라,
하나님의 이름으로 용맹히 외치라.

강건하라!
악이 얼마나 깊고, 싸움이 얼마나 치열하며
날이 얼마나 긴가는 문제 삼지 말라,
기죽지 말고 싸우라!
내일 노래가 오리니.

— 말트비 D. 뱁콕

8월 4일

예수께서 눈을 들어 우러러 보시고 이르시되 아버지여 내 말을 들으신 것을 감사하나이다.
_요한복음 11:41

본문에 드러난 사건의 순서가 예외적이고 이상해 보입니다. 나사로가 아직 무덤에 있어, 그를 죽음에서 살리시는 기적이 일어나기 전인데도 예수의 감사기도가 먼저 나왔습니다. 위대한 기적이 이루어져 나사로가 다시 살아난 후에 감사기도를 올리시는 것이 마땅한 순서 같습니다. 하지만 예수께서는 이제 곧 받으실 것으로 인해 감사를 드렸습니다. 그분의 감사는 축복이 도착하기 전에, 그 축복이 오고 있다는 확신의 표현으로 터져 나왔습니다. 싸움이 시작되기도 전에 승리의 노래가 울려 퍼졌습니다. 씨 뿌리며 추수의 노래 부르시는 이가 거기 계셨습니다. 기적에 앞선 감사였습니다!

군대가 이제 막 싸움터로 가고 있는데 누가 과연 승리의 노래를 부를 생각을 하겠습니까? 어디서 우리가 과연 아직 받지 않은 응답으로 감사의 찬양 올리는 소리 듣겠습니까?

하지만 본문에서, 기적에 앞서 찬양을 올리는 주님의 순서에는 이상하고 억지스럽거나 불합리한 것이 전혀 없습니다. 찬양은 실제로 기적의 실현에 결코 빠져서는 안 되는 예비행위입니다. 기적은 영적인 능력을 통해 실행되고, 우리의 영적인 능력은 언제나 우리의 믿음에 비례합니다.

우리 기도생활의 일부로서 찬양보다 더 하나님을 기쁘시게 하는 것은 없으며, 어떤 이가 기도로 드린 찬양만큼 축복이 되는 것도 없습니다. 나는 중국에 있을 때 이 찬양으로 인해 크나큰 축복을 받은 바 있습니다. 당시 내게 고향에서 좋지 않은 소식이 날아왔는데, 어둠의 그림자가 내 영혼을 완전히 덮는 것 같았습니다. 기도했지만 어둠은 물러나지 않았습니다. 어떻게든 견뎌 보려고 했으나 그림자는 점점 짙어 갈 뿐이었습니다. 그러고 나서 어느 날인가 내륙선교회 지부의 어느 선교사의 집에 들어가게 되었습니다. 거기서 나는 벽에 걸린 이 문장을 보았습니다. "언제나 감사하려고 노력하라." 그렇게 했습니다. 그리고 순식간에 어둠이 사라져서 다시는 돌아오지 않았습니다. 그렇습니다. 시편기자가 옳았습니다. "여호와께 감사하며 주의 이름을 찬양[함]······이 좋으니이다"(시 92:1).

8월 5일

내 은혜가 네게 족하도다. _고린도후서 12:9

이 세상의 환경은 내게 가혹한 시련과 고통을 안겼고, 그런 세상에서 내 막내아들을 데려가시며 "하나님께서······기뻐하셨"습니다(고전 1:21). 사랑하는 아이의 육신을 무덤에 눕히고 교회 묘지를 떠나 집으로 온 나는 시련의 의미에 대해 교인들에게 설교하고픈 충동을 느꼈습니다.

마침 돌아오는 주일학교 공과의 본문이 "내 은혜가 네게 족하도다"라는 구절이었으므로 나는 이 구절을 내 주님께서 회중에게 주시는 말씀이요 또한 내게 주시는 말씀으로 선택했습니다. 하지만 설교를 작성하다 보니, 솔직히 말해서 이 말씀이 내 삶에 진정으로 와 닿는다는 느낌이 들지 않았습니다. 그래서 나는 무릎을 꿇고 주님께 부탁드렸습니다. "당신의 은혜가 내게 족하게 하소서." 이렇게 기도를 하다가 눈을 떴는데, 정확히 이 구절이 쓰인 액자가 벽에 걸려 있었습니다. 내 어머니가 그로부터 며칠 전에 내게 준 구절이었습니다. 그때 나는 우리 아이가 죽은 휴양지에 있었습니다. 나는 그 구절을 누군가에게 맡겨 나 없는 동안 우리 집 벽에 걸어 달라고 부탁했지만, 그 구절이 지금 이 말씀인지는 전혀 알지 못하고 있었습니다. 그런데 이제 액자를 올려다보며 눈을 비비는데, 이 말씀이 나를 정면으로 쳐다보고 있는 것이었습니다. "내 은혜가 네게 족하도다."

"족하도다"라는 글자가 밝은 녹색으로 강조되어 있었고, "내"와 "네게"라는 글자도 다른 색으로 되어 있었습니다. 한순간에 말씀이 내 영혼을 비추며 방금 전에 했던 나의 기도를 꾸짖는 듯했습니다. "주님, 당신의 은혜가 내게 족하게 하소서." 그분의 대답이 거의 들리는 듯 생생히 다가왔습니다. "너는 어찌하여 있는 것을 달라고 하느냐? 나는 내 은혜를 이미 네게 족하게 했으니 더 이상 족하게 할 수가 없다. 일어나서 믿어라. 그리하면 이 말씀이 네 삶에 진정으로 와 닿을 것이다."

주님은 간명하게 말씀하셨습니다. "내 은혜가 네게 족하도다." 당신의 은혜가 앞으로는 "족할 것이다" 혹은 "족할 수도 있다"가 아니라, 이미 족하다는 것이었습니다. 그 순간부터 "내" "네게" "족하도다"라는 글자가 내 가슴에 깊이 새겨졌습니다. 그리고 감사하게도 그날부터 지금에 이르도록, 나는 그 진리를 삶으로 느끼며 살고자 노력해 왔습니다.

이 경험을 통해 내게 왔으며 또한 내가 다른 이들에게도 전하고자 하는 중요한 교훈은 이렇습니다. 하나님의 사실을 희망이나 기도로 바꾸려 하지 말고 이미 실재하는 것으로 받아들이십시오. 그것을 믿으면 이미 주어진 그 사실이 능력이 됨을 알 수 있을 것입니다.

> 짐이 커지면 더 큰 은혜 주시고,
> 일이 많아지면 더 많은 힘 주시니,
> 더해진 고통에 자비를 더하시고,
> 늘어난 시련에 평안을 늘리시리라.
>
> 비축해 둔 우리의 인내 바닥날 때,
> 한나절 지나 우리의 힘이 다할 때,
> 우리가 쌓아 둔 자원 끝이 보일 때,
> 아버지께서 넘치게 주시는 일 이제 시작이라.
>
> 그분 사랑 끝없고, 그분 은혜 측량할 수 없으며
> 그분 능력의 한계 인간에게 알려진 바 없어라,
> 예수 안에서 그 무한한 부요하심으로
> 주고 주며 또 주심이니.

— 애니 존슨 플린트

8월 6일

북풍아 일어나라. 남풍아 오라. 나의 동산에 불어서 향기를 날리라. _아가 4:16

잠시 이 기도의 의미를 살펴보십시오. 이 기도는, 어떤 초목에 아름다운 향기가 숨겨져 있듯이 그리스도인의 가슴에 아직 사용하거나 펼치지 않은 어떤 은사가 있을 수 있다는 사실에 근거합니다. 믿음의 고백이라는 씨앗이 많이 심기지만, 어떤 씨앗들에서는 거룩한 소망과 신실한 행위의 향기가 발산되지 않습니다. 엉겅퀴와 어떤 방향성 초목에 똑같은 바람이 불지만 풍부한 향기를 내뿜는 것은 이 둘 가운데 하나뿐입니다.

때로 하나님께서는 자녀들에게 혹독한 시련의 바람을 몰아쳐서 그들의 은사를 계발하게 하십니다. 좌우로 흔들어 공기와 마찰시켰을 때 횃불이 더 밝게 타오르듯, 향나무가 불속에서 더 강한 향기를 내뿜듯, 그리스도인의 풍부한 은사나 자질 역시 고난과 역경의 바람 속에서 강하게 드러납니다. 상처받은 가슴에서 나는 향기, 하나님께서 사랑하시는 향기입니다.

> 내게 작은 상자가 있었네, 인간의 사랑이라는
> 귀한 상자, 나의 값비싼 향유였네.
> 나는 그것을 가슴 안쪽에 깊이 숨겨 두고
> 그 향기 자칫 공중으로 새어 나갈까, 좀처럼
> 뚜껑을 열지 않으려 했네. 어느 날 알 수 없는
> 슬픔이 와서, 그 무거운 슬픔이 와서
> 나의 귀한 옥합, 아름다운 그 상자 내리눌러
> 산산이 부수어 놓았네. 나의 가슴이란 가슴
> 이 허망한 낭비에 분노하며 떨었네.
> 나 그토록 슬피 우는데, 하지만 보라, 거룩하신
> 은총의 기적이 와서, 내 인간의 사랑 천국의
> 사랑으로 변하고, 상처 받은 다른 영혼들에게
> 치유의 강물 흘렀네, 부드럽고 분명한
> 음성 위로부터 내게 속삭였네. "얘야,
> 네가 받은 이 위로를 가지고, 이제부터
> 가서 다른 이들을 위로하여라. 그리하면
> 나와 함께하는 복된 사귐 알리라,

내 사랑의 가슴 깨뜨려 세상을 치유했느니."

8월 7일

빌기를 다하매 모인 곳이 진동하더니 무리가 다 성령이 충만하여 담대히 하나님의 말씀을
전하니라.……사도들이 큰 권능으로 주 예수의 부활을 증언하니. _사도행전 4:31, 33

18세기 후반에서 19세기 초의 웨일스의 설교가 크리스머스 에반즈가, 언
젠가 일기에 썼던 내용입니다.

"어느 주일날 오후에 나는 말을 타고 약속 장소로 가고 있었다. 아주
한적한 길로 들어서서 가는데, 불현듯 내 마음이 너무 차다는 깨우침이 왔
다. 내려서 나무에 말을 매어 두고, 외진 곳을 찾았다. 거기서 외롭게 서성
이며 내 삶을 돌아보았다. 나는 슬프고 비통한 마음으로 하나님 앞에서 세
시간을 기다렸다. 마침내 그분의 용서하시는 사랑에 대한 깨달음이 솟구
쳤고, 나는 그분의 성령으로 새롭게 채우심을 받았다."

"해 질 무렵이 다 되어 다시 길 쪽으로 나온 나는 말을 찾아 올라타고
약속 장소로 몰았다. 다음 날 나는 언덕에 모인 수많은 군중을 향해 전혀
새롭고 충만한 능력으로 설교했다. 그리고 여기서 한순간에 시작된 부흥
이 결국에는 웨일스 전역으로 퍼져 나갔다."

이 내용은 중생(重生)이라는 중대한 문제를 이야기하고 있습니다. 바
로 이 거듭남이 초대교회의 암호였습니다. "너희가 믿을 때에 성령을 받았
느냐"(행 19:2).

오, 성령으로 채워진 삶, 정녕 그대의 것인가?

그대의 영혼 거룩하신 영으로 온전히 채워졌는가?

왕의 자녀인 그대에게 그분 납시었는가?

그분께서 그대 영혼 다스리시고, 모든 이들이

구주의 거룩하신 모습 그대 안에서 빛남을 보는가?

그분께서 그대 영혼 파도처럼 휩쓸어 버리셨는가?

하나님의 성령이 날마다 그대 안에 머무시는가?

그대의 삶 향기롭게 하시고, 근심에서 지키시는가?

그대 인도하시고, 응답으로 축복하시는가?

그대의 기쁨 어디서나 주께로서 오는 것인가?

그분께서 시간마다 가까이 계시고, 언제나 곁에 서 계시는가?

그분께서 힘 주시고, 오셔서 그대 안에 거하시는가?

모든 것은 십자가에 달리신 이의 은혜와 능력을 통해서

이루어질 것임을 그분께서 가르쳐 주시는가?

그분께서 영광을 입으신 아들을 그대에게 증거하시는가?

그분께서 위에서 내리는 불로 그대 정결케 하셨는가?

그분께서 그대 생각의 첫자리 되시며, 그대의 사랑 독차지하시는가?

그분의 섬김 그대가 좋아서 하고, 그대의 희생 기쁨으로 하는가?

그분의 뜻 행함이 그대의 온전한 즐거움인가?

그분의 부르심 반가워 그대 맨발로 뛰어나가는가?

그분께서 그대 자아와 모든 탐욕으로부터 벗어나게 하셨는가?

그대의 어려운 형제 지체 없이 가서 위로하는가?

그대 그리스도의 군병으로서 힘에 부치지 않은가?

그대 주님께 둔 희망 영원하고 확실한가?

그대 참을성 많고 겸손하며, 온유하고 순결한가?

오, 성령으로 채워진 삶, 정녕 그대의 것이 되리라.

그대 영혼에 거룩한 임재의 영광 빛나리라.

모든 격동 가라앉은 삶 그대의 것이며,

하나님의 거룩한 성령으로 채워짐도 그대의 것이라.

그대 주님께서 그리 뜻하셨으니, 그대, 바로 그대의 것이라.

8월 8일

하나님이여, 주는 나의 왕이시니 야곱에게 구원을 베푸소서. _시편 44:4

우리 구주의 승전목록에 예정되어 있지 않은 적들이 와서 우리의 영적인 성장이나 사역을 해치는 경우란 없습니다. 기억하십시오. "여호와께서 여호수아에게 이르시되 그들로 말미암아 두려워하지 말라.……내가 그들을 이스라엘[너희들] 앞에 넘겨 주어"(수 11:6) 멸하겠다고 하셨습니다. 또한 여러분이 적들에 대항할 때 "[그들이] 너희를 피하리라"(약 4:7)고 하심도 잊지 말아야겠습니다. 그리고 여호수아가 백성들에게 한 말도 기억하십시오. "두려워하지 말며 놀라지 말고 강하고 담대하라"(수 10:25). 주께서 "용사들"(수 1:14)인 여러분과 함께하시고, 또한 여러분은 가장 강하신 이와 함께하는 사람들이니 여러분 역시 강합니다. 그러니 승리를 주장하십시오.

적들이 다가올 때는 언제나 승리를 주장하십시오. 여러분의 영혼과 육신이 약해질 때는 언제나 위를 보고 승리를 주장하십시오. 그리고 예수께서 거두신 승리에는 여러분의 몫이 있으니 잊지 말고 요구하십시오. 그분께서는 당신만 아니라 우리 모두를 위해 승리하셨기 때문입니다. 그분께서 승리하실 때 여러분이 그분 안에 있었음을 잊지 말고, 승리를 주장하십시오.

그리스도의 승리를 여러분의 승리로 여기고 전리품을 거두어들이십시오. 그 거대한 "아낙 자손"들도(민 13:33), 방벽으로 쌓은 성들도 여러분을 위협하거나 패배시킬 수 없습니다. 여러분은 승리하는 군대의 군사들입니다. 구주의 승리에 여러분의 몫이 있으니 그렇게 요구하십시오.

우리는 왕의 자녀들입니다. 그러니 다음 중 어느 것이 거룩하신 우리 주권자를 가장 영화롭게 하겠습니까? 우리의 권리를 주장하지 못하고 심지어 우리에게 그러한 권리가 있기나 한 것인지 의심하기까지 하는 것과, 왕의 자녀들로서 우리의 특권을 강하게 주장하고 우리의 상속권을 동반하는 그 권리를 요구하는 것.

8월 9일

주께 힘을 얻고……있는 자는 복이 있나이다. 그들이 눈물 골짜기로 지나갈 때에 그곳에 많은 샘이 있을 것이며. _시편 84:5-6

언제나 무사태평하고 즐겁기만 해서는 위로가 오지 않습니다. 위로는 하나님께서 주시는 귀한 선물인데, 이 위로를 체험하려면 마음 깊은 곳까지 내려갈 생각을 해야 합니다. 그러고 나서 그분과 동역자 될 준비를 해야 하는 것입니다.

밤이 필요합니다. 이 밤의 그림자가 우리 영혼의 동산 위에 모여들 때, 그래서 나뭇잎들 수런거림을 멈추고 꽃들도 제 몸을 닫아 더 이상 햇빛에 빛나지 않을 때, 우리가 반드시 기억해야 할 것이 있습니다. 우리는 결코 부족함이 없을 것이며, 오로지 해가 진 뒤에야 하늘에서 거룩한 위로의 이슬방울이 떨어져 내린다는 사실입니다.

눈물 골짜기, 슬픔과
고통의 골짜기 지났네. 하지만
"위로의 하나님" 함께 계셔
언제나 붙들고 지켜 주셨네.

땅에 구름과 햇빛 필요하듯
우리 영혼에도 슬픔과 기쁨 있어야겠네.
그러니 자주 우리를 화로에 넣으시고
정금에 붙은 찌꺼기 털어 내시네.

그분께서 고난의 골짜기로 우리 인도하실 때
우리 그분의 전능하신 손 더듬어 찾았네.
그분께서 우리에게 보내시는 시련과 슬픔,
그분께서 가르치시는 은혜 수업의 한 과정이니.

우리 그분의 가위를 피해 자주 달아나며
정원사 되시는 이의 지혜를 망각하지만,
깊이 자르고 다듬을수록
나오는 송이마다 그 열매 굵고 크다네.

고통이 필요함을 그분께서 잘 아시니,
지혜로운 목적 마음에 두고 계심이라.
어두운 골짜기에서 속삭이시네.
"나의 하는 것을 곧 알리라."

우리 삶의 어두운 골짜기 지날 때,
그분 사랑의 달디단 샘물 솟아나고
우리는 배우네, 우리의 슬픔과 상실
얼굴을 가리고 온 축복이었음을.

그러므로 그분 인도하시는 곳 따라가리라,
어두운 길이나 밝은 길, 어디든 따라가리라.
그분께서 위로 주심을 우리 알았음에,
밤에 부를 노래 주심을 우리 알았음에.

8월 10일

그런데 예수께서는 나사로가 앓는다는 말을 들으시고도 계시던 그곳에 이틀이나 더 머무르
셨다. _요한복음 11:6, 새번역

이 기적의 이야기는 다음과 같은 선언으로 시작됩니다. "예수께서 본래 마
르다와 그 동생과 나사로를 사랑하시더니"(5절). 그분께서 우리를 대하시
는 근본과 속내가 아무리 어렵고 신비스러워 보여도, 우리는 반드시 그분
의 무한하고 과분하며 변치 않는 사랑을 믿고 긍정해야 한다고, 오늘도 하
나님께서 우리에게 가르치시는 듯싶습니다. 그럼에도 사랑은 고통을 허락

356

합니다.

마리아와 마르다는 예수께서 즉시 모든 곤경을 제거하시고 그들의 오라비를 죽음으로부터 지켜 주시리라 믿어 의심치 않았습니다. 하지만 그분께서는 나사로가 앓는다는 소식을 "들으시고도" 계시던 곳에서 이틀을 더 머무르셨습니다.

"들으시고도." 우리를 놀라게 하는 단어입니다. 예수께서 그들에게 가지 않은 것은 그들을 사랑하지 않으셨기 때문이 아닙니다. 그들을 사랑하셨으므로 오히려 가지 않으신 것입니다. 사랑하시는 그 가정이 비탄에 빠졌는데 어찌하여 한시바삐 가지 않겠습니까. 하지만 그토록 서둘러 가지 않으신 것은 오로지 사랑 때문이었습니다. 무한하신 사랑만 아니었다면 즉시 가셔서 어려움에 처한 그들, 사랑하시는 그 영혼들의 불행을 어떻게든 끝내시고 친히 그들의 눈물을 닦아 주시며 슬픔과 고통을 털어 내게 하셨을 것입니다. 고통의 사자가 제 할 일을 마칠 때까지, 구주의 온유하신 마음을 잠시 유예하심은 오로지 그 거룩하신 사랑의 능력뿐이었을 것입니다.

우리가 고통과 고난에 진 빚을 어찌 가늠해 볼 수 있겠습니까? 고통과 고난이 없다면 그리스도교적 삶의 그 많고 위대한 덕목들을 살아 낼 만한 능력이 지금 우리에게 있겠습니까? 시련이 와서 시험하지 않는다면 우리의 믿음은 지금 어떤 상태에 있겠습니까? 견뎌 내고 겪어 봐야 할 어떤 것 없이, 고난을 통해 길러지고 단련됨 없이 지금 우리에게 인내가 있겠습니까?

사랑받는다는 것! 그러면 가는 길 쓸쓸하지 않으리.
우리가 잘 아는 분께서 항상 가까이 계셔
우리 가슴에 그토록 분명히 증명하시니,
우리 사랑받고 있음을.

사랑받는다는 것, 하늘이 흐려지고
슬픔의 세월이 우리를 누를 때도

여전히 우리 그분 의지하리,

우리 사랑받고 있으므로.

시간, 세상의 모든 것들을 침탈하지만,

그분께서 보여주시는 사랑 건드릴 수 없네,

그리스도의 마음 사랑이 넘칠 테니.

우리 사랑받고 있음이여.

8월 11일

비록 무화과나무가 무성치 못하며 포도나무에 열매가 없으며 감람나무에 소출이 없으며 밭에 식물이 없으며 우리에 양이 없으며 외양간에 소가 없을지라도 나는 여호와를 인하여 즐거워하며 나의 구원의 하나님을 인하여 기뻐하리로다. _하박국 3:17-18

본문에서 진술되는 상황은 가히 재앙적입니다. 그럼에도 얼마나 담대한 믿음이 표현되고 있는지 주목해 보십시오. 저자는 사실상 이러한 상황을 이야기하고 있었던 것이 아닌가 생각됩니다. "오늘 당장 먹을 끼니를 걱정해야 할 정도로 극단적인 처지에 놓인다 할지라도, 집이 텅 비고 밭에 수확할 것이 없어도, 산물이 풍부하던 곳에 하늘에서 내리는 역병의 조짐이 보인다 해도 하나님을 인하여 기뻐하리로다."

　"하나님을 인하여 기뻐하리로다." 얼마나 귀한 말씀입니까. 이러한 말씀은 다이아몬드 박힌 정으로 돌판에 영구히 새겨 둘 만큼 가치가 있다고 나는 믿습니다. 하나님의 은혜로 우리 모두의 마음판에 이 말씀이 깊이 각인되기를 빕니다. 이 말씀은 매우 간결하지만 다음과 같은 저자의 생각을 함축하고 있습니다. 즉, 곤경에 처할 때 하나님께로 달아나겠으며, 심히 암울한 상황에서도 영혼의 평정을 유지하고, 모든 일로 인해 하나님 안에서 거룩한 기쁨으로 즐거워하며, 밝은 마음으로 그분께 기대를 걸겠다는 것입니다.

　영웅적인 확신! 영광스러운 믿음! 꺾이지 않는 사랑!

지난밤 빗속에서 노래하는 울새 소리 들었네,
후둑이는 빗방울 감미로운 후렴이었으니
둘이서 부르는 노래 더욱더 아름다운 음악이었지.

그래서 나는 생각했네, 언제나 그러하듯 시련이 올 때,
노래를 멈출 이유 무엇인가? 저 산 하나 넘으면
푸른 세상 위로 햇빛은 여전히 쏟아져 내릴 텐데.

밝은 마음으로 시련에 맞서는 이
짐조차 가벼워라, 떨어진 눈물 한 방울
듣느니 더욱 아름다운 노랫가락이지.

점박이 울새야, 네게 배웠으니,
봄의 선율 흐르는 네 노래 듣는다.
폭풍 구름 몰려올 때,
그때가 바로 노래 부를 시간이지.

— 에벤 유진 렉스퍼드

8월 12일

이로써 그 보배롭고 지극히 큰 약속을 우리에게 주사. _베드로후서 1:4

목수가 배를 짓는데, 순전히 그 작업장에다 보관하려고 짓습니까? 아닙니다. 바다를 건너고 폭풍우와 맞서라고 짓습니다. 사실, 태풍과 같이 강한 바람을 염두에 두지 않고 배를 짓는다면 대단히 서툰 목수라고 할 수밖에 없습니다.

마찬가지로 하나님께서 여러분을 신자로 만드셨으니, 또한 여러분을 시험할 계획도 가지고 계십니다. 여러분에게 약속을 주시고 그것을 믿으라고 하셨을 때는 이미 폭풍우와 큰 바다를 염두에 두신 것입니다. 여러분

은 그분의 어떤 약속은 좀 터무니없다고, 그래서 가게에 진열돼 있을 때는 근사해 보이지만 바다에서는 쓸모가 없는 구명조끼 같다고 생각합니까?

아름답지만 전쟁터에서는 쓸모없는 검이 있습니다. 장식용으로는 훌륭하지만 신고 걸을 수 없는 신발을 우리는 압니다. 하지만 하나님의 신발은 철과 놋쇠로 만들어졌으며, 우리가 신고 하늘나라까지 가도 닳는 법이 없습니다. 그분의 구명조끼는 우리가 착용하고 대서양을 몇 천 번이나 왕복해도 가라앉을 염려가 없습니다. 그분의 약속의 말씀은 시도해 보고 시험해 보라고 있는 것입니다.

그리스도께서는, 당신을 믿는다고 공개적으로 고백하고서도 당신을 전혀 이용하지 않는 사람들을 가장 싫어하십니다. 우리가 그분을 이용하면 그분께서 좋아하십니다. 그분께서 언약하신 축복은 그냥 두고 보라고 있지 않고 가져다 쓰라고 있기에 그렇습니다. 우리가 지금 당장 쓸 수 있도록 우리 주 예수 그리스도께서 우리에게 주어졌습니다. 여러분은 그분을 의무적으로 사용하고 있습니까?

오, 사랑하는 이들이여, 하나님의 약속을 박물관에 전시될 물건처럼 취급하지 말고, 하루도 빠짐없는 위로의 근원으로 이용해 달라고 여러분에게 호소합니다. 곤경에 처할 때는 언제든지 하나님을 의지하십시오.

> 하나님의 약속의 바다 깊은 데로 가서
> 그대가 원하는 것 무엇이든 요구하라.
> 하나님의 축복 그대를 외면하지 않으며,
> 그분의 말씀 그분께서 반드시 이루시리니.

하나님께서 어찌 약속하신 것을 안 된다 하시겠습니까?

8월 13일

구름에 비가 가득하면 땅에 쏟아지며. _전도서 11:3

이 구절에 담긴 뜻을 믿을진대, 우리의 하늘을 어둡게 하는 구름을 두려워

할 이유가 무엇입니까? 검은 구름이 잠시 해를 가릴 수 있겠으나 해는 사라지지 않고 다시 빛납니다. 한편으로, 구름이 비를 가득 채우고 어두워질수록 소나기를 풍부하게 내려 보낼 가능성도 그만큼 큰 것입니다.

구름 없이 어떻게 비를 볼 수 있겠습니까? 우리의 어려움은 언제나 축복을 불러왔고, 앞으로도 그러할 것입니다. 어려움과 고난은 하나님의 밝고 영광스러운 은혜를 싣고 오는 검은 병거이니 왜 안 그렇겠습니까. 머지 않아 구름이 비를 가득 머금을 때, 여린 초목은 소나기로 인해 더욱 행복할 것입니다. 하나님께서 우리를 슬픔으로 젖게 하시겠으나 또한 자비로써 우리에게 새로운 활력을 주십니다. 우리 주님의 사랑의 편지는 흔히 검은 봉투에 담겨서 옵니다. 그분의 마차는 요란한 소리를 내며 하늘을 가로 지르지만, 거기에는 각양으로 유익한 짐들이 잔뜩 실려 있습니다. 그분의 가지는 아름다운 꽃과 열매로 풍성합니다. 그러므로 구름은 걱정하지 마십시오. 그보다는, 사월의 구름과 소나기로 오월의 꽃들이 우리에게 왔으니 노래합시다.

주님, "구름은 그의[당신] 발의 티끌"입니다(나 1:3). 우리로 어둡고 흐린 날 당신께서 얼마나 가까이 계신지 기억하게 하소서! 사랑은 당신을 보고 기뻐합니다. 믿음은 구름이 스스로를 비워 사망의 언덕 즐겁게 하는 모습을 봅니다.

네 흐린 눈에 그토록 어둡게 보이는 것,
제대로 보면, 밝은 것을
더 밝게 하는, 그림자이리라.

네 나무를 때린 섬광, 그러므로 네 안식처를
유린한 그 섬광, 하늘의 푸른 천장을 밝힌다,
이전까지 그토록 어둡던 하늘을.

네 영혼의 고통을 비집고 나온 외침,
어느 머나먼 평원 위에 메아리쳐,

방황하는 한 사람 다시 집으로 인도하리라.

하늘나라의 푸른 창공은 검은 구름보다 한참이나 넓습니다.

8월 14일

위에서 주지 아니하셨더라면 나를 해할 권한이 없었으리니. _요한복음 19:11

하나님의 뜻이 아닌 것이, 그분을 믿고 순종하는 어떤 이의 삶에 들어오도록 허락되는 경우란 없습니다. 이 진리로 우리의 삶이 끊임없는 감사와 기쁨의 삶이 되고도 남을 텐데, 그것은 하나님의 뜻이 세상에서 가장 희망적이고 즐거우며 영광스럽기 때문입니다. 하나님의 뜻은, 우리가 계속해서 순종하고 믿기만 하면 어떠한 방해도 받지 않고 우리의 유익을 위해 당신의 전능하신 능력을 지속적으로 행하시는 것입니다.

고통의 심연을 지나던 어떤 사람이 친구에게 이렇게 썼습니다.

어떤 일이 아무리 부당해 보여도, 설령 그 일이 사탄에게서 온 듯 보일지라도 마침내 우리 앞에 떨어지기까지 그 일은 우리에게 두신 하나님의 뜻이며, 결국에는 우리의 유익이 되리라는 이 앎이 영광스럽지 않은가?

"우리가 알거니와 하나님을 사랑하는……자들에게는 모든 것이 합력하여 선을 이루느니라"(롬 8:28). 그리스도께서 배반당하셨을 때조차 하신 말씀을 생각해 보십시오. "아버지께서 주신 잔을 내가 마시지 아니하겠느냐"(요 18:11).

하나님의 뜻 가운데 살고 있다면, 우리의 삶은 굉장하다 할 것입니다. 다른 이들의 죄를 통해서 사탄이 우리에게 퍼붓는 모든 공격은 우리를 해칠 능력이 없을 뿐 아니라, 오는 동안에 축복으로 바뀝니다.

하나님의 뜻, 그 둥그런 원
한가운데 내가 서 있다.

제2의 원인은 없으니, 모든 것은
창조주의 거룩한 손에서 나왔다.
모든 것이 좋다! 내 아버지께서
내 삶을 계획하셨으므로.

슬픔의 파도 건너야 하는가?
그렇다면 최선의 결과 있으리라.
이유는 모르지만 믿을 수 있고,
믿을 수 있는 나는 복된 사람.
하나님은 사랑이시며 신실하시니,
나 그분의 완전한 평화 누린다.

그늘이나 햇빛, 기쁨이나 고통,
다 주님께 맡깁니다!
당신의 엇나간 자녀 단련하심에
밝음과 어둠 모두 필요하고,
우리 깨닫기만 하면, 땅에서 잃음이
천국에서 얻음일 것입니다.

—I. G. W.

8월 15일

우리가 하나님의 나라에 들어가려면 많은 환난을 겪어야 할 것이라. _사도행전 14:22

삶에서 가장 귀한 것들은 상처로 인한 결과입니다. 밀은 바스러져야 빵이 될 수 있으며, 향은 불에 타야 향기를 공중으로 올려 보낼 수 있습니다. 땅은 날카로운 쟁깃날에 갈려야 씨앗을 받아들일 수 있습니다. 하나님께서는 상처받은 영혼을 어여삐 여기십니다.

그렇습니다. 삶의 지극한 기쁨은 슬픔으로 키운 열매입니다. 인간의 본성이 세상에 축복이 될 만큼 다듬어지려면 고난이 필요한 것입니다.

내 작은 집 문 귀퉁이,
자라는 것이 있네, 작고 사랑스런
들장미 한 송이 피어나네.

이슬 젖은 아침이나 해질녘,
귀한 향기 내보낸다네.
이 알 수 없는 들장미.

그러나 빗방울 때리면
아, 향내는 내 발밑에서
더욱더 진하게 피어난다네.

자주 나는 부드러운 손길로
그 여린 잎들,
사랑처럼 누르네.

향기는 더욱 진해지고, 그럴수록
내 손가락들 간격을 좁혀
결국은 장미를 으깨었네.

오, 주님, 내 삶도 그리 되게 하소서.
세찬 바람 불 때,
삶의 향기 더욱 진합니다.

으깨어진 슬픔으로 내 삶을 채우심이
당신의 거룩한 뜻일진대
더욱더 세게 나를 누르소서.

흐르던 향기 소멸하는 동안
나 작은 음성으로 말하리, "으깨어진
들장미 그분께서 알고 사랑하시지."

위로하는 사람 되기를 간절히 소망한다면, 성직자로서 연민의 은사 나누고 싶다면, 이제 더 이상 시련당한 영혼에게 의례적인 위로의 말 던지고 싶지 않다면, 결코 고통당하지 않는 지혜로운 삶을 날마다 바꾸며 살고자 한다면, 정녕 그렇다면, 당신은 값비싼 수업료 치르겠다는 각오를 해야 합니다. 그리스도처럼 당신도 고난을 당해야 하니까요.

8월 16일

내가 여호와를 기다리고 기다렸더니. _시편 40:1

기다리느니 걷는 것이 덜 힘듭니다. 알다시피 기다림에는 인내가 필요하고, 인내는 어지간해서는 갖추기 어려운 덕목입니다. 우리는 하나님께서 당신 백성 주위로 담장을 치신다는 사실을 아는데, 보호하심이라는 측면에서 이 담장을 볼 때는 즐겁습니다. 그런데 담장이 점점 높아져서 우리가 아예 밖을 볼 수 없을 때가 있습니다. 우리의 귀한 직무와 영향력이 작은 공간으로 제한되고, 우리가 이 오도가도 못 하게 생긴 울타리에서 빠져나갈 수 있을까 싶은 의문이 듭니다. 왜 우리는 더 넓은 섬김의 영역에서 일할 수 없는지 이해하기 어려운 때가 있고, 결국 지금 우리에게 맡겨진 "모퉁이를 밝게 하는" 일조차 힘든 것이 되고 맙니다. 하지만 하나님께서 어떤 일을 늦추심에는 예외 없이 목적이 있습니다. "여호와께서 사람의 걸음을 정하시고"(시 37:23).

조지 뮬러는 이 구절 바로 옆 여백에다 이와 같이 적어 넣었습니다. "멈춤도 정하셨으니." 하나님의 울타리를 부수고 나간다는 것은 안타까운 실수입니다. 우리는 "구름기둥"(출 13:21)이 움직이기 전까지는, 하나님께서 정해 주셨다고 확신하는 그 장소에서 한 발짝도 움직이지 말아야 합니다. 이것이 주님의 인도하심의 중요한 원리입니다.

우리가 마침내 모든 일에서 주님의 인도하심을 기다릴 줄 알게 되면, 꾸준히 걸으며 최대한의 능력을 발휘할 수 있는 힘이 생길 것입니다. 우리는 누구나 큰 능력을 원하고, 그렇게 큰 능력이라는 면에서는 우리들 대다수가 미치지 못하지만, 하나님께서는 불러 맡기신 각 사람의 일에 적합한 능력을 온전히 부여하십니다. 이 능력의 비결, 그것은 그분의 인도하심에 충실히 따르는 기다림입니다.

잠잠함, 움직이지 못함, 인생의 바다 철썩이는데 해변에서 지켜볼 수밖에 없음. 그렇다고 실패한 인생입니까? 아닙니다. 승리는 반드시 잠잠함과 조용한 기다림을 통해서 오게 되어 있습니다. 물론 이 경우란 분주한 삶으로 거침없이 뛰어들던 과거보다 몇 천 배나 어렵습니다. 희망과 기운을 잃지 않고, 하나님의 뜻에 순복하며, 일할 기회를 포기하고 다른 이들에게 영예를 넘기며, 모두가 바쁘고 즐겁게 제 갈 길 가는데 혼자서 조용히 확신하며 기뻐하기란, 실로 대단한 용기가 필요합니다.

위대한 삶은 "모든 일을 행한 후에 서는" 것입니다(엡 6:13).

8월 17일

나는 내게 말씀하신 그대로 되리라고 하나님을 믿노라. _사도행전 27:25

몇 년 전에 나는 어떤 증기선 선장과 함께 미국으로 갔습니다. 그는 독실한 그리스도인이었습니다. 우리가 뉴펀들랜드 해안을 벗어날 때쯤 그가 내게 말했습니다. "지난번, 그러니까 5주 전에 내가 여기를 지나는데 내 신앙적 삶을 송두리째 뒤엎는 일이 벌어졌습니다. 그때 나는 꼬박 스물네 시간을 함교에 머물러 있던 중이었고, 승객 중에 영국 브리스틀의 조지 뮬러라는 분이 할 말이 있다며 내게 왔습니다. 그는 토요일 오후에는 퀘벡에 닿아야 한다고 했습니다. 불가능하다는 내 대답에 뮬러 씨가 다시 말했습니다. '그래요? 이 배가 나를 데려다 주지 못하면 하나님께서 뭔가 다른 방법을 찾으실 겁니다. 나는 지난 오십칠 년 간 한 차례도 약속을 어긴 적이 없습니다. 해도실로 내려가서 같이 기도합시다.'"

"나는 이 하나님의 사람을 쳐다보며 혼자 생각했습니다. '정신병원에서 방금 나온 사람 아닌가?' 하고 말입니다. 그때까지 나는 이런 사람을 만나 본 적이 없었습니다. 내가 말했습니다. '뮬러 선생님, 지금 안개가 얼마나 심한지 몰라서 하시는 말씀입니까?' 그가 대답했습니다. '아니오, 나는 이 심한 안개가 아니라 살아계신 하나님을 봅니다. 그분께서 나의 모든 환경을 주관하십니다.'"

"그러고 나서 그는 무릎을 꿇고 짧아도 무척이나 짧은 기도를 올렸습니다. 그가 기도를 마쳤을 때 나는 막 기도를 시작하려 했지만, 그가 내 어깨에 손을 얹고 기도하지 말라고 했습니다. 그는 말했습니다. '첫째, 당신은 하나님께서 응답하실 것이라 믿지 않고 둘째, 나는 그분께서 응답하셨다고 믿습니다. 결론적으로, 당신이 이 일에 관해 기도할 필요는 조금도 없습니다.'"

"내가 쳐다보자 그가 말했습니다. '선장님, 내가 하나님을 안 지 오십칠 년입니다. 그동안 내가 하나님과 함께 기다리는 청중에게 가지 못한 경우는 단 하루도 없었습니다. 선장님, 일어나서 문을 여십시오. 안개가 걷혔을 겁니다.' 일어나서 보니, 안개는 정말로 사라지고 없었습니다. 그리고 조지 뮬러 씨는 토요일 오후에 집회를 위해 퀘벡에 가 있었습니다.

> 우리의 사랑 조금만 더 단순하면
> 그분의 말씀 철썩같이 믿을 텐데,
> 우리의 삶 찬란히 빛날 텐데,
> 우리 주님의 그 아름다움으로 말이지.

8월 18일

여호와께서 홀로 그를 인도하셨고. _신명기 32:12

> 가파른 산이었지만 즐거운 대화가 있어
> 가는 길 내내 기운이 났다. 정상에 닿기까지
> 그럴 것이라 생각하며 올랐다.
> 하지만 갑자기 좁고 휘어진 길

나타났고, 주님께서 말씀하셨다.

"여기는 나하고만 걸어야 안전하다."

나는 무서웠지만 내 안의 깊은 신뢰가 대답했다.

"주님, 그리 하소서." 주께서 내 연약한 손

잡으시고, 그분께 모든 것 내어 드리며 그분 안에서

모든 것 찾으리라는 내 의지 받아 주셨다.

길고 어두운 한 시기 지나,

내 곁에 친구들 없었으나 예수 홀로 계셨다.

오, 하지만 그토록 친절히 나를 앞으로,

위로 인도하셨고, 그토록 격려가 되는 말씀,

그 놀라운 사랑의 비밀한 속삭임 들려주셔서

나는 곧 그분께 나의 모든 슬픔과 두려움 말씀드리고

그분의 든든한 팔 신뢰하며 기대었다.

그리하여 나의 발걸음 빨라졌고

말할 수 없는 빛, 돌투성이 길 밝혔다.

하나님과 깊이 사귈 때만

볼 수 있는 빛이었다.

잠깐 세월 지나 우리 다시 만날 것이다.

사랑하는 사람들, 잊었던 이들. 하지만

여기서는 알 수 없는 지극한 기쁨으로 그들과

인사하고, 행복한 노래 부르며 부둥켜 안을 것이다.

거기서 기억은 스치듯 되돌아, 지금 지나는 이 삶

따뜻이 되살려 내고, 생각건대 유독 귀하고

거룩한 추억 하나 그중에 있을 것이다.

그렇게 황금길에 모인 우리,

자주 감격하며, 사랑 가득한 마음으로

그 어두웠던 날 이야기할 것이다. 그날,

예수께서 우리 불러 오르라고 하신 좁고 험한 길,

우리 그분께만 의지하며 올랐었노라고.

깊은 골짜기 없는 장엄한 산 결코 없으며, 고통 없는 탄생 또한 결코 없습니다.

8월 19일

슬픔을 당해도 늘 기뻐하고. _고린도후서 6:10, 공동번역

슬픔은 아름다웠지만 그 아름다움은 숲속의 우거진 나뭇가지 사이로 스미는 달빛의 아름다움이었습니다. 슬픔의 빛은 숲 아래 깔린 푸른 이끼 위로 드문드문 은색의 작은 웅덩이들을 만들어 냈습니다. 슬픔이 노래할 때, 그 노래는 나이팅게일의 낮고 부드러운 울음 같았고, 슬픔의 눈에는 이제 더 이상 기쁨을 찾으려 하지 않는 어떤 이의 물끄럼한 응시가 어른거렸습니다. 슬픔은 우는 이를 가만히 위로하며 같이 울 수 있었지만, 기뻐하는 이와 더불어 기뻐하는 일은 알지 못했습니다.

기쁨 또한 아름다웠지만 그 아름다움은 여름날 아침의 눈부신 아름다움이었습니다. 기쁨의 눈에는 언제나 아이들의 행복한 웃음이 가득 담겨 있었고, 그 머릿결은 햇빛을 받으며 너울거렸습니다. 기쁨이 노래할 때, 그 음성은 종달새의 지저귐처럼 하늘 높이 치솟았고, 그 발걸음은 패배를 모르는 정복자의 행진 같았습니다. 기쁨은 기뻐하는 어느 누구와도 함께 기뻐할 수 있었지만, 슬퍼하는 이와 더불어 슬퍼하는 일은 알지 못했습니다.

슬픔이 아쉬운 듯 말했습니다. "우린 정말 하나가 될 수 없는 거군." 기쁨이 눈물 어린 눈으로 말을 받았습니다. "안되지, 내 길은 햇빛 쏟아지는 초원으로 나 있고, 내가 도착할 때는 언제나 아름다운 장미가 피어나지. 새들도 내가 와야 즐거운 노래 부를 수 있으니 나를 기다리고 말이야."

슬픔이 천천히 돌아서며 말했습니다. "맞아, 그리고 내 길은 어두운

숲으로 나 있고, 내 손엔 밤에 피는 메꽃만 가득할 테니 말이야. 하지만 지상에서 가장 아름다운 노래, 밤의 사랑노래는 내 차지야. 그러니 헤어져야겠군, 기쁨아 잘 가거라."

슬픔이 말을 마치는 순간, 슬픔과 기쁨은 자신들 곁에 서 있는 어떤 이를 얼핏 알아보게 되었습니다. 주위가 다소 어슴푸레했지만 슬픔과 기쁨은 어느 왕 같은 존재를 느끼며 크고 거룩한 경외심에 사로잡혔습니다. 슬픔과 기쁨은 그분 앞에 무릎을 굽혔습니다.

"기쁨의 왕이신 것 같아." 슬픔이 속삭였습니다. "머리에 면류관을 쓰셨고, 손과 발의 못자국은 위대한 승리의 상처야. 그분 앞에서 나의 모든 슬픔이 녹아서 불멸의 사랑과 기쁨으로 바뀌려 하고 있어. 이제 나는 그분께 영원히 나를 드리게 될 거야."

"슬픔아, 그렇지 않아." 기쁨이 나직이 말했습니다. "내가 보기엔 슬픔의 왕이셔. 머리에 쓰신 면류관은 가시관이고, 손과 발의 못자국은 끔찍한 고통의 상처야. 나도 그분께 영원히 나를 드리게 될 거야. 그분께는 내가 아는 어떤 기쁨보다 슬픔이 더 아름다울 테니 말이야."

"그러면 우리는 그분 안에서 하나야." 슬픔과 기쁨은 즐겁게 외쳤습니다. "그분 말고는 누구도 슬픔과 기쁨을 하나 되게 할 수 없었으니 말이야." 그래서 슬픔과 기쁨은 손을 잡고 세상으로 나왔고, 그분을 따라 폭풍과 햇빛을, 한겨울의 추위와 한여름의 열기를 거치며 "슬픔을 당해도 늘 기뻐" 하게 되었습니다.

슬픔이 그대 어깨 위에 손 얹어
말없이 삶의 길 같이 걷자 하고,
그대의 밝은 친구였던 기쁨은
싸늘해져 하루하루 멀어져만 가는가?
슬픔과 친구 되기 무서워 말라.
슬픔은 하나님께서 그대에게 보내는 사자이니,
그분의 위대한 내일이 오면 그대 그분께 감사하리라.
지금은 알 수 없으나 그때가 되면 알게 되리니,

슬픔은 밤의 옷자락 걸치고 오는 하나님의 천사.

우리 슬픔과 함께 "믿음으로" 걷고 "보는 것으로" 걷지 아니하니(고후 5:7).

8월 20일

야곱은 홀로 남았더니 어떤 사람이 날이 새도록 야곱과 씨름하다가. _창세기 32:24

이 구절을 보면, 야곱이 하나님과 씨름한다기보다는 하나님께서 야곱과 씨름하십니다. 여기에 언급된 어떤 "사람"은 인자, 곧 언약의 사자입니다. 야곱을 내리눌러 그의 옛 삶을 짜내려 하신 이는 사람의 형상으로 나타나신 하나님이었습니다. 그리고 동틀 무렵 "야곱의 허벅지 관절"이 어긋났으니(25절) 결국은 하나님께서 이기셨습니다. 야곱은 자신의 옛 삶에서 "떨어져" 내려 하나님의 두 팔로 들어가 매달렸지만, 축복이 올 때까지 씨름을 멈추지 않았습니다. 그가 받은 축복은 새 삶이라는 축복이었고, 따라서 그는 지상에서 하늘로, 세속에서 거룩으로, 자연에서 초자연으로 올라섰습니다. 그날 아침 이후로 그는 세상의 눈으로는 나약한 불구의 인간이었지만 곁에는 하나님이 계셨습니다. 그리고 주님의 거룩한 음성이 선언했습니다. "네 이름을 다시는 야곱이라 부를 것이 아니요 이스라엘이라 부를 것이니 이는 네가 하나님과 및 사람들과 더불어 겨루어 이기었음이니라"(28절).

사랑하는 이들이여, 변화 받은 모든 이들의 삶에 이와 같이 전형적인 장면이 있어야 할 것입니다. 하나님께서 우리를 당신의 최선에 이르도록 부르셨을진대, 우리 각 사람 앞에는 저마다 위기의 시간이 찾아올 것입니다. 그때 우리는 모든 자원을 잃고, 완전히 무너지거나 우리의 소망을 능가하는 어떤 것을 받게 됩니다. 하지만 축복을 받으려면, 먼저 하나님의 무한하신 도움에 의지해야 합니다. 하나님께 자신을 기꺼이 내어 드리고 완전히 항복해야 하며, 우리의 지혜, 우리의 힘, 우리의 공로를 버려야 합니다. "그리스도와 함께 십자가에" 못 박혀(갈 2:20) 죽되, 그분 안에서 다시 살아 있어야 합니다. 하나님께서는 우리를 어떻게 위기의 시점까지 인도해야 하는지, 또한 어떻게 그 위기를 극복하도록 인도해야 하는지 잘 아십니다.

하나님께서 지금 여러분을 이렇게 인도하십니까? 이렇게 뜻하신 인도하심 있어 여러분이 지금 알 수 없는 시련에, 어려운 처지에, 불가능한 상황에, 하나님 없이는 통과할 수 없을 것 같은 그 험난한 지점에 와 있습니까? 그럼에도 하나님이시면 넉넉히 이길 것 같습니까?

그렇다면 야곱의 하나님께로 돌아서십시오. 그분의 발아래 온전히 부복하십시오. 그분의 사랑의 팔에 안겨 여러분의 힘과 지혜를 죽이고, 야곱처럼 그분의 능력과 부요가 있는 곳으로 올라가십시오. 여러분의 그 힘들고 답답한 상황은 정상에 올라서야 벗어날 수 있습니다. 더 높이 올라가서 구원을 얻고 하나님을 새롭게 경험해야 합니다. 그리고 거기서 "야곱의 전능자"(사 60:16)라는 계시가 뜻하는 모든 것을 받아 누리시기 바랍니다. 하나님 외에 다른 길은 없습니다.

> 당신의 발아래 엎드려
> 나의 모든 것 드립니다.
> 십자가에 달리신 내 주님 위해
> 고난 받으며, 살고, 죽으려 합니다.

8월 21일

나를 넓은 곳으로 인도하시고 나를 기뻐하시므로 나를 구원하셨도다. _시편 18:19

이 "넓은 곳"이란 무엇입니까? 다른 모든 존재의 생명의 근원이며 목적이신 무한한 존재, 곧 하나님 자신이 아니면 무엇이겠습니까? 하나님은 진실로 "넓은 곳"입니다. 다윗은 굴욕당하고 낮아져서 자신은 더 이상 아무것도 아니라 생각했을 때, 이 넓은 곳으로 나아가게 되었습니다.

"내가 어떻게 독수리 날개로 너희를 업어 내게로 인도하였음을 너희가 보았느니라"(출 19:4).

> "완전한 항복"의 물결에 몸 싣기 두려워
> 나 주님께 그 물결 어디로 나의 작은 배

데려갈까 물었네. "험난한 바다입니까?"
"내게로." 그분 말씀하셨네.

열린 무덤 곁에 서서 울며
내 영혼 하나님께 고통스럽게 외쳤네.
"나 걷는 이 슬픔의 길 어디로 나 있습니까?"
"내게로." 그분 말씀하셨네.

영혼 찾으러 다니는 일, 몹시 사랑한 일이었지만
낙심이 찾아왔고, 나는 이유를 알 수 없었네.
그러나 그분 말씀하셨네. "내가 너의 전부이니,
내게로 오너라."

내 영웅들, 내가 가장 사랑한 사람들,
나 그들의 실패를 보았네. 그들은 시련을 견디지 못했네.
적지 않은 눈물 흘렸으나, 주께서는 이를 통해서도
당신께로 나를 이끄셨네.

그분께로! 내가 찾는 이 기쁨, 세상의 어떠한
혀로도 설명할 수 없네, 나 그분 안에 살고 있으니,
한때 나를 사로잡았던 것들 이제 아무것도 아니네.
그분께로 나 돌아왔네.

8월 22일

그 남은 사람들은 널조각 혹은 배 물건에 의지하여 나가게 하니 마침내 사람들이 다 상륙하
여 구조되니라. _사도행전 27:44

바울의 로마 대항해. 시련과 승리의 이 기적 같은 이야기는, 믿음으로 가
는 우리 삶의 여정 전반에 놓인 빛과 어둠을 놀랍도록 구체적으로 보여줌

니다. 그리고 바울의 이 여행에서 가장 눈에 띄는 부분은 하나님의 특별한 섭리와 간섭으로 점철된 고난의 환경입니다.

흔히들 하는 오해가 있는데, 그리스도인의 믿음의 행보가 꽃길을 걷 듯 순탄하리라거나 하나님께서 그분 백성들의 삶에 개입하실 때는 놀라 운 방식을 동원하셔서 단번에 우리를 어려운 환경으로부터 구해 내시리 라는 것입니다. 하지만 실제 상황은 그와 정반대입니다. 게다가 성경이 우 리에게 이야기하는 것 역시 아벨에서 최후의 순교자에 이르는 모든 이들, 곧 "구름같이 둘러싼 허다한 증인들"(히 12:1)의 삶에 무수히 반복되는 시 련과 승리의 전언입니다.

누구보다 바울이 한 예로서, 하나님의 자녀가 결코 패하거나 꺾이지 는 않되 얼마나 극심하게 고난당할 수 있는지를 여실히 보여줍니다. 그는 다메섹에서 증거한 일로 인해 박해자들에게 쫓기고 생명의 위협을 피해 달아나야 했습니다. 그런데 이 위급한 상황에서도, 무슨 불벼락을 치듯 하 늘의 병거가 나타나서 적대자들의 손으로부터 이 거룩한 사도를 구해 낸 다는 이야기는 없습니다. 그 대신에 하나님은 아주 단순한 방식으로 바울 의 탈출을 도모하셨습니다. "그의 제자들이 밤에 사울을 광주리에 담아 성 벽에서 달아 내리니라"(행 9:25). 그렇습니다. 그는 한 무더기의 빨랫감이 나 잡화처럼 다 낡은 빨래통 속에 들어갔습니다. 주 예수 그리스도의 종이 다메섹 성벽의 창구멍으로 빠져나오는 굴욕적인 방식으로 적대자들의 증 오를 피해 달아났던 것입니다.

그 뒤로는, 우리가 알듯이, 지하 감옥에 여러 달을 갇혀 비참하게 지냅 니다. 그는 잠도 못 자고 굶주렸으며(고후 6:5), 친구들에게 버림받고, 잔인 하게 두드려 맞았다고 했습니다. 하나님께서 구원을 약속해 주셨을 때조 차 그는 폭풍의 바다에서 여러 날을 시달리고, 배신한 선원을 어떻게든 보 호해 주려 하기까지 합니다. 그렇게 해서 마침내 약속한 구원이 오지만, 그 렇다고 이 유명한 죄수를 구해 내기 위해 천상의 배가 하늘을 가로질러 나 타난 것은 아니었습니다. 엄청난 일이 벌어질 때 나타나는 초자연적 증거 는 전혀 없습니다. 당연히 누구는 부러진 돛대를, 또 누구는 판자쪽이나 부 서진 뱃조각을 붙잡아야 했고, 그마저 손에 닿지 못한 사람들은 헤엄을 쳐서라도 목숨을 부지할 수밖에 없었습니다.

　이 기사에서 우리는 하나님께서 우리 삶에 제시하시는 하나의 패턴을 봅니다. 지극히 일상적인 환경에서 지극히 일상적인 방식으로 모든 것을 겪고 극복해야 하는 이 세상의 우리에게, 이 패턴은 복음입니다.

　하나님의 약속과 섭리는 일상의 시련과 상식의 세계로부터 우리를 제외시키지 않는데, 그것은 바로 이 평범한 일상을 통해서 우리의 믿음이 완전으로 나아가기 때문입니다. 역시 하나님께서도 이 세계 안에서 당신의 사랑이라는 금색실로 저마다 사연 많은 우리 일상의 삶을 엮어 나가시고자 하십니다.

8월 23일

믿음으로 아브라함은……순종하여……나아갈새 갈 바를 알지 못하고 나아갔으며. _히브리서 11:8

이것은 보이지 않아도 믿는 믿음입니다. 본다는 것은 믿음이 아니라 논리입니다. 언젠가 배로 대서양을 건너면서 나는 바로 이와 같은 믿음의 원리를 목격했습니다. 바다에 따로 표시된 길이 없고 멀리 육지 같은 것이 보이지도 않았습니다. 하지만 날마다 우리는 해도 위에 우리의 노정을 표시했는데, 거기에 바다 위로 거대한 분필선이 나 있어 우리가 그것을 따라가기라도 하는 듯했습니다. 마침내 우리 앞에 대서양 반대편의 육지가 모습을 드러냈을 때, 오천 킬로미터나 떨어진 곳에서부터 이미 보기라도 한 것처럼 우리가 생각하고 있던 그 지점에 정확히 와 닿았습니다.

　우리의 항로는 어떻게 해서 그토록 정확히 표기될 수 있었을까요? 우리의 선장이 날마다 항법도구를 들고 하늘을 쳐다보며, 태양을 기준점으로 항로를 정했습니다. 그는 지상의 빛이 아니라 하늘의 빛을 이용해서 항해했습니다.

　참된 믿음도 그렇습니다. 위를 보고 하나님의 위대한 아들을 기준 삼아 항해합니다. 해안선이나 세상의 등대 혹은 여타의 길을 따라서 여행하지 않습니다. 믿음의 발걸음은 흔하게 전면적인 불확실성이나 캄캄한 어둠과 재앙을 만나지만, 주께서 길을 여시고 한밤중의 어둠이라도 새벽빛처럼 밝게 비추어 주실 것입니다.

알 수도 없고 보이지도 않지만, 그럼에도 우리는 오늘도 믿음으로 앞으로 나아가야 합니다.

우리 가운데 너무 많은 사람들이 출발도 하기 전에 굳이 애써서 우리 가는 길을 미리 보려고 합니다. 우리가 우리 길을 처음부터 끝까지 볼 수 있다고 가정해 보십시오. 과연 우리가 우리의 신앙적 은사들을 계발하려고 하겠습니까? 믿음이나 사랑이나 소망은 익은 사과 따듯이 쉽게 얻을 수 있는 것이 아닙니다. "태초에"(창 1:1)라는 단어 뒤에 "하나님이"라는 단어가 나온다는 사실을 기억합시다. 그분의 발전소를 가동시키는 것은 믿음으로 내딛는 첫발입니다. 하나님께서 스스로 돕는 자를 돕는다는 말은 맞습니다만, 또한 그분께서는 스스로 도울 수 없는 자들도 도우십니다. 그러므로 지금 어떠한 상황에 처해 있든지, 여러분은 언제나 그분을 의지할 수 있습니다.

하나님을 바라면 오히려 예정보다 더 빨리 우리 여행의 목적지에 도착합니다.

그분께서 "가라!"고 하셨음에도 앉아서 무얼 그리 생각하는지, 우리는 많은 기회를 놓치고 있습니다.

8월 24일

내게는 모든 것이 있고 또 풍부한지라. _빌립보서 4:18

내가 가진 원예서적 중 한 권에 이처럼 흥미로운 제목으로 소개되는 내용이 있습니다. '음지에서 자라는 꽃들.' 햇빛을 직접 받지 못하는 정원을 여러 범위로 다루며, 어두운 곳에서 자랄 뿐 아니라 실제로 음지를 더 좋아하고 거기서 잘 자라는 듯한 꽃들의 종류를 열거해 놓은 내용입니다.

여기에는 영적인 세계와 유사한 면이 있습니다. 어떤 그리스도인들은 물질적 환경이 극도로 열악하고 가혹할 때 훌륭히 성장하는 듯합니다. 그들은 어둠과 그늘에서 자랍니다. 그렇지 않다면, 사도 바울의 삶을 어떻게

376

달리 설명할 수 있겠습니까?

그는 로마에서 죄수로 있을 때 위의 구절을 썼습니다. 그의 인생의 사명이 좌절된 듯했습니다. 하지만 이 끈질긴 어둠 속에서 꽃들이 찬란하고 영광스러운 얼굴을 보여주기 시작했습니다. 바울도 전에는 넓은 길가에서 자라는 꽃들을 보았을 것입니다. 하지만 감옥에서 피어나기 시작한 꽃들의 생명력과 아름다움에는 결단코 비할 바가 못 되었습니다. 게다가 약속의 말씀이 안에 든 보화를 열어 보였는데, 그토록 영광스럽게 열리는 광경은 바울로서도 처음이었습니다.

그러한 보화들 중에는 그리스도의 은혜와 사랑과 기쁨과 평화 같은, 놀라운 것들이 들어 있었습니다. 이 보화들은 마치 그 비밀스럽고 감추어진 영광을 드러내기 위해 어둠이라는 환경이 필요했던 것처럼 보였습니다. 어둡고 축축한 감옥이 하나님의 계시된 진리의 집이 되었고, 바울은 자신이 받은 영적인 유산의 풍요와 방대함을 전혀 새롭게 깨닫기 시작했습니다.

고독하고 어두운 시기를 목전에 두고 왕처럼 당당히 맞서는 사람들을 우리 모두 알고 있지 않습니까? 그들의 몸은 비록 세상의 감옥에 갇혔으나, 그들의 보화는 결코 갇히지 않고 그들의 가슴속에 소중히 간직될 것입니다. 그렇듯 참된 보배는 누구도 밖에서 잠가서 차단할 수 없기 때문입니다. 그들의 물질적 조건은 사막과 같을지라도, "광야와 메마른 땅이 기뻐하며 사막이 백합화같이 피어 즐거워"할 것입니다(사 35:1).

아무리 아름답다고 해도, 꽃이란 꽃은 모두 햇빛을 받으면 그 아래 그늘을 만들어 냅니다.

빛이 강하면 그늘도 짙은 법입니다.

8월 25일

믿음이 오기 전에 우리는······매인 바 되고 계시될 믿음의 때까지 갇혔느니라. _갈라디아서 3:23

오랜 과거에는 하나님께서 사람들을 그분의 율법 아래 복종하도록 하셨는데, 이는 더 훌륭한 믿음의 길을 배우도록 하시기 위함이었습니다. 바로 이 율법을 통해서 사람들은 하나님의 거룩한 기준을 보고 자신들의 무력함을 깨달았습니다. 그리고 나서 그들은 그분의 믿음의 길을 즐거이 배우고자 했습니다.

하나님께서는 지금도 우리를 "믿음을 배우기 전까지는 갇혀 있도록" 하십니다. 우리의 본성, 환경, 시련, 실망 등의 모든 것이 우리를 예속하고 가두는 도구인데, 이 상태는 우리가 그분의 믿음의 길만이 유일한 길임을 알 때까지 계속됩니다. 모세는 자신의 노력, 자신의 영향력, 심지어는 폭력에 의해서까지 자신의 백성을 구원하려고 했습니다. 그러므로 하나님께서 그를 당신의 일에 준비된 자 될 때까지 사십 년을 광야에 "가두셨습니다."

바울과 실라는 유럽으로 가서 복음을 전파하라는 하나님의 부르심을 받았습니다. 빌립보에서 그들은 갇혔습니다. "많이 친 후에……그들을 깊은 옥에 가두고 그 발을 차꼬에 든든히 채웠더니"(행 16:23-24). 그들은 믿음에 "갇혔습니다." 그들은 그토록 암울하고 어두울 때 하나님을 의지하며 그분을 찬송했고, 하나님께서는 그들을 구해 내셨습니다.

사도 요한 역시 믿음에 "갇혔습니다." 밧모섬으로 유배당했을 때였습니다. 그곳으로 보내지지 않았다면 그는 결코 하나님의 영광스러운 환상을 볼 수 없었을 것입니다.

사랑하는 독자들이여, 여러분은 지금 무서운 고난에 들어 있습니까? 말할 수 없는 낙심과 슬픔과 상실을 겪고 있습니까? 상황이 너무 어렵습니까? 힘내십시오! 여러분은 믿음에 "갇혀 있습니다." 여러분의 고난을 그대로 받아들이고 하나님께 맡기십시오. "하나님을 사랑하는……자들에게는 모든 것이 합력하여 선을 이루"(롬 8:28)는 것을 믿으며, 그분을 찬송하십시오. 그분께서 "자기를 앙망하는 자를 위하여 이런 일을" 행하신다(사 64:4)고 찬송하십시오. 하나님께서는 여러분에게 축복과 도움을 베푸시고, 그분 아니시면 결코 오지 못할 진리를 계시하실 것입니다. 여러분이 "갇혀" 믿음의 길을 배운 그 일로 인하여, 다른 여러 사람들 또한 크나큰 깨달음과 축복을 얻어 누릴 것입니다.

사람이 산들과 만났을 때 큰일이 이루어진다.

한낱 길거리를 걸어서는 이루어질 수 없는 일이다.

8월 26일

내 속에 있지 아니하다. _욥기 28:14

어느 여름날 이렇게 말하던 기억이 납니다. "내게 정말 필요한 것은 바다로 여행 가는 것이다." 그래서 나는 해변으로 갔지만, 바다는 내게 말하는 듯했습니다. "내 속에 있지 아니하다!" 바다라면 내게 해주리라고 생각했던 것을 바다는 해주지 않았습니다. 그래서 나는 말했습니다. "아마 산이라면 내게 필요한 휴식을 주리라." 나는 산으로 갔고, 첫날 아침에 잠에서 깨어 내가 그토록 보기를 원했던 웅장한 산을 바라보았습니다. 하지만 경관은 만족스럽지 못했고, 산은 내게 말했습니다. "내 속에 있지 아니하다!"

내게 진정으로 필요한 것은 하나님 사랑의 깊은 바다, 내 안에 있는 그분 진리의 높은 산이었습니다. 그분의 지혜는 깊고 높아서 바다도 산도 닿을 수 없고 세상의 모든 보석으로도 비교할 수 없었습니다. 그리스도는 무한한 지혜이시며 우리의 가장 깊고 근원적인 필요이십니다. 우리 내면의 불안은, 우리를 향하신 그분의 영원한 우정과 사랑과 계시로만 가라앉을 수 있습니다.

> 내 마음은 거기에 있다! 거기,
> 영원한 산 위에서 내 사랑하는 이
> 백합이며 수선화에 둘러싸여 사는 곳,
> 크고 흰 보좌의 빛으로 옷 해입고
> 그 보좌에 앉으신 이의 미소로 기쁜 곳,
> 그분의 흐르는 머릿결 영광으로 물들고
> 그분의 영원하신 얼굴 영광으로 더욱 아름다운 곳,
> 거기에 나의 보배 있고 내 마음 거기에 있다.

내 마음 거기에 있다!

지상의 모든 삶 그토록 훌륭하게 하신 분,

당신의 계획에 따라 살고 또한 죽는 삶,

온유하고, 위대하며, 부드럽고, 용감한 삶,

용서하고, 든든히 구원하는 삶,

그러한 삶 살게 하신 그분과 함께, 아름답고

순결한 성령 천국을 더욱 아름답게 하시니

거기가 바로 내 그리운 기도 올라가는 곳,

거기에 나의 보배 있고 내 마음 거기에 있다.

* 이 책의 저자 L. B. 카우만 여사의 남편 찰스 E. 카우만이 애송하던 시.

독수리는 결코 숲에 가두어 둘 수 없습니다. 온갖 아름다운 새들을 모아 그 곁에 살게 하고, 가장 높은 소나무 꼭대기에 횃대를 마련해 주며, 새들에게 부탁해서 세상의 진미를 물어다 주게 해보십시오. 독수리는 이 모든 것을 거부할 것입니다. 독수리는 자랑스러운 날개를 펴고 알프스의 벼랑을 향해 창공으로 치솟아, 폭풍과 폭포가 음악처럼 몰아치는 저 옛적부터 전해 내려온 대저택으로 갑니다.

우리의 영혼은 독수리처럼 비상을 꿈꾸고, 그리하여 만세반석과 함께하는 안식을 찾을 것입니다. 우리 영혼의 유구한 대저택은 하늘에 있으며, 하나님의 속성이라는 암석으로 지어졌습니다. 우리 영혼의 장엄한 비행거리는 영원입니다! "주여, 주는 대대에 우리의 거처가 되셨나이다"(시 90:1).

"내 집은 하나님." 그리스도께서 나를 거기로 데려가셨다.

든든한 그분의 팔에 나를 맡겼고,

그분 나를 받아 주사 모든 위험으로부터 지키셨다.

그분 나를 "그분 외에 아무도 밟지 못한 곳"으로,

거룩한 이들이 하나님과 함께 거하는 집으로 데려가시고

거기서 그분 안에 살며 기뻐하게 하셨다.

오, 성소여! 오, 지극히 아름다운 집이여!
우리, 하나님의 자녀들 거기서 산다.

"내 집은 하나님." 예전엔 그렇지 않았지!
멀고 먼 길 밤낮으로 걸어
내 힘으로 어떤 길 찾으려 했었지.
어떤 일, 어떤 느낌으로도 가까이 갈 수 없었지.
나의 노력 실패했고, 나는 두려웠다.
그리고 알았다. 그리스도가 유일한 길임을,
나 그분께 가서 머물러야 함을,
하나님께서도 전에 그렇게 말씀하셨음을.

이제 "내 집은 하나님." 나의 피난처,
하나님께서 세상 삶의 시련 맡아 주시고
나를 둘러싸 폭풍과 위험에서 지키시며
내 일상의 짐 져주시니,
오, 놀라운 곳이여! 오, 아름다운 집이여!
그리고 나, 하나님의 자녀 거기로 숨는다.
주님, 나는 당신 안에 당신께서는 내 안에 사시니,
나로 당신 아닌 모든 것에 죽게 하소서.
내 아름다운 집에 거하며
내 영혼으로 더욱더 보게 하소서,
어디서나, 무엇에서나 오직 하나님만을.
내 집은 하나님입니다.

— 무명의 저자

8월 27일

예수께서 그 사람을 따로 데리고 무리를 떠나사. _마가복음 7:33

바울은 그리스도께 활발히 봉사하면서도 직면하는 시련을 견뎠을 뿐 아니라, 감금 상태에서 오는 고독의 시련 역시 견뎌 냈습니다. 우리는 아무리 힘든 일이라도, 설령 거기에 지독한 고난이 겹쳐 온다고 해도 견뎌 낼수 있겠지만, 우리의 신앙 활동과 사역으로부터 완전히 차단된 채 홀로 떨어져 있을 경우에는 아마도 견뎌 내기가 쉽지 않을 것입니다. 독방에 홀로 감금당해 고독과 맞서야 하는 상황이라면 더욱 그러할 것입니다.

다른 모든 새들보다 높이 날고 멀리 비행하는, 그래서 당당하기 이를 데 없는 새도, 새장에 가두면 절망으로 떨어져 철창에 날개를 상할 수밖에 없습니다. 그 우람한 독수리가 좁은 새장에 갇혀 비참하게 지내는 모습을 본 적이 있습니까? 고개를 숙이고 날개를 늘어뜨린 그런 독수리가 있다면, 아마도 움직이지 못하는 비애를 단적으로 보게 될 것입니다.

감옥에 갇힌 바울은 우리에게 삶의 또 다른 측면을 보여줍니다. 그가 자신의 감금 상태에 어떻게 대처했는지 여러분은 혹시 눈여겨보았습니까? 그는 감옥 꼭대기에서, 적대자들의 머리 위에서 내려다보는 듯했습니다. 그가 서신에 자신의 이름을 어떻게 언급하며 썼는지 보십시오. 베스도의 죄수도 아니요 가이사의 죄수도 아니었으며, 산헤드린의 희생자도 아니었습니다. 그는 자신을 "주 안에서 갇힌" 자(엡 4:1) 곧 주님의 포로라고 기록했습니다. 이 모든 것을 통해서 그는 일하시는 하나님의 손길을 보았습니다. 그에게 감옥은, 승리의 찬양과 기쁨의 함성을 복도에까지 쩌렁쩌렁하게 내보내는 곳이었습니다.

그토록 사모한 선교사역을 차단당한 바울은 새로운 설교단, 새로운 증언대를 세웠습니다. 그리고 그 속박의 장소에서, 그리스도인의 자유를 위한 가장 격려가 되고 유용한 사역이 탄생했습니다. 감금이라는 어둠으로부터 말할 수 없이 귀한 빛의 메시지가 나왔던 것입니다.

또한 바울의 발자취를 따르던 성도들과 그들의 믿음 때문에 투옥된 무수한 이들을 생각해 보십시오. 존 번연은 영국 베드포드의 한 감옥에서

십이 년 동안 침묵을 강요당했습니다. 하지만 바로 그 감옥에서 그는 『천로역정』이라는 필생의 역작을 저술했습니다. 성경 다음으로 많이 읽힌 책입니다. 그는 이렇게 말했습니다. "나는 감옥이 편합니다. 나는 정말 즐겁게 앉아서 쓰고 또 씁니다." 그의 기나긴 투옥의 어둠은 지치고 피곤한 뭇 순례자들의 길을 비추는 놀라운 꿈이 되었습니다.

향기로운 영혼의 프랑스인 성도 귀용 부인도 긴 시간의 옥고를 치렀습니다. 새장에 갇힘으로써 더욱 아름다워지는 어떤 새들의 노래처럼, 귀용 부인이 쓴 영혼의 노래 역시 지하 감옥 너머로 멀리멀리 퍼져서 무수한 영혼들의 슬픔을 걷어 내었습니다.

오, 천상의 위로여! 하나님께서 저 고독한 곳으로부터 그 위로가 흘러 나오게 하시는도다.

예수께서 따로 데려가셨다.
그분의 손길 느끼라고,
힘겨운 땅에 놓인 그 바위
그늘에서 잠시 쉬라고.

예수께서 따로 데려가셨다.
어둡고 쓸쓸한 외로움 속에 있었다.
어떠한 위로도 내게 닿지 못하고,
그분의 음성만 그리도 간절한 거기.

예수께서 따로 데려가셨다.
그분과 둘이서만 있으라고,
희미한 어둠과 침묵 속에서
그분의 놀라운 사랑의 목소리 들으라고.

예수께서 따로 데려가셨다.
그 사막 같은 땅 내 어찌 거절할까?

들어본 적 없는 듯 아름다운 음성 들으며

"얼굴을 맞대고" 그분 뵈올 텐데.

8월 28일

거기서……그들을 시험하실새. _출애굽기 15:25

언젠가 강철 공장의 실험실을 방문한 적이 있습니다. 강철 조각의 강도를 시험하고 파괴점을 측정하는 장비와 기기들이 즐비했습니다. 어떤 강철 조각은 뒤틀리다가 부러졌습니다. 또 어떤 것은 늘어나다 부러졌고, 압력을 견디다 산산조각 나는 것도 있었습니다. 이렇게 실험을 거친 강철 조각들은 고유한 강도를 기록하여 분류했습니다. 이러한 실험이 있어서 공장 관리자들은 강철이 선박이나 건물, 교량 등의 건설에 쓰일 경우 압력과 피로에 얼마나 견딜 수 있는지 알고 있었습니다.

하나님의 자녀들도 마찬가지입니다. 그분께서는 우리가 약한 유리병이나 자기처럼 되기를 원치 않으십니다. 우리가 강철같이 단단해져서 붕괴하지 않고, 뒤틀거나 내리누르는 압력을 최대한 견뎌 내기를 원하십니다.

우리가 온실처럼 순한 환경에서 자라는 식물이 되는 것은 그분께서 원하시는 바가 아닙니다. 폭풍에 두드려 맞는 참나무처럼 되기를 원하시며, 광풍에 휩쓸리는 모래 언덕이 아니라 어떠한 태풍에도 끄떡없는 바위산처럼 되기를 원하십니다. 하지만 이렇게 되려면 그분께서 반드시 우리를 고난의 실험실로 데리고 가셔야 합니다. 그리고 우리 가운데 많은 이들은, 논쟁이 아니라 몸으로 부딪히는 체험으로 고난이 진정 믿음의 실험실임을 증명할 필요가 있습니다.

믿음에 대해 이야기하고 이론적으로 설명하기는 무척 쉽습니다만, 하나님께서는 우리를 자주 당신의 고통의 도가니 속에 집어넣으셔서 우리의 순도를 측정하시고 금속에 붙은 찌꺼기를 털어 내십니다. 험난한 인생의 바다에 몰아치는 태풍으로 예수가 우리에게 더욱더 귀한 분이 된다면 얼마나 행복한 일이겠습니까! 그리스도 없이 잔잔한 바다를 향해하느니 그분과 함께 폭풍우를 견딤이 훨씬 더 낫습니다.

고통이 없는 탓에 하나님께서 우리 삶을 성숙하게 하실 수 없다면 어찌 되겠습니까?

8월 29일

예수께서 자기의 십자가를 지시고. _요한복음 19:17

'바뀐 십자가'는 어떤 지친 여인에 관한 한 편의 시입니다. 그녀는 자신이 져야 하는 십자가가 틀림없이 다른 이들의 십자가보다 무거울 것이라고 생각했고, 그래서 자기 십자가 대신에 다른 누군가의 십자가를 지고 싶어 했습니다. 잠들어서 꿈을 꾸게 된 그녀는 어딘가로 안내되었는데, 가 보니 각기 다른 십자가가 많이 있어서 마음에 드는 것을 고를 수 있었습니다. 모양과 크기가 다양했지만 그래도 각종 보석과 금으로 덮인 것이 가장 아름다웠습니다. "이 정도면 아주 편안하게 짊어질 수 있겠다." 그녀는 그 십자가를 일으켜 세워 짊어졌지만, 그 약한 몸으로는 무게를 감당할 수 없어 비틀거렸습니다. 보석과 금은 아름다웠으나 그녀가 지고 가기에는 너무 무거웠습니다.

그녀의 눈에 띈 다음 십자가는 대단히 예쁘고 사랑스러웠는데, 조각으로 장식된 십자가 주위로 아름다운 꽃을 두르고 있었습니다. 정말 그녀에게 맞는 십자가였습니다. 그녀는 그 십자가를 들어 올렸지만, 꽃 아래쪽에 크고 억센 가시들이 있어서 피부를 찔렀습니다.

마지막으로 그녀는 어떤 평범한 십자가에 이르게 되었습니다. 보석도, 조각장식도 없었고 사랑의 말만 그 위에 몇 마디 새겨져 있을 뿐이었습니다. 하지만 십자가를 들어 올리고 보니 다른 모든 십자가들보다 좋아 보였고 짊어지기에도 한결 수월했습니다. 그녀는 그 십자가를 바라보았습니다. 하늘에서 떨어지는 빛에 감싸여 있었습니다. 알고 보니 자신의 오래 된 십자가였습니다. 다시 찾은 그 십자가가 가장 훌륭했고 가장 가벼웠습니다.

우리가 어떤 십자가를 져야 하는지는 하나님께서 가장 잘 아십니다. 그리고 우리는 다른 사람의 십자가가 얼마나 무거운지는 결코 알지 못합니다. 보석으로 장식된 금십자가를 가졌다 해서 어떤 이를 부러워하지만 우리는 그것이 얼마나 무거운지 모릅니다. 인생이 쉬워 보이는 어떤 사람, 그래서 꽃으로 장식된 십자가를 지고 가는 이를 우리는 바라봅니다. 하지만 우리가 우리 십자가보다 가벼울 거라고 생각하는 모든 십자가들을 실제로 져볼 수 있다면, 우리 십자가보다 우리에게 꼭 맞는 십자가는 단 하나도 찾을 수 없을 것입니다.

참지 못해 그대의 십자가 포기하면
이 세상에서 다시는 그 십자가 못 찾고,
다른 세상에서도 못 찾습니다. 오직 여기서만
하나님 위해 고난 받으라고 준 십자가입니다.
다음 세상에서야 우리 더욱 완벽하게
그분 사랑하고 섬기며 찬미할 수 있겠지요,
기쁨으로 그분께 더욱더 가까이 갈 수 있겠지요.
하지만 우리 그때는 더 이상 고난의 부르심
받지 못합니다, 그것은 여기서 해야 할 숙제이니까요.
그러니 한두 시간의 고난 못 받겠습니까?
그분께서 그대 오늘 져야 할 십자가 내려놓으라시며,
"이제 다 끝났다, 너의 그 힘든 십자가
벗어나게 해달라고 기도했으니" 말씀하시면,
그대 어떤 후회의 감정이 밀려들 거라
생각하지 않습니까? 그대는 말하겠지요,
"벌써요? 다시 가서 조금만 더 인내하며 고난 받게
해주십시오. 아직 하나님을 찬양하지도 못했습니다."
그러므로 내려놓으라는 그 부르심, 우리 모두가
바라는 그 호명이 올 때는 언제나, 빨라도
너무 빨리 온다 싶을 겁니다. 부디 삶을 돌아봅시다.
하나님께서 지금 우리 안에서 영광 받으시게 말입니다.

— 우고 바시의 '병원 설교'

8월 30일

배들을 바다에 띄우며 큰 물에서 일을 하는 자는 여호와께서 행하신 일들과 그의 기이한 일들을 깊은 바다에서 보나니. _시편 107:23-24

우리는 하늘을 향해 나아갈 때에 불어오는 모든 바람을 이용할 수 있습니다. 이 사실을 모르는 사람은 틀림없이 아직 항해기술을 배우지 못한 초보자입니다. 사실, 어떻게 해볼 수 없는 것은 바다에서 만나는 무풍지대뿐입니다. 동서남북을 막론하고 어느 쪽으로든 불기만 한다면, 바람은 기쁨의 항구로 가도록 우리를 돕습니다. 그러므로 구할 것은 이뿐이니, 부디 먼 바다로 나아가십시오. 거기서 폭풍을 두려워하지 마십시오. 우리의 기도가 어느 나이든 영국인의 기도처럼 되기를 빕니다. "주님, 우리를 바다 깊은 곳으로 보내소서. 해안에 너무 가까이 있어서 저 마귀에게서 나오는 작은 바람으로도 암초에 걸려 파선할까 싶습니다. 주님, 거듭 아룁니다, 우리를 바다 깊은 데로 보내소서. 거기 영광스러운 승리의 기회가 넘치겠습니다."

기억하십시오. 우리의 믿음은 언제나 시련의 한가운데서 정점에 이르며, 육신에 대한 확신으로는 결코 시련을 견디지 못할 것입니다. 어려울 때 도움이 되지 않는 믿음은 믿음도 아닙니다.

8월 31일

보지 못하고 믿는 자들은 복되도다. _요한복음 20:29

우리가 보이는 것에 그토록 쉽게 미혹되니, 하나님께서 늘 우리로 보이지 않는 것들을 생각하게 하심이 얼마나 중요한 일입니까! 베드로가 물 위를 걷고자 했으면 실제로 걸었어야 옳았습니다. 그것이 안 되어서 헤엄을 쳐서라도 예수께 갈 생각이었으면 역시 헤엄을 쳤어야 옳았습니다. 그는 두 가지 다 못했습니다. 새가 날아갈 생각이 있으면 담장이나 나무에서 이탈해 두 날개의 부양력을 믿어야 합니다. 새가 늘 쉽게 내려앉을 생각만 한다면 결단코 잘 날아다닐 수 없을 것입니다.

하나님께서는 아브라함을 그 육신의 기력이 완전히 쇠할 때까지 데려가시고, 그러한 육신으로는 더 이상 아무것도 할 수 없음을 그에게 보여주셔야 했습니다. 아브라함은 자기 몸을 "죽은 자와 같은"(히 11:12) 사람으로 여겼고, 따라서 모든 일을 하나님께서 하시리라 믿어야 했습니다. 자신에게서 눈을 돌려 하나님만 믿었을 때 그는 하나님께서 "약속하신 그것을 또한 능히 이루실 줄을 확신"하게(롬 4:21) 되었습니다.

하나님께서 우리에게 가르치시는 바가 이와 같습니다. 그분께서는 우리가 결과를 보지 않고도 믿는 법을 배울 때까지, 격려가 되는 결과들을 유예하셔야 합니다. 그런 연후에야 그분의 말씀을 우리의 믿음 그대로 현실화하기를 좋아하십니다.

당신의 말씀 내게 참됨을
증명하셔야 한다고,
내가 믿기 전에 당신께서 먼저
보여주셔야 한다고 요청하지 않겠습니다.
당신께서 하신 말씀이므로 참되다,
이렇게만 알아도 족하겠습니다.
당신의 변치 않는 말씀 위에 서서
끝까지 믿다 보면 깨닫는 날 오겠지요.

—E. M. 윈터

나 사막을 건너는 날

9월 1일

내가……청옥으로 네 기초를 쌓으며. _이사야 54:11

벽의 돌들이 말했습니다. "우리는 머나먼 산에서, 그 험한 벼랑의 옆구리
에서 왔다. 불과 물이 오랫동안 우리를 닦달했지만 틈이 좀 벌어졌을 뿐이
었다. 그런데 너희 같은 인간의 손이 우리를 저희들의 집으로 만들었고, 거
기서 불멸의 종족이라는 너희의 자손들이 태어나 괴로움과 기쁨을 겪고,
안식하며, 쉬고, 우리의 주인이자 너희의 주인이신 분께서 가르치시는 교
훈을 배우게 되었다. 하지만 이러한 목적에 쓰이기까지 우리는 많은 것을
견뎠다. 다이너마이트 폭약이 우리의 가슴을 찢었고 곡괭이가 우리를 찍
어 여럿으로 갈랐다. 채석장에서 빈번히 깨지고 훼손당할 때마다 모든 것
이 계획도 의미도 없는 것 같았다. 그러나 점차 깎여 우리는 큰 석재가 되
고, 더러는 더 정교한 연장으로 훌륭하게 다듬어졌다. 이제 우리는 완전하
며, 목적에 맞는 자리에 있고, 남에게 유용한 존재가 되었다."

"하지만 너희는 여전히 채석장에 있다. 너희는 완전하지 않고, 우리도
한때 그랬던 것처럼, 바로 그 때문에 아직도 이해할 수 없는 것들이 많다.
하지만 너희는 더 높은 건물에 쓰이도록 예정되어 있어서, 어느 날 천사들
의 손에 들려 그 건물에 놓이게 되고 하늘의 성전에서 산돌이 될 것이다."

대기는 고요할 뿐 노래 들리지 않는다.
거친 대리석에 아름다움 숨어 안 보인다.
그 노래, 그 아름다움 만들어 내려면
장인의 손길, 조각가의 날카로운 끌이 필요하다.
위대한 거장이여, 당신의 공교한 손으로 우리 만지사
우리 안의 그 노래 죽지 않게 하소서!
위대한 조각가여, 우리를 자르고 다듬으사
우리 안에 있는 당신의 모습, 숨겨져 사라지게 마소서!

9월 2일

그리스도를 위하여 너희에게 은혜를 주신 것은……그를 위하여 고난도 받게 하려 하심이라.
_빌립보서 1:29

하나님께서 운영하시는 학교는 수업료가 비싼데, 그분의 과목은 대개 눈물로 배워야 하기 때문입니다. 17세기 청교도 설교가 리처드 백스터는 언젠가 이렇게 말했습니다. "하나님, 오십팔 년 동안 이 육신으로 훈련을 견뎠음에 당신께 감사하나이다." 하지만 오직 그만이 시련을 승리로 바꾼 것은 결코 아닙니다.

하늘 아버지께서 우리에게 열어 주신 학교는 이제 곧 닫힐 것입니다. 하루하루 학기의 끝이 다가오고 있습니다. 어려운 과목을 피해 달아나거나 훈육의 회초리 무서워 움츠리지 않기를 빕니다. 마지막까지 기쁨으로 견뎌 낸다면 우리의 왕관 더 빛나고 하늘나라는 더욱 아름다울 것입니다. 그리고 우리는 영광스러운 졸업생이 되겠지요.

세상에서 가장 아름다운 자기는 가마에서 적어도 세 번, 더러는 그 이상 구워집니다. 드레스덴 자기는 언제나 세 차례 불가마에 들어갑니다. 왜 이 자기는 그토록 강한 온도를 견뎌야 합니까? 한 번이나 두 번이면 족하지 않습니까? 아닙니다. 이 자기는 세 차례 구워야 하고, 그래야 금색, 심홍색 및 여타의 색상이 더 밝고 아름다우며 영구적으로 착색됩니다.

우리도 같은 원리에 따라 만들어집니다. 인간 삶의 시련이 우리 안에서 셀 수도 없이 타오르고, 하나님의 은혜로 우리 안에 아름다운 색이 형성되어 영원히 빛납니다.

> 지상에서 가장 아름다운 꽃들, 양지바른
> 들에서 자라지 않으니, 거대한 융기로
> 웃는 땅이 둘로 갈라진 거기이리라.
> 참화처럼 광풍이 한 차례 휩쓸어
> 용암 흐르고 불길 지나간 뒤, 화산진 날리면,
> 하나님의 작고 세미한 음성 온 땅에 치유를 내보내신다.

깨진 바위에서, 고사리 덮인 협곡에서
생명 같은 물 흐르나니, 우는 영혼 또한 그러하여
거기 노을 속에서 이슬 같은 눈물 떨어지고
고요히 밤 내리면, 천사들 하나님의 초목 돌보는데,
사랑하는 이 그 길 지나시며
동터 오는 새벽에 백합꽃 따시리라.

—J.H.D.

9월 3일

제자들이 힘겹게 노 젓는 것을 보시고. _마가복음 6:48

쉬지 않고 일한다고 하나님께서 맡기신 일을 성취하는 것은 아닙니다. 언제나 긴장과 피로 없이, 결코 과로하는 법 없이 일하시는 하나님께서만 자녀들에게 주신 그 일을 하실 수 있습니다. 우리가 평화로이 그분 의지하며 맡기면, 그 일은 성취될 것입니다. 우리를 통해 그 일 하시도록 하는 길은, 믿음으로 그리스도 안에 거하되 온전히 거하며 그분의 채우심으로 넘쳐 흐르도록 하는 것입니다.

이 비밀을 체험한 어떤 사람이 이렇게 말했습니다. "나는 예수께 와서 마셨고, 다시는 목마르지 않을 것을 믿습니다. 내 인생의 좌우명은 '넘치게 일하지 말고 넘쳐흐르라는 것'입니다. 이로써 내 인생은 이미 달라졌습니다."

넘쳐흐르는 삶에 과도한 노력은 필요하지 않으니, 이러한 삶은 뭔가 모르게 불가항력적으로 오는 것입니다. 이 삶은 그리스도 안에서 전능하시고 중단 없으신 성취로 인한 정상적인 삶이며, 그분께서는 바로 이러한 삶으로 오늘이나 내일이나 동일하게 우리 모두를 불러 초대하십니다.

쉬어라, 내 영혼아, 주님 영화롭게 하는
참된 삶의 지극한 비밀 여기 있으니,

언제나 분주한 영혼만 그분 섬김에 으뜸은 아니며
그분의 신실한 말씀에 의지하는 자가 오히려 귀하다.
쉬어라, 네 영혼 요동치게 하지 말라,
잔물결에도 아름다운 모습 훼손될까 하니,
고요한 물 위에 비치는 하늘의 영광스러운 모습,
그러므로 그분께서 네 안에 심으실 그 모습.

쉬어라, 내 영혼아, 쉼이 섬김이니,
잠잠한 영혼에 하나님께서 당신의 비밀 말씀하신다,
그러므로 너 기다리고 바라보며 일하는 법 배워
견딜 만큼 강건해지리라, 그리스도 네 안에 거하심에.
예수의 삶 아니면 섬김의 목적 무엇인가,
세상의 약한 질그릇으로 살며
다른 이들 사랑하고, 주고, 쏟아붓는
나날이 산 희생 아니면.

쉬어라, 그리하면 네가 답이 되리니,
"하나님이 누구며 어디 있느냐?" 묻는 자들에게.
하나님은 안식이시며, 그분 거하는 곳에 고요 있으니,
그분 안에 거하는 자들 그분의 안식 나누리라.
네 곁의 깊은 불안, 그분의 가슴에서 넘치는
하나님의 평화 아니면 무엇을 만나야 하겠느냐?
그분의 살아계신 고요한 음성, 지친 자들 부르시고,
그분 말씀하신다. "내게로 와서 쉬어라."

— 프레다 핸버리 앨런

부활의 고요에 부활의 능력 있습니다.

9월 4일

그 나팔 소리가 너희에게 들릴 때에는 백성은 다 큰 소리로 외쳐 부를 것이라. 그리하면 그 성벽이 무너져 내리리니 백성은 각기 앞으로 올라갈지니라. _여호수아 6:5

굽힘 없는 믿음의 "큰 소리"와 정확히 반대 되는 지점에 흔들리는 믿음 의 신음소리와 낙심한 영혼의 불평이 있습니다. "주님의 [모든] 비밀"(시 25:14, KJV) 가운데 이 믿음의 "큰 소리"보다 귀한 비밀이 있을까 싶습니 다. "여호와께서 여호수아에게 이르시되 보라, 내가 여리고와 그 왕과 용 사들을 네 손에 붙였으니"(수 6:2). "붙이리라"가 아니고 "붙였으니"입니다. 승리는 이미 이스라엘 백성들의 것이니, 이제 가서 차지하라는 요청을 받 은 것입니다. 그런데 여기에 "어떻게"라는 큰 문제 하나가 남아 있습니다. 불가능해 보입니다만 주께 계획이 있었습니다.

함성으로 성벽이 무너지리라고 믿을 사람은 없을 것입니다. 하지만 그들의 승리의 비밀은 정확히 그 함성에 있었습니다. 믿음의 함성이었으 니 말입니다. 그리고 바로 이 믿음이 약속하신 승리를 담대히 요청할 수 있었습니다. 약속이 성취되리라는 물리적 증거는 전혀 없었지만 오로지 하나님 말씀의 권위만을 근거로 승리를 요구했던 것입니다. 하나님께서는 그들의 믿음에 응하여 당신의 약속을 이행하셨습니다. 그들이 외치자, 그 분께서 성벽을 무너뜨리셨습니다.

하나님께서 선언하셨습니다. "내가 여리고[를] 네 손에 붙였으니." 그 리고 믿음은 이 말씀을 참되다 믿었습니다. 수십 세기 후 성령께서 이 믿 음의 승리를 히브리서에 다음과 같이 기록하셨습니다. "믿음으로 칠 일 동 안 여리고를 도니 성이 무너졌으며"(히 11:30).

> 믿음은 아직 절정이 아니다.
> 승리의 감사 찬송 올릴 때까지는 아니다.
> 그 영광스러운 구원의 도성에서
> 하나님, 모든 문들을 찬양이라 하셨으니.

9월 5일

그를 기다리는 자는 복이 있도다. _이사야 30:18

우리는 하나님을 기다린다는 말을 흔히 듣는데, 사실상 이 의미는 우리가 준비될 때까지 그분께서 기다리신다는 것입니다. 그러나 또 다른 측면이 있습니다. 그분께서 준비되실 때까지 우리가 기다리는 경우입니다.

우리가 하나님께서 제시하시는 모든 조건을 충족시키면 그분께서 우리의 기도에 응답하신다고 말하는 사람들이 있고, 그보다 훨씬 많은 사람들이 또한 그렇게 믿습니다. 그들은 이렇게 가르칩니다. 즉, 하나님께서는 영원한 현재에 사시며, 그분께는 과거나 미래가 없고, 그분께서 요청하시는 모든 것을 이행하여 그분의 뜻에 순종하기만 하면, "즉시" 우리의 필요가 채워지고 우리의 소원이 이루어지며 우리의 기도에 응답이 온다는 것입니다.

상당 부분 맞는 말이라고 할 수 있습니다만 진리의 한 면만 드러내고 있다는 점은 어쩔 수 없습니다. 하나님께서는 영원한 현재에 사시지만, 시간을 넘어서서 당신의 목적을 실현하십니다. 하나님 앞에 드린 간구는 땅에 떨어진 씨앗과 같습니다. 응답의 실제적인 성취가 있기까지 우리의 통제를 넘어서는 힘이 반드시 이 씨앗에 작용해야 합니다.

쉬운 길 걷고 싶었다.
따분한 집안일 버려두고, 다른 분야에서
하나님 섬기리라 생각했다. 하지만
예수께서 말씀하셨다, "아직 내 때가 오지 않았다."

다른 토양에 씨앗 뿌리고 싶었다.
일의 속박 벗어나, 자유롭게
다른 일꾼들의 수고에 참여하고 싶었다. 하지만
예수께서 말씀하셨다, "그것은 너를 위해 선택한 일이 아니다."

사막을 떠나, 죄와 수치에 빠진 영혼들
있는 곳으로 가서 일하고 싶었다. 그들을
구할 수 있을 것 같았다. 그러나 주께서 말씀하셨다,
"나는 너를 부르지 않았으니, 여기서 내 이름 알려라."

내 왕의 전장에서 싸우고 싶었다.
치열하게 싸우며 그분의 기치 드높이고 싶었다.
그러나 위대한 대장께서, 기다리며 노래하라 하셨다.
내 고요한 삶에서 나오는 정복의 노래를.

힘들고 어려운 곳, 아무도 없이 혼자 서서
기다리는 것 같은 그곳 떠나고 싶었다.
나를 도와주는 사람들이 있는 곳으로 가고 싶었다.
그러나 예수께서 나를 쓸쓸한 문 앞에 세워 두셨다.

날마다 찾아오는 일상의 고역들, 아무도
알아주지 않고 관심도 없는 듯한 그 일 떠나고 싶었다.
예수께서 말씀하셨다. "너를 위해 이 토양을 선택했다.
여기서 나를 위해 귀한 꽃나무 길러 낼 수 있으리라."

그러므로 나 이제, 집에서나 먼데서나
그분의 복되신 뜻 행함이 아니면,
사람이 많거나 적거나, 그 무엇을 할까
"선택하지 않기로 함이여."
나 바라는 것 없으니 내 마음 고요하다.

그리고 인내는 기꺼이 기다리고자 했습니다.

9월 6일

주님은 영원히 계십니다. _히브리서 1:11, 공동번역

많은 이들이 난롯가에 홀로 앉아 있습니다. 그들 곁에는 한때 누군가 앉았던 빈 의자가 있고, 그들의 흐르는 눈물은 그치지 않습니다. 그들은 온전히 홀로 있지만, 손만 내밀어도 닿는 거리에 보이지 않는 어떤 이가 있습니다. 하지만 어떤 이유로 그들은 그분의 존재를 깨닫지 못합니다. 그분의 존재를 깨달음은 복된 일이지만, 대단히 드뭅니다. 그것은 그들의 정서, 기분, 몸 상태, 날씨 등에 달려 있습니다. 바깥의 비나 짙은 안개, 수면부족과 극심한 고통이 그들의 정서에 영향을 미치고 시야를 흐려서, 그분의 존재를 깨닫지 못하게 하는 것 같습니다.

하지만 이 깨달음보다 한결 더 좋고 복된 어떤 것이 있습니다. 그것은 위에서 언급한 별도의 조건들과는 전혀 무관하며, 언제나 여러분과 함께 있을 어떤 것입니다. 바로 이것이니, 그 보이지 않는 존재를 인정함입니다. 인정하면 놀랍고 고요하고 위로가 되고 평온하고 따뜻해집니다. 그러니 주께서 앞에 와 계심을 인정합시다. 그분께서 여기, 여러분 가까이 계십니다. 그분의 존재는 지금 이곳의 현실입니다. 또한 인정하는 것은 여러분의 깨닫는 능력을 도울 것입니다. 물론 그렇다고 깨달음에 의존하는 것은 결코 아닙니다.

그렇습니다. 말할 수 없이 좋은 것이 있으니, 진리는 그 자체로 우리 앞에 드러나는 현존이지 우리가 애써 밝혀야 할 어떤 사물이나 사실, 진술이 아니라는 점입니다. 어떤 존재께서 이곳에 계시는데, 그분은 바로 따뜻한 친구이며 전능한 주님이십니다. 이것이 바로 곳곳에서 우는 영혼들을 위한 기쁜 진리입니다. 우는 이유가 무엇이든, 그들의 눈물의 수양버들이 어떠한 강가에 서 있든 말입니다.

> 예전의 기쁨 내 인생에서 사라진다 해도
> 한때 나의 보배였던 그것, 더 이상 요구하지 않으리,
> 내 굶주린 영혼 채우는 이 진리 있음에.

주님, 주님은 영원히 계십니다! 당신은 언제나 동일하십니다.

그토록 기쁘고, 풍요롭고, 자유롭던 우정의 강,

언제나 활력이 넘치던 그 강줄기 마르고

태양이 반짝이는 하늘, 검은 구름에 자리를 내준다 해도

주님, 주님은 영원히 계십니다! 내 영혼 언제나 당신께 있습니다.

나의 기력 다하고 나의 두 발 피곤하여

이제 더 이상 행복한 심부름 갈 수 없다 해도

어찌 한숨을 쉬겠으며, 왜 남은 날들 쓸쓸하겠습니까?

주님, 주님은 영원히 계십니다! 이보다 더하심이 어디 있겠습니까?

그러므로 내 인생 지나는 동안, 친구나 우정이나 기쁨이나

누가, 무엇이 나를 실망시킨다 해도, 또한 그 실망 크든 작든

노래는 나의 것이며, 어떤 슬픔도 나를 해치지 못할 것입니다.

주님, 주님은 영원히 계십니다! 내 영혼 언제나 당신께 있습니다.

—J. 댄슨 스미스

9월 7일

하나님은 우리의 피난처시요 힘이시니 환난중에 만날 큰 도움이시라. _시편 46:1

"하나님께서는 왜 나를 좀 더 빨리 도와주시지 않았을까?" 흔히들 하는 질문입니다만, 여러분의 일정에 따라 움직이심은 그분의 뜻이 아닙니다. 그분께서는 고난을 통하여 여러분을 바꾸고 가르치려 하십니다. 그분의 약속입니다. "저희 환난 때에 내가 저와 함께하여 저를 건지고 영화롭게 하리라"(시 91:15). 여러분이 힘들 때 그분께서 밤낮으로 함께하십니다. 그리고 시간이 지나 그 고난에서 여러분을 건져 내실 것입니다. 하지만 그 전에 여러분이 근심과 걱정을 멈추고 고요와 침묵으로 들어가야 합니다. 그

398

러면 그분께서 "이제 됐다"고 말씀하십니다.

하나님께서는 고난으로 그분의 자녀들에게 귀한 교훈을 가르치십니다. 그 고난이 제 할 일을 마치면 우리에게는 영광스러운 상급이 있을 것입니다. 역경과 고난에는 참된 가치와 기쁨이 있습니다. 그분께서는 어려움을 기회로 보시니 말입니다.

언제나 고난의 시간 너머에,
가혹한 투쟁 벗어난 곳이 아니라
그분으로 인하여 누리는 확실한 안식에,
그 안식 깊은 곳에 우리의 평화 있다.

— 애니 존슨 플린트

언젠가 어떤 겸손한 노인에게서 다음과 같이 잊지 못할 이야기를 들었습니다. "하나님께서 우리를 시험하실 때가 오히려 우리에게는 그분을 시험할 좋은 기회입니다. 이를테면 그분의 약속을 시험대 위에 올려놓고 우리의 시련을 이기기 위해 필요한 것을 그분께 요구하는 것입니다."

시련에서 벗어나는 길에는 두 가지가 있습니다. 하나는 단순히 그 시련을 제거하려고 노력하여 마침내 그 시련이 사라지면 감사드리는 것입니다. 또 하나는 그 시련을 하나님께서 주신 도전으로 인정하고 이전보다 말할 수 없이 큰 축복을 요구하며, 기꺼이 그 시련을 그분의 놀라운 은혜를 받는 기회로 여기는 것입니다.

이와 같이 하면 마귀조차 유용한 도구가 될 수 있고, 우리에게 적대적이던 모든 것들이 가는 길 내내 우리를 돕는 수단으로 쓰일 수 있습니다. 이러한 뜻을 위해 분명히 이 말씀이 있습니다. "이 모든 일에 우리를 사랑하시는 이로 말미암아 우리가 넉넉히 이기느니라"(롬 8:37).

9월 8일

고난 속에서 나를 크게 하셨사오니. _시 4:1, KJV

이 구절은 우리가 위험에 처했을 때 하나님께서 우리를 위해 그토록 효율적으로 일하심을 보여주는 위대한 간증문입니다. 그리고 고난으로부터의 자유가 아니라 고난을 통한 자유를 얻게 하심에 감사를 드리는 문장입니다. "고난 속에서 나를 크게 하셨사오니"라는 이 진술을 통해 시편기자는 지금, 인생의 슬픔이 인생을 확장하는 근원임을 선언합니다.

우리 모두가 여러 차례 겪어 보고 느껴 본 바가 아닙니까? 어떤 이가 언젠가 요셉에 관해 이야기하면서, 감옥에 있을 때 요셉이 철의 고초를 겪었다는 ("그 몸이 쇠사슬에 매였으니", 시 105:18) 표현을 썼습니다. 요셉에게 필요했던 것이 바로 그 철의 힘이었습니다. 이전까지 그가 본 것은 찬란한 금빛뿐이었으니 말입니다. 그는 청춘의 꿈을 즐기고 있었으며, 우리가 알다시피 꿈은 감각을 무디게 합니다. 어떤 젊은이가 실연으로 엄청난 눈물을 쏟았다 해서 인생의 위기에 대처할 만큼 슬픔을 겪었다고 할 수는 없습니다. 그것은 진정한 슬픔과는 깊이가 다릅니다. 우리의 성품을 확장하기 위해서는 인생의 철이 필요합니다. 금은 한순간의 꿈일 뿐이고, 철이야말로 삶의 체험입니다. 우리를 다른 이들과 묶어 주는 공통의 끈은 쇠사슬이어야 합니다. 세상에 진정한 연대감을 구성하는 인간의 보편적 감수성은 기쁨이 아니라 슬픔입니다. 금은 소수에 국한하지만 철은 보편적입니다.

사랑하는 영혼들이여, 다른 이들을 향한 연민을 크고 깊게 하고 싶다면 여러분의 삶을 기꺼이 어떠한 고난 앞에 세워야 합니다. 요셉의 감옥은 권좌로 가는 길이었고, 그 자신이 직접 철을 겪지 않았다면 후일 형제들의 철의 짐 역시 받아 내려 줄 만한 도량이 없었을 것입니다. 우리의 삶은 그간 겪어 온 철의 쌓인 무게와 규모에 비례하여 커질 것입니다. 인생의 그늘 속에 들어서야 우리가 꿈꾸던 것들이 진정으로 이루어지니 왜 안 그렇겠습니까. 그러므로 어둠의 그림자를 불평하지 마십시오. 실제로 그것은 꿈보다 좋은 것입니다. 감옥의 어둠으로 우리 발에 족쇄가 채워졌다고 하지 마십시오. 그것은 족쇄가 아니라 날개, 인간의 가슴과 영혼으로 들어가는 비행의 날개입니다. 그리고 그 감옥문은 우주의 가슴을 향해 열린 문입니다. 하나님께서 슬픔의 사슬이라는 고난을 통해서 우리를 크게 하셨습니다.

요셉이 이집트의 죄수가 아니었다면 결코 이집트의 통치자가 될 수 없었을 것입니다. 발을 묶은 그 쇠사슬로 인해, 그는 결국 목에 금목걸이를 두르게 되었습니다.

9월 9일

더러는 흙이 얕은 돌밭에 떨어지매 흙이 깊지 아니하므로 곧 싹이 나오나. _마태복음 13:5

얕음! 이 비유의 가르침을 고려하건대 우리에게는 아무래도 흙의 깊이가 문제인 듯합니다. 열매 맺는 씨앗은 "좋은 땅에"(8절) 혹은 선하고 정직한 마음에 떨어졌습니다. 내 생각으로 얕은 사람들은 "흙이 깊지 아니한" 사람들, 이를테면 삶의 전정한 목적이 없어서 달콤한 말이나 좋은 설교 혹은 단순한 선율에 쉽게 흔들리는 이들 같습니다. 그들은 금방 하나님을 위해 뭐라도 할 것처럼 보입니다. 하지만 "흙이 깊지 아니하므로" 삶의 깊이와 진정한 목적을 갖지 못하고, 하나님의 뜻을 알아 실행하려는 열심도 없습니다. 그러므로 우리는 마음밭의 토양을 유지하는 데 각별히 주의를 기울여야 하겠습니다.

어떤 로마 병사가 안내인에게 그런 식의 여행을 고집하다가는 죽을 수도 있다는 말을 듣고서 이처럼 대답했습니다. "내게 필요한 것은 가는 것뿐이니 삶은 필요하지 않소." 확신의 깊이가 이 정도는 되어야 우리의 삶 역시 뭐가 돼도 될 것입니다. 하지만 깊이 없는 삶은 충동, 인상, 직관, 본능에, 그리고 전반적으로 환경에 의존합니다. 그러나 심지가 깊은 이들은 이 모든 것들 너머의 미래를 보며 흔들림 없이 앞으로 나아갑니다. 패배처럼 보이는 슬픔과 실패가 그 미래에 역전될 것입니다. 그들의 배는 폭풍 구름을 곧장 뚫고 들어가 언제나 그 반대편에서 기다리는 밝은 햇빛 가운데로 나옵니다.

하나님께서는 먼저 우리를 깊게 하시고서 당신의 깊은 진리와 심오한 비밀을 말씀하십니다. 그리고 그때가 되면, 우리에게 더 큰 능력을 맡기실 것입니다. 주님, 우리를 당신의 삶 깊은 곳으로 인도하사 얕은 삶에서 구하소서!

거룩한 눈, 더 넓은 들판으로
믿음과 사랑, 더 높은 곳으로
위로부터 오는 그 모든 부르심,
온전히 깨닫고, 앞으로, 위로.

—A.B. 심슨

9월 10일

여호와께서 내게 관계된 것을 완전케 하실지라. _시편 138:8

고난에는 거룩한 신비가 있습니다. 뭔가 이상하고 초자연적인 능력인 이 신비는 인간의 이성으로는 결코 온전히 이해할 수 없습니다. 크나큰 고난을 겪지 않고서 거룩이나 영성의 깊은 단계에 도달한 사람은 없습니다. 고난 받는 어떤 사람이 고요와 평정의 상태에 이르러, 자신의 고난을 가만히 웃으며 반기고 더 이상 하나님께 구해 달라고 애원하지 않게 되었을 때, 비로소 고난의 복된 임무는 완성되고 인내는 온전히 이루어지며(약 1:4) 십자가의 고통은 면류관을 엮어 만들기 시작합니다.

성령께서 우리 영혼 깊은 곳에서 무수한 기적을 이루심은 바로 이처럼 온전한 고난의 체험을 통해서입니다. 이와 같이 고난 받는 상황에서 우리의 전 존재는 하나님의 손 아래 들게 되고 완전히 잠잠한 상태가 됩니다. 우리의 정신과 의지와 마음이 마침내 복종하며, 영원의 고요가 영혼 전체로 스미고, 결국에는 우리의 입이 몇 마디 말 외에는 침묵하다가, 그리스도께서 십자가에서 말씀하신 그 몇 마디마저 멈추게 됩니다. "내 하나님이여, 내 하나님이여 어찌 나를 버리셨나이까"(시 22:1).

이 지점에 이르면 헛된 상상이나 어리석은 생각이 중단되고, 사고는 평정 상태로 이완되며, 수많은 선택은 하나님의 목적이라는 단 하나의 선택만 남겨 놓은 채 모두 제거됩니다. 또한 모든 감정은 다른 사람들이나 외부적인 영향에서 떨어져 나와 죽으므로, 상처도 공격도 방해도 간섭도 받지 않습니다. 그는 이제 환경이 어떠하든 눈길도 주지 않으며, 일심으로 구하느니 하나님의 뜻뿐입니다. 그에게 이처럼 조용한 확신이 있으니, 하나님께서 좋거나 나쁘거나 옛것이거나 지금 것이거나 우주의 모든 것이 합력하여 선을 이루게 하신다는(롬 8:28) 확신입니다.

오, 그리스도께 드리는 절대복종의 복스러움이여! 우리의 힘과 지혜와 계획과 소원을 잃고, 우리 존재의 터럭 하나까지 전능하신 예수의 발아래, 잠잠한 갈릴리 바다처럼 평화로움이여! 그 평화의 복됨이여!

중요한 것은 고난 받되 낙심하지 않는 것입니다.

섬기고 사랑하며 매달리는 영혼은
어디서나 천사의 급한 날갯짓 소리 듣는다.

9월 11일

그가 이같이 오래 참아 약속을 받았느니라. _히브리서 6:15

아브라함은 오랫동안 시험 받았지만 또한 넘치는 상을 받았습니다. 주께서는 약속의 성취를 미루심으로 그를 시험하셨습니다. 사탄이 유혹으로 그를 시험했고, 사람들도 시기와 불신과 적대를 통해 그를 시험했습니다. 사라 역시 그 안달하는 성격으로 그를 시험했습니다. 하지만 그는 참을성 많게 견디며, 하나님의 진실과 능력에 의문을 제기하거나 그분의 신실하심과 사랑을 의심하는 일은 결코 하지 않았습니다. 오히려 그는 하나님의 거룩한 주권과 무한한 지혜에 순종했습니다. 그리고 여러 번의 지체에도 침묵하며 그분의 때를 기꺼이 기다리고자 했습니다. 그처럼 인내로써 견딘 그는 마침내 약속의 성취를 보았습니다.

사랑하는 자들이여, 하나님의 약속은 성취되지 않음이 없고 인내하며 기다리는 이들은 실망함이 없으니, 믿는 믿음이 분명 성취로 이어지기 때문입니다. 아브라함의 삶이 급한 성정을 꾸짖고, 불평하는 자들을 책망하

403

며, 인내하는 이들을 기리고, 하나님의 뜻과 그 길에 조용히 복종하라고 격려합니다.

기억하십시오. 아브라함은 시험 받았으되 끈기 있게 기다렸으며, 결국에는 약속하신 것을 흡족히 받았습니다. 그를 본받으면 여러분 역시 같은 축복을 나누어 받게 될 것입니다.

9월 12일

그의 사랑하는 자를 의지하고 거친 들에서 올라오는 여자가 누구인가. _아가 8:5

언젠가 남쪽 교회의 한 기도모임에서 큰 교훈을 얻었습니다. 한 남성이 여러분과 나처럼 여러 가지 축복을 구하며 주님께 기도드리고, 또한 여러분과 나처럼 이미 받은 여러 가지 축복으로 인해 그분께 감사를 드렸습니다. 하지만 다른 점이 하나 있었으니, 이처럼 예외적인 간청으로 기도를 끝마쳤다는 것이었습니다. "그리고 주님, 우리를 받쳐 주소서! 우리가 어느 쪽으로 기울어지든, 그 기우는 곳을 모두 받쳐 주소서!"

여러분에게도 "기우는 곳"이 있습니까? 이 겸손한 사람의 기도가 그 기우는 곳을 새로이 그려 냈고, 역시 전혀 새로운 조명으로 위대한 지지자를 밝히 드러내었습니다. 그는 하나님을, 언제나 그리스도인 곁에서 함께 걸으며 그 든든하신 팔로 약한 자의 "기우는 곳"을 받쳐 주시는 분으로 보았습니다.

> 내 사랑하는 아이야, 세게 기대어라.
> 나로 네 근심의 압박 느끼게 하여라.
> 네 짐 내가 안다, 내가 만들었으니,
> 내 손으로 무게를 가늠해 보고,
> 너 혼자 힘으로는 감당 못하게 만들었으니,
> 그 짐 지워 주며 나 이렇게 말했다.
> "내가 가까이 있겠다. 내 아이가 기대면
> 이 짐은 아이 것 아니라 내 것이 되리라.

그러므로 나 언제나 둥그런 사랑의 팔로
내 아이 두르며 가겠다." 여기에 그 짐
올려놓아라. 두려워 말고, 우주를 떠받쳐 다스리는
어깨 위에 그 짐 올려놓아라. 좀 더 가까이 오너라.
너는 아직 멀구나. 내가 네 근심 안으리라.
내 가슴에 내 아이 기대어 오는 것 느끼리라.
네가 나 사랑함을 내가 안다. 그러니 의심 말고,
나를 사랑하며 세게 기대어라.

9월 13일

아침에……올라와 산꼭대기에서 내게 보이되. _출애굽기 34:2

"아침"은 오늘 내가 주님과 만난 첫 시간입니다. "아침"이라는 말 자체는
잘 익은 포도송이 같은 느낌을 줍니다. 그 포도송이가 으깨어져서 내가 마
실 성스러운 포도주가 되는 것입니다. 아침에! 하나님께서 바로 이 아침이
라는 시간에 내게 원하시는 바가 있으니, 나는 활력과 희망이 가장 드높은
상태에 있어야 하고, 그래야 기운차게 하루의 등정을 시작할 수 있습니다.
지난밤에 나는 어제의 피로를 묻었고 오늘 아침에 새로운 힘을 공급받았
습니다. 아침을 하나님 앞에 거룩히 바친 날은 복됩니다. 기도로 첫 승리를
거둔 날은 성공적입니다. 새벽에 하나님과 함께 산꼭대기에 있는 날은 거
룩합니다.

아버지여, 지금 당신을 만나러 갑니다. 오늘 하루의 삶이 펼쳐지는 이
들판의 어떠한 것도 당신의 거룩한 산으로 향하는 나를 붙들지 못할 것입
니다. 당신의 부르심 앞에 가오니 당신께서 만나 주시리라는 확신이 내게
있습니다. 산에서 거룩히 시작한 아침이 있음에, 나는 그날 하루를 강건하
고 기쁘게 보낼 것입니다.

고요히 당신과 있습니다. 진홍빛 아침 밝아올 때,
새들이 깨어나고, 어둠이 물러갈 때,

아침보다 아름답고 날빛보다 사랑스럽게 스며오는
이 향기로운 의식, 내가 당신과 함께 있음입니다.

당신과 둘이서만 있습니다. 흐릿한 어둠 속에서,
새로 태어나는 자연의 장엄한 침묵 속에서,
당신과 둘이서만 있습니다. 숨조차 멈춘 흠모,
고요한 아침이슬과 새로움 속에서입니다.

고요한 바다 위로 아침 해 떠오를 때,
새벽별의 모습, 거기 있습니다,
이와 같은 고요 속에서만 당신께서도
내 영혼의 바다에 떠오는 당신 모습 알아보십니다.

내 영혼 고되어 잠에 떨어져도
감은 눈 기도하며 당신께 향합니다.
그렇게 당신의 날개 그늘 아래 쉼이 향기로우나
거기서 깨어 당신 찾음은 향기롭고 또 향기롭습니다.

— 해리엇 비처 스토

내 어머니는 아침을 드시고 나면 지체 없이 당신 방으로 들어가 성경을 읽
고 묵상하며 주님께 기도드리는 것으로 한 시간을 보냈습니다. 이 일과는
하루도 거르는 법 없는 당신의 습관이었습니다. 이 시간은 축복의 샘이어
서, 어머니는 이 샘에서 하루 일을 수행해 나갈 힘과 활력을 끌어오는 것
같았습니다. 또한 이 시간이 있어서 어머니는 북적이는 이웃과 섞여 살며
끊임없이 겪어야 하는 걱정거리와 사소한 다툼에도 마음의 평화를 잃지
않았습니다.

　어머니의 삶과 당신이 겪어야 했던 모든 일을 생각건대, 이 이상적인
그리스도인 여성에게는 하나님의 은혜가 압도적으로 승리하는 모습이 있 　406

었습니다. 어머니가 화를 내거나 거친 말 한 마디 하는 경우를 나는 본 적이 없습니다. 당신은 그렇게 품성 넘치는 사람이었습니다. 당신이 남들과 어울려서 수군거리거나 험담하는 소리도 나는 들어 본 적 없습니다. 어머니가 "생명수의 강"(계 22:1)에서 마신 사람, "하늘로서 내려온 살아있는 떡"(요 6:51)을 먹은 사람답지 않은 감정을 얼핏이라도 내비치는 모습을 사실 나는 한 차례도 목격한 적이 없습니다.

하나님께 그날의 첫 꽃을 가져다 드려서, 꽃잎이 시들 때까지 그분 기다리시게 하지 마십시오.

9월 14일

누구든지 나를 따라오려거든 자기를 부인하고 자기 십자가를 지고 나를 따를 것이니라. _마가복음 8:34

주께서 내게 지라고 하시는 십자가는 다양한 모습으로 나타날 수 있습니다. 내 능력으로는 더 큰 일을 맡아도 될 듯한데, 세속의 한정된 분야에서 섬기는 것으로 만족해야 할 수도 있습니다. 몇 년을 경작해도 소출이 없는데, 내내 그 들판에서 쟁기질해야 할 수도 있습니다. 내게 잘못한 사람 친절히 대하고 사랑하는 마음 길러서, 남들이 그를 반대할 때도 그 사람 편에 서서 연민과 위로 보여주라는 하나님의 부탁을 받을 수도 있습니다. 내 주님에 대해, 그분의 주장에 관해 듣고 싶어 하지 않는 사람들 앞에서 공개적으로 주님을 증거해야 할 수도 있습니다. 내 가슴은 슬픔으로 미어지는데, 웃는 얼굴로 이 세상 걸어가라는 요청을 받을 수도 있습니다.

그렇습니다. 많은 십자가가 있고, 그 하나하나가 다 무겁고 고통스럽습니다. 게다가 이 많은 십자가 중 단 하나라도 내 힘으로 지고 갈 만한 것이 있는지도 의문입니다. 하지만 내가 나의 십자가를 들어 겸손히 내 어깨 위에 올리고, 유순히 참으며 받아들일 때만큼 예수께서 내게 가까이 계시는 때는 없습니다.

그분께서는 내 지혜를 성숙하게 하시고 내 평화를 깊게 하시며 내 용기를 늘리시고 내 능력을 더하시기 위해 내게 가까이 오십니다. 이 모든 일을 행하시는 것은, 그토록 고통스럽고 힘든 체험을 통해서 내가 다른 이들에게 더 유용한 존재가 되도록 하기 위함입니다. 그렇게 될 때에 나는, 17세기 스코틀랜드 장로파 언약자들의 일원으로서 믿음 때문에 존 그레이엄에 의해 투옥당한 한 성도의 이 말을 내 말처럼 외칠 것입니다. "나는 짐을 지고서 자란다."

> 그대 지고 가는 십자가에 걸려 넘어지지 말고,
> 그 십자가를 목발처럼 짚으며 그대의 길 가십시오.

> 당신의 십자가 웃으며 지고 가면, 다른 이들이
> 슬픔에서 기쁨으로 슬며시 넘어올 수 있습니다.

9월 15일

북풍아 일어나라. 남풍아 오라. 나의 동산에 불어서 향기를 날리라. _아가 4:16

이 장 14절에 언급된 향료와 초목 일부는 대단히 기술적이고 상징적입니다. 알로에 즙은 맛이 쓰지만 피부에 바르면 진정작용이 있고, 따라서 쓴 것에서 나오는 위로, 이를테면 인생의 고진감래라 할 만한 것을 우리에게 가르쳐 줍니다. 그러므로 직접 발라 본 사람만이 이 식물의 중요한 용도를 알 수 있습니다. 몰약은 죽음을 상징하는데, 예부터 시신의 방부제로 쓰였습니다. 이 향료는 강퍅, 교만, 죄에 대하여 죽은 후 영혼에 찾아오는 향기를 나타냅니다.

어떤 그리스도인들에게서는 말로 표현하기 어려운 향기가 나오는데, 그것은 그들의 고요한 얼굴과 온유한 마음에 십자가의 흔적이 드러나기 때문입니다. 그 향기는 한때 자랑스럽고 강했던 어떤 것을 죽이고 이제는 예수의 발아래 영원히 엎드렸다는 거룩한 증거입니다.

또한 그것은 상처 입은 영혼과 회개하는 마음의 향기이며, 단조로 울리는 아름다운 음악이고, 서리 맞으며 물씬 익어가는 과일의 단맛입니다.

마지막으로, 유향은 불과 접촉해야 피어오르는 방향제였습니다. 불길

408

속에 던져진 유향목이 향기로운 연기가 되었습니다. 이 향은 고통의 불로 영혼 깊은 곳까지 찬양과 기도의 연기가 차서 향기를 발산하는 어떤 이의 마음을 상징합니다.

사랑하는 이들이여, 우리의 삶은 영혼의 향기를 내고 있습니까?

페르시아 우화입니다. 어느 날,
한 방랑자가 점토 한 덩어리 발견했습니다.
그 점토 향기가 무척 진해서
온 방 안을 채웠습니다. 그는 지체 없이
"너는 무엇이냐?" 물었습니다.
"사마르칸트에서 온 보석 같은 것이냐,
아니면 천하게 위장한 순전한 나드냐,
그도 아니면 무슨 값비싼 상품이냐?"
"아니, 나는 그냥 점토 덩어리입니다."

"그런데 이 놀라운 향기는 어쩜이냐, 말하라!"
"친구여, 비밀을 밝히자면,
내가 장미와 함께 살았다는 것입니다."
이 아름다운 비유! 그러니 샤론의 장미와
함께 살기를 사랑하는 이들, 몸은 비록
낮고 가난해도, 사방으로 그 향기
퍼뜨리지 않겠습니까?
사랑의 주님, 우리와 함께 거하시어
우리 몸에 당신의 향기 가득 배게 하소서.

9월 16일

그릿 시냇가에 숨고. _열왕기상 17:3

409 하나님의 종들은 인생의 숨겨진 부분, 삶의 이면이 주는 가치를 배워야 합

니다. 높은 자리에 올라 다른 이들 앞에서 섬기고자 하는 사람은 반드시 하나님 앞에서 낮은 자리를 겪어야 합니다. 하나님께서 더러 이렇게 말씀하신다 해도 우리는 놀라지 말아야 합니다. "이처럼 바쁘고, 즐겁고, 유명한 삶은 이제 됐으니 가서 숨어라. 질병의 그릇 시냇가, 슬픔의 그릇 시냇가, 모두들 등 돌려 달아나는 절대고독의 장소로 가거라." 그리고 주님의 그 요청에 이처럼 응답할 수 있는 사람은 행복합니다. "주님의 뜻은 또한 나의 뜻이오니, 내가 달려가 주님 안에 숨겠습니다. '내가 영원히 주의 장막에 거하며 내가 주의 날개 밑에 피하리이다'(시 61:4)."

다른 이들에게 크나큰 영향을 끼치고자 하는 성도들은 모두 제 앞에 숨겨진 "그릇 시냇가"에서 능력을 받아야 합니다. 저만의 깊은 시냇가에 숨어 영원하신 하나님의 능력을 흡수하지 않고서 영적인 능력을 얻기란 불가능합니다. 지금 우리가 사용하는 석탄은 오래 전의 초목이 햇빛의 능력을 흡수했다가 되돌려 주는 에너지입니다. 우리의 삶도 장구한 세월 저편의 초목처럼 되기를 빕니다.

영국 국교회 주교이자 1611년도 흠정역 성경(KJV) 번역자의 한 사람이었던 랜슬롯 앤드루스는 자신만의 "그릇 시냇가"를 경험했습니다. 그는 거기서 날마다 다섯 시간씩 하나님을 예배하고 기도드리며 보냈습니다. 앤드루스의 동시대인으로서 믿음 때문에 스코틀랜드 왕 제임스 6세에 의해 투옥당한 개신교도 존 웰시 또한 자신만의 "시냇가"가 있었습니다. 그는 여덟에서 열 시간을 따로 떨어져 하나님과 교제하지 않으면 그날 하루를 헛되다 여겼습니다. 데이비드 브레이너드의 "시냇가"는 북아메리카의 숲이었습니다. 그는 18세기에 아메리카 인디언들에게 선교한 개척자의 한 사람이었습니다. 그리고 18세기말 19세기 초의 설교자 크리스머스 에반즈는 웨일스의 산들을 돌아다니며 외롭고도 머나먼 여행을 했습니다.

지금으로부터 수십 세기를 거슬러 올라가는 그 복된 시대를 돌아봐도 역시 주목할 만한 "시냇가들"이 많습니다. 밧모섬이며 독거의 로마 감옥, 아라비아 사막, 팔레스타인의 산과 계곡이 있습니다. 이 모두가, 오늘 우리의 세계를 형성해 온 사람들이 체험한 것 못지않게 영구적으로 기억될 만한 시냇가입니다.

우리 주님께서도 친히 나사렛과 유대 광야에서, 베다니 감람나무 사이에서, 가다라 지방의 외딴 곳에서 "그릿 시냇가"의 삶을 사셨습니다. 그러므로 우리 중 누구도 "시냇가" 체험을 면제받을 수 없습니다. 이곳에 이르면, 인간의 소리는 모두 하나님의 보좌에서 흘러나오는 고요한 물소리로 바뀌고, 우리는 그리스도와 함께 감추어진(골 3:3) 생명의 능력을 흡수하며 그 향기를 맛봅니다.

9월 17일

이는 여호와시니 선하신 대로 하실 것이니라. _사무엘상 3:18

내가 만일 모든 것에서 하나님을 본다면, 하나님께서 그 모든 것을 잠잠하게 하시고 또한 그 모든 것의 색조를 바꾸실 것입니다. 내게 슬픔을 가져다준 환경은 제거되지 않고 내 상황 역시 변함이 없겠지만, 그리스도께서 나의 주님이시요 주인으로서 내 슬픔 속에 들어오시면 "구원의 노래로 나를 두르"실 것입니다(시 32:7). 그분을 보고, 그분의 지혜와 능력 부족함이 없으며 그분의 사랑 변치 않음을 확신하는 이 자세, 그분께서 나를 아무리 고통스럽게 다루셔도 그것은 결국 내 가장 깊은 영적 유익을 위한 것이라는 이 자세로 우리는 사별과 슬픔과 고통과 상실의 한가운데서도 이처럼 말할 수 있습니다. "주신 이도 여호와시요 거두신 이도 여호와시오니 여호와의 이름이 찬송을 받으실지니이다"(욥 1:21).

모든 것에서 하나님을 바라보는 일만이, 나를 힘들고 지치게 하는 사람들을 참아 내고 사랑하게 합니다. 그러므로 나는 다른 이들을, 하나님께서 내게 두신 온유하고 지혜로운 목적을 성취하시는 도구로 볼 것입니다. 거기서 더 나아가, 내게 축복이 된 그들에게 감사하는 마음마저 갖게 될 것입니다. 하나님을 바라보는 일 외에는 그 무엇으로도, 모든 불평과 반항적인 생각을 완전히 끝낼 수 없을 것입니다.

"내게 새로운 생각 주소서." 이렇게
말하며, 나는 잠 못 이루는 밤에 생각했다.

"소중한 영혼들을 위해 세상에
향유를 내어 오는 새로운 생각,
사람들에게 위에서 오는 것들 생각하게 하고,
섬기고 사랑하는 법 가르치며,
이기적인 모든 생각 내몰고, 그들이 다투는
죄를 털어 내게 하는 새로운 생각."

이 새로운 생각 내게 어떻게 왔는가,
나 무릎 꿇고 있을 때였다. 꿇고서
모든 것 아시는 그분께 내 슬픔
몰아내는 길 구할 때였다.
크든 작든 모든 것에서 하나님을 바라보라,
무슨 일이 닥치든 그분 찬양하라,
사나 죽으나, 고통에서나 슬픔에서나,
하나님을 바라보고 너의 대적을 이기라.

나 아침 날빛에 그분을 보았고
그분께서 그날을 찬란히 빛나게 하셨다.
나 한낮에 그분을 보았고
그분의 청량한 소나기 받아 누렸다.
저녁에, 지치고 슬픈 그 저녁에
그분 나를 도우시고 기쁨 주셨다.
한밤에, 뒤척이는 그 밤에
내 지친 영혼 그분께서 잠들게 하셨다.

크나큰 상실이 왔을 때 나 그분 보았고
그분 여전히 나 사랑하셨음을 알았다.
나 무거운 짐 저야 했을 때
그분께서 내 걱정 덜어 내셨음을 알았다.

나 아프고 슬프고 궁핍할 때

그분께서 내 마음 갈앉히시고 안식 주셨다.

내 시선 위로 돌려 그분 보았더니

내 가슴 즐거운 찬양으로 채우셨다.

이 생각, 어떤 이들에게는 낡은

것이었으나, 내게는 새로웠으니,

내게로 와서 삶의 길 밝히는 계시가 되었다.

우리 모두 이 길 밟으며 그날을 살아야 한다.

날마다 그날의 첫 빛이 열릴 때

우리 모두 눈으로 말고 믿음으로 걸을 테니까.

진실로 삶은 축복을 내온다,

우리가 모든 것에서 하나님을 볼 수 있다면.

— A. E. 핀

9월 18일

계시가 없으면 백성은 방자해지나. _잠언 29:18, 새번역

하나님을 보고 그분의 계시를 받으려면 그분을 기다리는 것이 필수적입니다. 그리고 그분 앞에서 보낸 시간의 양 또한 중요한데, 그것은 우리의 마음이 사진필름과 같아서 오래 노출될수록 선명히 인화되기 때문입니다. 하나님의 계시가 우리 마음에 찍히려면, 반드시 우리는 그분의 발아래 오랫동안 고요히 앉아 있어야 합니다. 기억하십시오. 일렁이는 호수의 표면에는 어떠한 상도 비치지 않습니다.

그렇습니다. 우리가 하나님 보기를 기대한다면 우리 삶이 고요하고 평화로워야 합니다. 그리고 우리가 보는 그분의 계시는, 아름다운 노을이 마음에 평화를 가져다주듯, 우리 삶을 감화하는 능력이 있습니다. 하나님을 보게 되면 언제나 인간의 삶이 바뀝니다.

야곱은 얍복 나루를 건너서(창 32:22) 하나님을 보았고, 따라서 이스라엘이 되었습니다. 기드온은 하나님의 계시를 보고서 겁쟁이에서 큰 용사로 바뀌었습니다. 도마는 부활하신 그리스도를 뵌 후에 의심 많은 추종자에서 헌신적인 제자로 변화되었습니다.

마찬가지로, 사람들은 성경시대부터 줄곧 하나님의 모습을 보았습니다. 18세기 영국의 선구적인 선교사로서 현대선교의 아버지로 인정되기도 하는 윌리엄 캐리는 하나님을 보고, 자신의 구두수선 작업대를 떠나 인도로 갔습니다. 데이비드 리빙스턴은 하나님을 보고, 영국의 모든 것을 뒤로한 채 선교사요 탐험가가 되었으며, 주님의 인도하심을 따라 19세기 아프리카의 밀림으로 들어갔습니다. 뿐만 아니라 문자 그대로, 수천을 넘는 사람들이 하나님의 모습을 보고, 지금 이 순간 지구의 오지에서 그분을 섬기며, 잃은 자들을 때 맞춰 복음화하기 위해 수고하고 있습니다.

우리 영혼이 완전한 고요에 들기란 대단히 예외적인 일입니다. 그래서 더욱더 하나님께서는 거의 쉬지 않고 우리에게 속삭이시는 것입니다. 우리는 세상의 소리가 우리 영혼 밑바닥에 가라앉을 때는 언제나 하나님의 속삭임을 듣습니다. 그렇습니다. 그분께서 우리에게 끊임없이 속삭이시지만 우리가 빈번히 그 세미한 음성을 듣지 못하는 것은, 인생의 속도가 너무 빨라서 소음도 많고 주위도 산만하기 때문입니다.

말씀하소서, 주여, 고요 속에서
당신을 기다리오니,
내 마음 가라앉혀, 고대하며
듣고자 합니다.

말씀하소서, 복되신 주님,
이처럼 조용한 시간에,
당신의 얼굴 보게 하소서, 주여,
내게 닿는 당신의 능력 느끼게 하소서.

당신께서 하신 말씀이오니

진실로 "그 말씀 생명입니다."

하늘로서 오는 생명의 떡,

이제 내 영이 먹습니다.

말씀하소서, 당신의 종이 듣겠나이다!

침묵하지 마소서, 주님,

내 영혼 당신 기다리며

생명의 말씀 찾나이다!

9월 19일

내 아버지는 농부라. _요한복음 15:1

어떠한 형태로 오든 고통은 하나님께서 보내시는 뭔가를 우리에게 전달하는 하늘의 심부름꾼입니다. 그러니 위로가 아닐 수 없습니다. 겉보기로야 말할 수 없이 아프고 죽을 것 같지만, 안에서는 영적인 일이 진행되며 축복을 낳습니다. 우리가 받은 풍성한 축복은 대부분 슬픔이나 고통의 열매입니다. 세상에서 가장 큰 축복인 구속(救贖)은 세상에서 가장 큰 슬픔의 열매임을 잊지 말아야 합니다. 칼날이 깊이 들어와서 우리의 가지를 냉정히 잘라낼 때는 언제나 말할 수 없는 위로의 말씀이 있음을 기억하십시오. "내 아버지는 농부라."

19세기 말에서 20세기 초에 미국 성공회 주교요 주일학교 운동의 주도자였던 존 빈센트가 언젠가 대규모 온실에 가 봤던 이야기를 했습니다. 온실에는 탐스런 포도송이들이 주렁주렁 달려 있었는데, 온실주인이 그에게 말했습니다. "새 농부가 와서 하는 말이, 가지를 줄기 부근까지 몽땅 쳐내지 않고서는 일하지 않겠다는 것이었습니다. 그래서 뜻대로 하라고 했습니다. 두 해 동안은 전혀 포도가 없었는데, 보다시피 결과는 지금 이렇습니다."

이 가지치기 이야기는 그리스도인의 삶에 적용할 만한 상징이 풍부합니다. 가지치기는 포도나무를 죽이는 행위 같고, 농부는 모든 것을 잘라 내고 있는 듯 보입니다. 하지만 그는 미래를 봅니다. 최종적인 결과는 포도 나무의 풍성한 생명이요, 더욱 풍성한 열매임을 그는 압니다. 고난의 길 하 나밖에 없어서 반드시 그 길을 걸어야 받을 수 있는 축복들, 많고도 많습 니다.

즐거움과 걸어 보았다, 즐거움
가는 길 내내 지껄였다.
그렇게 떠들었어도
내게 가르쳐 준 것 하나 없었다.

슬픔과 걸어 보았다, 슬픔
가는 길 내내 한 마디 없었다.
하지만 나는 배웠다.
슬픔과 걷는 동안 많은 것 배웠다.

9월 20일

내 말이 네가 믿으면 하나님의 영광을 보리라 하지 아니하였느냐. _요한복음 11:40

마리아와 마르다는 그들의 주님께서 하신 일을 이해할 수 없었습니다. 그 들은 제각각 주님께 같은 말을 했습니다. "주께서 여기 계셨더라면 내 오 라버니가 죽지 아니하였겠나이다"(21, 32절). 그들의 속생각은 결국 이런 것 같습니다. "주님, 우리는 당신께서 왜 그토록 지체하다 오셨는지, 당신 께서 그토록 사랑하는 사람을 어찌하여 죽게 두셨는지 이해할 수 없습니 다. 어째서 이러한 슬픔과 고난을 그냥 놔두셔서 우리 삶을 비참하게 하십 니까. 당신께서 여기 계시기만 했어도 그 모든 것을 막을 수 있었는데 말입 니다. 왜 그때 안 오셨습니까? 이제는 너무 늦었습니다. 나사로가 죽은 지 벌써 나흘입니다!" 하지만 예수께서는 이 모든 물음에 대한 답으로 위대한 진리 하나를 내놓으셨을 뿐이었습니다. 그분의 대답은 결국 이와 같은 것

416

입니다. "너희가 이해할 수 없겠지만, 내가 말하건대 믿으면 볼 것이다."

아브라함은 왜 하나님께서 자신에게 아들을 바치라고 요구하시는지 이해할 수 없었지만, 그분을 믿었습니다. 그러므로 그는 사랑하는 아들을 돌려받고 하나님의 영광을 보았습니다. 모세는 왜 하나님께서 자신에게 사십 년 동안 광야에 있으라고 요구하시는지 이해할 수 없었지만, 역시 그분을 믿었습니다. 그래서 그는 애굽의 속박에서 이스라엘 백성을 이끌어 내라는 부르심의 때를 보았습니다.

요셉은 형제들의 잔인한 대우와 교활한 여인의 거짓 증언과 긴 시간의 부당한 옥살이를 이해할 수 없었지만, 하나님을 믿고 마침내는 그 모든 것에서 그분의 영광을 보았습니다. 그리고 요셉의 아버지 야곱은 자신에게서 요셉을 빼앗아 간 하나님의 이상한 섭리를 이해할 수 없었지만, 후일에 그는 아들의 얼굴을 들여다보며 주님의 영광을 보았습니다. 요셉이 바로 위대한 왕을 대신한 통치자였으며, 야곱 자신과 민족 전체의 생명을 보전하기 위해 사용하신 그 인물이었던 것입니다.

아마 여러분의 삶에도 하나님께 의문을 제기할 만한 것이 있을 것입니다. 혼자서 이렇게 말합니까? "하나님께서 왜 내 사랑하는 사람을 빼앗아 가시는지 이해할 수 없다. 왜 이 고통으로 나를 치시는지 이해할 수 없다. 주께서 왜 나를 이처럼 굽이진 길로 데리고 가시는지 이해할 수 없다. 그토록 좋아 보이던 내 계획이 왜 이렇게 기대에 어긋나는지 이해할 수 없다. 내게 그토록 절실한 축복이 왜 이토록 늦어지는지 이해할 수 없다."

친구들이여, 여러분을 대하시는 하나님의 방식을 모두 이해해야 하는 것은 아닙니다. 그분께서는 여러분이 이해하기를 기대하시지 않습니다. 여러분 역시 자녀들이 부모가 하는 모든 일을 이해하리라고 기대하지 않습니다. 여러분은 다만 자녀들이 부모를 믿었으면 하고 바랄 뿐입니다. 이처럼 여러분 역시 언젠가는, 여러분이 이해하지 못하는 그 일들에서 하나님의 영광을 볼 것입니다.

생명의 문 조금만 열어, 우리 슬며시
몸 디밀고 하나님의 모든 일 볼 수 있다면,

이 모든 의심과 갈등 눈 녹듯 사라지고

알 수 없었던 그 신비의 열쇠 찾을 텐데.

하지만 오늘은 아니다. 그러므로 영혼아, 만족하라.

하나님의 계획, 희고 순결한 백합처럼 열린다.

닫힌 꽃잎 억지로 열어 찢을 수는 없어,

시간이 지나 어느 날인가 찬란한 꽃송이 드러나리라.

우리 인내의 수고로 그 땅에 이르면,

지쳐 곤한 우리의 두 발 신발끈 풀어 쉬게 하고,

또한 밝히 보고 알 것이다. 그때 우리 이처럼

말하지 않겠는가, "주께서 이렇게 잘 알고 계시는 것을."

9월 21일

또한 모든 것을 해로 여김은 내 주 그리스도 예수를 아는 지식이 가장 고상하기 때문이라. _ 빌립보서 3:8

이 가을은 추수를 목전에 둔 옥수수밭의 가을입니다. 이 가을에 수확하는 이들의 즐거운 노래가 있고, 잘 거두어들인 곡식이 있습니다. 그러므로 가을 들녘의 설교, 그 준엄한 메시지를 들어보십시오. "여러분은 살기 위해 죽어야 합니다. 여러분 자신의 안위와 행복을 보살피지 마십시오. 십자가에 못 박히되 명백히 죄악된 욕망과 행습은 물론이려니와 무죄하고 의로워 보이는 여타의 많은 것들마저 함께 못 박아야 합니다. 다른 이들을 구하고자 하면 여러분 자신을 구하려 해서는 안 되며, 열매를 많이 맺고자 하면 반드시 먼저 어둠과 고독 속에 묻혀야 합니다."

스스로 듣고 보니 썩 마음에 차지는 않습니다. 하지만 예수께서 이와 같이 말씀하실 때는 내게 이런 생각이 들었으면 좋겠습니다. "그리스도와……그 고난에 참여함"(빌 3:10)이 나의 크나큰 특권이며, 따라서 나는 위대한 친구와 사귀고 있다고 말입니다. 또한 내게 이런 생각이 들었으면 좋겠습니다. 모든 고난은 나를 그분께서 쓰시기 알맞은 그릇으로 만들기 위함이라고 말입니다. 그리고 그분의 갈보리가 풍성한 과실로 거두어졌으며, 나의 갈보리 또한 그러할 것이라는 생각이 들었으며 좋겠습니다.

고통은 부요에 이르고 죽음은 삶에 이릅니다. 이것이 하늘나라 왕국의 법칙입니다!

봉오리가 꽃으로 피어날 때 그것을 우리는 죽음이라 부릅니까?

찾고, 따르고, 지키고, 애쓰면
그분께서 분명히 축복하십니까?
성도들, 사도들, 예언자들, 순교자들의 대답,
"그렇습니다."

9월 22일

시몬아, 시몬아, 보라 사탄이 너희를 밀 까부르듯 하려고 요구하였으나 그러나 내가 너를 위하여 네 믿음이 떨어지지 않기를 기도하였노니. _누가복음 22:31-32

우리의 믿음은 하나님께서 우리를 시험하실 때 겨냥하시는 과녁의 한복판입니다. 그리고 어떤 은사가 시험에 놓이지 않는다면, 그것은 분명히 우리의 믿음이라 할 수 없을 것입니다. 그것이 불멸하는 자들의 믿음인지 아닌지 알아보려면 버림받았다는 느낌이라는 화살만 한 것이 없습니다. 이 화살은 한번 쏘았다 하면 믿음을 골수까지 꿰뚫어 버립니다. 그러므로 참된 믿음만이, 세상의 즐거움이라는 갑옷을 빼앗기고서도 하나님께서 능력의 손으로 허락하신 적대적인 환경을 견뎌 낸 후에 치열한 싸움터에서 다치지 않고 돌아올 것입니다.

믿음은 시험받아야 하고, 버려졌다는 고립감은 "평소보다 칠 배나 뜨겁게" 한 풀무불(단 3:19)이며, 믿음은 바로 이 풀무불에 던져지는 것입니다. 이처럼 혹독한 시련을 견디는 사람은 복됩니다!

바울은 "나는……믿음을 지켰으니"(딤후 4:7)라고 했지만, 자신의 목숨은 지키지 않았습니다! 그를 참수한 자들도 그의 믿음만은 건드릴 수 없습니다. 이 위대한 이방인의 사도는 세 가지를 기뻐했습니다. "선한 싸움을 싸우고", "달려갈 길을 마치고", "믿음을 지켰"다는 것입니다. 그러니 여타의 모든 것이 무슨 가치가 있었겠습니까? 사도 바울이 경주에서 이기고 궁극적으로 받은 상은 오늘 이 지상 사람들의 칭송이며 또한 하늘의 칭송이었습니다. 그러므로 그리스도를 얻으려고 모든 것을 잃어버리는(빌 3:8) 것이 수지맞는 삶인데 우리는 왜 이렇게 살지 못합니까? 왜 우리는 바울처럼 진리에 충성하지 못합니까? 그것은 우리의 계산이 바울의 계산과 달라서 그렇습니다. 우리가 이득으로 계산하는 것을 그는 손해로 계산했습니다. 우리가 궁극적으로 바울의 면류관과 같은 것은 쓰고자 한다면 반드시 그의 믿음을 갖고 또한 고백한 그 믿음대로 살아야 합니다.

9월 23일

나를 믿는 자는 성경에 이름과 같이 그 배에서 생수의 강이 흘러나오리라. _요한복음 7:38

우리 가운데 성령이 충만하지 않아 걱정하는 이들이 있습니다. 문제는 우리에게 들어오는 것은 많은데 다른 이들에게 나누어 주는 것이 없다는 데 있습니다. 여러분이 받은 복을 나누고 더 많이 섬길 수 있도록 삶을 계획하여 주위 사람들에게 축복이 된다면, 성령께서 여러분과 함께하심을 곧 알게 될 것입니다. 그분은 여러분의 섬김에 필요한 복을 주시고, 여러분이 다른 이들에게 나누어 주리라 여기시는 모든 것을 맡기실 것입니다.

풍명금 소리는 천상의 소리처럼 아름답습니다. 이 아름다운 자연의 소리는 그러나 영적인 것과 유사성을 띕니다. 풍명금은 현을 조화롭게 배열해 놓은 나무상자에 불과하고, 지나가는 바람의 손가락에 닿기만을 기다릴 뿐입니다. 그러나 하늘의 숨결이 현을 스치면 거룩에 가까운 소리들이 공중에 떠다니는데, 천사들의 합창단이 돌아다니다 현을 튕기는 듯합니다.

마찬가지로, 우리의 마음 또한 성령의 손길 앞에 열어 둘 수 있습니다. 그렇게 우리가 그분의 섬김으로 들어가는 입구에 앉아 고요히 기다릴 때, 그분께서 원하시는 대로 우리의 마음을 연주하실 수 있는 것입니다.

사도들은 "다 성령의 충만함을 받고"서(행 2:4), 거기 눌러앉아서 거룩한 집회를 열고자 다락방을 임대하지는 않았습니다. 그들은 사방으로 퍼져 복음을 전파했습니다.

"내 음식이라고 어찌 혼자 먹는단 말인가."
먼 옛날의 족장은 그렇게 씁쓸히 말했었다.
그가 여기 오면 교회를 어찌 생각할 것인가?
거대하고, 씁쓸하고, 하나님 없고, 그리스도 없고,
영혼들 굶주리는 이 이교도의 세계에 오면,
교회는 빵이 많아서,
그 빵 혼자 먹어서 병들었는데.

"거저 받았으니 거저 주어라."
우리에게 모든 것 주신 그분 말씀하신다.
저 굶주린 이들의 외침에 귀 막고서
우리 안의 영혼 어찌 더 오래 살겠는가.
주께서 저들 위해 피 흘리시고,
저들 먹이시려고 당신의 몸 쪼개셨는데,
우리 음식이라고 어찌 우리만 먹는단 말인가!

— 윌리엄 알렉산더 대주교

"네 아우 아벨이 어디 있느냐"(창 4:9).

9월 24일

무시아 앞에 이르러 비두니아로 가고자 애쓰되 예수의 영이 허락하지 아니하시는지라. _사도행전 16:7

그리스도의 일을 하려고 비두니아로 들어가는데 주께서 금하셨으니 이상

합니다. 게다가 문은 그리스도 자신의 영에 의해서 닫혔습니다.

나도 이와 같은 일을 여러 번 겪었습니다. 이따금씩 나는 대단히 성과 있어 보이는 일을 중단해야 했습니다. 어떤 때는 반대에 부딪혀 돌아가야 했고, 몸이 아파 어쩔 수 없이 외딴 곳에서 쉬어야 할 때도 있었습니다.

이 경우, 나의 섬김이 성령의 능력에 의한 일이라는 생각이 들 때는 그 일을 중도에 단념하기가 몹시 힘들었습니다. 하지만 결국 나는 성령께서 일의 섬김만 아니라 기다림의 섬김도 요구하신다는 사실을 생각했습니다. 그리스도의 왕국에는 행동해야 할 때뿐 아니라 행동을 금해야 할 때도 있음을 나는 알게 되었습니다. 그리고 역시 배웠는데, 고립의 장소는 흔히 이 복잡다단한 세계에서 가장 유용한 장소라는 것입니다. 거기서 거두는 수확은 곡식과 포도주가 가장 많이 나왔던 계절보다 풍성합니다. 그러므로 나는 내가 들어가지 못한 아름다운 비두니아, 그 많은 비두니아로 인해 복되신 성령께 감사하게 되었습니다.

거룩하신 성령이여, 나의 소원은 여전히 당신의 인도하심을 받는 것입니다. 하지만 쓰임 받을 기회는 잘 닿지 않는 듯합니다. 오늘은 섬김의 삶으로 가는 문이 열린 듯하다가 내일이면 또 한 걸음 앞에서 닫히니 낙심입니다. 내게 이 정지의 시간에도 또 다른 문이 있음을 알게 하소서. 당신께서 문 하나 닫아 두셨을지라도 당신을 섬기는 새로운 출구를 찾도록 도우소서. 더러 아무 일 안 하는 것으로, 고요히 앉아 기다리는 것으로 섬기라는 부르심 받을 때가 있음을 가르치소서. 그리하여 당신의 "세미한 소리"(왕상 19:12)의 능력을 떠올리며, 성령께서 이따금 가지 말라고 하실 때도 불평하지 않을 것입니다.

내 아버지의 인도하심 이해할 수 없어
잔인하고 고된 운명 같아 보일 때도
여전히 세미한 소리의 호소 듣습니다,
하나님 일하시고 신실하시니, 기다리라.

9월 25일

내가 어찌하여……슬프게 다니나이까. _시편 42:9

믿는 자들이여, 이 물음에 답할 수 있습니까? 왜 즐겁지 않고 그토록 자주 울어야 하는지 이유를 알 수 있습니까? 왜 여러분은 우울한 생각에 마음을 빼앗깁니까? 누가 여러분에게 밤은 결코 낮이 되지 않는다고 말했습니까? 여러분의 불만의 겨울은 끝이 없어서 서리에 서리가 겹치고, 눈과 얼음과 우박은 한층 더 극심한 눈과 절망의 폭풍으로 이어진다고 누가 여러분에게 말했습니까?

밤 지나면 날이 밝고, 가뭄 끝에 소나기 오며, 겨울 넘어 봄이고 여름 아닙니까? 그러니 희망을 가지십시오! 하나님께서 여러분을 저버리는 일은 결코 없으니 영원히 희망을 가지십시오!

> 그분 나의 모든 희망보다 넘쳤다.
> 그분 나의 모든 두려움보다 강했다.
> 나의 실패 거두어 다리를 만드시고
> 나의 눈물로 무지개 세우셨다.
>
> 나의 바닷길에 몰아친 폭풍의 파도,
> 그 꼭대기에 언제나 주님이 서 계셨다.
> 그러므로 나 사막을 건너가는 날
> 그분의 사랑에 기대어 안식하리라.
>
> 내 손에 든 세상 보화 털어 내시고
> 당신 언약의 사랑 내미셨다.
> 내 가슴의 상처, 당신의 숨결로
> 바르신 기름에 낫지 않은 것 없었다.
>
> 당신의 훈련 고되었으나 친절하고 참되었으니,

지혜로 가르치고 단련하셨다. 당신께서 찾으신
그 영혼, 당신만을 믿으며 세상의 그 무엇도
당신만큼 소중히 여기지 아니할 때까지.

내 눈에 보이지 않는 길 인도하셨다.
내가 알 수 없는 길로 데려가셨다.
굽은 길은 바르고 험한 길 평탄했다.
주님만 따라갔을 때였다.

그러므로 이제도 나 주님을 찬양하네,
그 반가운 종려나무와 사막의 샘 있었음에.
밤에는 빛나는 불기둥,
낮에는 그늘 같은 구름 있었음에.

외롭고 힘겨운 날 어느 한순간도
사랑의 약속 귀하지 않은 때 없으니,
나의 미래는 나의 모든 두려움 능가할
것임을 나의 과거가 알려 준다네.

사막의 양식이 든 금항아리
싹 난 지팡이와 함께 보관된 것처럼
주님의 법과 함께, 내 하나님의
언약의 사랑, 그 궤 안에 영원하리.

9월 26일

이는 우리가 믿음으로 행하고 보는 것으로 행하지 아니함이로라. _고린도후서 5:7

신자로서 우리는 "믿음으로 행하고 보는 것으로 행하지 아니"합니다. 우리
가 감정에 따라 사는 것은 결단코 하나님께서 원하시는 바가 아닙니다. 우

리의 자아는 감정에 따라 살고 싶어 하고 사탄도 우리에게 그것을 원하겠지만, 하나님께서는 우리더러 감정이 아니라 사실을 직시하라고 하십니다. 그분께서는 우리에게 그리스도의 사실을, 우리를 위해 온전히 이루신 일을 보라고 하십니다. 우리가 이와 같이 보배로운 사실들을 보고, 순전히 그분께서 사실이라 말씀하셨으므로 또한 그렇게 믿으면, 그분께서 우리의 감정을 보살펴 주실 것입니다.

그렇다고 하나님께서 우리의 어떤 감정을 북돋아서 당신을 믿도록 하시는 것은 아닙니다. 그리고 우리가 이미 그분을 완전히 신뢰하며 믿게 되었다는 증거로 우리 안에 어떤 특별한 감정을 불러일으키시는 것도 아닙니다. 우리가 감정과는 전혀 상관없이 그분을 믿고 그분의 말씀과 약속의 신실하심에만 의지하고 있음을 보시고서야 그분께서는 우리에게 감정을 허락하십니다. 그리고 오직 그분께서만 주실 수 있는 이 감정은 우리 각 사람의 환경에 가장 적합한 시간에, 가장 적합한 한도 내에서 올 것입니다.

그러므로 우리는 하나님의 사실과 우리의 감정 가운데 하나를 택해야 합니다. 우리의 감정은 바다나 모래언덕처럼 불확실하고 자주 바뀔 것입니다. 하지만 하나님의 사실은 만세반석이신 그분처럼 확실하니, 그분은 어제나 오늘이나 영원토록 동일하신 예수 그리스도이십니다(히 13:8).

> 어둠이 그분의 아름다운 얼굴 가릴지라도
> 나 그분의 변함없는 은혜에 기대네.
> 어떠한 폭풍이 닥쳐도, 나의 닻은
> 어둠 너머 그분 계신 곳에 고정되어 있네.

9월 27일

내가 대속물을 얻었다. _욥기 33:24

신성한 치유는 사실 그 자체가 생명입니다. 그것은 그리스도께서 몸의 주인 되심이며, 또한 인간 육신의 틀 안에 계신 그리스도의 생명입니다. 그것은 우리 몸의 어떤 부분이 그분의 몸과 연합함이며, 우리 몸 전체에 그분의 생명이 흐르고 있음을 보여줍니다. 그것은 부활하시고 영광을 입으신 그분의 몸처럼 실재합니다. 그리고 그것은, 그분께서 죽음에서 살아나셔서 지금 이 순간도 실체적인 몸을 가지신 분으로 살고 계시며, 동정심 많으신 영적 존재로서 하나님의 우편에 앉아 계신다는 사실처럼 명백합니다.

바로 그 그리스도께서, 그분의 모든 속성 및 능력과 함께 우리에게 속해 계십니다. 우리는 그분의 몸과 살과 뼈의 지체이며, 우리가 이 사실을 믿고 받아들이기만 한다면 실제로 우리는 하나님 아들의 생명으로부터 우리의 생명을 끌어올 수 있을 것입니다.

하나님, 나로 이 말씀을 깨달아서 말씀 그대로 살게 하소서. "몸은……주를 위하여 있으며 주는 몸을 위하여 계시느니라"(고전 6:13).

"너의 하나님 여호와가 너의 가운데에 계시니 그는 구원을 베푸실 전능자이시라"(습 3:17). 스무 해를 넘게 거슬러 올라가는 그때, 나의 지친 마음과 몸은 이 구절로 인해 신성한 치유라는 진리를 처음으로 알게 되었습니다. 신성한 치유는 이제 어느 때보다 넓게 열린 문이며, 살아계신 그리스도께서 구속된 내 몸으로 순간순간 들어오시는 통로입니다. 그분은 들어오셔서 그 고유하신 성품으로 나타나시고 능력으로 나를 채우시며 활력과 생명을 주셔서, 나의 전 존재를 "새 하늘과 새 땅"(계 21:1)으로 바꾸십니다.

또 다른 구절에도 "주 너의 하나님"이라는 표현이 있습니다(눅 10:27). 주께서 나의 하나님이시면 전능하신 하나님의 모든 것이 내 것입니다. 어느 정도로 내 것이냐 하면, 내가 기꺼이 하나님을 이용할 수 있고 그분의 모든 소유를 가져다 쓸 수 있을 정도로 내 것입니다. 그 이름이 만군의 여호와이신 하나님께서는(렘 32:18) 진실로 전능하신 하나님이시며, 내 안에 계신 하나님이십니다. 태양이 우리 태양계의 중심인 것처럼 그분께서는 내 안의 중심이시며, 아버지와 아들과 성령으로 내 안에 사십니다. 그분께서는 삼위 하나님으로 내 존재의 중심에서 발전소를 돌리시는 위대한 동력이시며, 내 두뇌와 여타의 신경계를 포함한 나의 육신적 존재 한가운데서 일하십니다.

이 진리는 이십일 년간 내게 살아있는 현실이었으며, 시간이 갈수록 깊고 풍부해졌습니다. 지금 내 나이 칠십이지만 모든 면에서 나는 서른 살 때보다 훨씬 젊고 튼튼합니다. 나는 현재 하나님의 힘으로 살며 정신적 육체적 성취를 과거보다 갑절이나 거두고 있지만, 들이는 노력은 절반밖에 되지 않습니다. 나의 육체적, 정신적, 영적 생명은 수맥이 터진 샘 같아서 언제나 넘쳐흐릅니다. 나는 설교하고 가르치고 여행합니다. 낮이거나 밤이거나, 날씨와 기후가 돌변하든 말든 쉼 없는 나의 그 일에 드는 노력은 증기압이 최대치가 되어 기관차의 바퀴가 저절로 굴러가는 정도의, 혹은 물이 순조롭게 파이프를 통과하는 정도의 노력에 불과합니다.

> 이토록 구속받아 정결과 치유 얻은 나의
> 몸과 정신과 영혼을 주님 당신께 드리오니
> 거룩한 봉헌, 날마다 당신의 것 되리이다.
> 나의 모든 능력 하나가 되어, 온 마음 다하도록
> 당신의 크신 영광 위하게 하소서, 할렐루야!

— 헨리 윌슨

9월 28일

내 안에서 평안을……. _요한복음 16:33

즐거움과 복됨은 차이가 큰 개념입니다. 바울은 거의 극단에 이르도록 투옥과 고통과 희생과 고난을 겪었지만, 그 모든 것을 통해 복을 받았습니다. 그 고난의 환경 한가운데서 모든 축복이 그의 가슴과 삶에 실현되었습니다.

이탈리아의 위대한 바이올린 연주자 파가니니가 한번은 무대에 올라가서 보니 악기에 문제가 있었습니다. 그를 맞이하는 관객의 박수소리도 거의 잦아들고 있었습니다. 그는 손에 든 바이올린을 잠시 살펴보았습니다. 그것은 자신이 가장 아끼는 최고의 바이올린이 아니었습니다. 그 바이올린은 숫제 자신의 것조차 아니었습니다. 그는 눈앞이 캄캄했지만 곧 관객을 향해 돌아서서 착오로 인해 자신의 바이올린을 들고 올라오지 못했다고 설명했습니다. 그리고 무대 뒤에 자신의 바이올린을 두었을 거라고 생각하며 그쪽으로 갔지만 허사였습니다. 누군가 자신의 바이올린을 훔쳐가고 대신 그보다 조악한 것을 놓아두었던 것입니다. 그것이 파가니니가 손에 쥐고 있던 조잡한 바이올린이었습니다.

그는 잠시 무대 뒤에 서 있다가 다시 나와서 관객에게 말했습니다. "신사 숙녀 여러분, 이제 저는 여러분께 음악은 악기가 아니라 영혼에서 나오는 것임을 보여드리려고 합니다." 그리고 그는 전에 없던 혼신의 힘으로 연주했고, 그 조악한 악기에서는 아름다운 음악이 흘러나왔으며, 관객들은 결국 감동하여 천장이 들썩거릴 정도로 박수를 보냈습니다. 그는 그 음악이 악기가 아니라 자신의 영혼에서 나왔음을 관객들에게 진정으로 보여주었던 것입니다!

시험과 시련에 놓인 신자들이여, 삶의 음악은 환경이나 외부적인 것이 아니라 여러분의 영혼에서 나오며, 그것을 하늘과 땅의 모든 이들에게 보여주고자 이 세상의 무대로 걸어나가는 것이 여러분의 사명입니다.

그대 가슴에 평화 있으면,
매서운 겨울 폭풍도 장엄히 아름답고,
한밤의 섬광도 그대 가야 할 길 밝힐 뿐입니다.
살아있는 모든 것들이 아름다운 이야기 들려주고,
나무와 돌마저 영광의 빛으로 일렁입니다.
그대 가슴에 평화 있으면.

— 찰스 프랜시스 리처드슨

9월 29일

나는 기도할 뿐이라. _시편 109:4

경건의 시간만 됐다 하면 우리는 지독히도 바쁩니다. 우리가 실제로 개인

428

경건에 바치는 시간이 하루에 얼마나 됩니까? 몇 분이라도 됩니까? 상당한 시간을 기도에 사용하지 않고서 영적 거장으로 불리는 사람 있으면 하나라도 꼽아 볼 수 있겠습니까? 엄청난 시간을 기도에 쏟아붓지 않고서 그토록 용감한 기도의 정신을 보여준 사람 있습니까?

18세기에 미국에서 엄청난 신앙적 부흥운동이 있었습니다. 이른바 "대각성"이라는 이 운동의 주요 선도자 가운데 한 사람이었던 조지 윗필드가 언젠가 말했습니다. "몇 날 몇 주를 온전히 엎드려서 침묵으로 혹은 소리 내어 기도하며 보냈습니다." 그리고 말과 삶이 일치한 또 다른 한 사람은 이렇게 말했습니다. "무릎을 꿇고 그 자리에서 자라십시오."

고독을 사랑하지 않은 사람에게서 문학이나 과학의 위대한 업적이 나온 예가 없다고 합니다. 믿음의 근본적인 원리 역시 마찬가지입니다. 하나님과 둘이서만 수시로, 오랫동안 시간을 보내지 않고서는 누구도 영적으로 위대한 성장을 이루어 내지 못했습니다.

"오라, 오라." 그분께서 부르신다,
"짓눌리고 지친 영혼아, 사막에 둔 내 안식의 그늘로 오라,
시끄럽고 번잡한 삶 놓아두고 나와 함께 걷자,
평화, 네 가슴에 노래처럼 흐르리라."

9월 30일

여호와께서 그를……지키셨도다. 마치 독수리가 자기의 보금자리를 어지럽게 하며 자기의 새끼 위에 너풀거리며 그의 날개를 펴서 새끼를 받으며 그의 날개 위에 그것을 업는 것같이 여호와께서 홀로 그를 인도하셨고 그와 함께한 다른 신이 없었도다. _신명기 32:10-12

우리의 전능하신 하나님께서는 품 안의 자식들을 벼랑 끝으로 데려가 허공으로 밀어 넣는 어미와 같습니다. 그분께서 이처럼 하심은, 자녀들에게 비행의 잠재력이 있어서 날기만 하면 삶의 위로와 즐거움이 더할 것임을 알게 하려는 의도입니다. 어린 자녀들은 그러한 비행 연습 과정에서 자칫 위험에 빠질 수 있지만, 그분께서는 바람처럼 날아와 떨어지는 자녀들을

강한 날개 위에 태우고 하늘로 치솟을 준비를 하고 계십니다. 하나님께서 그분의 자녀들을 힘들고 고통스러운 곳으로 데려가시는 경우, 자녀들은 언제나 그분께서 구원하시리라 믿을 수 있어야 합니다.

하나님께서 그대 어깨 위에 짐을 올려놓으시되
언제나 당신의 팔로 받쳐 부축하십니다.

작은 나무가 하나 있었습니다. 이 나무는 거대한 참나무 그늘 아래 있었으므로 성장이 더뎠습니다. 작은 나무는 그 고귀한 친구가 제공해 주는 그늘과 그로 인한 안식을 소중하게 생각했습니다. 그렇지만 이 작은 나무에게는 더 큰 축복이 마련되어 있었습니다.

어느 날 나무꾼이 도끼를 들고 와서 그 거대한 참나무를 찍어 넘겼습니다. 작은 나무는 울며 소리쳤습니다. "내 안식처가 사라졌다. 이제 큰바람이 나를 뿌리째 뽑아 버릴 텐데."

작은 나무의 수호천사가 대답했습니다. "아니, 이제부터는 햇빛과 비가 너에게 더욱 더 풍성하게 내릴 것이다. 왜소했던 네 모습이 사랑스럽게 바뀌고, 그늘에서 한 번도 제대로 피지 못했던 네 꽃들 햇빛 속에서 웃을 것이다. 그리고 사람들이 놀라며 말할 것이다. 이 나무가 언제 이렇게 컸지! 그늘이자 기쁨이 되어 주던 것이 없어지니 이토록 아름답게 되었구나!"

믿는 자들이여, 하나님께서 여러분을 더 강한 그리스도인으로 만들고자 여러분의 위안과 특권을 걷어 가심을 압니까? 왜 주님께서 늘 그분의 군사들을 침상에 누워 쉬라고 하지 않으시고 어려운 행군과 섬김으로 불러 훈련시키시는지 압니까? 그분께서 시키시니 병사들은 철벅거리며 개천을 건너야 하고, 깊은 강 헤엄쳐야 하며, 험한 산 올라야 하고, 등에 슬픔의 군장 짊어지고 먼 길을 행군해야 합니다. 그분께서 군인을 훈련시키는 방식이 이렇습니다. 근사한 군복 입혀 부대 앞에 세워 두거나, 밖에 내보내 사람들 앞에서 멋진 군인의 모습 자랑하게 하는 것은 결코 그분의 훈련 방식이 아닙니다. 그렇습니다. 군인은 모름지기 전투로 양성될 뿐이며, 평시

430

에는 진정한 군인이 나오지 않음을 하나님께서 아십니다. 우리는 군인의 잠재력은 있을 테지만, 그 잠재력을 끌어내어 진정한 전투병이 되려면 화약 냄새 맡으면서 치열하게 싸우는 교육이 필요합니다. 평소처럼 희희낙락 살아서는 전투병이 될 수 없습니다.

그러므로 그리스도인들이여, 여러분의 상황이 이와 같습니까? 주께서 지금 여러분을 다그쳐 은사를 계발하게 하십니까? 그분께서 지금 여러분을 전쟁의 포연 속으로 밀어 넣으셔서 군인의 자질을 키우게 하십니까? 그렇다면 여러분은 이제 그분께서 능히 이기라고 주신 무기와 은사를 사용해야 하지 않겠습니까?

내가 주를 기다리고 기다렸더니

10월 1일

고난당한 것이 내게 유익이라. _시편 119:71

맹렬한 기후에 고스란히 노출된 고산지대에서 초목의 색깔이 가장 화려하다는 것은 경이로운 자연의 사건입니다. 가장 아름다운 야생화는 물론 가장 밝은 지의류와 이끼류의 식물도 대부분 강풍에 시달리는 정상 부근에 몰려 있습니다.

살아있다 할 만큼 아름답고 밝은 색의 군락을 나는 프랑스 알프스의 몽스니 산 3천 미터 정상 부근의 생 베르나르 수도원 바로 위에서 보았습니다. 대단히 넓은 바위 전면이 노란 지의류로 뒤덮여 있었는데, 햇빛을 잔뜩 받고 있는 이 노란색이 얼마나 현란하고 밝던지 무슨 마법의 성을 지키는 황금성벽처럼 보였습니다. 외롭고 황무한 그 고산에서 온갖 바람 맞아가며 자란 이 지의류 식물은, 같은 종류라 해도 계곡의 안온한 곳에서는 구경조차 할 수 없는 영광스러운 색깔을 내보이고 있었던 것입니다.

이 글을 쓰고 있는 지금 내 앞에는 똑같은 지의류 견본이 둘 있습니다. 하나는 생 베르나르 지역에서, 또 하나는 스코틀랜드의 어느 성벽에서 채취해 온 것입니다. 스코틀랜드 성벽은 플라타너스 나무로 둘러싸여 있었습니다. 이 둘은 형태와 색깔 면에서 무척 대조적입니다. 산 정상의 강풍 속에서 자란 것은 앵초에 가까운 노란색에 섬모의 결이 부드럽고, 모양과 형태 또한 일정하고 명확합니다. 반면에, 저지대 계곡의 알맞은 비와 따뜻한 대기 속에서 양성된 것은 색이 흐리고 바래었으며, 결도 거칠고 형태 역시 뚜렷하지 않습니다.

아무런 위로도 없이 고난과 폭풍에 시달리는 그리스도인도 그렇지 않겠습니까? 하나님의 섭리로 한 신자에게 거센 바람과 역경이 거듭 몰아닥칩니다. 그의 성품과 자질은 모나고 거칠어 보입니다. 하지만 실제로는 그 시련이 구름과 어둠을 깨끗이 걷어 내고 완벽한 성품을 만들어 내며, 그의 삶에 밝은 축복을 선사합니다.

내가 받은 끝없는 축복 가운데 으뜸은

내 가슴 찢어지게 아팠다는 그것입니다.

모든 축복에 감사, 나를 혹독히 대하셨음에 특히 감사드립니다.

— 휴 맥밀런

10월 2일

데리시고 따로……떠나가셨으나. _누가복음 9:10

은혜가 자라나려면 엄청난 시간을 고독에 바쳐야 합니다. 영혼이 가장 왕성하게 성장하는 계기는 결코 다른 이들과의 접촉에 있지 않습니다. 고요히 한 시간을 기도하는 것이 다른 이들과 사귀며 여러 날을 보내는 것보다 크나큰 결과를 산출해 낼 때가 빈번합니다. 가장 맑은 이슬과 깨끗한 대기는 사막에 있습니다.

너만 따로 나와 함께 가서 잠시 쉬자.
일과 사람에 지쳤음을 내 아느니,
땀과 먼지로 얼룩진 네 이마 훔쳐 내고
내 고요한 힘으로 다시 강건해지거라.

세상이 귀하다 하는 모든 것 버려두고,
이제 세상이 알지 못하는 사귐 있으니 오라.
여기서 나와 둘이, 내 아버지와 둘이서 있자.
나와 함께, 내 아버지와 함께면 외롭지 않으리라.

네가 밖에서 한 모든 말과 일 내게 와 이르라.
승리와 실패, 희망과 두려움 모두 말하라.
사람들의 굳은 마음 어떻게 어루만져야 하는지 내 아느니,
내 승리의 면류관은 언제나 눈물에 젖어 있느니라.

이제 와서 쉬라, 갈 길은 아득히 멀고
너는 길가에 주저앉아 기진하리라.
너 먹을 생명의 양식 여기 있으니,
너 마실 사랑의 음료 여기 있으니.

그렇게 네 주님과 사귐 나누고 돌아와서
하루 해 질 때까지 힘써 일하라.
주님과 만나는 짧은 시간 결코 헛되지 않으니
너 거기서 네 주님과 하늘의 안식 더 많이 알리라.

10월 3일

지진 후에 불이 있으나……불 후에 세미한 소리가 있는지라. _열왕기상 19:12

주님을 알아가는 일에 급속한 진보를 보인 한 여성이 한번은, 남들 눈에는 쉬워 보이는 그 성장의 비결에 관해 질문을 받았습니다. 여성의 짧은 대답은 이것이었습니다. "제어하심에 마음 쓰십시오."

우리 중 많은 이들이 하나님을 더 잘 알고 이해하지 못하는 이유는 그분의 세미한 "제어"에, 그 섬세한 제지와 만류에 주의를 기울이지 않는다는 것입니다. 그분의 음성은 "세미한 소리"입니다. 그렇게 작은 소리는 거의 듣기가 어렵고, 따라서 영혼을 스쳐 지나가는 새벽의 미풍처럼 우리의 가슴과 마음에 미약하지만 꾸준히 와 닿는 압력으로 느껴질 것입니다. 그럼에도 가만히 마음 써 듣고자 하면, 그 소리는 우리 내면의 귀에 작지만 점차 또렷이 들립니다.

하나님의 음성은 사랑의 귀로 향하고, 참된 사랑은 아무리 미약한 소리라도 듣고자 열심을 냅니다. 하지만 그분의 사랑이 말씀을 그치는 때가 있습니다. 그렇습니다. 우리가 그분의 말씀을 믿지도, 그 말씀에 반응하지도 못하는 때가 분명히 있습니다. 하나님은 사랑이시니(요일 4:8) 여러분이 그분과 그분의 음성을 알고자 한다면 그분의 세미한 접촉에 지속적으로 열려 있어야 합니다.

그러므로 여러분이 다른 이들과 대화중에 뭔가를 말하려고 하는데 그분의 고요한 음성으로부터 미약한 제지의 신호가 느껴진다면, 그 만류에 유의하여 말을 멈추십시오. 그리고 여러분이 위험도 없고 옳아 보이는 어떤 방침을 강구하려는데 여러분 안에서 고요한 확신으로 강권하는 다른 길이 느껴진다면, 그 확신에 주의를 기울이십시오. 계획을 변경하는 것이 인간의 관점에서는 말할 수 없이 어리석은 일로 보일지라도 그 길을 따라야 합니다.

또한 하나님께서 여러분 앞에 뜻을 펼쳐 보이실 때까지 기다릴 줄 알아야 합니다. 여러분의 심중에 있는 모든 계획을 그분께 내어 드려 그분께서 이끄시고 성취하시게 하십시오. 여러분의 지혜를 앞세우지 마십시오. 그분께서 여러분에게 주신 계획이 있다 해도 실제로 행하시는 방식은 그 계획과 모순되어 보일 수 있습니다. 하나님의 뜻은 그분 자신에게 손해가 되고 불리하게 작용하는 듯합니다. 그러니 무슨 궁리라도 해야 할 듯싶지만, 그저 듣고 순종하며 그분을 믿으십시오. 아무리 어리석어 보일지라도 그렇게 해야 합니다. 궁극적으로는 "하나님을 사랑하는……자들에게는 모든 것이 합력하여 선을 이"룬다고(롬 8:28) 하신 말씀대로 되겠지만, 그분 계획의 실행 초기에는 빈번히 이러하시니,

당신 세계에서 기꺼이
지는 경기 하려고 하십니다.

그러므로 여러분이 하나님의 음성을 알고자 한다면, 최종적인 결과나 가능한 결론을 쉽게 내리지 마십시오. 어둠밖에 안 보이는데도 그분께서 가라고 하시면 그대로 순종하십시오. 그분 스스로 여러분 안에서 영광스러운 빛이 되실 테니 말입니다. 그러면 여러분 가슴에 용솟음치는 것이 있으니, 바로 하나님에 대한 지식과 사귐입니다. 그리고 이 지식과 사귐은 그 자체로 여러분과 하나님을 결속시키는 힘이 있을 것입니다. 시련이 아무리 가혹하고 삶이 아무리 힘겨워도 말입니다.

10월 4일

여호와께서 욥의 말년에 욥에게 처음보다 더 복을 주시니. _욥기 42:12

욥은 슬픔을 겪고 유산을 찾았습니다. 그의 시련은 그의 신실함을 확증하고 인정하기 위함이었습니다. 마찬가지로, 하나님께서 나 역시 고난을 통해 나의 성품을 깊게 하고 고난 없이는 받을 수 없는 선물들을 내게 주시려 함입니다. 시련을 통해서야 내 열매가 가장 잘 익으니 왜 아니겠습니까. 나는 겸손과 눈물과 죽음을 겪어서야 영광의 자리로 나옵니다. 정확히 욥의 경우가 이러했는데, 그는 고통을 통해서 하나님을 더 깊이 알고 스스로에 대해서는 더욱더 겸손해졌습니다. 마침내 그는 이처럼 외쳤습니다. "내가……이제는 눈으로 주를 뵈옵나이다"(5절).

내가 만일 내 고통과 상실을 통해 장엄히 오시는 하나님의 임재를 경험하고, 그 앞에 엎드려 "뜻이 하늘에서 이룬 것같이 땅에서도 이루어지이다"(마 6:10)라고 기도한다면, 나는 잃은 것이 아니라 진실로 크게 얻은 것입니다. 하나님께서는 욥에게 그가 누릴 미래의 영광을 얼핏 보게 하셨는데, 아닌 게 아니라 그 고난의 세월을 겪는 동안 그는 하나님의 장막 너머를 통찰하고 진심으로 말할 수 있게 되었습니다. "내가 알기에는 나의 구속자가 살아 계시니"(욥 19:25). 그러므로 진정 "여호와께서 욥의 말년에 욥에게 처음보다 더 복을 주"셨습니다.

손에 금덩어리 하나 챙겨들지 않고 찾아오는 고난은 없습니다.

우리가 끝까지 섬기며 인내로써 기다리기만 하면 불행처럼 보이는 역경은 결국 옳은 일을 하는 우리에게 유익이 될 것입니다. 과거의 저 위대한 승리의 영혼들을 생각해 보십시오. 그들은 굽힘 없는 믿음과 용기를 가지고 일했습니다. 고난을 받아들여 견디지 않고서는 결코 얻어 낼 수 없는 축복들이 많습니다. 어떤 기쁨은 반드시 슬픔을 거쳐야만 우리에게 올 수 있습니다. 세상의 휘황한 빛이 모두 사라졌을 때만 우리가 받을 하나님의 거룩한 진리의 계시가 있습니다. 그리고 쟁기질이 끝난 다음에야 자라서 우리에게 오는 수확물이 있습니다.

우리가 아는 가장 강한 영혼들은 고난에서 나왔습니다. 인간의 위대한 성품은 슬픔의 상처가 확연한 사람들에게서 드러납니다. 시대를 이어 온 순교자들은 불처럼 찬란한 대관식의 예복을 입었지만, 그들은 눈물과 슬픔으로 하늘문을 본 사람들이었습니다.

> 그 반짝이는 빛으로
> 네가 두른 황금사슬 알아보리라,
> 네 가슴의 고요한 사랑의 힘으로
> 너 견뎌야 했던 불 알아보리라,
> 참된 가슴아, 영원히 뛰어라,
> 튼튼한 황금사슬아, 밝히 빛나라,
> 그리고 그 정련의 불,
> 그 붉은 고통의 화로 찬양하라!

— 애들레이드 프록터

10월 5일

얼마 후에 그 시내가 마르니라. _열왕기상 17:7

상실에 처하게 하신 하나님의 섭리가 있습니다. 우리 앞에 찾아온 실패와 소멸의 역할이 있습니다. 그분께서는 우리에게 부족과 비움을 선물로 주십니다. 아직도 이러한 사실들을 모른다면 우리 믿음의 교육이 불완전한 것입니다. 사실, 우리 삶이 영적인 기반에 서는 계기는 물질적 불안정성입니다.

엘리야가 생각에 잠겨 앉아 있던 시냇가, 점점 줄어드는 그릿 시냇가는 우리 각 사람의 삶을 여실히 드러냅니다. "얼마 후에 그 시내가 마르니라." 이것이 우리 과거의 역사이며 우리 미래의 예언입니다.

선물을 믿는 것과 선물 주시는 이를 믿는 것은 다릅니다. 우리는 이 차이를 알아야 합니다. 선물은 한철이나 갈까 모르겠지만, 선물 주시는 이는 한분밖에 없는 영원한 사랑이십니다.

그릿 시냇가는 엘리야의 난제였으니, 그가 사르밧에 도착할 때까지 그러했습니다. 그런데 한순간에 모든 것이 햇빛처럼 명백해졌습니다. 하나님께서는 엄한 지시 한 번으로 모든 것을 끝내시는 분이 아닙니다. 그러니 우리 인생의 고뇌와 소모와 눈물은 막간극일 뿐 결코 마지막 장면이 될 수 없습니다.

주께서 엘리야를 곧장 사르밧으로 데려가셨다면, 그릿 시냇가의 믿음의 삶이라는 것은 그에게 없었을 테고, 따라서 그는 더 지혜로운 예언자요 더 훌륭한 인간으로 성장할 기회를 얻지 못했을 것입니다. 그러므로 우리의 이 세상 시내와 여타의 외부적 자원이 마르고 줄어들 때는 언제나, 우리의 희망과 도움은 하나님께 있음을 배우게 하려고 허락하신 것임을 알아야 합니다. 그분께서 하늘과 땅을 만드셨으니 말입니다.

> 그대 역시 아름다운 물가에 앉아
> 지친 영혼의 목마름 가라앉혔으리라.
> 그리고 세월 지나 그대의 시냇가
> 더 이상 그 옛날의 시냇가 아니었으리라.
>
> 용기와 위로와 축복과 힘을 주던 가슴,
> 무엇도 바라지 않고 아낌없이 주던 사랑,
> 기쁨, 보배 같은 기쁨, 세월 가고 또 가니
> 모두 무디고 흐리어졌으리라.
>
> 그러므로 영혼아, 그대가 사랑했던 시냇가
> 이제 그대를 저버리고, 더 이상 갈증도 풀지 못한다면,
> 한때 활력이며 기쁨이었던 시냇물 사라졌다면,
> 그분으로 그대 가슴 채우라.
>
> 그분 그대 저버리고 실망시키지 않으리라.
> 그분의 위로와 보호 세월 가도 변치 않으리라.

440

그분 분명히 기쁨의 향유 그대에게
바르시고, 그대 눈물 닦아 주시리라.

—J. 댄슨 스미스

10월 6일

그가 입을 열지 아니하였음이여. _이사야 53:7

오해 받고 차분히 대응하는 일, 거친 판단을 거룩한 미소로 받아들이는 일
은 은혜 없이 못 합니다. 우리와 관련한 험담만큼 그리스도인으로서 우리
의 성품에 시험이 되는 것은 없습니다. 이 비수 같은 시험이 우리가 속까
지 금인지 겉만 싸바른 도금인지를 가려냅니다. 우리의 시련 뒤에 놓인 축
복들을 볼 수 있다면 우리는, 시므이의 저주를 받은 다윗처럼 말하게 될
것입니다. "그가 저주하게 버려두라. 혹시……오늘 그 저주 때문에 여호와
께서 선으로 내게 갚아 주시리라"(삼하 16:11-12).

어떤 그리스도인들은 크나큰 삶의 부르심을 외면하고 분노에 사로잡
혀 적대자들을 찾아 나섭니다. 그런 식으로 그들은 결국 삶을 전쟁의 소용
돌이 속으로 몰아갑니다. 내가 볼 때 이것은 말벌집을 들쑤심과 같습니다.
아마 벌들을 흩어놓을 수는 있겠지만 지독하게 쏘이는 것은 피할 수 없고,
그 쏘인 고통의 대가는 전혀 받지도 못합니다. 말벌의 꿀은 하등의 가치도
없을 테니 말입니다.

하나님께서 우리에게 이와 같으신 그리스도의 성령을 더욱더 허락하
시기를 빕니다. "욕을 당하시되 맞대어 욕하지 아니하시고……오직 공의
로 심판하시는 이에게 부탁하시며"(벧전 2:23). "너희가 피곤하여 낙심하
지 않기 위하여 죄인들이 이같이 자기에게 거역한 일을 참으신 이를 생각
하라"(히 12:3).

너를 위하여 그가 슬픔의 길 걸었다.
그가 고개 숙여 모질게 맞았다.

그가 안 슬픔과 고통 가장 깊은 것이었다.

그의 기나긴 인내 위로 없는 것이었다.

그 쓰디쓴 고난 다 마셔 죽음의 깊은 잔 비웠다.

피 한 방울 남김없이 모두 쏟아냈다.

그렇다. 너를, 또한 나를 위하여 그가 싸워 이겼다.

우리를 영광으로, 빛의 나라로 데려가기 위하여.

— L.S.P.

10월 7일

너희 중에 여호와를 경외하며 그의 종의 목소리를 청종하는 자가 누구냐. 흑암 중에 행하여 빛이 없는 자라도 여호와의 이름을 의뢰하며 자기 하나님께 의지할지어다. _이사야 50:10

어둠의 시간이 오면, 감정이 아니라 지성과 논리로 따져 봐도 당황스럽고 막막한 어둠이 오면, 믿는 자들은 어떻게 해야 합니까? 이 어둠의 시간이 하나님의 뜻에 순종하며 걷는 신실한 제자들에게 옵니다. 무엇을 해야 하며 어느 길로 가야 할지 모르게 캄캄히 옵니다. 하늘은 구름으로 덮이고, 거기서 오던 밝은 빛은 더 이상 길을 밝히지 못한 채 칠흑의 어둠을 더듬거리며 가는 듯한 심정입니다.

믿는 자들이여, 여러분이 지금 이와 같습니까? 어둠의 시간에 여러분은 어떻게 해야 합니까? 하나님의 말씀이 있습니다. "여호와의 이름을 의뢰하며 자기 하나님께 의지할지어다." 사실 가장 먼저 해야 할 일은 아무 것도 하지 않는 것입니다. 이것은 우리의 저열한 인간 본성으로서는 하기 어려운 일입니다. "당황했을 때는 뛰지 말라"는 말이 있습니다. 혼란스러워서 어찌 할 바를 모를 때는 아무것도 하지 말라는 것입니다. 영적으로 앞이 안 보일 만큼 짙은 안개에 갇혔다 생각될 때는 달려 나갈 생각을 말고 삶의 속도를 늦추어야 합니다. 그리고 어떤 경우는, 아예 닻을 내려 삶이라는 배를 고정시키거나 선창에 매어 둘 필요도 있습니다.

복잡하게 생각할 것 없이 하나님을 믿고 의지함이 좋습니다. 우리가 의지해야 그분께서 일하실 수 있으니 말입니다. 그와 반대로, 근심 걱정은 우리를 위해 일하시는 하나님을 가로막을 뿐입니다. 뒤덮인 어둠에 놀라 우왕좌왕하며, 하나님께서 섭리로 두신 그 어둠의 시련을 피해 달아나려 한다면 주님께서 우리를 위해 일하실 수 없는 것입니다.

하나님의 평화만이 우리 마음과 가슴을 고요히 쉬게 합니다. 우리는 어린아이처럼 그분의 손에 우리의 손을 맡겨야 하고, 그래야 그분께서 우리를 당신 사랑의 밝은 빛 가운데로 이끌어 가십니다. 그 어둡고 짙은 안개 속에서 벗어나는 길은 그분께서 아시니, 우리는 다만 그분의 팔에 매달려, 가장 짧고 확실한 길 가르쳐 주시며 우리 구해 내실 줄로 믿어야 합니다.

기억하십시오. 우리에게 안내인이 없는 경우란 있을 수 없습니다. 우리가 방향을 모를 때도 그분은 언제나 우리와 함께 계십니다.

> 내 영혼아, 믿는 마음으로 거기서 버텨라.
> 흔들리지 않는 자들만 면류관 얻는다.
> 폭풍 거셀 때 닻을 버리는 자들
> 배와 함께 침몰하리라.
> 하지만 무슨 일이 있어도 예수 붙드는 자들
> 하늘과 땅이 무너져도 서리라.
> 버텨라! 슬픔은 끝나고,
> 티끌에서 승리의 희망 피어나리라.
> 폭풍이 오면 여름이 멀지 않고
> 십자가는 저 위의 낙원 가리킨다.
> 아버지께서 다스리신다! 모든 의심 거두고,
> 버텨라, 내 영혼아, 버티고 견뎌 내라.

10월 8일

아무것도 염려하지 말고._빌립보서 4:6

일상사에 대한 걱정과 근심으로 끝없이 안달하며 사는 그리스도인들이

적지 않습니다. 이 복잡하고 정신없는 일상에서 완전한 평화를 누리며 사는 비결을 알아 두는 것이 좋겠습니다. 걱정한다고 되는 일이 있습니까? 걱정으로 더 튼튼해지거나 하나님의 뜻을 행하는 데 도움이 된다는 얘기 못 들어 봤고, 더군다나 걱정으로 불안하고 혼란한 그 심사에서 벗어났다는 사람 못 보았습니다. 걱정은 유용하고 아름다워야 할 삶의 가치를 저해할 뿐입니다. 염려, 근심, 걱정은 우리 주님께서 엄히 금하신 사항입니다. "그러므로 염려하여 이르기를 무엇을 먹을까 무엇을 마실까 무엇을 입을까 하지 말라"(마 6:31). 물론 주님께서 앞일을 헤아릴 필요도 없고 인생의 계획이나 목표 같은 것도 세우지 말라는 뜻으로 이 말씀을 하신 것은 절대 아닙니다. 그분께서는 다만 우리의 앞일이나 계획에 대해 걱정하지 말라고 말씀하셨을 뿐입니다.

여러분이 끝없이 염려하며 산다면 사람들이 알아봅니다. 여러분 얼굴의 주름살과 목소리와 부정적인 태도에, 기쁨 없는 마음에 다 나타납니다. 그러므로 하나님께 드린 삶의 정상으로 올라가십시오. 거기 올라가서 보면, 그토록 걱정했던 것들이 그토록 작아 보일 수가 없을 것입니다.

언제나 걱정하고 모든 것에 의문을 던지며 모든 사람을 불신한다는 것은 본인이 그만큼 약하다는 증거입니다. 그렇게 해서 무엇 하나라도 얻은 것 있습니까? 그것이 오히려 우리의 행동을 제한하고 지혜롭게 결정할 수 있는 마음의 능력을 해치지는 않습니까? 가만히 있으면 믿음으로 떠오를 텐데 우리는 버둥거리다 오히려 빠져 죽습니다.

침묵의 은혜가 있었으면 좋겠습니다. 우리가 잠잠하여 여호와께서 하나님 되심을 알 수 있는 은혜가 있었으면 좋겠습니다. "이스라엘의 거룩한 자"(시 89:18)께서 당신의 백성을 지키고 구해 내실 것입니다. 그분의 모든 말씀 영원히, 산들이 바다에 잠길지라도 영원히 우뚝할 것임을 우리는 확신할 수 있습니다. 그분께서는 우리의 온전한 신뢰 받으시기에 합당하십니다. 그러므로 내 영혼아, 네 평안의 자리로 돌아가 주님 예수의 팔에 안겨 쉬어라.

너 고요할 때,

네 영혼 깊은 곳에 평화 넘치리.

10월 9일

이는 너희에게 은혜를 베풀려 하심이요 일어나시리니 이는 너희를 긍휼히 여기려 하심이라.
_이사야 30:18

비가 많이 내리는 곳에서는 언제나 풀들이 짙푸르게 자랍니다. 그래서 나는 아일랜드가 "에메랄드 섬"인 까닭이 안개 때문이 아닌가 생각합니다. 여러분 역시 슬픔과 괴로움의 안개가 짙은 곳에서는 언제나 하나님의 사랑과 위로가 녹음처럼 우거진 초록빛 영혼들을 볼 수 있습니다.

그리스도인들이여, "제비가 안 보이니 모두 죽어 없어졌다"고 말하지 마십시오. 제비는 죽지 않았습니다. 깊고 푸른 바다 스치듯 건너 머나먼 나라로 갔을 뿐입니다. 그리고 곧 다시 돌아올 것입니다. 하나님의 자녀들이여, "꽃이 전부 죽었다, 겨울이 와서 꽃들을 죽였다"고 말하지 마십시오. 아닙니다. 겨울이 비록 흰 눈으로 천지를 덮었다 하더라도 꽃들은 곧 머리를 내밀고 다시 살아날 것입니다.

믿는 자들이여, 구름이 해를 덮었다 하여 해가 다 타 없어졌다고 말하지 마십시오. 아닙니다. 해는 여전히 그 자리에 있어 여러분을 위해 여름을 준비하고 있습니다. 해가 다시 나올 때는 이미 사월 봄비를 앞세울 것이고, 이 비가 곧 모든 오월 꽃들의 어머니가 될 테니 말입니다.

특히 유념해야 할 것으로, 하나님께서 당신의 얼굴 감추셨다 해서 여러분을 아주 잊었다고 생각하지는 마십시오. 그분 향한 여러분의 사랑이 좀 더 커지도록 잠시 기다리고 계실 뿐입니다. 그분께서 다시 오시면, 여러분은 말할 수 없이 "여호와를 기뻐할" 것입니다(느 8:10). 그분을 기다림으로 우리의 은혜가 깊어지고 우리의 믿음이 단련됩니다. 그러므로 희망 중에 기다립시다. 약속이 다소 늦을 수는 있어도 기한을 넘기는 법은 결단코 없을 테니 말입니다.

오, 해마다 겨울이 있고

해마다 비 내리지만
새들이 다시 북으로 가는 날
언제나 옵니다.

숲에 새잎이 돋아나고
들에 풀꽃 파릇할 때,
튤립 꽃 만발할 그때,
새들은 다시 북으로 갑니다.

오, 영혼마다 슬픔이 있고
영혼마다 고통으로 아프지만
새들이 다시 북으로 가는 날
언제나 돌아옵니다.

용기로 지탱한 가슴 꺾이거든
부디 기억하기를,
춥고 어두운 시절 끝나
새들은 다시 북으로 간다고.

10월 10일

불평하지 말며. _시편 37:1

이 말씀 역시 "도둑질하지 말라"(출 20:15)는 말씀 못지않은 하나님의 계명
이라고 나는 믿습니다. 그런데 이처럼 불평하며 안달복달하는 이 상태는
무엇입니까? 언젠가 어떤 사람이 이 상태를 일러, 표면이 거칠어져서 자신
은 물론 다른 사람까지 닳아 해지게 하는 것이라고 정의했습니다. 분별없
이 짜증 내고 비판적인 사람이 자신뿐 아니라 남들마저 지치고 피곤하게
한다는 것은 맞는 말 아닙니까? 안달복달하는 사람은 남들에게 정말 성가
신 존재입니다. 악을 행하는 자들 때문에 불평하지 말라는 이 시편 말씀은

446

안달과 불평의 여지를 전혀 남겨 두지 않습니다. 그만큼 그것이 해로우므로, 하나님께서도 우리가 그러한 성정으로 인해 우리 자신이나 남들에게 해 입히기를 원치 않으시는 것입니다.

격한 분노가 열병보다 우리 신체에 해롭다거나, 끊임없는 불안과 초조가 우리 육신의 건강에 전혀 도움이 못 된다는 점은 어느 의사라도 인정하는 사실입니다. 이보다 조금 덜한 단계는 짜증 내는 성격인데, 이 역시 분노와 크게 다르지 않습니다. 부디 이와 같은 성정을 한번에 내려놓고 계명의 말씀에 순종하기를 바랍니다. "불평하지 말라."

과수원에서 들은 말

울새가 참새에게,
"인간들은 어찌하여
저토록 급하고 걱정이 많은지
나는 정말로 궁금하다네."

참새가 울새에게,
"친구여, 내 생각에는 그대와 나를
돌보아 주시는 하늘 아버지 같은 분이
저들에게는 없는 것 같네."

— 엘리자베스 체니

10월 11일

죽은 자 같으나 보라 우리가 살아있고. _고린도후서 6:9

지난여름 시골의 내 정원을 거지반 덮도록 꽃을 가꾸었습니다. 철이 한참 지나 심었지만 한번 피어나니 아름다웠습니다. 하지만 줄기 바깥쪽에서는 여전히 새 꽃이 나오는데 먼저 핀 꼭대기의 꽃은 벌써 시들고 있었습니다.

그리고 때 이른 서리가 덮쳐 꽃들의 빛나는 아름다움은 모두 소멸하였습니다. "철이 많이 지났으니 꽃들이 죽을 수밖에 없었겠군." 내가 할 수 있는 말은 이뿐, 나는 그저 꽃들과 작별해야 했습니다.

그 후로 꽃밭을 쳐다보면 꼭 꽃들의 무덤을 보는 것 같아 즐거움이 없었습니다. 하지만 몇 주 전에 농부 한 사람이 불러서 가 보니 내 꽃밭을 다 덮어 가며 새 꽃들이 무더기로 잎을 내밀고 있었습니다. 지난겨울에 죽었으리라 여겼던 꽃대 하나씩 있던 자리마다 오십여 개나 되는 꽃대들이 새로 올라오고 있는 듯했습니다. 그 기세 좋던 서리와 겨울이 한 일이란 무엇입니까?

서리와 겨울은 내 꽃들을 잡아 꺾어서 바닥에 내팽개쳤습니다. 그 차디찬 눈의 발바닥으로 짓밟으며 말했습니다. "너희 꽃들은 이것으로 끝났다." 하지만 봄이 되자 죽었던 꽃대 하나마다 오십이나 되는 증인들이 일어나 외쳤습니다. "우리는 죽음을 통해 살아난다."

초목의 세계에서 그러하듯 하나님 나라에서도 그러합니다. 죽음을 통해서 영원한 생명이 왔습니다. 십자가와 무덤을 통해서 영원하신 하나님의 보좌와 궁궐이 왔습니다. 명백한 패배를 통해서 승리가 왔습니다.

그러므로 고난과 패배를 두려워 마십시오. "거꾸러뜨림을 당하여도 망하지 아니"함으로써(고후 4:9), 부서져 조각나고 그 조각이 다시 가루가 되도록 바스러짐으로써 우리는 강건한 사람이 됩니다. 그리고 한 신자의 인내를 통해 많은 열매가 나옵니다.

다른 사람들은 삶의 외양을 좇아 세상으로 나아갈 것입니다. 꽃도 빨리 피고 잠시 번창하기도 할 것입니다. 하지만 끝은 결국 영원한 죽음입니다.

> 그대의 삶, 얻은 것으로 말고 잃은 것으로,
> 마셔 버린 포도주로 말고 따라 준 포도주로 셈하라.
> 사랑의 힘은 사랑의 희생에 있고
> 고난 많은 이가 줄 것이 많으니.

10월 12일

요셉의 주인이 그를 잡아 옥에 가두니……요셉이 옥에 갇혔으나 여호와께서 요셉과 함께하시고……그의 범사에 형통하게 하셨더라. _창세기 39:20-21, 23

우리가 하나님을 섬기는 일로 투옥된다면 그 감옥이야말로 세상에서 가장 복된 곳일 텐데, 이는 그분께서 우리와 함께하시기 때문입니다. 요셉은 이 진리를 알고 있었던 것 같습니다. 그는 우울과 낙심과 반항의식에 사로잡히지 않았으며, 자기연민에 빠져 "모든 것이 그를 해롭게" 한다고 여기지도 않았습니다. 그의 태도가 그런 식이었다면 간수가 그를 신뢰하지 않았을 것입니다.

자기연민이 한번 마음에 들어오면 그것이 완전히 제거될 때까지는 결코 하나님께 쓰임 받지 못하리라는 사실을 기억해야겠습니다. 요셉은 즐거이 믿는 마음으로 모든 것을 하나님께 맡겼으며, 그 결과 간수가 모든 것을 요셉의 손에 맡기게 되었던 것입니다.

주 예수여, 내가 쇠창살에 갇히더라도 넘쳐흐르는 기쁨으로 당신을 끝까지 믿게 하소서. 나를 통하여 당신의 일 크게 이루시고, 감옥 안에서도 나를 "참으로 자유하게" 하소서(요 8:36).

> 나는 작은 새
> 저 넓은 들판에 못 나가고
> 새장에 들어앉아, 나를
> 거기 두신 그분 위해 노래하네,
> 나의 포로 됨 기쁨이네,
> 그로 인해 나의 하나님 기쁘시니.
>
> 나 우리에 갇혀
> 날아다닐 자유 없고
> 나의 두 날개 묶였으나
> 내 영혼 훨훨 난다네,

철창은 결코 영혼의

자유와 비행 어쩌지 못하니.

나는 슬픔의 어둠을 사랑하게 되었으니, 하나님 얼굴의 밝은 빛 거기서 보이기 때문입니다.

10월 13일

아무것도 염려하지 말고. _빌립보서 4:6

믿는 자들에게 염려와 같은 일이 있어서는 안 됩니다. 각 사람의 고통과 어려움이 여러 면에서 다르겠으나 어떠한 환경에서라도 염려라는 것이 있으면 안 됩니다. 이는 우리에게 전능하신 하늘 아버지가 계시기 때문입니다. 그 아버지가 어떤 아버지냐 하면, 당신의 자녀들을 그 "독생자"(요 3:16) 사랑하시듯 사랑하시며, 언제나 자녀들 돕기를 마다하지 않으시고 오히려 그 일을 당신의 온전하신 기쁨으로 여기시는 아버지이기 때문입니다. 그러므로 우리가 귀 기울여야 할 그분의 말씀이 있습니다. "아무것도 염려하지 말고 오직 모든 일에 기도와 간구로, 너희 구할 것을 감사함으로 하나님께 아뢰라."

"모든 일에." 집에 불이 났다거나 우리의 사랑하는 배우자와 자녀가 중병에 들었을 경우만을 이르는 것이 아닙니다. 이를 데 없이 작은 일도 모든 일에 포함됩니다. 모든 것을 하나님께 들고 가야 합니다. 너무 작아서 세상이 하찮다 여기는 것까지 가져가야 합니다. 그렇습니다. 우리는 모든 것을 그분께 가져가서, 우리 하늘 아버지와 또한 귀하신 주 예수님과 하루 종일 거룩히 친교하며 살아가야 합니다. 한밤에 어떤 염려가 찾아들면 지체 없이 하나님께 돌아서는 영적인 직관 같은 것을 우리는 키워야 합니다. 그 골똘한 밤에 하나님 붙들고 기도로 아뢰며 아무리 작은 염려라도 그분 앞에 내놓아야 합니다. 또한 삶의 어떠한 시련에 대해서도, 혹은 가정과 생업의 어떠한 어려움에 대해서도 우리 주님께 말씀드려야 합니다.

"기도와 간구로." 열심히 간청하고, 참고, 견디며, 하나님을 기다리고 또 기다림입니다.

"감사함으로." 감사야말로 언제나 기초를 튼튼히 하는 일입니다. 우리가진 것 하나 없어도 언제나 감사할 일이 하나 있으니, 그분께서 우리를 어둠과 죽음에서 구해 주셨다는 것입니다. 그리고 우리에게 거룩한 말씀과 성령을 주시고, 가장 귀한 선물로 당신의 아들을 주셨음에 또한 감사드릴 수 있습니다. 그러므로 이 모든 것을 생각해 보면 결국 감사드릴 이유는 넘쳐흐릅니다. 감사드림이 우리 목적이 되어야 합니다!

"그리하면 모든 지각에 뛰어난 하나님의 평강이 그리스도 예수 안에서 너희 마음과 생각을 지키시리라"(빌 4:7). 이토록 놀랍고 참되며 고귀한 축복을 알려면 반드시 직접 체험해야 하는데, 그것은 이 축복이 "모든 지각에 뛰어난" 것, 말하자면 모든 지식을 초월하는 것이므로 그렇습니다.

이러한 진리를 마음 깊이 새기고 본능적으로 이 진리와 함께 걷기를 바랍니다. 그리하면 결과는 이전보다 더욱 하나님을 영화롭게 하는 삶이 될 것입니다.

하루에도 여러 차례 마음을 돌아보아 여러분의 평화를 방해하는 어떤 것이 있거든, 잊지 말고 합당한 조치를 취해 그 평화를 회복하십시오.

10월 14일

홀연히 주의 사자가 나타나매 옥중에 광채가 빛나며 또 베드로의 옆구리를 쳐 깨워 이르되 급히 일어나라 하니 쇠사슬이 그 손에서 벗어지더라. _사도행전 12:7
한밤중에 바울과 실라가 기도하고 하나님을 찬송하매……이에 갑자기 큰 지진이 나서 옥터가 움직이고 문이 곧 다 열리며 모든 사람의 매인 것이 다 벗어진지라. _사도행전 16:25-26

하나님께서 이렇게 일하십니다. 우리의 삶 캄캄하게 어두울 때 하나님께서 파도를 넘어 우리에게 오십니다. 베드로의 경우도 그래서, 처형일 새벽에 감방으로 천사가 왔습니다. 그리고 모르드개를 달아 죽이기 위해 처형대가 세워졌을 때도, 왕의 불면으로 인해 결국 하나님께서 사랑하시는 민족에게 호의적인 조치가 내려졌습니다(에 6장 참조).

사랑하는 영혼들이여, 최악의 상황까지 가겠지만 구원받을 것입니다.

하나님께서 여러분을 기다리게 하시겠지만, 언제나 그분께서는 당신의 약
속 잊지 않으시고 기한 내에 나타나셔서 파기될 수 없는 거룩한 말씀을 이
루실 것입니다.

하나님께서 계획을 실행해 나가시는 방식은 단순하지만, 그분께는 어
떠한 어려움이라도 극복할 만한 자원이 넘칩니다. 믿는 자녀들을 향한 그
분의 신실하심은 흔들림이 없고, 정하신 목적을 고수하심에는 양보 또한
없으십니다. 요셉의 삶에서 우리는 이 점을 확인할 수 있습니다. 하나님께
서는 요셉의 동료 죄수를 통해, 그 후에는 그의 꿈을 통해 일하셨으며 마
지막에는 그를 감옥에서 통치자의 자리로 들어 올려 일하셨습니다. 요셉
은 그 장기간의 투옥으로 인해 통치자로서 필요한 능력과 견실함을 얻게
되었습니다.

언제나 하나님의 방법을 신뢰하고 그분의 시간표에 따라 살아야 합
니다.

우리의 상황이 아무리 절망스럽더라도 하나님의 섭리에는 그분 자녀
들을 구해 내시기 위해 수많은 문들을 여는 무수한 열쇠가 있습니다. 그러
니 우리는 우리의 본분에 충실하여 그분을 위해 고난 받고, 그리스도께서
하실 일은 그분께 돌려드려야겠습니다.

어려움은 사실 기적의 징후 혹은 이제 막 기적이 시작될 것 같은 분위
기입니다. 하지만 위대한 기적이 일어날 때는, 주변 조건이 그냥 어려운 정
도가 아니라 불가능에 가깝도록 어려울 것입니다. 그리고 절망적인 상황
을 하나님의 기쁨으로 바꾸는 것은 그분을 붙들고 늘어지는 자녀의 손입
니다.

10월 15일

하나님께서 구하시는 제사는 상한 심령이라. 하나님이여, 상하고 통회하는 마음을 주께서
멸시하지 아니하시리이다. _시편 51:17

하나님께서 그분의 영광을 위해 가장 많이 사용하시는 사람들은 마음이
슬프고 영혼이 상한 사람들입니다. "상하고 통회하는 마음"이야말로 그분

께서 어여삐 받으시는 마음이니 왜 안 그렇겠습니까. 야곱은 브니엘에서 허벅지 관절을 다쳐(창 32:25) 육신의 능력이 상한 뒤에야 하나님께서 영적인 능력을 둘러 주시는 자리로 나아갈 수 있었습니다. 모세가 호렙 산에서 바위를 쳐서 표면을 깨뜨린 후에야 백성이 마실 시원한 물이 나왔습니다(출 17:6).

특별히 선택한 기드온의 삼백 용사가 그들의 삶을 깨뜨리는 상징으로 손에 든 항아리를 부순 후에야 감추었던 횃불이 드러나 적들을 공포에 떨게 했습니다(삿 7:19). 가난한 과부가 하나 남은 기름병을 일단 깨뜨려 열고 따라 붓자, 몇 갑절로 늘려 주시는 하나님의 기적이 연출되어 빚을 갚고 생활도 할 수 있게 되었습니다(왕하 4:1-7 참조).

에스더는 아예 생명을 걸고 이방 왕의 안뜰에 관한 법령을 깨뜨려 어겨서야 자신의 민족을 죽음에서 구해 낼 수 있었습니다(에 4:16 참조).

예수께서 떡 다섯 덩어리를 쪼개신 후에야 오천 명이 먹을 만큼 그 떡이 늘어났습니다(눅 9:16). 떡을 떼는 과정 자체를 통해서 기적이 일어났던 것입니다. 마리아가 "매우 귀한 향유 한 옥합을"(마 26:7) 깨뜨려 미래의 유용성과 가치를 파기했을 때에야 그 집에 놀라운 향기가 가득하게 되었습니다. 그리고 예수께서 그분의 귀하신 몸을 가시와 못과 창에 상하도록 두셨을 그때에야, 내적인 생명이 맑은 바다처럼 넘치게 흘러 목마른 죄인들이 마시고 살아나게 되었습니다.

알곡 하나가 땅속에 묻혀 죽어야 그 중심에서 싹이 나와 무수한 씨앗이며 알곡을 만듭니다. 초목과 사람을 비롯한 여타의 영적인 생명 모두가 태초 이래로 그러하니, 하나님께서는 상한 것들을 사용하십니다.

성령의 능력에 사로잡혀 하나님의 영광에 쓰이는 이들은 물질, 자아, 야망, 높은 이상, 명예, 욕망이라는 면에서 그리고 빈번히 육신의 건강이라는 면에서 깨지고 상한 사람들입니다. 그렇습니다. 그분께서는 세상의 멸시를 받으며 아무런 희망도 능력도 없어 보이는 사람들을 사용하십니다. 이사야의 표현처럼 말입니다. "저는 자도 그 재물을 취할 것이며"(사 33:23).

오, 내 영혼 찢으시되, 씨앗을 위해

쟁기질 당하는 들판처럼 갈라 찢으소서.

오, 찢으소서, 푸른 잎에 싸인 봉오리

찬란한 꽃송이 내보낼 때처럼 찢으소서.

크신 사랑의 주님께 나의 사랑 드리오니

옥합 깨뜨려 향기 날리게 하소서.

오, 내 영혼 깨뜨리소서, 승리의 하나님이여,

깨뜨려 영원한 생명의 샘 흐르게 하소서.

오, 겨울의 포로 된 나무들, 얼음 사슬 깨뜨려

자유 되찾듯, 내 영혼 깨뜨리게 하소서.

그렇게 봄의 숲인 듯 거룩한 마음 약동할 때

새처럼, 희망과 당신의 승리 노래하는 기쁨이게 하소서.

— 토머스 토크 번치

10월 16일

모든 무거운 것과 얽매이기 쉬운 죄를 벗어 버리고 인내로써 우리 앞에 당한 경주를 하며. _ 히브리서 12:1

그 자체로 죄는 아니지만 우리를 짓누르거나 신앙적 성장을 방해하고 걸림돌이 되는 어떤 것들이 있습니다. 그중 나쁜 것 하나를 꼽자면 절망이나 포기라는 감정입니다. 낙심은 실제로 우리의 거룩함과 가치를 처지게 하는 쇳덩어리입니다.

이스라엘 백성들은 약속의 땅에 들어가지 못하고 실패했는데, 그 실패의 시초는 그들의 불평이었습니다. 말씀에는 그 불평이 이처럼 표현되어 있습니다. "이스라엘 자손이 다……원망하며"(민 14:2). 처음에는 작고 어렴풋한 불만이었을 테지만 방치함으로써 결국 노골적인 반항과 파멸로 이어졌습니다.

454

우리는 스스로에게 하나님을 의심할 자유를 허락해서는 안 됩니다. 어떠한 일에서나 우리에게 향하신 그분의 영원한 사랑과 신실하심 또한 의심할 수 없습니다. 죄에 대해서 단호하듯, 의심에 대해서도 우리의 생각을 단호히 돌려세워야 합니다. 그렇게 우리가 굳건히 서서 의심을 거부할 때 성령께서 우리를 도우셔서 하나님의 믿음을 주시고 승리의 면류관을 씌우실 것입니다.

의심과 걱정처럼 들기 쉬운 버릇도 없습니다. 우리는 하나님께서 우리를 버리신 것이 아닌지 의아해 하고, 어쨌든 다 끝장나고 희망하던 모든 것들도 실패하리라고 습관처럼 생각합니다. 하지만 낙심과 불행한 생각을 거부하십시오. 행복한 마음이 전혀 들지 않을 때도 "온전히 기쁘게" 여기십시오(약 1:2). 믿음으로 굳게 결심하며 그 기쁨을 사실로 여기면 하나님께서 진정으로 우리에게 기쁨을 주실 것입니다.

마귀에게는 아주 능숙한 계략이 둘 있습니다. 하나는 우리를 낙심하게 하는 것인데, 여기에 빠지면 적어도 한동안은 우리가 패배하여 남들을 전혀 섬기지 못하기 때문입니다. 또 하나는 의심으로 우리를 유혹하는 것입니다. 마귀는 이 의심으로, 우리를 아버지와 하나 되게 하는 믿음의 끈을 잘라 내려 합니다. 그러니 조심하여 어떠한 계략에도 속지 마십시오.

나는 행복한 마음을 기르는 일이 좋습니다. 마음이 행복하면 내 영혼이 다시 완벽하게 조율되어 사탄이 감히 건드리지 못합니다. 내 영혼의 현은 거룩한 전류로 충만하여 사탄이 그 사악한 손가락을 거두고 어디론가 사라집니다. 성령께서 주시는 행복과 기쁨이 내 가슴에 가득하면 사탄은 언제나 내게 간섭하기를 주저합니다.

내 의도는 사탄을 피하듯 슬픈 마음을 피하자는 것이지만 안타깝게도 늘 성공하지는 못합니다. 내가 삶의 보람이라는 고속도로를 달리고 있는데 사탄이 그러하듯 슬픔 역시 내게 와서 충돌합니다. 그리고 내 영혼마저 슬픔으로 창백해질 때까지 들러붙어 떨어지지 않습니다. 실제로 슬픔은 내 주변의 모든 것을 변색시키고 나의 정신 능력을 마비시킵니다. 만사가 귀찮아지고 미래는 암울해 보이며, 영혼은 모든 희망과 능력을 잃어버립니다.

어떤 노년의 신자가 이렇게 말했습니다. "신앙이 밝으면 어떠한 섬김의 일도 즐겁게 해나갈 수 있습니다. 부름 받은 일에 날듯이 앞서 가는 경우는 기쁨의 날개를 탔을 때입니다. 그러나 슬픔은 이 날개를 잘라 버리는데, 다른 비유를 들자면, 섬김의 병거에서 바퀴가 빠져 버린 경우와 같습니다. 그러면 우리 섬김의 병거는 홍해를 건너는 이집트군의 병거처럼 질질 끌리며 좀처럼 전진하지 못합니다."

10월 17일

내게는 우리 주 예수 그리스도의 십자가 외에 결코 자랑할 것이 없으니 그리스도로 말미암아 세상이 나를 대하여 십자가에 못 박히고 내가 또한 세상을 대하여 그러하니라. _갈라디아서 6:14

저희들끼리 살던 사람들이 있었습니다. 그들에게 중요한 것은 언제나 자신들의 희망이며 약속이며 꿈이었지만 주께서 그들의 기도를 들어주기 시작하셨습니다. 그들은 회개하는 마음을 구하고 어떠한 대가라도 치르겠다는 결심으로 자신들을 드렸습니다. 그분께서는 슬픔을 보내주셨습니다. 그들이 깨끗한 마음을 구하자 주께서는 느닷없는 고통을 보내셨습니다. 그들이 온유한 마음을 구하자 주께서는 그들의 마음을 아프게 하셨습니다. 그들이 세상에 대하여 죽기를 구하자 주께서는 그들의 멀쩡한 희망을 모두 꺾어 놓으셨습니다. 그들은 주님처럼 되기를 구했습니다. 주께서는 그들에게서 그분의 형상이 비칠 수 있도록 "은을 연단하여 깨끗하게 하는 자같이"(말 3:3) 앉아서 그들을 불속에 던져 넣으셨습니다. 그들은 주님의 십자가 거들기를 청했습니다. 하지만 주께서 건넨 그 십자가에 베이고 찢겼습니다.

그들은 제대로 알지도 못하고 구했지만 주께서는 그들의 말을 그대로 믿으시고 구하는 모든 것을 허락하셨습니다. 그들은 그분을 그렇게 멀리까지 따라가도 되는지 혹은 그분께 그토록 가까이 다가가도 되는지 확신할 수 없었습니다. 그들은 어떤 두려움과 떨림에 사로잡혔습니다. 야곱이 벧엘에서 하늘까지 닿는 사닥다리의 꿈을 꾸었을 때처럼(창 28:12) 혹은 엘리바스가 한밤에 편치 않은 꿈을 꾸었을 때처럼(욥 4:13) 말입니다.

주님의 제자들도 그랬을 것입니다. 그들은 예수님을 못 알아보고 두려워 떨었습니다. "저희가 놀라고 무서워하여 그 보는 것을 영으로 생각하는지라"(눅 24:37). 제자들은 예수께 떠나가시든지 영광을 벗고 평범한 모습을 보여주시든지 하시라고 부탁하고 싶을 만큼 두려워 떨었습니다.

어찌 되었든지 두려움과 떨림에 잡힌 그들은 고난보다는 순종이, 내려놓기보다는 일하기가, 십자가에 달림보다는 그것을 지고 가는 것이 더 쉽다는 것을 알았습니다. 하지만 이제 그들은 그 보이지 않는 삶의 십자가에 너무 가까이 다가왔고, 그 십자가의 은혜에 너무 깊이 사로잡혀서 도저히 되돌아갈 수 없었습니다. 그리고 주께서는 그들에게 주신 이 약속을 이제 곧 이루실 참이었습니다. "내가 땅에서 들리면 모든 사람을 내게로 이끌겠노라"(요 12:32).

드디어 그들에게 기회가 왔습니다. 전에는 귀로 듣기만 했던 그 신비를 이제 직접 느끼게 되었습니다. 그분께서는 마리아와 베드로에게 그러하셨듯이 사랑이 가득한 눈으로 그들을 들여다보셨고, 그들은 그분을 따르지 않을 수 없었습니다. 그들은 점차 십자가의 신비를 깨닫기 시작했습니다. 그들은 이 땅에서 들려 올라가시는 주님의 모습을 보았습니다. 그분의 거룩한 고난의 상처에서 영광의 빛이 퍼져 나왔습니다. 그들은 주님께로 다가섰고, 그분과 닮은 모습으로 변했습니다. 그리고 그분께서 그들 안에 사셨으므로 그들을 통해 그분의 이름이 밝게 빛났습니다. 그때부터 그들의 삶은 위에 계신 그분과만 사귀는 놀라운 삶이 되었습니다. 그들은 가진 것 없이 살고자 했습니다. 다른 이들은 가진 것이 많았고 그들 역시 소유할 수 있었지만, 조금 더 그분을 닮기 위해 다른 이들처럼 되지 않기로 했습니다.

이것은 "어린양이 어디로 인도하든지 따라가는"(계 14:4) 모든 사람들에 관한 유구한 이야기입니다. 그들이 자신들만을 위해 이기적으로 선택했거나 친구들의 선택에 따랐다면 결과는 전혀 달랐을 것입니다. 여기 이 세상에서야 그들의 삶이 빛났겠지만 그분의 나라에서는 영광스럽지 않았을 것입니다. 그들은 아브라함이 아니라 롯의 유산을 받기 쉬웠을 겁니다. 그리고 그들이 중도에 멈추거나 하나님께서 손을 거두어 그들을 방황하도록 버려두셨다면, 얼마나 소중한 것을 잃었겠습니까? 부활할 때 그 소중한 것을 받을 수 있겠습니까?

하지만 하나님께서 그들에게 힘을 주시고, 그 자신들에게서조차 그들을 지켜 주셨습니다. 스스로 미끄러져 넘어지려 할 때마다 그분께서 얼마나 자주 붙들어 주셨는지 모릅니다. 그리고 여기 사는 동안에도 그들은 그분께서 하신 모든 일이 잘 되었음을 알았습니다. 이번 삶에서 고난 받아 다음 삶에서 보좌에 앉는 것이, 아래에서 십자가를 지고 위에서 면류관을 쓰는 것이, 그들의 뜻이 아니라 그분의 뜻이 그들을 통해 이루어짐이 좋은 것을 그들은 알았습니다.

10월 18일

너는 반드시 알라. 네 자손이 이방에서 객이 되어 그들을 섬기겠고 그들은 사백 년 동안 네 자손을 괴롭게 하리니……그 후에 네 자손이 큰 재물을 이끌고 나오리라. _창세기 15:13-14

하나님께서 내게 약속하신 축복의 일부는 지체되고 고통스러운 것임을 나는 분명히 압니다. 아브라함 생전에 성취가 요원해 보일 만큼 지체된 하나님의 약속은 그 후손에 이르러서도 끝없이 지체되는 듯했습니다. 하지만 결국 지체였을 뿐 약속은 성취되었으니, 그 후손들이 "큰 재물을 이끌고" 나왔던 것입니다.

하나님께서는 지체하심으로 나를 시험하시고, 그 지체와 함께 고난이 뒤따를 것입니다. 하지만 그 모든 것에도 하나님의 약속은 든든히 섭니다. 내게는 그리스도 안에서 맺은 새 언약이 있고, 내게 필요한 일상의 작은 축복들을 주시겠다는 거룩한 약속이 있습니다. 지체와 고난은 약속하신 축복의 일부요 한 과정입니다. 그러므로 그러한 지체로 인해 오늘 하나님을 찬양하는 내가 되었으면 좋겠습니다. "강하고 담대하며 여호와를 바랄지어다"(시 27:14) 하시는 말씀처럼 말입니다.

그대 두 입술 열어 호소한 기도, 몇 년에 이르도록
고통스러운 가슴으로 바친 그 기도, 아직 응답이 없는가?

믿음은 지치고 희망은 떠나려 하는가?
그대 흘린 눈물 모두 헛되다 여기는가?
아버지께서 그대의 기도 듣지 않으셨다 말하지 말라.
언제, 어디선가 그대의 소망 이루리니.

아직 응답이 없는가? 허락되지 않았다 말하지 말라.
그대의 일 아직 완전히 끝나지 않았을 터이니.
그대의 기도 첫마디 나오는 순간 그 일 이미 시작되었고
아버지께서는 한번 시작한 일 반드시 끝내시리니.
그대 그 자리에서 그침 없이 기도의 향 피우면
언제, 어디선가 그분의 영광 보게 되리니.

아직 응답이 없는가? 믿음에 응답 없는 법 없으니,
그 두 다리 반석 위에 견고히 섰음이라.
그 믿음 어떠한 폭풍에도 꺾임이 없고
지축을 울리는 천둥에도 흔들리지 않으리.
전능하신 이께서 기도 들으셨음을 알고
그 믿음 외치니, "이루어지리이다," 언제, 어디선가.

— 오필리아 G. 브라우닝

10월 19일

여호와의 언약궤가 그 삼 일 길에 앞서 가며. _민수기 10:33

하나님께서는 가끔씩 간단한 직관이나 느낌을 통해 우리를 움직이시지만, 늘 우리더러 그러한 감정에 입각해서 행동하라고 그렇게 하시는 것은 아닙니다. 그러한 직관이 하나님께로서 온 것이면 그분께서는 곧 일말의 의심도 없이 그것을 확증할 만한 증거를 주실 것입니다.

예레미야의 아름다운 이야기를 살펴보겠습니다. 그는 아나돗에 있는

밭을 사라는 하나님의 인도하심을 느낍니다. 하지만 그는 느낌을 받자마자 행동한 것이 아니라 하나님께서 말씀을 완전히 성취하실 때까지 기다렸습니다. 그리고 사촌이 와서 밭을 구입하라고 제안했는데, 이는 하나님의 지시임을 보여주는 외적인 증거였으므로 그는 이렇게 응답합니다. "내가 이것이 여호와의 말씀인 줄 알았으므로"(렘 32:8).

예레미야는 하나님의 섭리적 행위로 자신의 직관이 확증될 때까지 기다렸다가 명확한 사실에 근거를 두고 일했으며, 하나님께서는 그러한 사실에 의해 다른 사람들에게도 확신을 주실 수 있었습니다. 우리가 어떤 상황에 대한 그분의 의도를 알고 난 뒤에 행동하기를 그분께서는 원하십니다. 우리는 목자께서 친히 부르시는 음성을 무시하면 안 되겠지만, 드로아에 내려간 바울과 그 동료들처럼(행 16:6) 귀 기울여 들으며 우리의 환경으로 밝히시는 섭리 또한 헤아려 봄으로써 주님의 크신 의도를 조금씩 알아가야 하겠습니다.

하나님의 손가락이 가리키는 곳이면 어디든지 그분의 손이 길을 냅니다.

심중으로 무엇을 해야겠다, 말아야겠다 하지 말고 하나님께서 길을 보여주실 때까지 기다리십시오. 길이 보이지 않으므로 움직일 필요가 없음이 분명하고, 그분께서 여러분을 지금 그 자리에 두셨다면 그 결과 역시 그분께서 명백히 책임지실 일입니다.

우리가 알지 못하는 길로
당신의 자녀들 인도하시리니.

10월 20일

모든 지각에 뛰어난 하나님의 평강이 그리스도 예수 안에서 너희 마음과 생각을 지키시리라. _빌립보서 4:7

"바다의 완충지대"라고 흔히들 이야기하는 부분이 있습니다. 이 지역은 폭풍과 바람에 휩쓸리고 동요하는 바다 표면 저 아래에 있습니다. 너무 깊어서 결코 움직이지 않는 곳이라고 합니다. 이 깊은 바다의 바닥을 긁어서 나오는 동식물의 잔해를 본다면 적어도 그곳이 몇 천 년은 아니라 해도 몇 백 년 동안은 완벽한 침묵의 상태에 있었다는 증거가 될 것입니다.

하나님의 평화는 바다의 완충지대처럼 영원한 고요와 침묵입니다. 그 것은 인간의 마음 저 깊은 곳에 있어서 외부의 어려움이나 동요가 닿을 수 없습니다. 그리고 하나님의 임재에 든 이들은 누구나 그 흔들림 없는 고요 의 참여자가 됩니다.

바다 위로 거센 바람 몰아치고
성난 파도 뒤척일 때,
그 격한 소요 저 아래
영원한 평화 있다고 합니다.

아래도 한참 아래, 광풍의 소리
침묵하고, 하얗게 부서지는 파도
잠잠하며, 아무리 거센 폭풍도
그 깊은 바다의 안식 흔들지 못합니다.

오, 아버지! 당신의 사랑 아는 마음에도
그렇게 영원히 거룩한 성전 있습니다.
그 평화의 문 앞에서 삶의 모든
분노의 소리들 침묵으로 소멸합니다.

멀어도 한참 먼 거기서 투쟁의 고함
가라앉고, 사랑의 마음 잠잠히 떠오릅니다.
아무리 거센 폭풍도, 오, 주님!
당신 안에 거하는 영혼 흔들지 못합니다.

— 해리엇 비처 스토

순례자는 넓고 높은 방으로 안내되었는데, 이 방은 해 뜨는 쪽으로 나 있었습니다. 이 방의 이름은 평화였습니다.

10월 21일

만일 땅에 있는 우리의 장막 집이 무너지면 하나님께서 지으신 집 곧 손으로 지은 것이 아니요 하늘에 있는 영원한 집이 우리에게 있는 줄 아느니라. _고린도후서 5:1

여러 해 동안 이 집에 세 들어 살았습니다. 집주인은 수리해 줄 생각이 없다고 했습니다. 그리고 나더러 이사할 준비를 하라고 권고했습니다.

처음에는 그다지 듣기 좋은 소식이 아니었습니다. 여러 면에서 주변 환경이 썩 괜찮았고 다소 낡기는 했지만 집 자체도 그런대로 괜찮아 보였으니 말입니다. 그런데 그것이 아니었습니다. 자세히 들여다보니 약한 바람에도 집은 흔들렸고 기초도 튼튼하지 못했습니다. 그래서 나는 지금 이사 갈 준비를 하고 있습니다.

이사를 생각하고 보니 참 신기하게도 다른 나라의 그 집, 장차 내가 들어가 살 그 새 집으로 나의 관심이 순식간에 바뀌어 버렸습니다. 요즘 나는 지도도 더러 들여다보고 그곳 거주자들에 관한 기사도 읽습니다. 그리고 거기서 방문차 잠시 이곳에 들른 어떤 이가 내게 들려주었는데, 그곳의 아름다움은 말로 표현할 수 없고, 자신이 거기 살며 들은 것 역시 어떠한 언어로도 설명이 불가능하다고 했습니다. 자신은 그곳에 투자하기 위해 이곳에서 소유한 모든 것을 잃는 고통을 치렀지만, 남들이 희생이라 부를 그 고통으로 지금은 몹시 즐겁다고 했습니다. 그리고 또 한 사람, 그토록 모진 시련을 견디며 내게 대한 사랑을 입증한 그 사람 역시 지금 거기서 살고 있습니다. 그가 내게 달고 맛있는 포도 몇 송이를 보내주었습니다. 그 맛을 본 뒤로 나는 이곳의 모든 것에 입맛을 잃었습니다.

여기와 거기의 경계선이 되는 강까지 몇 차례인가 가 보기도 했습니다. 강 이편에 서서 건너편을 바라보면 그곳의 왕께 노래하는 이들과 함께 있고 싶었습니다. 내 친구들 여럿이 그 강을 건너 이사했지만 다들 얼마 안 있어 내 차례가 오리라는 말을 잊지 않고 떠났습니다. 내 시야에서 사라지는 그들은 한결같이 웃는 얼굴이었습니다. 그러므로 누군가 내게 여기에다 새롭게 투자를 좀 하면 어떠냐고 물어 올 때마다 나는 이렇게 대답합니다. "지금 이사 갈 준비 하고 있습니다."

지상에서 거의 마지막 시간을 보내시는 동안 예수께서 하신 말씀들을 보면 "다시……아버지께로"(요 16:28) 돌아가고자 하는 마음이 역력합니다. 그분의 백성으로서 우리 역시 이번 생의 고통과 실망 저편의 어떤 것에 대한 소망으로 온전하고 풍요로운 삶을 향해 여행합니다. 우리 역시 "아버지께로" 돌아갈 것입니다. 우리는 여전히 우리가 살 새 집에 대해 아는 바가 많지 않지만, 두 가지만은 분명합니다. 우리 "아버지 집"(요 14:2)이 곧 우리 집이라는 것입니다. 그리고 그 집이 주님 계신 곳에 있다는 것입니다. 믿는 자들로서 우리가 알고 이해하는 것은, 우리는 모두 나그네이며 이 세상의 영구적인 거주민이 아니라는 사실입니다.

> 작은 새들은 하나님을 믿으니 노래하러 갑니다.
> 가을바람 부는 북쪽 숲을 떠나,
> 즐거운 믿음으로 지도에도 없는 길 날아서
> 노래하는 나라, 그 머나먼 미지의 여름 나라로.
>
> 그러므로 우리 울지 말고 노래하러 갑시다.
> 우리의 시간 그분의 손에 있음을 알면서
> 왜 우리가 무서워 울며 그것을 죽음이라 해야 합니까?
> 영원한 여름 나라로 날아가는 것일 뿐인데요.

10월 22일

모세가 그 장인 미디안 제사장 이드로의 양무리를 치더니 그 무리를 광야 서편으로 인도하여 하나님의 산 호렙에 이르매 여호와의 사자가 떨기나무 불꽃 가운데서 그에게 나타나시니라. _출애굽기 3:1-2

모세가 일상의 업무에 종사하는 동안 주의 사자의 환상이 임했습니다. 주께서는 바로 이러한 곳에서 그분의 계시를 주려고 하십니다. 그분께서 평범한 길을 가는 사람 찾으셔서, "홀연히 하늘로부터 빛이 그를 둘러" 비춥니다(행 9:3). 땅 위에 선 사다리가(창 28:12) 저 시장통에서 하늘에 닿아 고역스러운 삶을 은혜로운 삶으로 바꿀 수 있는 것입니다.

사랑이 많으신 아버지, 당신을 바라며 이 평범한 인생길 가게 하소서. 크고 빛나는 경험 구하지 아니합니다. 날마다 내게 오는 일과 섬김을 통해 나와 사귀시고, 특별하지 않은 내 여행의 길동무 되어 주소서. 나의 이 작은 삶 당신을 뵈옵고 변화 받게 하소서.

어떤 이들은 반드시 산 정상에 올라 큰 기쁨과 계시를 받아야 한다고 생각하지만, 이는 하나님의 방식이 아닙니다. 우리에게 그처럼 굉장한 체험이며 보이지 않는 세계와 놀랍도록 교통하는 경험은 약속된 바 없으니, 우리는 다만 일상에서 그분과 거룩하게 친교할 뿐입니다. 우리에게는 이것만으로도 충분합니다. 우리에게 진정으로 필요하다고 여기시면 그분께서 예외적인 계시를 주실 테니 말입니다.

주님의 변화를 보도록 허락받은 제자들은 셋뿐이었고, 그 셋은 또한 똑같이 겟세마네의 어둠을 겪었습니다. 누구도 그 빛나는 산 정상에 영원히 머물 수는 없습니다. 저 아래 골짜기에 내려가서 해야 할 일들이 있는 것입니다. 그리스도께서는 영광 가운데서 필생의 과업을 이루지 않으셨습니다. 그분은 골짜기에서 그 일을 성취하셨고, 바로 그 골짜기에 계셨으므로 참된 메시아였습니다.

환상과 그에 따르는 영광의 가치는, 그것이 우리의 섬김과 인내를 돕는 선물이라는 데 있습니다.

10월 23일

무릇 말씀하신 그 모든 좋은 약속이 하나도 이루어지지 아니함이 없도다. _열왕기상 8:56

우리 인생길을 가는 동안 그분께서 아니라고 하신 그 하나하나의 이유를 우리는 언젠가 이해하게 될 것입니다. 하지만 이 삶에서도 그분께서 아니라고 하신 그 기도를 언제나 이루어 가십니다. 하나님의 자녀들이 그들의 기도에 응답 없을까 애태울 때 그분께서 응답하시고자 놀랍도록 일하시는 경우를 우리는 얼마나 많이 봅니까! 이처럼 우리는 그분께서 아니라고 하시는 이유를 어렴풋이 압니다만, 그것을 조금 더 후일에 온전히 드러내실 것입니다.

> 하나님께서 우리의 기도 허락하시면,
> 그래서 햇빛 좋고 하늘 푸르러
> 저 멀리 평탄한 길 그대와 나 부르고
> 우리 가는 길에 새들 지저귈 때,
> 더러 멈추어 발밑의 꽃도 꺾고
> 시냇가에 모여 목도 축이면,
> 우리 여행길 왜 아니 즐겁겠는가,
> 하나님께서 우리의 기도 허락하시면.
>
> 하나님께서 우리의 기도 허락지 아니하시면,
> 그래서 검은 구름 몰려오고
> 험한 바위 앞길 가로막고 나서면,
> 세찬 바람 못 견디게 불어오면,
> 하지만 그대여, 이 여정 끝나면 우리의 집이라네.
> 이 모든 시련 아버지께서 보내셨으니
> 우리 모두 하늘의 양우리에 들이려 하심이네.
> 하나님께서 우리의 기도 허락지 아니하시면.

우리가 무작정 앞으로 달려 나갈 것이 아니라 "여호와 앞에서 잠잠하고 참아 기다리라"(시 37:7) 하신 말씀대로, 예수 그리스도께서 다시 오실 때 그 모든 이유 밝히 설명될 테니 그때까지 인내하며 기다린다면 얼마나 좋겠습니까! 하나님께서는 가져가기만 하시는 분입니까? 가져가시더라도 거듭 채워 주시는 분 아닙니까? 하지만 가져가신 것을 속히 회복해 주시지 않을 때는 어찌해야 하느냐고 묻습니까? 그분께서 일하시는 날이 오늘 하루뿐입니까? 그분께서 우리의 이 작은 세계 너머 어디에 무슨 관심이라도 가지고 계십니까? 그분께서 진정 우리의 죽음과 상관없이 일하실 수 있는 분입니까? 무덤 저편이 과연 끝없는 어둠과 영원한 침묵이겠습니까?

여기 이곳의 삶에만 한정해서 생각한다 해도 분명한 사실이 있으니, 하나님께서는 더 크고 특별하신 축복을 주실 의향이 없으시면 결코 우리에게 시련도 허락하지 않으신다는 것입니다. 기다릴 줄 아는 사람은, 하나님의 은혜로 말미암아 놀랍게 성장하고 있습니다.

골짜기에 서리 덮이고
산정은 잿빛으로 물들며
귀한 꽃나무 시들어 가고
나의 꽃송이 떨어져 내릴 때
사랑하는 아버지의 나직한 말씀,
"이 모든 일 내 손에서 나왔느니라."
이해할 수 없는 일 믿는 자
복 되리니.

여러 해 수고했으나
그대의 부 날아가고
그대 빈손만 남아
머리마저 백발이 될 때,
기억하라, 그대의 아버지
세상 모든 땅과 바다의 주인임을.
이해할 수 없는 일 믿는 자
복 되리니.

10월 24일

내가 너를 이가 날카로운 새 타작기로 삼으리니. _이사야 41:15

20세기로 접어들 무렵 강철막대 하나의 가치는 5달러 정도였습니다. 하지만 그것으로, 몇 개가 되는지는 모르겠습니다만, 말편자를 만들면 10달러의 가치를 창출할 수 있었습니다. 그런 식으로 강철막대 하나를 남김 없이 사용해서 바늘을 만들면 350달러의 가치가, 작은 주머니칼의 칼날을 만들면 32,000달러의 가치가 창출되었습니다. 그리고 그 용도가 시계 부속으로 들어가는 용수철에 이르면 강철막대 하나의 가치는 250,000달러까지 올라갔습니다. 이 정도의 막대한 가치에 이르기까지 그 강철막대는 얼마나 무수히 두드려 맞아야 했겠습니까! 하지만 그렇게 망치질과 담금질을 견디고 연마될수록 가치는 급등했습니다.

부디 우리가 이 비유를 계기로 고요와 침묵과 오랜 고통을 묵묵히 받아들이는 사람들이 되었으면 좋겠습니다. 큰 고통에 큰 결과가 나옵니다. 하나님께서 당신의 영광과 다른 이들의 축복을 위해 우리에게서 최선의 것을 얻어 내심도 바로 이 고통을 통해서입니다.

오, 당신의 종에게 허락하소서.
고요에 이르며 당신의 뜻 받드는 인내를,
아무런 해도 없는 당신의 두 팔에
모든 것을 내맡기는 용기를,
내 길 벗어나 방황하지
않게 하시는 그 지혜를,
지금은 괴로우나 내 안식의 시간
가장 잘 아시는 그 사랑을.

우리의 삶은 신비입니다. 사실 하나님께서 전부터 우리를 준비시키고 계셨음을 믿지 않으면 이 삶을 도무지 설명할 수 없을 것입니다. 그렇습니다. 그분께서는 영원한 세계의 장막 저편에 있어 보이지 않는 사건과 사역에 대비해 우리를 준비시키셨고, 그곳에서는 특별한 섬김을 위해 담금질한 강철과도 같은 마음이 필요할 것입니다.

공예가 되시는 분의 작업칼이 날카로울수록 그 작품 또한 섬세하고 아름답습니다.

10월 25일

지금까지는 너희가 내 이름으로 아무것도 구하지 아니하였으나 구하라. 그리하면 받으리니 너희 기쁨이 충만하리라. _요한복음 16:24

남북전쟁 당시 한 남자의 아들이 군에 입대하게 되었습니다. 아버지는 은행가였고 마지못해 승낙하기는 했지만 아들을 군에 보내자니 마음이 아팠습니다.

　아들이 떠나자 그는 군인들의 고통에 깊은 관심을 갖게 되었고, 군복 입은 사람을 볼 때마다 친아들을 생각하듯 마음이 끌렸습니다. 그는 빈번히 일을 제쳐 두고 부상당해 귀향한 군인들을 위해 시간과 물질을 사용하기 시작했습니다. 그의 친구들이, 그런 식으로 일을 등한시하며 병사들에게 과도한 시간과 물질을 소모해서는 안 된다고 말했습니다. 그는 결국 모든 것을 접고 친구들의 조언을 받아들였습니다.

　하지만 이 결심을 하고 났는데, 다 떨어진 군복 차림의 어린 사병 하나가 은행으로 걸어 들어오는 것이었습니다. 병사의 얼굴과 손의 상처로 보건대 야전병원에서 응급처치만 받고 나온 것이 분명했습니다. 불쌍한 젊은이는 뭔가를 찾는 듯 주머니를 뒤적거렸습니다. 은행가는 병사가 은행에 들어온 목적을 알고 있었습니다. "여보게 젊은이, 오늘은 너무 바빠서 자네를 도와줄 수 없으니, 군 행정부로 가보게. 장교들이 자네를 받아줄 걸세."

　가엾은 부상병은 상대방 말을 제대로 알아듣지 못한 듯 여전히 그 자리에 서서 주머니를 뒤적거렸고, 마침내 더러운 종잇조각 하나를 꺼냈습니다. 병사가 은행가 앞에 내민 그 쪽지에는 연필로 이렇게 씌어 있었습니다.

　아버지께

　이 사람은 제 친구입니다. 이번 전투에서 부상당해 병원에서 곧바로 아버지께 갈 겁니다. 부디 저처럼 생각하시고 받아 주세요.

찰리가

군인 돕는 일은 그만두고 은행 일에 전념하겠다는 그의 결심은 순식간에 자취를 감추었습니다. 그는 젊은이를 자신의 웅장한 집으로 데려가서 아들이 쓰던 방을 내주고 밥도 같이 먹었습니다. 그는 젊은이가 먹고 쉬고 사랑을 받아 건강을 되찾을 때까지 보살폈습니다. 그렇게 해서 온전히 회복한 젊은이는 조국을 위해 다시 목숨을 걸고 전쟁터로 돌아갔습니다.

"이제 내가……하는 일을 네가 보리라"(출 6:1).

10월 26일

기도하러 따로 산에 올라가시니라. 저물매 거기 혼자 계시더니. _마태복음 14:23

그리스도 예수께서는 인간이기도 하셨으니, 절대고독의 필요성을 절감하시고 온전히 그분 혼자서 그분 자신과만 대면해야 했습니다. 우리는 타인들과 끝없이 뒤섞여 사는 것이 얼마나 힘들고 지치는 일인지 압니다. 예수께서도 한 인간으로서 이 점을 아시고 다시 기운을 차리기 위해 혼자 계셔야 할 필요성을 느끼셨습니다. 그분에게 고독은 그분의 높은 사명과 인간적인 약함을 깨닫고 아버지께 온전히 기댄다는 면에서도 대단히 중요했습니다.

하나님의 자녀인 우리에게야 이처럼 아버지와 함께하며 삶에서 만나는 영적인 문제들을 아뢰는 절대고독의 시간이 얼마나 더 많이 필요하겠습니까. 이 고독과 친교라는 특별한 시간이 없어도 괜찮은 이는 우리 주님뿐이었습니다. 하지만 그분께서도 혼자 계시는 시간 없이는 그분 일에 필요한 힘과 능력을 온전히 유지할 수 없었고, 아버지와의 사귐도 그러했습니다. 하나님께서 원하시는 바, 그분의 모든 종들은 이 복된 습관을 알아서 실천해야 합니다. 그분의 교회는 이 높고 거룩한 특권을 깨닫도록 그분의 자녀들을 훈련해야 합니다. 또 모든 신자들은 하나님만을 위한 시간의 중요성을 깨달아야 합니다.

오, 하나님을 온전히 나 혼자 독차지한다는 이 생각이여, 나를 온전히 그분 혼자 독차지한다는 이 앎이여!

19세기 작가요 프랑스 낭만주의 시의 선구자라 할 라마르틴이 자신의 책에 그 모친에 관한 이야기를 썼습니다. 그의 어머니는 날마다 집 정원의 한적한 곳으로 가서 일정한 시간을 보냈는데, 그 시간만큼은 누구도 감히 간섭하지 못했다고 합니다. 그 어머니에게 그곳은 주님의 거룩한 동산이었습니다.

라와 같은 땅이 없는 이들은 어찌합니까!(사 62:4 참조) 예수께서 말씀하셨습니다. "네 골방에 들어가 문을 닫고……기도하라"(마 6:6). 이 고독이야말로 하나님께서 우리 삶에 허락하신 것들의 근원에서 흘러나오는 깊고 신비한 진리를 깨닫는 장소이기 때문입니다.

묵상

영혼이여, 그리스도와 둘이서만 있는 법을 연습하십시오! 성경은 말합니다. "혼자 계실 때에 그 제자들에게 모든 것을 해석하시더라"(막 4:34). 이 구절의 참됨을 의심하지 마십시오. 여러분의 삶에도 동일하게 적용될 수 있습니다. 실제로 그런가 알고 싶거든 예수께서 하신 대로 사람들을 물리치십시오(마 14:22 참조). "하나씩 하나씩 나가고 오직 예수와" 여러분만 남을 때까지(요 8:9) 모두 보내십시오. 여러분 자신을 세상에 남은 단 한 사람으로, 혹은 온 우주에 남은 유일한 인간으로 생각해 보았습니까?

여러분이 우주에 남은 단 한 사람이면 여러분 머릿속에는 "하나님과 나……"라는 생각밖에 없을 것입니다. 하지만 하나님께서는 이미 그렇게 여러분에게 가까이 계십니다. 그분께서는 저 끝없는 우주공간에 그분과 여러분의 심장만 고동친다는 듯이 가까이 계십니다.

오 영혼이여, 고독을 연습하십시오! 사람들 물리치는 법을 연습하고, 가슴의 고요를 연습하십시오! 그 장엄한 노래 "하나님과 나! 하나님과 나!"를 연습하십시오! 천사가 여러분에게 오는 사람들 막으려고 애쓰니

다른 사람 들이려고 하지 마십시오! 미안한 마음 들어도 괜찮습니다, 예수님과 만날 때는!

10월 27일

주의 모든 파도와 물결이 나를 휩쓸었나이다. _시편 42:7

우리에게 덮쳐, 숨 막히는 물보라와
흰 포말로 그분의 얼굴 못 보게 하거나,
우리 앞에 잔잔히 빛나는 길 펼쳐, 하늘의 집까지
우리 무사히 데려가거나, 그분의 파도입니다.

우리의 위로 되시어 파도 건너시며
우리의 두려움 가라앉히시거나,
우리의 외침에 도움도 대답도 없고
외로운 침묵뿐 누구 하나 없어도, 그분의 파도입니다.

폭풍에 밀려 끝없이 요동하는 파도,
저희끼리 외쳐 부르는 그 깊은 바다
우리가 죽도록 헤쳐 나가거나, 그 큰 물결
그분의 말씀에 침묵하거나, 그분의 파도입니다.

그분 물결 가르사, 우리로 저 바다
밑바닥의 마른 땅 걷게 하시거나,
그 소요의 파도 우리 위로 넘쳐, 하나뿐인
우리의 길 무자비하게 막히거나, 그분의 파도입니다.

그분의 파도이니, 그 파도 뚫고 우리 인도하십니다.
그렇게 약속하셨고, 그분의 사랑이 그렇게 행하십니다.
지키시고 이끄시며, 인도하시고 받쳐 주시며,

당신의 틀림없는 항구로 우리 끝까지 인도하십니다.

— 애니 존슨 플린트

여러분의 주님께서 여러분을 세워 두신 그 자리에 든든히 서서 최선을 다하십시오. 하나님께서는 우리에게 시련이나 시험을 보내시며, 붙들고 씨름해야 할 상대로 우리 앞에 삶을 두십니다. 우리가 이처럼 진지한 투쟁을 통해 강해지기를 그분께서 기대하십니다. 맹렬한 바람에 가지가 뒤틀리고 거의 부러질 듯 줄기가 휘는 곳에 서 있는 나무는, 계곡의 안온한 곳에서 자라는 나무보다 뿌리가 깊습니다.

우리의 삶도 그렇습니다. 강하고 위대한 성품은 역경을 통해서 자랍니다.

10월 28일

긍휼이 풍성하신 하나님이 우리를 사랑하신 그 큰 사랑을 인하여 허물로 죽은 우리를 그리스도와 함께 살리셨고……또 함께 일으키사 그리스도 예수 안에서 함께 하늘에 앉히시니. _ 에베소서 2:4-6

"그리스도 예수 안에서 함께 하늘에 앉히시니." 여기가 바로 우리의 합당한 자리이며, 앉되 고요히 앉는 자리입니다. 하지만 우리 가운데 실제로 이와 같은 경험을 하는 이가 얼마나 됩니까! 사실, 날마다 온갖 소요로 가득한 이 세상에서 살아가며 "하늘에" 고요히 앉기란 불가능하다는 것이 우리들 대다수의 생각입니다.

그렇습니다. 주일이나 이따금씩 큰 집회가 있을 때는 "하늘에" 잠시 다녀올 수 있을지 몰라도, 날마다 종일토록 그곳에 앉아 있다는 것은 사실상 불가능하다고 우리는 생각합니다. 하지만 성경을 통해 보건대 주일만 아니라 한 주일 내내 그렇게 앉아 있어야 하는 것이 명백합니다.

우리가 몸을 움직여 활동할 때 마음의 고요는 말할 수 없이 귀합니다. 모든 일에서 우리의 성공은 하나님의 보이지 않는 영적인 힘의 작용에 달려 있는데, 불안과 근심으로 안달하는 마음처럼 이 힘의 작용에 방해가 되는 것은 없습니다.

고요에는 엄청난 능력이 있습니다. 어떤 신심 깊은 이가 말했습니다. "믿고 침묵할 줄 아는 사람에게 모든 것이 임합니다." 의미심장한 말입니다. 이 말을 진정으로 이해한다면 우리가 일하는 방식이 크게 바뀔 것입니다. 그래서 우리는 스스로 어떻게 해보려는 부단한 노력을 중단하고 주님 앞에 마음으로 앉아, 우리의 목적과 소망을 성취할 방법이 성령의 거룩한 힘에 의해 고요히 결실하도록 맡기게 됩니다.

여러분은 아마 그분의 고요한 능력이 우리 안에서 역사하는 것을 보거나 느끼지는 못하겠지만, 언제나 그 능력이 강하게 작용하고 있음을 확신해도 좋습니다. 그래서 여러분이 그 능력의 흐름에 떠내려갈 정도로 마음을 고요히 하기만 하면, 그 능력은 반드시 여러분을 위해 일할 것입니다.

> 태풍의 위대한 중심에
> 평온의 한 지점 있음이여,
> 그 비밀의 근원에 침묵 있으니,
> 어린아이 뒤척임 한 번 없이, 아름다운
> 머리칼 한 올의 흩날림도 없이 잠들리라,
> 그 강한 소용돌이 한복판, 그 이상한 중심의 고요 속에서.

어떠한 상황에서든 하나님 안에서 평화와 안전을 찾음이 여러분의 본분입니다.

10월 29일

그가 은을 연단하여 깨끗하게 하는 자같이 앉아서. _말라기 3:3

우리 아버지는 성도들을 거룩으로 완전케 하려는 분이시니 연단의 불의 귀한 용도를 아십니다. 귀중한 금속에는 세공인의 정성이 들어가기 마련입니다. 그는 그 금속을 가차 없이 불에 넣는데, 그래야 녹아서 찌꺼기가

473

분리된 순수한 금속이 거푸집에서 새롭고 완전한 형태를 갖추기 때문입니다.

훌륭한 세공 기술자는 도가니를 떠나지 않고, 위 구절의 표현대로 가까이 "앉아서" 불의 온도가 조금이라도 높아져 금속을 못 쓰게 되는 일이 없도록 세심히 지켜봅니다. 그리고 표면에 떠오른 찌꺼기를 모두 걷어 내어 순수해진 그 금속에 자신의 얼굴이 비치면 곧바로 불을 끕니다.

칠 배나 뜨거운 불가에 앉아
그 귀한 금속 보셨다. 세심한 눈길로
더 가까이 들여다보시며
불의 온도 높이셨다. 당신의 금이
그 시험 견딜 줄 아셨다.
정련한 순금으로 왕이 쓰실 면류관을,
보석으로 장식한 왕관을 만들고자 하셨고,
그러므로 타는 불에 우리 던져 넣으셨다.
우리 미루어 달라고 애원해도 거절하셨으리라.
그리하여 우리가 못 본 찌꺼기 보시고
녹여 없애셨다. 금은 더 밝아지고 빛났지만
눈물 어린 우리의 눈에는, 보이느니
불뿐, 장인의 손은 보이지 않았다.
그렇게 우리 근심과 두려움으로 의심했다.
하지만 우리의 금, 밝고도 밝아져
위에 계신 어떤 형상 비추었다.
우리 눈엔 안 보였지만, 사랑 가득한 얼굴로
불가에 몸 구부려 앉으신 그분의 형상을.
사랑하시는 그분 마음 즐거우라고
우리에게 이 한 순간의 고통 주시는가?
그렇지 않다! 이 십자가를 통해서
영원히 얻을 기쁨을 보셨기 때문이다.

그러므로 그분 눈길 한 번 떼지 않으시고

거기 앉아, 강하고 분명한 사랑으로 지켜보셨다.

그렇게 우리 뜨거운 불, 정련에 필요한

만큼만 겪되, 거기서 하나라도 넘치는 고통

겪지 않은 것, 그분께서 지키고 계셨기 때문이다.

10월 30일

인내로써⋯⋯경주하며. _히브리서 12:1, KJV
우리가 달려야 할 길을 꾸준히 달려갑시다. _공동번역

"인내로써" 달리자고 합니다. 대단히 힘든 일입니다. "달린다"고 하면 참을성이 없다는 뜻으로 새길 수도 있고 어떤 목표를 향한 노력을 연상할 수도 있습니다. 그런데 우리는 흔히 인내를 눕거나 움직임이 없는 상태에 한정해서 생각합니다. 오랫동안 질병으로 신음하는 이들의 인내를 높고 아름답게 여기지만, 나는 불구와 질병으로 장기간 누워 있는 이 분들이 가장 힘들게 인내하고 있다는 생각에는 동의하지 않습니다.

내가 믿기로 그보다 체득하기 어려운 인내가 있으니 달리는 인내입니다. 크나큰 슬픔을 겪으며 누워 있거나 재정적 파탄에도 평정을 유지한다는 것은 분명히 보통의 능력으로 되는 일이 아닙니다. 하지만 이보다 더 큰 힘이며 정신력이라 할 만한 것을 나는 압니다. 경제적 실패 후에도 계속 일하는 능력, 아픈 가슴 안고 여전히 달리는 능력, 영혼의 슬픔 깊은데도 흔들림 없이 일상을 꾸려 가는 능력입니다. 그리스도를 닮는 일이 이와 같습니다.

우리 가운데 다수는 아마도 개인적인 시간과 여건이 된다면 슬픔을 적절히 다스리며 처리할 수 있을 것입니다. 그런데 우리는 혼자 엎드려 울수 있는 침대가 아니라 모두가 지켜보는 길거리에서 인내의 부르심을 받았습니다. 정말 감당하기 어려운 사실입니다. 우리는 고요히 앉아 안식하며 슬픔을 묻을 수 없습니다. 열심히 섬겨 가며 슬픔을 묻으라는 부르심입니다. 일터에 가고, 시장에 가고, 모임에 가야 합니다. 가슴에 슬픔 묻고 다

른 이들을 기쁘게 해야 합니다. 우리의 슬픔을 묻는 방식으로 이보다 어려운 것은 없습니다. 이것이 "인내로써" 달린다 함의 참뜻입니다.

인자 되시는 이여, 이것이 당신의 인내였습니다. 기다리며 달리는 일이었습니다. 최후의 목적을 기다리며 그보다 작은 일을 행하심이었습니다. 당신께서는 갈릴리 가나에서 물을 포도주로 바꾸셔서 잔치를 망치지 않게 하셨습니다. 광야에서 많은 무리를 먹이시므로 응급한 필요를 채우셨습니다. 하지만 시종 당신께서는 크나큰 슬픔을 지니셨습니다. 그 슬픔을 나누지도 말씀하지도 않으셨습니다. 다른 이들은 구름 속의 무지개를 (창 9:13) 청하겠으나, 나는 당신께 그보다 더한 것을 구하렵니다. 내 구름 속에서 나를 무지개로 만드셔서 다른 이들의 기쁨 되게 하소서. 나의 인내는 당신의 포도원에서 섬길 때 완전에 이를 것입니다.

> 우리의 희망 모두 사라졌을 때는
> 다른 이들을 위해 부지런히
> 일하는 것이 최선입니다.
> 슬픔을 견디는 힘, 의무를 다함에 있고,
> 다른 이들의 기쁨으로 자신의 슬픔
> 치유할 줄 아는 이가 제일이니까요.

10월 31일

이와 같이 성령도 우리 연약함을 도우시나니 우리가 마땅히 빌 바를 알지 못하나 오직 성령이 말할 수 없는 탄식으로 우리를 위하여 친히 간구하시느니라. 마음을 감찰하시는 이가 성령의 생각을 아시나니 이는 성령이 하나님의 뜻대로 성도를 위하여 간구하심이니라. _로마서 8:26-27

이것이 기도의 깊은 신비입니다. 말로 표현할 수 없고 신학으로 설명할 수 없는, 겸손한 신자들만이, 이해는 못 해도 알고 있는 섬세하고 거룩한 도구입니다.

오, 우리 비록 이해할 수 없으나 사랑으로 짊어지는 이 짐이여! 오, 이

476

해할 수 없는 것을 향한 우리 가슴의 말할 수 없는 그리움이여! 하지만 우리는 그 이해할 수 없는 것이 하나님의 보좌에서 나오는 울림이며, 그분의 가슴에서 오는 작은 음성임을 압니다. 노래이기보다는 신음이며 떠다니는 깃털이기보다는 무거운 짐입니다. 짐이되 복된 짐이고, 신음이되 더 깊은 곳에서 찬양과 기쁨이 흐르는 신음입니다. 그것은 "말할 수 없는 탄식"입니다. 우리가 언제나 그것을 우리 스스로 표현할 수 있는 것은 아닙니다. 그리고 대체로 우리가 아는 것은, 하나님께서 당신만 이해하시고 당신의 손길이 필요한 뭔가를 위해 우리 안에서 기도하신다는 정도입니다.

그러므로 우리는 그 격한 슬픔과 영혼의 짐을 가슴에서 그냥 쏟아 내면 됩니다. 그분께서 들으시고 사랑해 주시고 이해하시고 받아 주시며, 우리 기도에서 잘못되고 불완전하고 그릇된 모든 것을 분리해 내심을 우리는 알 수 있습니다. 그렇게 걸러 내고 남은 것을 큰 대제사장의 향불과 함께 높은 데 계신 그분의 보좌로 올려 보내시는 것입니다. 우리의 기도가 그분의 이름으로 들으신 바 되고 받아들여지며 응답됨을 우리는 확신할 수 있습니다.

우리가 한시도 쉬지 않고 그분께 기도드리거나 그분의 말씀 듣고 있어야 그분과 사귀고 친교하는 것은 아닌데, 그것은 말로 하느니보다 그윽한 사귐이 있기 때문입니다. 어린 아기는 어머니 곁에서 하루 종일 놀이에 열중하고, 어머니는 또 자기 일에 정신이 없습니다. 둘 다 말 한 마디 없어도 완벽한 사귐의 상태에 있습니다. 아기는 어머니가 곁에 있음을 알고, 어머니는 아기가 안전하게 잘 놀고 있음을 압니다.

마찬가지로 믿는 자와 그의 구주도 여러 시간을 말 한 마디 없이 보내며 사랑으로 교제할 수 있습니다. 침묵의 사귐입니다. 신자들은 언제나 바쁘게 살아가지만 일상의 세세한 것 하나까지 하나님의 임재라는 특유의 손길 아래 놓여 있음을 의식하고, 그로써 그분의 승인과 축복을 알 수 있습니다.

그러므로 복잡하고 알 수 없는 짐과 어려움으로 고통스러울 때, 그분의 복되신 두 팔에 안겨 그 말할 수 없는 슬픔을 눈물로 아뢰는 일이야말로 얼마나 그윽하고 향기롭겠습니까.

11월

우리의 두 눈 감사로 빛나는도다

11월 1일

구름이 성막 위에 머무는 날이 오랠 때에는 이스라엘 자손이⋯⋯행진하지 아니하였으며. _ 민수기 9:19

이것은 견디기 어려운 순종의 시험이었습니다. 양털구름이 서서히 성막 위로 모여들었다가 이스라엘 백성들 저 앞으로 웅장하게 떠오르기 시작 하면 그들은 살림살이와 천막을 걷었는데, 이것은 그래도 비교적 수월한 일이었습니다. 일반적으로 변화란 즐거운 일이듯, 이스라엘 백성들 역시 새로운 길을 떠나 풍광을 만끽하며 다음 야영지로 가는 그 과정이 즐거웠 습니다.

하지만 기다려야 할 때는 전혀 그렇지 못했습니다. "구름이 성막 위에 머무는 날이 오랠 때에는" 그곳이 아무리 지겹고 무더워도, 사람으로서 차 마 견디기 어려울 만큼 고역스러워도, 아무리 위험스럽다 해도 결국 거기 서 진을 치고 견디는 것 외에는 도리가 없었습니다.

시편기자는 말했습니다. "내가 여호와를 기다리고 기다렸더니 귀를 기울이사 나의 부르짖음을 들으셨도다"(시 40:1). 하나님께서는 이처럼 구 약의 성도들에게 베푸신 일을 오늘날 우리 믿는 자들에게도 똑같이 베푸 시겠지만, 그에 앞서 빈번히 우리를 기다리게 하십니다. 적대자들이 턱밑 까지 다가오고, 위험과 두려움이 겹으로 몰려오며, 흔들리는 바위 아래 서 있는 처지에서도 기다려야 합니까? 이 정도면 모든 천막을 걷고 떠날 때가 아닙니까? 이미 우리는 무너질 만큼 심한 고통을 겪지 않았습니까? 이 숨 막히는 무더위를 피해 "푸른 초장⋯⋯쉴 만한 물가"로(시 23:2) 갈 수 없습 니까?

하나님께서 아무 대답도 안 하시고 '구름이 계속 머물러 있을' 때는 기 다려야 합니다. 하지만 이렇게 기다리는 우리에게는 하나님께서 만나를 예비하시고, 바위에서 물을 내시며, 모든 적대자들로부터 지켜주신다는 확신이 있습니다. 하나님께서는 친히 임재하신다는 확신이나 매일의 필요 를 공급하심 없이 우리를 지금의 이 자리에 무작정 세워 두시지 않습니다.

젊은이들이여, 기다리십시오. 그렇게 서둘러 변화를 추구하지 마십시오. 사역자들이여, 지금의 자리를 지키십시오. 구름이 움직이지 않는 한 그 자리에 계십시오. 주께서 그 선하신 뜻 보여주실 때까지 기다리십시오. 그분께서는 결코 늦으시는 법이 없습니다!

기다림의 시간!
그런데 그 숭고한 곳으로
가고 싶은 마음,
그곳으로 가고 싶다―하지만 그보다는
그분의 시간을 믿고 싶다.

"너희는 가만히 앉아 있으라."
그런데 나 그렇게 잠잠히 있는 동안
이교도는 죽어 멸망한다.
그들에게 가고 싶다―하지만 그보다는
그분의 길을 믿고 싶다.

얻는 것도 좋고
주는 것도 진실로 좋은데,
그보다 더 좋은 것 있으니
아무리 넓고 길고 깊고 높아도
그분의 뜻 믿는 일!

―F. M. N.

11월 2일

이에 베드로는 옥에 갇혔고 교회는 그를 위하여 간절히 하나님께 기도하더라. _사도행전 12:5

기도는 우리를 하나님께 연결하는 고리입니다. 기도는 건널 수 없는 심연에 가로놓인 다리로서, 우리를 위험과 위급의 구덩이 저편으로 안전하게 데려다 줍니다.

초대교회의 이 이야기는 중요합니다. 모든 상황이 교회와 적대적인 방향으로 흐르는 듯했습니다. 베드로는 옥에 갇혔고, 유대인들은 승리를 거두는 듯 보였으며, 헤롯은 여전히 통치자의 자리에 있었고, 순교의 무대는 사도의 피를 마시고자 날이 밝기만을 기다리고 있었습니다. 그러나 교회는 그를 위하여 간절히 하나님께 기도했습니다. 결과는 어찌 되었습니까? 감옥이 기적적으로 열려 사도가 자유의 몸이 되었고, 유대인들은 당황했으며, 사악한 왕 헤롯은 하나님의 징벌을 받아 벌레에게 먹혀 죽었습니다. 그리고 한층 더 위대한 승리로, 하나님의 말씀은 더욱 줄기차게 퍼져 나갔습니다(23-24절).

우리는 기도라는 이 초자연적인 능력을 진정으로 알고 있습니까? 요청만 아니라 명령까지 하는 믿음의 권위로 이 능력을 담대히 사용하고 있습니까? 하나님께서 우리를 거룩한 확신과 담대함으로 덧입혀 주십니다. 그분께서는 위대한 사람을 찾지 않으시고 자기 하나님의 위대함을 담대히 증명할 사람을 찾으시니 말입니다! "교회는 그를 위하여 간절히 하나님께 기도하더라."

기도할 때는 무엇보다 하나님의 능력을 제한하는 일이 없도록 해야 합니다. 불신도 그렇지만, 하나님께서 하실 수 있는 일을 정확히 알고 있다는 생각 역시 그분을 제한하는 행위입니다. 여러분이 구하거나 생각하는 모든 것 너머에 있어서 기대할 수 없는 것을 기대할 줄 알아야 합니다.

그러므로 간구할 때는 언제나 먼저 마음을 고요히 하고, 영광중에 계신 하나님을 예배하십시오. 그분께서 하실 수 있는 일을 생각하고, 그분께서 그 아들 그리스도를 얼마나 기뻐하시는지 생각하며, 그분 안에 있는 여러분의 위치를 생각하십시오. 그러고 나서 큰일을 기대하면 됩니다.

우리의 기도는 하나님의 기회입니다.

슬픔을 겪고 있습니까? 그 고통의 시간이 기도로 용기와 위로의 시간이 됩니다. 기쁘고 행복합니까? 기도로 그 기쁨의 시간에 하늘의 향기가 더해집니다. 안팎의 적대자들로 인해 심각한 위험에 처해 있습니까? 기도하면 천사를 여러분 곁으로 부를 수 있습니다. 맷돌을 곡식가루보다 잘게 부수고, 한번 쳐다보기만 해도 모든 군대를 섬멸하는 능력의 천사입니다.

기도로 여러분에게 이루어질 수 있는 일이 무엇입니까? 하나님께서 여러분을 위해 하실 수 있는 모든 것이라고 나는 말하겠습니다. "내가 네게 무엇을 주랴. 너는 구하라"(대하 1:7).

씨름하는 기도는 기적의 기도,
말할 수 없는 곤경에서 구해 낸다.
기도는 그렇게 철창과 철문을 뚫고
길을 낸다.

11월 3일

아름다운 소식을 시온에 전하는 자여, 너는 높은 산에 오르라. _이사야 40:9

흔해 빠진 것이 장난감이나 장신구라고 하지만 희귀한 것들에는 역시 무시 못 할 값이 붙습니다. 가장 높은 권좌는 언제나 피와 고통으로 사야 하며, 누구나 충분한 피의 대가를 치러야 그러한 정상의 자리에 도달할 수 있습니다. 이것이 어디서나 거룩한 정상에 오르는 조건입니다. 진정한 영웅들의 이야기는 언제나 희생한 피와 고통의 이야기입니다. 삶의 참된 가치와 덕성은 바람 한 번 분다고 우리 인생길 아무데서나 툭툭 불려 나오지 않습니다. 그러니 위대한 영혼은 크나큰 슬픔을 겪을 수밖에 없습니다.

위대한 진리는 그 값이 비쌉니다.
우리가 날마다 주고받는 소소한 진리들,
인생길 아무 데서나 만나고, 바람 한 번에
쉽게 불려 나오는 진리들과는 다릅니다.

위대한 진리는 위대하게 얻는 것이니, 우연도 아니요
한여름 밤의 꿈을 타고 쉽게 건너오지도 않습니다.

그러므로 우리 영혼의 위대한 투쟁을 통해서,
온갖 역류와 역풍 뚫고서야 오는 것입니다.

그 투쟁과 두려움과 슬픔의 날에
강하게 내미신 하나님의 손이
가라앉은 우리 가슴의 깊은 땅 쟁기질하사
간혔던 진리의 씨앗 환하게 드러내십니다.

그 약하고 고독하며 힘겨웠던 나날을 견뎌 낸
영혼 속에서, 고통스럽게 머리 내민 진리가
곱게 갈아 넘긴 들판의 작물처럼 자라고,
우리의 영혼, 헛되이 울지 않았음을 압니다.

우리가 믿음을 행사할 수 있는 환경에 처할 때, 하나님을 아는 우리의 능력이 확대됩니다. 그러므로 고난이 우리의 길을 막으면 그분께서 친히 우리를 대하심에 감사드리고, 그분께 더욱 깊이 의지하기를 간절히 바라십시오.

11월 4일

내가 그발 강가 사로잡힌 자 중에 있을 때에 하늘이 열리며 하나님의 모습이 내게 보이니……여호와의 권능이 내 위에 있으니라. _에스겔 1:1, 3

포로 되어 잡혔을 때보다 성경이 귀중한 경우는 없습니다. 저 유구한 시편들이 우리의 바벨론 강가에서 우리를 측은히 여기며 노래를 불렀고, 주께서 우리의 포로를 남방(네겝)의 시내들같이 돌리시며 구원하실 때에는(시 126:4) 이 시편의 말씀들이 새로운 기쁨으로 우리 앞에 울려 펴졌습니다.

　　깊이 고난을 겪은 이들은 그 손때 묻은 성경을 결코 멀리하지 않습니다. 다른 이들 눈에는 다 같은 성경으로 보이겠지만, 당사자로서는 결코 같은 성경이 아닙니다. 곳곳이 눈물로 얼룩지고 다 낡아 해어진 그 성경에는 자신만이 알아볼 수 있는 고난의 일기가 적혀 있는 것입니다. 그 고난의 성경을 눈물겹게 넘겨가며 하나님의 집 문기둥이며 샘물과 종려나무 넘치는 엘림에(출 15:27) 다녀온 것이 몇 번인지 모릅니다. 그 기둥과 종려나무 하나하나가 인생의 어려운 시기와 함께 그의 가슴에 기억으로 남습니다.

이 포로 된 처지에서 유익을 얻으려면 상황을 받아들이고 거기서 최선을 이끌어 내겠다고 결심해야 합니다. 이미 빼앗기고 잃은 것을 걱정해 봐야 사태는 호전될 수 없고 남은 것마저 악화시킬 뿐입니다. 묶인 줄에 저항하면 그 줄은 더 강하게 조여듭니다.

마찬가지로, 말이 굴레를 유순히 받아들이지 않고 흥분해 날뛰면 더 강하게 압박당할 뿐이고, 성난 짐승이 멍에를 벗으려 요동치면 제 등짝만 벗겨질 뿐입니다. 18세기 작가요 성직자였던 로렌스 스턴의 찌르레기와 카나리아의 비유를 모두가 알아야 하겠습니다. 그가 이야기한 바에 따르면, 성질 급한 찌르레기는 새장 창살에 끝없이 제 날개를 부딪혀 가며 나갈 수 없다고 절규합니다. 반면에 복종하는 카나리아는 횃대에 앉아, 하늘 문에 가깝도록 비상하는 종달새보다 아름다운 소리로 노래합니다.

고난이 찾아올 때 즉시 하나님께 매달려 열심히 기도한다면, 어떠한 고난도 처음부터 끝까지 나쁘기만 할 수는 없습니다. 폭우를 피해 나무 밑에 들어갔다가 예기치 않은 열매를 발견할 수도 있는 것입니다. 그리고 우리가 하나님께 달아나 그 날개 그늘 아래 숨을 때마다 이전에 보고 알았던 것보다 더 많은 것을 그분에게서 늘 새롭게 발견할 것입니다.

결론적으로, 하나님께서는 고난과 시련을 통해서 우리에게 당신에 관한 새로운 계시를 주십니다. 야곱처럼 우리는 "얍복 나루를" 건너서야(창 32:22) 브니엘에 이를 수 있으며, 또한 여기서 주님과 씨름하고 축복을 받아서 이처럼 말할 수 있는 것입니다. "내가 하나님과 대면하여 보았으나 내 생명이 보전되었다"(창 32:30).

포로 된 이들이여, 이 이야기를 여러분의 이야기로 삼으십시오. 하나님께서 여러분에게 밤에 부를 노래를 주시며(욥 35:10), 여러분의 "사망의 그늘을 아침으로 바꾸실" 것입니다(암 5:8).

하나님의 거룩한 뜻에 순복하는 것이 가장 편안하게 베고 쉴 수 있는 베개입니다.

> 그것이, 알 수 없는 영광으로
> 방을 채우고, 내 삶을 채웠다.
> 나 그것으로 투쟁의 한가운데서
> 고요했으며, 한겨울에도 내 가슴 푸르렀다.
> 폭풍우가 땅과 바다를 덮칠 때도
> 약속의 새들은 나무 위에서 노래했다.

11월 5일

여호와께 능치 못한 일이 있겠느냐. _창세기 18:14

하나님께서 날마다 여러분과 나에게 이처럼 사랑으로 권고하십니다. 우리더러 가장 깊고 높고 가치 있는 우리 가슴의 소망을 생각해 보라고 하십니다. 우리 자신이나 우리가 사랑하는 어떤 이들을 위해 품었지만, 너무 오랫동안 이루어지지 않아 사라진 것으로 여기는 소망이 있으면 생각해 보라고 하십니다. 그리고 한때는 가능할 것으로 보았지만 삶에서는 이루어질 가망이 없어 완전히 포기한 것도 한번 생각해 보라고 하십니다.

바로 그것, 그것이 하나님의 확연한 뜻과 일치하는 한—아브라함과 사라에게는 아들이 그것이었는데—하나님께서 우리를 위해 그것을 행하시겠다고 하십니다. 그렇습니다. 우리가 아뢰기만 하면 그분께서 바로 그것을 행하실 것입니다. 누구 하나 가능성을 말할 경우 우리가 먼저 나서서 어리석다고 웃어 버릴 만큼 불가능한 것마저도 행하실 것입니다.

"여호와께 능치 못한 일이 있겠느냐." 그렇습니다. 우리가 먼저 나서서 그분을 믿고 그분의 뜻을 행하며, 우리를 위해 불가능한 일을 행하시도록 우리 자신을 내어 드리면, 그분께는 결코 어려운 것이 없습니다. 아브라함과 사라 역시 계속해서 불신했다면 하나님의 계획을 방해했을 것입니다.

그분의 사랑과 능력을 우리가 의도적이고 지속적으로 불신하고, 우리에게 두신 그분의 계획을 끝까지 거부하는 행위만이 그분께서 능치 못할 유일한 것입니다. 이것만 아니라면, 그분을 신뢰하는 자들을 위해 여호와께서 못하실 일은 없습니다.

11월 6일

무릇 내가 사랑하는 자를 책망하여 징계하노니. _요한계시록 3:19

하나님께서는 가장 뛰어나고 중요한 종들을 선택하셔서 가장 크고 격심한 고난의 자리로 부르시는데, 이는 그분께 큰 은혜를 입은 자들이 큰 고난을 견딜 능력이 있기 때문입니다. 신자들이 고난을 당하는 것은 결코 우연이 아니라, 하나님의 거룩한 방침에 의한 것입니다. 그분께서는 아무렇게나 고난의 화살을 쏘지 않으시니, 화살 하나마다 특별한 사명을 띠고 주께서 마음에 작정하신 영혼들에게만 가서 적중하기 때문입니다. 믿는 자가 고난을 길이 참고 견딜 때 드러나느니, 하나님의 은혜이며 또한 그분의 영광입니다.

> 모든 날이 햇빛뿐이면, 내 어찌 "주께서
> 모든 눈물 닦아 주시리라"는 말 할 수 있을까?
>
> 나 지치고 피곤하지 않으면, 내 어찌 "주께서
> 사랑하시는 자들에게 잠을 주신다"는 복된 진리 간직할까?
>
> 내게 무덤이 없다면, 기필코 나
> 영원하신 생명 헛된 꿈으로 여기리라.
>
> 나의 겨울과 나의 눈물과 나의 피곤, 그리고
> 나의 무덤까지, 그분의 축복의 길이리라.
>
> 이 모든 것을 나는 고통이라 여기지만, 분명

이 고통 내게 주님을 보여주는 사랑이리라!

영성 깊은 그리스도인들은 대개가 강하고 격한 영혼의 불을 겪은 사람들입니다. 그리스도를 더 많이 알고자 기도했다면 그분께서 사막으로 인도하시든 고통의 화로에 넣으시든 놀라지 마십시오.

　주님, 내게서 십자가 거두시는 형벌은 내리지 마소서. 다만 나를 인도하사 당신의 뜻에 복종케 하시고 십자가 사랑하는 마음 일으켜 주소서. 그것이 나의 위로입니다. 내게 당신을 지극히 섬길 수 있는 것만 허락하시고, 그것으로 당신의 크신 자비 드러내게 하소서. 그것은 이러하니, 나를 통해 당신의 이름 영광 받으심이며 또한 당신의 뜻에 따르는 것뿐입니다.

11월 7일

그러나 무엇이든지 내게 유익하던 것을 내가 그리스도를 위하여 다 해로 여길뿐더러. _빌립보서 3:7

스코틀랜드의 맹인 설교가 조지 매더슨이 죽어 묻힐 때 사람들은 그의 사랑과 희생의 삶을 기려 그의 무덤에 붉은 장미를 심었습니다. 이처럼 아름답고 뜻 깊은 전송을 받으며 세상을 떠난 이 사람 매더슨이 1882년에 다음의 찬송시를 썼습니다. 후일 그가 표현한 대로 "가장 힘든 정신적 고통"의 시기를 지나는 동안이었는데, 단 오 분 만에 썼다고 합니다. 이 찬송은 그 후로 전 세계 사람들에게 알려졌습니다.

　　오, 나를 떠나지 않으시는 사랑,
　　당신으로 하여 내 영혼 안식합니다.
　　빚진 나의 생명 돌려드리오니
　　당신의 바다 깊은 곳에서
　　그 생명 흘러넘치게 하소서.

　　오, 내 모든 길 지키시는 빛,

꺼져 가는 나의 등불 당신께 드리니
어둡던 내 영혼에 밝은 빛 들어옵니다.
당신의 찬란한 햇빛 속에서, 내 영혼
더 밝고 아름답게 하소서.

오, 고통 속에서 나를 찾으시는 기쁨,
내 영혼 당신 외면할 수 없어
나 빗속에서 무지개를 따라가고
아침에는 눈물이 없으리라는 약속
헛되지 않음을 압니다.

오, 고개 들어 바라보는 십자가,
당신 피해 달아나겠다는 말 드릴 수 없어
죽어 버린 삶의 영광 묻습니다.
그 땅에서 붉은 꽃, 그 영원하신
생명 피어납니다.

어떤 화가의 전설이 있습니다. 그가 표현해 내는 붉은색은 놀랍도록 아름다워서 다른 화가들이 결코 흉내 낼 수 없었습니다. 그는 그 색의 비밀을 밝히지 않았습니다. 하지만 그가 죽은 후에 보니, 그의 가슴 전면에 오래된 상처가 하나 있었습니다. 그의 그림에 표현된 비길 데 없는 색조의 비밀이 거기 있었습니다.

그렇습니다. 가슴에 피 흘려야 귀하고 높은 이상을 성취할 수 있을 뿐 아니라 가치 있는 어떤 것에 도달할 수 있습니다.

11월 8일

예수께서 베드로와 요한과 야고보를 데리고 기도하시러 산에 올라가사 기도하실 때에 용모가 변화되고 그 옷이 희어져 광채가 나더라……베드로와 및 함께 있는 자들이……예수의

영광······을 보더니. _누가복음 9:28-29, 32
내가 참으로 주의 목전에 은총을 입었사오면 원하건대 주의 길을 내게 보이사. _출애굽기
33:13

예수께서는 이 세 제자들만 따로 데리고 산에 오르셔서 당신과 깊이 교통하게 하셨습니다. 그들은 주님의 "영광"을 보았고 또한 말했습니다. "주여, 우리가 여기 있는 것이 좋사오니"(눅 9:32-33). 주님과 함께 산에 머무는 자들에게는 천국 경험이 따로 없었을 것입니다.

기도와 묵상의 어느 한 순간에 천국의 문에 한번 다녀오지 않은 사람 있습니까? 자신만의 비밀한 장소에 가서 주님과 거룩히 교통할 때 주체할 수 없는 감정이 밀려와서, 장차 누릴 그 지복을 미리 한번 슬쩍 맛보지 않은 사람 있습니까?

주께서는 당신의 제자들과 깊은 이야기 나누실 특별한 시간과 장소를 마련해 놓고 계셨습니다. 헤르몬 산에서 그들과 한 차례 만나기는 하셨지만, 대부분은 감람산의 거룩한 산기슭에서 만나셨습니다. 모든 그리스도인들은 자신만의 감람산이 있어야 합니다. 오늘날 우리 대다수는, 특히 도시에 거주하는 이들은 거의 스트레스와 함께 산다고 해도 과언이 아닙니다. 일어나서 잠들 때까지 복잡다단한 일상에 노출됩니다. 이러한 삶의 소용돌이 속에서는 조용히 생각할 시간이 없습니다. 하나님의 말씀을 읽고 기도하며 깊이 사귈 기회도 역시 얻기가 어렵습니다. 자신만의 감람산이 있어야 하는 이유입니다.

우상숭배로 시끌벅적한 바벨론에 살던 다니엘은 자신의 방에서 감람산을 찾았습니다. 베드로는 욥바의 한 옥상으로 올라갔고, 마르틴 루터는 지금도 신성시되는 비텐베르크의 "다락방"을 찾아냈습니다.

19세기 영국의 회중교회 설교가 조지프 파커는 이렇게 말했습니다. "우리가 교회로서 영적인 이상과 천국의 어떤 모습과, 더 큰 영광과 더 큰 삶에 대한 인식을 회복하지 못한다면, 우리는 믿음을 잃어버릴 것입니다. 우리의 제단은 차디차게 비어 버린 돌덩어리가 될 수밖에 없으며, 결단코 천국에서 이 돌덩어리를 찾아 내려오는 일은 없을 것입니다." 그리고 오늘날 세상에 필요한 것이 또 있으니, 바로 그들의 주님을 본 사람들입니다.

그분께 가까이 가십시오! 어쩌면 오늘 그분께서 여러분을 산꼭대기로 데려가실 것입니다. 언제나 덤벙대던 베드로와 "우레의 아들"(막 3:17) 야고보와 요한을 데려가셨던 바로 그 장소입니다. 자신들의 주님과 그분의 사명을 수도 없이 오해하던 이 제자들 말입니다. 그러니 그분께서 여러분을 아니 데려갈 이유가 없습니다. "오, 이와 같이 놀라운 주님의 이상과 계시는 어떤 사람들만 볼 수 있는 것 아닌가!" 하고, 괜한 말로 여러분의 자격을 제한하지 마십시오. 그 어떤 사람들이 바로 여러분일 수 있습니다!

11월 9일

그 그늘 아래에 거주하는 자가 돌아올지라. 그들은 곡식같이 풍성할 것이며 포도나무같이 꽃이 필 것이며. _호세아 14:7

낮은 폭우로 끝났고, 내 정원의 초목은 폭풍우에 두드려 맞았습니다. 나는 한 꽃나무를 들여다보았습니다. 그 꽃의 향기와 아름다움이 몹시 좋아서 전부터 사랑하던 나무였습니다. 무자비한 폭풍에 시달려 꽃들은 늘어진 채 잎을 닫았습니다. 꽃의 영광이 사라진 듯했습니다. '이 아름다운 꽃들을 다시 보려면 내년까지 기다려야 하겠지' 하고 나는 생각했습니다.

하지만 밤이 지나고 아침이 와서 해가 비치자, 내 사랑하는 꽃나무는 다시 힘을 얻었습니다. 빛이 꽃들을 보고 꽃들이 빛을 보았습니다. 교감이 있었고, 능력이 꽃들에게 들어갔습니다. 꽃들은 고개를 들고 꽃잎을 열어 영광을 되찾았습니다. 이전보다 더 아름다워 보였습니다. 나는 어떻게 이런 일이 벌어졌는지 놀라지 않을 수 없었습니다. 그토록 약한 꽃들이 더 강한 존재와 만나 힘을 얻었던 것입니다!

우리는 하나님과 깊이 교통함으로써 섬기고 견디는 능력을 얻는데, 나는 어떻게 해서 이러한 일이 가능한지는 정확히 설명할 수 없지만 그것이 사실이라는 점은 분명히 압니다. 여러분은 지금 극심한 시련으로 무너질 위험에 처해 있습니까? 그리스도께 깊이 들어가 마음을 나누며 교제하십시오. 승리하는 힘과 능력을 얻을 것입니다. 하나님께서 약속하셨으니 말입니다. "내가 너를 굳세게 하리라"(사 41:10).

어제의 슬픔

어제 내린 비, 장미꽃에는 붉은 옥구슬

백양나무 잎에는 은방울, 버드나무 가지에는 금구슬,

어제 내린 슬픔, 시간이 침탈할 수 없는

하나님 은혜의 큰 선물에 감도는 침묵.

어제 내린 비로 산야가 빛난다.

월계수는 산호가, 풀들은 청보석이 된다.

어제 내린 슬픔이 영혼에게 가르쳤다. 스쳐가는

모든 바람 속에서 영원의 속삭임 들어 보라고.

오, 폭풍에 두드려 맞아 엎드린 영혼아, 이 비는 내일

빛나리라. 매발톱꽃 속에서 불이 되고, 가시 끝에서

보석이 되며, 물망초의 천국이 되리라. 이 슬픔

아직은 슬픔이지만, 기적 같은 아침이면 아름다움이리라.

— 캐서린 리 베이츠

11월 10일

아브라함이 바랄 수 없는 중에 바라고 믿었으니. _로마서 4:18

아브라함의 믿음은 여호와의 능력과 신실하심에 완벽히 동의하고 있었던 것 같습니다. 자신의 외부 환경을 고려했을 때는 하나님의 약속의 실현을 기대할 만한 이유가 전혀 없었습니다. 하지만 그는 주님의 말씀을 믿었고, 후손들이 "하늘의 별과 같이 번성하게"(창 26:4) 될 때를 고대했습니다.

사랑하는 영혼들이여, 여러분 앞에는 약속이 하나만 있지 않고 아브라함의 경우처럼 무수한 약속이 있습니다. 게다가 여러분이 삶의 모범으로 삼을 만한 신실한 이들이 많습니다. 그러므로 확신을 가지고 하나님의

말씀에 의지하는 것이 여러분에게 유익합니다. 그분께서 비록 도움을 늦추시고, 여러분의 상황이 점점 더 악화되더라도 약해지지 마십시오. 여러분은 다만 용기를 내며 기뻐해야 하는데, 대체로 하나님께서는 우리가 전혀 기대하고 있지 않을 때 우리를 구하러 나서서 당신의 영광스러운 약속을 놀랍도록 성취하시기 때문입니다.

그분께서는 대개 우리가 절박하기까지 기다리셨다가 도와주십니다. 그렇게 절박해야 구하러 오시는 그분의 손이 우리 눈에 확연히 드러나는 것입니다. 그렇습니다. 그분께서 이 방법을 사용하심은 우리의 흔한 습관대로 보고 느낄 수 있는 어떤 것에 의지하지 않고 오로지 당신의 말씀, 어떠한 상황에서도 늘 기댈 수 있는 그 말씀에만 의지하도록 하기 위함입니다.

기억하십시오. 우리의 눈으로 보는 것을 그만둬야 믿음이 일합니다. 그리고 어려움이 클수록 믿음의 일이 쉬워지는데, 이는 우리 눈에 자연적인 해결책이 보이면 믿음을 발휘할 수 없기 때문입니다. 우리의 자연적 전망과 기대가 요원할수록 믿음은 더욱 쉽게 일합니다.

11월 11일

그는 벤 풀 위에 내리는 비같이 땅을 적시는 소낙비 같이 내리리니. _시편 72:6

아모스는 왕이 풀을 베었다고 말합니다(암 7:1). 우리의 왕께서도 수많은 낫을 가지고 거듭 당신의 잔디를 깎아 내십니다. 숫돌에 낫 가는 소리가 들리면, 풀이고 꽃이고 잔디 위로 올라온 것들은 모조리 베임을 당한다는 뜻입니다. 아침에 아름다웠던 꽃과 풀이 불과 몇 시간 만에 늘어져 쌓입니다.

우리 인생도 그렇습니다. 우리는 고통과 실망과 죽음이라는 낫 앞에서 될 수 있는 한 저항해 보려고 합니다. 하지만 거듭 깎아 주지 않고서 융단 같은 잔디를 유지할 방법이 없듯이, 하나님의 낫질 없이는 우리 삶도 균형과 부드러움과 타인에 대한 연민을 키울 방법이 없습니다.

하나님의 말씀은 빈번히 사람을 풀에, 하나님의 영광을 그 풀의 꽃에 비유합니다. 하지만 그 풀이 잘립니다. 어린 잎들이 베어져 피 같은 수액이 흐르고, 꽃 피던 자리는 황폐하게 무너진 듯합니다. 하지만 바로 그때가 부드럽고 따뜻한 소낙비같이 하나님의 비가 내리는 완벽한 시기입니다.

사랑하는 영혼들이여, 하나님께서 여러분을 풀같이 낫질하고 계셨던 것입니다. 왕께서는 당신의 벼린 낫을 들고 거듭거듭 여러분을 찾아오십니다. 하지만 결코 그분의 낫을 두려워 마십시오. 그 뒤에는 반드시 그분의 소나기가 내릴 테니 말입니다.

> 슬픔의 깊은 파도, 내 가슴 위로
> 마른 땅을 덮치듯 할 때,
> 내일의 희망 밝지 않고
> 폭풍의 기세 꺾일 것 같지 않을 때,
>
> 세상에서 마시는 기쁨의 잔,
> 생명의 강에서 나오는 물 같지 않고,
> 드높던 희망, 우리의 슬픔을 흉내 내듯
> 우리의 슬픈 악몽인 듯, 죽어 사라질 때,
>
> 지친 영혼의 하소연 누가 잠재우는가?
> 누가 그 쓸쓸히 빈 가슴 채우는가?
> 저만치서 기다리는 평화 가만히 일러 주는 이 누구며,
> 번갈아 밀려드는 파도 가라앉히는 이 누구인가?
>
> 오직 그분, 상한 가슴 고통의 십자가와
> 가시 면류관으로 찢기신 이,
> 사랑으로 기쁜 소식 말씀하신 이,
> 우리 위해 겸손히 생명을 내주신 그분.
>
> 복되신 치유자여, 우리의 짐 가볍게 하시고
> 평화를 주소서. 비옵나니, 당신의 그윽한 평화를!
> 아침이 밝을 때까지, 모든 안개 걷히고

어둠 달아날 때까지, 우리를 당신 곁에 두소서!

11월 12일

이 모든 사람은 토기장이가 되어 수풀과 산울 가운데에 거주하는 자로서 거기서 왕과 함께 거주하면서 왕의 일을 하였더라. _역대상 4:23

우리는 어디서나 왕과 함께 거하며 그분의 일을 할 것입니다. 우리는 전혀 가망 없는 곳에서, 가장 힘겨운 환경에서 그분 섬기라는 부르심을 받을 것입니다. 왕의 일이 넘쳐나는 도시에서 한참이나 떨어진 변두리며 오지로 갈 수 있습니다. 어쩌면 무수한 장애물에 둘러싸인 "수풀과 산울"이 될 수도 있겠지요. 아마 우리는 토기장이가 되어 각양각색의 옹기를 굽는 것으로 일상의 업을 삼기도 할 것입니다.

하지만 무슨 상관이란 말입니까! 우리를 "거기에" 두신 왕께서 우리와 함께 사실 테니 말입니다. 산울타리나 장애물은 우리에게 아주 합당한 것이며, 그렇지 않다면 그분께서 즉시 치워 주실 것입니다. 그리고 우리 앞을 가로막는 장애물이 있지만, 역으로 그것이 우리의 방호물이 될 수도 있다고 봐야 이치에 맞지 않겠습니까? 옹기 굽는 일로 말하자면, 그분께서 우리 손에 맡기기 합당하다고 여기셨으니 지금으로서는 그 일이 '그분의 일'인 것입니다.

그대의 작은 밭으로 돌아가십시오!
가서 해 떨어질 때까지
쓰러진 꽃가지 묶어 세우고, 포도덩굴
손보십시오, 주께서 됐다 하실 때까지요.

가서 그대의 밭 튼실히 가꾸십시오.
어찌 그대 혼자 일하겠습니까,
그대와 이웃한 밭주인도 아마 그대의
아름다운 밭 보고 제 밭 가꾸겠지요.

화려한 노을과 별무리 진 밤하늘도, 장엄한 산맥과 유리 같은 바다도, 짙푸른 들녘과 금방 꺾은 꽃들도, 사랑으로 예수 섬기는 영혼의 아름다움에는 절반도 못 미칩니다. 멋도 없고 시(詩)도 없는 인생 끝끝내 견뎌 가며 섬기는 영혼 말입니다.

글로써 이름을 떨치거나 크나큰 업적으로 세상 사람들의 입에 오르내린다 해서 신심이 깊다 할 수는 없습니다. 그렇습니다. 신심 깊은 사람들은 내적인 삶이 거룩한 사람들입니다. 그들에게는 조용한 골짜기 맑은 시냇가에서 자라는 백합처럼, 안 보이지만 향기로운 꽃무리가 있습니다.

11월 13일

내가 그로 그 자식과 권속에게 명하여 여호와의 도를 지켜 의와 공도를 행하게 하려고 그를 택하였나니. _창세기 18:19

하나님께서는 믿을 수 있는 사람들을 택하십니다. 그분께서는 아브라함에게서 기대할 수 있는 것을 아셨고, 그래서 자식들에게 주님의 길을 가르치게 하고 또한 그에게 약속하신 바를 이루실 목적으로 그를 택하셨다고 말씀하셨습니다. 하나님께서는 아브라함이 그 자식들을 가르칠 줄 아셨습니다. 주님은 믿을 수 있는 분이며, 우리에게도 그처럼 믿을 수 있는 견고한 성품을 원하십니다. 간단히 말하면 이것이 믿음입니다.

하나님께서는 당신의 모든 사랑과 능력과 신실하신 약속이라는 이 중량을 얹어도 될 만한 사람을 찾으십니다. 그리고 그분의 기관차는 우리가 기도로 달아매는 어떠한 짐이라도 끌고 갈 만큼 힘이 좋습니다. 하지만 언제나 끈이 문제입니다. 우리의 기도는 무겁고 많은데, 그 부피와 무게를 주님의 기관차에 연결하는 밧줄이 부실합니다. 그러므로 하나님께서는 그분의 학교에서 믿음 생활의 안정성과 확실성을 꾸준히 훈련하시고 가르치십니다. 부디 우리가 이 과목들을 잘 배워 든든히 섰으면 좋겠습니다.

하나님께서는 여러분이 시련을 견뎌 낼 줄 아시니, 그렇지 않았으면 애초부터 시련을 허락하시지 않았을 것입니다. 여러분 인생의 시련이 아무리 커도 그분께서 여러분을 신뢰하신다는 이 사실 하나로 해명될 수 있습니다. 하나님께서는 여러분의 힘과 능력을 샅샅이 알고 계십니다. 기억하십시오. 견디는 능력에 하나라도 넘치는 시련은 누구에게도 허락된 바 없습니다.

11월 14일

한 알의 밀이 땅에 떨어져 죽지 아니하면 한 알 그대로 있고 죽으면 많은 열매를 맺느니라. _ 요한복음 12:24

매사추세츠 노샘프턴에 데이비드 브레이너드가 묻힌 오래된 묘지가 있습니다. 브레이너드는 미대륙 선교의 개척자로서, 폐결핵으로 고생하다가 1747년 스물아홉의 나이로 죽었습니다. 그의 무덤 곁에 제루샤 에드워즈의 무덤이 있는데, 제루샤는 당시 청교도 신학자 조나단 에드워즈의 딸이었습니다. 브레이너드는 제루샤를 사랑했고 두 사람은 약혼한 상태였지만, 끝내 결혼식을 올리지 못하고 브레이너드가 먼저 죽었습니다.

그리스도를 위해 품었던 희망과 꿈과 기대가 그 젊은 선교사의 죽은 육신과 함께 땅에 묻혔습니다. 그 시점에서 그가 세상에 남긴 것은 그에 대한 기억과 함께 인디언 개종자 몇 십 명뿐이었습니다. 하지만 브레이너드를 그토록 아들이라 부르고 싶었던 조나단 에드워즈, 그 당당한 노년의 청교도인이 요절한 젊은이의 짧은 생애를 글로 옮겨 책에 담았습니다. 이 책이 날개를 달고 바다를 건너, 헨리 마틴이라는 케임브리지 대학생의 책상 위에 이르렀습니다.

불쌍한 헨리 마틴! 많이 배우고 똑똑해서 기회도 많았는데, 브레이너드의 생애에 대한 작은 책을 한 권 읽고서 자신의 삶을 던졌던 것입니다! 그 후로 그는 무엇을 이루고 1812년 인도에서 고향으로 발길을 돌렸습니까? 그는 결국 쇠약해진 몸을 이끌고 머나먼 북쪽 흑해 근처 터키 토캇 마을까지 가게 되었습니다. 거기서 펄펄 끓는 신열을 식히고자 말안장 더미 그늘에 누워 서른한 살의 나이로 혼자 죽었습니다.

이 "무익한 삶"의 이면에 무슨 목적이 있었습니까? 청년 데이비드 브

레이너드의 무덤에서, 북해 해안가 헨리 마틴의 외로운 무덤에서 현대 선

교사들의 강력한 군대가 일어났습니다.

어떤 사막이나 끝없는 바다 있어,
천사들의 위대한 하나님이여, 나를 보내시렵니까?
참나무 캐내고
뗏장 뜯어 내
당신의 곡식 한 줌
멀리멀리 뿌리라 하십니까?
그렇게 뿌린 씨앗
백배나 되는
황금 알곡으로 거두어
내 하나님의 어여쁜 자녀들 먹이라십니까?
그런 사막, 그런 바다 있으면 내게 보이소서.
당신의 일일진대, 존귀하신 하나님이여, 나를 보내소서!
그리하여 이 육신 굽이치는 바다에 눕거든
아버지, 나 신실한 영혼이었다 말씀해 주소서.

11월 15일

우리가……심한 고난을 당하여. _고린도후서 1:8
이는 그리스도의 능력이 내게 머물게 하려 함이라. _고린도후서 12:9

브니엘에서 야곱의 인생이 위기에 처했습니다. 하나님께서는 야곱이 그분께 진정으로 호소할 때까지 그 위기를 해소해 주지 않으셨습니다. 그날 밤 야곱은 하나님과 씨름하고, 이전과는 전혀 다르게, 문자 그대로 하나님을 절박하게 붙드는 자리에 이르게 되었습니다. 또한 위험과 대면함으로써 야곱의 믿음과 하나님을 아는 지식이 확대되었고, 승리하는 새 삶의 능력이 탄생했습니다.

주께서는 다윗으로 하여금 기나긴 고통의 세월을 거치며 자기 하나님의 능력과 신실하심을 어렵사리 배우게 하셨습니다. 그 고난의 세월을 통해서 그는 또한 믿음과 경건에 이르는 지식을 키웠고, 이 믿음과 경건은 이스라엘 왕이라는 영광스러운 삶의 불가결한 원칙이 되었습니다.

바울은 한시도 벗어날 날 없던 곤고한 환경을 통해서, 그러므로 그를 통해서 교회 역시, 하나님의 위대한 약속의 깊은 뜻을 배우고 마침내는 고백하게 되었습니다. "내 은혜가 네게 족하도다"(고후 12:9). 그리고 우리 역시 크나큰 시련과 위험이 없었다면 지금처럼 그분을 알고 신뢰하는 일은 불가능했을 테고, 위급할 때 꼭 필요한 그분의 크신 은혜를 우리 것으로 삼지도 못했을 것입니다.

고난과 어려움은 우리 믿음에 던지는 하나님의 도전입니다. 섬김의 길을 가로막는 장애물을 만나면 믿음을 위한 그릇으로 알고, 그 그릇을 예수의 충만하심과 족하심으로 채워야 합니다. 그분을 의지하며 믿음으로 나아갈 때 시련이 옵니다. 어떤 때는 기다리며 인내를 온전히 이루어야 합니다(약 1:4). 하지만 결국 우리는 돌이 "굴려 옮겨진"(눅 24:2) 모습을, 시련의 시간을 견딘 우리를 갑절로 축복하시고자 기다리고 계시는 예수님의 모습을 보게 될 것입니다.

11월 16일

또 우리 형제들이 어린 양의 피와 자기들이 증언하는 말씀으로써 그를 이겼으니 그들은 죽기까지 자기들의 생명을 아끼지 아니하였도다. _요한계시록 12:11

야고보와 요한이 그 모친과 함께 와서 장차 그분 나라에서 가장 좋은 자리를 달라고 했을 때 예수께서는 그들의 청을 거절하지 않으셨습니다. 그들이 그분의 일을 하고, 그분의 잔을 마시고, 그분의 고난의 세례를 받을 수 있다면 그 자리를 얻을 것이라고 하셨습니다(막 10:38 참조).

우리는 하나님 나라에서 가장 좋은 것을 얻기 위해 노력하고 있습니까? 가장 좋은 것들은 언제나 가장 어려운 과정을 거쳐서야 얻을 수 있음을 압니까? 험한 산길과 앞이 안 보이는 덤불숲을 걸어야 하고, 원수 마귀의 철병거를 상대해야 합니다. 승리의 면류관을 쓰기 위해서는 역경이라는 값을 치러야 하니 어쩔 수 없습니다. 개선문은 장미꽃과 비단자락으로 치장되지 않습니다. 두드려 맞아 피 흘린 상처로 세워지는 것이 승리의 문입니다. 우리가 오늘 인생에서 견디는 고난은 주께서 여러분에게 면류관을 씌우시려는 분명한 목적으로 주신 것입니다.

그러므로 막연한 미래를 기다리며 때가 되면 굉장한 고난이라도 받겠다는 생각일랑 거두십시오. 나중이라 해서 남들이 주목하는 별스런 고난이 있는 게 아닙니다. 오늘 바로 일어나서, 섭리로 두신 그 환경에 맞섭시다. 우리가 쓸 영광의 면류관은 바로 이 시간, 이번 주, 이번 달에 우리를 짓누르는 시련과 역경 가운데 있습니다. 게다가 가장 고통스럽고 어려운 것들은 우리 영혼 깊은 곳에 있어서, 세상이 알 수도 볼 수도 없습니다. 예수님만 아시는 내밀한 고통입니다. 바로 이 내밀한 자리에서 우리는 세상 누구에게도 말할 수 없고, 어쩌면 순교보다 견디기 어려운 시련을 겪는 것입니다.

사랑하는 자들이여, 여러분의 면류관이 거기에 있습니다. 하나님의 도우심으로 부디 이겨서 그 면류관을 쓰기 바랍니다.

> 싸움이 얼마나 치열하고, 그 싸움
> 얼마나 오래 갈는지는 중요하지 않다.
> 기죽지 말고 싸우라!
> 내일 노래가 오리니.

11월 17일

불의한 재판장이 말한 것을 들으라. 하물며 하나님께서 그 밤낮 부르짖는 택하신 자들의 원한을 풀어 주지 아니하시겠느냐. 그들에게 오래 참으시겠느냐. 내가 너희에게 이르노니 속히 그 원한을 풀어 주시리라. _누가복음 18:6-8

하나님의 때는 우리의 생각대로 오지 않습니다. 한 번에 성냥불을 켜지 못하면 거듭 시도해야 합니다. 하나님께서는 우리의 기도를 듣고 계시지만 우리가 마음으로 정한 시간에 정확히 응답해 주시지는 않을 것입니다. 하지만 우리가 간절한 마음으로 호소하면, 우리의 시간과 장소에 일치하지는 않을지라도, 그분께서 반드시 당신의 모습을 계시해 주실 것입니다. 그러므로 우리는 인내와 굳은 결심으로 기도생활을 이끌어 나가야 합니다.

부싯돌이나 철, 유황 같은 것으로 불을 붙이던 옛날에는 거듭되는 시도 끝에 불을 얻었습니다. 불이 붙을 때까지 수십 번을 때리고 마찰시켜서 마침내 성공하면 그야말로 고맙기 이를 데 없었습니다. 하늘의 거룩한 것들에 대해서도 우리는 이처럼 희망과 인내를 발휘해야 하지 않겠습니까? 믿음으로 말하자면 부싯돌이나 철의 경우보다 성공확률이 한결 높습니다. 우리에게는 하나님의 약속이라는 기반이 있으니 말입니다.

그러니 절망하지 않았으면 좋겠습니다. 하나님의 자비의 시간은 오고, 사실 올 때가 되었다는 확신이 들 때쯤에는 이미 와 있는 것입니다. 흔들리지 말고 믿음으로 구하며, 왕께서 응답을 지체하신다 하여 간청을 중단하는 일이 없어야겠습니다. 부싯돌을 거듭 쳐서 불꽃을 일으키되, 잊지 말고 부싯깃을 준비하십시오. 곧 불이 붙습니다.

올바른 뜻으로 아뢰었는데 영원히 응답되지 않는 기도라는 것이 하나님 나라의 역사에 있다고 나는 믿지 않습니다.

11월 18일

누구든지 나로 말미암아 실족하지 아니하는 자는 복이 있도다. _누가복음 7:23

예수 그리스도로 말미암아 실족하는 일이 없어야 하는데 어떤 때는 정말 힘이 듭니다. 특히 내 환경에 짓눌리고 낙심할 때 이 실족이 찾아올 수 있습니다. 언제까지 이 좁고 구석진 자리에서 섬겨야 하는가 싶습니다. 병들어 눕거나 남들 듣기 좋은 소리 못 해서 외톨이가 될 수도 있습니다. 내 앞에 크나큰 기회의 문이 열리기를 그토록 소망했는데, 그 문은 좀체 열리지 않습니다. 하지만 주께서 내게 가장 좋은 것을 아시며, 내 환경은 그분에 의해 결정되는 것을 믿어야 합니다. 그분께서 나를 어디에 두시든, 내 믿음과 능력을 키우시고 그분과 더 가까운 사귐을 위하여 그리 하시는 것이니 나는 아무 상관이 없습니다. 옥에 갇히더라도 내 영혼은 번성할 것입니다.

나로 그리스도를 등지게 하는 이 실족은 감정적인 것일 수 있습니다.

해결할 수 없는 문제로 끝없이 혼란스럽고 괴롭습니다. 나를 그분께 드리고 나서 언제나 하늘이 맑으리라 생각했지만, 번번이 구름에 덮이고 비 내립니다. 하지만 어려움이 있어도 그분을 온전히 신뢰하는 법을 배우라는 뜻임을 믿어야 합니다. 그리고 이 정신적, 감정적 싸움을 통해서 나는 폭풍우에 시달리는 또 다른 이들을 지도하도록 훈련받고 있는 것입니다.

나를 돌려세우는 이 실족은 영적인 것일 수 있습니다. 나는 한번 그분의 양우리에 들어가면 그 비수 같은 유혹의 바람은 다시는 없을 줄 알았습니다. 하지만 내게는 그것이 어쩔 수 없이 최선입니다. 내가 유혹을 견딜때 그분의 은혜가 커지고, 나 자신이 성숙해지며, 결국에는 천국이 한결 더 향기로워 보일 테니 말입니다.

언젠가 내 하늘의 집에 가면, 지나온 내 길의 고비와 시련을 돌아보며 나의 인도자를 찬양할 것입니다. 그러므로 내 앞에 무엇이 오든 나는 그분의 뜻을 반기며, 내 사랑하는 주님으로 말미암아 결단코 실족하지 아니할 것입니다.

행복한 사람 있습니다. 자신의 앞길
첩첩이 어려운데, 주께서 다른 이들에게만
날마다 구원의 능력 펼쳐 보이실 때,
실족해서 믿음 잃지 않는 사람입니다.

이 행복한 사람 어두운 감옥에 갇혀
생명이 다하도록 영혼 괴로워도
아버지의 사랑과 목적 믿으며
만족할 줄 아는 사람입니다.

행복한 사람 있습니다. 오래도록 고난 받고,
지금도 수고로운 삶 내려놓지 못하나
여전히 기도와 찬양으로 다른 이들의 일
거들며 "전리품을 나누는" 사람입니다.

하나님의 자녀여, 그대는 행복한 사람입니다.
고난 받고, 그 고통 이해할 수 없어도
여전히 그대의 삶, 복되신 하나님의 손에
기꺼이 맡기는 그대는 행복한 사람입니다.

그렇습니다, "실족해서" 믿음 잃지 않는 사람,
설명할 수 없는 시련으로, 이해할 수 없는
신비로운 일로, 실족하지 않는 사람은
행복한 사람입니다.

— 프레다 핸버리 앨런

11월 19일

우리에게 많고 심한 고난을 보이신 주께서 우리를 다시 살리시며. _시편 71:20

하나님께서 여러분에게 고난을 보이십니다. 여러분은 더러 교육 과정의 일환으로 "땅 깊은 곳에 들어"가야 합니다(시 63:9). 땅 밑의 어두운 길 다녀야 하고, 죽은 자들 가운데 묻혀야 합니다. 그러나 하나님과 여러분의 사귐과 하나 됨의 끈이 끊어질 정도까지 가는 경우는 단 한 순간도 없습니다. 그리고 결국은 하나님께서 그 깊은 곳에서 여러분을 다시 살리실 것입니다.

하나님을 의심하지 마십시오. 그분께서 여러분을 버리고 잊으셨다 말하지 말고, 무정한 분이라 생각하지도 마십시오. 길이 아무리 휘고 험해도 가다보면 언제나 곧고 평탄한 부분이 있기 마련입니다. 아무리 힘들고 길어도 해 안 떨어지는 날 없고, 겨울눈이 마냥 쌓여 있을 듯싶어도 결국은 녹습니다.

"너희 수고가 주 안에서 헛되지 않은 줄을 앎이라"(고전 15:58) 하셨으니 굳게 서십시오. 그분께서 다시 돌아와 여러분을 위로하실 것입니다. 그리하면 노래를 잊었던 여러분의 가슴 다시 고동쳐서, 감사와 기쁨의 노래 부를 것입니다. 시편기자도 그랬습니다. "내 혀가 주의 의를 높이 노래하리이다"(시 51:14).

> 비 내리고 바람 불어라,
> 겨울바람 뼛속까지 시려라,
> 흐린 하늘 먹구름에 덮이고
> 죽은 잎들, 여름은 갔다고 말하라,
> 나의 얼굴 폭풍의 하늘 향해도
> 내 마음 여름 바다처럼 고요하고
> 하나님께서 주시는 것
> 무엇이든 기쁨으로 받는다.
> 날 추우면 "하나님께서 보내셨다" 말하리라.
> 그리고 확신하노니 그분의 바람은 축복의 바람,
> 채워 주시지 아니할 필요 내 앞에 두지 않으심에,
> 하여 바람은 불어도 나의 따뜻한 가슴 뛰느니.

11월 20일

기다려서……이르는 그 사람은 복이 있으리라. _다니엘 12:12

기다림이 쉬운 일 같아 보이지만 그리스도의 군사로서 장기간의 교육이 아니고는 습득할 수 없는 교과목입니다. 고요한 기다림에 비하면 행군과 훈련은 수월합니다.

망설여지고 혼란스러운 때가 있습니다. 주님 섬기는 일에 누구보다 진취적인 사람조차 방향을 몰라서 헤매는 때가 있습니다. 이러한 상황에서는 어찌 해야 합니까? 그냥 절망하고 앉아 있어야 합니까? 몸 사리며 돌아서거나 무작정 돌진합니까?

아닙니다. 그대로 기다려야 합니다. 기도하며 기다려야 합니다. 하나님께 사정을 아뢰고 어려움을 호소하며, 도와주시겠다는 그 약속 다시 한 번 그분께 언급하십시오.

믿음으로 기다리십시오. 그분에 대한 흔들림 없는 확신을 표현하십시오. 그리고 그분께서 한밤이 지나도록 기다리게 하셔도 결국에는 정한 시간에 오셔서 여러분에게 두신 목적을 성취하실 것임을 믿으십시오.

고요한 인내로 기다리십시오. 이스라엘 백성들이 모세에게 꼭 그랬던 것처럼, 무엇을 자기 문제의 원인으로 여겨 불평하지 마십시오. 상황을 있는 그대로 정확히 받아들이고 진실한 마음으로 여러분의 문제를 언약의 하나님의 손에 맡기십시오. 주님 앞에 여러분의 뜻과 고집 모두 내려놓고 말씀드리십시오. "주님, '내 원대로 마시옵고 아버지의 원대로 되기를 원하나이다'(눅 22:42). 나는 어찌 할 바를 모르고 처지는 위급합니다. 하지만 주님께서 나를 위해 바다를 가르시고 내 원수들을 물리치실 때까지 기다리겠습니다. 나를 이곳에 몇날 며칠을 두신다 해도 내 마음 주님께 붙박였으니 기다리고 또 기다릴 것입니다. 당신께서 나의 기쁨과 구원이 되심을 내 영혼이 전심으로 믿으며 기다리겠습니다. '주는 나의 피난처시요 원수를 피하는 견고한 망대'(시 61:3)이십니다."

> 인내로써 기다립시다.
> 하나님 늦지 않으십니다.
> 그대의 싹트는 계획들 아버지 손에 있으니
> 크고 거룩하신 계획 펴시는 날 기다립시다.
> 인내로써 기다립시다.
>
> 희망하며 믿읍시다.
> 하나님께서 이제 그대의 얽힌 삶
> 풀어내시고, 그 어두운 곳에서
> 당신의 뜻 밝히 드러내십니다.
> 희망하며 믿읍시다.
>
> 평화로이 안식합시다.
> 구주의 가슴에 기대어,

그분의 귀에 그대의 성결한 소망 알리면
복된 결실 맺게 하십니다.
평화로이 안식합시다.

— 머시 A. 글래드윈

11월 21일

네 길을 여호와께 맡기라. _시편 37:5

무슨 문제로 고통을 겪고 있든 아버지께 말씀드리고 그분 손에 온전히 맡기십시오. 이렇게 해야 오늘날 세상에 가득한 혼란과 갈등과 걱정에서 벗어날 수 있습니다. 시련 가운데 있거나 일상의 업무를 수행중이거나, 어떤 일을 앞에 두고 있으면 아버지께 말씀드리십시오. 그분께 소상히 알리고, 그 짐을 맡기십시오. 그 순간 여러분은 그 일에 대한 근심과 걱정을 잊을 것입니다. 그러고 나서 조용히 여러분의 일에 힘쓰며, 그분 아니시면 여러분의 문제 담당할 이 없음을 깨달아 가시기 바랍니다. 근심을 맡기되, 여러분 자신도 그 근심과 함께 한 덩어리의 짐으로 꾸려서 하나님께 맡기십시오.

작은 신뢰의 울타리로
오늘을 둘러쳐서
그 안에 사랑하는 일 채우고
거기서 머물자.
울타리 너머 내일일랑
쳐다보지 말자.
하나님께서 그대에게 오는 것
감당하게 하신다, 기쁨이든 슬픔이든.

— 메리 버츠

506

"네 길을 여호와께 맡기라"고 하십니다. 하나님께서 허락하신 길이 아니면 그분께 길을 맡긴다는 것은 불가능한 일이 되고 맙니다. 오직 믿음으로만 길을 맡길 수 있는데, 우리 마음에 좋은 길이 아니라는 의심이 아무리 작게라도 들기만 하면 믿음이 그 길을 강력히 반대할 것이기에 그렇습니다. 게다가 여호와께 길을 맡기는 이 과정은 지속적이어야지 한두 번의 행위로 끝나서는 안 됩니다. 그리고 맡긴 그 길 인도하시는 그분께서 아무리 엉뚱한 곳으로 데려가시더라도, 설령 벼랑 끝까지 데려가시더라도 결코 그분의 인도하심 마다하고 혼자서 길 찾아보겠다고 돌아서면 안 됩니다.

여러분은 기꺼이 모든 길을 맡기고 그분께 의견을 구합니까? 그리스도인은 언제나 스스로 옳다고 여기는 견해와 습관을 면밀히 검토해 봐야 합니다. 우리는 그러한 것들을 하나님께서 당연히 허락하셨다고 여기는 경향이 있습니다. 그런데 결과는 전혀 그렇지 않으니 화를 내며 안달하는 것입니다. 이들은 자신들의 길을 진정으로 하나님께 맡겨 그분 앞에 두고 온 사람들이 아닙니다. 하나님께 그 길을 가져가기는 했지만 거기 두지 못하고 도로 들고 나온 것입니다.

11월 22일

내가 능히 이 일 할 줄을 믿느냐. _마태복음 9:28

하나님께서 불가능한 일을 처리하십니다. 그분께는 너무 늦어서 손쓸 수 없는 일이라는 것이 없습니다. 누구든 불가능한 그 일을 온전한 믿음으로 그분 앞에 가져가기만 하면, 하나님께서 영광 받으시고 그의 삶과 환경은 크게 바뀝니다. 반역과 불신과 죄로 우리 삶이 황폐해져도 그분께 가져가기만 하면 아직 늦은 게 아닙니다. 그 비극적인 일들을 그분께서 거뜬히 처리해 주십니다. 물론 먼저 완전한 항복과 신뢰가 있어야 함은 두말할 필요도 없습니다.

어떤 사람의 과거를 다루어 회복해 줄 수 있는 종교로는 기독교가 유일하다고들 하는데, 사실이 그렇습니다. 하나님께서 "황충과 팥중이가 먹은 햇수대로 너희에게 갚아 주리니"(욜 2:25)라고 하셨습니다. 그분은 아무런 조건도 없이 그 일을 해주시는 믿을 만한 분이십니다. 우리가 어떠해서 그 일을 해주시는 것이 아니라 그분의 성품이 처음부터 그러하셔서 그렇게 하시는 것입니다. 하나님께서는 용서하시고 치유하시며 회복해 주십니다. "모든 은혜의 하나님"(벧전 5:10)이시니 왜 아니겠습니까? 그분을 찬양하고 믿기를 빕니다.

> 예수께 힘든 일 없고, 사람은
> 누구도 그분처럼 일할 수 없습니다.

불가능한 일을 즐거워하시며 "내게 능치 못한 일이 있겠느냐"(렘 32:27) 하고 물으시는 하나님이 우리와 함께 계십니다.

11월 23일

주께서 주의 백성에게 어려움을 보이시고. _시편 60:3

시편기자가 하나님께 인생이 어렵다고 토로했는데, 언제 봐도 수긍이 가는 말입니다. 확실히 인생에는 어려운 일들이 있습니다.

올 여름 누가 내게 아름다운 분홍 꽃을 선물했습니다. 받으면서 무슨 꽃이냐고 물었습니다. 바위꽃이라고 했습니다. 흙 한줌 없는 바위에만 붙어 자라고 핀다는 것이었습니다. 어렵고 힘든 곳에서 자라는 하나님의 꽃들이 생각났습니다. 하나님께서는 백합이나 장미보다 이 "바위에서 자라는 꽃들"을 조금 더 눈여겨보시고 마음 한편을 더 내주시는 것이 아닌가 싶습니다. 아무래도 그런 것 같습니다.

인생의 시련이 와서 우리를 더욱 성숙하게 만들어 가되 깨뜨리지는 않습니다. 경제적 어려움으로 한 사람의 사업이 망할 수 있지만 대신에 그의 성품이 자랍니다. 우리 겉사람이 강하게 얻어맞으면 속사람에게는 크나큰 축복이 될 수 있습니다. 그러므로 하나님께서 우리 삶에 고난을 두시거나 허락하시더라도 큰일 난 것처럼 생각하지 마십시오. 진짜 큰일은 그 고난을 거절하고 달아나서 받을 복을 못 받는 것입니다.

영웅은 뜨거운 고통의 모루 위에서 만들어지고
빛나는 용기는 시련을 통해서만 나온다.
어떤 자연의 생명은 피에 젖은 땅에서만
자라고 꽃피며, 어떤 영혼은 캄캄한
죽음의 순간에만 위대함 증명한다.

하나님의 정예용사들은 고통의 산 위에 있습니다.

11월 24일

너희는 가만히 있어 내가 하나님 됨을 알지어다. _시편 46:10

세상의 모든 음악에서 대단원의 휴지(休止)보다 강력한 음이 있습니까?
시편에서 휴지를 뜻하는 "셀라"라는 말보다 더한 웅변이 있습니까? 폭풍
전야의 고요가 어찌 경이롭고 두렵지 않겠으며, 초자연적 현상이나 재앙
직전의 자연의 침묵이 어찌 무섭고 떨리지 않겠습니까? 고요와 정지의 힘
처럼 우리의 가슴을 움직이는 것도 없습니다.

자신에게만 집중하기를 멈추는 영혼에 "모든 지각에 뛰어난 하나님
의 평강이"(빌 4:7) 있습니다. 모든 힘의 근원이 되는 "잠잠"함과 "신뢰"가
있으며(사 30:15), 장애물이 없어 걸려 넘어지지 않는 "큰 평안"이 있습니
다(시 119:165). 그렇습니다. 이러한 영혼에게는 세상이 줄 수도 빼앗을 수
도 없는 깊은 안식이 있습니다. 영혼 안쪽 깊은 곳은 하나님께서 사시는
평화의 방이며, 이 방에 들어가 여타의 모든 소리를 물리치고 앉으면 그분
의 "세미한 소리"를 들을 수 있습니다(왕상 19:12).

빠르게 돌아가는 바퀴도 자세히 관찰해 보면 축이 있는 중심에는 전
혀 움직임이 없음을 알 수 있습니다. 그렇습니다. 아무리 바쁜 삶에도 하나
님과 함께 영원한 고요에 잠겨 앉을 자리가 있습니다.

하나님을 아는 길은 하나뿐입니다. "너희는 가만히 있어 내가 하나님
됨을 알지어다." "오직 여호와는 그 성전에 계시니 온 땅은 그 앞에서 잠잠
할지니라"(합 2:20).

사랑이 많으신 아버지, 때때로 별이 없어 어둠만 비처럼 내리는 하늘 밑을 걸었습니다. 해와 달과 별들이 빛을 내지 않아 절망했습니다. 우리 위로 어둠이 영원히 갈 것처럼 모습을 드러냈습니다. 그 어둠 너머에서 우리의 상한 가슴 달래는 음성도 없었습니다. 그 괴롭고 무서운 밤의 정적을 깰 수만 있다면 세상 다 찢을 듯한 천둥소리조차 반가웠을 것입니다.

그런데 당신의 사랑이 담긴 속삭임이 상처와 피로 얼룩진 우리 영혼에 향기롭게 울렸습니다. 풍명금에 닿는 바람보다 부드러웠습니다. 그것은 당신의 "세미한 음성"이었습니다. 들으니 당신의 음성이었고 보니 당신의 얼굴이었습니다. 정녕 사랑으로 빛나는 얼굴이었습니다. 당신의 음성 듣고 당신의 얼굴 뵈올 때, 새 생명이 돌아왔습니다. 여름비 데리고 시든 꽃들에게 돌아오는 생명 같았습니다.

11월 25일

화살들을 집으소서. 곧 집으매 엘리사가 또 이스라엘 왕에게 이르되 땅을 치소서 하는지라. 이에 세 번 치고 그친지라. 하나님의 사람이 노하여 이르되 왕이 대여섯 번을 칠 것이니이다. _열왕기하 13:18-19

놀랍고도 강력한 말씀입니다. 이스라엘 왕 요아스는 땅을 세 번 치고 흡족하게 여겼습니다. 왕 스스로는 그 정도만으로도 대단한 믿음을 보여준 것 같았지만, 주님과 예언자 엘리사는 크게 실망했습니다. 중도에 멈추었으니 말입니다.

그렇습니다. 그는 뭔가 받기는 받았습니다. 사실 그는 하나님께서 이 정도는 주시리라며 제 믿음의 수준대로 계산한 분량은 결국 받았습니다. 하지만 엘리사가 의도한 것, 혹은 하나님께서 주시려 했던 것은 전혀 받지 못했습니다. 그는 약속의 중대한 뜻과 온전한 축복을 놓치고 말았습니다. 그는 세상이 감히 상상하기 어려울 만큼 받았지만 하나님께서 주시고자 했던 가장 좋은 것은 받지 못했습니다.

믿는 자들이여, 얼마나 정신이 번쩍 드는 진리입니까! 각자 처한 환경을 통해서 기도하며 하나님께서 주시는 말씀으로 우리 심중을 깊이 헤아림이 무엇보다 중요합니다. 그렇지 않으면 우리는 하나도 빼지 아니한 온전한 약속, 혹은 믿음의 기도가 만들어 내는 그 모든 가능성을 결코 우리 것으로 받아 누리지 못할 것입니다.

"우리 가운데서 역사하시는 능력대로 우리의 온갖 구하는 것이나 생각하는 것에 더 넘치도록 능히 하실 이에게……영광이 대대로 영원무궁하기를 원하노라"(엡 3:20-21).

바울이 이처럼 과장되어 보이는 표현을 사용한 예는 그의 서신 어디에서도 찾아볼 수 없습니다. "온갖……것에 더 넘치도록." 단어 하나하나에, 기도하는 자들을 위해 능히 "하실" 이의 무한한 사랑과 능력이 들어차 있습니다. 하지만 여기에는 제한이 붙습니다. "우리 가운데서 역사하시는 능력대로"입니다. 그분께서 우리 안에서 얼마나 크게 역사하시느냐는 것은 우리에게 달려 있습니다. 그러므로 우리의 분량만큼 받을 것입니다. 우리를 구원하사 그 피로 정결케 하시고, 성령의 능력으로 채우시며, 무수한 유혹으로부터 지켜주신 그 능력이 또한 역사하셔서, 우리로 하여금 모든 위난이며 환경이며 적대자들과 맞서 이기도록 도울 것입니다.

11월 26일

갈렙이 그에게 묻되 네가 무엇을 원하느냐 하니 이르되 내게 복을 주소서. 아버지께서 나를 네겝 땅으로 보내시오니 샘물도 내게 주소서 하매 갈렙이 윗샘과 아랫샘을 그에게 주었더라. _여호수아 15:18-19

인생에 "윗샘과 아랫샘"이 있습니다. 고여 있는 웅덩이가 아니라 끝없이 솟아나는 샘입니다. 저 위 하늘에서 흘러나오는 기쁨과 축복입니다. 불볕더위 다 지나도록 흐르고 슬픔과 시련의 황폐한 사막을 적십니다. 악사의 땅은 불 같은 태양으로 모든 것이 타 죽을 듯한 네겝 땅이었습니다. 하지만 산 위에서 마르지 않는 샘이 흘러 온 땅을 식히고 비옥하게 했습니다.

이 샘은 낮은 지대로 흐릅니다. 힘들고 어려운 곳, 황무하고 외로운 곳에서 흐르고 일상적인 삶의 자리에서도 흐릅니다. 삶의 환경이 어떠하든 이 샘을 찾을 수 있습니다. 아브라함은 가나안 언덕에서 이 샘을 찾았습니다. 모세는 미디안의 돌투성이 땅에서 찾았습니다. 다윗은 시글락의 폐허에서 이 샘을 발견했으니, 모든 재산을 약탈당하고 가족은 포로로 잡혀가던 때였습니다. "백성이……다윗을 돌로 치자"고 했으나 다윗은 "그의 하나님 여호와를 힘입고 용기를 얻었"습니다(삼상 30:6). 이사야는 앗시리아 산헤립 왕의 유대 침공으로 산들이 바다에 잠긴 듯 황망하고 비통한 시기에 이 샘을 찾아냈습니다. 그 어려운 시기에도 노래를 멈추지 않았습니다. "한 시내가 있어 나뉘어 흘러 하나님의 성 곧 지극히 높으신 자의 장막의 성소를 기쁘게 하도다. 하나님이 그 성중에 거하시매 성이 요동치 아니할 것이라"(시 46:4-5).

순교자들은 불길 속에서, 개혁자들은 투쟁과 적대자들 한가운데서 이 샘을 발견했고, 우리는 가슴에 위로하시는 이를 모시고 날마다 이 샘을 찾을 수 있습니다. 그러므로 우리는 다윗처럼 말할 줄 아는 사람들입니다. "우리 복의 샘이 네 안에 있다"(시 87:7, 공동번역).

이 얼마나 풍요롭고 귀한 샘들이며, 하나님의 충만하신 근원에서 우리가 얻어 누릴 것은 또 얼마나 많습니까.

"사막은 너무 넓다"고 나는 말했다.
"사막은 너무 황량하다." 거기 무슨
샘이 있어 나의 목마름 가라앉힌단 말인가?
거기 어디서 폭풍우를 피해 숨는단 말인가?

"사막은 너무 외롭다,
작은 공간 하나 밝힐 부드러운
음성도, 사랑하는 얼굴도 없다!"
하지만 나는 외치다 말고 들었다.

숨은 샘에서 물 흐르는 소리,
내 앞은 아름답고 푸른 종려나무,
새들은 노래했고, 공중은 온통

천사들의 날갯짓으로 들썩였다!

그리고 온유하게 물으시는 음성, "어찌하여
내일 일을 그토록 걱정하느냐? 아버지께서
네게 필요한 것 아심을 너는 모르느냐?"

11월 27일

하나님의 모든 말씀은 능치 못하심이 없느니라. _누가복음 1:37

알프스 고산지대의 눈 덮인 계곡에서는 해마다 하나님의 기적이 연출됩니다. 볕 좋은 낮과 혹한의 밤이 교차하는 극단의 기후에도 한 꽃이 눈 녹을 무렵의 거칠거칠한 얼음 알갱이들을 뚫고 피어납니다. 상처 하나 없습니다. 솔다넬이라는 이 작은 꽃은 어떻게 해서 그토록 놀라운 일을 이룰 수 있습니까?

이 작은 식물은 여름이 되면 넓고 납작한 잎들을 땅 위로 펼쳐 햇빛을 흡수합니다. 그렇게 흡수한 에너지를 겨우내 뿌리에 저장해 두는 것이지요. 봄이 오고, 눈 밑에서도 생명이 약동합니다. 놀랍게도 이 식물은 싹을 틔울 때 열을 발산해서, 머리 위 눈을 녹여 둥그런 공간을 만들어 냅니다.

싹이 점점 더 올라옴에 따라 공기주머니 형태의 작은 공간도 계속 위쪽으로 확장됩니다. 그렇게 해서 꽃봉오리가 완전히 형성되면 공간을 감싸고 있던 얼음막이 녹고, 꽃은 햇빛 속으로 터져 나오는 것입니다. 담자색의 투명한 꽃잎이 눈처럼 반짝이는데, 얼마나 많은 것을 견뎌 내 저토록 찬란한가 싶습니다.

이 연약한 꽃을 보고 있으면 우리 가슴에 울리는 소리가 있습니다. 저 아래 따뜻한 풀밭에서 자라는 아름다운 꽃들이 줄 수 없는 울림입니다. 불가능한 것들이 가능해지는 기적을 우리는 얼마나 사랑합니까! 하나님께서도 그러하십니다.

그러므로 우리 모두 끝끝내 참고 견디면 좋겠습니다. 인간의 눈으로는 우리의 환경과 처지가 지극히 의심스럽고 어두워 하나님의 일이 성취될 수 없을 듯 보여도, 기적을 일으키는 그분의 복되신 능력은 우리가 생각하는 그 어떠한 어려움과 장애물에도 막힘이 없습니다. 그분께서는 불가능을 가능케 하시는 하나님이시니 부디 우리의 믿음 온전히 그분께 두기를 간절히 빕니다.

11월 28일

주께서 아침 되는 것과 저녁 되는 것을 즐거워하게 하시며. _시편 65:8

산에 올라 아침이 어떻게 오는지 보았습니까? 그분께서 지상으로 해를 밀어 올리시면, 흐릿한 어둠 서서히 물러나고, 자연의 온갖 색깔들은 완전한 빛과 섞이어 제 모습을 드러내기 시작합니다. 해가 불쑥 나오는 것이지요. 해는 낮의 제왕으로서 장엄히 하늘을 향해 오르며 세상을 비추고, 저 안쪽의 깊은 골짜기까지 영광스러운 빛을 보냅니다. 이때 하늘의 성가대가 하나님의 위엄과 아침의 영광을 노래합니다.

> 이른 아침의 거룩한 침묵 속에서
> 나 그분의 음성 듣네.
> "내 종일토록 너와 함께 있으리니
> 기뻐하고 기뻐하라!"

밝고 순수한 아침빛을 인하여 나는 내 안의 진리를 그리워하는데, 이 진리만이 또한 나를 아침과도 같이 맑고 순수하게 하며 내 생명을 생동하는 자연과 조화하게 합니다. 일출과 함께 부는 미풍으로 인하여 나는 하나님을 소망하는데, 내게 생명의 기운을 불어넣어 주신 하나님입니다. 그분께서 당신의 숨과 마음과 성령으로 나를 얼마나 채우셨던지, 내 생각은 온통 그분의 생각이었고 내 삶은 온통 그분의 삶이었습니다. 그분의 생명 안에서 내 생명 찾았는데, 그 생명이 이제는 영원히 영화롭게 되었습니다.

우리 불쌍한 인간이 하나님의 낮과 밤 없이 무엇을 하겠습니까!

이른 아침,
밤과 낮 사이
지상에서 어둠이
소리 없이 물러가는 그때.

잠자리에서 고요히 눈떠,
예수와 이야기하는 일 향기로우니,
밝아오는 하루를 위해
그분의 뜻 알려 달라고 부탁하십시오.

그분께서 그대의 앞길 인도하시며
산을 무너뜨려 평평히 하시고
사막에 꽃을 피우시며
밀려드는 슬픔 어루만지십니다.

언제나 이기는 삶,
승리하는 인생 원하십니까?
날마다 하나님을, 그날의
첫자리로 모셔 오십시오.

11월 29일

즐거워 보이지 않고 슬퍼 보이나 후에……. _히브리서 12:11

어떤 독일 영주의 전설입니다. 그의 성은 라인 강 위에 있었습니다. 그는 그 성의 망루에서 망루로 여러 가닥의 철선을 연결했습니다. 철선은 허공을 팽팽히 가로질렀습니다. 철선에 바람이 스칠 때 풍명금처럼 음악이 울려 퍼지도록 하자는 의도였습니다. 그런데 산들바람 정도로는 어떤 소리나 음악도 들리지 않았습니다.

어느 날 밤 맹렬한 폭풍우가 몰아닥쳤습니다. 영주가 바깥을 내다보는데, 그 기세 좋은 바람에 철선이 울었습니다. 풍명금의 선율은 폭풍우의 굉음보다 높이 떠서 선명히 울려 퍼졌습니다. 그토록 사나운 폭풍이 와서 야 음악이 탄생했던 것입니다!

그렇습니다. 고요한 번성의 나날에는 누구에게도 즐거운 음악을 들려 준 적 없으나, 인생에 폭풍이 불자 강력하고도 아름다운 음악으로 우리를 놀라게 한 사람들이 있습니다.

비,
유리창을 때리는 비,
문밖에서 검은 하늘
뚫어져라,
끝도 없이 퍼붓지.
알 수 없어라!

꽃,
소나기 그치자 올라오는 꽃,
사방에서
밝고 아름답게 피어나네.
비 내리는 이유, 이제야
알려 주시네.

11월 · 우리의 두 눈 감사로 빛나는도다

우리가 언제나 안심하고 믿어도 좋은 일이 있으니, 하나님께서 우리의 어려움을 지금보다 몇 갑절이나 풍요로운 "후에"의 상황으로 바꾸신다는 것입니다. 물론 우리가 먼저 그 어려움을 올바로 견뎌 내야 함은 두말할 필요가 없습니다. "무릇 징계가 당시에는 즐거워 보이지 않고 슬퍼 보이나 후에 그로 말미암아 연단 받은 자들은 의와 평강의 열매를 맺느니라"(히 12:11). 그것은 놀라운 열매입니다.

516

11월 30일

네가 이제 큰일을 찾고 있느냐? 그만 두어라. 이제 내가 모든 사람에게 재앙을 내릴 터인데 너만은 내가 보호하여, 네가 어디로 가든지, 너의 목숨만은 건져 주겠다. 나 주의 말이다. _ 예레미야 45:5, 새번역

이 말씀은 장차 우리의 어려운 처지에 대비해서 주시는 약속입니다. 고통과 고난 가운데서도 우리의 안전과 생명을 지키시겠다는 약속입니다. 이 말씀은 또, 우리가 이 시대의 끝과 환난의 시기로 다가가듯, 점차 험난해지는 모든 시기에 부합하는 약속입니다.

"너만은 내가 보호하여, 네가 어디로 가든지, 너의 목숨만은 건져 주겠다"는 이 말씀은 무슨 뜻입니까? 원수 마귀의 수중에 들어갔던 여러분의 생명이 순식간에 구원받는다는 뜻입니다. 다윗이 사자에게서 어린 양을 그렇게 구해 냈습니다. 물론 그렇다고 힘겨운 싸움을 피할 수 있다거나 적대자들과 대결하지 않아도 된다는 말은 아닙니다. 원수의 목전에서 여러분에게 상을 차려 주신다는 뜻입니다(시 23:5). 폭풍우를 피하는 은신처를 마련하시고, 산성으로 원수를 막아 주시며, 끝없는 핍박에도 생명을 보전해 주시겠다는 뜻입니다. 그렇습니다. 이 말씀은, 동료들과 함께 죽도록 고생하던 바울이 받은 것과 같은 하나님의 위로와 희망입니다. "힘에 겹도록 심한 고난을 당하여 살 소망까지 끊어지고"(고후 1:8). 이는 오히려 주님의 거룩한 도우심입니다. 바울에게 "육체의 가시"가 있었지만 그리스도의 능력이 임해서 하나님의 "은혜가 족하다"는 고백을 이끌어 내신 도우심입니다(고후 12:9).

"너만은 내가 보호하여, 네가 어디로 가든지, 너의 목숨만은 건져 주겠다"고 하신 말씀대로 주께서 여러분을 지키고 도와주시기를, 그래서 여러분이 오늘 어려움을 이기고 승리하기를 빕니다.

우리는 고통을 벗어나게 해달라는 기도를 자주 하고, 사실 하나님께서 그렇게 해주시리라고 강하게 믿습니다. 그런데 고통 앞에 당당한 인간이 되게 해달라는 기도는 하지 않습니다. 그리고 고통과 함께 살아갈 능력을 달라고 기도하지도 않습니다. 고통이 아무리 오래 가더라도, 주께서 우

리를 지켜주시니 아무런 해도 겪지 않고 고통과 함께 살아갈 수 있다는 인식이 우리에게 있어야겠습니다.

주님께서 사탄이 와 있는 동안 먹지도 쉬지도 못해 인간적 본성이 약해져 있었음에도 사십 주야를 광야에서 특별히 어려운 시험을 겪으셨습니다. 히브리 청년 셋은 평소보다 칠 배나 뜨거운 화염에 한동안 들어가 있었습니다(단 3:19). 폭군의 그 잔인한 고문을 고스란히 당해야 했지만 그들은 평정을 잃지 않고 다가올 구원의 시간을 기다렸습니다. 그리고 다니엘은 사자들 틈에서 밤새 앉아 있었음에도 살아남았습니다. "그들이 다니엘을 굴에서 올린즉 그의 몸이 조금도 상하지 아니하였으니 이는 그가 자기의 하나님을 믿음이었더라"(단 6:23).

그들은 모두 하나님 앞에서 살았으므로 적대자들 앞에서 견뎌 낼 수 있었습니다.

거룩한 영광의 노래와 함께

12월 1일

그런즉 안식할 때가 하나님의 백성에게 남아 있도다. _히브리서 4:9
여호와께서 그들의 주위에 안식을 주셨으되……이는 여호와께서 그들의 모든 원수들을 그들의 손에 넘겨주셨음이니라. _수 21:44
우리 주 예수 그리스도로 말미암아 우리에게 승리를 주시는 하나님께 감사하노니. _고전 15:57

어떤 유명한 신자가 자신의 모친 이야기를 했습니다. 그 모친은 근심 걱정이 많은 분이었습니다. 아들은 자주 어머니를 붙들고 몇 시간씩 이야기하며 근심 걱정의 무익함을 깨우쳐 주려고 했으나 소용이 없었습니다. 그의 어머니는 어쩔 수 없이 평생 가야 있지도 않을 일을 가지고 끙끙 앓아 대는 노인이었습니다.

그런 어머니가 어느 날 아침에는 무슨 바람이 불었는지 훤히 웃는 얼굴로 아침식사 자리에 와 앉았습니다. 웬일이냐고 묻자 간밤에 꿈을 꾸었다고 했습니다. 꿈속에서 그 어머니는 여러 사람들과 함께 길을 따라 걸었습니다. 걷는 사람들 모두가 지치기도 하고 고민도 많아 보였습니다. 그리고 하나같이 작고 검은 보따리들을 짊어지고 있었습니다. 그런데 어머니가 보니 마귀나 다름없이 밉살맞게 생긴 짐승들이 길을 따라가면서 연신 그 검은 보따리들을 떨어뜨리는 것이었습니다. 사람들은 보따리가 떨어질 때마다 구부리고 앉아 그것을 제 어깨 위에 얹었습니다.

다른 이들과 마찬가지로 그 어머니도 마귀의 불필요한 짐을 짊어져 어깨가 짜부라질 듯했습니다. 그러고서 잠시 후 어머니는 고개를 들어 어떤 이를 보게 되었습니다. 사랑으로 빛나는 얼굴을 하신 그분께서 무리 가운데로 다니시며 사람들을 위로하고 계셨습니다. 마침내 그 어머니에게도 오셨는데, 보니 그분은 자신의 구주였습니다. 그분께서는 좀 슬픈 듯 웃으시며 말씀하셨습니다. "네가 지고 있는 이 짐들은 내가 준 것이 아니고, 네게 필요한 것도 아니다. 어째서 마귀의 짐을 지고 네 삶을 소진하느냐. 모두 떨쳐 내고 그것에 손대지 마라. 그리하면 너 가는 길이 평탄해서, 독수리 날개에 업혀 가는 듯할 것이다(출 19:4)."

구주께서 손을 잡아 주시자 그 어머니의 영혼에 평화와 기쁨이 가득해졌습니다. 그래서 바닥에 보따리들을 내팽개치고 감사하는 마음으로 그분의 발아래 엎드리는 순간, 꿈에서 깨어났습니다. 어쩐 일인지 모든 근심 걱정이 사라지고 없었습니다.

그날 이후로 죽는 날까지, 그 어머니는 집안 식구들 가운데 가장 기쁘고 행복한 사람이었습니다.

그리고 밤은 음악으로 넘쳐,
낮에 몰려들던 근심 걱정
아랍인들처럼 천막을 걷어
소리 없이 사라지리라.

— 헨리 워즈워스 롱펠로

12월 2일

······고난을 통하여 온전하게 하심이 합당하도다. _히브리서 2:10

강철은 철에 불이 더해져서 나옵니다. 흙은 바위에 열과 빙하의 압력이 더해진 결과물입니다. 리넨직물은 아마라는 원재료를 물로 씻고 쇠빗으로 찢어, 도리깨로 두드리고 베틀로 잣는 과정이 더해져서 나옵니다. 마찬가지로 인간의 성품도 뭔가가 더해져서야 발전합니다. 위대한 성품은 고통을 통해서 형성될 수밖에 없습니다. 그리고 세상은 빛나는 성품의 소유자를 잊지 않습니다.

언젠가 들은 어떤 어머니의 이야기가 있습니다. 이 어머니가 하루는 곱사등이 소년을 집으로 데려와서 자신의 아들과 놀게 했습니다. 그리고 아들에게는 소년의 장애에 관한 이야기는 절대 꺼내지 말고 정상적인 친구처럼 대해 주라고 단단히 일렀습니다. 어머니는 잠시 아들과 불구의 소년이 노는 소리를 듣고 있었습니다. 그런데 가만 보니 아들이 소년에게 결국은 이야기를 꺼내는 것이었습니다. "네 등에 있는 게 뭔지 알아?" 소년은 당황해서 잠시 더듬다가 무슨 말인가를 하려 했지만, 아들이 제 질문에 스

521

스로 대답했습니다. "그건 네 날개를 담은 상자야. 어느 날 하나님께서 그 상자를 열어 주시면 너는 훨훨 날아서 천사가 될 거야."

어느 날 하나님께서 우리 각 그리스도인들에게 밝히 보여주시겠지만, 지금 우리가 싫어하고 거부하는 이것들이 사실은 하나님의 도구입니다. 그분께서는 이 도구들을 사용하셔서 우리 각 사람의 성품을 온전케 하십니다. 그리고 우리는 장차 하나님 나라에서 빛나는 건축돌로 쓰임 받게 될 것입니다.

고난은 인간 형성의 놀라운 밑거름입니다. 이 삶의 큰 목적은 온전한 성품인데, 사실 우리가 영원으로 들어갈 때 그것 말고 가져갈 수 있는 것이 없습니다. 그리고 할 수 있는 한 드높은 성품을 연마하는 것이 우리 시련의 목적입니다.

정상의 시야는 가시덤불 길을 헤쳐서야 확보됩니다.

12월 3일

네 남편이 평안하냐 아이가 평안하냐.……여인이 대답하되 평안하다. _열왕기하 4:26

힘내라, 내 영혼아!
사랑하는 사람들
저쪽 삶으로 떠나지만, 네게 하나님 계시니
힘내라.

힘내라, 내 영혼아!
죽음이 눈앞에 보이지만
보라, 하나님의 소리 들린다! 그분께서 너를 데려가시리라.
힘내라.

예순두 해 하고도 다섯 달을 사랑하는 아내와 살다가, 이제 아흔두 살의 내가 혼자 남았습니다. 하지만 나는 내 방을 서성이다가 영원하신 예수께 돌아서서 말씀드립니다. "주 예수님, 나는 혼자이지만 당신께서 같이 계시고 나의 친구 되시오니 혼자가 아닙니다. 주님, 이제 나를 위로하시고 힘내라 하소서. 당신의 불쌍한 종에게 필요하다고 여기시는 모든 것을 주소서."

우리가 주 예수를 이와 같이 알기 전까지는 결코 만족해서는 안 됩니다. 그분께서는 언제 어디서나 우리의 영원한 친구이시며, 또한 그분 스스로 우리의 친구임을 끝없이 증명하시려 한다는 이 사실을 알기까지 말입니다.

순종으로 받아들이는 고통은 우리를 해할 수 없습니다.

나무 위에 눈이 쌓이면 가지가 휘고 부러집니다. 많은 이들이 이처럼 고통의 무게에 휘어 부러집니다. 하지만 고통 속에서 노래하는 사람들을 나는 가끔씩 봅니다. 그러면 그들의 환경에 대해서는 물론 나의 환경에 대해서까지 하나님께 감사를 드리지 않을 수 없습니다. 밤에 부르는 노래보다 아름다운 노래는 없습니다. 여러분도 아마 그 이야기를 기억하겠지만, 하나뿐인 아이를 잃고 하늘을 향해 천사 같은 얼굴로 이렇게 말한 여인이 있습니다. "축하한다, 아가야." 이 쓸쓸하고 간명한 문장이 여러 해 동안 내 가슴에 남아 격려와 위로가 되었습니다.

죽은 이들을 위한 슬픔조차 내게 허락하지 않겠다.
죽음은 오래 갈라놓을 수 없다.
내 정원 벽을 타고 오르는 장미, 이편에서만
꽃이 아니라 저편에서도 꽃 아닌가?
죽음은 가릴 뿐
갈라놓지는 못한다.
나는 그리스도의 이편에, 너는 저편에 있을 뿐!
너 그리스도와 함께 있고, 그리스도 나와 함께 계시니
그리스도 안에서 우리는 여전히 하나다.

12월 4일

따로 산에 올라가시니라. _마태복음 14:23

옛 시절의 안식일은 고요한 쉼이 있었고, 세상에서 물러나 고독에 거하며 누리는 거룩한 평화가 있었으니 복되었습니다. 고독에서 나오는 특별한 힘이 있습니다. 까마귀와 늑대는 떼 지어 몰려다니지만 사자와 독수리는 대체로 혼자 다닙니다.

힘은 분주하고 시끄러운 데서 나오지 않고 고요한 곳에서 나옵니다. 수면에 하늘이 비치려면 호수가 고요해야 합니다. 우리 주님께서는 그분께 몰려드는 사람들을 사랑하셨지만, 성경에는 그분께서 잠시 한적한 곳으로 가시는 기사가 많습니다. 때로 군중과 무리를 떠나가시면 대부분은 산에서 홀로 저녁 시간을 보내고는 하셨습니다. 그분의 사역은 대체로 바닷가 마을에서 이루어졌지만, 그분께서는 산을 더 사랑하셨고, 밤이 되면 빈번히 그 평화로운 언덕에 은거하셨습니다.

오늘날 우리에게 무엇보다 필요한 것이 주님과 둘이서만 보내는 시간입니다. 그분께서 임재해 계시는 나만의 거룩한 공간에서 그분 발아래 앉아야 합니다. 우리는 진정 잃어버린 묵상의 기술을 되찾아야 합니다. 삶의 한 부분으로서 "은밀한 곳"(시 91:1)이 있어야 합니다. 하나님을 향한 고요한 기다림의 능력이 필요합니다.

> 그 풍성하고 낮은 곳,
>
> 세상 일이 이루어지는 곳,
>
> 밀밭에서 추수꾼들 노래하며
>
> 해 질 때까지 일하는 그곳에서 살고 싶다.
>
> 하지만 그 들판 너머에 산이 있다.
>
> 세상의 소리 멈추는 곳,
>
> 그 평화로운 꼭대기에서
>
> 부르시는 음성, 나는 따라간다.
>
> 그렇다, 낮고 아름다운 계곡에 살며

해 질 때까지 일함이 좋다.
하지만 내 영혼, 날 저물어 하루 일 끝나면
산 정상의 대기 그립다.
그 침묵의 정상 위로 숨결인 듯
오시는 이 있고, 그 향기 가실 줄 모름에,
감람산의 깊은 고요, 이제도
온 산에 넘친다.

강해지고자 하는 모든 생명은 하나님께서만 들어가시는 "지성소"(출 26:33)가 있어야 합니다.

12월 5일

여호와여, 내가 알거니와 인생의 길이 자기에게 있지 아니하니 걸음을 지도함이 걷는 자에게 있지 아니하니이다. _예레미야 10:23
여호와여,⋯⋯평탄한 길로 나를 인도하소서. _시편 27:11

많은 사람들이 자신을 낮추어 하나님의 지도를 받으려 하지 않고 도리어 그분을 지도하고 싶어 합니다. 그들은 하나님께서 인도하시는 대로 순종하며 따르지 않고 그분께 길을 가리키려고 합니다.

내가 말했다, "들판을 걷게 하소서."
그분 말씀하셨다, "안 된다, 도시로 가서 걸어라."
"거기는 꽃이 없습니다."
"꽃은 없지만 면류관이 있다."

"하지만 거기 하늘은 어둡고,
있느니 소음과 소란뿐입니다"
그분 나를 돌려보내시며 우셨다.
"그보다 더한 죄가 있으니라."

"그래도 그곳은 공기가 탁하고
매연에 해가 안 보입니다."
"하지만 영혼들이 아프다.
게다가 네 일도 아직 안 끝났다."

"거기서 일하면 들판의 빛이 그리울 거고,
친구들도 날 그리워할 겁니다."
"나도 널 그리워하고 친구들도 널 그리워한다.
오늘 밤 가서 선택하거라, 나냐 친구들이냐?"

나는 시간을 달라고 간청했다.
그분 말씀하셨다, "결정하기 어려우냐?
장차 하늘나라에 가서 보면, 네 인도자의
발자국 따라 걸은 길이 어렵지 않았음을 알리라."

나는 들판에 눈길 한 번 주고
도시를 향해 돌아섰다.
"양보하겠느냐? 꽃을 버리고
면류관 택하겠느냐?"

그분의 손이 내 손 감싸 쥐었고
내 가슴에 그분 들어오셨다.
나 그토록 가지 않으려 했던 길
거룩한 빛 가운데서 이제 걷는다.

— 조지 맥도널드

12월 6일

내가 속히 오리니 네가 가진 것을 굳게 잡아 아무도 네 면류관을 빼앗지 못하게 하라. _요한 계시록 3:11

조지 뮬러의 간증입니다. "1829년 7월, 하나님께서 내 가슴에 주 예수의 재림에 관한 진리를 밝히 드러내 보여주시고 또한 알려 주셨으니, 가만히 앉아서 온 세상이 회개하기만을 기다린 나의 잘못이 대단히 크다는 것이었습니다. 이 깨달음으로 나는 바뀌었습니다. 영혼 깊은 곳에서 감동이 일어, 죽어 가는 죄인들에 대한 연민이 생겼고 사악한 원수의 자장가에 취해 잠든 세상을 동정하게 되었습니다. 그리고 생각하기 시작했습니다. '주 예수를 위해 나의 모든 노력을 경주하며 그분 다시 오시기 전에 잠든 교회를 깨워야 하지 않을까?'"

그분의 재림이 성경의 예언대로 온전히 성취되려면 먼저 우리 앞에 여러 해에 걸친 고난의 시기가 있을 테지만, 오늘 당장 오신다는 징조를 보면 가슴이 설렙니다. 사실 나는 오늘 해 지기 전에 계시록의 천사들이 내 눈앞에서 날개를 펴고 최후의 승리를 위해 싸우러 나선다 해도 전혀 놀라지 않을 것입니다. 또한 내일 아침 뉴스를 통해, 그리스도께서 세상 통치를 선언하시고자 감람산이나 갈보리 언덕 꼭대기에 도착하셨다는 소식을 듣는다 해도 결코 놀라지 않을 것입니다.

죽은 교회가 깨어나고, 그리스도여 강림하소서! 찔리신 머리에 면류관 쓰시고, 상하신 손으로 홀을 쥐시며, 못 박히신 두 발로 보좌에 앉으소서! "나라와 권세와 영광이" 주께 있사오니(마 6:13).

아마도 저녁이리라,
하루 일 끝나고
황혼에 앉아
지는 해 바라보는 시간,
길고 밝았던 하루 서서히
바다 저편으로 가고,

나에 대한 생각으로, 시간은

더 고요하고 거룩해지리라.

길거리를 달리는 동네 아이들의

발소리 들려오리라,

그 달리는 발소리에 섞여

나의 발소리 들려오리라,

그러므로 이르노니, 깨어 있으라!

저녁별의 빛 되신 이 오시는 때,

멀리서 다가오는 구름처럼

방이 점점 어두워지는 그때,

문 닫아걸고

안에 있으라,

아마도 그 저녁에

내가 오리라.

12월 7일

너희가 바람도 보지 못하고 비도 보지 못하되 이 골짜기에 물이 가득하여 너희와 너희 가축
과 짐승이 마시리라 하셨나이다. 이것은 여호와께서 보시기에 작은 일이라. 여호와께서 모
압 사람도 당신의 손에 넘기시리니. _열왕기하 3:17-18

인간의 논리로 보면 하나님의 약속은 이루어지기가 불가능한 것 같지
만 그분께는 능치 못할 일이 없습니다. 어떤 증거나 소리도 없이, 안 보이
고 불가능해 보이는 근원에서 밤새도록 물이 흘러나왔습니다. "아침이 되
어……물이……그 땅에 가득하였더라.……해가 물에 비치므로 맞은편 물
이 붉어 피와 같음을 보고"(20, 22절).

불신은 언제나 외적인 증거를 요구하고, 많은 이들의 믿음은 대체로
감상주의에 근거합니다. 그들은 눈에 보이는 증거가 없으면 하나님 약속
의 참됨을 확신하지 못합니다. 하지만 우리 믿음의 위대한 승리는, 가만히
있어 그분께서 하나님 됨을 아는 데 있습니다(시 46:10).

그렇습니다. 믿음의 승리는 건널 수 없는 홍해 물가에 서서 주님의 명령을 들음에 있습니다. "가만히 서서 여호와께서 오늘 너희를 위하여 행하시는 구원을 보라"(출 14:13). 그리고 "가라" 하시는 그 말씀을 따르는 데 있습니다. 어떤 증거나 소리 없어도 믿음으로 물속에 첫발을 담그는 순간, 바다는 갈라집니다. 그렇게 우리는 갈라진 길을 따라 전진하며 바다 한복판을 관통하는 것입니다.

기적적인 치유나 섭리에 의한 예외적인 구원과 같은 놀라운 일들을 볼 때마다 나는 그 일들이 뭔가 절대적인 고요 속에서 이루어진다는 사실에 깊은 감명을 받았습니다. 게다가 화려한 것도 극적인 것도 없었습니다. 이 전능하신 하나님 앞에서 나라는 존재는 무력했고 하나님께서는 너무도 쉽게 위업을 이루시니, 내게서는 먼지 한낱의 도움도 받으실 필요가 없었습니다. 하나님의 일이 이렇게 이루어집니다.

믿음의 역할은 질문이 아니라 순종입니다. 오늘 주신 본문에서 사람들은 "개천을 많이 파라"는 요청을 받았습니다(왕하 3:16). 그들은 순종했고, 초자연적인 근원으로부터 물이 흘러나와 그 개천을 모두 채웠습니다. 우리의 믿음에 주는 교훈입니다.

영적인 축복을 원하십니까? 개천을 파면 하나님께서 채우십니다. 하지만 그분께서는 채우시되, 전혀 예기치 않은 장소에서 예기치 않은 방식으로 채우실 것입니다. 주께서 우리에게 "믿음으로 행하고 보는 것으로 행하지 아니하"는 믿음(고후 5:7)을 허락하시기를 빕니다. 비도 바람도 안 보이지만 그분께서 일하시리라는 기대를 놓지 마십시오.

12월 8일

너희는 하나님이 택하사 거룩하고 사랑 받는 자처럼 긍휼과 자비와 겸손과 온유와 오래 참음을 옷 입고. _골로새서 3:12

옛날에 어떤 노인이 늘 기름깡통을 들고 다녔다고 합니다. 가는 곳마다 문을 열어 보고, 삐걱거리는 문 경첩에 기름 몇 방울씩 쳤다고 합니다. 잘 열리지 않는 문 있으면 문빗장에 기름을 먹였다고 합니다. 그는 그런 식으로 삐걱거리는 곳에 기름을 치며 평생을 살았습니다. 그가 다녀간 곳의 모든 이들이 전보다 쉽게 문으로 드나들었습니다. 사람들은 그를 미쳤다고 했지만 그는 굽힘이 없었으며, 기름깡통이 빌 때쯤이면 번번이 다시 채워서 세상의 뻑뻑한 곳을 찾아다녔습니다.

이 세상 많은 인생들의 일상에 고통스럽게 삐걱대는 소리가 있습니다. 무슨 일에든 마찰음이 납니다. 무엇으로도 화합이 안 되니 이들에게는 "즐거움의 기름"(시 45:7), 온유와 친절의 기름을 쳐야 할 것 같습니다.

여러분은 들고 다니는 기름깡통이 있습니까? 아침마다 유용한 기름을 준비합니까? 가까운 이들에게 여러분의 기름을 제공하면 그 사람들의 하루가 부드럽게 돌아갑니다. 여러분의 쾌활한 태도가 낙심한 이들에게는 생각 이상으로 유용한 기름이 될 수 있습니다. 절망에 빠진 이에게는 격려의 말 한 마디가 그런 기름이 될 수 있습니다. 친절하고 온유한 말을 결코 멈추지 마십시오. 우리 인생길이 달라서 한 번 스쳐 지나치면 다시 못 볼 사람들 있으니까요.

죄로 녹슬어 강퍅해진 뭇 인생들의 모서리가 친절과 온유의 기름으로 부드럽게 마모되어 구주의 구속의 은혜를 유순히 받아들였습니다. 명랑한 말 한 마디는 그늘진 마음에 들이치는 한 줄기 햇빛입니다. 그러므로 다른 이들에게 그 햇빛을 주고 나머지는 예수께 말씀하십시오.

사람들의 슬픔
우리는 알 수 없다.
어떤 영혼이 어디서
슬퍼하는지 알 수 없다.
하지만 사랑은 오늘도,
내일도 길 밝힐 수 있으니,
우리 온유한 사람 되자.
무수한 인생들 고통의 바퀴 아래 신음한다.
우리 온유한 사랑의 말 있어야 하리.
우리 온유한 사람 되자.

"형제를 사랑하여 서로 우애하고"(롬 12:10).

12월 9일

우리가 잠시 받는 환난의 경한 것이 지극히 크고 영원한 영광의 중한 것을 우리에게 이루게 함이니._고린도후서 4:17

빈번한 질문입니다. "왜 인생은 피로 얼룩지고 눈물에 젖어야 합니까?" 대답은 "이루게"라는 말씀에 있습니다. 그렇습니다. 잠시 받는 환난이 우리에게 지극히 귀한 것을 이루게 합니다. 고난은 승리의 길을 가르치고, 더 나아가 승리의 법칙마저 가르치니, 모든 슬픔에는 상급이 있고 또한 슬픔 자체로부터 나오는 보상이 있다는 것입니다. 이와 같은 뜻을 진실하게 표현한 찬송이 있는데, 1840년에 사라 아담스가 쓴 '내 주를 가까이 하게 함은'이라는 찬송입니다.

하나님, 당신께 더 가까이 갑니다,
십자가에 달려서라도 더 가까이 갑니다.

어떤 기쁨은 고통을 거쳐서 나옵니다. 패니 크로스비는 미국의 놀라운 작가였습니다. 1820년에서 1915년까지 살았고 2천여 편이 넘는 찬송을 썼습니다. 하지만 그녀는 푸른 들판도 저녁노을도 볼 수 없었고, 어머니의 빛나는 눈도 볼 수 없었습니다. 그녀가 이러한 신체적 조건에 놓이지 않았다면, '주의 얼굴 뵈오리'와 같은 아름다운 노랫말은 탄생할 수 없었을 것입니다. 그녀는 시력을 잃고 대신에 영적인 지혜와 통찰력을 얻었습니다.

다행스럽게도 슬픔은 밤에만 머물렀다가 아침이면 떠나갑니다. 그리고 천둥 벼락이 치는 폭우는 기나긴 여름날에 비하면 잠시 잠깐입니다. 기억하십시오. "저녁에는 울음이 깃들지라도 아침에는 기쁨이 오리로다"(시 30:5).

531

슬픔이 왔는데 이내 평화가 옵니다.

이룬 희망에서가 아니라 포기한 희망에서 옵니다.

내일을 바라보는 평화 아니라,

폭풍과 싸우고 가라앉힌 그 폭풍 고요히 바라보는 평화입니다.

과도한 기쁨에 이 평화 없고,

저희끼리 사랑하는 행복한 삶에도 없습니다.

견디는 법 배우며 기른, 가슴속의

저 틀림없는 투쟁의 능력에 있습니다.

숨은 희생에 이 평화 있습니다.

밝고 기쁘게 바치는 복종의 삶에 있습니다.

에덴동산에 깃들었던 평화 아닙니다.

겟세마네에서 승리한 평화입니다.

12월 10일

우리가 환난 당하는 것도 너희가 위로와 구원을 받게 하려는 것이요 우리가 위로를 받는 것
도 너희가 위로를 받게 하려는 것이니 이 위로가 너희 속에 역사하여 우리가 받는 것 같은
고난을 너희도 견디게 하느니라. 너희를 위한 우리의 소망이 견고함은 너희가 고난에 참여
하는 자가 된 것같이 위로에도 그러할 줄을 앎이라. _고린도후서 1:6-7

여러분이 시련과 슬픔의 시간을 겪을 때 자연스럽게 찾아가서 의논하고
싶은 사람들이 있습니까? 언제나 정직하고 진실하게 상담해 줄 것 같은 사
람들 말입니다. 여러분은 아마, 그들이 그토록 친절하고 능숙하게 여러분
의 상처를 싸매고 눈물을 닦아 주기까지 치렀을 값비싼 대가는 잘 모를 것
입니다. 그렇습니다. 들어보면 알겠지만, 그들은 보통 사람 이상으로 고통
스럽고 어려운 인생을 살아온 사람들일 것입니다.

그들은 생명의 은사슬이 끊어지고 기쁨의 금그릇이 깨어지는 모습을
바라봐야 했습니다. 험한 파도를 겪고, 크나큰 경제적 손실을 입었으며, 대

낮에 어둠을 만나야 했습니다. 하지만 이 모든 과정이 있었으므로 간호사며 의사며 성직자가 되었습니다.

아시아산 향신료는 부치기도 까다롭고 탁송기간도 길지만, 일단 도착하면 놀라운 향기가 사방으로 퍼집니다. 고난도 그렇습니다. 견뎌 내기 어렵지만 조금만 더 안쪽을 들여다보면 훈련과 지식과 무한한 가능성이 실하게 들어차 있습니다. 이 하나하나의 덕목으로 강해지고 성숙해지며, 다른 이들을 도울 만한 능력을 갖추게 됩니다. 그러므로 고통스럽게 이를 악물고 한시바삐 이 고난이 지나가기만을 기다려서는 안 되겠습니다. 하나님의 뜻에 따라 여러분 자신과 주변 사람들을 위해 이 고난에서 가능한 한 많은 것을 얻어 내겠다고 결심하십시오.

아름다운 노래 들었다.
아침의 대기에 가득한 그 노래,
온유하고 간절한 기도처럼
거룩하도록 완전하게 울려 퍼졌다.
그토록 아름다운 노래,
누가 어디서 부르는지 알고 싶었다.
새 하나, 잔인한 가시에 찔려
크게 상처 입은 새 하나 있었다.

슬픈 영혼 보았다.
고통으로 두 날개 접었지만,
울고 있는 세상에 희망과 용기와
기쁨이 되는 복된 영혼을 보았다.
그토록 아름다운 삶,
고통과 슬픔에서 나왔다.
가시에 가슴을 찔려 상처 입은
영혼이 노래하고 있었다.

그대 사랑하시는 분,

십자가에 달리신 구주 있다고 한다.

손발에 못이 박히고, 창으로

옆구리를 찔렀다고 한다.

잔인하게 매질 당했으며, 구주가

멸시와 조롱을 당했다고 한다.

그렇게 그대의 구원 위해

머리에 가시관 쓰고 죽었다고 한다.

그대 "주님보다 높지 아니하니"

아름다운 후렴 부르지 않겠는가?

그리하면 고통으로 그대 가슴 찔려도

그분의 은혜 족할 터이니.

그대의 상하고 찢긴 삶으로, 그분의

사랑하시는 이들에게 기쁨이 되지 않겠는가?

가시에 가슴 찔려도

아름답게 노래하는 새처럼.

12월 11일

밤에 여호와의 집에 섰는 여호와의 모든 종들아, 여호와를 송축하라.……천지를 지으신 여호와께서 시온에서 네게 복을 주실지어다. _시편 134:1, 3

밤에 주님의 집에 서서 송축한다니, 예배하는 시간치고는 좀 이상하기도 합니다. 그렇습니다. 밤에, 이를테면 우리의 슬픔이 깊을 때 찬양과 예배를 드린다는 것은 쉽지 않은 일입니다. 하지만 그것은 온전한 믿음의 시험이니 바로 그 밤의 찬양에 축복이 있습니다. 친구의 사랑을 알고자 하면 내 인생의 겨울에 그가 나를 어찌 대하는지를 보면 됩니다. 거룩한 사랑도 마찬가지입니다.

　인생의 아름다운 선율이 흐르고 풍요로운 삶의 과실이 주렁주렁한 여름날에 예배하고 찬양하기란 쉬운 일입니다. 하지만 노래하던 새들 떠나고 그 좋던 열매들 다 떨어졌을 때도 내 가슴은 계속 노래할까요? 밤에도 내가 하나님의 집에 남아 있을까요? 과연 나는 변함없이 그분을 그분 자체로 사랑할까요? 그분과 함께 겟세마네에서 한시 동안이라도 깨어(막 14:37) 있을까요? 그분의 십자가를 거들며 고통스러운 갈보리 언덕길을 갈까요? 그분 돌아가시는 순간에 나는 그 어머니 마리아와 요한과 사랑하시던 제자들과 함께 십자가 곁에 서 있을까요? 과연 나는 아리마대 요셉이며 니고데모와 함께 그리스도의 죽으신 몸을 십자가에서 내릴 수 있을까요?

이와 같은 일들을 할 수 있다면, 나의 예배는 온전하고 나의 찬양은 영광스럽다 할 것입니다. 그러면 나는 그분께서 굴욕을 당하시는 동안 진정으로 그분께 사랑을 보여드렸다 할 수 있습니다. 그분께서 그토록 낮은 자리에 계셔도 나의 가슴은 겸손히 숨기신 당신의 위엄을 알아본 것입니다. 그래서 마침내 나는 선물이 아니라 선물 주시는 이에게 나의 소망이 있음을 진정으로 알게 됩니다. 그렇습니다. 어두운 밤에 그분의 집에 남아 예배할 수 있다면 나는 정녕 그분을 오직 그분으로만 받아들인 것입니다.

나의 목적지는 하나님뿐, 기쁨도 평안도 아니고
축복 또한 아니니, 나의 하나님 그분뿐.
나를 그곳으로 이끈 것은 나의 일 아니고 그분의 일이니
"주님, 어떠한 희생, 어떠한 길이든 인도하소서."

그러므로 믿음은 하나님 안의 그 목적지로 뛰고
사랑은 주님께서 그곳으로 인도하시리라 믿지만,
내 영혼은 믿음과 사랑 따라가기 버거워, 주께서
받쳐 주시니, 나의 깊은 기도 이루실 때까지 그리 하시리라.

길이 어두워도 상관없고
값비싼 대가 치러도 괜찮다.

그분께서 나를 목적지로 데려가시는 길 아시니

그분께 이르는 길 안전하고 곧다.

분명한 것 하나, 그분께 아니라는 말 할 수 없고,

내가 할 일 하나, 주님 향해 쉬지 않고 갈 뿐.

이곳의 영광 주님께 드리며 갈 때,

위대한 상급 되시는 그 천국에서 나를 기다리시리라.

12월 12일

전제와 같이 내가 벌써 부어지고 나의 떠날 시각이 가까웠도다. 나는 선한 싸움을 싸우고 나의 달려갈 길을 마치고 믿음을 지켰으니. _디모데후서 4:6-7

노병들이 옛 전우들을 만나 전쟁 때 입은 상처를 보여주며 무용담을 나누듯, 우리 또한 하늘의 집에 가면 모든 시련을 극복하고 거기까지 이르게 하신 하나님의 선하심과 신실하심을 이야기할 것입니다. 나는 어린양의 피에 씻겨 희어진 옷을 입은 무리(계 7:14)와 함께 섰을 때 이런 말을 듣고 싶지 않습니다. "이들은 모두 큰 환난을 겪은 사람들이다. 그런데 유독 너만 그렇지 않구나."

여러분은 어떻습니까? 거기 서서, 슬픔을 겪지 않은 유일한 성도로 지목되고 싶습니까? 아닙니다! 그 거룩한 모임에서 소외감을 느낄 것입니다. 그러므로 싸움에 참여하기를 마다하지 마십시오. 우리 상급의 면류관 쓰고 찬양의 종려나무 가지 흔들 날이 곧 옵니다.

남북전쟁 당시 테네시 주 룩아웃 산 전투에서 군의관이 한 병사에게 어디를 다쳤느냐고 물었습니다. 부상병은 "고지 바로 아래"라고 대답했습니다. 그는 상처는 안중에도 없이 정상 부근까지 진격했었다는 사실만 기억하고 있었던 것입니다.

우리 또한 그리스도를 위해 최상의 노력을 경주하되, 정상에 올라 이처럼 외칠 때까지는 결코 쉬지 말아야겠습니다. "나는 선한 싸움을 싸우고 나의 달려갈 길을 마치고 믿음을 지켰으니."

일을 마치고 쉬되,

마치기 전까지는 결코 쉬지 말라.

하나님과 한번 쉬면

영원히 쉬리니.

하나님께서는 메달이며 졸업장이며 학위가 아니라 싸움터에서 입은 상처
로 여러분의 삶을 평가하실 것입니다.

중세의 어떤 시인이 자신의 영웅을 이렇게 노래했습니다.

그의 충직한 구원의 검,

화려한 장식은 없지만

이 빠진 칼날보다 더한 장식 있으랴.

섬김으로 상처 입고, 상급의 면류관 위해 개인을 희생하며, 그리스도를 위
해 치욕을 당하고, 주님 일 하다가 지쳐 쓰러지는 것이 신실한 성도가 추
구하는 최고의 훈장입니다.

12월 13일

네게 흑암 중의 보화와 은밀한 곳에 숨은 재물을 주어. _이사야 45:3

브뤼셀의 유명한 레이스 공방에 가면 세상에서 가장 아름다운 레이스 천
을 짜기 위해 고안된 특별한 방들이 있습니다. 각 방에는 아주 작은 창이
하나씩 있는데, 그 창에서 레이스 천 위로 직접 떨어지는 빛을 제외하면
사방이 완벽하게 어둡습니다. 작업자는 각 방에 한 사람씩만 들어가서 앉
아 실 위에 떨어지는 좁다란 빛에 의지해 천을 짜는데, 그처럼 작업자 자
신은 어둠 속에 묻힌 채 작품에만 빛이 비쳐야 가장 섬세하고 아름다운 무
늬가 나오기 때문입니다.

종종 우리 삶의 어둠이 더욱 짙어집니다. 우리가 짜는 천을 볼 수도
없고 우리가 뭘 하고 있는지도 알 수 없습니다. 그러니 우리 삶에서 나오

는 아름다움이나 유익이 눈에 띨 수도 없습니다. 하지만 착실히 한 걸음씩 나아가며 낙심하지 않으면(갈 6:9), 어느 날엔가는 우리 인생의 아름다운 작품이 가장 어둡던 그 시기에 만들어졌음을 알게 될 것입니다.

하나님께서 신비하고 알 수 없는 방식으로 일하셔서 여러분의 삶이 깊은 어둠에 둘러싸인 듯 보일 수 있습니다. 하지만 두려워 말고 믿음과 사랑으로 나아가며 그분을 의심치 마십시오. 그분께서 지켜보고 계시니, 여러분의 고통과 눈물에서 곧 선하고 아름다운 것이 나옵니다.

> 그분의 목적을 잣는 베틀,
> 그분 마음에 두신 무늬 짜 나간다.
> 그대 성급히 그분의 작품
> 부정하지 말라. 슬그머니 다가가
> 검은 굴곡 보고서, 좋지 않은
> 동기가 있다고도 여기지 말라.
> 검은 실 들어가는 자리마다 이제 곧
> 금색 실 섞여 짜인다.
>
> 기쁨으로 잣되
> 눈물은 거두어라.
> 그분께서 네 무거운 발걸음 아시니,
> 정성스레 잣고
> 기도하며 잣되
> 실은 하나님께 맡기라.

12월 14일

제자 중 하나가 여짜오되……기도를……가르쳐 주옵소서. 예수께서 이르시되 너희는 기도할 때에 이렇게 하라.……나라가 임하시오며. _누가복음 11:1-2

한 제자가 기도를 가르쳐 달라고 하자 주님은 눈을 들어 그분 아버지 나라의 머나먼 지평선을 바라보셨습니다. 그리고 기도를 가르쳐 주셨는데, "그러므로 너희는 이렇게 기도하라"(마 6:9)는 말씀에 이어지는 그 강력한 기도에는 영원한 생명의 궁극적인 목적이 담겨 있고, 하나님께서 인간의 삶에서 이루시고자 하는 모든 뜻이 집약되어 있습니다. 오늘날 우리가 흔히 듣는 기도와 그분의 기도는 얼마나 다릅니까!

우리가 마음의 소욕을 좇아서 하는 기도는 어떠합니까? "주님, 제게 축복을 주시고, 제 가정과 교회와 나라를 축복하소서." 우리는 자신과 가장 가까운 것으로 시작해 점차 바깥으로 옮겨 가다가, 마지막에야 온 세상에 하나님 나라가 확장되도록 기도합니다.

그러나 우리 주님의 기도는 우리의 기도가 끝나는 곳에서 시작됩니다. 그분께서는 우리에게 먼저 세상을 위해 기도하고 개인적인 필요는 그다음 순서에 두라고 가르치셨습니다. 모든 대륙과 머나먼 바다의 섬들과 숨어 있는 최후의 부족민들까지 기도로 덮고, 세상에 두신 하나님의 목적과 소망을 위해 기도한 후에야 우리가 먹을 양식을 구하라는 것입니다.

예수께서는 우리를 위해, 그리고 우리에게 자신을 내어 주시고 십자가 위에서 고귀한 희생을 치르셨습니다. 그분의 모든 것을 내어 주시고서 우리에게 그처럼 하라시는데 심한 처사입니까? 그리스도의 사업이 삶의 최우선 과제이며 우리의 개인적인 관심사는 아무리 중요하고 소중해도 부차적일 뿐입니다. 이와 같은 기도의 교훈을 배우지 못한다면 누구도 하나님 나라의 일꾼이 될 수 없고, 그분의 능력 또한 체험할 수 없습니다.

19세기 스코틀랜드 탐험가이자 남아프리카 파견 선교사였던 로버트 모팻이 어떤 젊은 여성의 개인 방명록에 몇 자 적어 달라는 부탁을 받고 이렇게 썼습니다.

나의 방명록은 미개인의 가슴,
폭풍이 일고 어둠 깃드는 곳,
빛 한 줄기 비치지 않는 그곳에
예수의 이름 써넣는 일,
머리 숙여 기도하는 그들 보는 일,

더 밝고 아름다운 세계 가리키는 일,

　내 영혼의 즐거움.

그분의 나라는 무궁할 것이며(눅 1:33), 또한 저 옛날 모라비아 공동체 번역본의 표현대로 "그의 나라는 국경이 없을 것입니다."

　선교사역은 교회가 결코 두 번 생각해서는 안 되는 것이니, 그것은 그리스도께서 가장 깊이 생각하시는 일이기 때문입니다.

12월 15일

그를 의지하면. _시편 37:5

주님을 의지하라고 합니다. 의지라는 말은 신뢰로 바꿀 수 있습니다. 신뢰는 믿음의 핵심이며, 아직 초기 단계의 믿음에 주는 구약성경의 용어입니다. "믿음"이라는 말은 뭔가 의지의 행위라는 뜻이 강하고 "믿는다"라는 단어에서는 정신적, 지적 행위의 뜻을 읽을 수 있지만 신뢰는 가슴의 언어입니다. "믿음"과 "믿는다"라는 단어는 받아들인 진실 혹은 일어나리라고 예상되는 어떤 일과 관련됩니다.

　신뢰는 이보다 함축하는 뜻이 많습니다. 신뢰는 크고 참된 사랑의 가슴을 가진 이들을 보고 느끼며, 그들에게 기댑니다. 그러므로 우리도 그분께 기대고 의지해야 합니다. 어떠한 어려움과 거절과 지체에도 그분을 신뢰하십시오. 우리의 느낌과 증거로는 정반대의 길이 옳아 보이고, 우리의 길과 상황을 전혀 이해할 수 없을 때도 의지합시다. "그를 의지하면 그가 이루시고." 그렇습니다. 길이 열리고 상황은 바뀔 것이며, 결과는 평화일 것입니다. 구름은 마침내 걷히고 영원한 정오의 빛이 비칠 것입니다.

　너를 둘러싼 모든 것이 네 믿음

　엄히 시험할 때, 의지하고 안식하라.

　어떤 두려움과 적대자에게도 쫓기지 말고

　하나님 기다리며 의지하고 안식하라.

변치 않는 마음으로 의지하고 안식하라.

둥지에 깃든 작은 새처럼

그분의 날개 아래 숨어

네 날개 접고, 의지하고 안식하라.

12월 16일

안나라 하는 선지자가 있어……이 사람이 성전을 떠나지 아니하고 주야로 금식하며 기도함으로 섬기더니. _누가복음 2:36-37

기도는 오로지 기도로 배울 수밖에 없으며, 기도할수록 기도가 향상된다는 점은 의심의 여지가 없습니다. 판판이 놀다가 벼락치기로 기도하는 사람들이 성경의 말씀대로 "역사하는 힘"이 많은 기도(약 5:16)에 도달할 가능성은 없어 보입니다.

우리는 기도의 큰 능력을 얻을 수 있지만, 그렇게 되기까지는 많은 노력이 뒤따라야 합니다. 아브라함이 소돔을 위해 그토록 성공적으로 중재의 기도를 바칠 수 있었던 배경에는 평생을 하나님과 대화했다는 중대한 사실이 존재합니다. 우리는 결코 이 점을 간과하지 말아야 합니다. 야곱이 브니엘에서 밤새도록 씨름했다고 하지만, 분명히 그것이 하나님과의 첫 번째 만남은 아니었습니다. 그리고 요한복음 17장에서는 우리 주님의 아름답고도 놀라운 기도마저 엿볼 수 있습니다. 고난 받고 돌아가시기 전에 드린 기도였는데, 많은 밤을 개인기도로 보내시고 또한 빈번히 동트기 전에 일어나 기도드리신 결과였습니다.

기도에 헌신하지 않고도 능력 있는 기도에 이를 수 있으리라 믿는 사람이 있다면, 대단한 착각 속에 산다고 할 수밖에 없습니다. 하늘에서 내리는 비를 멈추고 그 뒤에는 다시 하늘의 수문을 열어젖힌 엘리야의 기도는 장기간에 걸친 강력한 호소와 간청의 한 예에 불과합니다. 힘 있고 승리하는 기도가 되기 위해서는 끈질긴 기도가 필요합니다. 우리 그리스도인들이 이를 기억했으면 좋겠습니다!

믿음의 영웅이며 순교자들을 이야기할 때 그 뒤에서 간구했던 무수한 사람들의 존재는 언급되는 일이 거의 없습니다. 하지만 이 간구자들이야말로 교회의 가장 큰 은인이었습니다. 이들은 다른 사람들에게 가는 자비의 축복의 통로가 되었는데, 그것은 이들이 아예 하나님의 은혜의 보좌 앞에서 눌러 살았으므로 가능한 일이었습니다.

기억하십시오. 우리는 기도하기 위해 기도해야 하고, 계속 기도 안에 머물러 우리의 기도를 이어 가야 합니다.

12월 17일

평강의 하나님이 친히 너희를 온전히 거룩하게 하시고 또 너희의 온 영과 혼과 몸이 우리 주 예수 그리스도께서 강림하실 때에 흠 없게 보전되기를 원하노라. 너희를 부르시는 이는 미쁘시니 그가 또한 이루시리라. _데살로니가전서 5:23-24

거룩함이 없이는 아무도 주님을 볼 수 없다는 말씀(히 12:14)을 처음 읽고 여러 해가 지나서 나는 이 진리를 실천하기 시작했으며, 만나는 모든 이들에게도 역시 이 진리를 따르라고 권했습니다. 그리고 십 년 후에는 하나님께서 내게 거룩에 이르는 길에 관하여 이전보다 한결 명확한 관점을 갖게 하셨으니, 하나님의 아들 안에서 믿음으로 거룩해질 수 있다는 것이었습니다. 그때부터 나는 지체 없이 모든 이들과 함께 이 진리를 나누기 시작했습니다. "우리는 믿음으로 구원받고 거룩하게 됩니다." 나는 사적인 자리에서나 공적인 자리에서나 출판물을 통해서나 이 진리를 증거했고, 하나님께서는 무수한 증인들을 통해서 이를 확증해 주셨습니다. 나는 지금 삼십 년이 넘도록 이 진리를 외치고 있으며, 하나님께서도 역시 계속해서 나의 일을 확증해 오셨습니다.

내가 예수님을 알고 그분은 내게 말할 수 없이 귀하신 분이지만, 내 안 깊은 곳에는 지속적인 즐거움과 인내와 친절을 가로막는 어떤 것이 있었습니다. 나는 할 수 있는 한 이 편치 않은 기분을 억눌러 보려고 했지만, 여전히 그것은 내 안에 남아 있었습니다. 결국 나는 예수께 도움을 구하고, 내 의지를 그분께 내어 드렸습니다. 그분께서 내 가슴에 들어오셔서, 즐거움과 인내와 친절을 가로막는 모든 것을 깨끗이 쓸어담아 버리시고, 문을 닫아 주셨습니다.

하나님께서 나를 받아 주시니, 지금 이 순간 나의 온 마음은 도무지 갈증을 느낄 수 없습니다. 나 홀로 그분과 함께 있고, 그분께서는 나의 빈 곳을 모조리 찾아 채우십니다. 그분 안에 있는 것 말고는 나 세상 그 무엇도 원하는 것이 없습니다. 그분께서는 당신의 넓은 방으로 나의 발을 들여놓게 하셨습니다. 그리고 그분께서 사랑으로 내 안의 모든 것을 정복하셨으니, 이제 나 거룩한 두려움으로 떨릴 뿐입니다.

순식간에 나는 느꼈습니다. 약한 손이 아니라 전능한 손이었고, 분노의 손이 아니라 사랑의 손이었는데, 그 손이 내 이마를 짚는 듯했습니다. 그런데 어쩐 일인지 바깥보다는 안쪽에서 그런 느낌이 더 강하게 왔습니다. 그 손이 나의 전 존재로 압박해 들어와서 죄를 소멸하는 거룩한 기운을 온몸으로 퍼뜨리는 것 같았습니다. 이마를 짚었던 그 손이 아래쪽으로 움직일 때, 내 머리도 물론 인지했지만 무엇보다 내 마음이 영혼을 정결케 하는 이 기운을 강렬하게 인식했습니다. 나는 이 손의 능력에 눌려 바닥에 넘어졌고, 한순간 기쁘고도 놀라워서 크게 소리를 질렀습니다. 이 능력의 손이 계속해서 내 안팎으로 움직이며 역사했고, 손 닿는 곳마다 구주의 형상이 영광스러운 흔적으로 남는 듯했습니다. 그리고 몇 분 동안 엄청난 파도와 물결이 밀려와 하나님의 깊고 깊은 사랑의 바다가 나를 완전히 집어삼켰습니다.

예전에 내가 그들에게 써 보낸 대로 거룩함에 대한 내 견해는 이렇습니다. 나에게 거룩함은 향기롭고 고요하고 즐겁고 매력적이고 평화로운 자연 같습니다. 이 자연의 모든 것이 말할 수 없는 정결함, 광채, 평화, 넘치는 기쁨을 영혼에 가져옵니다. 즉, 거룩함은 영혼을 하나님의 들판이나 정원으로 만드는데, 여기에는 온갖 열매와 꽃들이 있고, 다시 이 꽃과 열매들은 어떠한 방해도 받지 않고 즐거움을 누리며, 고요와 부드러움과 활기 넘치는 햇빛을 즐깁니다.

거역할 수 없는 사랑의 물결
마음의 오지까지 휩쓸어, 이제

생각과 소원과 정신을 지키니
한순간도 깨끗하지 않은 적 없다.
이것이 완전한 구원! 죄의
능력과 정죄를 이기는 구원!

12월 18일

이 모든 일에 우리를 사랑하시는 이로 말미암아 우리가 넉넉히 이기느니라. _로마서 8:37

하나님의 복음과 선물이 얼마나 체계적인지, 우리와 싸우려고 집결한 원수와 적대자들마저 사실상 우리의 하늘 길을 닦는 일에 한몫 거들고 있습니다. 우리는 이들을 도구 삼아 길을 내고 하늘문을 지나 하나님의 면전에 이를 수 있는 것입니다. 독수리가 창공으로 비상하기 위해 폭풍을 이용하는 방식과 같습니다. 독수리는 벼랑 꼭대기에 꿈쩍도 않고 앉아 하늘을 지켜봅니다. 하늘은 점차 어두워지고 주변으로 벼락이 치지만, 폭풍의 맹렬한 기세를 느끼기 전까지는 움직이지 않습니다. 그렇게 때를 기다리다 강렬한 외침과 함께 허공으로 몸을 던져 바람을 타고 더 높은 곳으로 비상하는 것입니다.

하나님께서는 당신의 자녀들도 이처럼 하기를 바라십니다. "넉넉히 이겨서" 폭풍 구름을 승리의 병거처럼 타고 앉으라는 것입니다. 군대가 넉넉히 이기는 경우를 가정해 보면 명백히 알 수 있습니다. 알다시피 군대는 전투에서 이기면 적들의 식량과 물자를 거두어들입니다. 성경이 말씀하는 바, 넉넉히 이긴다는 뜻이 이와 같습니다. 우리가 탈취할 전리품이 있다는 것입니다!

믿는 자들이여, 고통의 골짜기 지나는 동안 전리품을 챙겨 왔습니까? 모질게 두드려 맞고 모든 것을 잃었다는 생각이 들 때, 잃은 것 다 찾고 그보다 넘치도록 부요해지기까지 하나님을 믿고 의지했습니까? '넉넉히 이긴다'는 뜻은 적의 물자를 징발해서 내 것으로 사용한다는 뜻입니다. 여러분의 원수가 여러분을 패배시킬 목적으로 구상한 것들을 여러분이 탈취해서 사용할 수 있는 것입니다.

영국 브라이튼 출신의 문 박사는 느닷없이 실명해 맹인이 되었습니다. 그는 그 순간 이렇게 말했습니다. "주님, 당신께서 주신 이 장님의 '달란트'를 제가 받습니다. 나로 이 달란트 당신의 영광을 위해 사용하도록 도우셔서, 당신께서 돌아오실 때 이자까지 쳐서(마 25:27) 돌려드리게 하소서." 하나님께서는 그에게 맹인들을 위한 점자(문 알파벳)를 발명하게 하셨고, 이를 통해 무수한 맹인들이 하나님의 말씀을 읽고 그리스도의 영광스러운 구원의 지식을 알게 되었습니다.

하나님께서는 바울의 육체의 가시를 뽑아 주지 않으셨습니다(고후 12:7). 오히려 그보다 더 좋게 해주셨으니, 곧 그 가시를 제압해 바울 자신의 하인으로 만들어 주셨습니다. 인간에게 끼친 영향으로 보자면 가시의 역할이 권좌의 역할보다 한층 컸다고 할 수 있습니다.

12월 19일

이 일이 도리어 너희에게 증거가 되리라. _누가복음 21:13

인생은 험난한 등반길인데, 앞서 가는 사람들이 있어 돌아서서 부르며 더 높은 곳으로 우리를 이끌어 줄 수 있으니 늘 격려가 됩니다. 우리는 모두 함께 올라가는 사람들이므로 서로 도와야 합니다. 인생의 산행은 힘들지만 영광스러운 임무입니다. 정상에 이르기 위해서는 힘과 인내가 필요합니다. 그리고 높이 오를수록 시야가 넓어지고 중요한 것들이 눈에 띕니다. 그러니 우리 역시 돌아서서 부르며 뒤에 오는 이들을 격려해야겠습니다.

그대 나보다 조금 앞서 갔거든, 돌아서서 불러 주게.
그러면 내 가슴 힘을 얻고 바윗길 걷는 내 다리 가뿐하겠네.
혹, 기름이 떨어져 믿음의 등불 희미해질 때,
피곤하고 지친 나의 발걸음 그대 부르는 소리 따라가겠네.

돌아서서 부르며, 그분께서 그대와 함께 폭풍 속으로 들어갔다 말해 주게.
돌아서서 부르며, 온 숲의 나무들 뿌리 뽑혀도 그분께서 그대 지키셨다 말해 주게.

하늘의 천둥과 땅의 지진이 온 산을 흔드는 그때,

그분께서 그대 높이 데리고 올라 바람 잔잔한 곳에 붙들어 두셨다고.

친구여, 나 그대 얼굴 볼 수 없으니 돌아서서 불러 주게.

그대 얼굴 승리로 빛나고, 그대의 두 발 바람처럼 빠르다지.

하지만 우리 사이에 안개가 있고 내 영혼의 눈 어둡다네.

나 그분의 말씀 그리워도 그 영광 볼 수 없다네.

하지만 그대 다급히 외칠 때 그분께서 들으셨다고,

죄로 어두워진 밤하늘 뚫고 그분께서 그대 보셨다고 일러 주게.

그대 조금 앞서 갔거든, 오, 친구여 돌아서서 불러 주게.

그러면 내 가슴 힘을 얻고 바윗길 걷는 내 다리 가뿐하겠네.

12월 20일

내가 혼자 있는 것이 아니라 아버지께서 나와 함께 계시느니라. _요한복음 16:32

확신을 실행에 옮기려면 두말할 필요도 없이 크나큰 희생이 필요합니다. 특정한 사람들과 단절하고, 특정한 무엇인가를 포기해야 한다는 뜻입니다. 박탈감, 고립된 느낌을 피할 수 없습니다. 그러므로 독수리처럼 구름을 뚫고 올라가서 하나님의 눈부신 햇빛 받으며 살고자 하는 이들은 남들보다 외롭게 살아도 괜찮다고 마음먹어야 합니다.

독수리처럼 고독한 새도 없습니다. 떼 지어 몰려다니지 않고 둘이 붙어 다니는 경우도 좀처럼 없습니다. 그리고 하나님께 바친 삶은 거룩한 사귐을 압니다. 그렇게 되기까지 얼마나 많은 인간의 사귐을 박탈당해야 했겠습니까.

하나님께서는 독수리 같은 사람들을 찾으십니다. 그렇듯이 홀로 떨어져 그분과 걷는 법을 알지 못하면 누구도 영적인 삶에 주시는 최상의 것들을 온전히 깨달을 수 없습니다. 우리가 알듯이, 아브라함은 홀로 "가나

안 땅에 거하였고 롯은 그 지역의 도시들에 머무르며……소돔까지 이르렀"습니다(창 13:12). 모세는 이집트에서 훌륭히 교육받았지만 홀로 광야에 떨어져 하나님과 사십 년을 지내야 했습니다. 그리스 문화에 해박하고 "가말리엘의 문하에서"(행 22:3) 배운 바울은 예수님을 만난 후 "아라비아로"(갈 1:17) 가서 하나님과 함께 사막의 삶을 배워야 했습니다.

하나님께서 우리를 홀로 두시면 받아들이십시오. 그렇다고 수도승처럼 고립된 생활을 하라는 뜻이 아닙니다. 늘 다른 이들의 도움과 기도에 의지하던 우리 영혼이 당당히 독립해서 자신만의 믿음과 삶을 유지하기 위해서는 고립의 경험이 필요합니다. 다른 이들로부터 오는 도움과 영감이 필요하고 신앙성장에도 일정한 역할을 하지만, 어떤 때는 오히려 믿음과 행복의 장애물이 되기도 합니다.

어떻게 우리 환경을 바꿔서 고립에 처하게 하실지는 하나님께서 아십니다. 우리가 그분께 양보하고 그분께서 우리를 고립의 삶으로 이끌어 가시면, 우리는 이제 더 이상 사랑하는 주위 사람들에게 의지하지 않습니다. 그때쯤이면 우리가 다 깨닫겠지만, 하나님께서 우리 안에서 새로운 일을 이루셨으며 우리 영혼의 날개는 더 높이 비상하는 법을 배운 것입니다.

혼자 있는 것을 두려워해서는 안 됩니다. 야곱은 혼자 있었으므로 하나님의 사자가 귀에 대고 속삭이는 말을 들을 수 있었습니다. "네 이름을 다시는 야곱이라 부를 것이 아니요 이스라엘이라 부를 것이니"(창 32:28). 다니엘 역시 홀로 남아 있어 하늘의 이상을 보게 되었으며, 요한은 밧모섬으로 유배당하고서 하나님께서 주신 예수 그리스도의 계시를(계 1:1) 받고 기록할 수 있었습니다.

그분께서 우리를 위해 홀로 포도즙 틀을 밟으셨으니(사 63:3), 우리 또한 그분이 기대하시는 대로 '영광스러운 고립'의 시간을 받아들여야 하지 않겠습니까?

12월 21일

온전히 여호와께 순종하였은즉……그가 밟은 땅을 내가 그와 그의 자손에게 주리라. _신명 어려운 일이 우리 앞길을 가로막습니다. 하고 싶지 않고, 많은 노력이 요구되며, 고통스럽고, 힘겹게 붙들고 싸워야 하는 일입니다. 그런데 이 어려운 일이 그냥 오지 않고 축복과 함께 옵니다. 그리고 개인적인 희생이 있거나 없거나 해야 하는 이 일을 거부한다면 결국 축복을 거부하는 것이나 다를 바 없습니다.

주께서 발자국 남기시며 앞서 가신 길, 또한 여러분을 불러 따라오라고 하시는 그 어려운 길도 가고 또 가면 결국 축복으로 이어집니다. 이 축복은 험한 산길이며, 가시밭길을 걷지 않고는 결코 받지 못할 축복입니다.

싸움터를 만나면 당연히 거기서 검을 뽑아 원수와 싸워야 하겠지만, 그 싸움터 역시 여러분 인생에 축복이 되고야 말 승리의 가능성이 넘실거립니다. 지라고 하시는 무거운 짐들도 조금만 안쪽을 들여다보면, 그 속에 기적적인 능력의 비밀이 숨어 있습니다.

나 혼자 할 수 없다.
파도는 높고 험하며
사방은 짙은 안개,
하늘의 빛 사라진다.
하지만 나는 안다,
우리 둘이면 결국 이기는 것을,
예수와 나.

겁 많고, 변덕스럽고, 심약한 나,
수시로 변하는 하늘과 다를 바 없으니,
오늘은 씩씩하고 밝지만
내일은 맥없이 물러선다.
하지만 그분은 포기하지 않으시니
우리 둘이 이기리라,
예수와 나.

인생의 바다에 나선 나의 배,

나 혼자 저어갈 수 없으니,

내 곁에 앉아 나와 함께

노를 잡고 젓는 분 계신다.

우리 둘, 안전하게

항구에 닿으리라,

예수와 나.

12월 22일

캄캄함이 임하므로 심히 두려워하더니. _창세기 15:12

마침내 해가 지고 동쪽 하늘이 순식간에 어두워졌습니다. 힘든 하루 일로 정신과 육신이 모두 지친 아브라함이 깊이 잠들었습니다(12절). 잠에 떨어져 있는 동안 그의 영혼은 캄캄하고 무서운 어둠에 시달렸는데, 그에게는 숨 막히는 악몽과도 같았습니다.

이러한 어둠의 공포를 알고 있습니까? 하나님의 완전하신 사랑과 화해할 수 없을 것 같은 끔찍한 슬픔을 겪어 보았습니까? 말 그대로 무너져 내리는 슬픔, 여러분의 영혼에 은혜롭게 주신 안식을 비틀어 짜내 희망의 불빛 한 점 없는 캄캄한 바다에 던져 버리는 슬픔 말입니다. 무정한 슬픔을 겪어 보았습니까? 다른 사람들이 여러분의 신실한 마음을 잔인하게 짓밟고, 여러분은 기가 막혀 이런 일을 위에서 다 보시고도 그냥 놔두는 하나님이 어디 있느냐고 하소연할 수밖에 없는 슬픔 말입니다. 이런 슬픔을 안다면, 여러분은 캄캄하고 두려운 어둠을 안다고 할 수 있습니다.

인생은 밝고 어두우며, 햇빛과 그늘이 있고, 검은 구름 지나가면 밝은 빛 비칩니다. 하지만 하나님은 의로우시니 이 모든 과정을 거쳐 결국 당신의 계획을 이루시고, 우리 각 영혼을 감화하시며 연단하시는 것입니다.

사랑하는 친구들이여, 하나님께서 인간을 대하시므로 캄캄하고 두려운 어둠에 잡혔거든, 한 치도 어긋남 없으신 그분의 지혜를 신뢰하십시오. 그 지혜는 변함없으신 정의와 같습니다. 그리고 또 알아야 할 것이 있으니,

갈보리의 무서운 어둠을 겪으셨으며 십자가에 달려 버림받음의 심정을 아시는 분께서 여러분과 동행하시니, "사망의 음침한 골짜기"를 지나 햇빛 비치는 데까지 함께 가신다는 것입니다.

"우리가 이 소망이 있는 것은 영혼의 닻 같아서 튼튼하고 견고하여 휘장 안에 들어가나니"(히 6:19)라고 했습니다. 우리의 닻은 그분의 성소 안에 있어서 보이지 않지만 튼튼하고 견고하니 결코 흔들림이 없습니다. 그 닻은 그분 다시 오시기까지 변함이 없을 테고, 그때가 되면 우리 또한 그 닻을 따라, 변치 않는 하나님의 말씀으로 우리에게 보장된 안전한 하늘로 들어갈 것입니다.

제자들은 성난 바다로 인해 자신들과 예수님이 갈라졌다고 생각했습니다. 이보다 더 심한 경우로, 몇몇 제자들은 아예 자신들이 처한 곤경은 그분께서 자신들을 잊고 돌아보지 않는 증거라고 생각하기까지 했습니다.

사랑하는 친구들이여, 이러한 생각이야말로 곤경 중에서도 가장 위험한 곤경입니다. 마귀가 와서 "하나님이 너를 잊었다, 하나님이 너를 버렸다"고 속삭입니다. 여러분은 마음이 흔들려 기드온처럼 외칩니다. "여호와께서 우리와 함께 계시면 어찌하여 이 모든 일이 우리에게 일어났나이까"(삿 6:13). 하나님께서 여러분에게 어려움을 허락하심은 여러분을 그분 곁으로 더 가까이 오게 하려 하심입니다. 곤경은 여러분을 예수님에게서 떼어 놓는 것이 아니라, 더욱 신실하고 더욱 견고하고 더욱 단순히 그분께 매달리라는 뜻으로 있습니다.

하나님께서 우리를 포기하신 듯 보이는 그때, 우리는 좀 더 온전히 그분 앞에서 우리를 포기해야 합니다. 그분께서 기쁘게 주시는 빛과 위로를 우리는 받아 누려야 하겠지만, 우리가 매달려야 할 것은 그분의 선물이 아닙니다. 그러니 부디 그분께 매달리십시오. 그리고 우리의 순전한 믿음이 발휘되어야 하는 밤 깊은 곳으로 우리를 밀어 넣으시면, 부디 그 고통스러운 어둠 뚫고 나아가십시오.

오, 패배가 목전에 이른 듯할 때
승리를 몰아오는 믿음 있으라!

오, 몰아온 그 승리를 우렁찬

함성으로 바꾸는 믿음 있으라!

승리하는 믿음, 패배와 두려움 모른다.

— 허버트 부스

12월 23일

네가 갈 길을 다 가지 못할까 하노라. _열왕기상 19:7

하나님께서 그 지친 종 엘리야를 어찌 대하셨습니까? 자게 하시고 먹을 것을 주셨습니다. 엘리야는 엄청난 위업을 이루고 흥분해서 "이스르엘로 들어가는 곳까지 아합[의 마차] 앞에서 달려"갔습니다(왕상 18:46). 하지만 그 달음박질은 과도한 것이어서 그는 육신의 기력을 잃었는데, 이로 인해 결국은 정신의 기력마저 잃고 낙심하게 되었습니다. 이러한 상태라면 누구나 자고 쉬면서 탈난 몸을 추슬러야 하는 것처럼 엘리야 역시 육신의 요구를 충족시켜야 했습니다.

엘리야처럼 결국은 "로뎀나무 아래"(왕상 19:4) 앉고야 마는 뛰어난 사람들이 많습니다. 이 지친 이들에게 주께서 말씀하십니다. "일어나 먹으라. 네가 갈 길을 다 가지 못할까 하노라." 다시 기운 차려서 먼 길 떠나라는 말입니다.

그러므로 우리는 육신의 피로를 영혼이 지친 것으로 혼동해서는 안되겠습니다.

믿고 기도해야 하는데 너무 지쳤다,

쓰러지도록 힘에 부쳐 나는 그렇게 말했다.

내 머릿속에 남은 단 하나의 의식,

오, 다 버려두고 가서 쉬었으면.

하나님께서 나를 용서하실까?

어찌 생각하는가, 어린아이처럼 그냥 가서 잠든다면,
그래도 되는지 묻지도 않고, 어떻게든 믿고
기도해 볼 생각도 없이 잠들어도 용서하실까?

하나님께서 그대 용서하실까? 그대 돌아보라.
아직 말도 할 줄 모르던 그때,
어머니께서 그대 쉬지 못하게 하셨는가?
당신의 가슴에 기대 오는 아기의 머리 밀치셨는가?

부탁하지 못한다고 아기의 요구를 몰라주시던가?
아기에게 무리한 것을 강요하셨던가?
두 팔로 안아 흔들어 재우셨으며
그 얕은 잠 깰까 곁에서 지키지 않으셨던가?

오, 어머니의 사랑보다 빠른 눈 없어라,
말 못 하는 아기의 마음 한눈에 알아보시네.
그대 지쳐 믿고 기도할 수 없을 때,
그대 육신 힘들어 쓰러질 때,

그때는 모든 것 내려놓고 가서 쉬어라.
어머니 품에서 그랬던 것처럼 그저 쉬어라.
그분께서 모든 것 아시고, 사랑하는 주님께서 아시니
어린아이처럼 무작정 가서 누우라.

그래도 되는지 묻지 않아도, 그분께서 아신다,
당신의 자녀 힘들어서 기도할 수 없음을.
그분께서는 말로 하는 기도로만 판단하지 않으시니
지쳐 쓰러진 마음에 간절한 사랑 있음을 아신다.

그대 기도하고 믿는 줄 그분께서 아신다,

약하고 불쌍한 인간 육신의 한계도 아신다.

오, 그리스도의 깊으신 연민,

깊은 밤에 당신 찾는 이들 가엾게 여기시네.

온 세상의 죄악 짊어지셨어도

그들에게 "가서 자며 쉬어라" 말씀하셨고,

그대 또한 그분께 지켜 달라고 생명 맡겼으니

걱정 말고 가서 자며 쉬어라.

— 엘라 콘래드 코허드

12월 24일

이삭이 저물 때에 들에 나가 묵상하다가. _창세기 24:63

더 많은 시간을 홀로 보낸다면 우리는 아마 더 좋은 그리스도인이 될 것입니다. 그렇습니다. 홀로 있는 시간을 늘리고 조용히 하나님을 기다리는 데 더 많은 시간을 사용한다면 실제로 무엇을 시도하는 것보다 오히려 많은 일을 성취할 것입니다. 이제는 세상이 우리 안에 너무 깊숙이 들어와 있습니다. 우리는 늘 바쁘게 뛰어다니지 않으면 아무것도 이룰 수 없다는 사고 방식에 사로잡혀 있습니다. 그늘에 앉아 침묵하며 홀로 보내는 시간의 중요성을 우리는 더 이상 믿지 않습니다. 하나님의 사람이라는 우리가 너무 실용적인 인간이 되었습니다. 우리는 "모든 철을 불속에" 넣고 가능한 한 많은 연장을 만들어 내야 한다고, 그래서 모루와 불을 떠나 있는 시간은 모두 낭비라고 믿습니다. 하지만 고요히 묵상하며 하나님과 대화하고 하늘을 바라보는 일에 따로 떼어 둔 시간보다 유익한 시간은 없습니다. 인생에 이처럼 열린 공간은 많을수록 좋습니다. 따로 비워 둔 이 시간에 우리 영혼은 완전히 열려서, 하나님께서 기꺼이 보내 주실 거룩한 생각과 기운에 닿습니다.

"묵상은 마음의 주일"이라고 말한 이가 있습니다. 이 정신없는 세상에서 우리는 가능한 한 자주 우리 마음에 "주일"을 선사해야 합니다. 주일을 맞은 마음은 일을 놓고 그냥 쉽니다. 하늘도 바라봅니다. 그러다가 기드온의 양털처럼 주님 앞에 편히 누워 천국의 이슬에 젖습니다. 우리는 아무 일도 안 하고 아무 생각도 안 하며 아무 계획도 안 세우고, 그저 자연의 푸른 품에 누워 "잠깐 쉬는"(막 6:31) 시간을 틈틈이 가져야 합니다.

이렇게 보내는 시간을 아깝다고 할 수 없습니다. 그물 수선하는 시간을 낭비라고 여기는 어부 없고, 짬을 내서 낫 가는 시간을 아깝다고 할 농부 없습니다. 오늘날 도시에서 사는 사람들은 이삭을 본받아 자주 한적한 들이나 야외로 나가는 것이 좋습니다. 자연과 교감하면서 도시에서 지친 심신을 달래고 활력을 얻을 수 있습니다. 들이나 바닷가나 산이나 가능한 한 자주 걷고, 삶의 불순물을 털어 내어 새로운 기쁨과 희망을 찾아야 합니다.

내게 온 작은 근심들,
어제 다 잃어버렸다,
하나님과 저 바깥 들판을 걷다가.

눈 속에 오는 종소리(성탄절 전야를 위한 시)

오, 성탄, 즐거운 성탄
정녕 돌아왔도다.
성탄의 기억과 축하의 말도,
성탄의 기쁨과 고통도 함께 왔도다!
기쁜 성탄의 노래에 슬픔이 있고
빛 가운데 그늘이 있으며,
오늘 밤은 죽음의 사이프러스 나무에도
아름다운 성탄 장식이 걸린다.
밝고 잔잔한 웃음 흘러도
고요는 흐트러짐이 없고

우리 별빛 받으며
"눈 속에 오는 종소리" 듣는다.

오, 성탄, 즐거운 성탄
이토록 가까이 왔도다.
낯선 목소리들도 오늘은
기쁜 성탄의 노래 부른다!
이처럼만 노래 부르는 소리
우리가 들을 수 있으면,
저마다 이마에 쓴 왕관의 광채
이처럼만 우리가 볼 수 있으면,
참아야 할 울음도
남몰래 흘리는 눈물도 없으리라.
우리 별빛 받으며
"눈 속에 오는 종소리" 듣는다.

오, 성탄, 즐거운 성탄
두 번 다시 없으리라.
우리 밝은 웃음의 날
다시 불러올 수 없지만
성탄, 즐거운 성탄
이 아름다운 화친의 전령,
거룩한 영광의 노래와 함께
거룩한 기쁨 고요히 불러온다.
그렇게 평화와 희망 빛나고
인내의 사랑 환한데,
우리 별빛 받으며
"눈 속에 오는 종소리" 듣는다.

— 프랜시스 리들리 하버갈

12월 25일

그의 이름은 임마누엘이라 하리라 하셨으니 이를 번역한즉 하나님이 우리와 함께 계시다 함이라. _마태복음 1:23

평강의 왕. _이사야 9:6

> 공중에 노래!
> 하늘에 별!
> 어머니의 깊은 기도와
> 아기의 낮은 울음소리!
> 별은 빛나고
> 노래는 아름답다,
> 베들레헴의 구유에 왕이 누우셨으니.

여러 해 전에 아주 특이한 성탄카드가 나온 적이 있습니다. "그리스도가 오시지 않았다면"이라는 제목을 달고 있었는데, 이는 요한복음 15장 22절에 기록된 우리 구주의 말씀을 근거로 한 것이었습니다. 그리고 그 제목과 연관해서, 성탄절 아침에 서재에서 잠들어 예수가 오지 않은 세상을 꿈속에서 겪는 한 성직자의 모습이 그려져 있었습니다.

꿈속에서 그는 집안 곳곳을 돌아다녔는데, 굴뚝에 양말도 걸려 있지 않고 성탄나무와 장식도 보이지 않았으며, 우리 마음을 위로하고 기쁘게 해주실 그리스도 역시 없었습니다. 그래서 바깥 큰길로 나가 보았습니다. 하지만 하늘 향해 첨탑을 세우고 있어야 할 교회는 보이지 않았습니다. 다시 서재로 돌아와 앉고 보니, 이번에는 우리 구주에 관한 책이 모조리 사라지고 없는 것이었습니다.

역시 꿈속에서 심부름꾼이 와 소식을 알립니다. 친구의 불쌍한 어머니가 죽어 가고 있다고 했습니다. 그는 즉시 친구의 집으로 가 함께 앉아 울며, 위로의 말씀이 있으니 찾아서 읽자고 했습니다. 그는 성경을 펴서 늘 보던 약속의 말씀을 찾으려 했지만, 성경은 말라기에서 끝나고 없었습니다. 복음도 없었고 희망과 구원의 약속도 없었습니다. 그는 고개를 들지 못하고 친구와 함께, 말할 수 없이 절망한 그 어머니와 함께 울어야 할 뿐 달리 해볼 수 있는 일이 없었습니다.

이틀 후에 그는 친구 어머니의 관 옆에 서서 장례식을 집전했습니다. 당연히 위로의 말씀도 영광스러운 부활의 언급도 없었고, 하늘에 마련된 죽은 이의 집도 생각할 수 없었습니다. "너는 흙이니 흙으로 돌아갈 것이니라" 하는 말씀과 단 한 번의 길고도 영원한 이별이 있을 뿐이었습니다. 결국 그는 그리스도께서 오시지 않았음을 깨닫고 눈물을 쏟으며 비통하게 울었습니다.

거기서 퍼뜩 잠이 깬 그는 기뻐 소리치며 찬양했습니다. 자신의 교회 찬양대가 이와 같은 노래를 부르고 있었던 것입니다.

참 반가운 신도여, 다 이리 와서
베들레헴 성내에 가 봅시다.
저 구유에 누이신 아기를 보고 엎드려 절하세,
엎드려 절하세, 구세주 났네.

그분께서 오셨으니 오늘 기뻐하며, 천사들의 선언을 되새깁시다. "내가 온 백성에게 미칠 큰 기쁨의 좋은 소식을 너희에게 전하노라. 오늘 다윗의 동네에 너희를 위하여 구주가 나셨으니 곧 그리스도 주시니라"(눅 2:10-11).

그분께서 당신의 축복 흐르게 하시려 오셨는데,
그 축복, 저주가 가는 먼 데까지 갑니다.

성탄절이 없는 먼 이국땅의 백성에게로 우리의 가슴이 향했으면 좋겠습니다. "너희는 가서 살진 것을 먹고 단것을 마시되 준비하지 못한 자에게는 나누어 주라. 이날은 우리 주의 성일이니"(느 8:10).

12월 26일

내가 저기 가서 기도할 동안에 너희는 여기 앉아 있으라. _마태복음 26:36

위기가 닥쳤는데 뒷전에 앉아 있어야 하는 심정은 뭐라고 말하기가 어렵습니다. 겟세마네 동산에서 이제 남은 열한 제자 가운데 여덟이 아무것도 하지 못하고 뒤에 앉아 있어야 했습니다. 예수께서 기도하러 가실 때 베드로와 야고보와 요한도 그분 곁에서 지켜보고자 함께 나섰습니다. 하지만 나머지 제자들은 앉아서 기다려야 했습니다. 그들은 동산에 있었지만 그뿐, 그 동산의 꽃들을 가꾸는 일에는 참여하지 못했습니다. 지극히 중대하고 힘든 순간이었지만 함께 거들도록 허락받지 못한 것입니다.

여러분과 나도 분명히 이러한 경험이 있고, 같이 실망했습니다. 아마 여러분 앞에 크나큰 섬김의 기회가 열리고 있었을 것입니다. 어떤 이들은 즉시 현장으로 가고, 또 어떤 이들은 파견을 위해 훈련받습니다. 그런데 여러분은 아무것도 하지 못하고 앉아서 기다릴 수밖에 없습니다. 질병이나 가난으로 길이 막혔을 수도 있고, 뭔가 잘못된 평판이 작용했을 수도 있습니다. 원인이야 어찌 됐든, 여러분은 섬김에서 제외되었습니다. 왜 자신이 섬김의 삶에서 배척당해야 하는지 이해할 수 없어 분노합니다. 동산에 들어오라고 해서 갔는데 정작 그 안에서는 길을 찾을 수 없으니, 불공평한 처사 같습니다.

사랑하는 영혼들이여, 잠잠하십시오. 실상은 그렇지 않습니다! 여러분은 그리스도인의 삶 어느 부분에서도 배제되지 않았습니다. 주님의 동산에 걷거나 서 있는 이들의 자리만 있다고 믿습니까? 아닙니다! 거기에는 앉아 있을 수밖에 없는 이들을 위한 자리도 있습니다. 동사에 능동태, 수동태, 중간태의 세 가지 태가 있듯이, "살다"라는 그리스도의 동사에도 세 가지 태가 있습니다. 능동태 사람들은 곧장 싸움터로 달려가 해 질 때까지 분투합니다. 수동태 사람들은 가운데 서서 지켜보며 전투의 진행 상황을 보고합니다. 하지만 중간태 사람들은 싸울 수도 없고 싸움을 지켜 볼 수도 없이 그냥 앉아서 기다려야 합니다.

이런 상황에 처했다 해서 배제되었다고 여기지 마십시오. 다른 누구도 아닌 그리스도께서 여러분에게 "여기 앉아 있으라" 하셨음을 기억해야 합니다. 동산에는 여러분의 자리 역시 따로 마련되어 있습니다. 하나님께서 여러분을 위해 특별히 선택하신 그 자리는 무작정 기다리기만 하는 자리가 아닙니다. 하나님께서 세상에 두신 삶이라고 한결같이 큰일을 이루거나 큰 짐을 져야 하는 것은 아닙니다. 하나님께서 그들에게 주신 일은 그냥 있는 것입니다. 그들은 중간태 동사이며, 활동적인 임무가 없는 동산의 꽃입니다. 그들은 위대한 승리를 거둔 적도 없고 잔치 자리에서 상석에 앉는 영광을 누린 바도 없으니, 베드로며 야고보며 요한 같은 사람들처럼 이목을 끌지 못합니다.

하지만 예수께서 그들을 보며 즐거워하십니다. 그들은 향기와 아름다움만으로 그분께 기쁨을 드립니다. 사랑스러운 모습으로 산 밑에 가만히 존재한다는 사실만으로도 주께서는 그들을 흡족해 하십니다. 여러분들이 이러한 꽃들일진대 불평할 필요가 없습니다.

12월 27일

그의 몸은 쇠사슬에 매였으니. _시편 105:18
목에는 쇠칼을 쓰고 고생을 하였으나. _공동번역

슬픔과 상실의 쇠사슬이 목에 매였습니다. 젊은이로서 져야 할 짐이 있습니다. 죄를 붙들고 영혼의 투쟁을 벌입니다. 이 모든 것들이 인내와 용기는 물론 쇠처럼 강인한 목적의식의 함양에 일조합니다. 그리고 이러한 자질이 모여 숭고한 품성을 형성합니다.

고난을 피해 달아나지 말고 묵묵히 받아들이며, 그것이 여러분의 영적인 삶을 쇠처럼 단단하게 하려는 하나님의 방법임을 확신해야 합니다. 세상은 철의 지도자와 철의 군대, 강철로 된 힘줄과 근육을 찾습니다. 그러나 하나님께서는 철의 성도들을 찾으시고, 고난 말고는 당신 백성의 정신력을 길러 줄 방법이 없으니, 고통과 역경을 허락하십니다.

단조롭고 힘들기만 한 일로 꽃 같은 세월 다 지고 맙니까? 다른 이들의 반대와 오해와 비난으로 고통스럽습니까? 그 고통이 끈질긴 잡초처럼 여러분의 발목을 잡아챕니까? 힘내십시오! 하나님께서 여러분을 그분의 철의 군대에 편입시키셨으니, 결코 헛된 시간이 아닙니다. 쇠로 된 고통의 면류관을 써야 후일 영광의 금면류관을 받습니다. 여러분의 영혼 강하고 튼튼하게 하려고 목에 쇠칼이며 사슬이 들어옵니다.

길이 험하거나 가파르면 어때랴,
아침에 춥고 한낮에 더우면 또 어때랴.
좌로나 우로나 치우치지 않으리,
곧장 앞으로 가며, 밤이 와도 떨지 않으리.
이 길이 집으로 가는 길이니.

12월 28일

주 안에서 항상 기뻐하라. 내가 다시 말하노니 기뻐하라. _빌립보서 4:4

작은 믿음의 노래 불러라,
오, 내 영혼아!
그것이 네 의무이니 불러라.
돋아나는 나뭇잎들처럼,
흙을 밀어내며 싹트는 꽃잎처럼,
내 영혼아, 의무처럼 불러라.

무리와 함께 노래하겠다 하지 마라.
무수한 새들 모여도
들리는 노래는
혼자 부르는 노래이니.
모든 노래는 해 뜨면 시작되나
너는 밤의 나이팅게일이 되어라, 영혼아!

겨울 눈발을 타고 노래하라,

구름을 뚫고 불러라,

짙은 안개 앞길을 막을 때

크고 똑똑하게 불러라,

무엇보다 어둠 속에서 아름답게 불러라,

그분께서 주무시지 않고 그 노래 들으시리라.

그렇게 여러분의 노래 들리면 그분께서 환한 얼굴로 내려다보실 것입니다. 그리고 못내 즐거워하시며 이렇게 말씀하실 것입니다. "계속 불러라. 내가 듣고 있으니 곧 가서 구해 주겠다. 네 짐도 내가 져 줄 테니, 너는 내게 기대거라. 이제 길이 점점 순해지리라."

12월 29일

일어나 그들을 치러 올라가자. 우리가 그 땅을 본즉 매우 좋더라. 너희는 가만히 있느냐. 나아가서 그 땅 얻기를 게을리하지 말라. 그곳에는……하나도 부족함이 없느니라. 하나님이 그 땅을 너희 손에 넘겨 주셨느니라. _사사기 18:9-10

일어나라고 합니다. 이 명령은 우리의 능동적인 행동을 암시합니다. 우리가 나서서 취하지 않으면, 아무것도 우리 것이 되지 않는다는 말입니다. 요셉의 자손 므낫세와 에브라임이 그 기업을 취해서 얻었습니다(수 16:4). 야곱 족속은 자기 기업을 누릴 것이라고 했습니다(욥 17). 성실한 자가 복을 얻습니다(잠 28:10).

우리는 하나님의 약속과 관련해서는 어떻게든 내 것으로 삼아 취하는 믿음이 필요하고, 하나님의 말씀 또한 내 것으로 삼아야 합니다. 이처럼 능동적인 믿음에 관한 질문을 받고 한 소년이 대답했습니다. "연필을 가지고 성경 말씀 칸칸이 '내 것'이라고 써넣는 것입니다."

여러분이 원하는 말씀을 골라서 "나를 위한 말씀"이라고 다짐하십시오. 그분의 어떤 약속을 손가락으로 짚어 "나를 위한 약속"이라고 말하십시오. 여러분이 받아서 감사와 지지를 보낸 말씀이 얼마나 됩니까? 얼마나 많은 말씀에 대해 여러분은 "내 삶에 이루신 말씀"이라는 고백을 했습니까? 얼마나 많은 약속 아래 여러분의 이름을 써넣고 "내게 행하신 약속"이라고 확인했습니까?

"얘, 너는 항상 나와 함께 있으니 내 것이 다 네 것이로되"(눅 15:31). 그저 가만히 있다가는 여러분에게 돌아올 유산을 놓칩니다.

믿음은 언제나 큰 바구니를 들고 밖으로 나섭니다.

12월 30일

이에 베드로는 옥에 갇혔고 교회는 그를 위하여 간절히 하나님께 기도하더라. _사도행전 12:5

베드로는 옥에 갇혀 처형을 기다리고 있었고, 교회는 그를 구할 만한 세상적인 능력이나 영향력이 없었습니다. 그런데 세상에서는 얻을 수 없는 이 도움이 하늘에서 올 수도 있었으므로 교회는 끈질기게 기도했습니다. 그리고 하나님께서 사자를 보내, 베드로의 옆구리를 쳐 깨웠습니다(7절). 천사가 베드로를 데리고 첫째와 둘째 파수꾼을 지나 철문에 이르자, 그 쇠로 된 문이 저절로 열려(10절) 베드로는 자유의 몸이 되었습니다.

우리 인생에 '쇠문'이 있어 앞길을 가로막습니다. 새장에 갇힌 새처럼 몸부림쳐 보지만 상황은 나아지지 않고 몸과 마음만 피곤하고 괴로울 뿐입니다. 그러니 우리가 알아야 할 비밀이 여기 있습니다. 그렇습니다. 믿는 기도가 중요합니다. 이처럼 믿는 기도가 있으면 철문 앞에 이르러도 베드로의 경우처럼 '절로' 열릴 것입니다.

"다락방에" 올라간(행 1:13) 초대교회처럼 기도하는 법을 배워야 합니다. 그렇게 기도하지 못해서 우리가 그동안 얼마나 많은 기운을 낭비하고 고통스러운 실망으로 몸부림쳤습니까. 이 기도, 우리의 믿음이 아니라 하나님의 믿음으로 하는 이 기도를 배우면 무수한 어려움과 역경도 사라질 것입니다. 우리가 사랑하는 많은 이들이 사탄에 매여 오랫동안 갇혀 있습니다. 그들은 문이 열리기만을 기다리고 있을 뿐입니다. 우리가 믿음으로 하나님께 끈질기게 기도하면 그들은 그리스도 안에서 자유의 몸이 될 것입니다.

다급할 때는 강력한 기도가 필요합니다. 기도하는 사람 자신이 기도가 되면, 세상 어느 것도 그 기도의 손길에 저항할 수 없습니다. 엘리야는 갈멜산 땅바닥에 엎드려, 두 무릎 사이에 얼굴을 넣고 그냥 기도가 되었습니다.

늘 입 밖으로 소리 내어 기도해야 하는 것은 아닙니다. 사실 말로 표현하기에는 너무도 강렬한 기도가 종종 있습니다. 엘리야의 경우가 그러한데, 그의 전 존재가 하나님과 연결되어 있었고, 그의 전 존재가 하나님과 나란히 서서 사악한 세력에 맞섰습니다. 엘리야의 악한 적들은 이처럼 사람의 형상을 한 기도에 저항할 수 없었습니다. 사람의 형상을 한 기도, 이 시대에 긴히 요구되는 기도입니다.

"말할 수 없는 탄식"(롬 8:26)은 하나님께서도 정말 거절하시기 어려운 기도입니다.

12월 31일

여호와께서 여기까지 우리를 도우셨다. _사무엘상 7:12

"여기까지"라는 이 말, 돌아서서 그동안 지나온 길을 가리키는 손 같습니다. 그들로서는 "이십 년 동안을 오래"(2절) 지나온 길이었습니다. 그런데 칠십 년이라는 세월 지나도록 여호와께서 "여기까지" 도우셨습니다! 가난하거나 부요하거나, 아프거나 강건하거나, 고향에 있거나 타국에 있거나, 육지를 다니거나 바다와 공중을 다니거나, 영예를 입거나 치욕을 당하거나, 곤경에 처하거나 기쁨에 거하거나, 시련을 당하거나 승리를 거두거나, 기도를 하거나 유혹을 받거나, 이 모든 세월 지나도록 여호와께서 "여기까지" 도우셨습니다!

아름다운 나무들이 줄지어 서 있는 길이 있습니다. 언제나 길게 뻗은 그 길을 돌아다보는 즐거움이 있습니다. 나무들은 그 단단한 목질의 기둥과 아치처럼 드리운 나뭇잎들로 인해 초목의 신전이라도 되는 듯 즐거운 광경을 선사합니다. 우리가 이처럼 아름다운 길을 돌아보듯, 지나온 인생의 길 또한 돌아볼 수 있습니다. 그 인생의 길 위에 드리운 하나님의 푸르른 자비의 가지들을 보십시오. 우리의 크나큰 기쁨이었던 자애와 신실하심의 기둥들은 또 얼마나 튼튼합니까! 가지 위에 앉아 노래하는 새들이 보입니까? 가까이 들여다보십시오. 분명히 많을 것입니다. 그 가지에 앉은 새들은 지금까지 받은 하나님의 자비를 노래하는 새들이니 말입니다.

"여기까지"라는 이 말은 또 앞으로 갈 길을 가리킵니다. 어떤 이가 어떤 지점에 이르러 "여기까지"라는 표현을 사용합니다. 아직 길 끝에 닿지 못했으며 가야 할 거리가 더 남았다는 뜻입니다. 아직 겪어야 할 시련, 기쁨, 유혹, 싸움, 패배, 승리, 기도, 응답, 수고, 능력 등이 많이 남아 있습니다. 여기에 질병, 노화, 죽음이 이어집니다.

죽음 뒤에는 끝입니까? 아닙니다! 아직 남은 것들이 더 있습니다. 보십시오. 예수를 닮은 모습으로 정금같이 나올 것입니다. 보좌에 앉아 수금을 타며 시편을 노래합니다. 흰 옷을 입고(계 3:5), 예수의 얼굴 뵈오며, 성도들과 교제합니다. 하나님의 영광을 체험하고, 영원에 들어 무궁한 기쁨을 누립니다. 그러므로 믿는 자들이여, 강하고 담대하십시오(시 27:14). 감사와 확신으로 목소리 드높여 찬송합시다.

"여기까지" 도우신 주께서
여정 끝나도록 도우시리라.

"여기까지"라는 이 글자, 하늘의 빛에 의지해 읽으니 우리의 앞길 기적처럼 환하고 영광스러워, 우리의 두 눈 감사로 빛나는도다!

알프스의 목동들에게는 노래로 작별의 인사를 주고받으며 하루를 끝마치는 아름다운 풍습이 있습니다. 공기가 맑아서 그 노래는 멀리 있는 이들에게도 들립니다. 해가 지기 시작하면 그들은 양떼를 불러 모아서 산길을 내려가며 노래합니다. "여호와께서 여기까지 우리를 도우셨으니, 그의 이름 찬송합시다!"

하나가 이렇게 노래하면, 그들의 아름다운 풍습 그대로 친절하고도 정감 넘치는 작별의 노래로 서로 화답합니다. "안녕히 주무세요! 안녕히!" 그 노래는 머나먼 산협을 돌아가며 부드럽게 울려 퍼지다가 마침내는 사라집니다.

우리 서로 어둠 속에서 크게 외쳐 부릅시다. 수많은 음성으로 어두운 밤을 채워 하나님의 지친 나그네들을 격려합시다. 우리의 음성과 외침, 할렐루야 폭풍으로 커져서 그분의 보좌를 두른 우렁찬 파도를 밀치고 들어갔으면 좋겠습니다. 그리하여 아침이 오면 우리는 "유리바다"(계 4:6)의 해변에 닿아, 구속받은 하늘의 뭇 백성들과 함께 외칠 것입니다. "보좌에 앉으신 이와 어린양에게 찬송과 존귀와 영광과 능력을 세세토록 돌릴지어다"(계 5:13).

영원토록 이어질 나의 노래,
예수 인도하셨네.

그리고 그들은 다시 외쳤습니다. "할렐루야!"(계 19:3)

인용저자 색인

영국 성직자. 대중적인 주해서 『매튜 헨리 주석』(Exposition of the Old and New Testament)의 저자. 2/22, 3/10, 7/1

- 메리 로울즈 자비스(Mary Rowles Jarvis) 4/7
- 메리 버츠(Mary Butts) 11/21
- 메리 버터필드(Mary Butterfield) 3/9
- 메이 라일리 스미스(May Riley Smith, 1842-1927) 미국 시인. 4/27
- 베시 포터(Bessie Porter) 7/1
- 빅토르 위고(Victor Hugo, 1802-1885) 프랑스 시인, 소설가, 극작가. 『노트르담의 꼽추』와 『레미제라블』로 특히 잘 알려져 있다. 5/31
- 새뮤얼 딕키 고든(Samuel Dickey Gordon, 1859-1936) 미국 선교사, 경건서적 연작 『조용한 대화』(Quiet Talkes)의 저자. 4/30, 7/27, 8/16, 9/6, 10/14
- 새뮤얼 러더퍼드(Samuel Rutherford, 1600-1661) 스코틀랜드 설교가. 언약신학을 뒷받침하는 그의 글들은 찰스 스펄전의 열광적인 지지를 받았다. 3/10, 7/2, 7/3
- 새뮤얼 하트(Samuel Hart) 6/26
- 성 아우구스티누스(Saint Augustine, 354-430) 북아프리카 히포 출신의 저명한 신학자. 7/24
- 스티븐 메리트(Stephen Merritt) 3/30
- 시어도어 커일러(Theodore Cuyler, 19세기) 미국 장로교 성직자, 경건서적 작가. 9/2, 11/17
- 시어도어 파커(Theodore Parker, 1810-1860) 매사추세츠 설교가, 사회개혁가. 6/12
- 아담 클락(Adam Clarke, 1762?-1832) 아일랜드 감리파 성직자. 『성경주석』(Commentary on the Holy Scriptures) 저술. 3/24
- 아서 크리스토퍼 베이컨(Arthur Christopher Bacon) 2/12
- 아서 태판 피어슨(Arthur Tappan Pierson,

1837-1911) 뉴욕 출신의 설교가, 선교사, 작가. 『스코필드 관주성경』(The Scofield Reference Bible) 편집자로 일했다. 2/25, 4/29, 10/20, 10/29
- 안나 십턴(Anna Shipton) 3/19
- 알렉산더 맥클라렌(Alexander MacLaren, 1826-1910) 영국 맨체스터 유니온 교회 목사. 1/17, 1/25, 2/20, 7/10
- 알렉산더 스멜리(Alexander Smellie, 1857-1923) 영국 작가, 학자. 9/14, 11/18
- 앙투아네트 윌슨(Antoinette Wilson) 5/23
- 애니 존슨 플린트(Annie Johnson Flint, 1862-1932) 캐나다 시인. 1/6, 2/19, 2/26, 3/31, 4/9, 5/13, 6/25, 8/5, 9/7, 10/27
- 애니 포터 존슨(Annie Porter Johnson) 4/16
- 애들레이드 프록터(Adelaide Proctor, 1825-1864) 런던 출신의 시인, 찬송가 작사가. 찰스 디킨스가 발행한 정기간행물에 작품이 실렸다. 7/30, 10/4
- 애보트 벤저민 본(Abbott Benjamin Vaughan, 1830-1890) 미국 법률가, 작가. 1/25, 4/27
- 애프라 화이트(Aphra White) 2/3, 4/23
- 앤드류 머레이(Andrew Murray, 1828-1917) 남아프리카 선교사, 경건서적 작가. 널리 알려진 책으로 『그리스도의 기도학교』(With Christ in the School of Prayer)가 있다. 7/22, 10/26, 11/2, 11/22
- 앤드류 보나(Andrew Bonar, 1810-1892) 스코틀랜드 설교가, 경건서적 작가. 호라티우스 보나의 동생. 10/2
- 에벤 유진 렉스퍼드(Eben Eugene Rexford, 1848-1916) 미국 시인, 작가. 원예서적으로 유명하다. 8/11
- 엘라 콘래드 코허드(Ella Conrad Cowherd) 12/23
- 엘리자베스 체니(Elizabeth Cheney) 10/10
- 오스틴 펠프스(Austin Phelps) 12/2
- 오필리아 브라우닝(Ophelia G. Browning)

인용저자색인

공회 복음주의자들의 지도자, 주교. 2/20

- H. W. 웹 페블로(Webb Peploe) 8/5
- J. B. 피기스(Figgis) 7/13
- J. R. 맥더프(Macduff, 19세기) 스코틀랜드 성직자, 경건서적 작가. 『위로하라, 위로하라』(Comfort Ye, Comfort Ye)의 저자. 2/6, 3/10, 4/22, 6/10, 7/25, 7/29, 8/26, 8/28
- J. R. 밀러(Miller, 1840-1912) 미국 장로교 성직자, 경건서적 작가. 가장 널리 알려진 책으로 『성경과 함께하는 거룩한 시간』(Devotional Hours With the Bible)이 있다. 1/26, 3/11, 3/15, 5/28, 6/19, 7/8, 9/19, 12/13, 12/21
- J. 그레샴 메이첸(Gresham Machen, 1881-1937) 볼티모어 출신의 장로교 신학자. 2/29
- J. 댄슨 스미스(Danson Smith) 1/14, 2/5, 5/17, 9/6, 10/5
- J. 로치(Roach) 2/14
- J. 에인절 제임스(Angell James) 7/20
- R. C. 길리(Gillie) 10/21
- R. 레이튼(Leighton, 1611-1684) 스코틀랜드 설교가, 고위 성직자. 1/29, 4/12, 11/21
- S. A. 킨(Keen) 3/26
- S. C. 리즈(Rees) 8/27
- S. 채드윅(Chadwick) 3/25
- W. H. 그리피스 토머스(Griffith-Thomas, 1861-1924) 영국 출신의 성공회 신학자, 저술가. 달라스 신학교의 전신인 복음주의 신학교 설립자의 한 사람. 3/18

성구 색인

이사야
7:11 | 6/5
8:17 | 6/5
9:6 | 12/25
10:16 | 1/5
11:14 | 1/13
18:2 | 7/17
18:4 | 7/17
18:5 | 7/17
24:15 | 4/3
26:19 | 4/14
28:12 | 6/1
28:16 | 1/25
28:24 | 7/3
28:28 | 6/19
30:7 | 4/7
30:15 | 1/25, 11/24
30:18 | 7/4, 7/22, 9/5, 10/9
30:21 | 6/20
33:23 | 10/15
35:1 | 8/24
35:6 | 5/26
40:1 | 1/11
40:9 | 11/3
40:27 | 2/3
40:31 | 3/9, 7/8
41:8 | 5/9
41:10 | 11/9
41:14-15 | 3/15
41:15 | 10/24
42:3 | 3/15
43:2 | 1/6
43:4 | 2/1
45:3 | 12/13
45:11 | 6/24
45:12 | 6/24
48:10 | 5/13, 7/9
49:2 | 2/2, 3/22, 7/7

49:11 | 8/2
50:10 | 10/7
50:11 | 3/30
51:3 | 3/19
52:12 | 2/5
53:3 | 1/21, 2/1, 5/25
53:7 | 5/13, 10/6
54:11 | 9/1
58:14 | 2/4
59:19 | 2/1
60:16 | 8/20
62:3 | 7/25
62:4 | 10/26
63:3 | 12/20
64:4 | 8/25

예레미야
10:23 | 12/5
29:11 | 1/25
32:8 | 10/19
32:18 | 9/27
32:27 | 11/22
45:5 | 11/30

예레미야애가
3:44 | 7/10

에스겔
1:1, 3 | 11/4
1:5 | 6/17
1:14 | 6/17
1:20 | 6/17
1:25 | 6/17
3:22 | 4/13
22:14 | 5/13
34:26 | 1/8
41:7 | 1/2
47:1 | 2/29
47:5 | 2/29

다니엘
3:17-18 | 3/25
3:19 | 3/13, 4/22, 9/22, 11/30
3:25 | 5/8
3:27 | 4/3
3:27, 29 | 1/18
6:20 | 1/17
6:23 | 11/30
7:25 | 4/4
8:18 | 2/21
9:20-27 | 5/19
10:12 | 5/19
10:12-13 | 5/16
12:12 | 11/20

호세아
2:5, 7 | 7/5
2:14-15 | 7/5
2:15 | 2/6
14:5 | 1/30
14:7 | 11/9

요엘
2:25 | 11/22
2:32 | 5/3

아모스
5:8 | 11/4
7:1 | 11/11

오바댜
17 | 12/29

나훔
1:3 | 7/28, 8/13
1:12 | 2/16

577

578

주제 색인